"十一五"普通高等教育本科国家级规划教材

面向21世纪课程教材
Textbook Series for 21st Century

高等学校旅游管理类专业系列教材

旅游心理学

（第四版）

主编 刘 纯

高等教育出版社·北京

内容简介

本书是普通高等教育"十五""十一五"国家级规划教材。

本书第四版在第三版体系严谨、论述详尽等特点的基础上，保持了知识结构的连续性、系统性、完整性，增加了部分案例，从而提高了旅游心理学的理论、方法及其在实践中的应用性，章后还增加了即测即评二维码链接。

本书可作为普通高等学校本科学生教材，也可作为旅游从业人员的参考用书。

图书在版编目［HT］（CIP）数据

旅游心理学/刘纯主编．--4版．--北京：高等教育出版社，2019.9（2025.2重印）

ISBN 978-7-04-052539-7

Ⅰ．①旅… Ⅱ．①刘… Ⅲ．①旅游心理学-高等学校-教材 Ⅳ．①F590-05

中国版本图书馆CIP数据核字(2019)第181817号

旅游心理学
Lüyou Xinlixue

策划编辑	张 欣	责任编辑	张 欣	封面设计	杨立新	版式设计	马 云
插图绘制	于 博	责任校对	马鑫蕊	责任印制	存 怡		

出版发行	高等教育出版社	网　址	http://www.hep.edu.cn
社　址	北京市西城区德外大街4号		http://www.hep.com.cn
邮政编码	100120	网上订购	http://www.hepmall.com.cn
印　刷	三河市潮河印业有限公司		http://www.hepmall.com
开　本	787 mm×1092 mm　1/16		http://www.hepmall.cn
印　张	27.5	版　次	2002年8月第1版
			2019年9月第4版
字　数	660千字		
购书热线	010-58581118	印　次	2025年2月第7次印刷
咨询电话	400-810-0598	定　价	57.00元

本书如有缺页、倒页、脱页等质量问题，请到所购图书销售部门联系调换
版权所有　侵权必究
物　料　号　52539-00

总 前 言

  当代旅游业已经发展为世界上产业规模最大和发展势头最强劲的产业，旅游业发展之快，产业带动力之强，使许多国家和地区都纷纷把旅游业作为经济发展的重点产业和先导产业。伴随着全球经济的不断发展，人们收入和闲暇时间的增多，交通和通信技术的不断进步，以及冷战结束后政治隔障的消除等因素，全球旅游产业的规模正加速扩大，参加旅游的人数还将继续增加。据世界旅游组织预测：到 2010 年，全球旅游者将达到 100 亿人次，其中国际旅游者将达到 10 亿人次；到 2020 年，全球旅游者将达到 160 亿人次，其中国际旅游者将达到 16 亿人次。大众化旅游时代的到来，使旅游日益成为现代人类社会主要的生活方式和社会经济活动，旅游业也以其强劲的发展势头而成为全球经济产业中最具活力的"朝阳产业"。

  在近二十年的发展历程中，中国旅游业取得了令人瞩目的成就，由传统的接待事业一跃转变为国民经济新的增长点，并由过去单一的观光型旅游发展成为集观光、度假、商务、会展、研修等多功能为一体的复合型旅游。中国旅游业的综合实力已被列为世界第五。按照世界旅游组织的预测：到 2020 年，中国将成为世界第一大旅游接待国和第四大旅游出境国。专家们预测，"21 世纪，中国将成为世界主要的旅游中心"。中国旅游业持续高速的增长，有力地推动了旅游教育的迅速发展。截止到 2001 年，全国高等旅游院校和已开办旅游专业的院校已发展到 200 多所，形成了培训、职高、大专、本科、硕士、博士层次完备的旅游教育体系，教育服务旅游、旅游促进教育的旅游与教育互促相长的格局已经形成。然而，瞬息万变的旅游活动实践和丰富多样的旅游形式，对与之相配套的旅游教育教材提出了新的要求，更新教材体系，丰富时代内容，就成为旅游高等教育教材建设的当务之急，因而也成为 2001 年 3 月在海南大学召开的"新世纪高等学校旅游管理专业教育与发展战略研讨会"的重要议题之一。

  这次会议由面向 21 世纪旅游管理专业课程体系和教学内容改革与实践项目组、高等学校工商管理教学指导委员会（旅游管理专业组）、教育部高教司和国家旅游局人教司联合召开。为了保证旅游管理专业人才培养的基本规格，为了给该专业提高教学质量提供课程和教材支撑，会议在项目研究的基础上审议确定了 7 门课程作为旅游管理专业的主干课程，并面向全国遴选主编，组编了与主干课程对应的教材，这 7 门主干课程教材是：旅游学、旅游经济学、旅游市场营销学、旅游心理学、旅游规划与开发、旅行社管理、饭店管理。同时，为拓展教学内容，适应旅游专业对其他专业课程教材的需求，高等教育出版社在前期调研的基础上,依托工商管理教学指导委员会,在教育部高教司的支持下,组织编写了非主干课程的7门其他专业课程教材供旅游专业选用,它们是:旅游法教程、旅游管理信息系统、旅游管理专业英语、前台与客房管理、餐饮管理、旅游行政管理、导游业务。这14本系列教材后来又经过立项评审,大部分成为"十五"国家级规划教材。这套系列教材在总体策划和编写中突出了系统性、创新性、实用性三大特色。系统性,指系列教材较全面、系统地反映现代旅游的最新发展状况,多角度透视旅游这一特殊的社会现象和经济现象;创新性,指系列教材既注重历史内容的沉淀又关注当代旅游研究的最新成果,把普及与提高、理论与实践有机融合起来,突出教材的时代性;实用性,指系列教材具有较强的可读性和自学指导性,既有学理分析,又有案例剖析,注重方法的训练和技能的培养。因而,较适合于旅游高等院校、旅游研究机构、高等职业教育、自学考试的人员作为教材,也适合于旅游行业管理、旅游职业培训使用,对理论研究、学历教育、职业培训以及实际工作都具有实用性和参考价值。

参与此次系列旅游教材编写的单位有:南开大学、中国旅游学院、浙江大学、西安交通大学、湖北大学、云南大学、上海大学、北京旅游学院、暨南大学、海南大学、安徽师范大学、广州财贸管理干部学院等院校。在教材编写过程中,邀请了我国旅游教育界知名的教授和专家对此套教材进行了严格的审定。借此对支持和参与这套系列教材编、审工作的专家、学者表示感谢。

此套系列教材于2002年秋出版发行,欢迎全国有关院校师生和专业人士选用,并提出宝贵意见,以便逐步完善。

面向21世纪旅游管理专业课程体系和教学内容改革与实践项目组
教育部高等学校工商管理教学指导委员会(旅游管理专业组)
2002年4月

第四版前言

旅游业已成为我国经济中发展势头最强劲和规模最大的产业之一。在扩大内需、消费升级以及国民收入不断提高的背景下，国家多次强调大力发展旅游业，中国旅游业正步入黄金发展期。

本书第四版就是在这方面进行了尝试和努力。在保持第三版体系严谨、论述详尽等特点的基础上，保持了知识结构的连续性、系统性、完整性，进一步明确了读者对象。本书荟萃了21世纪以来旅游心理学界的成熟的研究成果，对近几年引起旅游管理学者极大关注的热点问题做了详尽的论述和分析，新增了部分案例，添加了即测即评二维码链接等新板块，由于部分案例未找到原始出处，请作者看到后与我联系处理。

全书共分四编，总计22章。第一编概论，主要介绍旅游心理学的对象、任务和研究方法，以及旅游者行为的研究模式；第二编旅游者心理，从心理学、社会学及人类学等学科的角度解释旅游行为，通过公式化营销策略来理解旅游者心理和行为的重要性；第三编旅游企业管理心理，阐述了各种经典和现代流派的管理心理学理论，研究个体、群体、领导、组织各层次的行为特征及所蕴含的心理规律，探讨了当前管理心理学和组织行为学领域研究的热点问题；第四编旅游企业服务心理，概要介绍了被称为旅游业三大支柱的旅行社、旅游交通、旅游饭店服务的心理因素。

对于教材，作者的看法是，学术问题可以百家争鸣，教学问题却不能"赶时髦"，不能人云亦云，而要进行分析，择其善而从之，把经过实践充分肯定的理论和方法介绍给学生。教材的编写应该既注意本学科的基本内涵和自身规律，保持系统性和相对稳定性，又力求反映本学科的新成果和前沿动态，具有深刻性和先进性。

在本书第四版的编写过程中，刘佳芳、易先平、黄玉玲、杨文、郭著名、郁菲、韦伟、陆斐丽、袁亦婷等人参加了本书书稿的整理工作。由于本人学识和经验有限，书中难免存在疏漏之处，敬祈广大读者不吝指正。

刘 纯
2018年10月1日于上海

第一版前言

随着世界经济的发展和人民生活水平的提高,旅游已成为现代人类社会重要的生活方式。1999年12月2日,在法国东南部冬季旅游胜地沙莫尼开幕的"世界旅游峰会"上,世界旅游秘书长费朗切斯科·费兰贾利预计,到2020年,全球游客人数达15亿,旅游带来的收入总和将达两万亿美元。来自全球五大洲的近250名政界、经济界、学术界和业内专家们认为,在20年以后,旅游业将成为世界第一大产业。

改革开放以来,我国的旅游事业取得了令人瞩目的辉煌成就。在21世纪,我们正面临着知识经济时代的来临。在知识经济时代,人的因素、智力因素在经济增长中的作用,要比在农业经济时代和工业经济时代更加重要。如何提高中国旅游业的管理水平,迎接知识经济时代的到来,是我们面临的一个新的历史任务。其中,很重要的一个方面就是研究管理中的社会心理因素,运用心理学的研究成果来提高旅游管理活动的科学水平。本书就是在这方面进行努力的结果。

近年来,我国陆续编写了几部旅游心理学论著和教材,这对填补我国在这一领域的研究方面的空白起了积极的作用。1986年,作者编写的《旅游心理学》由上海科学技术文献出版社出版。该书着重从心理学、社会学及人类学的角度研究旅游行为。1990年根据饭店管理专业教学的需要,作者编写《旅游饭店现代管理心理学》,由上海远东出版社出版,当时的国家旅游局局长刘毅同志为该书作序并推荐。该书除了研究旅游行为之外,着重介绍了管理心理学的理论、方法,探讨了这些理论和方法在饭店管理中的应用。1994年以来,作者先后为管理科学与工程专业、工商管理专业和产业经济专业硕士研究生讲授管理心理学和人类工效学等课程,并承担了这些领域的一些科研课题。本书就是在上述这些著作所做研究的基础上,结合作者的教学和科研实践,并做了一些必要的调查研究,总结了我国旅游管理工作的一些经验,同时,有分析地引进了国外在旅游心理学和管理心理学领域研究的最新成果,综合而成的成果。

本书从全新的角度,全面、系统地阐述了旅游心理学的理论、方法及其在实践中的应用。全书共分四编,总计25章。第一编概论,主要介绍了旅游心理学的研究对象、任务和研究方法,以及旅游行为的研究模式;第二编旅游者心理,着重从心理学、社会学及人类学等学科的角度解释旅游行为,探讨了旅游市场营销策略和旅游者行为的关系;第三编旅游企业管理心理,详细阐述了各种经典和现代流派的管理心理学理论,研究了个体、群体、领导、组织各层次的行为特征及所蕴含的心理规律;第四编旅游企业服务心理,概要介绍了被称为旅游业三大支柱的旅行社、旅游交通、旅游饭店服务中的心理因素。

作为教材,作者的看法是,学术问题可以百家争鸣,教学问题却不能赶时髦,不能人云亦云,而要进行分析,择其善而从之,把经过实践充分论证的理论和方法介绍给学生。教材的编写应该既注意本学科的基本内涵和自身规律,保持系统性和相对稳定性,又力求反映本学科的新成果和前沿动态,具有深刻性和先进性。尽管作者朝着这一方向尽了最大努力,但该书的缺点和不足仍然是难免的。随着形势的发展和科学的进步,这些缺点和不足将会日渐暴露。作者诚恳地希望海内外专家和广大读者批评指正。

本书在编写中,参考了国内外旅游心理学和管理心理学领域的一些最新研究成果,并引用了其中有关资料。谨向这些文献的作者致以诚挚的谢意。

刘　纯

2001 年 8 月 1 日于上海大学

目 录

第一编 概 论

第一章 导论 ………………………… 3
  第一节 休闲与旅游 ………………… 4
  第二节 旅游心理学的研究对象和任务 … 7
  第三节 旅游心理学的研究方法 …………11
  复习与思考 …………………………14

第二章 旅游行为的研究模式 …………15
  第一节 旅游者的决策 ………………16
  第二节 影响旅游者行为的因素 ………18
  复习与思考 …………………………21

第二编 旅游者心理

第三章 旅游知觉 ……………………25
  第一节 知觉 …………………………26
  第二节 影响旅游者知觉的因素 ………28
  第三节 旅游者的知觉过程 ……………33
  第四节 距离知觉 ……………………37
  第五节 旅游地知觉 …………………39
  第六节 旅游交通知觉 ………………40
  复习与思考 …………………………42

第四章 学习与旅游行为 ……………43
  第一节 学习与学习理论 ………………44
  第二节 旅游行为学习 ………………50
  第三节 旅游者的学习过程 ……………60
  复习与思考 …………………………64

第五章 旅游动机 ……………………65
  第一节 动机 …………………………66
  第二节 有关旅游者动机与行为
        的研究 ………………………74

  第三节 旅游动机的多样性 ……………76
  第四节 旅游是多样性生活之源 ………79
  复习与思考 …………………………87

第六章 态度与旅游行为 ……………88
  第一节 态度 …………………………89
  第二节 态度理论 ……………………96
  第三节 态度与旅游决策 ………………99
  第四节 通过改变态度影响旅游行为 …106
  复习与思考 …………………………113

第七章 个性、生活方式、个性结构
      与旅游行为 ………………114
  第一节 个性 …………………………115
  第二节 个性与旅游行为 ………………117
  第三节 生活方式与旅游行为 …………125
  第四节 个性结构与旅游行为 …………134
  复习与思考 …………………………138

第八章 社会群体对旅游行为

的影响 ………………………… 139
　　第一节　群体与参考群体 ………… 140
　　第二节　群体与旅游角色 ………… 152
　　第三节　家庭群体与旅游行为 …… 155

　　第四节　社会阶层与旅游行为 …… 165
　　第五节　文化、亚文化与旅游行为 … 172
　　复习与思考 …………………………… 182

第三编　旅游企业管理心理

第九章　管理心理学的基础知识 …… 187
　　第一节　管理心理学概论 ………… 188
　　第二节　管理心理学与相关学科
　　　　　　的关系 …………………… 191
　　第三节　管理心理学的产生和发展
　　　　　　趋势 ……………………… 193
　　第四节　管理学基础知识 ………… 197
　　复习与思考 …………………………… 207

第十章　个体差异和管理 …………… 208
　　第一节　能力差异与管理 ………… 209
　　第二节　气质差异与管理 ………… 214
　　第三节　性格差异与管理 ………… 217
　　复习与思考 …………………………… 221

第十一章　激励 ……………………… 222
　　第一节　激励概述 ………………… 223
　　第二节　激励理论 ………………… 227
　　第三节　激励理论的应用 ………… 239
　　复习与思考 …………………………… 248

第十二章　压力 ……………………… 250
　　第一节　压力概述 ………………… 251
　　第二节　压力的反应 ……………… 258
　　第三节　压力应对策略 …………… 261
　　复习与思考 …………………………… 264

第十三章　劳动心理 ………………… 265
　　第一节　疲劳 ……………………… 266
　　第二节　饭店工作环境研究 ……… 273
　　复习与思考 …………………………… 280

第十四章　群体与团队建设 ………… 281
　　第一节　工作群体 ………………… 282
　　第二节　群体的形成与发展 ……… 285
　　第三节　团队建设 ………………… 292
　　复习与思考 …………………………… 298

第十五章　沟通 ……………………… 299
　　第一节　沟通概述 ………………… 300
　　第二节　沟通的形式和方向 ……… 302
　　第三节　沟通的网络 ……………… 307
　　第四节　沟通的障碍及其克服 …… 311
　　复习与思考 …………………………… 314

第十六章　人际关系 ………………… 315
　　第一节　人际关系概述 …………… 316
　　第二节　社会知觉 ………………… 318
　　第三节　人际吸引和人际关系需求
　　　　　　类型 ……………………… 322
　　第四节　人际关系的调节 ………… 327
　　复习与思考 …………………………… 329

第十七章　领导心理 ………………… 330
　　第一节　领导 ……………………… 331
　　第二节　领导理论的发展 ………… 332
　　第三节　领导者素质 ……………… 341
　　复习与思考 …………………………… 345

第十八章　组织心理 ………………… 346
　　第一节　组织设计 ………………… 347
　　第二节　组织的变革和发展 ……… 360
　　复习与思考 …………………………… 372

第四编　旅游企业服务心理

第十九章　旅行社服务心理 ………… 377
　　第一节　旅游者在旅游活动中的心
　　　　　　理状态 …………………… 378

　　第二节　导游服务心理 …………… 381
　　复习与思考 …………………………… 396

第二十章　旅游交通服务心理 ……… 397

第一节　旅游者与旅游交通服务 ……… 398
第二节　旅途中旅游者的心理状态及
　　　　旅游交通服务的改进 ………… 400
复习与思考 …………………………… 401

第二十一章　饭店服务心理 ………… 402
第一节　旅游者的住宿心理 …………… 403
第二节　前厅服务心理 ………………… 406
第三节　客房服务心理 ………………… 409

第四节　餐厅服务心理 ………………… 412
复习与思考 …………………………… 418

第二十二章　旅游企业售后服务心理 ………………………………… 419
第一节　旅游者的挫折与投诉心理 …… 420
第二节　售后服务心理 ………………… 421
复习与思考 …………………………… 422

参考文献 ……………………………………………………………………………………… 425

第一编

概 论

第一章 导论

学习目标

掌握旅游心理学的概念以及旅游心理学的任务；熟悉休闲与旅游、旅游业与旅游科学的有关知识；说明研究旅游心理学的重要性；解释旅游产品及其特点；了解旅游心理学的研究方法。

本章主要术语

休闲（leisure）
旅行（travel）
旅游（tourism）
旅游业（tourist industry）
旅游科学（tourism science）
旅游行为（tourism behavior）
旅游产品（tourism products）
旅游心理学（tourism psychology）

旅游心理学既属于旅游科学范畴，又属于心理科学范畴。旅游行为是在旅游心理的支配下发生，并随着旅游心理的发展变化而发展变化的。

在导论中，将讲述休闲与旅游、旅游业与旅游科学，明确旅游心理学的定义，说明研究旅游心理学的重要性。然后将从旅游心理学的角度考察旅游产品及其特点，确定服务一词的定义。最后，将讨论旅游心理学的任务，扼要介绍旅游心理学的研究方法。

第一节 休闲与旅游

一、休闲活动与旅游

随着世界经济和科学技术、文化的发展，个人经济收入及可自由支配时间的增加，劳动与休闲已成为人类生活不可分割的两个方面。如何利用闲暇时间，是人类生活中面临的一个新问题。

"休闲"或"闲暇"的英文是 leisure，源于拉丁语的 licere，意指摆脱生产劳动后的自由时间或自由活动，包含时间与活动两个层面。法国社会学家乔弗里·杜马泽迪尔（Joffre Duma zedier）在《走向休闲的社会》一书中提出了他对休闲的看法："所谓休闲，就是个人从工作岗位、家庭、社会义务中解脱出来的时间。"

一般地讲，可以把休闲解释为当一个人干完了他的工作，并满足了他的基本需要之后，这个人就有了属于他自己自由支配的时间，有了休闲的"资本"，可以根据其周期性和时间的长短，以不同的方式对之加以利用。例如：

（1）业余时间，可以用于看电视、读书看报、听音乐、看戏或参加其他文体活动。

（2）周末时间，可赴下述地点短途旅游：别墅、饭店、疗养胜地；野营营地；凡可以让人"躲避一下"的地方。

（3）两三周短期休假到七周以上的长期休假，可以作一次异地旅行或度假。

当今，世界各国最为广泛的休闲活动当数休闲运动和旅游两项，所谓休闲运动，是人们为了向外界表现自己和享受运动所创造的美感和愉悦而进行的活动。其中，有许多运动并不单纯地追求"高度""速度""力量"等衡量运动水平高低的标准，诸如滑翔、蹦极、潜水、登山、攀岩、乘坐热气球、钓鱼等都属于休闲运动。

旅游和休闲是密不可分的，闲暇时间是旅游的必要条件。没有可以自由支配的闲暇时间，就不可能有旅游活动。旅游是休闲的形式和手段之一，而且是综合性的高层次的休闲活动。

旅游和休闲活动的区别在于，只有离开居住地到异地一定时间，并以观光、度假、健身、娱乐以及探亲访友为主要目的的休闲活动，才是真正意义上的旅游活动。

20 世纪 50 年代，由于大型喷气式飞机的出现，国际航线星罗棋布，住宿条件大为改观，旅游作为休闲活动的一种形式，越来越为人们所接受。在一些发达国家，人们甚至产生了这样一种观念：假日期间不外出旅游是生活中的一大损失。休闲活动的一些形式，如休闲运动，完全可以在旅游活动的过程中实现。因此，人们一般也称旅游为"休闲旅游"或"闲暇旅游"。

二、旅游与旅游业

旅游是一项很古老的活动，中外历史上都有不少关于古代旅行家的记载。两千多年以前，我国就有"智者乐水，仁者乐山"之说。古代的旅游常常是伴随着贸易、战争、宗教活动、探险、求知以及文化交流等活动而进行的，只有一部分达官显贵是为了娱乐而去旅游。

有人认为世界最早的旅游活动是在大约公元前四千年出现的，当时的巴比伦王国发明了钱币、文字和车轮，人们既可以用货币，也可以用货物来支付他们的交通和食宿费用。这时的旅游活动是伴随着贸易的发展而产生的。公元前1490年，古埃及霍茨海贝赛女王的奔达诸国（即现在的索马里）之行，或许是有史以来第一次以寻求安宁和观光为目的的旅游。在埃及的狄爱耳拜哈里神庙的墙上，记载着这次重大巡游事件的经过。

我国历史记载最早的、行程最远的旅行家应数西汉的张骞。他于公元前139年奉汉武帝之命出使西域，越过葱岭，亲历大宛、居、大月氏、大夏（今中亚一带）等地，在外共13年。他这次旅行探明了亚洲内陆通道，加强了中原和西域少数民族的联系，进一步发展了汉朝与中亚各地的友好关系，促进了东西方的经济、文化的交流。

旅游作为一种经济产业而存在却是近代的事。国际上一般认为，现代旅游业的创始人是英国的托马斯·库克（Thomas Cook）。他在19世纪40年代组织了世界上最早的旅游活动。国际旅游业近年来的发展速度，已超过了其他许多产业，旅游业已成为世界第二大产业。据有关研究分析，在不久的将来，旅游业有可能超过石油工业而成为世界第一大产业。

目前，国外尚有将"旅游"称为"观光"或"休闲旅行"的，它还没有一个统一的确切定义。美国密执安大学商学院旅馆和餐饮管理系的罗伯特·麦金托什（Robert W. McIntosh）教授在《旅游的原理、体制和科学》一书中给旅游下的定义是："在吸引和接待旅游者及其他访问者的过程中，由于旅游者、旅游企业、东道国政府及东道地区居民的相互作用而产生的一切现象和关系的总和。""它是吸引旅游者、运送旅游者、向旅游者提供食宿、热情友好地满足旅游者需求的一门科学和一项艺术。同时，它又是一种商业。"

上述定义基本总结和归纳了西方学者的研究成果，概括了旅游的范围，并提出了旅游业的综合性。不足的是，这些定义并未揭示出旅游的本质属性，即旅游是在一定社会经济条件下发生和发展的一种社会经济活动，是受社会风气影响和制约的一种物质文化生活活动。

三、国际旅游业与旅游科学

为了适应国际旅游业迅猛发展的需要，一门新的科学——旅游学应运而生。旅游涉及社会生活的各个方面。因此，可以从不同角度对它进行研究。

（一）从机构角度研究

这是用统计的方法研究各种从事旅游经营活动的中间商和旅游机构，尤其是像旅行社这样的机构，要摸清其组织情况、经营方法、经营成本及经济实力等。这种统计结果可以为旅游学的进一步研究提供可靠的依据。

(二) 从产品角度研究

这是对各种旅游产品的研究，看它们是如何生产、销售和消费的。但该方法太浪费时间，而且很难在短期内抓住旅游的本质所在。

(三) 从经营管理角度研究

这是立足于经营管理方面，即微观经济方面的研究。其重点放在旅游企业的规划、市场促销、产品定价、广告策略及控制等一系列经营管理活动的研究上。这种对旅游学的研究方法非常重要，因为无论运用什么方式研究旅游，抓住经营管理的规律是至关重要的。旅游企业的管理目标和管理程序必须适应新变化，必须与旅游环境的变化相吻合。

(四) 从经济角度研究

由于旅游业对本国经济和世界经济都有着巨大的影响，因此备受经济学家的关注。经济学家探讨的中心是旅游的供给关系、收支平衡、外币兑换和就业、消费、发展及其他一切经济因素。它为分析旅游学本身以及旅游业在一国经济中所起的作用提供了一个框架。不足的是，这种方法只注意到了旅游业的经济方面，而通常对非经济因素的影响，诸如环境、文化、心理、社会学及人类学的探讨等方面显得重视不够。

(五) 从社会学角度研究

旅游活动趋于社会化，引起了社会学家的极大关注。他们力图研究个体与群体旅游者的行为及旅游对社会的影响，并且对主客双方各自的社会阶层、风俗习惯，也加以研究和分析。目前，休闲与旅游社会学还是一个比较薄弱的领域，休闲与旅游对社会造成的巨大影响，有待于人们从社会学角度去更多地研究。

(六) 从地理学角度研究

地理学是一门涉及面很广的学科，地理学家对旅游及其空间产生兴趣，因为他们是从事方位、环境、气候、景观和经济等方面研究的专家。他们对旅游学的探讨往往是从阐明旅游景点的位置、旅游风景区引起人们流动的原因、旅游业给风景区带来的变化（如旅游设施的变化、旅游开发布局的变化、自然规划的演变），以及经济、社会、文化等问题入手的。旅游业在许多方面都涉及地理学，所以地理学家们对旅游区的调查比其他科学家更周详。他们要探讨土地利用、经济因素、人口统计和文化问题等诸多方面。而休闲与旅游地理学则是从事该方面研究的地理学家们常常研究的课题，因为休闲、旅游和娱乐是彼此紧密相连的。

(七) 从体制角度探讨

这是旅游学研究中最重要的方面。所谓体制，就是指相互关联的、彼此协作而形成的一个统一的、组织起来去达到一系列目标的整体。这一角度集其他研究于一身，从而形成了一个能处理微观与宏观问题的体系。体制可以起到监督旅游企业的竞争环境及其市场、旅游企业与其他机构的联系以及旅游者沟通的作用。此外，还能用宏观的眼光去研究某国、某地区整个旅游业的体制，研究体制内部是如何运转，如何同政治、法律、经济和社会体制相联系的。

(八) 跨学科性研究

上面介绍的研究旅游学的几个角度都有其局限性。旅游学是一个新兴的领域，在其发展过程中，受到了来自很多方面的影响。事实上，很难想象还有哪一个领域比它更具跨学科性。因此，采用一系列的方法交叉地去研究它是非常重要的。

比如，人们的旅游动机、旅游行为各不相同，要确定这些动机和行为，就必须运用心理学的方法去探索，进而找到旅游产品市场营销的最佳方法；旅游者过境需要持有政府机关颁发的护照和签证，这就涉及政治学方面的探讨；同其他产业一样，旅游业一旦形成一种影响多数人生活的经济体系，势必会引起立法部门的关注，这些立法部门制定法律、法规，使旅游业得以生存和发展，因此就需要进行法律方面的探讨。图 1-1 列出了与旅游学研究相关的学科和课程。

图 1-1 与旅游学研究相关的学科和课程

第二节 旅游心理学的研究对象和任务

一、旅游心理学的研究对象

对旅游的研究离不开对其主体——旅游者行为的研究。单从经济因素远不足以解释旅游者的行为及其决策，为了有效地、成功地为旅游者服务，有必要了解那些激励、影响他做出各种旅游决策的心理因素。同时，对旅游的研究也离不开对为旅游者服务的旅游企业的管理心理和服务心理的研究。在这种情况下，一门新的旅游科学和心理科学的应用分支——旅游心理学应运而生了。

旅游行为是旅游者在其一系列心理活动的支配下产生的异地探险、调换环境、改变生活体验和认识世界的行为，是旅游心理的外部表现，即旅游心理的外在行为。旅游行为是在旅游心理的支配下发生，并随着旅游心理的发展变化而发展变化的，表现在旅游者的旅游行为，按其个性与旅游心理结构形式、旅游需求和决策不同而不同，并直接影响旅游行为的产生和继续。因此，研究旅游行为必须研究旅游心理。

狭义的旅游心理学，只研究旅游者即旅游行为主体的心理；广义的旅游心理学则不仅研究旅游者的心理，而且研究旅游业开发、经营与管理的心理依据。

旅游心理学一方面研究旅游者的心理活动及其客观规律，其基本目的是解释人们为什么旅游、影响人们旅游决策的因素是什么，以及这些决策是如何做出；另一方面研究为旅游者服务的旅游企业的管理心理，即探讨旅游企业中个体、群体、领导、组织的心理活动规律，说明如何通过调整人际关系、激励动机、提高领导水平和领导艺术、增强组织凝聚力等手段，来协调人人关系，以提高旅游企业的管理水平，使之最大限度地满足旅游者的需求。

旅游心理学既属于旅游科学范畴，又属于心理科学范畴。从用于开发旅游业而研究人们的旅游行为而言，它属于旅游科学；从把普通心理学原理延伸用于研究旅游者的社会行为和心理而言，它又属于心理科学的一个分支。

解释旅游行为不是一件容易的事，因为影响人的行为的因素实在太多了。比如，必须理解人们如何看待旅游地、旅游交通、旅程以及旅游广告，如何学会消费和旅游，如何做出决策，个性如何影响这些决策等一系列问题。还必须知道，是什么动机影响了人的旅游决策，以及这些动机是如何相互影响的；还要理解旅游者的态度是如何形成的，它怎样影响个人的行为，以及各群体的影响是如何对旅游行为产生作用的，等等。

二、旅游产品及其特点

旅游行为是一种特殊的消费行为，这同旅游市场上销售的特殊产品——旅游产品有关。

旅游产品是指旅游企业经营者为旅游者提供的用以满足其在旅游活动中的物质、精神综合需要的全部服务总和。

旅游产品又可分为整体旅游产品与单项旅游产品两种概念。整体旅游产品是指旅游经营者将航空、铁路、饭店、旅游景点和娱乐场所等企业部门的产品编排组合而成的，满足旅游者一次旅游活动全部所需的综合服务产品，通常称之为旅游线路。单项旅游产品则是指构成整体旅游产品中的各项旅游产品，如饭店服务、交通运输服务、游览景点服务等，就是单项旅游产品。

旅游产品还可以根据其表现形式，分为服务形式的旅游产品、实物形式的旅游产品和两者相结合的旅游产品。

为了把服务形式的产品同实物形式的产品区分开来，自20世纪70年代末以来，许多学者从产品的特征角度来探讨服务形式产品的本质。1991年，国际标准化组织（ISO）在ISO9004-2"质量管理和质量体系要素"第2部分"服务指南"中对"服务"的定义是："为满足顾客的需要，供方与顾客接触的活动和供方内部活动所产生的结果。"对服务质量的定义是："反映产品或服务满足明确或隐含需要能力的特征和特性的总和。"对定义中规定的"特性"，服务指南明确规定了以下四点：

（1）服务的要求必须依据可以观察到的和需经顾客评价的特性加以明确规定；

（2）提供服务的过程也必须依据顾客不能经常观察到的，但又直接影响服务业绩的特性加以规定；

（3）两类特征都必须能被服务组织对照所规定的验收标准做出评价；

（4）服务或服务提供的特性可以是定量的（可测量的），也可以是定性的（可比较的），这取决于如何评价以及是由服务组织还是由顾客进行评价。

服务指南中还进一步列举了服务特性所体现的主要内容：设施、能力、人员的数目和材料的数量；等待时间、提供时间和过程时间；卫生、安全性、可靠性和保密性；应答能力、方便程度、礼貌、舒适、环境美化、胜任程度、可信性、准确性、完整性、技艺水平、信用和有效的沟通联络。将这些内容进行分析归纳，可以看出现代服务的构成要素有：人力和物力要素、效率要素、文明要素、能力要素、安全要素、商品要素。

可见，现代服务由以上六大要素构成。把握现代服务的构成要素对寻找服务质量体系依据，乃至建立服务质量体系，具有重要的指导意义。

大多数旅游产品都是以服务形式出现的。服务具有不可感知性、不可分离性、差异性、不可贮存性和缺乏所有权等五种基本特征。

（一）不可感知性

不可感知性（intangibility）是服务的最主要特征。它的含义可以从两个不同的层次来理解。首先，服务同实物形式的产品相比较，它的特质及组成元素在很多情况下都是无形无质的，让人不能触摸到或凭肉眼看见其存在。同时，服务不仅是无形无质的，甚至使用服务后的利益，也很难被察觉，而是要等一段时间以后，享用服务的人才能感觉到"利益"的存在。因此，服务在被购买之前，购买者不可能去尝、触、看、听或嗅到"服务"。

应该指出，真正百分之百具有完全不可感知性特点的服务极少存在，很多服务需要有关人员利用有形的实物，才能正式生产，才能真正提供及完成服务过程。比如，饭店餐厅的服务中，不仅有厨师的烹调服务过程，还有菜肴的物质加工过程。

（二）不可分离性

不可分离性（inseparability）是指服务的生产过程与消费过程同时进行，也就是说，服务人员为消费者提供服务时，也正是消费者消费服务的时刻，二者在时间上不可分离。

由于服务本身是一系列的活动或者说是过程，所以在服务的过程中，消费者和生产者必须直接发生联系，从而生产的过程也就是消费的过程。服务生产与消费同时进行也减少了许多干预质量控制的机会。服务的这种特性表明：消费者只有而且必须加入到服务的生产过程中，才能最终消费到服务。消费者对生产过程的直接参与，及其在这一过程中同服务人员的沟通和互动行为，无疑向传统的产品质量管理及营销理论提出了挑战。

（三）差异性

差异性（heterogeneity）是指服务的构成成分及其质量水平经常发生变化，很难统一界定。服务行业是以"人"为中心的产业，由于人类个性的存在，使得对于服务的质量检验很难采用统一标准。一方面，由于服务人员自身因素，如心理状态、技能等因素的影响，即使由同一服务人员所提供的服务也可能会有不同的水准；另一方面，由于消费者直接参与服务的生产和消费过程，于是消费者的自身因素，如知识水平、兴趣和爱好等因素，也直接影响服务的质量和效果。

差异性使消费者很容易对企业及其提供的服务产生"形象混淆"。例如，对于同一家饭店的两个不同部门所提供的服务，可能出现一个部门服务水平显著地优于另一个部门的情形。前一部门的消费者会认为该饭店的服务质量很好，而另一部门的消费者则可能对该饭店的低劣服务予以投诉。"企业形象"或者企业的"服务形象"缺乏一致性，将对服务的推广产生严重的负面影响。

（四）不可贮存性

不可贮存性（perishability）是基于服务的不可感知性以及生产与消费同时进行，使得服务不可能像以实物形式表现出来的产品一样被贮存起来，以备未来出售。而且在大多数情况下，消费者也不能将服务携带回家。当然，提供服务的各种设备可能会提前准备好，但生产出来的服务如果不当时消费掉，就会造成损失，如医院或饭店的空房间、飞机的空座位或是牙科医生在一天里有一小时没有病人等。

由于服务不能贮存，如不使用将会永远失去，服务能力的充分利用就成为一大管理挑战，因为消费者需求变化大，而利用库存适应需求的波动是不可行的。不过，这种损失不像实物形式的产品损失那样明显，它仅表现为机会的丧失和折旧的发生。

（五）缺乏所有权

缺乏所有权（absence ownership）是指在服务的生产和消费过程中，不涉及任何所有权的转移。既然服务是不可感知的，又不可贮存，服务在交易完后便消失了，消费者并没有"实质性"地拥有服务。比如，乘飞机之后，旅客从一个地方被运送到另一个地方，而此时旅客手里除了握有机票和登机牌之外，不再拥有任何东西，同时航空公司也没有把任何东西的所有权转让给旅客。

缺乏所有权会使消费者在购买服务时，感受到较大的风险。如何克服服务消费者的这种风险心理，促进服务销售，是营销管理人员所面对的问题。

从对上述五个特征的分析中不难看出，"不可感知性"大体上可被认为是服务的最基本特征。其他特征都是从这一特征派生出来的。

三、旅游心理学的任务

通过对旅游者心理的研究，可以了解那些激励并影响旅游者做出各种旅游决策的心理因素，从而为旅游市场的预测开发、旅游企业的经营管理提供心理学依据，促进国际旅游事业的发展。这是旅游心理学的首要任务。

旅游是复杂并具有高度象征性的社会现象。旅游业的发展既有社会和经济原因，又有心理和生理的原因，各种原因之间有着错综复杂的关系。世界旅游业的发展始于20世纪50年代，虽然各国的一些旅游研究者都在着手研究旅游科学，也取得了一些令人瞩目的成果，但仍有许多问题尚未解决。例如，对未来的大量闲暇时间如何利用就涉及经济问题，但更多的是社会心理问题。类似这种属于心理学探讨的问题的圆满解决，无疑将会为充实和提高旅游科学的理论水平做出贡献。

旅游心理学是心理科学的一个分支。一般而言，运用普通心理学的原理可以解释许多旅游行为，但旅游心理学有其特定的研究对象——旅游者，通过对旅游心理学的研究，在其特定对象的特殊规律中做出总结，可以丰富心理科学的知识宝库。

从实践方面来看，通过对旅游心理学的研究，可以为旅游企业及其从业人员提供旅游者的需要和动机、知觉、学习、个性、态度等因素对其旅游决策影响的心理学知识,使旅游企业和从业人员的工作更有预见性和针对性,以便做好相应的行业管理和企业管理工作,提高旅游业的管理水平。

研究旅游心理学有利于适应国际旅游市场多变的发展形势,以提高社会主义旅游业的竞争能力,促进我国国际旅游事业的繁荣。

第三节　旅游心理学的研究方法

任何一门学科都有它自己的研究方法。一门学科要想导出合理的、正确的理论,它的方法必须是恰当的,对材料的分析、概括必须是科学的、准确的。旅游心理学也不例外。作为一门交叉学科,旅游心理学除运用心理学的研究方法之外,还从相关学科中吸收了许多必要的概念和有效的方法,这为本学科科学而系统地发展提供了基础。

一、基本术语

一些专业化的术语反映了旅游心理学研究中的重要概念。掌握这些概念对于了解研究的方法及其科学性,是十分必要的。

(一) 变量

变量(variable)可以是任何一种可改变强度或幅度并可观察、测量的一般性特征。比如能力、性格、工作压力、工作满意度、生产力、群体规范等,都是旅游心理学中常见的变量。变量又有不同的种类。

1. 自变量

自变量(independent variable)是指能独立变化并引起其他变量改变的变量。本学科常见的自变量有:能力、性格、经验、动机、领导风格、报酬分配方式、组织设计等。比如,"不同的领导风格导致员工不同的工作行为",这里领导风格就是自变量,被假定为是引起工作行为变化的原因。

2. 因变量

因变量(dependent variable)是指受自变量的影响而发生改变的变量。本学科经常考察的因变量有:工作绩效、工作满意度、出勤率、组织凝聚力等。比如,上例中的"工作行为"就是因变量。

3. 协变量

协变量(moderating variable)是指参与对因变量的影响,从而削弱自变量的作用的变量。自变量对因变量的作用只有在协变量存在的情况下才生效。因此,协变量也可看作情境变量。例如,如果"增加直接监督"(自变量)的程度,那么"员工生产效率"(因变量)应有所改变,但究竟能否发生改变,要视"工作任务的性质和复杂程度"(协变量)而定。

(二) 假设

假设(hypothesis)是对两个或两个以上的变量之间关系的尝试性说明。所谓"尝试性"是指它的正确性仍有待证实。因此,一个好的假设并不在于它是否正确,而在于它是否具有可证实性。不可证实的假设没有价值。

(三) 因果关系

因果关系(causality)是指变量之间的导引关系的方向性。当由于 X 的变化引起了 Y 的变化,那么 X 就是 Y 的原因,它们之间就是因果关系。"动机强度不同,导致不同的生产率",这就是一种因果关系。但"快乐的员工也就是高生产率的员工"并不反映出因果关系,因为不清楚谁是因、谁是果。

(四) 相关关系与相关系数

相关性(correlation)说明两个变量之间在量变上是否有稳定关系,表示为相关系数(correlation coefficient)。相关系数取值自+1.00(完全正相关,即两变量的量变方向完全相同)到-1.00(完全负相关,量变方向相反)。相关系数为0时,表示两变量之间没有关系。相关关系只说明量变关系,不说明因果性质。比如,长期观察发现,美国女子裙子的长度和股市价格有很高的正相关,这其中当然没有因果关系,纯属偶然巧合。再比如,田里稻子和草的生长高度有极高的正相关,但这种量变的一致性并不意味它们之间有因果关系,它们都分别和另一些因素,如土壤性质、气候等有关,分别是这些因素的结果。

(五) 效度

效度(validity)是指心理测验测出它所要测量的能力或特性的有效程度或正确程度,一般用测验所得的分数与某种标准的相关系数来表示。比如,要对员工的能力进行考察,就要真正测量其能力,而不是性格。反之,若要分析员工的性格,就不能去测量其能力。否则,都是无效的。如果一项报告说,民主型领导有利于提高群体凝聚力,那么就要检查它是否确实考察了"民主型领导",以及测量的是否确实是"群体凝聚力"。换言之,所报告的应当的确是所研究的内容。

(六) 信度

信度(reliability)是指测量的一致性或稳定性。如果测量一个人的智力商数(IQ)昨天为120,今天成为70,那么这个测量工具就有问题,就不可信。因为除特殊的意外,一个正常人不可能昨天是智者,今天却成了愚人。因此,在进行研究之前,要确证测量工具准确可靠。

(七) 普遍性

普遍性(generality)意味着结果符合更广大人群的实情,而不是只符合受试者的实情。一项研究的结果能否被推论于该研究对象以外的个体或群体,必须慎重对待,严格论证。比如,对男性调查的结论能否适用于女性,对青年员工的研究结果能否推论于老年员工,对工厂员工的甄选方法能否用于饭店员工,均须严格论证。

二、研究方法

(一) 观察法

观察(observation)法是指通过感官或仪器按行为发生的顺序进行系统观察、记录并分析的研究方法。观察法又有自然观察与实验室观察之分。自然观察是指在行为发生的自然环境中进行观察，对行为不施加任何干预。实验室观察是指在实验室内，在人为控制的某些条件下进行的观察。

观察法的优点在于方便易行，可涉及相当广泛的内容，且观察材料更接近于生活现实。其缺陷在于只能反映表面现象，难以揭示现象背后的本质或因果规律。因此，此法最好与其他方法结合使用。

（二）调查法

调查（survey）法是指通过事先拟定的一系列问题，针对某些心理品质及其他相关因素收集信息并加以分析的方法。比如，要想了解员工的业余生活内容、对工作的满意度、对领导风格的评价，就可以采用调查法。

调查法的优点是能同时进行群体调查，快速收集大量资料，而且简易的问题也方便人们回答。但调查法不大适于针对行为，而且对涉及态度的问题的回答未必完全真实，故而所得材料的价值要打折扣。

（三）测量法

测量（test）法是指采用标准化的心理测验量表或精密的测量仪器，对有关心理品质或行为进行测定、分析的方法。能力测验、性格测验、人才测评等，都是旅游心理学中常用的测量法。

（四）个案研究

个案研究（case study）是对个体、群体或组织以各种方法收集各方面可能的资料以供分析的方法。比如，通过研究一个饭店的历史来了解其管理方法及成效，就是一种个案研究。由于个案研究时多半需要个案的背景材料，并了解其经历，因此也称个案历史（case history）法。

个案法针对性强，对于解决组织中的具体问题颇有帮助。但由于它过于具体，普遍性自然较差，其结论不宜随意推广。

（五）实验法

实验（experiment）法是指在人为控制的环境条件下，精确操纵自变量而考察因变量如何因其变化，研究变量间相互关系的方法。实验法有实验室实验和现场实验之分。

实验室实验（laboratory experiment）在人为制造的实验室环境中进行。其特点是精确，但也因此失去了一定的真实性和普遍性，因为现实中很少有像实验室那样的环境。

现场实验（field experiment）在真实的组织环境中进行。比如，要了解照明度对员工操作的影响，可安排两个同样条件的工作场所，使员工在不同的照明水平下作业，比较工作效率。现场实验可算是最为有效的方法，所得的结论也最具有普遍意义，只是代价较高。

（六）评价法

评价（assessment）法是用来评价、考核和选拔管理人员的方法。该方法的核心手段是情景模拟测验，即把被试者置于模拟的工作情境中，让他们进行某些规定的工作或活动，对他们的行为表现做出观察和评价，以此作为鉴定、选拔、培训管理人员的依据。

评价法中采用的最重要的手段是模拟情景测验，其中又包括公文包测验、角色扮演、小组相互作用测验。

实践证明，用评价法评价、考核、选拔人才，科学性强，可靠性高，经济效益明显，便于挖掘人才,可避免盲目用人和任人唯亲。因此,它在西方许多国家的企业界受到普遍欢迎。

复习与思考

1. 解释下列概念:
(1)休闲;(2)休闲运动;(3)旅游;(4)旅游心理学;(5)旅游产品;(6)服务。
2. 对旅游科学的跨学科性,你是怎样理解的?
3. 举例说明服务的基本特征。
4. 结合国内旅游业的现状,谈谈旅游心理学的任务。
5. 概述旅游心理学的研究方法。

即测即评

第二章 旅游行为的研究模式

学习目标

学完本章,应该能够:明确常规决策、扩展性决策以及瞬时决策的定义;掌握旅游者的决策方式和类型;解释影响"作为个体的旅游者"和"作为决策者的旅游者"的旅游行为的因素。

本章主要术语

常规决策(routine decision)
扩展性决策(extensive decision)
有限决策(limited decision)
瞬时决策(impulse decision)
作为个体的旅游者(as individual tourists)
作为决策者的旅游者(tourists as decision makers)

旅游者外出旅游时,必须做出许多与旅游有关的决策。因此,在旅游行为研究中,有必要把旅游者看做决策者进行观察。

在这一章,首先考察旅游者的决策方式,阐述常规决策、扩展性决策以及瞬时决策的定义。之后,将从作为个体的旅游者和作为决策的旅游者,以及从文化与亚文化群体的角度讨论影响旅游行为的诸因素。

第一节 旅游者的决策

一、旅游者的决策类型

旅游者外出旅游时，必须做出许多与旅游有关的决策，即做出决定，旅游者必须下决心离开家，必须决定到什么地方去及怎样去、花多少钱、在异地逗留多久、与谁同行等等。因此，在旅游行为研究中有必要把旅游者看做决策者进行观察。

考虑每次做出一个决策所必需的努力程度是描绘决策制定过程的一个有用的方法。从一个连续的过程方面很容易考虑这个问题，其一端是常规决策，另一端是扩展性决策，许多决策落在中间区域，这被描述为有限决策，这一连续体可参见图2-1。

常规决策		扩展性决策
高	对各种可供选择方案的认识程度	低
低	对信息的需要程度	高
短	做出决策所需的时间	长

图2-1 两种决策方式的连续统一关系

常规决策(routine decision)是指决策者在日常生活和工作中，经常需要解决的一般性决策问题。它们以相同或基本相同的形式重复出现，其产生背景、特点及内部与外部的有关因素已全部或基本上被决策人所掌握。此类决策仅仅靠决策人长期处理此类问题的经验即可较好地完成。旅游者采用常规决策方式时，往往基于习惯，迅速而不假思索地做出旅游决定。因此，常规决策又称为习惯性决策(habitual decision)。

然而，客观事物是极其错综复杂的，决策者所面临的绝大部分问题不可能用某个标准程序或模式来概括。无先例可循而又具有大量不确定因素的决策是常有的，这种决策活动称为"扩展性决策"(extensive decision)，或称之为"广泛性决策"。这类决策的特点是具有极大的偶然性和随机性，而且缺乏准确可靠的信息资料。因此，决策者往往难于看清问题的全貌。在这种情况下，消费者就得花费时间和精力仔细地考察可供选择的产品。尤其是与消费者的自我形象紧密相连、并且涉及财务、社会或个人风险问题的购买行为，更是如此。解决此类问题需要决策者具有丰富的经验、渊博的知识、敏锐的洞察力和活跃的思维。

有限决策(limited decision)通常比较明确而简单，旅游者没有积极地去搜集信息或精确地评价每个备选方案，只是使用简单的决策规则在备选方案中做出选择。这种认识捷径会使旅游者得以依赖一般的指导原则，从而免于为每次决策都从头做起而费很大工夫。

旅游者往往采用几种不同的决策方式进行旅游决策，这些决策方式分布在常规决策到扩展性决策的范围之内。

二、旅游者的决策方式

旅游活动中，旅游者的大多数决策方式位于图2-1中靠近常规决策的一端，但也有通过扩展性决策来实现的。当旅游者作扩展性决策时，他要花费相当多的时间和精力去搜集信息，这时信息量的大小和正确与否，将直接影响到决策的质量。决策者收集到信息资料之后，要进行分析，并在此基础上制订各种可供选择的方案，然后对各项预选方案的得失利弊进行权衡和对比，做出取舍的决定，这就是评估。决策者只有在评估的基础上，才能选择出理想的决策方案。旅游者所使用的决策方式总是位于图2-1所示的完全常规决策和完全扩展性决策的连线上的某个位置。

旅游者所采用的决策方式并不是一成不变的。在一种场合中，旅游者可能按常规住在一个假日旅馆里，而在另一种场合下，同一旅游者则可能花费相当多的时间和精力审慎地选择住处。还有这样一种情况，过去做出的那个常规决策已不再令人满意了，这时就可能改变决策方式，采用较为广泛的决策过程，以便得到一个更满意的选择。

此外，一个旅游者在不同的情况下用于决策的时间也大不相同，即便是作同一类型的旅游决策，不同的旅游者在决策过程的扩展程度上也有极大的差异。例如，有的旅游者无论到什么地方都习惯性地在下午 4：30 左右到就近的饭店住下，而另一些旅游者在决定住宿地点之前，先要查阅各种旅游指南，对不同的住宿条件经过一番比较、斟酌之后才做出选择。

了解旅游者所运用的决策方式的类型对提供旅游服务的旅游企业十分重要。了解了旅游者的决策过程及采用的决策类型，就可以确定如何向旅游者提供信息及提供信息的时间、类型和数量，使之足以影响旅游者的旅游决策过程。采用常规决策过程的旅游者往往根据自己头脑中已有的知识、经验和观念做出选择，并坚信这种选择是建立在足够多的有关信息基础之上的。他在决策时，也就不必去搜集和吸收更多的信息。因此，他的旅游决策几乎不受那些能左右他选择的信息的影响。所以，旅游企业应把工作做在他们做出决策之前。

另一种类型的决策几乎在一瞬间即可做出，这就是所谓"瞬时决策"（impulse decision），或称"冲动性决策"。和常规决策截然不同，瞬时决策是事先没有考虑过的。尽管任何类型的信息放在有决策意义的位置上，都能诱发冲动性行为，然而，冲动性的旅游决策即通常为广告牌或其他形式的户外广告所激发。例如，一个旅行团队计划开车去某个目的地，半路上发现一块广告牌上介绍的风景很有吸引力，尽管计划上没有这个打算，他们还是决定在那里停留一下。这个观赏风景的决定之所以具有冲动性的特征，是因为它包含着一个没有估计到的选择。这个选择实际上是由广告牌激发的。

当旅游者采用扩展性决策时，他可能会接受那些有助于他做出选择的信息。在这种情况下，这位旅游者会觉得自己储存的信息不足以使他做出必须做的决策。这时，特别是在旅游者意识到有做出决定的必要之后，并在他觉得有足够的信息作为基础以前，旅游企业营销人员将较有把握对其结果产生影响。事实上，旅游者也可能在积极搜寻这一类信息。

在做出扩展性决策的过程中，旅游者往往会求助于朋友同事、导游一类的信息来源。另外，也会接受广告、宣传册和其他一些跟眼前选择有关的、非个人的信息来源的帮助。

如果眼下必须做出一个决定，他也许就会想起那些早先由于觉得没用而被忽视了的信息。

对很多旅游者来说，选择旅游目的地是一个扩展性很大的决策过程。以前的信息也许会影响个人对眼下愿意加以考虑的某些选择对象的取舍。然而，主要产生影响的是在他提出"今年我们将去哪儿度假"这个问题之后出现的、在收集信息的过程中所发现的那些东西。在这种情况下，也就是说恰好在人们似要做出决定或处于疑难过程中，重要的广告和个人推销的努力，应该做得及时。还有，所有的信息传递应该是详尽和真实的。因为这位旅游者正在寻求某些具体问题的答案，这些答案将帮助他做出一个他认为是重要的选择。

第二节 影响旅游者行为的因素

一、作为个体的旅游者

研究旅游者行为涉及许多方面，是对一系列过程的研究，而这一系列过程正是由于个人或群体的选择、购买、使用，或处理旅游产品、服务，以满足自身需求和欲望而引起的。

对"作为个体的旅游者"的研究，是着眼处于最微观层次的旅游者，探讨的是个人如何从他最熟悉的环境获得信息，以及对这些材料如何学习、如何在记忆中存储、如何利用这些材料去修正和形成对旅游产品或自身的态度。

（一）感觉与知觉

感觉（sensation）是人的感觉器官（如眼睛、耳朵、鼻子、嘴和手指）对于光、色、味和声等基本刺激的直接反应。知觉（perception）则是这些基本刺激被选择、组织及解释的过程。就像计算机处理原始信息一样，知觉在为感觉赋予意义时，也给感觉附加或从中抽掉一些东西。

一个旅游者选择合适的旅游产品和服务时，所做的主观判断有赖于很多因素。其中，最重要的是对每个对象的知觉及对它是否具有满足他个人需要的能力的认识。因此，对知觉的研究是理解旅游者行为的一个重要开端。

（二）学习与记忆

旅游者既是消费者，又是问题的"解决者"。一个人要解决各种各样的旅游问题，就得知道如何消费，学习怎样对待他在旅游上做出决定后所产生的疑虑。

记忆（memory）包括获得信息并把信息储存在头脑里以备将来使用的过程。记忆有三种类型：感觉记忆、短期记忆与长期记忆。每一种类型的记忆对从外部获得的信息的保留与处理都起着一定作用。

信息的储存不是孤立的，它可以构成一个人的知识结构。其中，一种信息与其他相关信息联结在一起。产品信息在联想网络中的位置以及被编入的抽象的层面，有助于确定将来信息被促发的时间和方式。影响检索可能性的因素，包括对产品的熟悉程度、信息在记忆中的重要性、信息是图片式还是文字式的。

旅游产品和服务也能作为记忆标志，旅游者用它寻找出对过去经历的记忆，并根据旅游产品和服务的这种能力来评价其价值。

（三）动机与价值

动机（motivation）是指引发并维持活动的倾向，它是在消费者希望其需要得到满足时被激发产生的。一旦某种需要被激发，一种紧张状态便会存在。它驱使消费者企图减少或排除这种紧张状态。

理解旅游者的动机就是理解旅游者为什么会去旅游，为什么会在旅游市场上购买产品或服务。

价值（value）就是相信一些情况要好于其对立面。例如，许多人都喜欢自由，而不喜欢被束缚。又如一些人热衷于追求一些使他们看起来年轻的产品和服务。一个人的价值取向在其消费行为中占据着很重要的地位。因为许多产品和服务之所以被购买，就在于它们有助于达到一个与价值相关的目标。

价值驱动着大部分的消费者行为，实际上，所有类型的消费者研究都是与价值的辨别和测量相联系的，旅游市场上的消费者研究也是如此。

（四）态度

态度（attitude）是对某人某事，包括对自己的一种稳定的基本看法。当人们对一种东西持某种态度时，不管这东西是有形的，还是无形的，它都被称为态度对象（attitude object）或称为态度标的物。

消费者的态度可以指向与某一产品相关的行为，也可以指向更广泛地与消费相关的行为。态度可以帮助旅游者在旅游市场上决定购买哪些产品和服务。而旅游者对相互竞争的产品和服务所持的态度是旅游企业营销管理人员的兴趣所在。态度对每个人都很重要，因为它常常准确地说明生活中各种人在特定情况下会如何行事。

（五）个性

个性（personality）主要是指个人独特的心理构成因素，以及这些因素如何在个人对环境的反应中保持一贯的作用。个性是学习、知觉、动机、态度、情感和角色的综合体，是由个人行为中那些能将自己区别于其他人的稳定的特征构成的。

在旅游市场上，许多产品和服务之所以被选择，是由于旅游者自认为其个性与产品和服务本身存在一致性。

二、作为决策者的旅游者

从"作为决策制定者的旅游者"的角度，主要研究旅游者使用他们获取的信息来制定旅游活动决策的方式。这里所说的旅游者可以是个人，也可以是群体。他们可能以个人身份活动，也可能作为集体成员进行活动。

（一）参考群体

参考群体（reference group）就是对个人评价、期望或行为具有重大相关性的事实上的或想象中的人或群体。一个人的行为至少在以下三个方面受到他的参考群体的重大影响：

（1）参考群体使一个人受到新的行为和生活方式的影响。

（2）参考群体还影响个人的态度和自我观念，因为人们通常希望能迎合群体。

（3）参考群体产生一种趋于一致的压力，它会影响个人对实际产品和服务的选择。

（二）家庭

家庭（family）是社会生活的基本自然单位，也是一个单独的、最重要的闲暇群体。在家庭的旅游决策制订过程中，夫妻双方的考虑各有侧重，并且根据各自的努力和力量对决策施加大小不同的影响。儿童对家庭旅游决策的影响范围正在逐渐加大。

（三）角色

角色（role）就是一个人在特定社会和群体中占有的适当位置，社会和群体规定了角色的态度和行为模式。

一个人在一生中会参加许多群体——家庭、俱乐部以及各类组织。每个人在各群体中的位置，可用角色和地位来确定。角色是一个人所期望做的活动内容，角色也是周围的人对一个人的要求，即一个人在各种不同场合中应起的作用。

每一角色都伴随着一种地位。人们在购买产品和服务时，往往结合自己在社会中所处的角色和地位来考虑。实际上，一个人的每一个角色都将在某种程度上影响他的购买行为。

三、旅游者和文化、亚文化

"旅游者和文化"主要研究文化对旅游者行为的影响。这些影响包括旅游与文化价值观及生活方式的关系，营销活动与体育、艺术及其他耳濡目染的流行文化形式的关联。"旅游者与亚文化"通过将旅游者看做较大的社会结构的一部分，进一步扩展研究的视野。这个结构包括旅游者所属的或所认同的不同社会群体的影响，包括社会阶层、种族群体和年龄群体。

（一）文化

文化（culture）可视为一个社会的个性。它不仅包括一个群体所生产的物质产品和提供的服务，而且包括它所重视的抽象观点，如价值观和道德观。文化是一个组织或社会成员共有的意义、仪式、规范及传统的累积。

旅游者的文化决定了他对不同活动和产品的整体重视程度。在旅游市场上，与文化的偏好合拍的旅游产品和服务，更有可能被旅游者所接受。

（二）亚文化群体

每一文化都包含着能为成员提供更为具体的认同感和社会化较小的亚文化群体（subcultures）。亚文化群体包括社会阶层民族亚文化群体、宗教亚文化群体、种族亚文化群体、年龄亚文化群体和地域亚文化群体等，有时甚至休闲活动也能发展成为一个亚文化群体。每个消费者都同时属于几个亚文化群体。

社会阶层（social classes）是在一个社会中具有相对的同质性和持久性的群体，他们是按等级排列的，每一阶层成员具有类似的价值观、兴趣爱好和行为方式。

一切人类社会都存在着社会阶层，它有时以社会等级制形式出现。不同等级的成员都被培养成一定的角色，而且不能改变他们的等级成员资格。社会阶层不仅受收入的影响，也受其他因素的影响，如职业、受教育情况和居住地等。社会阶层的不同，表现在衣着、说话方式、娱乐爱好和其他许多特征上。在旅游市场上，各社会阶层的旅游者显示出不同的产品偏好和品牌偏好。

总之，影响旅游者行为的因素是多方面的，图 2-2 概括了影响旅游者行为的主要因素。

讨论和研究图 2-2 中的诸因素，可以了解和掌握影响旅游者行为的一般规律，从而有利于为旅游市场的开发、旅游企业的经营管理和服务制定相应的对策。这在后面的章节里将详细探讨。

图 2-2　影响旅游者行为的因素

复习与思考

1. 解释下列概念：
（1）常规决策；（2）扩展性决策；（3）瞬时决策。
2. 旅游者的常规决策、广泛性决策及瞬时决策之间有什么差异？
3. 了解旅游者的决策方式有什么实践意义？
4. 影响旅游者行为的因素有哪些？

即测即评

案例分析

案例 1

长城脚下的尴尬一幕

来自美国的大卫先生已 60 多岁了，在与中国的 H 公司进行业务交流之余要登一登著名的万里长城。H 公司特意聘请某旅行社的年轻导游小李陪同。来到八达岭长城下，考虑到大卫先生已年过六旬，小李就非常殷勤地进行搀扶。没想到此举却令大卫先生大为不快，他不客气地说："李先生，如果我没有能力自己登上长城，我今天就不会到这里来了！"

讨论：小李的服务态度不能说不"好"，可为什么反而令大卫先生不满呢？

案例 2

谁 是 胜 者

我所在的 N 学院，每年都组织老师外出旅游。旅游方式是我们事先选定目的地和行程路线，然后再请旅行社负责组织。经营同一条旅游线路的旅行社有很多家，我们就在与多家旅行社洽谈的基础上选定一家。那么谁将赢得我们这 60 多人的一个大团呢？这取决于旅行社派谁以及如何同我们进行洽谈。我们 3 月份的那次小浪底—王屋山两日游，就连续找了三家旅行社方才谈妥。

A 旅行社派来的业务员手里拿了一摞各旅行社的价目表，一再强调 A 旅行社的定价是同行中最低的，比其他旅行社的定价低 20 元/人。而当我们问及详细的服务标准，如坐什么车、乘什么船、派什么导游时，他都没能及时做出明确回答。这难免使我们对 A 旅行社的服务产生疑虑。一年中难得集体出游这么一次，我们考虑的重点显然不在于多花或少花 20 块钱。

B 旅行社派来的业务员显然是一个生手，他似乎远没料到我们会问那么多那么细的问题，如几点几分到达哪里？在哪儿吃饭最合适？年轻人爬山需花多长时间？年龄大的人又需要多长时间等。他对一些细节问题不甚明了，所带的资料也很不充分，就一趟又一趟地返回旅行社准备资料。最后，经过几个来回的折腾，总算以其诚恳、热情打动了我们。我们就问了最后一个问题："如果让你们带团，你们会为我们派一个什么样的导游？"这小伙子不假思索地回答："谁负责联系的团队，谁就当导游。"显然，在这最后的关口，B 旅行社败下阵来。

第三个与我们洽谈的是 C 旅行社的业务员，他似乎对我们可能问及的所有问题都早有准备。在准确流利地一一解答了我们所关注的问题之后，他补充道："你们是高等院校的老师，又是这么大的一个团队，我们将派出我社资历最深的优秀导游来为你们带队……"

最后，我们选中了 C 旅行社。

讨论：我们为什么选 C？

案例 3

狼 孩

1950 年，美国牧师辛格在印度加尔各答森林的狼窝里发现两个裸体的小孩，大的七八岁，小的约 4 岁。辛格将她们带到孤儿院抚养，给大的起名叫卡玛拉，小的起名叫阿玛拉。起初发现他们像狼一样生活，用四肢行走，怕与人接触，怕光怕火，白天藏匿，夜间活动，爱吃生肉，嚎叫等。辛格夫妇费了很多力气，试图使她们适应人类的生活。结果是：阿玛拉 2 年后去世；卡玛拉 2 年后才学会直立，3 年后才会艰难地行走，4 年中只学会 6 个单词，听懂几句简单的话，7 年内才学会 45 个单词，勉强能说几句人话，学会在晚上睡觉，17 岁左右去世；其智力最终只相当于 3~4 岁的孩子。

讨论：请分析社会环境对人心理的影响。

第二编

旅游者心理

第三章 旅游知觉

学习目标

学完本章,应该能够:明确感觉、知觉的定义;阐述影响旅游者知觉的因素;了解知觉的基本心理学原理和旅游者的知觉过程;掌握旅游者对距离、旅游地及旅游交通的知觉。

本章主要术语

感觉(sensation)
知觉(perception)
知觉选择(perceptual selection)
适应性(adaptation)
知觉防御(perceptual defense)
知觉栅栏(perceptual barrier)
刻板(或定型)(stereotyping)
知觉失真(perceptual distortion)

旅游者作为一个决策者,其行为都出自一系列的决策。这些决策包含着选择,即从两个或两个以上可供选择的方案中选择其中一个方案的行动过程。旅游者选择对象时所做的主观判断有赖于许多因素,其中最重要的是对每个对象的知觉及它是否具有满足旅游者需要并为旅游者所认识的能力。因此,对知觉的理解是学习旅游心理学的一个重要开端。心理学的研究表明,知觉过程是解释各类行为的一把万能钥匙。

这一章论述知觉及其在旅游行为中所起的作用。首先,将确定感觉、知觉的定义,讨论影响旅游者知觉的因素,讲述知觉的几个基本心理学原理。之后,考察旅游者的知觉过程,并研究这个过程是怎样影响人们对旅游现象的知觉的。最后,将讨论旅游者对距离、旅游地及旅游交通的知觉。

第一节 知 觉

一、知觉世界与行为环境

人的行为的产生首先有赖于他对他所生活的环境的看法，而这种看法是通过感觉、知觉作用产生的。因此，也被称为"知觉世界"或"认知世界"。

当月亮接近地平线的时候看起来比它当空时要大一些，而事实上，月亮并不会因起落而改变大小。实际上，人所认识的世界与客观存在的真实世界之间存在着一段距离。人所认识的世界是以自己的看法构成的，而行为往往是由此引起的，休闲、旅游行为也不例外。例如，有人运用休闲时间去运动，而不去听音乐会，有的人选择到某地旅游，而不选择其他地方，客观上某地并不见得比其他地方更好些，但他却认为某地最好。这种直接影响人类行为的知觉世界称为"行为环境"，以区别于外界存在的客观环境。

心理学的研究表明，世界上没有任何两个人的行为环境是相同的。

二、知觉过程

听演讲时，或许你会发现注意力并不集中。这一刻你正专注于演讲者的演讲，而下一刻你就可能会做着白日梦，幻想着即将到来的周末了。直到你意识到你正漏掉一些重点时，你才又将注意力转回到演讲上。

像计算机一样，人们在输入并储存刺激时也会经过信息处理的几个阶段。然而，与计算机不同的是，人们并非被动地处理所获得的全部信息。首先，人们只会注意到周围环境中的一小部分刺激，而其中，更少的一部分刺激会得到处理。而且，即使那些真正进入到意识中的刺激也未必能够得到客观的处理。对刺激含义的解释因人而异，因为人会受他个人独特的偏好、需要及经验的影响。

图3-1演示了刺激的选择及解释的几个阶段，给出了知觉过程的概况。

图3-1 知觉过程

三、感觉与知觉

在心理学领域里，感觉不仅最早被研究，而且研究得最多。感觉（sensation）是人的感觉器官对于光、色、声、味等基本刺激的直接反应。感觉是较为简单的一个层次，它只觉察刺激的存在，并立即分辨出刺激的个别属性。而知觉（perception）是诸如光、色、声、味等感觉被挑选、组织和解释的过程。知觉是较为复杂的另一个层次，它不仅觉察到刺激的存在及其重要属性，而且知道该刺激所代表的意义。

感觉虽然是一种简单的心理现象，但它在人的心理活动中即起着极其重要的作用。一切较高级、较复杂的心理现象，都是在感觉的基础上产生的。感觉又是人认识客观世界的第一步，人只有通过感觉，才有可能逐步认识客观世界。

感觉和知觉都属于人对客观事物的直接反映，但是又有区别。感觉是对事物个别属性的反映，而知觉是对事物各种不同属性、各个不同部分及其相互关系的综合反映。例如，对园林中的亭台楼阁、假山喷泉、花草树木、拱桥平湖等各个不同部分，将其相互联系综合反映在头脑中，就产生"优美的园林"这样一个具体形象。任何事物都是由许多个别属性所组成的，没有反映事物个别属性的感觉，就不可能有反映事物整体的知觉。因此，感觉是知觉的基础，知觉是在感觉的基础上产生的，与感觉有有机的联系。事物的个别属性不能离开事物的整体而独立存在，所以在实际生活中，人都是以知觉形式直接反映事物，感觉只是作为知觉的组成部分而存在于知觉之中，很少有孤立的感觉存在。

人的知觉过程可以在一瞬间发生，但没有任何两个人能以绝对相同的方式看世界，他们看到的事物总是不同的。几个人在一起看到同一事物，各自的看法和解释也不会相同。例如，对于前往国外的一架飞机上的旅游者、旅游组织者、机组人员以及在机场上望着飞机逐渐远去的旅游者的亲友来说，其含意是截然不同的。

四、感觉系统

外界的刺激或感觉的输入，可通过多种渠道获得。例如，人们能够看到广告牌，听到广告短歌，摸到开司米毛衣很柔软，尝到菜肴的口味，或是闻到酒的味道。人的五大感觉器官接收到的信号构成了原始信息，这些信息可以产生许多类型的反应。

感觉输入能引起历史性意象，即曾经发生的事情会被再次忆起。幻想性意象则是对感觉信息产生的一种崭新的、想象性体验的反应结果。这些反应是消费者与产品相互作用的多种感觉、幻想和情感方面的重要组成部分。通过感觉系统接收到的信息，决定了人们对产品作何反应。

下面简单介绍一些感觉刺激的商业应用途径。

（一）视觉

很多商家在广告设计、营业场所的设置及产品包装上，都非常倚重视觉因素。营销信息的视觉因素常常充分表明一种商品的属性。通过对商品的规格、风格、明亮度及区别于其他竞争商品的特色等的介绍，商品的价值就通过视觉渠道得到了传递。

颜色的象征价值和文化意义非常丰富。在许多营销战略中，颜色都居于中心地位。在考虑广告、包装、甚至营业场所装饰上，颜色的选择都是非常重要的。有些颜色（尤其是红色）易使人兴奋，而有的颜色（如蓝色）则使人情绪平和。颜色能够引发积极或消极情感的力量，使其成为广告设计中的重要考虑因素。

（二）嗅觉

气味可使情绪激动，也可使情绪缓和，它们能引起回忆或是缓和压力，人们对气味的一些反应，源于气味与他们早期经历的联系。例如，婴儿粉（baby-powder）的香型之所以经常在香水中被采用，是因为这种气味能唤起人们对舒适、温暖和喜悦等感觉的记忆。

（三）听觉

声音的许多方面都会影响消费者的情感和行为。在消费者行为中，有广泛用途的两大研究领域是：背景音乐对情绪的作用和讲话速度对态度变化及信息理解的影响。例如，饭店、餐馆、商场的背景音乐能创造适宜的购买情绪；导游通过改变语速以增强说服力和感染力等。

（四）触觉

相对而言，对触觉刺激影响消费者行为效果的研究较少，但日常观察表明这一感觉渠道也很重要。

触觉信号具有象征意义。人们将织物及其他产品的质地与产品属性相联系，通过对衣料、寝具或室内装潢品的材料感觉，来判断其华丽程度及质量，是粗糙还是光滑，是有弹性还是无弹性。光滑的丝织品是豪华的代名词，而斜纹棉布则被认为结实耐用。

（五）味觉

味觉感官有助于人们对许多产品感受的形成。所以，饭店的餐厅、餐馆、食品店总是忙着开发新味道的食品来迎合消费者不断变化的口味。

第二节　影响旅游者知觉的因素

知觉的形成虽然有赖于来自感觉的信息，但是知觉的过程并不是感觉的延伸。个体对于感觉器官所获得的外来刺激都要加以主观的解释和组合，才能形成知觉。心理学目前的研究表明，影响知觉的诸多因素可分为刺激因素和个体因素两类。

一、刺激因素

刺激因素，即刺激本身所具有的特点，如大小、颜色、声音、结构、形状和环境等。人们不是孤立地对待一种刺激，而是倾向于从刺激与其他事件、感觉或形象的关系出发对待它。许多知觉原理都描述了刺激是如何被察觉并被组织的。

面对每天接触的300~600条商业信息，典型的消费者运用分离的、有时是矛盾的刺激来进行某种形式的知觉组织。知觉组织意味着消费者将多种来源的信息组成一个有意义的整体以便更好地理解和处理它。

组织的基本原则是组合，这意味着消费者将各种不同的刺激作为一个有组织的整体来感知。这样的组织简化了信息处理并为刺激提供了一个整合意义。这些原理建立在 gestalt 心理学的基础上。gestalt 是德语词汇，大意为全面的形态或完整的形式；通常 gestalt psychology 译作完形心理学。完形心理学派的创立人是德国的韦德海默尔·马克思。由于完形心理学提供了一个将广告信息整合为一个整体的解释框架，完形心理学的原理被直接应用于营销策略。广告促销、价格水平、分销渠道和品牌特性都是营销计划不可分离的要素。它们被看作一个整体并产生了一个完整的品牌形象。简要地说，"整体大于其各部分之和"。

知觉整合的原则是基于完形心理学的基本假定，即人们组织知觉以形成一幅完整的对象图画。知觉整合是将许多部分的刺激组织成一个有组织的整体的过程。电视荧幕上的画面是一个很好的例子。实际上，它是由成千上万的小点组成的，但人们将这些整合成一个内聚的整体，以使荧屏上的画面与真实世界相差无几。

知觉整合最重要的原理是闭合原理、相似原理、接近原理和图形场地原理。

（一）闭合原理

闭合原理（principle of closure）是指当一个刺激不完整时感知者填补缺失元素的倾向，即人们倾向于根据以往的经验填补空白，如图 3-2 所示。消费者有完成一个完整画面的渴望，并能从依靠自己使一个信息得以完整的过程中获得一定的满意。在消费者从一个模糊广告中得出自己的结论的过程中，完整化原则在起作用。一项研究显示，一个不完整的广告可以提高对这项信息的注意和回忆（唤醒）。研究者安排一组消费者看一个完整的广告，而另一组消费者看被截掉结尾的广告。不完整的广告比完整的广告多产生了 34% 的回忆。

这个原理解释了为什么大多数人辨认霓虹灯信号时毫不费力，即使其中一两个字母或文字已被烧坏，也解释了为什么大多数人都能够轻而易举地将不完整的信息补充完整。同样，在人们仅听到部分的广告短歌或主题时，闭合原理也起作用。例如，"上有天堂，下有苏杭"这句话已为人们所熟悉，只要说出上半句，人们自然会想到下半句话。

图 3-2 闭合原理

闭合原理在营销策略中的运用是鼓励消费者参与，增加人们处理信息的机会。

（二）相似原理

相似原理（principle of similarity）是指人们在感知各种刺激物时，容易将具有相似自然属性的事物组合在一起，即将相似的物体集成系列，从而产生一个统一的整体。在图 3-3 中，根据图形的形状、颜色的相似，人们很自然地将其看成是彼此隔开的实心圆和正方形的竖行，而不是由实心圆和正方形组成的水平横行。

同样，许多旅游者倾向于把江西的庐山、安徽的黄山和浙江的天目山视为同一类型的旅游地，尽管这三个地方各有其独特之处，但人们还是认为它们同是高山避暑胜地；有些人往往容易把美国人、加拿大人、英国人混为一谈，也就是因为他们的长相、语言、举止很相似的缘故。

图 3-3 相似原理

（三）接近原理

接近原理（principle of proximity）是指人在感知各种刺激时，彼此相互接近的刺激物比彼此相隔较远的刺激物更容易被组合在一起，构成知觉的对象。这种接近既可以是空间上的接近，也可以是时间上的接近。观察图 3-4 中的小鸟，人们很快就会按距离的远近把它们看成两组。

图 3-4　接近原理

同样，人们倾向于把彼此地理位置接近的旅游点，如杭州、上海、苏州、无锡、南京等视为一个游览区。

大多数广告通过将产品与接近于产品的积极符号和形象相联系，从而运用接近原理。

（四）图形—场地原理

图形—场地原理（figure-ground principle）又称背景原理，是指刺激的一部分居于主位（图形），而其余部分退为背景。只要想一想，一幅照片中间的焦点物体（图形）总是清晰明确，居于主导地位，一眼就可以看见，那么就很容易理解这个概念。轮廓部分是被视为图形，还是背景，会随个人及其他因素的不同而不同，如图 3-5 所示。

消费者倾向于在背景中观察一个物体。广告的布景将影响对产品的感知。例如，消费者可能对两种不同媒介中的同一广告做出十分不同的感知。一项研究中，一则广告被分别放入声誉高的杂志和声誉低的杂志。很自然，消费者将声誉高杂志上的广告排在比声誉低杂志上的同一广告高得多的等级上，这说明了媒介背景直接影响了对这则广告的感知。

图 3-5　图形—场地原理

背景中最重要的原则就是图形和背景。完形心理学认为，在将刺激组织为一个整体的过程中，个人会将突出的刺激（通常是处于前景的形象）从不突出的刺激（通常是处于背景中的形象）中区分出来。图 3-5 的下面部分描绘了图形和背景的原则。这幅图片可以被看作暗色背景上的一只高脚杯图形或两个在明亮背景上的人头的侧面像图形。广告人员寻求确保产品是图形，而布景是背景。

确定整体中什么部分是图形和什么部分是背景，这会极大地影响消费者感知刺激的方式。在设计营销信息时，应用图形—场地原理，就可以将刺激依需要设计成信息的中心，或是陪衬焦点信息的背景信息。

（五）其他刺激因素

人们往往对自己周围世界的某种刺激物的大小、形状、声音、色彩、运动等比较熟悉，当其他一些刺激因素出现时，如果这些刺激因素和人们所预料的差别较大，就容易引起人们的注意而成为知觉的对象。例如，大的刺激物比小的刺激物容易引起人们的注意。人们游览苏州虎丘时，首先注意到的就是高耸的虎丘塔，而下面的奇石异景就成了知觉的背景。震撼的音响、高昂的声调、强烈的色彩，比轻微的响动、低沉的声调、轻描淡抹的色彩更能引人注目。例如，一个颜色醒目的广告要比色彩平淡的广告更引人注意，运动的刺激物要比静止的刺激物更有吸引力，贵州的黄果树瀑布要比山间的一个平静湖面更引人注目。

二、个体因素

奥尔波特（G. W. Allport）假设知觉经验的方向受心境、态度、价值观念、需要以及类似的中间变量的影响，那么个体因素对知觉就显得十分重要。

人对环境中某些事物的知觉较为简单，对于一支铅笔知觉的分歧可能是非常小的。然而对其他许多事物知觉上的差别就大得多了，旅游者对旅游环境的知觉尤为明显。研究表明，没有两个旅游者以完全相同的方式感知一架喷气式飞机、一个旅游地或一张旅游广告。

由于旅游环境是一个复杂的知觉环境，因此在对旅游环境中的一些客体、活动以及旅游项目的知觉，个体因素起着极其重要的作用。影响旅游者知觉的个体因素主要包括兴趣、需要和动机、经验和期望、个性、社会地位等。

（一）兴趣

知觉可以选择，人们所选择的知觉与人们所关心的事物是密切相关的。换言之，兴趣能帮助人们在知觉事物中排除毫不相干或无足轻重的部分。兴趣是人积极探究事物的认识倾向，这种认识倾向使人对某种事物给予优先注意及产生向往的心情。研究表明，对旅游感兴趣的人对旅游广告的感知远远超过对其他广告的感知。

一个计划到广州旅游的人，对广州的有关消息就特别敏感，而对其他城市的消息就不大关心。同样，打算来中国旅游的人，对中国新闻的注意程度也会远远超过对其他国家新闻的注意。一个常乘飞机的旅游者，比不常乘飞机的旅游者更容易注意航班及其票价的变化。此外，由于个人需要和兴趣在不断变化，以前被忽视的因素也可能重新被给予注意。

（二）需要和动机

人的生理需要和心理需要对感知各种刺激有着极大影响。例如，由于饥渴而奄奄一息的人会"看到"并不存在的食物和水。

对于那些对旅游感兴趣的人来说，尤为重要的是心理需要。一些人类学家和心理学家认为，人类有强烈的探索需要，这种需要仅仅用冒险尚不能充分概括，因为人类的大多数探索是没有明显的实用价值的。尽管一些动物也有这种好奇的本能，但它们探索的目的往往是为了寻求新的食物来源。人类从降生那天起，就不断地进行探索，以不断扩大自己的视野，即知觉环境。人的探索除了物质需要的原因外，还有智力需要的原因，仅仅从书本和由别人传授获得知识对人而言是不满足的，必须自行寻觅知识的源泉。

人的求知需要与旅游行为以及旅游地的选择有密切的关系。在人类致力于登月旅行的诸多原因中，最重要的原因是人类以前从未涉足过月球。同样，旅游者选择的旅游地大都是自己从未去过的地方，这几乎对所有的人来说都是十分充足的选择理由。

因此，这种求知的需要使人们对那些从未去过的地方的知觉被涂上各种色彩。例如，尚未去过的旅游地会使人产生一种神秘的、奥妙莫测的感觉，尽管人们头脑中对这些地方也会有一些印象，但是人们意识到这种知觉是不完整、不充分的知觉。

此外，知觉在极大程度上受着强烈的、瞬间的需要或动机的影响。在西方发达国家，由于激烈的竞争、高度自动化的操作和强化劳动，以及大都市人口拥挤、噪声污染等，使人的心理状态极度紧张，因而会产生一种摆脱心理紧张的强烈需要。这种摆脱需要往往由环境的改变来实现。当这种需要足够强烈时，能导致知觉畸形化。例如，本来距离遥远的旅游地，现在突然变得似乎近在咫尺，费用似乎也不算高了，去那里旅游变得更迫切了，从而导致某些人冲动地做出旅游决定。

人们对社会地位的心理需要影响了对旅游环境的知觉。很早以前，只有少数有地位的人定期去旅游，别人把他们看成是有闲阶层，随之旅游便成了地位的象征，旅游过的人就是有地位的人。现在世界上的发达国家中，几乎每个人都有足够的钱和闲暇时间去进行旅游，所以问题不在于人们是否去旅游了，而是看去什么地方旅游，怎样去，在那里待多久，采用什么旅游方式以及旅游的具体内容等。这些才足以显示不同的地位。

旅游环境中有许多代表地位的象征物。例如，飞机上的一等舱有别于二等舱，火车上的软卧有别于硬卧，五星级宾馆有别于汽车旅馆，打高尔夫球有别于打乒乓球等。人们对这些差别十分敏感，他们往往会把选择一个座位同选择者的地位联系起来。

（三）期望和经验

人们对旅游的知觉还受过去的经历和期望的影响。从某种意义上来说，一个人总是去感知他所期望的东西。知识和经验在这里起着重要的作用。人在感知事物时，与该事物有关的知识经验越丰富，感知内容就越全面，也就越能接受这个事物。例如，当一个旅游者从关于杭州的旅游广告以及曾去过这一地方的朋友的经历中得知了杭州的情况，形成了关于钱塘江观潮、保俶塔和三潭印月，以及花港观鱼、柳浪闻莺等旅游景点的知识和间接经验，这对旅游者的真实感知将起关键作用，因为这些知识和间接经验决定了他的注意，他必定对钱塘潮、三潭印月、柳浪闻莺、保俶塔倍加关注，而可能忽略了九溪十八涧和龙井等景点。

（四）个性

一个人的个性体现在他与其他人的个别差异和他的行为的连贯性上。个性影响着一个人对周围客观事物的组织和感知方式，个性的实质是个体所具有的独特的、稳定的心理特征的总和。一个人的个性对旅游现象的知觉有很大的影响。例如，一个有专断个性的旅游者，几乎不多加考虑交通手段和旅游地的选择，他们的个性通过缩小极为有限的选择对象从而影响他的知觉。

从使用交通工具的情况可以看出个性对旅游者选择交通工具的知觉影响。一般来说，乘飞机的旅游者非常活跃、大胆而自信，有的还显示出强有力的领导倾向；乘火车的旅游者则不那么大胆，而显得消极被动，对安全的需要特别强烈。因为一般人认为乘飞机是冒险的，而乘火车最安全。

（五）社会地位

一个人的社会地位大部分是由一些象征所构成，这一点在旅游环境中尤其明显。各种不同的旅游方式、不同的旅游地、不同的休闲活动，甚至旅游本身都具有一定的象征性。

社会一般以财富、技能和权力来划分阶层。从一个人的收入、受教育程度以及职业，可以判断他所属的社会阶层。同一阶层人的价值观念是类似的，他们的行为方式也往往趋向一致。

皮埃尔·马蒂诺（Pierre Martineau）在《社会阶级和消费行为》一文中，列举了美国社会中等阶层和下等阶层之间的主要情况对比，如表3-1所示。从表中可以看出，这两个社会阶层的态度和价值观念是怎样影响知觉的。

表 3-1 美国不同社会阶层的价值观念与行为模式

中等阶层	下等阶层
1. 面向未来	1. 面向现在和过去
2. 有长远的眼光	2. 生活上和思想方法属目光短浅
3. 多为城市人	3. 多为乡下人
4. 强调理性	4. 基本上是非理性的
5. 对世界的认识清晰而完整	5. 对世界的认识模糊而条理不清
6. 眼界开阔，毫无限制	6. 目光短浅、局限
7. 有较强的选择意识	7. 选择意识较弱
8. 自信、乐于冒险	8. 对安全极为关注
9. 思想方法非物质化和抽象化（重视思想的）	9. 思想方法具体化和直觉化（重视物质的）
10. 感到与国家大事休戚相关	10. 世界围绕家庭小天地转动

（Pierre Martineau，1958）

中等阶层由于视野比较开阔，对旅游很感兴趣，他们把旅游看作探索大千世界的一种方式。下等阶层由于对世界的看法有局限性，认为远距离的旅游没有必要。对他们来说，理想的度假方式是去离家不远的地方旅游。他们把家庭看作自己的城堡，里面摆满了沉重的用具和昂贵的家具，以此作为安全的象征。尽管如此，他们的知觉仍可能改变到渴望成为中等阶层成员的程度，在这种情况下，旅游可以成为证实他们成为上流社会成员的一种象征形式。中等阶层对物质不大感兴趣，他们并没有象征安全的需要，乐于把钱花在像旅游这样的无形商品和服务上。

（六）其他个体因素

影响旅游知觉的个体因素除了上述几个方面外，还包括人口统计方面的因素，如收入、年龄、性别、职业、家庭结构、国籍、民族和种族，还有态度、信仰、心境和记忆等。

年龄对旅游知觉起着重要作用。比如，年龄较大的空巢家庭的中等阶层成员对旅游的感受，就和以前与子女生活在一起的时候有所不同，现在，经济上已经有了保障，自己一生的奋斗目标也许已经达到，或变得不那么重要了，因此，就以新的眼光来看待旅游了。

第三节　旅游者的知觉过程

尽管生活在"信息社会"中，对一件事情会了解到许多信息，但消费者常因此而处在一种感觉超负荷的情形中，即被施加的信息过多，已超出了他们能够或愿意处理的范围。

曾在吵闹、拥挤的酒吧呆过或有过数小时的参加聚会经历的人会感到有必要定时走出去休息一会儿。相似的，当消费者被迫要从成百上千的竞争品牌的广告中筛选所需商品时，他也会有被淹没、窒息的感觉。并且，对消费者注意力的争夺正稳步加剧。据估计，消费者每天受到大约 300～600 条信息的"轰炸"，广告的广播数量在过去 25 年里已增加了两倍以上。

由于大脑处理信息的能力有限，消费者总是非常有选择地注意信息。知觉选择（perceptual selectivity）过程是指人们对于施加给自己的信息，只是注意其中的一小部分。消费者实际尊崇一种心理经济模式，挑选并选择刺激。因为人们的注意力和瞬间记忆是有限的，而且，人们是带着某种特定的态度去看待某种情况的。所以，对事物进行观察、注意、理解和记忆的时候，必定具有很高的选择性。事实上，知觉通常可以说成是一种连续过滤外界刺激的过程。从环境中来的信息，首先可能被注意到，然后加以解释并和其他知觉综合。如果它对以后的行为产生影响，就必定会保留一段时间。

一、接触

接触（exposure）是人们在其感官接收范围内对刺激注意的程度。消费者集中注意某些刺激，而忽视其他刺激，甚至竭尽全力忽视某些信息。

（一）选择性接触

经验是获得刺激的结果，它是决定给一个人所收到的特定信息何种接触程度的因素。在消费者过去经验基础上产生的知觉过滤器影响着他们决定去处理哪些信息。

警惕性是选择性接触中的一个因素。消费者更易于注意与他们的当前需要有关的刺激。这些需要或许是有意识的，或许是无意识的。以前很少注意汽车广告的消费者，当他正在市场上寻觅新车时，他就会很留意汽车广告。报纸上快餐店的广告，在其他时候会被忽视，但当一名学生在下午五点钟才会下课的课堂中间瞥见它时，它会变得很醒目。同样，一个想在假日里外出旅游的人，就会注意平时不大留意的旅游广告。

（二）适应性

影响接触程度的另一个因素是适应性（adaptation），即消费者长时间持续注意刺激的程度。当刺激是如此常见，以致无法再引起消费者的注意时，适应性就产生了。一个人走进有空调的房间、充满香气的花房或一个吵闹的聚会，过一段时间后将不再注意适宜的温度、香气和吵闹声。当消费者对刺激习以为常后，要想引起其注意就必须不断加大刺激的"剂量"。例如，当一幅广告牌刚刚立起来时，也许会引起正在上班途中的消费者的注意，但时间一久，广告牌就会成为路边风景的一部分，再也不会引起注意了。

一般来说，以下几个因素会导致适应性。

1. 强度

低强度刺激易被适应（如轻柔的声音或暗淡的色彩等），因为它们的刺激冲击力较小。

2. 持续性

需要较长时间接触，才能得到处理的刺激易被适应，因为它们需要较长的注意时间。

3. 辨别

简单的刺激易被适应，因为它们不需要注意细节。

4. 接触

经常遇到的刺激易被适应，因为接触频率增加了。

5. 相关性

无关紧要的刺激易被适应，因为它们没能吸引注意力。

二、选择性注意

注意(attention)是心理活动对一定对象的指向和集中。所谓指向是指每一瞬间心理活动有选择地朝向一定事物，并且比较长久地保持在所选定的对象上。注意的指向性显示了人的认识活动的选择性。集中是指心理活动离开一切无关的事物深入到所选择的对象中去，并且也是对与对象无关的、甚至有碍的活动的抑制，从而使选择的对象得到鲜明、清晰而深刻的反映。指向和集中是彼此紧密联系的，没有指向就没有集中，而指向是通过集中才明显地表现出来的。注意的对象既可以是外部世界的物体和事件，也可以是自己的行为或观念。

注意不是一种独立的心理过程，它是伴随着心理过程而存在的心理现象。当人们感知什么的时候，也就是在注意着什么。注意在人的实践活动中起着很重要的作用，它可以由某种客观事物引起，也可以由内部刺激物引起，当客观事物和内部刺激物对于人具有一定意义的时候就会引起注意。注意使人能及时反映客观事物及其变化，更好地适应周围环境。

从消费者心理学的角度来看，注意是消费者在其接触范围内对刺激的关注程度。当消费者仔细观察一则电视广告、一个在货架上的新产品或一辆在展厅的汽车时，注意就发生了。

影响人们感知注意的因素有客观刺激物的特点及个体因素。客观刺激物的特点是指刺激物的强度、刺激物之间的对比关系、刺激物的活动变化及刺激物的新异性等。个体因素是指个人对事物的需要、兴趣和态度、个人的情绪状态和精神状态等。

既然人们不能感受一切，人们的注意就变得有选择了。有选择的注意是知觉防御的一种形式。所谓知觉防御(perceptual defense)是指把那些无关紧要的事物，或那些在个性上和文化上难以接受的事物拒之于门外。例如，可能大多数乘客不再注意飞机上的安全设施，其部分原因是他们不再把航空旅行想象得那么危险。旅游者去国外游历所注意到的是游览胜地、饭店住宿条件和餐饮情况，除此之外，可能就很少注意到别的东西。

一个旅游者的兴趣会有助于他过滤掉不相干的或有危险的外界刺激。一位临时决定要在旅游地租辆汽车的旅游者，就比旁边一位已经旅游了一星期，并盼望和家人团聚的旅游者，更加注意飞机上的杂志中有关这种汽车服务的广告。同样，一个人正考虑去一个离家不超过一两天旅程的地方度假，以便在那儿得到休息和娱乐，而另一个旅游者正在考虑去欧洲度假，相比之下，后者当然要比前者更多地注意有关欧洲的广告。

旅游者解决他所面临的超负荷刺激的另一种方法就是利用笔、纸、照相机、摄像机、录音机等辅助手段来储存刺激信息，用以延长注意过程。它们把当时没法注意的事情用语言或图案的形式记录下来，使人们能回过头来再重温一遍。如果有兴趣，还能尽量推断出一个物体或事件的意义，或从中得到充分的享受。这一点有助于解释为什么在旅游者中这么流行使用照相机和摄像机。摄像机使得一些形象化的印象得以储存起来，以便过些日子再观赏。

当然，有些外界刺激偶然会迫使人们引起注意，比如响声、颜色、运动、强烈的对比及新奇的事物等。

还应记住，尽管人们倾向于把注意力主要集中在有关日常生活方面，但是，假期旅游却和这种倾向有些背道而驰。假期旅游为人们提供了一种自由，可以去感受先前没注意到的外界刺激物。许多人喜欢游览新的地方，结识新的朋友。这意味着人们已意识到，如果降低自己的知觉栅栏（perceptual barrier），人们就能得到更多的享受，学到更多的东西。然而，对大多数人来说，这种知觉自由（perceptual freedom）却被限制在一年中的两三个星期之内。假期旅游作为扩大知觉范围的一种经历，对于丰富人们的生活越来越有价值了。

三、理解

事实表明，尽管一个人注意到外界一种刺激，并对它引起重视，但并不一定能客观地理解它。从这个角度来看，知觉同样可被认为是一种主观过滤过程。人们对一种外界刺激的解释往往出于自身的需要、态度和兴趣，并且，还出于人们为了对付周围复杂的世界而要经济地运用感受力这种需要。

对刺激（诸如人、行为、物体和事件等）进行分类、概括称为"刻板"（stereotyping）或定型，即对人、行为、物体和事件的认识是根据"陈规旧习"得出的。按惯例，客机头等舱的乘客很快就被列为首席执行官、社团负责人和富裕的社会名流，或者是独自旅游的富翁。这样，通过刻板，人们就可以以有限的信息或暗示为基础，把分了类的外界刺激装进头脑。

这种过程大大节省了知觉的工作量。因为分类判断仅仅需要少量的信息，但是刻板也往往会出现以偏概全的现象，因为信息未能得到充分利用，人们只"看"到那种由他们自己创造的"陈规旧习"。此外，用以形成知觉判断的那些有限的信息对分类未必适用。例如，德国人经常被错误地认定是意志坚强的、咄咄逼人的、执拗的、爱喝啤酒的人。这不仅对德国人是一种损害，对那些由于自己的偏见而看不到德国人或德国的某些东西的人，也是一种损害。

对旅游企业来说，刻板有可能增强或减弱人们对它的产品或服务的知觉。例如，一个旅游者在一家饭店里碰到一个板着脸的、心不在焉的服务员，他就会认为这家饭店的服务都是冷冰冰的、不友好的、外行的。这个例子说明，由于以环境中有限的信息为基础，旅游者就得出了一个明显错误的分类结论。

一般来说，人们总是趋向于避免接触那些对立的或不一致的信息。他们所寻求的信息是那些与其信念相吻合的，而不理睬那些不相吻合的信息。然而当一个人所面临的外界刺激与其态度、价值观或原有信息发生冲突时，他对外界刺激的解释有可能与客观事实相违背。也就是说，这种解释有可能扩大其中的某些特性，而缩小或忽略另一些特性。之所以发生这种现象，是因为人们要使外界刺激更符合其自身的爱好与信念。这样的过程被称为"知觉失真"（perceptual distortion）。

知觉失真现象特别容易在一个消费者接受广告信息时发生，它至少有三种表现形式：
(1) 曲解和误解广告，使其与自身态度相一致。
(2) 带有偏见性地抵制广告信息与信息来源。
(3) 接受广告中切实的信息，无视诱导性的广告。
以上三种表现形式，都与消费者的态度、原有的知识、实践经验有关。

由此看来，接触到一种外界刺激，比如一个人、一件物体、一个事件或一幅广告，并不等于说这种刺激会被客观地加以解释。那些带着对立观念的人，就有可能将之完全曲解为另外一种信息。显然，喜欢标准化住宿设施的旅游者，就不大会曲解设备齐全的大型饭店集团所做的广告。

一般说来，当刺激物越模棱两可、越复杂时，人们就越想看到他主观上想看到的东西，因而感知刺激的机会就大大增加。广告的宣传就是运用了知觉的理解性这一心理效应。研究表明，广告中使用中等程度的模糊信息是最优的。

四、选择性保持

保持（retention）是记忆的基本环节，它是巩固已获得的知识和经验的过程，是再认识和回忆的前提。

一般来说，一个人总是把与自己的需要、价值观念及心理倾向相联系的信息存储在记忆中，而与需要、价值观念及心理倾向无关的信息则会很快被遗忘。此外，还有一些事实可以证明，当人们接触到的信息与他们的态度、癖好及生活方式相一致时，就会产生非常精确的记忆。

可以认为，那些不喜欢全国性联营饭店的旅游者会遗忘这些联营饭店所做广告上的具体情况，甚至，还有可能记不起是否看到过。对广告上的具体项目，在接触过以后便迅速地一点点被遗忘。这也许反映了大多数消费者对过量广告所持的冷漠态度。

只有那些被保留下来的知觉，才能对继之而来的行为产生影响。例如，一个旅游者第一次游览国内一个大城市，住在该城市一家饭店，恰逢该饭店发生火灾，而他幸免于难。这个经历就会在他头脑中清晰地保持许多年，甚至终生难忘，形成了他对这个城市一切知觉的基础。而那些游览这座大城市的愉快经历却会被遗忘。

由此可见，人们的心理倾向引起有选择的接触，有选择的注意、理解和有选择的保持。而这些现象反过来又增进原有的心理倾向。也正是由于这个原因，许多广告信息被一再重复，以增强原有的看法。然而，如果想引起哪怕是一点点知觉上和态度上的变化，即便不是不可能，至少也是一项非常困难的任务。

第四节 距离知觉

旅游活动是在三维空间和时间中进行的。因此，旅游既能用时间来计算，也能用距离来度量。事实上，许多人是用时间来计算距离的。比如，去一趟邮局需要一刻钟，飞到北京需要三小时，去广州乘火车要两天等等。

对时间和距离的知觉直接影响旅游者的旅游行为及其态度。例如，当一家人开着车从南京到杭州去旅游，他们每个人都知道或听说一路上大约需要六小时。然而，这一家的每个成员对这六小时的知觉即是不同的。对习惯于驱车跑远途的父亲来说，六小时并不觉得很长；对母亲来说，六小时被看做"一整天和孩子一起待在车里"；而对孩子来说，这却意味着踏上了一趟没完没了的旅程。

研究表明，距离知觉对旅游行为及其态度的影响有两方面的意义。首先，它对旅游起阻止作用；其次，它又反过来促进旅游。

一、距离对旅游的阻止作用

地理学家将距离对旅游的阻止作用称为"距离的摩擦"（friction of distance）。意思是旅游必然要付出一定的代价，包括经济上的代价、时间上的代价、机会上的代价、体力上的代价以及人们从一地到另一地而引起的情绪上的代价。当然，这些代价本身阻碍了旅游。因为，如果人们不能从旅游中得到足以补偿这些代价的益处，旅游是不可能进行的。这些代价的摩擦作用阻碍了旅游。

随着距离的增大，旅游的代价也增加了，似乎旅游的可能性也随之减小了。这个道理有助于解释为什么在国内旅游的人要远比去国外旅游的人多，近距离旅游的人远比远距离旅游的人要多。

二、距离对旅游的促进作用

距离知觉还有另外一种现象却在和距离的摩擦相抗衡，并促进旅游。研究发现，遥远的目的地因为远，对旅游者特别有吸引力。例如，对于两个旅游环境大致相同而距离不同的旅游地，尽管在这两个地方度假的旅游者都能干同样的事，享受到同样的乐趣，然而，只是因为其中一个旅游地更遥远而特别有吸引力。由此可见，在距离摩擦作用使旅游者选择较近的目的地的同时，另有一种竞争力量把旅游者吸引到了更远的目的地。从心理上说，遥远的旅游胜地所产生的朦胧感与神秘感不仅给人以更多变化的希望，而且还给人以更多的、所需要的、新奇和多样性的希望。在不考虑巨大的、不可想象的经济代价的情况下，所有这些理由都会使人们觉得在家乡附近游乐永远代替不了去遥远的异邦度假旅游的愿望。

三、距离的知觉失真

人们对于所居住和旅游的这个世界的地理位置，往往会产生知觉上的失真现象。由于旅游者在对生活方式、文化和气候的知觉上存在很大的差异，较远的旅游地往往被看得与其实际距离不相符。这类地理位置上的知觉失真，会影响旅游者的旅游需要。例如，他对旅游地的选择等。同时，还会影响他对某个特定旅游胜地的满意程度。

第五节 旅游地知觉

当一件物体或某一事件被感知的时候，通常被列入同一类物体和事件中。百慕大只是许多不同的旅游岛屿之一，并且也是一个更大的范畴中的一部分，这个范畴可以称之为旅游地。

一位旅游者在选择旅游地时，他必须在一系列可供选择的对象中选定一个。这就迫使他去比较。这些比较是以个人对每个选择对象的知觉为基础的，而个人的知觉又是以某些决策标准为依据的。因此，如果要了解一个人是怎样做出旅游决策的，就必须知道这些决策的标准是什么，以及个人如何认识他所面临的各种选择对象。

一、影响旅游地知觉的因素

严格地说，没有两个人对一个旅游地的看法是完全相同的。人们的知觉既有选择，又有所不同。其区别不仅存在于个人之间，而且也存在于国家之间、地区之间。影响旅游者对旅游地知觉的因素大致有以下几点：

（1）旅游者原有的经历和价值观念。

（2）对旅游地的知觉失真。比如害怕、激情、偏见等心理因素，都可能在对旅游地的知觉失真中起一定作用。

（3）旅游者对旅游地仅掌握较少量的信息。例如，一个外国人只能接触到少量的有关中国的信息，遗憾的是这些信息又往往是由新闻机构提供的。外国人对中国的旅游胜地的了解，一般只限于四五个主要地方，像北京、西安、九寨沟或神农架，还有两三个有趣的地方，仅此而已。

二、旅游者评价选择对象的标准

为了理解对旅游地的知觉怎样影响旅游者对旅游地的选择，有必要知道一位旅游者从哪些方面来评估可供选择的对象，也就是他的决策标准是什么。例如，夏季驱车旅游者用来评估可供选择的地区性旅游地的两个关键性的标准是：①拥挤程度；②风景。一般来说，驱车旅游者喜欢游览一个风景如画的地方，并希望那里不拥挤、工业设施少。

可供选择的对象在地理上的鲜明性，也是旅游者选择的标准之一。一些国家和地区，之所以运用完形心理学原理中的接近原理和图形—场地原理来促使人们去旅游，就是为了提高该国家或地区在地理上的鲜明性。例如，澳大利亚旅游委员会为了提高澳大利亚在地理上的鲜明性，把它包括在南太平洋地区之内。1964年，澳大利亚动员了新西兰、斐济、塔希提岛和新喀里多尼亚一起为南太平洋地区做宣传。到了1970年，这项联合宣传对澳大利亚来说，明显成功了。去澳大利亚旅游的美国游客，平均每年递增21.1%。而在同一时期内，美国公民去海外旅游的人数每年平均只增13%。很明显，澳大利亚把自己置于南太平洋地区这项策略非常有效。澳大利亚的策略，就是运用了完形心理学原理中的接近原理与图形—场地原理来提高它在地理上的鲜明性。

第六节　旅游交通知觉

旅游交通是指旅游者抵达旅游地所采用的交通工具，包括飞机、火车、轮船、汽车等。对国际旅游者来说，飞机是最主要的交通工具。因此，对客运班机的知觉直接影响他们对旅游的知觉，从而影响他们的旅游决策。

一、旅游者对航空公司的知觉

旅游者选择航空公司的这一类决定也说明了知觉对旅行者的影响。由于不同飞机之间的差别比较微小，很难分辨，因此，选择飞机比起选择旅游地要更难一些。例如，尽管百慕大与夏威夷在许多方面是相似的，但其区别还是相当明显，足以使旅游者对这两个地方产生不同的知觉。然而，你能看出两家航空公司的差异吗？还有，你能看出在同一航线飞行的波音747与波音727飞机之间的区别吗？

各种不同飞机之间的差别之所以难以区分，是由于它们所起的基本功用从本质上讲是相同的。旅游者对某航空公司的偏爱与航空公司所使用的飞机型号几乎没有关系。

一项研究表明，一位旅游者对客运班机的选择，主要与以下四个因素密切相关：①起飞时间；②是否按时抵达目的地；③中途着陆次数；④空中服务员的态度。而乘客人数和机内娱乐这两个因素并不能有效地影响乘客对班机，包括对飞机类型的看法。

此项研究的发现至少有两个重要意义。首先，时间的价值对一个航空旅游者来说是非常重要的。事实上，这比飞机的类型和娱乐条件更为重要。这一点对度假者和出差人员来说都一样，后者更甚。乘客希望在最合适的时刻起飞，并按时到达目的地。他们更喜欢直达班机，是由于它通常不会在途中耽搁时间。

其次，机上服务员的态度也相当重要。相互竞争的航空公司除了航班时间上的不同以外，很难再找出它们的区别。两者飞往同一个目的地，价格又接近，这样，服务质量就显出其重要了。飞机乘客尤其重视热情、礼貌、友好的服务。因此，许多航空公司竭力为乘客提供最好的服务。

应当指出的是，知觉形象并不是固定不变的，它随着时间而变化。在某些情况下，它能在很短的时间内发生变化。一家航空公司如果在服务方面起重大变化，并同时加以大力宣传，那么，其形象也会迅速发生变化。

二、旅游者对其他交通工具的知觉

影响旅游者对火车、汽车及轮船的知觉因素大体上同航空旅行一致。

影响旅游者对火车的知觉因素主要有五点：运行速度、发车和抵达目的地的时间、是否准时正点运行、中间停靠次数以及车上服务质量。

对于乘汽车的旅游者来说，首先考虑的也是时间因素，如发车时间和抵达目的地的时间以及运行的速度。其次是汽车功能和舒适程度。第三是服务质量。汽车的运行与公路路面状况密切相关。因此，公路状况也是旅游者乘坐汽车所考虑的重要因素。

20世纪初，轮船是当时人们漂洋过海的唯一交通工具。到了20世纪下半叶，随着空运的兴起、铁路运输的复苏，海上客运逐渐衰退，绝大多数长途客轮消失，只有大宗货物运输还继续占有一席之地。

由于轮船速度较慢，因此速度并不是影响旅游者对其知觉的重要因素。通常乘船旅行时间都比较长，旅游者对轮船的安全和舒适程度非常重视。此外，旅游者也很注重轮船的休闲娱乐设施、服务项目以及船上服务员的态度等。

上述观点由2003年9月25日试航的、当时世界上最大、最高、最豪华的客轮——"玛丽女王2号"（英文简写为QM2）所证实。

历时17个月建造、耗资达8亿美元的"玛丽女王2号"由英国库纳尔德航运公司投资，由法国重工业巨人阿尔斯通集团下属船厂制造。她创造了客轮史上的几个第一：她的吨位为15万吨，除1 250名船员外，可搭载2 600多名乘客，是有史以来吨位最大、载客量最大的客轮；她的船身长达345米，比3个足球场加在一起还长，是世界上最长的客轮；她的高度为72米，相当于23层楼高，是最高的客轮。

"玛丽女王2号"令人神往的不仅仅是她的体积，她也是当今世界上最豪华的客轮。船上有14个各种风情的酒吧和俱乐部、6个流光溢彩的豪华餐厅、5个游泳池、1个可容纳1 000名观众的剧院、1个图书馆、1个舞厅，还有2 000个浴室、3 000部电话，并陈列着数百件艺术作品。客轮上绝大多数都是豪华双人舱，在这总计1 310个豪华双人客舱里，全部都设有私人健身房和小阳台，由高级服务人员提供专门服务，如果有客人喜欢在海上望星空，"玛丽女王2号"还为他们提供了一个天文馆。

截至2017年9月，世界最大最豪华的邮轮为皇家加勒比海洋魅力号，该邮轮重225 282吨，载客量5 412人，由皇家加勒比国际邮轮公司于2010年制造，由于比同公司海洋绿洲号长约5厘米，因此成为目前世界上最大的邮轮。这艘邮轮为图库尔船厂建造的一系列世界上大型邮轮中的第二艘。第一艘是海洋绿洲号，两艘邮轮堪称姐妹船。

据调查，每年约有1 000万人乘游船度假，其中约有80%来自美国。自从"9·11"事件发生后，美国人比其他国家和地区的人更注意出行和度假的安全。事实上，业内人士认为，乘游船度假的潮流之所以正在大西洋两岸国家方兴未艾，另有一个重要原因是临近退休的富裕人群在不断增长。

据世界旅游城市联合会邮轮分会发布的《世界邮轮旅游城市概况及中国邮轮旅游发展报告》显示，2016年，中国所在的亚太地区邮轮旅游的人口渗透率为0.09%，而居世界第一位的美国为3.49%；全世界邮轮旅游人数为2 400万，过去20年年均增长约8%；中国过去5年接待邮轮游客翻了三番多，从2011年的47万人增长到2016年的441万人，年均递增50%以上(2016年增长率为82%)。如果有一天，中国邮轮旅游的人口渗透率达到目前美国的水平，则年邮轮旅游人数就是今天全世界的2倍(接近5 000万人)。与此同时，邮轮制造、邮轮经营和维护管理等产业也必然会同比例发展，其所需要的资金、技术、设备、物料、人力等投入，其所创造的收入、效益和就业机会，都将大幅度增长。

因此，完全可以相信，中国邮轮经济将会成为世界邮轮产业和海洋产业的新蓝海。

复习与思考

1. 解释下列概念：
(1) 感觉；(2) 知觉；(3) 完形心理学；(4) 接触；(5) 适应性；(6) 注意；(7) 知觉防御；(8) 刻板；(9) 知觉失真；(10) 距离的摩擦。

2. 阐述完形心理学的基本原理。

3. 谈谈旅游者的知觉过程，以及这些过程是如何影响旅游行为的。

4. 知觉往往被称为一种过滤过程，那么这种过程是怎样起作用的？影响过滤方法的因素有哪些？

5. 以亲身经历说明对旅游现象的知觉远比对其他事物的知觉更复杂。

6. 为什么说遥远的旅游地仅仅因其遥远而具有一种特别的吸引力？

即测即评

第四章　学习与旅游行为

学习目标

学完本章，应该能够：明确学习的定义；了解行为学习理论和认知学习理论；掌握旅游者减少觉察风险和购买后疑虑的学习；说明旅游者学习的过程。

本章主要术语

学习(Learning)
"手段—目的"链(means-end chain)
察觉到的风险(perceived risk)
功能风险(functional risk)
心理社会风险(psychosocial risk)
购买后的失衡(post-purchase dissonance)
满意者(satisfied)
最佳者(optimizers)

在旅游活动中，旅游者既是消费者，又是问题的解决者。旅游者所面临的各种各样的旅游问题，会由于个人因素和环境因素的原因而随着时间发生变化。这种情况会促使旅游者改变过去的行为来适应这种变化。学习的过程就是旅游者适应自身和环境的变化的过程。

在这一章，首先明确学习的定义，讨论行为学习理论和认知学习理论。然后将讨论旅游行为的学习，主要是旅游者对旅游消费、减少觉察风险和购买后疑虑的学习。最后，将考察旅游者学习的过程。

第一节 学习与学习理论

一、学习

在人类社会，人类的全部行为都包含着某种形式的学习。个体的行为随着时间推移常会改变，这种改变往往是学习的结果。人在面临障碍及解决问题的过程中所表现出来的行为也都受到学习过程的影响。

在旅游活动中，旅游者既是消费者，又是问题的解决者。一个旅游者如何解决各种各样的旅游问题，如去什么地方旅游、什么时间去、怎么去、逗留多长时间、选择什么样的饭店住宿、如何安排活动项目，等等。所有这些问题，会由于经济上、心理上、社会上、文化上的多种原因，随着时间变化而变化。这又会促使人们改变过去的行为来适应这种变化。正如不同的旅游产品和旅游服务的价格有涨有落一样，人们的收入也在浮动。人们的动机和知觉也在变化。并且，人们随着年龄的增长，会发现自己的行为也发生了变化。上了年纪的人发现他们再也不能爬山，或者不能忍受游者如云的旅游点拥挤、嘈杂的混乱状态。这些生理上、心理上发生的变化和人们生活环境的某种变化，都迫使人们改变自己的行为，以持续达到所期望的目标来适应环境，这个适应也就是学习，学习在这个过程中起了主导作用。人们要了解新的目标，以及达到这些目标的新途径，要学会适应生活和适应人们所居住的这个世界的新方法。

学习（learning）是指由经验产生的行为中相对持续不断的变化。这种经验不一定是直接学习得到的，甚至在没有专门去学习时，人们也能学到知识。例如，消费者知道许多品牌名，能哼出许多产品的广告曲，甚至是那些他们自己从来就不用的产品的名称和广告曲。这种偶然的、无意识的知识的获得被称为偶然学习。人们对世界的认识是随着自身不断接触新事物和不断接受到过去的信息反馈而加以调整的。其中，人们可以利用过去信息的反馈来改变将来在其他相似情况下的行为。

学习这个概念包括很多方面，从消费者对一个刺激物，如一件产品（可口可乐）和一个反应（如使人振奋的软饮料）的简单联想到一系列复杂的认识活动（如在一次考试中写一篇学习报告），都属于学习的范畴。研究学习问题的心理学家提出了许多理论来解释学习过程。这些理论有的只关注简单的刺激反应之间的联结，有的则侧重于把消费者作为复杂问题的解决者——能通过观察他人行为来学习抽象的规则和概念。

一般来说，学习的起因有以下几种：环境缺乏某种需要的物质或自身面临着欲达到目的而不得不克服的障碍，或者某一有机体缺乏对某一情境做出反应所需要的技能。例如，婴儿缺乏满足自身需要的运动技能，导致产生彼此冲突的反应倾向，表现出好奇与恐惧。

二、学习理论

在消费者学习过程的理解上分为两个学派：行为学派和认知学派。

行为学派（behaviorist school）认为学习是对外部事件做出反应的结果。行为学派开创了两种学习理论：经典条件反射理论和工具性条件反射理论。经典条件反射理论把行为看作初始刺激（社会成功）和次生刺激（牙膏、除臭剂或肥皂的品牌）紧密相连（接近）的结果。工具性条件反射理论把行为当作消费者对购买行为满意程度的函数。满意则导致强化，提高再次购买的可能性。

认知学派（cognitive school）把学习看做问题的解决，强调学习所带来的消费者心理状态（如消费者态度和渴求利益）上的变化。在这方面，认知学派对学习的阐述更为紧密地围绕复杂决策的框架展开。但是，这一概念与习惯有关，因为复杂决策在消费者对品牌比较满意并且长期反复购买时可能会导致常规性购买。图4-1显示了学习的认知和行为两个学派，在行为学派内，还分为经典条件反射理论和工具性条件反射理论两个类型。对这三种学习理论的讨论将在下面进行。

图 4-1 学习理论类型

（一）行为学习理论

行为学习理论（behavioral learning theories）认为学习是对外部事件做出反应的结果。倾向于这种观点的心理学家不关注内心的思想过程。相反，他们把思想当作一个"黑箱"，强调行为的可观察方面。行为的可观察方面包括进入箱子的事物（即刺激，或从外界感知的事件）和从箱子里出来的事物（即反应物，或对这些刺激的反应），如图4-2所示。

图 4-2 行为论者对学习的透视

这种观点可用两种主要的学习方法来表示：经典性条件反射和工具性条件反射。通过学习，人们得知他们的行为会导致奖励或惩罚。这种反馈反过来会影响他们将来在类似情况下的行为。例如，选择了某种产品并得到赞赏的消费者会更愿意再次购买那种产品，而那些在一家新餐馆食物中毒的消费者就不太可能再去光顾那家餐馆。

1. 经典性条件反射

当一种引起反应的刺激与另一种自身不能引起反应的刺激一起出现时，就会发生经典性条件反射(classical conditioning)。过了一段时间，第二种刺激会因为它与第一种刺激在一起而产生与第一种刺激相似的反应。俄国的心理学家巴甫洛夫(Ivan Pavlov)在一次给狗喂食的试验中首次发现了这一现象。

巴甫洛夫通过把一个中立的刺激(铃)与一个能引起狗分泌唾液的反应的刺激(他把干肉末塞进狗的嘴里)放在一起产生了经典性条件反射。肉末是一种无条件刺激(UCS)，自然就能引起反应。经过一段时间后，铃变成了条件刺激(CS)，它一开始不能引起狗唾液分泌，但每次只要铃响，狗就得到食物，因此狗学会了把铃声和肉末联系在一起，只要一听到铃响就流口水。狗的这种一听到铃声就联想到喂食的反应，就是条件反射(CR)。

由巴甫洛夫发现的这种经典性的条件反射的基本原理主要应用于能自动控制的(如分泌唾液)反应和神经系统(如眨眼)。也就是说，他关注引发饥饿、口渴或其他肉体感觉的视觉和嗅觉提示。当这些提示持续不断地与条件刺激，如品牌一起出现时，消费者在条件刺激下受到这些提示后就会产生饥饿、口渴或其他的感觉。

经典性条件反射对更复杂的反应也产生同样的效果。甚至一张信用卡也可以成为激发更多消费的条件提示，特别是当它是一种仅在消费者花费货币的情况下提供的刺激时。人们得知当他们使用信用卡时能够买更多的东西，他们也发现使用信用卡比使用现金可以节省小费的支付。

若条件刺激和无条件刺激受到好几次同等的提示，条件反射更容易发生。重复的行为加强了刺激反应之间的联结，防止这些联结在记忆中消失。

如果条件刺激(CS)只是偶尔与无条件刺激(UCS)放在一起，条件反射可能不会发生或需要很长的时间才能发生。这种缺乏联结的结果导致记忆消退(extinction)。当以前的条件反射的效应逐渐减弱直至消失，就会发生消退现象。例如，当一件产品在市场上开始泛滥，以至失去了它最初的吸引力，就发生了消退。有着明显的鳄鱼纹章的衬衫就是这种效应的一个极好的例子。当最初唯一的鳄鱼标志开始出现在小孩的衣服上以及其他商品上，它就失去了它以前的市场地位，很快被别的产品所取代。

下面介绍刺激泛化和刺激辨别两个概念。

(1) 刺激泛化。刺激泛化(stimulus generalization)是指某种条件刺激能引起某种反应，并且与这种条件刺激相似的刺激也能产生相同的现象。例如，巴甫洛夫在后来的实验中，注意到狗在听到与铃的响声相似的声音(如钥匙碰撞发出的声音)时，有时也会分泌唾液。人们对其他相似刺激的反应会和他们对原始刺激的反应大致相同。某药店故意把一种不知名的漱口液的瓶子堆在一起，使它们看上去像是某种知名的漱口液，消费者对这种不知名的漱口液会产生与对知名的漱口液相同的反应，认为这种看上去相似的产品也具有最初选择的知名产品的特点。

(2) 刺激辨别。刺激辨别(stimulus discrimination)是指当与条件刺激相似的刺激并没有一个条件刺激伴随时，反应会逐渐减弱并很快消失。学习过程的一部分就是使某种反应只能在某个刺激下发生，而不能在其他相似的刺激下发生。拥有名牌产品的制造商常敦促消费者不要购买便宜的复制品，以免失望。

2. 工具性条件反射

工具性条件反射(operate conditioning)，也称操作性条件反射，是指个人学习去做那些能产生正面结果的行为而避免产生负面结果的行为。这种学习过程是心理学家斯金纳

(Burrhus Frederick Skinner)提出的。他通过对想要的行为进行系统的奖励的方式来训练动物跳舞、打乒乓球以及做其他活动。

经典性条件反射的反应是不自觉的并且相当简单,而工具性条件反射的反应是为了获得既定的目标有意做出的,可能比较复杂。通过一段时期的学习可以得到想要的行为,在这一过程中被奖励的中间行为称为塑造(shaping)。例如,一家新店的店主可能会给光顾商店的顾客一些奖励,希望他们以后会继续光顾并最终购物。

另外,经典性条件反射中两种刺激是紧密相连的,而工具性学习是对期望行为奖励的结果,经过一段时间后,许多未被强化的其他行为不断地被尝试并被放弃。理解工具性学习不同于经典性学习的一种有效的方式是:在工具性学习中,进行某种行为是因为它是有利的,即能带来奖励,避免惩罚。记住这一点,消费者在以后就会联想到奖励他们的人,选择使他们感觉愉悦或能满足他们某种需要的产品。

工具性条件反射在下述三种情况下发生:①环境以奖励的方式提供正强化(positive reinforcement),加强了反应并使消费者做出适当的行为。例如,一个妇女喷了迷人的香水后得到了赞赏,这位妇女就得知使用这种产品会得到渴望的效果,她以后会更有可能继续买这种产品。②负强化(negative reinforcement)也会加强反应,并使消费者做出适当的行为。例如,一家香水公司也许会做这样一个广告:一个妇女在周六的晚上独自一人待在家里,原因是她没使用该公司的香水。广告传递的信息是:只要她使用了这种香水,她就可以避免这种负面结果。③与人们做某事是为了避免不高兴不同,惩罚是指一种反应导致了不愉快的事件发生(如喷了一种味道难闻的香水而被朋友嘲笑)。当惩罚发生后,消费者就不再重复这种行为。

要理解这些机制之间的差异,首先要清楚一个人在环境中对行为的反应可以是正面的也可以是负面的,并且产生的结果可以应用或转移。在正强化和惩罚的情况下,一个人的行为都会得到一个反应。与之不同的是,负面强化是当负面结果得以避免时才发生的。负面结果的转移是一件令人愉快的事,消费者会因此得到奖励。最后,当人们不再得到正面结果,就可能发生消退,已经建立的刺激反应联结将不能维持。

因此,正的和负的强化都会加强反应和结果之间的未来联系,因为这两种强化作用都会带来愉快的经验。而在惩罚和消退情况下,反应和结果之间的联系会减弱,因为它们带来的是不愉快的经验。通过图4-3,可以更清楚地理解这四种类型之间的关系。

图4-3 四种类型的学习结果

工具性条件反射的一个重要的方面是规则的建立。通过规则，每一个行为都有相应的适当的强化类型。对旅游服务经销人员来说，什么是最有效的强化制度是一个重要的问题，因为它关系到旅游企业为了得到期望的消费行为而必须奖励消费者的物力和财力的数量。

下面介绍四种强化类型，它们是固定间隔的强化、变动间隔的强化、固定比率的强化和变动比率的强化。

(1) 固定间隔的强化。固定间隔的强化(fixed-interval reinforcement)是指强化之间的时间间隔是固定的。在一特定的时期后，已做出的第一个反应会带来奖励。在这种情况下，人们会在强化刚刚过去的时间里反应很慢，而在下一个强化即将来临时迅速做出反应。例如，消费者会在季节性降价的最后一天蜂拥而入一家商店，在这次降价刚过去而下次降价未来临这段时间里不再光顾那家商店。

(2) 变动间隔的强化。变动间隔的强化(variable-interval reinforcement)是指强化之间的时间间隔围绕着某一均值变动。由于消费者不知道强化什么时候会发生，他们必须持续不断地做出反应。零售商的"秘密的购物者"战略正是应用了这种原理——"秘密的购物者"称将不定期地检查服务的质量。由于店员不知道什么时候会有检查，他们必须维持高标准的服务质量。

(3) 固定比率的强化。固定比率的强化(fixed-ratio reinforcement)是指强化只在一个固定数目的反应之后发生。这种机制促使人们持续不断地进行相同的行为。例如，一个消费者可能会持续在同一个商店购物，因为收集500个该商店购物凭证就可以得到一份奖品。

(4) 变动比率的强化。变动比率的强化(variable-ratio reinforcement)是指一个人知道自己的行为在一定数量的反应之后会得到强化，但他(或她)却不知道需要进行多少这样的行为。在这种情况下，人们经常会以一个很高并且很稳定的频率执行反应，但这种类型的行为很难辨别。这种强化机制可用于解释消费者对"吃角子老虎"(一种赌具)的兴趣。消费者知道只要他们不断地往机器里投钱，最终会赢得奖品。

(二) 认知学习理论

认知学习(cognitive learning)是思考过程的结果。相对于行为学习理论，认知学习理论强调内部的思考过程的重要性。这种观点认为人们会积极地利用从周围世界得到的信息来适应他们所处的环境。这种观点的支持者，同时也强调学习过程中的创造性和洞察力。

1. 意识问题

围绕着人们是否和什么时候意识到他们的学习过程这个问题有许多争论。行为学习专家强调的是规律、条件的自动性，而认知理论的支持者认为即使这些简单的效应也是以认知因素为基础的。形成这样一种预期——一种刺激一定会伴随发生一种反应——进行思考。根据这种学派观点，条件的产生是因为事件实现了意识假设并作用于它们。

有一些证据表明，人们是可以通过非意识过程得到知识的。人们通过无意识的消极的活动至少能获得一些信息，这是一种被称作"无意识"的条件。例如，人们在接触新的人或产品时，通常会依据已有的知识对刺激做出反应，而不是费力去形成一种不同的反应。人们的反应是由促发因素激活的，促发因素是指能引导人们选择一个特定模式的刺激。例如，在一次试验中，如果有一个迷人的女士(促发因素)在场，男士会评价广告中的汽车有许多优点，尽管事实上男士可能并不认为女士的存在起了作用。

因此，许多现代的心理学家开始把一些条件的实例当作认知过程，尤其是条件中所形成的预期是联结刺激和反应的。实际的试验中，因为试验对象很难得到条件刺激（CS）或无条件刺激（UCS）的联想，会经常用到隐藏效应（masking effect）。例如，一位少女发现无论在电视中还是在现实生活中，香气袭人、穿着迷人的女士通常会得到赞赏，由此她认为她若喷了香水、着意打扮，得到社会承认、赞许的可能性会更大。

2. 观察学习

观察学习（observational learning）又称代理性学习，是指人们通过观察他人的行为并记录以得到强化的过程。这种类型的学习是一个复杂的过程。人们在积累知识时要把他们所观察到的东西储存在记忆中，以便把这些信息用于指导今后自己的行为。这种模仿他人行为的过程称作模型化（modeling）。

如图 4-4 所示，观察学习以模型的方式出现时，涉及四种条件。

图 4-4　观察行为的组成要素

（1）消费者的注意对象必须是恰当的模型，这种模型由于吸引力、能力、地位或相似性而值得模仿。

（2）消费者必须记住模型所说的或所做的。

（3）消费者必须把这种信息转化为行为。

（4）消费者有动机执行这种行为。

（三）认知学习与行为学习的联系

很明显，认知学习理论与行为学习理论有很大的不同。因此，讨论这两种理论分别适用于什么样的营销状况是十分合理的。

由于行为学习理论几乎不强调思维过程和消费者的态度，所以该理论最适用于消费者认知性活动很少的情况。当消费者对产品参与程度很低时，行为性理论最可能起作用。根据工具性条件反射理论的观点，消费者在采购以前曾经买过的令他满意的产品时，以消极、不参与的状态进行更好一些。如果他们花费更多的时间用以搜寻有关香皂、牙膏或纸巾的信息，或许他们可以发现一个更好的品牌。但是，对许多产品来说，花费这样的时间和精力不值得。积极的强化可以产生满意，但是无论如何也不是最佳选择。

经典条件反射的原理也可以被用在低度参与的购买行为中。根据阿伦（Allen）和麦登（Madden）的理论，当消费者处在消极状态时，更容易建立产品和积极刺激之间的联系。例如，某一品牌的牙膏可能与美丽的微笑相联系，或某一品牌的尿布与心满意足的宝宝相联系，消费者对这些产品和信息可能根本不留意。但是，如果这些联系反复出现多次后，消费者就可能在商场中注意到这些品牌，而且会在这些积极联想的基础上购买。

认知性学习理论更适用于重要的和高度参与的产品购买行为。在高度参与的情况下，消费者通过信息搜寻和品牌评估过程解决问题。通过目的性行为完成目标更可能是针对汽车、服装或家具的购买而言，而不是牙膏、纸巾或除臭剂的购买。

第二节　旅游行为学习

某些旅游问题需要个人系统地评价可供选择的行动方案。精心、慎重而合乎逻辑的旅游决策体现了个人运用从过去的经验中学到的东西。一个习惯于每年夏季花两周时间驾驶家庭旅游车到一个从未去过的旅游胜地去旅游的人，也许会决定明年夏天不做这种旅游，因为他知道明年夏天汽油短缺，估计驾驶家庭旅游车长途旅行很可能会在远离家乡的地方耽搁若干时间。权衡利弊之后，他决定要么待在家里，要么乘飞机到某个度假胜地去。这个决定是根据新近得到的信息做出的，也是合乎逻辑的。因此说，只有懂得旅游行为是以个人获得信息为基础的，才能充分理解这些旅游行为。

其他一些习惯性的旅游行为也是学习的结果。如果一个人发现某些活动值得做，他就会去学。这个过程就是前面讲的条件反射。根据这一原则，只要某种行为有可能得到报偿，那么，个体就会以一定的方式对特定的刺激做出反应。

人的许多行为，无疑受这种学习方法的指导。例如，一个人知道，中午饥饿（刺激）时，到麦当劳餐馆去吃一餐（反应）就不会饿了（报偿）。换句话说，刺激和反应由报偿联系起来，当这种刺激反应联结经过多次重复后，第二天中午饥饿时，就越来越可能促使他想起麦当劳餐馆。不用多久，中午到麦当劳餐馆去用餐便成为习惯。一旦饿了，他便不假思索地向麦当劳餐馆走去。久而久之，到麦当劳餐馆去用餐也许不是因为饥饿，而是由于墙上的时钟到点引起来的反应。

驱车的旅游者可以通过尝试，知道假日旅馆能提供可靠的膳宿条件。例如，休息的需要（刺激）促使他去寻找假日旅馆膳宿（反应），结果是舒舒服服地过上一夜（报偿）。只要反应得到报偿，这个旅游者很可能会继续寻找假日旅馆。如果他是一个商务旅行者，也许会知道通过旅行社安排旅行计划可以节省相当多的时间。节省下来的时间便是报偿，而且只要他继续旅行（刺激）并得到报偿，他很可能继续利用旅行社的服务（反应）。

对许多人来说，旅游本身可能是一种习惯。例如，刺激或许是来自于长期的、连续不断的工作所造成的紧张状态。这个人知道旅游可以降低紧张程度，那么只要这种刺激反应行为带来满意的报偿，他就会继续旅游。这样，旅游可能成为一种习惯，只要看一看日历，就如同在节奏快、都市化、工业化的社会中生活和工作所造成的紧张状况一样，引起对旅游的强烈要求。

学习是一种普遍性的活动。正常人从诞生之日起便开始学习，一直继续，直到死亡。学习始终与运用新信息去解决现实问题联系在一起。甚至在人的情感情绪和自我意识及其整个个性的发展中，学习也起着重大的作用。学习涉及个人准则和策略的形成，这种准则及策略帮助和影响人们购买产品和服务。换句话说，人们学习如何到商店选购商品和接受服务，人们也学习如何去消费这些东西。旅游决策者通过了解最适合他具体要求的几种产品和服务来学会解决问题。动机和态度对问题的解决有相当大的影响，两者均可学会。

一、动机学习

动机是一种生理上和心理上的紧张状态。这种紧张状态会促使人们去行动,以缓解这种紧张。在第5章中将详细论述旅游动机。

差不多每个人一出生就有一种探索的需求,婴儿想了解父母和保姆以外的情况,儿童想探知他住处的邻里,成人想了解他的国家、外国、甚至别的星球。对于一些人来说,由于个人的经验,即那些往往是早年形成害怕陌生的经验,使旅游的基本冲动在相当长的时期里受到压抑。然而,有一点似乎是清楚的,即大多数人生下来就有了解他们周围环境以外的情况的需要。

除了探索需要这个基本的内驱力外,大多数其他旅游行为的动机则是后天学习得到的。例如,人对于地位的需要并不是生来就有的,而是通过学习才得知社会地位或职业地位可以给他以威望,受到他人的尊敬和崇拜,有助于建立他的自我形象。而且使他更能吸引对他来说重要的那些人物的注意。这种后天习得的对于社会地位的需求能对旅游行为,如选择旅游地、交通工具、食宿等产生很大的影响。同样,恐惧的动机也影响旅游行为,它阻碍了一些人乘飞机旅游,阻碍了另一些人到外国或遥远的旅游胜地去旅游。

由于这种需求和动机是学习得到的,使旅游行为不仅可能,而且实际上随着这些需求和动机的习得、未习得或以某种新的方式习得而起变化。相对来说,对地位的需求在人生较早时期就受到注意。但是获得地位的方式,却在人生各个阶段起着变化。地位的概念对于一个10岁的孩子和一个20岁的青年,或者一个65岁的人,显然不是一码事。就是在同一年龄阶段的人,地位的概念也有所不同。对某个人来说,到郊区植物园去旅游一次就是有地位了;而对另一个人来说,有地位意味着在严冬腊月到南方旅游胜地去过上一周;对其他人来说,有地位就是能去国外旅游。

一种具体的需求或动机也包括达到更大、更高或更全面的目标。换句话说,人们可以试图把所有可以学会的需求和动机分成层次。这种层次的实例在图4-5中加以说明。在图4-5中,位于手段目的链(means-end chain)顶端的是习得的消除或减轻焦虑的动机,这是在都市化、工业化社会中相当重要的一种动机。克服焦虑的一种方法就是把经过挑选的几组人组成一个群体,成为正式群体或非正式群体。这样可以增强个人的信心,得到尊敬和重视,并获得地位,以减轻焦虑。

图 4-5 习得减轻焦虑的动机的一种方式

旅游常常被认为是取得群体成员资格的一种方法,图4-5表明,解除焦虑——这一习得动机的一个方法就是组成适当的群体,而取得成员资格的一种方法,即另一种习得的动机,就是通过旅游。当旅游本身成为内在的动力和目的时,它也能作为充分满足其他需要的一种手段。

旅游者游览旅游胜地,可能是凭其声望、费用、舒适的环境以及其他因素,即第三组习得的动机来选定的。例如,旅游者因财力所限,必然导致旅游支出与其他开支发生冲突,这样,他可能放弃旅游或选择较近的目的地进行普通旅游。相反,收入较高者,则可能去远处或国外进行豪华旅游。

这第三组动机对于旅游营销人员特别重要,因为它属于旅游者个人用以估价可供选择的旅游产品和服务的标准。标准也可以通过学习得到,它说明,促进旅游者学习新动机也能影响旅游决策。

二、态度学习

态度在影响旅游行为中的作用将在第六章详细论述。关于态度的学习,这里着重讲述知觉、学习、个性、动机对形成态度的作用,以及在大多数情况下,态度对行为的影响。如果人们对旅游持积极的态度,他们便赞成旅游;如果人们对到外国去旅游持积极态度,在能做到的情况下,人们就会到国外去旅游。

一个人所持的态度是学习过程的结果。态度大部分是建立在他的信念和见解的基础之上的,而这些信念和见解又是通过家庭、学校、朋友、熟人、所属的群体、所生活的社会,以及向新闻媒介学来的。来自各方的影响给人们提供了形成其信念和见解的基本信息,这些信念和见解转而成为形成态度的基础。家庭、朋友、熟人还给人们提供了应该如何去观察、看待不同事物的范例,这些感受也有助于人们形成态度。

态度也可以通过人们所扮演的角色而习得。每个人在生活的各个阶段都担任着不同的角色。每个角色都是习得的,而且,学习本身就要求每个人对既定的角色形象采取适当的态度,人们通常都有选择一种特定态度的自由,而拒绝采取一种适当的态度,就意味着拒绝这一角色地位。例如,一个母亲在对待子女的态度上,不管是选择温和的爱还是选择权威性的爱,但总体上,要求她具有一种爱抚和关怀的态度,也就是适合于母亲这一角色的态度。孩子会向父母学习对旅游的态度,父母也会教他怎样去旅游。

教育是学习态度的一种有效方式。教育的价值就在于人们,尤其是父母和教师向年轻人传授态度,树立一个很好的榜样。而且在学校里教育还可以采取强制方式教学生学会读书学习,取得优秀成绩,准备上大学,以及认真考虑从事某一职业。显然,教育是十分重要的,这种学习的态度代代相传,人们继承得很好。态度对旅游行为具有重大影响。当旅游被认为是为有价值的教育目的服务时,本来不太可能成行的旅游,就较容易实现了。显而易见,教育是态度学习最有效的一种方式。

态度的学习也在很大程度上受知觉的影响。通过知觉,旅游者学会怎样归纳及怎样称呼事物。这一点已在第三章做了详细的论述。

态度的学习也受到社会、文化的影响。广泛的文化和社会变革使人们形成新的态度,并以种种方式来改变原有的态度。这些方式明显地影响了旅游行为。例如,近几年来,人们已经懂得以新的眼光看待家庭,这不仅可行,而且往往有益。社会不再强令父母为孩子的幸福做很多的牺牲。在前一代人的理念中,家庭团结、家庭成员行动上的一致是一个重要的价值观。而在今天,家庭成员各人做各人的事已广泛为人们所接受。父母更加意识到,他们需要有离开孩子、有互相分离的时间,孩子也需要有独立的时间。这种态度的变化就是学习得来的,而且,它会对旅游行为产生巨大的影响。例如,越来越多的夫妇现在不带孩子旅游,甚至单独旅游。

近年来,人们对妇女在社会中的角色的态度也发生了很大变化。由于大批妇女加入就业大军,尤其是加入管理者行列,她们需要做更多的旅行。反过来这就要求她们学习新的角色的工作,同时也要求她们学习伴之而来的态度。现在的妇女,外出旅游时再也不是由她们的丈夫为她们办理登机手续、住宿手续。相反,她们更有可能单独去旅游,并且,像其他旅游者一样,她们必须独自处理各种各样的与旅游有关的问题。应该指出,妇女与男性旅游者不同,她们有些独特的个人问题,使她们必须更加注意自己的人身安全。在单人客房里洽谈生意,对一个单独旅行的妇女有时可能不方便。这些特殊的问题和其他有关的问题极大地影响着人们的态度。并且,这些女性旅行者还推动了饭店、餐馆以及为她们提供服务的其他旅游企业的发展。

态度作为人们经验的一个结果也可以习得,并且可在购买和享受旅游服务中学习。例如,人们从他人、广告或其他渠道学习的内容,构成了他们对某一旅行社的初步态度的基础。可是,当人们同这家旅行社直接接触之后,就会证实或改变人们先前的态度,或者促使人们形成全新的态度。因此,直接的经验在人们态度形成中起着主要的作用。当然,人们产生的态度是直接接触旅游产品和服务的结果,受到人们的期望的影响。反之,这些期望又在学习怎么消费的过程中产生。

三、消费学习

(一) 觉察到的风险

撇开其他含义,学会怎样旅游就意味着一个人必须学会怎样辨别相互竞争的旅游产品和旅游服务。也就是说,他必须学会在旅游市场上做一个精明的购买者。作为一个旅游消费者,必须学会怎样估价相竞争的旅游产品和旅游服务,以及学会怎样对付包含在购买决策中的风险(risk)和不确定性(uncertainty)。人们还应记住,即使最有经验的旅游者,也要不断学习和改变他的旅游行为。这是因为旅游产品和旅游服务的价格在变;广告传递的新信息,即可以购到的具体的旅游服务也在变;旅游者的收入可能增加,消费得起过去无力消费的旅游产品和服务;人们还必须重新学习过去了解的,但已遗忘的旅游产品和服务。

经验学习是人们在旅游市场决策的心理结果。当人们发现一个旅游服务商标不同于另一个商标时,学习便开始了。人们通过经验学会怎样估价相竞争的联营饭店、航空公司、汽车出租公司和旅游胜地。人们也向朋友学习经验,并且共同运用那些经验。

对于人们怎样学会消费,以及这种学习又怎样对旅游者的行为发生影响这些问题,须强调风险和不确定性对人们在旅游市场上作决定的影响。风险和不确定性与个人所做的任何决定都恰好同时产生。我们认为,风险和不确定性尤其有可能在购买旅游服务的时候产生。消费者做的任何决定都很可能产生预想不到的后果,有时是令人非常不愉快的后果,由于结果与消费者的预想大不相同,这样,他作决定时,就可能察觉到风险(perceived risk)。当他租一辆小汽车时，他可能预感到车子会抛锚。冬季到南方旅游，有可能因为天气反常，持续一周严寒。甚至，当旅游者办理了预订饭店或航班的手续之后，他要冒"住不上"或"乘不上"的风险。旅游者打算去一个久负盛名的旅游胜地度假，但可能与他地位相同的人认为这个旅游胜地已经过时，这也包含着风险。

消费者需要学会如何去处理种种风险。为了理解旅游者如何减少风险，首先必须理解两种主要可觉察到的风险。罗伯逊(T. S. Robertson)把消费者可觉察到的风险分为功能风险(funtional risk)和心理社会风险(psychosocial risk)两种。

已购买的产品或服务可能不像预期的那样有效，就存在功能风险。租用汽车抛锚，飞机发生机械性故障不能在预定地点着陆，饭店里的空调失灵，这些都是功能风险的例子。

心理社会风险涉及产品或服务是否会增强个人幸福感，是否会丰富自我形象，以及是否会改善别人对他的看法等问题。服饰、汽车和许多旅游服务项目是一目了然的象征性产品，心理社会风险很大。例如，在以下情况里就存在着风险：到某旅游胜地作一次滑雪旅行，会引起一些关于他个人的闲话；或者在某旅游胜地旅行期间，可能会碰上某个丝毫不尊重他的自我形象的人。

一个人购买来的产品有可能不是在功能上便是在心理社会上不符合他的目标，那他就既浪费了金钱，又浪费了时间。由于有这种可能性，便有察觉到的风险。当产品是一种昂贵的产品(一辆新型汽车、一座新的住宅或一次费用很高的度假旅行)时，察觉到的风险可能令人非常不愉快。

卡普兰(L. B. Kaplan)把觉察风险分为功能风险、身体风险、经济风险、社会风险和心理风险五类。表 4-1 显示了消费者进行产品选择时所面临的不确定性和风险的类型。

表 4-1　消费者进行产品决策时面临的不确定性和风险的类型

风险类型	不确定性的类型
功能风险	1. 产品意味着什么 2. 产品是否适合 3. 产品性能比其他竞争的产品更好吗
身体风险	1. 使用中安全吗 2. 对他人有无人身威胁 3. 对环境有无危害
经济风险	1. 在我有限的资金中，是最合理的开支吗 2. 产品值得花这么多钱吗
社会风险	1. 我的家庭和朋友会赞成吗 2. 能使对自己来说意见很重要的人愉快吗 3. 与我认同的群体所应用的产品相似吗
心理风险	1. 应用这个产品，我会感到好过吗 2. 产品会引人注目吗 3. 值得这样做吗 4. 我做出了一个正确的决策吗

（二）觉察到风险的原因

与特定产品相关的功能上、心理社会上及经济上的风险，对消费者如何处理这些风险，以及如何尽可能协助消费者减少这些风险有重大的影响。一个人在购买业务中所感受到的风险可能有下列原因：

1. 不确定的购买目标

一个人虽然决定要去旅游，但对到什么地方去以及采取什么旅游方式去等都还没有决定。例如，究竟是到杭州去轻松愉快地游览西湖，还是到西双版纳进行一次激动人心的冒险活动。

2. 不确定的购买报酬

假定一个人购买的目标已经明确了，但还不能肯定怎样选择才是最为满意的。例如，决定进行避暑旅行，是到承德避暑山庄，还是到北戴河海滨？那么去哪里能得到更多的报偿呢？

3. 缺乏购买经验

个人可能很少有过做出购买决定的经验，因而觉察到风险。当第一次打算去外国旅游时就会出现这种情况。

4. 积极的和消极的结果

个人会感到任何选择都会有积极或消极的后果。例如，乘飞机去旅游，虽然是尽快抵达旅游目的地的最好方式，但这样就不能欣赏沿途的风光了。

5. 同等身份的人的影响

个人的购买决策可能不同于大多数同等身份的人通常做出的购买决策，即个人的购买决策与他认同的群体中大多数成员的购买决策不同。

6. 经济上的考虑

当个人预测到他的经济状况会有重大变化时，就会觉察到风险。

（三）减少觉察到的风险的策略

人们在既定的购买情境中感觉到某种程度的风险，这是共同的。人们试图以某种方式减少这种觉察到的危险，这也是共同的。旅游者能得到旅游服务公司的帮助，因为这些公司了解产生这些风险的各种原因，并且懂得如何帮助人们去降低这种风险。事实上，专职的旅游代理人，在专门帮助旅游者处理并减少觉察到的风险方面起着独特的作用。

美国纽约大学亨利·阿塞尔（Henry Assael）认为，消费者使用各种策略试图减少觉察到的风险，这些策略主要包括增加购买结果的确定性和减少产品失败的结果两个方面。如表4-2所示。

下面介绍旅游者试图减少觉察到的风险的三种常用的方法。

表4-2 减少风险的消费者策略

增加购买结果的确定性	减少产品失败的结果
获取额外信息	购买最低价的产品
进行更广泛的信息处理	购买最小的量
保持品牌忠诚	获取担保或保证
购买最流行的品牌	降低预期水平

1. 降低对产品和服务的期望

降低对产品或服务的期望，作为减少觉察到风险的策略是人们不太容易接受的。在旅游服务业中，情况尤为如此。旅游者总是向往理想化的旅游，他们对要去旅游的旅游胜地充满了幻想。当然，如果旅游者不把旅游理想化的话，那么他们就不会有兴趣去旅游了。期望是更大的乐趣，对娱乐旅游来说，这也是非常现实的。但他们可能从未认真地想过，他们要去的旅游目的地的气候可能反常；他们要游览的名胜古迹，也许不得不在入口处排长队等上几个小时；如果去异国他乡，他们可能会受到当地居民的冷遇，或者因不习惯那里的水土而生病。

针对这种情况，旅游营销人员及有关人员必须担负双重任务，既要启发旅游者对旅游的幻想，又要为他们现实的旅游做好准备，避免旅游者乘兴而来，扫兴而归。显然，做到这些并非易事。

2. 信赖一种品牌的产品

重复购买一种产品和服务，是消费者用以减少觉察到的风险的一个较为普遍的策略。例如，一个美国旅游团的领队第一次到上海就住在锦江饭店公司的锦江饭店，以后每次带团来就只光顾锦江饭店公司的饭店。只光顾锦江饭店公司，是因为根据经验，他知道在该饭店公司任何一家饭店中至少可以舒舒服服地过一夜，他没有理由去光顾别的饭店而冒一夜不眠的风险。

阿塞尔认为，重复购买同一品牌增加了购买结果的确定性，因为消费者知道从该产品中期待什么。避免有可能不满意的最佳方法是忠于合理的、可接受的可选品牌。这种策略在行业购买行为和消费者购买行为中很明显。减少风险经常导致忠于同一卖主多年，有时即使其他供应来源可能更合算。例如，一个购买代理机构会觉得改变供应者的风险涉及与新供应者的联系和更大的不确定性。

购买最流行的品牌也是一个安全的策略。对于缺乏信息的消费者来说，购买最流行的品牌是增加结果确定性的最佳方法。购买日用品、电视机或立体声系统设备的消费者也可能缺乏比较品牌的自信。声明某一品牌是销售量最大的品牌，或市场的领导品牌，是想通过让消费者确信上百万的其他消费者不可能都犯错误来影响潜在的购买者。

低度参与的消费者也可能使用购买同一品牌或最流行品牌的策略，因为这些策略使涉及处理信息的时间和努力最小化。

信任一种品牌并不一定意味着消费者对这一品牌的产品完全满意。信任品牌的行为只说明消费者认为某一品牌的产品是可取的。正因这样，他才可能认为没有理由花费时间和精力去选择其他品牌，并为这一选择承担风险。

信任品牌是节约时间的一种方法。此外，信任品牌也可以降低察觉到的风险。特别是在旅游市场上，无形的旅游产品五花八门，消费者很可能以此为降低风险的策略。与汽车、器械、服装等有形产品不一样，估价无形的服务有时是很难的。用向买方说明、展示或用推销物质产品的方式证明无形服务也是很困难的。大多数旅游产品实际上是各种服务，而这种服务的质量常常取决于旅游服务企业的某个从业人员，即办理预定手续的代理人、航空公司的班机乘务员，或者餐馆的接待、饭店的服务人员和管理人员。事实上，因顾客各异，来去时间不同，服务很有讲究。一辆汽车可接受严格检验标准的检验，个人服务则不同，消费者的检验标准变化多端，还要观其后果。因此旅游消费者更多地依赖于对品牌的信任，因为在大多数与旅游有关的购买活动中，察觉到的风险是相当大的。

上述论述说明，旅游服务企业鼓励人们信任品牌是十分重要的。实现这一目标的途径是开展对从业人员的培训，使他们能为顾客提供极为周到的服务。这是旅游业中某些公司的标准做法，也是明智的做法，因为这是有效地管理企业服务质量为数不多的方法之一。通过提供高效、优质的服务，旅游企业可以保持现有的顾客，通过比竞争者更高效率的服务，还可以招徕新的顾客。

3. 寻求信息

寻求信息是第三种减少风险的策略，也是非常受消费者欢迎的策略。一般来说，消费者掌握的信息越可靠，他在购买活动中所感受到的风险愈少。例如，假定旅游者根据他本人和别人的经验，根据假日旅馆的广告，获得了关于假日旅馆的信息。这种信息使他相信，假日旅馆提供高标准的服务，不会发生意想不到的事，他们的膳宿和安静的休息条件非常可靠，因此，旅游者不必担多大风险。为旅游者降低察觉到的风险，是多年来假日旅馆成功的主要经验之一。虽然这不一定意味着人们对假日旅馆都十分满意，但这十分清楚地表明，帮助旅游者降低他在选择住宿条件时可能察觉到的风险，是很重要的。

多年来，信息传递研究人员和广告商认为，信息传递过程主要是单向的，广告商诱导性的信息是以被动地接受这些信息的消费者为对象的。现在较新的看法认为消费者是积极地参与信息传递过程的。根据这个看法，当消费者迫切需要信息时，他们会积极地搜寻、获取、传播并加工信息。消费者在大多数购买过程中，都预感到有风险，同时也懂得，信息有助于他们减少这种风险。他们会去选定资料、样板和做出购买决定时要用的大量信息。当然这并不是说消费者没有消极被动的时候，而是说消费者需要信息的时候，会非常积极地参与获取和评价信息的活动。这也表明，当广告商的信息能满足消费者的需求时，消费者更有可能使用这些信息。例如，一个打算到欧洲去旅行的人，更可能注意有欧洲航线的航空公司和外国旅游部门的广告。他们很可能向熟识的、曾经游历过欧洲的人征求意见。

需要信息的消费者会花钱或以时间为代价去获取信息。人们订阅有关市场和消费的报纸杂志，便是花钱获取信息；当旅游者访问一家旅行社或者阅读旅游客宣传册时，他们便是在以时间为代价换取信息。

消费者常要寻找的是与试图降低察觉到的风险非常有关的信息。如果某个人预感到有很大的功能风险，他想购买的产品不如他预料的那样实用，他就会去寻找有关产品性能的信息。这种信息的一个来源是旅游公司的广告或客传册。某人打算作一次海上旅游，他或许会请教旅游代理人，或者查阅小册子，取得有关船舱的大小、开航日期以及可靠性等方面的信息。而打算到某个疗养地去度假的旅游者，则依靠当地提供的出版资料，了解当地的平均气温、距离交通中心的路程、网球场的数目等情况。此外，旅游者也可以请朋友或旅游代理人证实他从旅游广告或旅游客传册中了解到的信息。事实上，一般人认为，在消费者做出最后决定时，这类来自所谓公证人的信息，比经销商提供的信息更有影响。因为它没有多大偏见，因而是全面的，并具有权威性。

如果某人觉察到很大的心理社会风险，却没怎么觉察到有功能风险，他很可能依靠个人的信息，而不依靠制造商或生产商提供的信息。要减少觉察到的心理风险一般需要得到特定的信息，尽管以想象的消费为对象的广告和客传册可能有助于减少心理性风险，但它们不可能提供完全消除心理社会风险的信息。即使有这类信息，人们也不会把制造商或生产商看作非常可靠和信得过的信息来源。

研究表明，消费者觉察到的心理社会风险达到难以承受的程度时，通常会向朋友、熟人和其他有关人士寻求降低这种风险的信息，而不会依靠广告和客传册或印刷品。

当人们觉察到心理社会风险很大时，职业旅游代理人可以起很大的作用。这一点很重要。如果旅游代理人被消费者当做旅游顾问，他对消费者的旅游决策就有重大影响，但他如果仅仅作为接受预定手续的人，则他对旅游决策的影响就极小。所有这些都强调旅游代理人既要精通他经销的旅游产品，又要熟悉顾客。

四、处理购买后失衡的学习

以上讨论了消费者作购买决定前的疑虑，及消费者很可能采取什么措施来减少这种疑虑的问题。然而，疑虑在做出购买决定后也可能存在。消费行为理论家把这种疑虑称为购买后的失衡（postpurchase dissonance），或称购买后的不协调性。这种现象在购买住宅、汽车、大件家庭电器设备和其他许多昂贵物品的人中最为常见。

（一）产生购买后失衡的原因

消费者对购买一种商品或服务的决策所产生的疑虑，或者后悔，有两个主要原因。

一是在某种程度上，这种疑虑是购买前难以对几个可供选择的产品做出选择的延续消费者在购买前必须要在几个可供选择的对象中做出选择，这对消费者来说是困难的。这种决策前的困难会一直延续到购买以后。例如，一个旅游者在选择去苏州还是去杭州旅游时感到困难，在决定去苏州后，仍会有一些疑虑，这是由于他将苏州不吸引人的地方与杭州诱人的地方相比较而产生的。这些疑虑可能在决策后和启程之前立即出现，也可能在旅游后回到家时出现，或者可能两者兼而有之。

二是消费者在购买之后受到挫折，或者遇到预料不到的困难，而产生购买后的疑虑。例如，上面例子中的旅游者在苏州有了失望的经历，或遇到了意料之外的麻烦，就可能出现购买后的疑虑和后悔。

在尚未证实消费者的购买决定是否合理之前，也可能出现购买后的不协调性。由于缺乏证明，造成了消费者心理上的不安，因为他想知道："我是否应另作决定"这种紧张状态促使消费者采取某种行动去减轻这种不安。消费者知道有许多减轻不安的方法。理解消费者，对旅游服务经销人员来说很重要。因为对某项服务感到满意的消费者更可能再次购买它，而且乐于向他人介绍。因此，当顾客接受旅游服务公司的服务时，公司对顾客的关注不应完全到此为止。

（二）减少购买后失衡的策略

1. 旅游者用以减少购买后失衡的方法

（1）消费者用以减少购买后疑虑的主要方法之一，是接触新的信息。如果对购买决定感到后悔，消费者会寻找他认为可以支持这个决定的一些信息。同时，他会回避那些为弃选对象捧场的信息。这种方法被称为选择性接触，也就是第三章中论述过的知觉的选择性。实际上，消费者常常限制自己要接触的信息类型，例如，只选择有利于证实他作的决定是合理的信息。研究结果表明，拥有新车者查阅自己购得的小汽车的广告比其他同类广告要更多。

（2）一个人也可能通过遗忘弃选对象讨人喜欢的特点，记住它令人讨厌的地方，或者同时用这两种方法来减少购买后的失衡。在第三章中，把这种知觉的过程叫作有选择的保持。而且，这种方法对减少购买后的疑虑相当有效。例如，驱车到某旅游胜地旅行三周回来的人，可能有意地忘掉乘飞机去可能省的时间，而把注意力集中在驱车旅行带来的开支的节约和在异地有车的方便上。

（3）一个人为了将其购买决定合理化，就断言说，他即使作别的选择，其结果仍大致相同，这是用以减少购买后失衡的另一种方法。虽然他决定去苏州而不去杭州度假时颇费踌躇，但事后他会断言，去苏州和去杭州根本不会有什么区别。他会认为，在这两个旅游胜地中，随便在哪里都可度过愉快的一周，都会遇到许多有趣的人，回来时都将晒得黑黝黝的。

促使有选择的知觉发生作用的重要原理是消费者在寻求知觉平衡，也就是说，消费者得到的有关某品牌的信息与他们有关此品牌的先前信念之间达到的和谐。这种和谐确保了消费者心理处于平衡状态。以下三个认知理论就是建立在有选择的知觉和知觉平衡原理基础之上的。

社会判断理论认为，消费者或者通过拒绝对立的信息（对比），或者通过解释接收到的信息，来处理信息以确保和谐，从而使之更符合他们的观点（同化作用）。

均衡理论认为，当有关一个对象的信息与消费者的信念相冲突时，他们将通过改变自己对于这个对象的观点，或有关信息来源的观点，或同时改变两者来达到平衡。结果是在信息和对象的信念之间达到平衡。

认知不和谐理论认为，当购买后冲突发生时，消费者会通过寻求支持信息或歪曲对立的信息来寻求心理状态的平衡。

所有这些理论都解释了导致消费者对营销信息的感知和他们的信念、态度之间相和谐的心理因素。

2. 旅游服务企业如何帮助旅游者减少购买后失衡

旅游服务经销人员通过帮助旅游者减少购买后的疑虑来提供有价值的服务，并且增加这些顾客继续接受他们的服务的机会。要达到这个目的，最有效的手段大概是与旅游者直接联系。许多旅行社都喜欢发一纸"欢迎光临"的请帖，以向旅游者致谢、征求意见和建议。这种间接的表示方法可能是出于旅行社的需要，但有充分的理由可以认为它效果不大。打电话联系可能比"欢迎光临"更好，因为通过电话，旅行社可以和旅游者进行直接的、个别的交谈，使旅行代理人获得重要的反馈信息，并使旅游者有机会谈谈真实的旅游体会。在这过程中，可以减少相当多购买后的疑虑，当然也就增加了旅游者再次光顾的可能性。而像"欢迎光临"这种正式的请帖，却收效甚微。

还有其他一些方法可以鼓励旅游者认为自己的旅游决定是正确的。例如，飞机票的封套，这是旅游者在旅游结束之后常常保存很久的东西。这种封套可以用于交流情况，表明旅游者对航空公司的选择是满意的。然而，通常用于交流这类信息的场合是汽车出租公司或旅馆联营公司，由它们来做产品和服务广告；也可通过飞行中出售的杂志来减少旅游者购买后的疑虑，但发行这些杂志的意图似乎并不是为了减少购买后的疑虑。

在接受旅游服务之前和之后，都可能出现购买后的失衡。旅游者在办理预订手续时，或在交付订金、承担购买责任之后，对他作的选择是否明智可能会有严重的疑虑。例如，假使某个人提前六个月向旅游代理人付了订金，准备在海口的泰华酒店住两周。在六个月的等候期间里，这个人很可能接触到许多信息，促使他重新考虑原来的决定是否明智。例如，他可能看到有关推销海口别的饭店的广告，或者有关推销多种不同的度假方式，如到大连去作一次海上旅游的广告；他可能接触到航空公司廉价推销去其他度假胜地的广告；朋友、熟人可能无意中提出别的建议，认为理想的度假地应是某某度假胜地。于是，突然地，这些度假胜地似乎与去海口度假两周一样具有魅力。旅行社、饭店、航空公司以及包括与这次到海口度假有关的其他公司，应认识到他有可能会改变主意，即他可能对自己的决定产生怀疑，以致最后取消预订，并决定到别处旅游。更糟的是，这个人也许干脆取消旅游计划，把钱花在其他方面。

提前办妥预订手续的旅游者，一般会收到某种确认预订的书面通知，例如某旅游胜地的确认通知书。这种书面通知仅仅像电子计算机般地告诉旅游者：按指定的价格，房间已订了多少天。这样的业务性通知没有抓住良机。应向旅游者证实其决定的明智，譬如随同这份书面通知书附上一份庄重的、为了对旅游者的选择做出肯定而精心设计的宣传册，这用不了多少钱；宣传册上可以印一些旅游者以前没见过的图片，也可以印一些去过那里的游客写的书面感谢；向旅游者投寄额外的宣传资料，特别是当从确认预订到抵达旅游胜地的时间长达几个月时，甚至还可以寄上一封个人信件。这种做法颇为有益。当然，目的是强化旅游者的决定，最大限度地降低旅游者取消预订的可能性。

旅游服务经销人员通过满足旅游者的要求，以及帮助他们解决问题而获得好处。旅游服务被接受了，或者预订手续办理了，但这仍不等于这些要求和问题不存在了。旅游者还需要对自己的旅游决定消除疑虑。旅游服务公司以满足旅游者要求为目标进行有效的服务，只有旅游者坚持完成旅游计划，才能得到报偿。当旅游者重游一个旅游胜地，再次光顾同一家旅游服务公司时，如果这家公司——旅行社、游船公司、旅游胜地、饭店、航空公司或者汽车出租公司仅仅说"谢谢你的光顾"，那是不够的。这时，首要更多地注意公司的需要，其次才是旅游者的需要。这时应交流的信息是，让旅游者确信他购买了这家公司的服务是非常明智的。在一篇题为《成交》的文章中，《旅行代理人》杂志建议旅游代理人在成交时说一些类似这样的话："我应感谢你！不是吗—你做出了精明的选择—和我们做了一大笔生意！谨向您表示祝贺。我们再次向您表示感谢。我们确实感谢您的光顾，您旅游归来后，务必请到鄙社来，或请打个电话给我，如果能得知您旅游期间过得很愉快，我将会很高兴。您同我们合作得很好。这是我的名片，也请给我签个名。如果您下次打算旅游，请再来！"

第三节　旅游者的学习过程

本章一开头便提出了一个引起大家注意的心理学的观点：人类的全部行为都包含着某种形式的学习。这种观点的外延是：随着时间的推移，能引起个人许多行为的变化。在这里，我们感兴趣的主要是旅游消费者行为的变化，广泛地学习经验和理解信息带来的后果。换句话说，学习的产生就是人们体验和接触到信息的结果。现在我们来讨论旅游者学习的过程，它可以使我们进一步了解旅游者及其决策是怎样受到学习的影响的。

一、经验

学习最本质的东西就是概括。旅游消费者往往希望把做出决策所需要的时间和精力减少到最低限度，要做到这一点就必须进行概括。当一个人对特定情况做出反应时，他所采取的方法与他过去对类似情况做出反应的方法相同，这时，他就是在进行概括。例如，一位外国旅游者多次乘坐中国民航的班机，每次都体验到了机组人员热情周到的服务，他可能由此断定中国民航所有的班机都会提供第一流的服务。又如某个人乘中国民航的飞机旅行后不满意，也可能得出与前面相反的结论。还有人根据以往的经历概括地推断：所有的旅游代理人的用处不过是售票而已，他们不能帮助顾客避免住二流饭店或长时间地等候转乘班机。这些令人扫兴的旅游经历都是旅游代理人造成的。

对于旅游服务企业来说，应该了解概括的原理，充分利用消费者概括的倾向，采取措施把他们的各种产品和服务相互联系起来，或采取措施阻断这种联系，以避免某一低水准的产品和服务影响与它有关的其他产品和服务。

实际购买就是学习经验的过程。这些经验影响一个人以后如何做出购买决策。这过程对大多数人来说是一个连续的过程。例如，人们从经验中知道，到大航空港选择转乘飞机，既要考虑相互竞争的航空公司的终点站，又要考虑班机启程时间，而选择旅馆或汽车饭店时，应首先考虑停车是否方便。

二、信息

当一个人接触信息并对信息进行初步归类时，学习便开始了。这种与旅游者有关的信息主要来自两个渠道：商业环境和个体的社会环境。

（一）商业环境

商业环境包括广告、宣传和个人推销。旅游公司主要通过图片和文字传播信息，向潜在的购买者推销服务。这种信息对潜在购买者的影响是多方面的。首先，创造性地传播信息，可以强化购买者已经形成的种种动机，并促使他立即做出未经周密计划的、冲动的决定。一个训练有素的经销人员可以创造一些非常有效的强化动机的方法，来促使买方立即做出反应。在同旅游消费者成交时，有许多方法实际上就是要强化购买者的动机。

商业信息通过诱导消费者改变决策的方式，也能影响他们的旅游决策。商业信息对于那些没有经验可借鉴的旅游者来说，特别具有影响力。这些信息有助于没有经验的旅游者学习怎样做出重大的旅游决策。例如，初次到外国旅游胜地去旅游的人可能从旅游广告和旅游代理人的谈吐中学到许多东西。

旅游公司也可以改变传递信息的内容，增加可供选择的旅游地，以便潜在购买者选择。例如，当葡萄牙开始做"别有天地的葡萄牙"的广告时，竭力把葡萄牙包括在旅欧游客可能考虑要去的旅游区中。

以旅游消费者为对象的商业信息，也可能无意中使旅游者联想起某个旅游服务或产品质量低下的情况。例如，一家航空公司的广告强调自己能及时维修飞机，排除险情，可能会使人们想到航空旅行有危险。当一家饭店公司用了"最惊奇的事也不惊奇"的广告语时，它向人们传递的信息是肯定可向旅游者提供可靠的膳食条件；可是，与此同时，它不知不觉地表明的膳宿条件的标准化却也许使人讨厌。当一家饭店公司把自己说成是"世界上最大的旅馆联营公司"时，人们可能会想到"最大的"并非是总是"最佳的"。一位旅游代理人说"你选择了一个最受人欢迎的旅游胜地"，这句话可能同时暗示旅游者对拥挤现象应有所准备。

所以，对旅游服务经销人员来说，十分重要的是，不仅要看到商业信息是潜在的旅游消费者学习旅游的重要来源，而且要看到商业信息给旅游消费者带来的消极影响。

（二）个体的社会环境

旅游者的社会环境，包括家庭、朋友、熟人或其他人是他获得信息的主要来源。社会环境信息的效用有点不同于商业环境信息。朋友和熟人在与他人交流信息之前，很可能已做了添油加醋地加工。例如，某人向一位朋友介绍乘某航空公司班机的旅行情况时，会根据该公司能否满足他的要求来进行评价，而后还可能强调，这种第一手的经验比来自商业环境的信息更加可靠，更加重要。换言之，朋友和熟人提供的经验被认为比商业信息更为可信，更无偏见。

日本交通公社调查了来自不同宣传方式的信息对旅游者旅游动机的影响，调查结果表明"朋友和熟人的介绍"影响最大，见图4-6。

图4-6 各种宣传方式激发旅游者旅游动机的调查统计

来自旅游者的社会环境的信息，能对他的旅游动机产生强烈的影响。例如，以教育为目的的旅游、去国外旅游、室外体育运动和文化活动的相对重要性受与旅游者身份相同的人和所属的各种有关团体的影响极大。在许多这样的情况下，社会环境决定了旅游者旅游的方式，尽管其本人对此进行过认真考虑。当某人缺乏直接经验时尤为如此。旅游经销人员如果了解潜在的顾客已经接触了哪种社会影响，就能从中得到好处。比如，当旅游者问："你了解神农架的情况吗？"对这类颇为简单的问题的回答，可以使你准确地觉察出潜在的旅游者受到了来自某个方面的社会影响。

旅游者可能会在他的社会环境中积极地收集信息，这不仅因为他认为这种信息比来自商业环境的信息更可靠，而且因为在社会情境里容易发生双向沟通。社会环境允许个人提出问题，去获得有价值的、能使他减少风险和疑虑的信息。口头信息能促成个人做出判断，譬如为什么去苏州，而不去杭州度假；为什么住在喜来登饭店，而不住希尔顿饭店等。

三、信息的寻觅

人们收集有关旅游决策信息的态度各不相同。旅游者是否精心地、审慎地去寻觅信息，取决于他的旅游经验，他在作决策时所觉察到的风险和疑虑的程度，以及他对做出一个最理想、最完美的选择的重要性的认识。因此，最需要信息并积极地去搜寻信息的主要是以下三种人：没有旅游经验的人、在作旅游决策时感到有很大风险的人、认为有绝对必要做出尽可能完善的旅游决策的人。

下面详细地讨论一下最后一个因素，即做出最理想的旅游决策的重要性是如何影响信息搜集行为的。去苏州还是去杭州旅游好，这个问题对某个人可能不太重要，而对另一个人却至关重要。换句话说，一些人觉得，任何一个可供选择的旅游胜地都会使人满意；另一些人却极为审慎地考虑到底去哪里最好。我们把前一组人叫作"满意者"（satisficed），后一组人称为"最佳者"（optimizers）。

旅游市场既有满意者，又有最佳者，也可能两种情况在同一人身上兼而有之。做某项旅游决定时，如乘哪家航空公司的班机或住哪家饭店，这个人也许只要选择一个满意的就行了；而作其他旅游决定时，如挑选度假地、交通工具，这个人可能非常重视最佳选择。满意者在搜寻信息时不很活跃，因为只要是满意的选择就够了；最佳者则想做出最完善的决定，因此，他需要更多的信息，并且在寻找信息时更为活跃。

关于度假旅游，满意者可能仅仅要求改变一下原来的旅游路线。而最佳者的要求更复杂些，他或许在表示想改变路线的刹那间，又会觉得既然花时间和金钱去旅游，就必须有最大的价值和得到充分的满足。

一项对参加野营的人进行的研究，说明满意者和最佳者之间在个性上的某些差异。野营活动可按几种不同的方式分类，其中一类属于象征性劳动。这种类型在追求"成果"的意义上是生产性的，它以此明确表明个人所花的时间和精力并非徒劳。钓鱼打猎的人如果需要证明自己不是在白花时间，而回来时却两手空空，那他就会感到非常失望。孩子从林中嬉戏回来，带回满满的一袋石子和松子，这就证明他是有收获的。从海南岛度寒假回来的人，晒得黑里透红，这表明他在那里过得很好。最佳者需要确实的材料，证明他最充分地利用了时间和精力。而对于满意者来说，独自在林中散步没有任何实质性的收获，或者钓一个下午的鱼却没见到鱼影子，这都无关紧要。

上面的例子也说明了满意者和最佳者在旅游决策上的重要差别。满意者往往未加深思熟虑就做出决定，而且事后也不会有任何疑虑和后悔；最佳者很可能花大量时间和精力去评估两种可供选择的方案，在此过程中，他搜集了大量信息，绞尽脑汁地考虑度假旅游的每一个细节，如他将会遇上的人物的类型、房间的大小、饮食的质量、招待人员的态度、高尔夫球场的条件和有关费用等问题。

对于旅游经销人员来说，如果没有一定的方法去鉴别满意者和最佳者之间的差别，那么这两者是不容易辨别的。但是，有一些表示两者差别的明显迹象，即最佳者想得到更多的信息，他很可能会不断地用一些细节问题纠缠销售者，而且，再次来访时也是如此。显然，他们是最愿意花时间的顾客，因此也是难以对付和难以满意的。

另外，对家庭度假旅游决策过程的研究说明这样一种倾向：一般来说，妻子是满意者，丈夫则是最佳者。在对驱车度假的 670 对已婚夫妇的一次调查中，同意"到哪儿去度假并不重要，只要能离开家就行"这种说法的，女性往往多于男性。这说明，在夫妻中，妻子通常是满意者。因此，她不愿意积极参加选择度假地的活动，至少对家庭度假汽车停留地不发表意见。而丈夫在家庭旅游度假决策中常常起着较积极的作用。这个情况对旅游经销人员有着重要意义。

复习与思考

1. 解释下列概念：
（1）学习；（2）经典性条件反射；（3）工具性条件反射；（4）行为学习；（5）认知学习；（6）观察学习；（7）满意者；（8）最佳者。

2. 叙述经典性条件反射和工具性条件反射的要点，并讨论它们在旅游市场营销中的作用。

3. 学习和态度之间的关系是什么？态度可以习得吗？

4. 旅游者在旅游市场进行决策时，可能觉察到风险的原因有哪些？旅游营销人员可采取什么措施来帮助旅游者降低觉察到的风险？

5. 当旅游者做出旅游决策之后，为什么还可能存在疑虑？旅游者用以减少购买后疑虑的方法有哪些？

6. 叙述旅游市场上满意者和最佳者的行为差异。

第五章　旅游动机

学习目标

学完本章，应该能够：明确动机的概念以及动机过程；区分需要与需求；了解动机的过程以及动机的强度和方向；熟悉马斯洛的需要层次论；掌握旅游动机的多样性；说明旅游是多样性生活之源。

本章主要术语

动机(motivation)
需要层次论(theory of needs hierarchy)
智力(Intelligence)
好奇心(curiosity)
探索(exploration)
冒险(adventure)
尤利西斯因素(Ulysses factor)
一致性(consistency)
复杂性(complexity)
第二现实（secondary reality）

　　动机可以被看作行为的动力，旅游行为的产生来源于旅游者的旅游动机。研究旅游行为，离不开对旅游动机的研究。旅游是极其广泛而复杂的社会现象，而迄今为止，心理学家、社会学家们甚少注意旅游，对旅游动机的研究更是凤毛麟角。

　　在这一章，首先研究动机，并从消费者行为的角度讨论动机的过程以及动机的强度和方向。然后阐述人的基本需要，介绍马斯洛的需要层次论。最后将分析旅游者的动机，详尽论述旅游动机的多样性，说明旅游是多样性生活之源。

第一节 动　　机

　　我国有句俗话："在家千日好，出门一日难。"但是在当今的世界上，每年都有数以亿计的人在各地参观、游览。是什么原因使得如此众多的人离开温暖的家，四处奔波，千里跋涉，外出旅游？

　　人们为什么旅游？乍一看，这好像是个简单的问题。旅游是为了开阔眼界，见识世界，熟悉与了解他人，探亲访友，休息与玩乐，拜访祖先故地，逃避寒冬或厌烦情绪，等等。对有意了解旅游的真正原因的人来说这些问答就肤浅了。它们掩盖了进行旅游的更为深刻的心理原因。人们为什么要见识世界？为什么要探亲访友？为什么要访问祖先故地？人们为什么要离开家？分析旅游行为业已多年的美国心理学家约瑟夫·史密斯（Joseph Smith）博士说："倘若你们问，人们为何进行旅行……人们大部分有自己的理由。'我去看望奶奶'，或'我在家待腻了，我认为该度假了'。不知怎么，一份那样的答案总有些不尽满意之处。"

　　人们为什么旅游？答案有许多。它们取决于个人及个人的文化素养。这种回答属于心理学和社会学范畴。旅游者自己所说的旅游动机，只是更为深刻的需要的反映。这些需要，旅游者自己不理解，也可能没有察觉，要么是不愿说出来。

　　一个更为有趣的问题是，为什么有些人根本不愿旅游？只是因为他们支付不起旅游的费用吗？或者是存在着时间与金钱之外的障碍？尽管世界的许多地区的旅游业在过去30年中已得到迅速的发展，但还是有许许多多的人难得离家远行。一项统计资料表明，每年世界各地不到0.5%的人离开他们的家乡外出旅游。在美国，旅游总人数的80%来自仅占总人口20%的那部分人。大约5 000万美国人从未乘过飞机，近8 000万美国人在自家后院度周末与假期。

　　旅游是极其广泛而复杂的现象。所以，美国著名的社会学家埃里克·科恩（Erik Cohen）对社会科学家们很少注意旅游表示惊讶。他指出，尽管社会学家对地区性的人口流动有所关注，但对旅游还没有开展深入全面的探讨。伦德伯格（Lundberg）也认为目前为止，人类对旅游动机研究甚少，业已进行的研究也还没有充分地与已经完整建立起来的人类动机理论相联系。

　　下面将论述动机，并探讨动机如何影响旅游行为。

一、动机与动机过程

　　动机（motivation）就是发动和维持人的活动，并使活动指向一定目的的心理倾向。动机是在人希望其需要得到满足时被激发产生的。一旦某种需要被激发，一种紧张的状态便会存在。它驱使人们试图减少或排除这种紧张感。

　　图5-1给出了动机产生的全过程。一般来说，这个过程是以这样一种方式运作的：一个需要为人们所辨认，这个需要或许是实用的，也就是说，一种希望得到某种功能或益处

的期望；或许是享乐的，即围绕着情感的反应或幻想。期望的最终状态是消费者目标（goal）。

图 5-1 动机产生的全过程

在任何一个例子中，消费者的现实状态与某些理想状态之间会存在差异。这条鸿沟便会产生一种紧张状态。这种紧张状态的重要性决定了消费者意欲减少这种紧张感的迫切程度。这种唤起的程度称为驱力（drive）。一种基本需要可以为多种方式所满足，并且一个人所选择的具体方式是受他的独特经历和文化修养等因素影响的。

一旦达到目标，紧张感便会减轻，动机也暂时消失了。动机可以通过它的强度、加于消费者身上的压力、它的方向、消费者试图减轻紧张感的特殊渠道等各种方法来进行描述。

二、动机的强度

一个人在多大程度上愿意尽力达到一个目标而非另一个，反映了他达到目标的基本动机。早期的动机研究把行动归于一种普通的、本能的、天生的行为模式。这个观点现在大体上已被推翻，因为本能的存在是很难去被证明或驳斥的。这种本能是从意欲解释的行为中推知的。这就好比说一个消费者购买象征身份的产品，而理由是他想要得到这种身份，这是一个很难令人满意的解释。

（一）驱力理论

驱力理论集中于那种会产生令人不愉快的状态的生理需要。这迫使人们去努力减轻那种被激发的紧张感，紧张感被认为是控制人体行为的一条基本途径。在营销过程中，紧张是指当一个人的消费没有被履行时那种令人不愉快的状态。如果一个人没有吃饭，他可能会脾气很坏；或是当他买不起一辆他很想要的新车时，会很沮丧或是生气。这种状态激发了一种目标导向的行为，它试图去减轻或消除这种不愉快的状态，并恢复到一种自动平衡状态（homeostasis）。

然而，当驱力理论试图解释人的一些方面的行为与其预想发生冲突时，该理论却会陷入困境，人们经常会做一些增加动机强度而非减少它的事情。如果你知道你将要赴一个丰盛的宴会，那么那天你可能会放弃早一些去吃快餐的想法，即使你在那时已经很饿。

（二）预期理论

大多数流行的动机解释都集中于认识因素，而不是那些理解动机发生作用的生理因素。预期理论（expectancy theory）表明行为大都是被一种力量拉出来的正面的刺激，而不是从内部推出来的。我们选择一种产品而不是另一种，是因为我们预期到这种选择会给我们带来更有益的结果。因此,名词"动机"在这里的用法,要比在认识过程中的用法松得多。

三、动机的方向

动机不仅有强度,还有方向。它们是一种目标导向的行为,因为特殊的目标都是被期望用来满足一种需要。旅游企业的目标就是要使旅游者相信它们所提供的选择是达到目标的最好的方法。

(一)需要与需求

人类的需要是指某些没有得到基本满足的感受状态。人们为了生存,需要食品、衣服、住所、安全、归属、受人尊重。

用来满足一种需要的特殊消费方式叫作需求。例如,两个同学在午饭时间的讲座中都感到肚子饿。如果两人从昨晚到现在都没有吃饭,那么他们各自的需要程度是差不多的。然而,每个人为满足需求所选择的方式可能会完全不同。第一个人或许是一个有健康意识的人,他会希望得到一份营养配餐,而第二个人可能会期望得到一个油腻的奶酪汉堡或油煎食品。

一种需要是一个基本的生理动机,而一个需求则代表社会所教给人们的满足需要的方式。例如,口渴是基于生理原因而产生的,人们学会用可口可乐来消除口渴而不是用羊奶。因此,需要是已经存在的。换句话说,需要早就存在于营销活动之前,而经销商仅仅是建议通过哪种方式去满足它。广告的基本目标就是使人们产生对这些需要存在的认识,而不是去创造它们。经销商可以通过制造适当的产品,使其富有吸引力,使有支付能力的目标消费者容易得到,从而满足需求。然而在一些情况下,经销商能够驾驭环境,从而使激发一种需要成为可能。例如,当电影院出售爆米花、酒吧提供免费的花生米给顾客以激发口渴的产生时,这种情况便会发生。

区分需要与需求是很重要的一件事情,因为它关系到经销商是否能创造需要。当认识到营销策略的目的是影响消费者满足需要的方式,而不是创造需要本身时,它是更有效的。因此,当一个经销商在消费者饥饿来临时,能够使其相信有益健康的食品是那些成袋包装的营养配餐,而不是汉堡包时,他可能是更成功的。

(二)需要的类型

人们生来便需要一些必要的成分以维持生命,像食物、水、空气和房屋,这些被称作生命活动的需要。但是,人们还有许多别的需要,那不是天生的。作为社会的一员,人们还有心理活动所产生的需要,包括对身份、权利、会员资格等的需要,心理产生的需要反映了文化的需要,并且对于行为的影响因环境不同而不同。例如,一个美国消费者可能会被鼓励以一大笔钱去购买那些能够显示其财富和身份的产品,而他的日本同事则不一定那么做。

消费者也会被激发出对于实用或享乐的需要。实用需要的满足暗示消费者会重视产品的客观和有形特征,比如一个奶酪汉堡中含有多少脂肪、热量和蛋白质;一条棉布裤子的耐用程度。享乐需要是主观和凭借经验的,即消费者或许会通过一件产品来满足他们对兴奋、自信、幻想等的需要。当然,消费者可能会被激发去购买一件产品,是因为它提供了这两方面的好处,如一件貂皮大衣被购买是因为它使皮肤感到柔软和舒适,还因为它有很好的保暖性。

(三)动机的冲突

一个目标是双性的,它既可以是正面的,又可以是负面的。一个正面价值的目标引导着消费者的行为,促使他们去达到这个目标,并且寻找有助于达到目标的产品。然而,并非所有的行为都是被愿望激发以达到某个目标的,有时候消费者被激发去回避一个负面的后果,他们将进行购买和消费活动来减少达到这种结果的机会。例如,许多消费者会努力工作以避免被解雇。像除臭剂和漱口剂这样的产品,就是因消费者想要回避腋臭和口臭所带来的麻烦而产生的。

由于一个购买决策可能会涉及多种动机,消费者经常会发现自己处于这样一种境地:许多不同的动机,有正面和负面的,彼此相互冲突。既然经销商试图去满足消费者的需要,他们将会提供一些解决这种两难境地的可行之策。如图5-2所示,有三种普通的冲突类型会发生,它们是接近—接近、接近—回避、回避—回避。

图5-2 动机冲突的三种类型

1. 接近—接近冲突

接近—接近冲突(approach-approach conflict),又称双趋冲突。在一个接近—接近冲突中,一个人必须在两种期望中进行选择。如一个学生在假期是回家,还是与朋友去滑雪旅行。

认知不和谐理论(theory of cognitive dissonance)是建立在这样一种假设的基础上:人们在生活中有一种秩序和一致性的需要,当信念与行为相冲突时便会产生一种紧张感。当在两种方案之间选择时,需要通过一个减少认识不一致的过程来解决。在这个过程中,人们被激发去减少这种不一致来消除不愉快的感觉——冲突便会产生。

当两种或多种信念与行为之间存在着不一致时,便会产生不协调的状态。它通常会发生在当消费者必须在两种产品之间进行选择,而这两种选择都拥有优点和缺点的时候。如果一个人选择了一种产品而未选择另一种,他在享受所选产品优点的同时,也会得到所选产品的缺点而失去未选产品的优点。

这种损失便会使人处于一种想要减少不愉快、不协调的状态。人们往往会在做出选择之后,通过寻找一些支持自己选择的其他原因,或者"揭示"他们未选产品的缺点来证实自己的选择是明智的。旅游企业可以通过提供多种利益的组合来解决这种接近—接近冲突。

2. 接近—回避冲突

人们所期望的很多产品和服务也都有与之相联系的负面结果。当人们买一件显示身份的产品时,会有犯罪感和炫耀感;当人们凝视一大盒甜点时,会觉得自己像一个贪食者。当人们期盼着一个目标而同时又想回避它时,便产生了接近—回避冲突(approachavoidance conflict），或称趋避冲突。

3. 回避—回避冲突

回避—回避冲突（avoidance-avoidance conflict），又称双避冲突，是一种左右两难的心理困境。当个体发现两个目标同时具有威胁性，便产生二者都要逃避的动机。只是迫于形势，两难之中必须接近其一时，即形成回避—回避冲突。

有时候消费者会发现自己被困于"岩石与困境之间"，他们可能面临着两种不情愿的选择。例如，一辆旧车的拥有者可能会面临选择：或者在这辆旧车上投入更多的钱，或者买一辆新车。经销商经常会通过强调选择一种方案所带来的不可意料的好处来化解这种冲突。例如，通过强调特殊的信用计划来减轻购买新车在财力上的痛苦。

四、需要的分类

（一）需要分类的研究

在对需要进行分类方面，人们做了大量的研究。一方面，一些心理学家试图去定义一个需要的普遍性目录，以便系统地追溯并从实质上解释人们的所有行为。赫里·默里（Henry Murray）描述出导致特殊行为的20种需要。这些需要包括自主（独立）、自卫（保护自己免受批评）、娱乐（从事一项令人愉快的活动）这样一些项目。

其他人则强调具体的需要（它通常可以包括在像默里那样的一般模型中）和行为的结果。例如，对成就有着很高需要的人会对个人的成功评价很高，他们会欣赏那些表明成功的产品和服务，因为这些消费品为其目标的实现提供了反馈。这些消费者非常渴望那些能够证实其成就的产品。一项对职业女性的调查表明，那些希望取得高成就的人更愿意选择那些她们认为职业化的衣服，而对那些强调女性气质的服饰不感兴趣。下面是与消费者行为相关的其他一些需要：

1. 对会员资格的需要（处于群体之中）

这种需要与那些以群体方式消费的产品密切相关，如团队运动、酒吧、购物中心和那些减轻孤独感的东西。

2. 对权利的需要（控制周围的环境）

有许多产品和服务，如餐馆、饭店和旅游胜地，都承诺对消费者的每个幻想做出回应，这可以使消费者感到他们可以控制周围的环境。

3. 对个人的需要（宣称一个人的特性）

这种需要强调消费者通过使用那些不同品质的产品而得到满足。例如，Cachet 香水声称"如你一般有个性"。

（二）马斯洛的需要层次说

美国心理学家马斯洛（Abraham Harold Maslow）提出了一种对研究动机很有影响的方法。马斯洛是西方人本主义心理学的主要创始人，美国比较心理学家和社会心理学家。人本主义心理学形成于第二次世界大战后。他的理论既不同于行为主义的外因决定论，又不同于弗洛伊德的生物还原论，成为当代心理学的第三思潮。他主张促进人格的发展，发挥人的潜力，在困难的环境条件下争取主动。

马斯洛的方法是一个很普通的模式，他最初研究个人的成长和"峰顶体验"的到达。马斯洛系统地提出了人类需要的层次模式，在每一层次中，动机得以具体化，见图5-3。

图 5-3 马斯洛的人类需要的层次关系

在马斯洛看来，只有当低层次的需要得到满足之后，高层次的需要才能到来。但任何一种需要并不因为下一个高层次需要的出现而消失，只是高层次需要产生后，低层次需要对行为的影响相对变小而已，各层次的需要呈相互依赖与重叠的关系，如图5-4所示。

图 5-4 马斯洛描述的五种主要需要相对突出的渐进变化关系

马斯洛描述的五种主要需要相对突出的渐进变化，只有较低层次的基本需要高峰过去以后，后一较高级的需要才能开始发挥作用。

马斯洛还指出，各种需要层次的产生和个体发育密切相关。例如，婴儿时期主要是生理需要，而后才产生安全需要、社交(归属和爱)的需要，到青少年时期就产生了尊重的需要等，如此波浪式演进。

1. 生理的需要

这是人类最基本、最强烈、最明显的一种需要，为人类生存和种族延续所必需，包括对食物、水、氧气、睡眠、住所、性等的需要。马斯洛认为人的生理需要(physiological needs)是最首要的，只要这一需要还未得到满足，他就会无视或把所有其他的需要推到外面去。马斯洛指出："如果一个人极度饥渴，那么，除了食物外，他对其他东西毫无兴趣。他梦见的是食物，记忆的是食物，想到的是食物。他只对食物发生感情，只感觉到食物，而且也只需要食物……"

2. 安全的需要

一旦人的生理需要基本满足后，就会出现安全的需要(safety needs)，包括熟悉、秩序、稳定、一致、公平等。人之所以对熟悉的事物比对不熟悉的事物更加重视，是因为"不熟悉"也就意味着不安全。

马斯洛认为，安全的需要虽然在一生中无时不有，但其需要的程度以童年期最为强烈。

3. 社交的需要

社交的需要(belongingness and love needs)，英语的直译为归属和爱的需要。当生理需要与安全需要得到满足后，对爱和归属的需要就出现了。马斯洛说："现在这个人开始追求与他人建立友情，即在自己的群体里求得一席之地。他会为了这个目标而不遗余力。他会把这个看得高于世界上任何别的东西，他甚至忘记了他当初饥肠辘辘时曾把爱当作不切实际或不重要的东西而嗤之以鼻。"

我们不能把马斯洛所说的爱与性混淆起来，他指的爱是"深深的理解和接受"，是一种两个人之间健康的、亲热的关系，它包括了相互信赖。在这样一种关系中，两个人会抛弃恐惧、不再心存戒备。

马斯洛认为："爱的需要涉及给予爱和接受爱……我们必须懂得爱，我们必须能教会爱、创造爱、预测爱。否则，整个世界将会陷于敌意和猜忌之中。"

4. 尊重的需要

当社交的需要获得满足后，尊重的需要(esteem needs)便出现了。马斯洛把人们对尊重的需要分为两类——自尊和来自他人的尊重。自尊包括获得信心、能力、本领、成就、独立和自由等愿望。来自他人的尊重包括这样一些概念：声望、承认、接受、关心、地位、名誉和赏识。当一个人缺乏自尊时，他就会感到自卑、无望。

5. 自我实现的需要

当一个人对社交和尊重的需要获得满足之后，就会出现自我实现的需要(self-actualization needs)。马斯洛把这一层次的需要描述成"一种想要变得越来越像人的本来样子，实现人的全部潜力的欲望"，也就是"一个人能成就什么，他就必须成就什么"。

这个需要的确切含义因人而异，这是因为人的潜力不同。某些人的自我实现可能意味着在文学或科学领域取得成就；而对另一些人来说，可能意味着在政治或社会团体中取得领导地位；对其余的人来说，它可能仅仅意味着完全我行我素，不向社会习俗屈服而已。

据马斯洛估计，美国有85%的人生理需要能满足，20%的人安全和经济保障的需要能满足，但自我实现需要能得到满足的人却是极少数。他对3 000名大学生进行测试后认为，其中真正的自我实现者只有一人。

后来马斯洛又在尊重的需要之后，增加了知识的需要和美的需要两类，构成了"需要层次七级论"。

马斯洛还提醒人们不要拘泥地理解诸需要的顺序。他认为绝大多数人基本需要只是部分地得到了满足，正是那些尚未得到满足的需要能强烈地左右人的行为。一旦某个需要得到了满足，那么它就不能影响一个人的动机了。一种需要一旦得到满足，它就不再成其为需要。人的需要的发展和人类社会的发展有着极密切的关系。处于不同社会发展阶段和不同社会制度的国家中的人的需要各不相同。马斯洛的需要层次论是以西方人的生活为素材的,在讨论这一理论时必须注意,许多东方的文化都是在这样一种前提下运作的:认为群体的福利(归属需要)要比个人的需要(尊敬的需要)更有价值。需要层次理论之所以能在营销上得以广泛应用,主要是因为它提醒我们,消费者在不同的时间有不同的需要,而不是因为它具体规定了消费者如何走完他的需要之梯。

根据马斯洛的理论,几乎没有人能够满足他们的自尊需要和社交需要,进而转向第五个层次的需要。实际上,大多数广告宣传的重点放在了社交和自尊需要上,例如渲染豪华汽车带来的社会地位或鼓吹防臭剂提供的社会保护。

有学者将马斯洛的理论归结为家庭生命周期的三个阶段。第一阶段,青年时期的家庭谋取物质财产,主要是为不在同龄人中落伍并且得到社会的承认(第三层次)。进入中年时期的家庭则把财产看作成功的象征和自尊的体现(第四层次)。步入老年期后,财产对家庭来讲就不再重要了,这时他们所寻求的是能够带来情感满足和自我实现的行为(第五层次)。

(三) 功利性和享乐性需要

除马斯洛的分类方法外,需要还可以从根本上分为两类:功利性和享乐性需要。到目前为止,我们一直假定对汽车的购买,是通过搜集诸如服务费用、每千米耗油、维修及性能状况等功利性产品特征方面的信息,来客观地做出决策的。众所周知,有时人们制定决策是以其固有的理想和幻想等情感性因素为基础的。

功利性需要(utilitarian needs)寻求获得一些实际的利益,诸如一部耐用的汽车、一台实惠的电脑、一件保暖的衣服。这些需求所强调的是决定产品性能的产品功能性特征(耐用性、经济性、保暖性)。享乐性需要所追求的是从产品消费中获得愉悦。这种需求很可能与从产品消费中获得的情感和幻觉相联系。由于享乐性需要与消费过程有更加严密的同一性,所以这种需要更容易体验到。享乐性需要或许是尽现阳刚之气或阴柔之美的理想,或许是追崇得胜球队的热望,还可能是回归大自然的向往。

为满足享乐性需要,消费者在品牌评估时经常使用情感性而不是功利性标准(我们使用术语"情感性"而不是"非理性","功利性"而不是"理性",是因为"坐车后的感受"这种情感性标准也可能与"服务成本"这样的功利性标准一样理性)。买一条名牌领带的钱够买同样的两条以上的普通领带,这一事实拿领带的功利性利益是解释不了的,而只能用享乐性利益来解释。

用来刺激功利性和享乐性需要的营销策略是非常不同的。调动功利性需要的广告一般更具信息性和理智性。例如,自行车的广告可能宣传产品的经久耐用、骑乘舒适和装卸方便等特征。而刺激享乐性需要的广告则倾向于富含象征性和情感性。如果一则自行车广告使消费者感受到一种不屈不挠、跌倒了再爬起来、朝一个目标不停奋进的精神,那么由于赋予了这则广告很强的象征性和情感性,故而,也就不必再强调功利性利益了。

第二节 有关旅游者动机与行为的研究

一、旅游需要与旅游动机

旅游需要和旅游动机都是用以解释旅游行为结构的概念，两者通常不加以明确区别，可以互换使用。

最初尝试将旅游动机进行分类的是德国的格里克斯曼（R. Glucksmann）。他在1935年发表的著作《一般旅游论》中分析了旅游的原因，将旅游行为的动机分为心理的、精神的、身体的和经济的四大类。日本旅游研究的先驱者之一田中喜一，在1950年写出《旅游事业论》一书。他在格里克斯曼的基础上，把心理的动机又细分为思乡心、交游心和信仰心；把精神的动机区分为知识的需要、见闻的需要和欢乐的需要；把身体的动机区分为治疗的需要、休养的需要和运动的需要；把经济的动机区分为购物目的和商务目的。

田中喜一的分类，对揭示旅游动机的多样性和复杂性来说是有一定意义的。但从心理学而言，把治疗需要和休养需要既看作一种行为又看作一种动机，则是不恰当的。田中喜一的分类，与其说是对旅游动机的分类，不如说是对目的进行分类。因为需要是针对普遍存在着的、并非某一特定行为的心理状态而言的，一旦旅游活动的主体——旅游者承认借助于旅游行为，他的需要能得到满足时，需要就作为动机而具体化，并进而转变为产生旅游行为的动机。

日本心理学家今井省吾指出，现代的旅游动机含有"消除紧张感的动机"、"社会存在的动机"和"自我完善的动机"，这三种动机具体细分为：

（1）消除紧张感的动机，包括变换气氛、从繁杂中解脱出来、接触自然。

（2）自我完善的动机，包括对未来的向往、接触自然。

（3）社会存在的动机，包括朋友的友情、大家一起旅游、了解常识、家庭团圆。

今井省吾的观点与马斯洛的需要结构的三个高层次的需要不谋而合，揭示了旅游与人们丰富多样的需要息息相关。

美国的旅游研究者托马斯（John A. Thomas）在1964年发表的《人们旅游的原因》一文中，提出了激发人们外出旅游的18种主要动机。

教育和文化方面：①看看其他国家人民是怎样生活、工作和娱乐的。②参观独特的风景名胜。③更好地理解新闻报道的东西。④体验特殊的经历。

休息和娱乐方面：①摆脱刻板的日常生活。②过得愉快。③得到某种浪漫的体验。

种族传统方面：①访问自己的祖居地。②访问自己的家属或朋友到过的地方。

其他方面：①天气。②健康。③运动。④经济。⑤冒险活动。⑥胜人一筹。⑦遵从。⑧研究历史。⑨社会学（了解世界的愿望）。

从行为产生的角度讲，这些动机是否确实是基本的，尚存在一些疑问。这些动机真正说明了人们为何要旅游吗？看来，这些动机可能只是提供了一些媒介，这些媒介引导我们去寻找旅游行为的更深刻的原因。

二、旅游行为

旅游动机是进行旅游活动的主体（旅游者）的个体因素，而旅游行为的具体化还取决于其他一些基本的条件，如费用、时间、信息等。此外，行为所指向的目的——旅游对象（客体）以及沟通主体和客体的各种媒介物，也是必不可少的。

人的行为是个体因素及其环境因素的函数，可用公式表示为：

$$B = f(P, E)$$

式中：B 代表行为，P 代表个体因素，E 代表个体的环境因素。

这个公式表明，即使个体条件不变，只要环境条件发生变化，则个体行为也随之发生变化，反之亦然。旅游行为也同样如此。费用、时间等条件一旦具备，具体化了的旅游倾向就会增强，进而付诸行动加以实现。另外，包括旅游对象在内，旅游业的欣欣向荣也能诱发旅游者的旅游倾向。

应该指出的是，具体化了的旅游倾向和旅游需要或旅游动机是有区别的。仅有需要或动机尚不能使其行为具体化，唯有需要或动机同费用、时间等相联系，才有具体的旅游行为。在这里，需要或动机是个体因素，费用、时间等是环境因素。如前所述，它们之间互为函数关系，即需要或动机越强烈，筹备费用和腾出时间的迫切性就越高。同样，费用和时间等条件的具体化反过来也进一步促进需要或动机，其结果是出现具体化的旅游倾向。

在旅游倾向具体化的过程中，起重要作用的是信息。旅游业或社会舆论的信息，不仅能诱发旅游行为，还能提高直接作用于旅游需要或旅游动机的旅游倾向。

旅游行为，根据其目的和同行者的不同，可以分为多种类型。在各种分类法中，目的分类法较为普遍。如在统计调查中常将旅游行为的目的区分为"享乐"、"休养"或"游览"等类型，从而分析旅游行为的动机。

澳大利亚旅游学家波乃克（P. Berneker）对旅游行为作了如下分类：

(1) 休养旅游，包括异地疗养。
(2) 文化旅游，包括修学旅行、参观、参加宗教仪式等。
(3) 社会旅游，包括蜜月旅行、亲友旅行等。
(4) 体育旅游，包括观摩比赛、参加运动会。
(5) 政治旅游，包括政治性庆典活动的观瞻。
(6) 经济旅游，包括参加订货会、展销会等。

波乃克的分类与前面所说的需要分类法不同，这种分类法的依据是行为的目的，显得通俗易懂，便于研究和应用。

美国的麦金托什（McIntosh）把人的基本旅游行为按下述目的分为四类：

(1) 身体健康，包括休息、运动、消遣、娱乐及其他与身体健康直接有关的动机。另外，还可能包括医嘱和建议，如洗矿泉浴、药浴及健康恢复活动。这类动机的共同特点是通过身体的活动消除紧张、疲劳和恢复健康。

(2) 文化，了解其他国家的文化，如音乐、艺术、民俗、舞蹈、绘画和宗教等。

(3) 交际，包括接触其他民族、探亲访友、结交新朋友以及摆脱日常事务等。

（4）地位和声誉，这类动机与自我实现需要和个人发展有关。出于这类动机的旅游包括商务旅游、会议旅游、考察旅游以及实现个人兴趣爱好的旅游和求学旅游。通过这些旅游可以使自己被承认、被注意、被赏识、被尊重以及获得良好的声誉的欲望得到满足。

美国的奥德曼（L. E. A udman）把旅游行为按下述目的分为八个方面：

(1) 健康，使身心得到调剂和休养。
(2) 好奇，对文化、政治、社会风貌和自然景色等的观赏或考察。
(3) 体育，一种是亲自参与的，如狩猎、球类、集体体育比赛、滑雪等；一种是观看的，如田径赛、各种球赛和赛马等。
(4) 寻找乐趣，如游玩、文艺、娱乐、度蜜月等。
(5) 精神寄托和宗教信仰，如朝圣、宗教集会、参观宗教圣地、历史遗迹，以及欣赏戏剧和音乐等。
(6) 专业或商业活动，如科学探险和集会、公务或商务旅行、教育活动等。
(7) 探亲访友，如寻根、回国及家庭联系等。
(8) 自我尊重，如受邀请或寻访名胜。

再有一种分类法是按同行者，一般可分为个人、家庭、小组（同友人在一起）、团体等类型。下面就具有代表意义的团体旅游形式加以说明。

团体旅游之所以受到欢迎有经济和非经济的原因。前者指费用便宜；后者包括的内容较多，如人多热闹、手续简便、因缺乏旅行知识不敢独自贸然前往等等。

此外，也有人曾考虑从与目的、同行者全然无关的角度对旅游行为进行分类。

日本的前田勇认为，旅游行为是对目的、类型、目的地、住宿等对象做出选择决策的一个连续过程。他以"哪个选择对象被重视"（最初决定的是哪个选择物）为依据，对旅游行为作了如下分类：①住宿优先型；②住宿地优先型；③旅游手段（即交通工具的利用）优先型；④旅游目的优先型；⑤行为目的优先型。

第三节　旅游动机的多样性

旅游是复杂而具有高度象征性的社会行为，旅游者要通过旅游来满足自己的各种需要，同时又受到客观环境的影响，动机往往随客观环境的变化而变化。因此，旅游行为不可能只涉及某一动机。

一、社交的、尊重的和自我完善的需要

按照马斯洛的需要层次论，旅游活动是满足人们社交、尊重和自我实现的需要的一种手段。通过旅游这一象征性的社会行为，可以结交新朋友，得到群体接纳、爱和友情，从而满足个体对归属和爱的需要。归属的需要还表现在怀旧、"归土"（即从居住地返回祖籍）方面。到中国内地来旅游的海外旅游者中间，有一半以上是定居海外的华侨、港澳台同胞。这些人到中国内地来大都有怀旧或"归土"心理，或为缅怀先辈故土，或为重温历

史、探亲访友等。

某些旅游形式，如到国外旅游胜地去旅游，是极为令人向往的事情。在这种情况下，旅游活动本身就象征着成功和成就。除得到他人承认、赏识与尊重外，还可获得独立感、优越感、自信心和自我舒适感，有助于满足个体尚未实现的尊重的需要。

通过旅游活动，旅游者力求见识前所未见的事物，开阔眼界，更好地了解他所生活的世界，并从中学到知识，增长见识和审美能力，从而满足知识和美的需要。

二、基本智力的需要

在实际旅游领域里，个体的需要并不完全符合马斯洛的需要层次，因为旅游使旅游者改变了基本的需要结构。例如，一般人对熟知的事物比对不熟知的事物更加偏爱，这是因为熟悉的、了解的事物可以增强个体的安全感。然而，在旅游领域里人们常常主动去寻求不熟悉、甚至根本不知道的事物。这清楚地表明，旅游环境确与一般环境不同，因而人们在旅游环境中的行为方式也不同。这时智力的需要成为主要的需要了。经常可以看到一些旅游者在旅游时，对旅游以及探索未知事物的需要，同安全的、社交的、尊重的需要一样，变成了基本的和强烈的需要了。

正常人的心理需要包括智力的需要。这一点在马斯洛的人类动机理论中仅仅含糊地提到。例如，获得知识被认为是达到个人基本安全的一个手段，但是，什么是智力活动，马斯洛的需要层次理论并没有对此做出解释。好奇、探索、学习的愿望以及了解的愿望，这些都是人们有时即使要付出很高的个人安全代价也要追求的东西。

为了阐述人的智力活动，马斯洛提出有五种基本生理和心理的需要层与独立的智力需要层共存。这些需要首先由一个基本愿望构成，即了解情况、认识现实、获知事实及满足好奇心。

但是，即使在人们了解情况之后，也就是说，在人们搜集到事实情况之后，还会去了解更多的东西，发现更详尽的细节。同时，马斯洛认为，人们还要对搜集到的事实情况加以组织。他把这一过程描述为"寻求意义"。这一过程也可用理解的愿望来解释。

于是，人的智力的需要表现为两个基本层次，第一是求知的需要，第二是求解的需要。与生理的、心理的需要一样，这两个智力需要的满足，受优势原则的支配。换言之，个人搜集到某些事实情况来满足求知的需要之后，求解的需要才会出现，并支配其行为。

不难看出，旅游既可以用心理的动机，也可以用智力的动机来解释。旅游有助于满足尚未满足的智力需要，是满足求知需要的一个方式，它使人们得以搜集周围世界的事实情况，而这些事实情况在书本和杂志上是找不到的。单凭读书来了解世界是不够的，人们必须亲眼去看世界。

根据智力需要的层次来分析，可以看出观光者和度假者之间的明显区别。观光者试图在一次旅游中参观许多地方，而度假者通常参观一个旅游胜地就从那里直接返回。这两类旅游者之间的区别表明，观光者在极大程度上受到智力需要中占领先地位的求知需要的驱使，而度假者的动机更多的是来自求解的需要。

观光者就像一个浏览商店橱窗的顾客，匆匆穿过一家琳琅满目的商店。如能有幸重游，他则要较为悠闲地度过这段时间。假如首次旅游满足了他的求知需要，搜集到了事实情况，那么，下次重游此地时，他就更可能想满足他的求解需要了。

这一切有助于解释为什么一个游览了许多地方、而只在每个地方逗留一两天的旅游者，会在以后某个时间仅到其中一个地方去做一次长期度假游览。

有鉴于此，旅游营销人员应该了解，从未外出旅游的人，赴单一旅游地去度一个较为悠闲的假期的可能性很小。因此，在他旅游时，给他提供尽可能游览众多旅游胜地的计划，对他可能更具有吸引力。同时，也应该了解在这些旅游胜地中哪一个最使旅游者感兴趣。

三、探索的需要

在解释人们为什么旅游时，必须考虑"好奇心"和"探索"这两个词。上面提到，马斯洛用有别于基本生理需要与心理需要的基本智力需要来解释人的好奇心。人的好奇心会产生出人们必须设法消除的心理紧张。这种紧张以及旅游者在旅游中处理这种紧张的方式，能够详尽地解释旅游行为。

人的好奇心和强烈的学习欲望必定是天生的，因为人出生后它们马上就显露出来了。必要的运动技能一得到发展，婴儿就表现出好奇心；并开始寻找发泄机会。许多人的好奇心要持续发展到成年期，并不断寻找新的、不同类型的发泄机会。

人类具有某种动机，这动机促使一些人尝试去做看来几乎是毫无目的的事情。这是一种探索自身与探索人类所生活的世界的需要。对有些人来说，这个需要表现在登山、攀岩、悬挂滑翔、潜水、乘热气球飞行与航海上。对大多数人来说，这个需要则以这样或那样的方式表现于旅游上，即去发现新的旅游地，结交不同的人和了解异域文化。

探索的深切需要，似乎是人类与许多其他动物所共有的特性，动物在没有紧急情况要应付时，最倾向于探索。而有时人类探索的冲动甚至会压倒安全的需要，人类会为探索未知而去冒生命之险，许多在攀登险峻的高山时丧命的登山爱好者的行为说明了这一点。

四、冒险的需要

冒险是做一件激动人心的，但有时是具有危险的事。冒险是扣人心弦的，并且往往是富于浪漫的经历，它没有明显的实际价值，看上去几乎是不可置信的神奇事件。

大多数健康的人都具有冒险心。冒险心把小男孩送上树，冒险心引起人们调换工作的欲望，冒险心把旅游者送到异国他乡。没有一定的冒险意识，没有一定的探索需要，人们的活动范围就不会比托儿所或后院大多少。

西方学者把探索和冒险的需要称为尤利西斯因素（Ulysses factor）。尤利西斯是荷马史诗《奥德赛》中的主人公。史诗记述了尤利西斯从特洛伊城陷落到他返回希腊西海岸伊萨卡岛的家，这10年来旅行冒险的故事。在故事中，尤利西斯激怒了海神波塞冬，海神刮起一场旋风，摧毁了尤利西斯的船，使他在归家的途中经历了无数艰难险阻。后来，雅典娜女神对他伸出援助之手，并最终说服了希腊众神中最大的神——宙斯，准许尤利西斯平安地回到了家乡。

尤利西斯因素是推动人去做某件对他本人而言是非同寻常的并包含一定危险的事的动

力。这种活动看上去可能毫无目的，但事实上，在一个拥挤的、都市化的社会里，这种活动或者某种适当的替代活动，对个人的生存可能是至关重要的。

受尤利西斯因素驱使的人，力求满足对世界与自身的好奇心。体力的有限性并不是不可克服的。探索与冒险的需要既是体力需要，也是智力需要。我们说旅行，特别是到遥远的、艰险的或要求具有聪明才智才能抵达的地方旅行，能激发人的竞争本能，其意义即在于此。尤利西斯型冒险旅行受求知需要的推动，但这种旅行不可能纯粹是智力性的，它必然包含某些体力活动。因而，尤利西斯因素代表一种智力上与体力上对知识的探求。尤利西斯型旅行，为人想用他的全部感官去体验世界这一深切需要所推动。他并不寻求任何特殊的东西，对他所发现的东西也不大关心。正是在这个意义上，他是一个真正的探索者，他对每件事物都感兴趣。

看来，差不多我们每个人都至少受一点尤利西斯因素的驱使。当然，在我们当中，很少有人能够接受环球航行时所面临的全部风险，或各种各样的登山运动员、某些飞行员及强行驾车或徒步穿越根本没有道路的沙漠的人所面临的风险。有些人只能忍受最低限度的风险与变异，他们的旅行是经旅游代理人、导游、标准化的饭店网点的安排，相比之下没有什么风险。不过，他们还是感到有必要离开温暖安全的家去旅游。

无论冒险对人们可能意味着什么，尤利西斯因素总是推动人们去寻求冒险的强大动力。同时，还存在一个与之相反，然而同样强大的动力促使人们去寻求生活中的安全与预见性。紧接着，我们将要说明这两个相反的动力是怎样被旅游者个人所调和。但首先，我们需要更为充分地了解为什么存在多种动机，为什么往往在旅游前便确实存在着多种动机。

第四节　旅游是多样性生活之源

每个人都出于不同的动机旅游，他们的选择适合他们的不同层次的需要。如果每个人的动机相同，许多人就会赴同样的旅游目的地，做同样的事情，投宿同样类型的饭店，使用同样的交通工具。但事实上，旅游动机与爱好因人而异。我们现在就要探究这些相异之处。我们还要指出并讨论一个重要的共性，各种形式的游乐或许都是以这个共性为基础的。

一、一致性需要

人们是力求在一切生活领域中保持逻辑或心理上的一致性呢，还是基本上追求非一致性和生活内容的多样性？心理学家们对此已争论数年。两方面的论点都有助于我们了解人们为何旅游和人在旅游时做出种种决定的基本原因。

一致性理论持有者的主要论点是，人们几乎总是寻求平衡、和谐、一致、没有冲突及可预见性，在此，我们统称之为一致性（consistency）。任何非一致性都被视为心理上的不适。换言之，非一致性产生心理紧张，这与口渴或饥饿会产生紧张大致相同。在这样的情况下，个人为了缓解心理紧张，就势必要寻求可以预见的和始终一致的东西。

根据一致性理论，一个人在旅游过程中就会只愿光顾那些众所周知的度假地。驱车度假者将只会在主要的高速公路行驶，并只光顾那些众所周知的大餐馆网点。寻求一致性与可预见性的旅游者将光顾那些提供标准化设施与服务的全国性饭店网点。这些有名的旅游目的地、高速公路、餐馆与饭店，为旅游者提供了一致性。因为它们是可预见的，离家旅游的人将不会在途中遭遇令人不快的经历。

显然，一致性概念能对旅游环境中所发生的许多情况做出解释。例如，旅游者喜欢去那些久负盛名的旅游胜地；光顾那些有名的餐馆网点；大部分驱车度假者比较喜欢标准化的、牌子响亮的汽车游客旅馆；而许多出国旅游者在他们足迹所至的异国他乡寻找本国旅馆。

概括地说，一致性理论认为，期望发生一件特定事情的人，并希望同时碰到某些非其所愿的事。弗洛伊德断言，人的行为本质上是直接有助于缓和由非一致性所造成的心理紧张的。假如受到非一致性经历的威胁，人们就会采取任何必需的行动，保证这个威胁不会真正发生。如真的不幸遇到了某些非其所愿的事，人们就会感到极其不适与忧烦，并将从这些感受中学会今后更加谨慎地避免非一致性。比如，旅游者会学会采用预订的方式，或借助于旅游代理人，或只乘坐班机，或从此不再旅游。

二、复杂性需要

复杂性理论同样可以解释许多旅游行为和动机。复杂性（complexity）理论的实质是人们对新奇、意外、变化和不可预见的事物的追求。复杂性是人们所追求的东西，因为它本质上能给人以满足。这个研究领域里的一位主要权威，美国芝加哥大学的萨尔瓦多·马迪（Salvatore Maddi）说，生活太复杂了，不是凭简单的一致性理论就能平安度过并加以理解的。他说坚持以一致性观点解释行为会使生活变得重复、无聊。如果认为追求一致性是生活中主要的心理动机，那就低估了人。马迪说，不能无视这个事实，即一致性理论无法解释人们怎样避免令人厌烦的不愉快的经历。

根据复杂性理论，人们在旅游中要走访的是那些从未到过的地方。旅游者可能选择偏僻的小路，光顾地方性的饮食店，而不去有名的餐馆网点；他可能决定乘坐游船，而不是乘飞机；他可能光顾那些独立的饭店，而不去牌子响亮的、提供标准化设施与服务的饭店网点。对着意避免一致性与预见性的旅游者来说，有名的高速公路与饭店、受人欢迎的旅游胜地以及主顾（光顾）最多的饭店网点所提供的一致性与预见性太多了，使他们感到厌烦。他们要寻求变化，避免在家时已习以为常的，或上次假期中已经历过的那些东西。

显然，一致性与复杂性这两个概念，能对旅游环境中发生的许多情况做出解释。虽然看来互相矛盾，但我们很快就会看到这两个概念一旦结合起来，就能提供一个了解旅游动机与行为的很有价值的观点。不过，我们首先需要更详尽地探究一下多样性需要，各种形式的游乐的基础可能都是以它为共性的。

三、多样性的需要

人的中枢神经系统具有应付刺激的功能。但是，当刺激过度或时间太久时，它的这个功能就不能得到最好的发挥。同时，长期置身于极为单调的环境，也有害于各种心理功能。因而过度刺激或刺激不足都会使人感到痛苦。长时间过度刺激造成过分的紧张与压力，还会导致溃疡、心脏病，甚至早夭。刺激不足则造成厌烦，时间一长，就会导致抑郁症、妄想症、幻觉症和其他疾病。我们先来探究被称为厌烦的这种状态。

对自己所生活的那个小天地不甚感兴趣的人，就是一个厌烦者。他失去兴趣是由许多因素造成的。他觉得自己那一角天地太单调了，也就是对他来说，它太容易预见了。这种易于预见使他厌烦，因为他接受不到刺激，他的生活环境不会向他挑战，总是老一套。

每个人都会在这段或那段时间感到厌烦。可以说，这是人类生存状况的一部分。在这段或那段时间，人们的工作、人们的熟人、人们所生活的城市与家庭、支配人们的生活日程、人们所吃的食物，一切都变得令人厌烦，因为这一切都以某些方式而使人太容易预见，太一致了，令人惊奇的事太少，缺乏刺激。作为对这种情况的反应，人们有时就不得不离经叛道，有意识地将多样性引进本来始终一致、周而复始的生活中来。一些极端的方法是：调换工作，搬迁到别的城市，摆脱令人厌烦的婚姻。幸而，还有一种不那么极端的方法，即寻求刺激。人们设法结交新朋友，改变饮食习惯，重新安排居室的家具。

显然，无论根据哪种指标，都可认为旅游是人们逃避厌烦、寻求刺激的最普遍的方式。旅游使人们改变了生活环境，改变了惯常的生活节奏，使人们可以做不同的事情。

旅游也可以说是对现实的一种逃避。法国社会学家乔弗里·杜马泽迪尔（Joffre Dumazedier）认为，旅游是一种使人们暂时逃避到"第二现实"（secondary reality）中的游戏。在旅游中，人们可以偶尔扮演阔人、原始人或鲁莽的勇敢者，这些事情与人们的日常生活可能大相径庭。从这个角度来看，也可以说旅游使人们能按幻想生活。

这儿着重指出了两点：第一，旅游比大多数别的逃避方式都更为有效地使人们摆脱厌烦，因为它允许人们抛弃那些阻止人们在家里"玩乐"的观念与行为的束缚。不会有人打电话来提醒人们做这做那，用不着扮演种种职业角色，没有非做不可的家务事。第二，离开家就会给刻板的生活带来受人欢迎的多样性。在都市化和工业化社会里，生活的预见性特别大，因为社会把那么多的生活内容纳入有组织的程序中，因而，生活节奏有时显得太强烈。这种程序与强烈节奏产生单调的紧张，它只能在新奇、惊讶与不可预见的事物中寻求刺激以求得缓解。旅游是城市化与工业化所造成的压力的有效的消解剂。杜马泽迪尔说，在这个意义上，旅游是一种逃避，但它比自愿探索人们所生活的世界更为需要。可以说，多样性需要是最基本的旅游动机之一。

四、一致性与复杂性的平衡

自我调节良好的人，在生活中需要兼有一致性与复杂性。这一点应是明确的。实现这个需要，通常的方式是在生活经历的某些领域寻求一致性，在另一些领域寻求复杂性。在家庭中，或者有时在工作中所感到的有组织的程序一般都体现了一致性。大部分人或许较喜欢家里有大量的一致性与预见性。家庭生活如果按照程序与预见性建立起来，它大体上是有规律的，能带来一种心理上的舒适感。

各个工作环境所提供的一致性或复杂性的程度差别甚大。例如，流水线上的工人，可能感到其工作环境一致性太强，到了令人厌烦的程度。他一周五天，一年五十周地干着同样的工作。这种极度的一致性，对他如何去安排闲暇时间会产生极为巨大的影响。相比之下，企业高级行政官员的工作环境是颇为不可预见，颇为多样和复杂的。没有两个工作日完全相同，每天所面临的问题都不相同。他要应付各种不同的人，并且在办公室、在工厂、在家里、在高级餐馆里、在飞机上，或许还在遍及世界的十几个城市里持续开展工作。这些行政官员的生活可能非常具有刺激性，非常复杂，而且是不可预见的。这对他们如何度过自己的闲暇时间也有极大的影响。

家庭主妇生活的一致性与预见性的程度，取决于她的时间与精力在多大程度上用于以家庭成员为中心的活动上。毫不奇怪，极少有家庭以外的活动与兴趣的主妇，其生活的一致性一般很强，对闲暇时间的活动方式通常没有强烈的偏爱。研究材料清楚地表明，这种类型的人对任何变化都欢迎，只要这种变化能变换景色与提供一定程度的复杂性。

人们家庭生活与工作中的一致性、预见性与不变性，必须以一定程度的复杂性、不可预见性、新奇与变化来协调。没有一个人能够在一个完全可以预见的世界上健全地生活。在某种意义上说，家庭生活与工作的程序性与一致性会变得令人厌烦。厌烦者需要新奇与变化的刺激，来抵消厌烦造成的心理紧张。新奇与变化的适应量因人而异。如果不可预见性不太强烈或不太多的话，大多数人是会欢迎的。不同的人对新奇和变化的承受量也不相同。美国人的多样性需要，也许可以用图5-5所示的曲线来表示。

图5-5 多样性需要比率

在图5-5中，人们的一些较突出的社会准则，都是在他们对生活多样性需要的基础上确定与归纳出来的。这些社会准则包括：

（1）冒险。对生活中多样性的需要最为强烈的人爱冒险。他们喜欢尝试新异的事物，冒点儿险也在所不惜。

（2）尊重。这一组人的多样性需要不那么强烈，他们非常看重受人尊重。他们也喜欢尝试新异事物，但在尝试前比较审慎。在他们看来，冒险不如受到赞赏者的尊重有价值。

（3）审慎。支配第三组人的准则是审慎。这些人虽然很少率先经历新异事物，例如他们不可能先到新奇的目的地旅游，他们也不会率先尝试新的闲暇活动，但是他们还是比后两组人先尝试到新异事物。

（4）怀疑主义。持怀疑态度的人，通常不会尝试未经大部分人认可的新异事物。

（5）传统。高度尊重传统的人，怀疑任何新异事物。这组人更倾向于年复一年地重游旧地。比如，他们喜欢每年都回到同一个湖边别墅——表明他们旅行是因为需要变换，而不是需要新奇。

可以说，因人而异的多样性需要，与每个人的个性和他看重的准则有关，也许甚至可以部分地用它们做出解释。看重冒险和愿意进行冒险的人具有强烈的多样性需要。对这样的人来说，无须事事皆可预见。事实上，从新异中体验到的某种欢乐正在于它所包含的不确定性。凡避免作任何真正冒险的人，在很大程度上是因为他害怕未知的东西，对这种人来说，不可预见性导致太大的紧张。这种人虽然感受到厌烦造成的紧张，但他以寻求变换而不是寻求新奇来缓解紧张，变换包含的风险比新奇所包含的风险少得多，这实际上影响了这一类人的旅游行为。例如，这些人更可能重游旧地，年复一年，他的度假内容便很可能相同。

下面是一份心理学家们用来估计个人多样性需要强度的调查问卷。它要求个人对问卷上所列示的每项内容加以选择，指出其最赞同的内容，即 A 项或 B 项。选择 A 项越多，这个人的多样性需要就越强。仅适用于男性的条目，以字母"M"标示，仅适用于女性的条目，以字母"F"标示，两性皆适用的则以"MF"标示。

多样性需要调查问卷

1. （MF） A. 我想做需要大量旅行的工作。
   B. 我喜欢固定于一地的工作。
2. （MF） A. 清新、寒冷的日子使我生气勃发。
   B. 冷天我急于进入室内。
3. （M） A. 我通常不喜欢机械式的工作，尽管这种工作有时是必要的。
   B. 我在机械式的工作中发现一定的乐趣。
4. （MF） A. 我时常希望自己能成为登山运动员。
   B. 我无法理解那些冒生命危险去登山的人。
5. （MF） A. 我喜欢身上带有点泥土味。
   B. 我不喜欢身上有任何气味。
6. （MF） A. 老是看到熟悉的面孔，我会感到厌倦。
   B. 我喜欢日常朋友们那令人安慰的亲近。
7. （MF） A. 我喜欢独自一个人在一个陌生城市或城市中心到处跑跑，即使迷路也无妨。
   B. 在不大熟悉的地方，我喜欢有导游。
8. （F） A. 我有时取不同的道到一个我常去的地方，只是为了求得变换。
   B. 我找到一条到一个地方去的捷径，并坚持走这条捷径。
9. （MF） A. 我宁愿生活在动荡不安的历史年代。
   B. 我爱生活在每个人都能得到安全保障与幸福的理想社会。

10. （MF） A. 我有时候喜欢做点叫别人害怕的事。
    B. 明智者常避免危险之事。
11. （F） A. 我喜欢尝尝从未尝过的食物。
    B. 我爱点熟悉的菜，以免失望和不快。
12. （F） A. 我有时喜欢高速行车，我觉得高速行车扣人心弦。
    B. 和爱开快车的人同车，我受不了。
13. （M） A. 如果我是个推销员，并有机会挣比固定工资更多的钱，我宁愿拿佣金而不要固定工资。
    B. 如果我是个推销员，我宁可拿可靠的固定工资，而不愿拿佣金，去冒少拿钱或拿不到钱的风险。
14. （MF） A. 我觉得与我信仰不一致的人，比与我信仰一致的人更有刺激力。
    B. 我不喜欢和与我的信仰截然不同的人争论，因为这种争论永远不会有结果。
15. （MF） A. 我爱作未经事先安排、没有确定路线或没有时间表的旅行。
    B. 我旅行时，喜欢周密安排旅行路线与时间。
16. （F） A. 大部分人花在人寿保险上的钱实在太多了。
    B. 人寿保险是人人非做不可的事。
17. （MF） A. 我想学驾驶飞机。
    B. 我不想学驾驶飞机。
18. （MF） A. 我想体验一下被人催眠的感觉。
    B. 我不想被人催眠。
19. （MF） A. 最重要的生活目标是要最充分地激发生命力与获得尽可能多的经历。
    B. 最重要的生活目标是寻求安宁与幸福。
20. （MF） A. 我想试试跳伞。
    B. 我永远不想从飞机上跳出来。
21. （MF） A. 我喜欢一头扎进，或一下子跳入冷水池。
    B. 我慢慢进入冷水，以使自己有适应它的时间。
22. （F） A. 我爱听新的、不同寻常的音乐。
    B. 我不喜欢大部分现代音乐的不规则与不调和。
23. （MF） A. 我比较喜欢使人激动、无法预见的朋友。
    B. 我比较喜欢可靠、可预见的朋友。
24. （MF） A. 我度假时爱宿帐篷，以求变换。
    B. 我度假时喜爱有舒适的房间与床铺。
25. （MF） A. 我常在现代绘画不协调的色彩和不规则的形式中发现美。
    B. 优秀艺术的本质在于明晰、形式对称以及色彩协调。
26. （F） A. 厌烦是最大的社会罪恶。
    B. 粗野是最大的社会罪恶。
27. （F） A. 但愿我无须把一天中那么多的时间浪费于睡眠。
    B. 在漫长的白天之后，我期待有一个好生休息的良宵。

28.（MF） A. 我比较喜欢爱表露感情的人，即便他们有点不稳定。
　　　　　B. 我比较喜欢镇静、脾气和顺的人。
29.（MF） A. 一幅优秀的绘画应冲击或震撼人的感官。
　　　　　B. 一幅优秀的绘画应给人安宁与可靠之感。
30.（M）　A. 我感到沮丧时，就出去做些新的激动人心的事，以求恢复。
　　　　　B. 我感到沮丧时，就松弛下来，做些有镇静作用的消遣，以求恢复。
31.（MF） A. 我想拥有摩托车，并驾驶它。
　　　　　B. 骑摩托车的人必定有着某种不自觉的伤害自身的需要。

（E. A. Kolin，L. PriceandI. Zoob，1964）

图 5-6　一致性—复杂性与心理紧张

　　图 5-6 表明个人应如何设法在生活中保持一致性与复杂性的最佳平衡。它表明在某些情况下，如老待在家里，有时会产生很强的心理紧张。为把心理紧张降低到最佳水平，个人可能决定去旅游。但旅游目的地又将对紧张是否会真正降低到最佳水平产生影响。譬如说，非洲作为旅游目的地也许对某人太新奇，因此会产生一种不同的紧张（如慌张）。但像夏威夷那样的旅游目的地，其威胁性就可能大为减少。夏威夷是新异的，但不至于使他因所盼望的旅游而造成心理不适。不过，对另一个人来说，夏威夷之游可能不足以缓解紧张以达到最佳平衡，它可能不够新异。或者，此人也许已经到过夏威夷，或者他料想那儿与他曾经旅游过的其他地方相似。

　　旅游目的地并不是旅游者的一致性与复杂性的唯一潜在来源。人们还必须考虑饭店、餐馆、交通工具以及旅游过程全部活动中的潜在刺激物。以在旅游中寻求中等程度的新奇的人为例，假定他出于这个或那个理由选择几个欧洲国家作为他首次出国旅游的目的地，对该旅游者来说，这样的目的地可能具有颇多的复杂性与不可预见性。他认识的人中，即使有人去过这些国家，那也只是少数几位。旅游期间，他很可能遇上不熟悉语言、文化及风俗习惯方面的问题。从旅游本身来说，欧洲似乎给他以极多的复杂性和不可预见性的希望。但要是他选择去那儿旅游的话，他的决定多半是受到其他因素提供的、充分的一致性与可预见性的影响。可能有这样一个因素，他指望和一大批别的首次赴欧洲旅游者同往，并有职业导游的陪同，该旅游团由许多熟人、同事组成，可以期望从中得到更大的一致性和安全感。总之，在没有一批熟人结伴，使他感到熟悉、得到支持的情况下，这种人是绝不可能去一个陌生的地方旅游的。

　　再来考虑一下一个经常去同一目的地旅行，到达后总是住同一家饭店或汽车旅馆的公务旅行者的情况。许多公务旅行者总是避免在其逗留的饭店或汽车旅馆的餐厅进餐，这是一个众所周知的、令许多主要的全日服务旅馆网点大为不安的事实。也许有几个因素可解释这种行为,其中之一是旅游者出于平衡一致性与复杂性的需要。他可能被假日旅馆或希尔顿饭店所吸引,因为这些饭店提供了一致性,他至少确信能获得一张舒适的床、令人愉快的环境及不会发生故障的空调设备,还有一夜酣畅的睡眠,这些对他是极为重要的。但是,由于同一原因,他才不被饭店餐厅所吸引。饭店餐厅为他提供的一致性太多了点。目的地已为他所熟悉,捎他到那儿的飞机跟他乘坐的其他飞机十分相像,他逗留的假日饭店或希尔顿饭店与他曾经住过的其他假日饭店几乎一模一样。为抵消所有这些一致性,公务旅行者便去寻找地方性餐馆,那儿的气氛和菜单至少稍有不同。

以上讨论的事例都表明,旅游者为达到一致性与复杂性的最佳平衡,会怎样把同一性、可预见性与新奇、变化及不可预见性结合在一起。一项研究表明,人的多样性需要与其对各个旅游目的地、交通方式、饭店、餐馆,以及闲暇时间活动的态度、偏爱之间有一定的关系。探索这些关系有助于为招徕某批旅游者而确定某一类旅游与闲暇时间服务的方式。例如,假使许多人对乘飞机和汽车旅游已有很多经验,就会觉得游船是一种复杂的(新奇的)交通工具。因此,游船公司就必须提供包含一定程度的一致性的旅游项目,这些项目可包括在著名港口陪同游览、电影、游泳池、活跃的招待会、桥牌比赛,以及其他各种各样的团体活动与船上活动。

去海外旅游的人因平衡一致性与复杂性的需要往往求助于某饭店公司的广告。一则理想的广告会通过文字与图片告诉出国旅游的人,他们的旅游将是令人眼花缭乱的(复杂性)。然后,这则广告说,为抵消这种复杂性,住在该集团所开的饭店是明智的。这些饭店提供熟悉的、舒适的服务:干净宽敞的房间、个人浴室、游泳池、汉堡牛排以及说英语的服务员。也就是说,该饭店公司许诺以许多人在家里习惯了的物质享受的一致性来平衡海外旅游的复杂性。

复杂性平衡一致性的需要,表明标准化的饭店网点应该在每个饭店或汽车游客旅馆增添就餐设施,餐馆气氛应与众不同,体现当地的某些特色。菜单应有新奇之处,供应有代表性的地方菜。当然必须确保旅游者得到可靠的食物、服务与卫生性,饭店网点应继续保持这些方面的质量。游乐地应提供各种活动,从高尔夫球和网球到包价游览或乘筏子。飞机可用富有特色的机上烹饪与娱乐消除许多旅游者在旅途中所感到的单调与厌烦。

人们倾向于把一致性与复杂性相结合,以实现刺激的最佳平衡,这就产生了在家乡附近度假的重要形式。

有些人只为旅游能提供变化而旅游。对他们来说,到偏僻的酒吧间,或当地一所大学的教室去走一趟就足够了。但对许多其他的人来说,单有变化就不够了,他们还需要崭新的东西,即我们称之为复杂性的东西,这意味着环境的彻底改变。阳光灿烂和温暖的天气代替雪花纷飞和寒冷的天气,山峦或海滩代替都市风光,衣着与语言不同的人和饮食习惯不同的人代替身边的人。而对某些人来说,只要意识到他们在离办公室与厨房洗涤槽千里之外的地方就够了。

如前面所说,赴一个遥远的目的地旅游,单是它的远距离就有一种吸引力。从心理上说,遥远的旅游目的地不仅给人以更多变化的希望,而且还给人以更多的、所需要的、新奇和多样性的希望。在不考虑巨大的、不可想象的经济代价的情况下,所有这些理由都会使人们觉得在家乡附近游乐永远代替不了去遥远的异邦度假旅游。

最后，也可以从不同的经历中去寻求一致性与复杂性，这是有益的。比如说，企业总经理可以在家里体验大量的一致性，而在工作中体验大量的复杂性。然而，他的工作具有的刺激性也许非常大，导致他对游乐与其他闲暇时间活动所提供的那种刺激的需要极为微小。他体验的紧张很可能是工作中过度刺激的紧张。所以，他的闲暇时间都用于寻求休息与松弛，而这是他在自家后院的躺椅上很容易得到的。企业总经理愿在家庭游乐上花钱，但他这样做的主要动机之一，是他对家庭的责任感，而不是他本人需要外出。这表明，旅游代理人和其他旅游机构可激发企业总经理对家庭的责任感，以促使他们把大笔费用花在家庭游乐上。当他筹划赴吸引人的旅游地进行一次商务旅游时，正是激发的时候。

复习与思考

1. 解释下列概念：
（1）动机；（2）需要；（3）需求。
2. 解释动机的产生过程。
3. 为什么说当认识到营销策略的目的是影响消费者满足需要的方向，而不是创造需要本身时，它是更有效的？
4. 描述三种类型的动机冲突，并针对每种情况从旅游市场活动中举出一个例子。
5. 阐述马斯洛的需要层次论。
6. 从公式 $B=f(P,E)$ 出发解释"具体化了的旅游倾向"与旅游需要或旅游动机的区别。
7. 结合自己或他人度假旅游的经历，分析旅游动机的多样性。
8. 通过这一章的学习，谈谈旅游者为达到一致性与复杂性的最佳平衡，会怎样把同一性、可预见性与新奇、变化及不可预见性结合在一起？

第六章 态度与旅游行为

学习目标

学完本章，应该能够：明确态度的定义；阐述态度的功能和特征；了解态度理论；说明旅游决策过程，以及态度如何影响旅游者所做出的决策；掌握态度如何发生变化，以及如何通过改变态度影响旅行者行为。

本章主要术语

态度(attitude)
态度的对象(attitude object)
强迫依从(forced compliance)
偏爱(preference)
属性的突出点(salience of an attribute)
利益(benefits)
吸引力(attractiveness)
供选对象(for selected objects)

态度是理解旅游决策的关键性的心理学概念。潜在的旅游者对任何一种旅游产品或服务的态度，都能导致购买该旅游产品或服务的心理倾向。

在这一章，首先明确态度的定义，考察态度的性质及其主要构成，讨论态度的功能和特征，介绍几种态度理论。然后，阐述旅游决策过程，从中说明态度如何影响旅游者所做的决策。最后，我们将重点研究态度如何发生变化，以及如何激发这种态度上的转变以促进个人旅游行为的改变。

第一节 态 度

一、态度的内涵

态度是一个人以肯定或否定的方式估价某些抽象事物、具体事物或某些情况的心理倾向。当人们对一种事物持某种态度时，不管这事物是有形的还是无形的，它都被称为态度的对象(attitude object)。凡是人们了解到与感觉到的事物都可以成为态度所关注的对象。

50年前，G.奥尔波特(Gordon Allport)为态度进行了系统的定义，即"态度是后天学到的偏好，它以一贯有利或不利的方式对一个对象或一类对象做出反应"。

19世纪末，丹麦心理学家朗格(Carl Georg Lange)在研究反应时间的实验中发现，被试验者如果特别注意自己即将要做出的反应时，即心理上对自己的反应有准备时，做出反应的时间比没有准备时要短。朗格在以后的实验中一再证实了心理上的准备状态就是态度。这就是说，个体的态度决定其将会看到什么、听到什么、想到什么和做到什么。

罗森伯格(Milton J. Rosenberg)认为，态度是由认知、情感、意向三个成分组成的。态度是外界刺激与个体反应之间的中介因素，个体对外界刺激做出什么反应将受到自己态度的调控。图6-1说明了刺激、态度和反应的关系。

图6-1 刺激、态度和反应的关系

态度的认知成分是指人对态度对象，如对他人、物、地方、事件、思想、形势、经历等方面所持有的信念和见解。这些信念或见解是以个人在某一时间内视为事实的、明确的证据为基础的。

信念是以充分的事实或知识为基础的心理倾向，它被认为是一种真理，大多数信念是相当持久的，但这些信念不一定都是很重要的。见解与信念不同，见解不以确定的事实为基础，它可能涉及某些事实，但只能表示某人得出的结论，而且比较容易改变。

对同一对象，每个人的信念和见解可能有所不同，甚至大相径庭。例如，到上海旅游的一个外国旅游者，可能持有这个见解，认为上海是一个激动人心的、美丽而繁华的大城市；他也可持这样的见解，认为上海是人口稠密、喧闹而拥挤的地方。对上海的情感就是以这些见解为基础的。

态度的情感因素是态度的关键组成部分，是指个人对一个对象所做的情绪判断。对象可被判断为好的或坏的。比如，一个人可能讨人喜欢，也可能不讨人喜欢；可能惹人爱，也可能令人憎恨。虽然有些人对上海可能同时持有肯定或否定两种信念，但经斟酌，他可能得出结论，他喜欢这个城市。对某个对象有情感，但不持任何信念，这是不可能的，因为表现为态度的情感不可能存在于真空之中。又如，旅游者对导游经若干次接触形成好感以后，对导游出现的小差错亦能谅解。这说明情境性情感能决定人的态度，从这个意义上来看，情境性情感是态度的决定因素。它有强有弱，或持久或短暂。

但在另一方面，人对某些对象也可持有一种很少或不受情绪影响的信念或见解，在飞机上就餐就是一个例子。就餐的人对机上食物不论怎样，可能都没有任何特别的情感，在他看来，机上食物不过尔尔，但他不会要人去改善它，或在写信时谈起它，因为他对这个特定对象的情感是冷漠的。

态度的意向部分，是指个人对某个对象、人物或场合作肯定或否定反应的倾向。假如某人对某一对象持否定态度，他有可能准备攻击、摧毁、惩罚、驳斥或使用其他手段否定该对象及与之有关的那些东西。如他的态度是肯定的，他可能乐于帮助、酬谢、购买或以其他手段接受它。对某个对象的行为倾向，无论以否定的还是肯定的方式，都称之为意向。比如，一个人可能对旅游持积极态度，也可能对将来去某旅游胜地旅游持积极的态度，此人便具有旅游的意向，并且有去某旅游胜地旅游的意向。

人们一般都试图使所持态度的认知、情感和意向相互协调一致。例如，一个人酷爱清洁，绝不可能对一家又脏又乱的饭店抱有强烈的、积极的情感，也不可能选择这家饭店投宿，他对清洁的需要和他关于这家饭店脏、乱的看法，使他对这家饭店持否定的态度，并对这家饭店产生回避的意向。

尽管存在着态度的认识、情感与意向各部分趋于一致的倾向，但不一致的事例还是很多的。态度与行为的完全一致不符合人类的特性，因为差不多每个人都有程度不同的好奇心、想入非非与冲动。这些特性促使人们产生不一致的行为。人类不同于计算机，人们在不完整的信息基础上作决定，有时是因为人们忘了重要的信息，有时只是因为要求多样性而做出异乎寻常的事。说比较喜欢某种品牌的产品的消费者，在实际购买场合中，买的却是另一种品牌的产品，这是屡见不鲜的事。

这种情况也可能出现在汽车旅行中。也许是因为某地那家较喜欢的联营饭店没有空房间；或者，该地别家联营饭店可能使出了特别有吸引力的一招（孩子免费住宿）；或者，别的联营饭店的招牌更突出、更引人注目，并提供更多的方便。一位家庭成员可能坚持一家都住进游泳池最大的一家汽车游客旅馆；或者，出于好奇和对多样性的兴趣，选中一家不受喜欢的联营饭店。

最近，对住宿业市场的旅游决策进行了一次研究，发现在通常投宿于商业饭店的汽车度假者中，只有10%的人经常光顾那些他们对之持有强烈肯定态度的汽车游客旅馆和联营饭店。此项研究所调查的汽车度假者中，有55%的人，常常去那些他们对其持不很肯定态度的汽车游客旅馆与联营饭店。这种态度和行为在一定程度上的不一致性是人的本性的组成部分，优柔寡断的态度或否定的态度使人们先倾向于避免某些情况，但并不妨碍人们作意外的选择。

产生不一致行为的另一根源是人们在同一时间必须扮演两种不同社会角色的情况。当一个公务人员带着家属进行业务与娱乐兼顾的旅行时，就可能出现角色冲突的典型例子。同时需要扮演行政官员与家庭成员的角色，会造成紧张。在这类情况下的角色冲突，可以用旅行中业务与娱乐相结合的办法来缓和。比如，旅游代理人可以鼓励此人在指定的日程内完成业务，如在工作地工作两三天，然后在某旅游胜地与其家属会合。

态度和行为不一致的最后一个根源来自于人们称作"强迫依从"（forced compliance）的情况。在这种情况下，一个起初倾向于买头等舱机票的人，会被迫依从其所服务的公司关于雇员只准买二等舱机票的规定。

尽管在态度与行为之间存在着大量的不一致性，但了解态度对理解旅游决策依然是必不可少的。一般来说，当旅游者可以随意作决策时，他的行为将与他的态度一致。产生不一致，一般都是因为"其他因素"影响了该旅游者的决策结构。

图 6-2 显示了态度的结构。

图 6-2　态度的三因素模型

态度和行为有密切的关系，但不属于同一个概念。态度是一种内在的心理结构，对一种行为起准备性作用。因此，根据个体的态度可能推测其行为。但态度和行为不是一一对应的关系，因为行为除了态度之外，还受到其他因素，如社会规范、习惯、对行为后果的预期、价值观念的影响，特别是受到环境的影响。

二、态度的功能

态度的功能理论（functional theory of attitude）最早由心理学家丹尼尔·凯茨（Daniel Katz）提出，他用该理论解释了态度是怎样方便了社会生活。

根据这种实用性的方法，态度之所以存在是因为它对人们有某种功用。也就是说，态度取决于人的动机。那些预期将来会遇到某种类似情况的人们，更容易在这种预期中形成一定的态度。哪怕动机迥异的两个人，也可能对某个对象持有相同的态度。关于态度的功能，凯茨描述如下：

（一）功利性功能

态度的功利性功能（utilitarian function）指导消费者去获取渴望的利益。例如，一位认为安全性和速效性是选择止痛剂最重要标准的消费者会直接去寻找满足这些利益的品牌。反过来讲，态度的功利性功能会引导消费者离开不太可能满足他们需要的品牌。当汽车广告以性能特点为宣传对象时，就反映了态度的功利性功能。

耐克运动鞋的广告是功利性功能的一个例子。对那些在慢跑、做有氧运动或参加其他体育活动时重视舒适和灵活性的人来说，这则广告的诉求将会增强品牌功利性功能的印象。

（二）价值表现功能

具有价值表现功能（value-expressive function）的那些产品反映了消费者的核心价值观和意识。这时，人们对产品的态度并不取决于产品客观的益处，而是取决于产品所代表的是哪一种类型的消费者，比如"住五星级饭店的旅游者是什么样的人"。价值表现功能与分析生活方式有密切的关系，消费者形成一系列的活动、兴趣、观念，为的就是表明自己特定的社会身份。

(三) 自我防卫功能

态度的自我防卫功能(ego-defensive function)是指在外来威胁和内在感觉之下起保护作用的态度。消费者购买许多产品，诸如漱口水，以避免产生焦虑的状态。大多数消费者使用漱口水是为了避免不好的口腔气味，而不是为了治疗这种气味。广告通过描绘使用特定的产品可得到更大的社会承认来利用消费者对"社会流放"的恐惧。因此，消费者对与被社会接受、自信有关的品牌发展了积极的态度。例如 Retin-A 的广告即是一例，使用 Retin-A 避免了因痤疮和粉刺而带来的困窘，从而增强了社会接受性。

(四) 认识功能

认识功能(knowledge function)是指有些态度的形成是因为人们对秩序、结构和意义的需要。态度帮助消费者组织了他们日常接触的大量信息。消费者排序所有的信息，忽略不相关的信息，减少了不确定性和混乱性。当人们面对一种新产品而感到眼花缭乱时，常常会产生这种需要。

一种态度可能具有多种功能，但其中往往有一种功能起最重要的作用，只要鉴别出产品对消费者而言的关键意义所在，经销商就可以在传媒和包装上对此加以强调。这类广告能使人们对产品有更清楚的认知，使广告和产品更容易被接受。例如，研究表明，对大多数人而言，咖啡起的是效用功能而不是价值表现功能。"Sterling 牌咖啡美妙醇正、令人心醉的口味和芳香来自最鲜美的名牌咖啡豆"是一则咖啡广告，它利用的是效用功能。"你所喝的咖啡表明你的身份，它能显示出独特高贵的品位"是另一则咖啡广告，它利用的是价值表现功能。人们对前一则广告的反应要比后一则强烈得多。

三、态度的特征

(一) 态度的强度

除认知、情感和意向三个组成部分外，态度的特征还可以用强弱程度来表示。态度的强度是指它的力量，即其肯定或否定的程度。一般来说，越是强烈的态度，就越难改变。

消费者态度的强弱因人而异，态度的强弱又与对态度对象的爱好有关。态度的强度有以下三个层次：

1. 容忍

这是最低的一个层次。容忍的态度之所以形成，是因为人们趋利避害。这一层次非常肤浅，一旦人们的行为不再受限制或有其他不同选择方案时，他就很可能变化。如果咖啡馆里只卖百事可乐，人们可能因为出去买可口可乐太麻烦，所以只好将就着喝百事可乐了。

2. 认同

这种认同过程来自于人们对他人或其他群体的模仿心理。那些描写在众多产品中择其一之社会后果的广告，正是依赖于消费者对崇拜对象行为的模仿。

3. 内在化

在非常喜爱的情况下，根深蒂固的态度就得以内在化，成为人们的价值体系的一部分。由于它们非常重要，所以这些态度极难改变。比如，美国的许多消费者对可口可乐持有极强的偏爱，如果公司想要改变可乐配方，他们就会非常反感。这种对可口可乐的忠诚显然超越了单纯的偏爱问题,这个品牌和这些人的社会身份联系在一起,并带上了爱国的、怀旧的色彩。

(二) 态度的稳定性

态度的另一重要特征是其稳定性。态度的稳定性与它的持久抗变倾向有关,虽然有些态度的稳定性随着时间的推移会越来越强,但许多态度只在短时间内是稳定的。促进态度稳定性的因素至少有以下三个:

1. 态度的结构

在现实生活中每个人都持有多种态度,其中有些态度的对象是相似的。一般规律是,人们对属于同类的对象,所持有的态度也相似。而且,人们对相似对象所持的同类态度都具有一定的结构,在这个结构中对某对象的态度可以强化对其他同类对象的态度。

当人们把一种态度看作一类态度的组成部分时,抵制改变态度的倾向就特别明显。如果一位消费者对一种新的洗涤剂所持的否定态度由于新的信息而减弱的话,他对所有其他的同类洗涤剂的态度就可能以如下两种方式中的一种方式改变:对所有同类的洗涤剂所持的否定态度都减弱;或者把该种新产品与所有其他同类产品区分开来。这两种方式往往都意味着要调整整个一类态度,这是一项使这位消费者在心理上感到不适的工作。正因为这个原因,人们抵制改变态度。由于同一个理由,往往可能导致有关调整态度的新信息被歪曲和遗忘。

2. 态度的因果关系

当人们明显地认为一件事是另一件事的直接原因时,他们对另一件事的态度也会强化或稳定。对饭店业中这一问题的研究表明,人们对饭店的态度是在他们与饭店服务人员打交道的基础上形成的。饭店服务人员亲切友好,殷勤礼貌,乐于助人,工作效率高,旅客通常也以这些词语评价这家饭店。而且,与上述饭店服务人员的每一次相遇都会强化旅客对这家饭店的这种态度。

3. 态度的一致性

当人们发现其他人也持有相同的态度时,也会强化与稳定这种态度。人们比较态度的方式与比较别的东西的方式相同,当人们发现别人的态度和自己的一致时,就强化了自己的态度。例如,当一个打算外出旅游的人发现他的朋友和熟人也对旅游感兴趣时,那么他对旅游的信念就变得更加强烈与稳定。事实上,人们常常寻找那些和自己态度相同的人。在做买卖时,态度一致的力量尤为明显。如要做成一笔交易,卖方与顾客之间一般必须在态度上一致。

根据一致性原则,消费者注重自己思想、情感、行为的和谐,尽量使这些要素保持一致。为了表明与别的经验相一致,消费者会在必要时改变其思想、情感、行为。一致性原则给我们一个重要的提示:态度并非无中生有,一种对态度对象加以评价的重要方法,就是看它是否符合消费者已经持有的相关态度。

(三) 态度的不稳定性

虽然有些态度具有稳定的特征,但其中许多态度确实是会改变的,即使不是很快。态度改变的原因至少有以下三个:

1. 态度的冲突

因为一个人持有数以千计的态度,指望这些态度完全一致未免不切实际。一个人虽然对跳伞运动持十分肯定的态度，但也许会禁止他的未成年孩子去跳伞。当态度冲突时，一个人必须做出妥协，问题是哪种态度更重要或更强烈。假如某人厌恶成群的人，并认为迪斯尼乐园终年游人拥挤不堪，他就不可能对迪士尼乐园抱有强烈的、积极的情感，也不可能爽快地答应去那儿旅游。他尽管对迪士尼乐园持强烈的否定态度，但还会去游览迪士尼乐园。要是这样，他的行为看来违背了他的态度。不过，人们很少真正违反自己的态度。在这个事例中，实际情况可能是，他对他孩子想去游览迪士尼乐园持肯定的态度。他在持肯定、否定两种态度的同时，会做出妥协，以便使孩子满意。同样，一个人对去国外旅游可能持很肯定的态度，但他却从未去国外旅行过，因为他对节俭持有更为强烈的肯定态度。

2. 情况影响态度

因为情况各不相同，人们的行为也就千差万别。虽然行为反映态度，但人的行为是受许多不同因素的影响的，不是只受态度的影响。人的行为不仅受有助于形成个人态度的背景与经历的影响，而且在特定情况下，还受他所感觉到的东西的影响。

一个消费者可能因为卖方能说会道，或因为家庭对他施加巨大压力，或者因为他没有花足够的时间好好想想，而购买了一辆住房汽车。该消费者对住房汽车的态度因为他已经买了它，就没有必要加以改变了。这种态度现已不如买车时所存在的其他冲突着的态度那么强烈。有许多与此相类似的情况，缓和因素对个人的行为具有决定性影响。此外，在人们心里贮存着的数以千计的态度中，有些会渐渐消失。

必须允许人凭一时冲动做出决定。有时，决定是在一时冲动之下做出的，没有足够时间让有关的态度显露出来，并影响人的判断。人们在旅行时做出冲动性决定，看来是司空见惯的。这可能因为大部分旅游决策不会产生许多长期影响，除非某项决定涉及数额较大的额外开支。度假可以逃避约会、议事日程、提交长期承担义务书和计划等排得满满的常规生活的烦恼。这就是汽车旅行度假的吸引力之一，它给人最大限度的灵活性。

一项调查表明，汽车旅行度假者有意识地在自己的旅行计划中留有一定程度的灵活性，如表6-1所示。灵活性及途中做出冲动性旅游决策的自由对大部分游者来说可能是重要的。这表明，对旅行业务计划者来说，他们为顾客制定的旅程与旅游计划应具有充分的灵活性。它也强调了广告的潜力旨在鼓励旅游者在途中做出冲动性决定，不管这个旅游者是乘自己的汽车还是利用商业性运输工具。

表 6-1 汽车旅行度假者的计划外决定

所占比例	态 度	事 项
73%	没 有	计划具体的中途停留地
61%	没 有	预订汽车游客旅馆/旅馆
50%	没 有	计划在各地逗留的天数
49%	没 有	计划具体的旅游目的地
38%	没 有	计划大致的费用
22%	没 有	计划行车路线
80%		允许计划外支线旅行
21%		允许延长旅行时间

（Edward J. Mayo, 1973）

3. 创伤性经历

由于一次涉及许多情感的创伤性经历，态度可能发生显著变化。比如，一次令人惊恐万分的紧急着陆或在高空的异常颠簸，会使人对航空旅行的态度很快由肯定变为否定。一次商业性飞机坠毁事件的新闻，或卷入一次车祸，会使态度动摇。一般规律是，由于创伤性经历引起的态度变化，不如缓慢发生的态度变化那样持久。

人的态度驱使人趋向或逃避某些事物，它决定了偏爱、期望、渴求、避免的内容。从这个意义上来讲，态度具有动机的作用。例如，生活在一定社会文化传统中的人，对于食物的爱好和禁忌并不是根据营养价值，而取决于已经形成的固有态度。

四、态度的重要性

态度和行为的一致程度也取决于态度的向心性（centrality）。态度的向心性是指态度涉及寓于个人自我概念中的、深刻的价值观的强度。个人公开表示的、坚定的信念，可能会比非中心或边缘的态度产生更为一致的行为方式。人们对信仰、家庭、民主、自立以及许多别的东西，有时持有强烈的态度。这些态度通常极为稳定，以致有时完全可以由其中一种态度预料到个人的行为。此外，企图改变中心态度，即改变体现价值观的态度，那很可能会失败。因为，这等于对一个人的自我概念，即对他本人要作实质性调整。

社会参照指个人对事物和事件所持的态度，在人们所属的团体内被广泛拥有或被"参照"的程度。与向心性概念多少有点关系的社会参照概念，也能显示态度与行为的一致性程度。人们所属的不同团体——宗教团体、市民与营业组织、邻里以及其他非正式组织，对态度的形成与改变具有重要影响。在某种态度为人所参照时，则行为，特别是受到对人们来说很重要的团体所监视的行为，可能与态度保持高度一致。

旅游态度也具有社会参照性。对旅游采取肯定的态度，现已受到朋友、亲戚、邻居、同事、其他熟人以至整个社会的支持。

一些研究对旅游态度的强度作了一般性估价，发现它们是强烈的。假设有人得到一笔意外收入，并必须把它花费掉，被调查的大多数人回答说，不是将它用于改善家庭陈设，就是要用于旅游。说要把这笔意外之财用于购买新汽车、新衣服，开家庭招待会、满足某种嗜好或进行当地娱乐的人寥寥无几。

对旅游的普遍强烈的态度也为事实所证明。在经济衰退时期，人们总的反应是改变旅游活动的方式或范围，而不是把旅游一股脑儿砍掉。旅游业的一个部门，也许是收入较高的部门，根本没有以任何方式改变其经营行为。其他部门对经济衰退做出的反应是更多地采用包价旅游与经济膳宿。更多的成年人已不把每年度假看作奢侈，而是看作生活中必不可少的一部分——是无论如何都得花时间、花钱去做的事情。最近美国对18~40岁单身成人的一次调查表明：这些人中有82%的人把旅游列为他们生活中相当重要或非常重要的部分。显然，大多数美国人与其他工业化国家的人，对进行旅游的能力与自由都高度重视。

改变这些态度，即改变人们对旅游价值所抱的信念与情感，对习惯浪迹天南海北的旅游者几乎是不可能的。但令人感到棘手的问题是燃料短缺。

旅游动机之强烈使人难以想象人们会自愿永远停止旅游。长期的解决办法眼下还不清楚。当然，关键在于开发新油田，挖掘能源。同时，尚需解答以下一些重要的问题。人们是否会找到能满足旅游需要的替代活动？看来多半不大可能。因为对旅游的态度具有坚固的心理根基与社会根基。他们会调整旅游行为，以离家不远的、只需耗一罐汽油的旅行代替两个星期的驱车度假旅游观光吗？假如没有其他选择的话，他们也许会这样做的。人们会越来越多地去乘公共汽车、火车与飞机吗？如没有其他的选择，而且费用不贵的话，也许是可能的。人们会重新安排应予优先考虑的事项，把纯收入中的较大部分用于旅游吗？如果高度重视旅游的话，人们很可能会这样做。但这也取决于实际收入的增长与通货膨胀率。人们会对政府领导人施加更大的压力，以求影响旅行的能源问题得到长期解决吗？眼下，这比调整人们整个态度的可能性要大。

第二节 态度理论

一、认知不和谐理论

在第五章已提到认知不和谐理论，下面让我们来进一步讨论这一理论。认知不和谐理论（theory of cognitive dissonance）对态度理论有重要的补充，因为人们常常会遇到态度与行为相矛盾的情况。

这种理论指出：就像饥渴的时候一样，人们会在刺激下使事情得以协调，以改变令人不适的状况。该理论的核心在于认知要素（cognitive elements）彼此不统一时的情况。

认知要素可以是人们对自己的认识、人们的行为和对周围事物的观察。比如，以下两个认知要素，"我知道吸烟引起癌症"和"我吸烟"就彼此矛盾。这种心理上的矛盾会使他觉得别扭，并且减少吸烟次数。矛盾的强度取决于不和谐要素的重要性和数量。换言之，在要素对个人很重要从而受到较高重视的情况下，促使人们减少不和谐的压力就表现得更加显著。

要素的增减变动都可能使矛盾减少。比如说，某人可能想戒烟（要素减少）；或想起了有名的索菲（Sophie）阿姨的故事：她在90岁高龄逝世，而她到死的时候还烟不离手（要素增加）；或者他还会怀疑将吸烟与癌症挂钩的研究而相信烟民对这类研究的驳斥（要素变化）。

不和谐理论有助于解释为什么在购买之后人们对商品的正面评价倾向于增加，这就是购物后矛盾。"愚蠢"与"我本人很聪明"的要素相斥，于是人们倾向于为买回的东西找出一大堆喜欢的理由。

一项以赛马为对象的实验研究证明了这种购买后矛盾。赌马者坚持所押的马有更高的价值，在他们下注后，就对自己的成功更为自信，因为赌马者的经济利益与之相关。他们把所押的马吹得十全十美，以此来减少矛盾性。这种现象说明，消费者会不遗余力地为所买的东西寻找论据。因此，经销商应该用各种额外的信息对此大加支持，从而建立起积极的品牌态度。

二、自我审视理论

态度是否总是通过人们对购买决策的良好自我感觉而改变了随后的行为呢？自我审视理论（self-perception theory）对不和谐的情况做出了另外一种解释。它假定人们审视自己的行为，来判断自己到底持什么态度，就像通过对别人行为的观察来判断其所持态度一样。这种理论强调一致性，假设所做的选择是独立的，人们通过购买或消费行为推断自己对于对象的态度。

自我审视理论涉及的是这样一种情形：人们在最初实施某种行为时并不持有强烈的内在态度。事后，态度的认知和情感要素才得以统一。由此，习惯之外的购买行为可能会在事后产生正面的态度——既然我决定买下这样东西，想必我是喜欢它的。

自我审视理论有助于对一种叫做"踏脚入门技巧"（foot-in-the-door technique）的推销策略做出解释，该技术的依据是推销员可以对消费者得寸进尺的现象。这种技术的名称来自挨家挨户的推销方法，敲开门后，推销员把脚踏进门里去，以免顾客呼地一下把门关上。一个好的推销员知道只要他能说服顾客把门打开并开始交谈，消费者也许就会买点什么。在购买之前，消费者肯定已经愿意听听推销员介绍的是些什么。这样的购买订单就与自我审视一致。在劝导人们回答调查问卷或捐钱给慈善机构时，这种技巧特别有效。影响效力的因素还有"尺"（第二次请求）与"寸"（第一次请求）之间的时差（得寸进尺）、两次请求之间的相似性、两次请求是否由同一个人提出等等。

三、社会判断理论

社会判断理论（social judgement theory）也假定人们会对与他们已知的态度对象有关的新信息加以同化。以原先形成的态度作为参照物，新的信息就会在现存的标准下得以归类。就像人们总是用以前搬箱子的体验来判断一个箱子的轻重一样，人们在对态度对象形成判断时，会形成一套主观的标准。

该理论认为，某个信息是否可接受，总是因人而异。人们在态度标准的周围形成了一连串的接受圈或否定圈（latitudes of acceptance and rejection）。落在接受圈内的观念就会得到承认；否则，就会被否定。比如，一个人认为由专人做司机的做法值得肯定，在驱车到市中心去玩时，他就可能自告奋勇地承担此任。反之，他可能根本不会有这样的想法。

如果落在接受圈内的信息本身不像人们所认为的那么协调，那么这个协调的过程就称为同化作用。另一方面，落在否定圈内的信息可能遭到比客观的不符合性更强烈的排斥，这就产生了排斥作用。

当人们对某个态度对象的爱好越强烈，他们的接受圈就会越小。也就是说消费者这时能够接受的事物就越少，而且会排斥哪怕是与主观标准有轻微偏差的东西。与此相反，比较中立的消费者会考虑更多的选择，他们成为品牌忠实者的可能性较小，容易在不同品牌间换来换去。

四、均衡理论

均衡理论(balance theory)考察的是态度构成要素之间的关系。

大多数研究者同意态度包括三种要素：感受(affects)、行为(behavior)和认知(cognition)。感受是指人们对态度对象的感觉。行为与人们想要对某一对象采取行动的意图相关。认知指人们对某个态度对象所持的信念。态度的三要素称为态度的ABC模型，该模型强调知、感、为之间的相互关系。消费者对产品的态度并不是简简单单由信任而决定的。比如，研究者会发现顾客"知道"有一种相机具有8∶1的可变调焦镜头、自动对焦和旋转清晰镜头，但因为他们仅仅"知道"，并不意味着他们认为这些属性是好是坏，还是根本无所谓，也不能说明他们是否真的会买下这台相机。

由于涉及三个要素间的关系(通常是从主观角度)，所以把构成态度的结构称为三维体，包括某人对于某个态度对象或者其他人或事物的看法。这些看法既可能是肯定的也可能是否定的，更重要的是人们会为了保持要素间的协调关系而改变看法。该理论强调人们希望三维体中的要素是和谐的或者均衡的。如果不均衡，紧张状态就会产生，一直到人们的看法改变并重新恢复均衡为止。要素以下述两种方式中的任何一种组合在一起：它们既可以是归属关系，即一个要素归属于另一个要素，比方说信仰；也可以是情感关系，即两个要素的组合是因为其中一个要素对另一个要素有偏爱或厌恶的情感。约会的男女双方可以被视为有正面的情感关系；结婚后，他们之间是正向的归属关系；离婚的过程则是试图中断彼此之间的归属关系。

均衡理论提醒我们，当各种想法之间保持均衡时，态度最稳固。另一方面，当不协调性出现时，态度的变化也就更容易表现出来。均衡理论也解释了为什么消费者喜欢与正面评价的东西相联系。与某种流行的产品间形成归属关系，比如买一件时髦衣服来穿，开着一辆神气的汽车，会增加被他人纳入正面情感关系的可能性。

最后，均衡理论对人们广泛采用的以名声来促销产品的办法做出了解释。当三维体尚未完全建立时，比如有一维是新的产品或者有一维是还未有明确态度的消费者，经销商可以用描绘产品与某位名人的所属关系来建立消费者与产品之间正面的情感关系。在另一些情况下，名人对某个问题进行抨击，就会影响其崇拜者对这个问题的态度，就像运动健将在反毒品公益广告中出现所要达到的目的一样。

"均衡"是名人促销的核心，产品制造商所期望的是明星的名气能传递到产品上。应该指出的是，如果公众对某位名人的看法正由好变坏，那么在名人与产品之间建立所属关系就会起到反作用。

五、协调性理论

像均衡性理论一样，协调性理论(congruity theory)也是一种一致性理论，强调人与某一对象相联系时对态度的影响。假设认同者对产品的倾向(正面或负面)和喜好程度可以度量，协调性理论可以回答两个与理论有效性相关的问题：①产品适合于认同者时，对产品本身有何改进？②认同者与产品相联系时，对认同者的声誉有何影响？

协调性理论认为，如果一个评价为负的要素与评价为正的要素（如受人欢迎的个性）相联系，前者的评价将会得到提高（这正是经销商所期待的）。同时，评价为正的要素也会受到影响——他受欢迎的程度会因此而下降。这就意味着与一些实业相联系的人或组织确实为此承担着风险。这个过程解释了为什么有的媒介在选择形象与之相协调的广告明星时非常慎重。

但是，两个要素的变化并不成比例。变化与态度极端化程度成反比。换言之，与一个要素相联系的对象越极端，该对象受到的影响就越弱。

研究发现，正像协调性理论所揭示的那样，品牌与企业的结合应该非常慎重。某个品牌或企业可以用同一家负有盛名的企业相联系的方法提升自己的知名度、美誉度，而前者的收益可能以后者的损失为代价。

第三节 态度与旅游决策

一、态度与旅游决策过程

以下阐述旅游决策过程，这样有助于阐明态度如何影响旅游者所做的决策。考察一下态度与旅游决策的关系，人们就能更好地理解如何促使态度改变，并进而导致行为改变。对经销旅游服务的人来说，这应是一个具有重要意义的课题。

旅游决策过程也同消费者大多数其他类型的决策过程一样，决策者往往需要经历几个心理上的步骤。态度与旅游决策过程的关系如图6-3所示。态度与行为的关系的模式表明，态度是由信念与见解、情感以及意向构成的。态度一旦形成，就产生行为方式的偏爱或意向，某种或另一种类型的社会因素，又对这种偏爱或意向是否实际导致特定行为产生重要影响。比如，希望有朝一日在美国的拉斯维加斯消费的牧师，假如害怕公众异议，他就可能永远不这么做。他可能喜欢访问拉斯维加斯，但社会因素，即公众异议，会影响他做这件事的意向。

图6-3 态度与旅游决策过程的关系

二、态度与旅游偏爱

研究表明,旅游者的旅游决策在很大程度上取决于他的旅游偏爱。所谓偏爱(preference),就是驱使个体趋向于某一目标的心理倾向。

尽管态度并不能预示实际行为,但它却能很好地预示偏爱,态度是偏爱最好的预兆。态度的复杂性和态度的强度,对态度和偏爱的关系有重要的影响。

(一) 态度的复杂性

态度的复杂性涉及一个人所掌握的关于态度对象的信息量和种类。比如,对航空公司的态度可能很简单,除起飞时间、直达服务,以及提供其他的时令便利外,人们很少发觉相竞争的航空公司之间有多大的区别。但是,人们对航空旅行的态度要比对航空公司的态度复杂得多。旅游者对航空旅行以及对其他交通方式的态度,涉及速度、便利、省时、费用、身份、声誉、途中服务、行李管理等等。旅游者对不同类型的饭店的态度也是复杂的,它涉及价格、地理位置、卫生、安全、停车设施、餐饮服务、房间大小以及舒适程度等。对外国旅游地的态度也许是旅游者持有的最复杂的态度。这些态度至少涉及对陌生饭店、外国人、异国语言、不同的饮食、不同的文化传统以及配备导游的旅游等的信念、见解与情感。

一般来说,复杂态度比简单态度更难改变。比如,对出国旅游持否定态度的旅游者,就很难改变他的态度,即使通过说服,使他相信国外旅游的费用并非不合理,他还会由于外国的文化环境、不同的饮食与传统,或未经历过有导游的旅游这样一些因素,而仍然保持其否定的态度。要改变对出国旅游的否定态度,就必须改变总态度中的许多否定因素。

(二) 态度的强度与属性的突出点

态度的强弱程度是态度的主要特征之一。因为改变一种强烈的态度比改变一种较弱的态度困难得多。一个人对一个对象所持的态度,是由对该对象的每个特殊属性所持的态度构成的。其中,每一个特定的属性都具有其自身的突出点,这就意味着每个属性的相对重要性都有所不同。在一个度假旅游地,对某个旅游者来说,气候、舒适和高尔夫球场可能很重要,但另一个旅游者可能认为价格、网球场和海滩是最突出的属性。由此可见,一个旅游地不同属性的突出点也是因人而异的。

对同一个人来说,属性的突出点取决于他的需要和目标。比如,在决定是否让全家人坐飞机去旅游时,价格可能是一个特别突出的属性,但在选择汽车旅馆时,价格可能并不是一个特别突出的属性。这是因为买飞机票与驱车到某个遥远目的地的费用相差很多;要是在整个度假期间住一晚上的费用相差无几的话,一间汽车旅馆房间的价格可能就不那么重要。

属性的突出点在旅游者决策过程中起关键作用。而且,一个总态度所包含的每个属性的相对突出点,有助于人们判别旅游者在作特定旅游决策时要寻求的主要利益。

利益在论述旅游行为与决策时,是一个关键词。人们并不为阳光本身才去旅游,他们去旅游是因为阳光对他们有好处,即因为阳光能晒黑他们的皮肤,促进钙质的吸收,给他们温暖,使他们感到舒畅。人们投宿豪华的饭店,并不是因为宽大华贵的床铺、与正厅一般的门廊本身,而是因为在宽大的床上可以睡得更舒服。宽敞的、花木葱茏的门廊使他们赏心悦目。

产品与服务不是由于它们自身的原因被购买的,而是由于它们能提供某些利益。因此,负责经销旅游的人必须在消费者寻求利益的意义上理解购买者的行为。他们应该认清与他们的服务有关的突出属性,以及在任何特定购买情况下,他们的服务所能提供的主要利益。不过,因为多种原因,这并非是轻而易举的事。

如前面所述,首先,人们对每个属性的相对重要性看法各不相同。第二,有时候,人们按常规认为是重要的属性,实际上并不突出。以一家主要的航空公司的安全纪录为例,航空旅行者自然关心航空公司的安全纪录,但所有主要的航空公司的安全纪录多半是大致相同的。因此,当人们选择一家飞行于两个大城市之间的航空公司时,安全便不是一个突出的属性了。同样,某人在某个地点的四五家主要汽车旅馆中作选择时,清洁程度可能就不是突出的属性了。

当人们不知道为什么喜欢一种产品甚于另一种产品时,辨别一种产品的突出属性可能就困难了。即使人们做出判断,也不会总是完全"真实地"向别人说明其突出的利益,有些人会为他们的选择列举些社会公认的,或料想的那些理由。这些因素使得旅游产品的销售工作变得特别困难。

(三) 在旅游环境中寻求的利益

市场研究者已逐步获得了判断突出属性的可靠方法,即从服务所提供的一切可能的实惠中判断出某个最显著的属性。

例如,美国的乔纳森·N. 古德里奇(Jonathan N. Goodrich)的一项研究考察了来自美国东北部的一大批美国捷运公司的顾客的旅游态度。这批顾客都是经常去国外的旅游者。向每个被调查者提出度假旅行的十点实惠,并要求他们考虑九个不同旅游区度假游览的前景。这九个旅游区是佛罗里达、加利福尼亚、墨西哥、夏威夷、巴哈马群岛、牙买加、波多黎各、维尔京群岛和巴巴多斯。所有被调查者都曾在某个时候游览过这些旅游区,他们全都比较喜欢温暖、阳光明媚的天气。要求这些人说明度假旅行的十点实惠在影响度假目的地选择上的相对重要性。采取这个方法,某个类型的旅游目的地的最突出属性就明确了。

此项研究结果如图 6-4 所示。它表明当旅游者考虑到调查表中的九处旅游目的地中的一处去度假时,评价最高的利益是优美的风景、当地居民的态度、合适的膳宿。其次是休息与娱乐、文化上的兴趣、烹调、水上运动设施。最后是娱乐设施(特别是夜生活)、购物、高尔夫球场地与网球场地。

在理解图 6-4 所示结果时,还应谨慎,因为这些结果所反映的仅是某一类人的态度。本图所涉及的人大多是受过良好教育、有中等收入的中年人。属性的突出程度会根据人口统计的特点、需要而有所变化。比如,最近一项对年轻单身汉度假旅游态度的研究表明,选择旅游目的地时,他们更多地考虑夜生活。而在一项汽车度假者住宿决策的研究中,发现最突出的利益是饭店价格中等,以及旅行路线的最近停靠点,且停车便利。然而,乘汽车的公务旅行者,对价格中等就看得不那么重要。

图 6-4 10种旅游利益的相对重要性

注：图中数值是根据画有七个点的比例表求得的相应数。1表示非常重要，5表示不很重要，值越小其重要性越大。

三、旅游偏爱的形成

旅游者对态度对象突出性利益的知觉，会导致旅游偏爱的形成和发展，而已形成的旅游偏爱又会直接影响旅游者旅游决策过程的意向。当一个人考虑可供选择的旅游目的地时，假如他打算去某目的地，他就要估计该目的地能提供给他的每一个利益有多大。经过评估，加上每个利益的突出点，使旅游者能够决定哪一个旅游地可以充分地满足他的需要与达到目标。图 6-5 是旅游偏爱形成过程的概念图解。

图 6-5 旅游偏爱的形成过程

利益的相对重要性以及旅游目的地提供该利益的可见潜力，是由旅游者个人确定的。假如旅游者选择的目的地是充分满足他的需要和供给他所要求的利益，则类似图 6-5 过程就会出现。旅游者做出决策可能需要一段很长的时间，也可能只要几分钟，甚至几秒钟。他们可能周密而有意识地，也可能是主观地、下意识地做出影响自己决策的估计与判断。重要的一点是，在选择旅游目的地及其他选择之类的旅游决策中，其心理因素是相同的。

这里所讲述的旅游决策过程，重点在于表明经销旅游服务的人对潜在的旅游者是能够施加影响的。

一个旅游地对旅游者总的吸引力,不仅与旅游者所寻求的具体利益有关,而且与旅游地所能提供这些利益的能力有着极大的关系。乔纳森·N.古德里奇(Jonathan N. Goodrich)提出一个旅游目的地吸引力的计算公式:

吸引力=个别利益的相对重要性×旅游目的地提供个别利益的可见能力

因此,为提高旅游目的地的吸引力,第一,必须努力提升该旅游地在提供具体利益方面的形象;第二,必须努力改变具体利益的相对重要性;提高某个旅游目的地的吸引力的第三种努力,是轻视与之竞争的旅游目的地提供具体利益的能力,当然,这是第一种选择的变式。

虽然此处大部分论述都集中在目的地的选择上,但应着重指出,上述旅游决策过程也适用于关于交通工具、饭店与汽车旅馆、餐馆、旅行社、休闲度假活动等的决策过程。在每一种情况下,对供选的对象的评估,都以它们提供旅游者认为最重要的利益的能力为基础。

四、选择供选对象的方法

(一)选择供选对象的方法分类

我们已经看到,旅游决策者根据他寻求的利益和各个供选对象提供突出利益的潜力来估价和选择。但是,到目前为止,我们的论述只是假定一组特定的选择对象供旅游者估价,却尚未阐明某个供选对象如何恰好被选中。

我们还可以考虑一下这样的旅游问题:乘坐哪一家航空公司的飞机很可能使我如期到达我想到达的目的地?在哪个度假目的地我会过得最快乐?我应该向哪一家出租汽车公司租一辆汽车?我到了旅游目的地后该做些什么?我离家外出时该在何处就餐?我一路上该住哪家汽车旅馆?我应乘飞机去旅游目的地,还是乘车去旅游目的地,或者使用某种别的交通工具?我该选取哪一条巡游航道?我应委托旅游代理人吗?我应委托哪一位旅游代理人?

图6-6选择供选对象的方法分类将有助于我们理解这个过程。在这个过程中,那些被仔细评估的供选对象是作为一个能够解决具体旅游问题的方法而被加以周密考虑的。

图6-6 选择供选对象的方法分类

图6-6表明,一个供选对象至少必须经过三个阶段才能成为可行的选择对象。

第一个阶段是意识。旅游决策者必须首先意识到一个可能的选择对象,才能对它认真加以考虑。比如,在沈园被看作绍兴的一个旅游目的地之前,旅游者必须意识到它的存在，它欢迎旅游者，并能给旅游者提供膳宿；在考虑把火车作为上海到绍兴的交通工具之前，旅游者必须意识到火车能够承担这两个城市之间的客运任务。

第二个阶段是可行性。意识到某个供选对象之后，旅游决策者必须做出判断，它是否真正可行。这可能要根据旅游者承担这个供选对象的能力来考虑。比如时间和金钱因素，能否得到出国签证，旅游高峰期间能否预订到车、船票等。

旅游目的地国家对旅游者来说是否可行，政治因素也往往起着作用。

如图6-6不可行的供选对象，过些时候可能变得可行了，反之亦然。

第三个阶段是初步筛选。意识到某个供选对象，并断定该供选对象是否可行后，该不该对此供选对象做更仔细地考虑？旅游决策者根据上述的旅游偏爱形成过程做出初步决定，这一阶段可看做初步筛选阶段。

有些供选对象在初步筛选的过程中，一开始就很快地被否定了。旅游者经过考虑，对这些供选对象能否实现预想的旅游目的，迅速形成否定态度。另一些供选对象既没有立即被否定，也没有立即被接受，便形成既不肯定也不否定的中性态度。还有一些供选对象，将被列为可行的供选对象。这就是说，决策者有可能在经过进一步的评估后，从这些供选对象中选定一个对象。

有些供选对象之所以被立即否定，显然是因为旅游决策者认为它们不具有满足其目标与目的的潜力。例如，厌恶枪支、厌恶杀戮野兽的人，会立即拒绝以行猎作为度假方式；不喜欢冰雪与寒冷天气的人会立即拒绝去做冬季旅游；对乘坐飞机深感恐惧的人会立即拒绝去任何地方的航空旅行。

旅游者没有立即形成态度的那些供选对象，可以看作中性供选对象，它们有待于搜集更多的有关信息，或有待于家庭其他成员的推动才能做出取舍。一位年轻旅游者可能认为乘火车是一个可行的交通工具供选对象。但在几个重要问题得到回答之前，还不能对它立即形成肯定或否定的态度。如从北京到广州要多长时间？车上设有何种睡眠设备？对没有经过铁路旅行的旅游者来说，这些通常都是值得关心的问题。

旅游者对列入可行一类的供选对象，将作更为详尽的估量。对这些供选对象的初步判断，是认为它们具备满足旅游者目的的某些潜力。各种旅游产品与服务的经销者的目的则是将他们的产品与服务列入这类对象之中。旅游决策者以上述的决策过程对每个对象进行评估后，就在这类供选对象中做出抉择。

（二）供选对象怎样成为可行的对象

一个供选对象怎样进入可行的供选对象之列，这对我们来说具有特别的意义，因为经销旅游的人能够影响这个过程。

消费者行为理论家一般都赞同这个看法，即可行的供选对象数目通常只占人们意识到的、并认为可行的供选对象总数的一小部分。消费者行为的心理研究表明，列入可行一类的供选对象的数目是被有目的地加以限制的。这种限制有助于决策者从一个涉及大量供选对象的极其复杂的决策过渡到一个涉及较少的供选对象的比较容易的决策。换言之，决策者用减少必须予以仔细评估的供选对象的办法来简化决策的过程。

在旅游决策的范畴内，据估计，绝大部分旅游者在挑选度假旅行目的地时，仔细考虑的供选对象不超过7个。当然，供选对象的实际数目因人而异。比如，近期曾经出国旅游过的人为下次度假旅游所考虑的可行的供选目的地要比从没出国旅游过的人考虑的数目多。一项探索研究还发现，美国人考虑的可行的供选目的地数目一般比芬兰旅游者考虑的多。也许，这表明旅游目的地的选择受国界，也受实际收入水平的强烈影响。

重要的是，旅游者对可行的供选对象的选择并不一定是一成不变的。可得到的、可行的供选对象，通常会随着时间的推移与情况的变化而改变。一个人用自己的钱住饭店时，住一家五星级的饭店可能是不可行的；但如由别人付账，这就可能是极为可行的。游览过海南岛的人，即使他在那里曾度过一段快乐的时光，可能也不会认真考虑下次度假再去那儿。可行的供选对象可增可减，也可改变。正如我们所知，旅游营销人员在这些更改中能起重要作用。

我们还应注意，决策者并不总是在各种旅游问题被认识与被辨别后，才去寻求这些问题的解决办法的。我们的讨论看来似乎含有这样的意思，即决策者并非总是以一种有条不紊的方式做出决策的。

某些旅游决策是根据过去搜集到的信息和脑子里尚未产生某个旅游问题之前就已储存下来的信息做出的。比如，一个人在决定旅游目的地时，他可能从已经列入可行的一类目的地中做出选择。而实际上，决定进行一次旅游，与决定去什么地方又很可能是同时进行的。也就是说，这两项决定实际上可能是同一个决定。了解这个方式后，旅游营销人员要恰好在旅游者自觉地认识到某个旅游问题之前，就试图把他们的产品列入可行的供选对象之列。比如，某些旅游广告商极为重视在旅游旺季即将到来之前，让广告与潜在旅游者见面，而在淡季做广告的目的在于刺激淡季业务。但事实上，在七月份旅游旺季即将到来之前做广告的影响力可能与在冬天淡季月份里做广告的影响力同样大。

最后，有理由认为，旅游者认真评估过的可行的供选对象的数目是不相同的。它取决于某个旅游决策本身。消费者行为理论认为，人们做一个决策，要承受"错误"决策的风险，故而，它的重要性提高了，个人认真加以考虑的可行的供选对象的数目也就因此减少了。让我们看几个例子。

假设一个人意欲选择一家新的旅行社，他至少要跟一家旅行社打过交道之后，才有可能从他所在地区营业的旅行社中看出很多区别。因此，我们料想，可行的供选对象的数目一定会相当大，而在这个特定事例中，实际选择可能只根据一个突出的因素，即地点的便利。

第二个例子涉及旅游目的地的选择，可行的供选对象数目看来可能较少，前面提到过的研究结果将证实这一点。可行的供选对象数目为什么会较少的一个原因是，它与旅行社不同，大多数度假目的地都可能很有特色，没有两个地方是完全相像的，大多数目的地即使与某个竞争地极为近似，但也会有所不同。

以上对旅游供选对象的讨论，与旅游业有极其密切的关系，因为一般的旅游者通常考虑的可行的供选对象数目，表明了旅游经销者所处的竞争环境的种类。比如，在航空业，班机提供的时间便利与准点飞行一定被认为是在市场取得成功的决定性因素。在零售旅行社领域，旅游地提供的便利一定被认为是争得新业务的关键因素。而推销度假旅游地所面临的问题大不相同。由于多种突出因素影响着一个目的地在吸引游乐者方面的成败，所以经销必须致力于恰如其分地衡量每个因素的作用。

最后，再一次提醒读者注意，旅游经销人员所面临的主要任务是使旅游者意识到他们的某种服务项目，促使旅游者把这些服务看成是可行的，对这些服务形成肯定的态度，将其看作解决旅游问题可行的供选对象。现在我们将要考虑旅游经销人员如何能刺激消费者的这种心理活动。

第四节　通过改变态度影响旅游行为

态度的稳定性不意味着态度是一成不变的，随着外界条件及个体因素的变化，态度可以改变，并可以形成新的态度。

态度的改变包括方向的改变和强度的改变两个方面。例如，一个旅游者对某一旅游产品或服务的态度从消极的变成积极的，这是方向的改变；对某一旅游产品或服务的态度从犹豫不决变得坚定不移，这是强度的变化。方向和强度之间有着必然的联系。一个人的态度从一个极端转变到另一个极端，既是方向的改变，又是强度的改变。

在以下内容里，我们将讨论如何通过改变旅游者的态度来影响旅游者的行为。

一、改变旅游产品

要使旅游者改变对某种旅游产品的态度，最简便的方法往往是改变旅游产品本身，然后，以某种方式确保旅游者发现这个改变。研究表明，旅游产品甚至只稍作改变，其效果就可能比所有其他的广告与宣传努力大十倍。对物质产品的改变，人们有目共睹，经销者无须依靠说服性的推销手段使消费者确信存在着差别。比如，汽车制造商不时地、大幅度地改变其生产的汽车样式，使更多的人对他制造的产品给予肯定的评价。

除物质产品外，经销者还能改变许多东西，这是经销旅游产品者的幸运。但由于大多数旅游产品是以服务形式出现的，与汽车不同，基本上是无形的，而服务上的任何改变又不易为大多数人所看到。

旅游产品或服务的经销者应全面地考虑产品或服务对旅游消费者的意义。这一点是重要的。如对出租车公司来说，它的服务所承担的仅仅是以某个租金价格提供一辆能行驶的汽车而已。对旅游消费者而言，这种服务具有更为广阔的含义，如清洁程度、车辆的维修状况、途中发生故障时的弥补（补救）服务、提供预订以及许多其他因素。经销各种与旅游有关的产品的人，必须理解旅游消费者用以确定该项服务含义的各个有关方面，单从销售者的角度看问题是不够的。

旅游服务不可能像实物产品那样可以在形体上加以改变，但是可以通过改变旅游从业人员的态度和仪表、服务价格及服务方式等途径来促使旅游者改变对旅游服务的态度。

（一）微笑服务与仪表

旅游从业人员的微笑，可以对旅游者的态度产生影响。通常，笑是一种心境，反映出人的情绪状态及精神面貌；同时，笑也是一种世界通用语言，凭借它进行交际，有时比说话更能表达友好的目的。

英美两国合资的希尔顿饭店之所以誉满全球，首先是因为它的微笑服务，而后才是饭店规模。1930年是英美经济萧条最严重的一年，全美饭店倒闭达80%。希尔顿饭店负债

50万美元,但他们上下一致,不把心里的愁云摆到脸上,始终恪守"饭店服务员脸上的微笑永远是属于顾客的阳光"这一信条。经济萧条一过,希尔顿饭店进入了经营的黄金时代,终于成为世界规模最大的饭店集团之一。

旅游从业人员的仪表是旅游者产生"第一印象"的基础。因为人对客观事物的认识总是从感知其外部形态开始的,旅游者对旅游企业经营管理和服务质量的判断和评价及其对旅游产品和服务的态度的形成,往往就是从感知旅游从业人员的仪表开始的。

尽管在不同的历史条件和不同的社会中,人们对仪表美的认识有差异,但总可以找出大体一致的标准。例如,旅游从业人员精神饱满、衣着整齐清洁可以给旅游者安全、明朗的感觉,从而使旅游者乐意与其交往;反之,旅游从业人员精神萎靡、蓬头垢面,则难以给旅游者留下良好的印象。又如,旅游从业人员整洁合体、美观大方的服饰不仅能给旅游者以清新明快、朴素稳重的第一印象,而且可以使人联想到旅游企业的经营管理原则和"宾客至上"的服务精神,从而产生程度不同的信任感,诱发其形成积极肯定的态度;反之,则会给旅游者以极不雅观的印象,甚至引起对从业人员个人品质的怀疑,从而形成消极否定的态度,使旅游企业的声誉受损,影响经营效果。再如旅游从业人员文雅、庄重的风度能促使旅游者形成积极肯定的态度;反之,举止轻浮、言谈粗鄙,会减弱旅游者的购买兴趣和欲望。

(二) 营业地点和服务网点

营业地点是许多商业公司取得成功的关键因素,对出售无形服务的旅游公司尤为如此。由于服务既是生产性的,又是消费性的,所以,消费者必须到生产者所在的地方去,或者相反。像航空运输或住宿设施之类的服务不可能存储,也不可能迟些日子交货。因此,经销者必须尽可能地接近他要服务的人。

改变或增加经营服务场所的数目,是旅游服务公司促使人们对它持积极态度的最佳方法之一。所以,各饭店为取得最好的地点而开展竞争。航空公司寻求尽可能多的有利可图的服务市场。旅行社在大都市中心区开设众多的分社。

(三) 时间便利

除地点的方便外,旅游服务企业还应提供时间上的便利。比如,航空公司提供方便的起飞时间,汽车出租公司开展昼夜服务,饭店规定方便的结账时间等,都可以促使旅游者对他们提供的服务持肯定的态度。

(四) 有形商品与设备

虽然实际旅游产品可能是无形的,但大多数旅游公司使用有形商品与设备来展示他们的服务设施。汽车出租公司出租汽车;饭店与汽车旅馆以设备齐全的大厦供旅客住宿;游船公司的大游船备有用膳、住宿与娱乐设施。所有这些有形设备都影响着人们对各种旅游服务公司的态度的形成,并且,有形的设备可以根据刺激人们形成肯定态度的方式加以改变。

例如,通过对宽机身飞机的投资,航空公司改进了他们的经营作业,创造了一个更舒适的空中交通形象,促使人们形成与之相应的肯定态度。联营饭店通过独特的建筑设计和对舒适的室内设备作大规模投资,力求促成肯定的态度。零售旅行社尽力制造亲切与团体感的气氛,并对电子计算机设备进行投资,使旅行社的形象与作业更为鲜明和有效,以此影响态度的形成。

然而，也存在着有形的商品与设备仅起很小的支持作用的情况。比如，旅行社的大部分业务可以被看作旅游代理人与旅游者之间的人际交易，这使得态度的形成很少受旅行社经营者的控制。因此，旅行社面临的问题是，要使人们树立起对一项真正无形的、不可见的服务，即职业旅游顾问的肯定态度，这是一个特别困难的任务。而联营饭店，虽然也出售住宿这样的无形服务，但它展出宽敞的房间、舒适的家具、富丽堂皇的床铺与花木葱茏的前厅的广告照片，比较容易影响旅游者对它的产品的态度。

尽管如此，当一家旅游服务公司意欲改善人们对它的态度时，通常应把改变无形服务和用来提供此项服务的有形商品与设备置于首先考虑的事情之列。设备与服务只要有可以改进之处，就应加以仔细考虑。如旅行社应特别注意总的形象与环境的形象；注意旅行社的名称文字标志、信笺上端所印的文字以及注意雇员的行为与风度。饭店设施应尽可能设计得优雅、舒适，墙壁、地板、天花板要色彩协调，照明柔和，尽量避免噪音，空气保持清新，气味芳香馥郁，温度、湿度宜人。

一个出色的饭店招牌，可以对旅游者产生以下心理影响：

1. 引起注意和兴趣

形式新颖独特、富有艺术性和形象性，或字形别致、富有文化素养的招牌，能迅速吸引旅游者的视线，给人以美的享受，从而诱发旅游者浓厚的兴趣与丰富的想象。

2. 了解特色和传统

招牌采用典雅、传统的字号，再配上名家的题字可显得庄重朴实，不仅以浓郁的民族风格赢得旅游者欣赏的目光，还能引起他们对饭店经营史、经营风格、经营传统的联想，产生信任感。

3. 加强记忆和易于传播

一些独特、易读易记，又与经营特色和服务质量相符合的饭店招牌，容易给旅游者留下深刻的记忆，并在其他旅游者中广为传扬，起到广告所不能起的作用。

二、知觉的变化

新的知觉也能促使态度发生变化，即使在基本产品和服务保持不变时也是如此。以某种方式传递新的或追加的信息，即关于某项旅游产品或服务，以及这些产品或服务如何有益于旅游者的信息，可以改变旅游者的知觉，从而促使其态度做相应的改变。

凡服务本身没有真正改变的地方，广告在传播形象上当然起重大的作用，这个形象能强化人们现有的态度，或促使人们改变对该项服务的态度。例如，美国航空公司在其主要竞争对手强调"友好天空"、作业及时和"为人添翼"时，一再着重指出自己是"公务乘客航空公司"；游船公司强调有意大利节日气氛；墨西哥自称"友好之邦"；而弗吉尼亚是"恋人圣地"；哥斯达黎加自称是"无忧无虑者的地方"；葡萄牙则是"别有天地的葡萄牙"；饭店公司称自己是供参观的场所，是"公众乐园"、"四海一家"……而不是联营饭店。

给旅游服务公司选择的名称，大大有助于在旅游者心目中形成该公司的形象。设想一下，假日旅馆、旅游客栈、红地毯旅馆与公主饭店这样的名称，与希尔顿（Hilton）、霍华德·约翰逊（Howard Johnson）、马利奥特（Marriott）和皮克（Pick）这些为纪念饭店公司创始人而命名的名称形成对照,后者对促使年轻的旅游消费者在心目中形成其形象收效甚微。旅行社提出无数个具有想象力的,无疑有助于消费者在心目中形成形象的名称。如旅游者之家、欢迎、爱神旅游、重游、旅迷、旅游大师、随时随地旅游等等。

有时,旅游服务公司改变名称,也能促使人们改变对该公司及其提供的服务的知觉。

这里讨论建立形象策略的目的,是使消费者接触旅游公司提供具体利益的感性信息。不过,如果没有利益,公司名称或它的广告条文很难成功地促使人们形成持久的肯定态度。如一家旅游公司声称"我们要更努力",它的雇员们就必须更卖力地干;取名为"和爱旅游"的旅行社,就不能雇用讨厌旅游者的人做职员;名为"旅游大师"的旅行社必须雇用名副其实的职业旅游顾问。此处讨论的几种知觉的变化只有在服务本身与通过广告和其他沟通方式创造的旅游期望相符时,才得以实现。

改变知觉,以促使对旅游服务公司形成积极的态度绝不是轻而易举的事。本章在前面讲过,态度会抗拒改变,例如消费者有意避开与他们当前的态度结构不相一致的信息。降低消费者知觉防御的一个有效途径,是给公司的服务取一个新的名称。新名称要与过去用的不同,要促使消费者把这项服务看成某种不同的或新的服务。于是,消费者就更可能吸收新信息,这种新信息能改变他对该项服务及提供该项服务的这家公司的知觉。例如,迪士尼(Disney)乐园给娱乐公园带来了新的生命。它的办法首先是大幅度改进产品本身。第二是提出一个重要的新名称,即主题公园。几乎一夜之间,迪士尼乐园把娱乐公园变成了为整个家庭提供健康娱乐的新企业。又如假日旅馆(HolidayInn)自称汽车旅馆联营,此名一直用到它认识到需要向商业区和度假胜地扩展为止。以后,该公司就开始自命为饭店联营。还公开提出了"欢迎光临世界第一流的公众乐园旅馆"的口号。

三、促使行为改变

(一) 反复接触新信息

前面讲过,较弱的态度比强烈的或极端的态度更易于改变。改变一种强烈的态度则需要更长的时间与耐心,因为必须一点一点地加以消除。持有强烈态度的人,必须反复接触新信息,逐渐削弱他的防御机制。

(二) 重复

研究表明,重复是改变强烈态度的关键之一。必须使具有某种态度的人知道改变态度的充分理由。对乘飞机、露营、去国外旅游或住宿豪华饭店持强烈否定态度的人,不会一夜之间改变他们的态度。反复申述改变这种态度的充分理由而又不使其改变后感到后悔,这确实是有效营销最困难的工作之一。

(三) 幽默

利用幽默是改变强烈态度的最有效的方法之一。幽默在不与人们设法加以改变的强烈态度发生直接的或进攻性的对抗方面是特别有效的。当幽默提供的信息令人开心快乐时,它会很有效。当产品或服务已经被清楚地认识到,而且笑料还未"过时"时,幽默感将显得更为有效。

营销人员使用幽默是因为幽默能吸引人的注意力,广告人员也相信幽默具有劝说的作用。据估计，25%的电视商业广告都包含某种幽默成分。

幽默的作用可以从两个方面来分析。一方面，幽默可能会使产品或服务更加引人注目，也更加好记。幽默也可能增强营销人员的可信度。幽默可能引发消费者的好感并因而增强信息的说服力。另一方面，它也可能将使用竞争性产品的消费者从对产品广告的不满中转移出来，并使之接受信息。

然而，使用幽默时也会冒点风险。一个喧宾夺主的幽默可能会对信息的理解产生负面影响，无法表现出产品的优点。比如，幽默的使用只是引起人们的注意，但并没有传递出任何有关使用该产品或服务所带来好处的特殊信息。幽默要发挥作用，就必须与产品有一种自然的联系。

什么时候对幽默的使用最为有效？研究人员发现在下列情况下，幽默在使消费者接受所获得的信息方面能起更大的作用。

（1）消费者对产品一无所知。既然幽默只是信息的附带物，它就更有可能对那些对产品一无所知的消费者产生影响。

（2）针对现有产品。为新产品做广告须传递信息。与传递信息相比，幽默在烘托气氛方面更有效。

（3）消费者对产品有好感。幽默能加深消费者对产品的好感，但不能扭转其对产品的负面印象。

（4）信息不协调。奥尔登（Alden）、霍伊尔（Hoyer）、李（Lee）研究了幽默广告在四个国家（美国、韩国、泰国、德国）的使用情况。他们发现，在四种文化中，大部分幽默广告都有不协调的主题。

在直接向持强烈态度的旅游者作个人销售时，应用反复申述与幽默也是有效的。每次重复促使态度变化的论点，都会削弱现有态度的强度。然而，以为某人一下子就能把一个强烈否定的态度变成强烈肯定的态度，来个一百八十度大转弯，那是不现实的。

（四）时机

有时，独有的旅游经历本身会造成一种精神状态，减少抵制态度变化的心理障碍。旅游者离开家庭，离开工作，离开日常规律的事务，一般易于接受新经验，结交新朋友，吸收那种能削弱现有态度并导致态度变化的新信息。对许多人来说，旅游与改变对外国文化、异国人民及其食物和语言的态度，显然是联系在一起的。因此，改变人们对各种旅游服务的态度的最好时机，可能就是他们离家旅游之时。

（五）广告

本章开头，我们按认知、情感与意向三个组成部分对态度进行了考察。通过对态度的剖析，比较容易理解态度是怎样形成与变化的，从而促使行为做相应的改变。例如，旅游广告商可传递能改变对他的产品与服务的信念，即能导致态度变化的真实信息。一则出租汽车的广告，首先要着重指出日租价格。实际上大部分出租汽车广告似乎都着重传递日租价格的信息。

广告也可以改变态度的情感部分为目的。因为人们力求情感与信念的和谐，所以，有效的广告的基调与形象能同时影响情感、信念与见解。例如，一家饭店的广告尽力强调基调和形象，并采用了一幅触目的照片，用华丽的、醒目的、热情的、动人的、富有魅力的和有气魄的词语，把它描绘成令人陶醉的住处。

（六）激发冲动性决策

最后，可以采用激发冲动性的方法，诱使旅游者改变行为。例如，通过免费分发样品或其他刺激品，态度的形成与改变便可能随之发生。因为许多人倾向于在去目的地途中做出冲动性旅游决策，因此，利用这个倾向的努力会有很大的收效。如一个旅游者凭一时冲动，可能接受别人的劝说，决定改变预定的旅游计划，他的态度随着这样一次经历而改变。这种改变态度的方法的关键是了解怎样向旅游者推销旅游路线，和怎样促使他做出适当的冲动性决定。

在传递动机信息时，必须记住旅游者往往是一个运动着的目标，因此，能用来与他联络的媒介是有限的。这些媒介是飞机上的杂志、机票封套、机场上的广告，还有活页广告，即《交通图》之类的旅游者专刊和通过饭店、餐馆与快报中心散发的各种各样的小册子，以及能向汽车旅游者传递信息的露天广告，即广告牌。

激发冲动性旅游决策并无诀窍。当我们了解了人们为什么会做出冲动性决定时，某些可能性就会自然出现。

已经发现凡凭冲动行事的人，易于不安与厌烦。他们往往一味想用令人兴奋的、冒险的或新奇的活动来改变令人厌烦的与呆板的生活。因此，为他们的生活多样化所做的努力可能非常有效。

已知改变易冲动者行为的最有效的刺激因素是某种威胁、浪漫以及重在金钱报偿的吸引力。写着"请停车——离下一个公共设施还有 48 千米"的广告牌，能威胁汽车旅游者。威胁或恐吓可以使人产生恐惧心理。恐惧的感染力可以概括为一种不利结果，如果旅游者不改变某种行为或态度，这种结果就会产生。通常只有当恐惧感染力引起的恐惧程度适中时，它才是最有效的。汽车出租公司强调日租金与计程租金低廉的广告，如同免费赠券与类似的推销手段一样许诺金钱报偿。

劝说旅游者做出冲动性决定的各种努力，实际上是要抬高有疑问产品的可预见的重要性。提醒旅游者下一个公共设施在 48 千米外这样的广告牌，是企图提高正好坐落在离州界最近通道上的服务站、餐馆与汽车旅馆的重要性。强调汽车的日租金与计程租金低廉的广告是企图提高租用这家汽车出租公司的汽车，而不是租用另一家公司的汽车的重要性。

四、激发潜在动机

提高某项旅游服务的可预见的重要性的另一个办法，是诉诸潜在的动机，即可能与一个特定场合有关，但对旅游决策者尚未产生影响的动机。前面提到过的一个例子着重谈了一位对迪士尼乐园持否定态度的人的情况。当提醒他对孩子们的责任时，他的责任感就上升了，并促使他改变自己原来的主意。起先，此人满足他孩子们的需要的动机是潜在的，也就是说，隐蔽在决策过程之外。认清并激发这样的潜在动机，可能是强化态度、激发特定类型的旅游行为的强大力量。

五、改变贮存的知识

本章讨论的策略几乎全都要求以某种方式传递新的和追加的信息。即关于某项旅游产品或服务及其如何有益于旅游者的信息。对一项服务,或对提供该服务的公司只具有有限信息的人,一般比知识面较广的人容易改变态度。凡信息有限,对立的信息就更可能带来态度的改变。比如,当人们对旅游代理人的作用所知甚少时,传播说明他们的服务的信息,可能会带来对旅游代理人态度的正向改变。另一方面,一个人的旅游经历由于旅游代理人的过错而美中不足,此人可能从中得出一般性的结论,并不为新信息的出现而动摇,他的否定态度可能依然故我。

指出下述事实也很重要,作为一般规律,儿童与教育水平低的成年人,比受过较高教育的人容易改变态度。其理由很简单,受过高等教育的人对许多问题一般都有较多的知识。这个总的倾向对旅游业具有重要意义,因为娱乐旅游市场一般是由教育水平较高的人构成的。因此,改变娱乐旅游市场方面的态度,一般说来并非易事,因娱乐旅游者都是知识比较丰富的消费者,他们对种种呼吁的反应,很可能是根据有助于真正解决旅游需要的服务做出的,而不是把表面的可感知的服务和形象当作主要的根据。

宣传心理学的研究表明,宣传对态度的转变是有影响的,宣传对旅游者态度变化的影响大小取决于以下两方面的因素:

(一) 宣传者的权威性

宣传者的权威性由两个因素构成,即专业性与可信性。专业性指专家身份,如学位、职业、社会地位等。可信性指宣传者的个性特征、仪表,以及讲话时的自信心、态度等。显然,说话时结结巴巴、吞吞吐吐,不如理直气壮、信心十足使人感到可信。

心理学家伯洛(Ballo)通过对宣传者本身的威信与被宣传者态度改变之间关系的研究,得出宣传影响态度转变的三个要素。

(1) 可信性因素。宣传态度的公正与不公正、友好与不友好、诚恳与不诚恳。

(2) 专业性因素。宣传者的有训练与无训练、有经验与无经验、有技术与无技术、知识丰富与不丰富。

(3) 表达方式因素。宣传者语调坚定与软弱、勇敢与怯懦、主动与被动、精力充沛与疲倦乏力。

(二) 宣传的内容与组织

宣传内容是强调一方面有效,还是强调正反两方面有效?心理学家的研究结果表明:对于受教育程度低的人来说,单方面宣传容易转变他们的态度;而对于受教育程度较高的人,则正反两方面的宣传效果更好。人们最初的态度与宣传者所强调的方向一致时,单方面的宣传有效;最初的态度与宣传者的意图对抗时,则正反两方面宣传更为有效。

宣传效果与被宣传者的个性特征,如智力、性格、气质等有关。一般来说,智力水平高的人比智力水平低的人更不容易接受宣传而转变态度。这是由于智力水平高的人知识经验丰富,善于分辨他人的宣传。智力水平相同的人,对于不同性质内容的宣传接受程度也不同。此外,自尊心强的人比自尊心弱的人不易改变态度。由此可见,旅游者态度改变与宣传者的威信、宣传内容及组织得当与否有关。

复习与思考

1. 解释下列概念：
（1）态度；（2）踏脚入门技巧；（3）偏爱。
2. 举例说明态度的功能和特征。
3. 信念、见解和情感之间的区别是什么？
4. 举例说明态度和行为不一致的原因。
5. 某一产品或服务的突出属性是指什么？
6. 如何改变旅游产品或服务，才能改变旅游者的态度？
7. 怎样理解即使产品或服务不变，一些新的知觉形象也能促使态度改变？
8. 宣传对旅游者态度变化的影响取决于哪些因素？

即测即评

第七章 个性、生活方式、个性结构与旅游行为

学习目标

学完本章，应该能够：明确个性的概念；了解描述个性的几种方法；说明心理描述法怎样为理解各种类型的旅游者和各种旅游行为提供有价值的线索；通过把个性分为几个组成部分来解释行为的不稳定性和不可预测性；掌握个性如何左右和影响旅游行为。

本章主要术语

个性（personality）
安乐小康型（Psychocentrics）
追新猎奇型（Allocentrics）
自我概念（self-concept）
自我形象（self-image）
真实自我（actual self）
理想自我（ideal self）
生活方式（life style）
心理描述法（psychographics）
快乐原则（pleasure principle）
相互作用分析（Transactional Analysis，TA）
自我形态（ego state）

个性是由个人行为中那些能将自己区别于其他人的稳定的特征构成。这些特征有助于说明个人怎样尽力满足具体的要求和目标。研究旅游行为，必须考虑许多心理因素，包括个性在内，它们以多种方式对人的旅游行为发生影响。

在这一章，首先要介绍描述个性的几种方法，说明旅游者的个性如何有助于解释其行为。然后将讨论生活方式与旅游行为的关系，同时，阐述心理描述法或称生活方式个性分

析法，怎样为理解各种类型的旅游者和各种旅游行为提供有价值的线索。最后通过把个性分为几个组成部分来解释行为的不稳定性和不可预测性，从而表明个性是如何左右和影响旅游行为的。

第一节 个　　性

一、个性的内涵

个性一词来自拉丁文面具（persona），本来的含义是演员在舞台上扮演角色化装用的假面具，用以表现剧中人的身份。个性（personality）主要是指个人独特的心理构成因素和这些因素如何在个人对环境的反应中保持一贯的作用。近年来，个性内容的实质又成为争论的焦点。许多研究表明，人们在不同的环境中的表现并不一致，也就是人们并没有显示出较稳定的个性。直觉上讲，这一观念很难理解，也许是因为我们对他人的观察还局限在一定范围内，所以对我们来讲，大部分人的行为都保持前后一贯性。另一方面，我们每个人又清楚地知道，我们并非都能保持一贯性，有时我们显得狂野，其他时候又会是受人尊敬的典范。虽然只有部分心理学家摒弃了个性观念，很多人还是意识到，一个人深藏不露的性格因素只不过是整个谜团的一部分，环境因素在行为决策过程中的确起着重要作用。而这又低估了情形割裂分析（segmenting according to situations）的潜在重要性。因此，个性观念的某些方面仍然包含在营销策略设计中。当考虑到根据一个人的休闲选择、文学品位和其他一些被称为生活风格的个人因素进行细分时，上述评价尺度就将发生作用。

二、个性理论

对复杂的个性概念的理解，可以追溯到 20 世纪初开始形成发展的心理学理论。由于这些理论大都建立在对病人的梦境、伤痛经历和与他人的交往遭遇进行分析的基础之上，因而从某种意义上讲，这些观念都是定性的。

这些理论的建立，大部分的功绩应归于弗洛伊德（Sigmund Freud）精神分析理论中关于个性的论述所产生的巨大影响。弗洛伊德的某些理论将有助于理解这一结论：正是那些深层次的需求，激发着消费者去购买已经"个性化"的品牌，以满足这些潜在的欲望。

（一）新弗洛伊德理论

弗洛伊德将人们寻求社会可接受方式的行为，都归结为满足性欲。弗洛伊德透过潜伏于表面之下的因素来解释人类行为，但他的许多合作者和弟子仍然认为，一个人的个性应该更多地受到个人待人处事方式的影响。这些理论统称为新弗洛伊德理论。新弗洛伊德理论的杰出代表之一是英国心理分析学家卡伦·霍尼（Karen Horney）。她提出人们可以被描述成不断向别人靠近的"追随者"、离群叛众的"分离者"，或者与别人不同的突出的"进取者"。研究显示，这三类人倾向于购买不同种类的产品。举例来说，有研究表明

"追随者"特别容易被名牌产品吸引,"分离者"则沉迷于茶道,而男性"进取者"对有突出男子气概倾向的品牌十分中意。其他新弗洛伊德理论的代表人物还包括阿尔弗雷德·阿德勒(Alfred Adler),他认为人们的很多行为是为了消除在与他人交往中产生的"低微"等感受;哈里·斯塔克·沙利文(Harry Stack Sullivan)则强调个性发展过程中如何消除社会关系中产生的焦虑感。

(二) 荣格理论

卡尔·荣格(Carl Gustav Jung)也是弗洛伊德的门徒,他还被弗洛伊德认为甚至胜于自己。然而荣格不同意弗洛伊德对个性方面的过分强调,这也成为他们关系最后破裂的主要原因。荣格继续从事他自己的心理治疗方法,形成以后的"分析心理"学派。他强调个性形成过程,是个人的既往历史(他的过去)和作为有创造性的人(他的未来)的共同作用。

荣格相信人受过去几代积累的经验所影响。其观念的一个重要部分就是他所研究的"集中化的无意识"(collective unconscious),他认为这种无意识植根于人类古老的对过去的记忆之库。例如,荣格曾解释为什么许多人怕黑,就是因为他们远古时代的祖先绝对有理由是怕黑的。这些被认同的记忆就是"原始意象"(archetypes),或者说是统一的认知和行为模式。原始意象大多涉及诸如生、死、灵魂这些常出现在神话以及故事和梦境中的主题。

(三) 特征理论

另一个主要的个性理论则着重于定量指标,也就是特征(traits),或者说是区别个人的独特性格。例如,可以通过人们的社交活动频繁程度(外向倾向)来划分不同的人群。与消费者行为有关的特征包括创新力(人们接受新事物的程度)、唯物主义(把重点放在获取和拥有产品上的比例)、自我意识力(人们驾驭为他人设计的自我的从容程度)以及认知需求(人们倾向思考事物,或进一步说,付出必要努力去获取有关品牌信息的程度)。

由于大多数消费者可以依据不同的特征加以划分,从理论上讲,特征理论有助于市场细分这一目的。例如,假定汽车制造商可以确定,符合某一项特征描述的司机,将倾向选择具备哪些功能的汽车,这一配比将大大有利于生产制造。特征理论认为消费者购买的产品只是他们个性的延伸。对于那些努力创造适应不同类型消费者的品牌个性的营销经理来说,事实足以证明这一点。

然而,使用标准个性特征来预期产品购买选择的结果却让人"悲喜交加"。一般来说,经销商不可能单单以衡量个性特征为基础预测消费者行为。下面提出了对这一模糊结果的几种解释。

(1) 许多衡量标准并非实际有效或可靠,它们并不完全符合衡量的预期目标,而且在一段较长时间内结果也不保持一致。

(2) 个性测试往往在特殊人群(例如精神病人)中进行,而测试结果则被"借鉴"运用在一般人群中,其相关性颇值得怀疑。

(3) 测试经常并不在适宜条件下进行,就算是在教室里或厨房里,未经预先培训的人们也都可以参加。

(4) 研究者往往为了适应环境擅自变动工具仪器,测试项目不时被增减,这些变动降低了衡量的有效性,也减少了研究结果在消费者之间的可比性。

(5) 许多特征标准衡量的是一些很全面、笼统的倾向(例如情感稳定性或内向倾向),而结果则运用在对特殊品牌的购买预期。

（6）很多情况下，有些标准的制定没有充分考虑与消费者行为的相关性，研究人员会因循着一些偶然看上去很有意味的事情，试图走捷径。

虽然在经过大量工作而并未获得有价值的资料之后，经销商已基本上摒弃了继续对个性加以量化，却仍然有人未改变这一工作的初衷。更近一些的研究（很多在欧洲）正致力于从过去的失败中吸取教训。这些人员使用他们认为与消费者行为相关的更特殊化的标准衡量个性特征。他们试图主要通过多层次行为标准来提高标准的有效性，而不是单单运用个性测试中的单个项目来预测购买行为。

这些研究人员现在已经意识到，个性特征只是解决问题的一部分，个人特征资料必须与社会经济环境信息相结合才真正有用。因此，最近的无论是关于年轻人的饮酒量，还是消费者对新鲜有益健康食品的接受程度等行为的相关个性特征研究，都取得了一定的成功。

第二节　个性与旅游行为

个性是一种复杂的心理现象，对个性的描述有时也是模棱两可、含糊不清的。因此，出现了许多个性理论，形成了测试个性特征的多种方法，而且，对具体的个性特征的描述也众说纷纭。同时，用以确定和描述个性的方法不尽相同。我们要研究的只是其中最普遍的方法。

一、个性特征

个性特征主要表现在个体对他所生存的环境中反复出现的刺激和事件的稳定的反应方式上面。个性特征说明了每个人在不同时间、不同情况下行为的相对一致性。确定和分析个性的大量的研究工作，是以个性的测量与评价为基础的。

加拿大旅游局为了揭示不同的个性特征与加拿大成年人旅游行为的关系，用高度精确的统计方法对加拿大成年人进行抽样调查，研究结果表明，各种个性特征与旅游行为之间有着密切的关系，见表7-1。

表7-1　个性特征与加拿大成年人的度假旅游行为

度假类型	个性特征
度假旅游者	好思考、活跃、善交际、开朗、好奇、自信
度假不旅游者	好思考、被动、克制、认真
不度假者	焦虑
汽车旅游者	好思考、活跃、善交际、开朗、好奇、自信
乘飞机旅游者	非常活跃、相当自信、好思考
乘火车旅游者	好思考、被动、孤僻、不善交际、忧虑、依赖、情绪不稳定
乘公共汽车旅游者	依赖、忧虑、敏感、抱有敌意、好斗、不能自我克制
在本国旅游者	开朗、活跃、无忧无虑

续表

度假类型	个性特征
去国外旅游者	自信、信任他人、好思考、易冲动、勇敢
男性旅游者	好思考、勇敢
女性旅游者	易冲动、无忧无虑、勇敢
探亲访友者	被动
游览度假胜地	活跃、善交际、好思考
观光者	好思考、敏感、情绪不稳定、不能自我克制、被动
户外活动者	勇敢、活跃、不合群、忧虑、喜怒无常
冬季旅游者	活跃
春季旅游者	好思考
秋季旅游者	情绪稳定、被动

(Ottawa, Canada: Canadian Government Travel Bureau, 1971)

这些研究成果清楚地表明，度假旅游的加拿大成年人的个性，显然不同于那些度假期间待在家里或根本不度假的加拿大人的个性。度假旅游的加拿大人比较爱思考，他们经常反省自己的行动，同时，也考虑和观察别人的行为。这个特征把他们大多数人与根本不度假的人区分出来。在该项研究的被调查者中，度假旅游者比不度假的人更加活跃，更有信心，更好奇，更善于交际和心情更开朗。因此，这些个性特征可与一个人对旅行观光和结交新朋友的兴趣联系起来，他的信心和相应的健康感使他有勇气远离家门及熟悉的环境。

在表7-1中，研究结果概括地、清楚地表明旅游者去的地方、使用的交通工具和度假中做什么以及他们喜欢在一年中哪个季节去旅游等，都与个性因素有关。因此说，个性确实可能影响旅游行为。要更好地了解旅游者在旅游环境中的各种决策，虽然不可能仅根据一项研究得出的结论便能做到，但这项研究在某种意义上还是适合加拿大旅游市场的。例如，旅游代理人可以通过解说专门的旅游计划为人们解除疑虑，更有效地向缺乏信心的、不去旅游的加拿大人推销旅游服务。强调旅游胜地有益于休息和休养的宁静气氛，以吸引消极的非旅游者。航空公司可以针对驱车度假者开朗和好奇的特点招徕他们。

二、个性类型

根据个性特征，可以把人们划分为不同的类型。例如，将朋友描绘成善良、慷慨、热情的人；把敌人看成是多疑、贪婪、邪恶的人。人们还把熟人分成这几种类型：理性型、情绪型、内向型、外向型、自主型和依赖型。个性类型的划分有许多方法。这里将论述几种最普通的方法。

最早一位关于个性类型的理论家是希波克拉底(Hippocrates)，他把人分为黏液质、胆汁质、多血质和抑郁质四种个性类型。自希波克拉底以来，又出现了其他几种个性类型的理论，这些理论大多试图把行为气质同身体特征联系起来。这里较为有影响的是德国精神病医生克雷奇米尔(E. Kretschmer)的类型理论和美国医生谢尔登(H. W. Sheldon)的类型理论。他们的理论都是根据人的体形和行为间的关系来划分个性类型的。但是，人的行为是复杂多变的,不能单纯依靠人的体格和身体形态这种简单化的分类来决定。

英国心理学家卡伦·霍尼(Karen Horney)认为确定行为的决定因素是神经性焦虑(neurotic anxiety),这是儿童"在潜在的敌对世界里孤独无援"而产生的一种情感。为适应这种忧虑和环境,儿童主要形成下列三种气质类型:

(1) 温顺型。其特征是需要接近人们,需要爱、情感和赞许。

(2) 进取型。其特征是需要对别人采取行动,需要超过别人,取得成就、威望和赞赏。

(3) 孤独型。其特征是需要远离人们,需要自给自足、独立,不易受攻击。

根据霍尼的理论,个性的具体倾向性组成了成人行为的基本结构。例如,一个温顺型的人,会违心地恪守他认为是公认的行为方式,因为他的许多行为目标与求得一个公认的地位有关。一个进取型的人需要人们肯定其自我形象,巩固他的自信心,因此,他会故意招摇过市。不言而喻,这种惹人注目的行为是想得到人们的赞许。一个孤独型的人想使自己在感情上和别人保持距离,不愿和别人分享各种体验。

调查结果表明,霍尼所论证的这三种人购买和使用不同的产品及服务的行为方式各不相同。不过,对这三种个性类型与旅游行为各种方式之间的关系,还没有进行过深入的研究。但是,这种研究一定大有裨益。例如,温顺型和进取型这两类人似乎应对旅游很感兴趣,虽然他们主要的旅游动机可能不同。另一方面,孤独型的人可能对旅游不大感兴趣,即使去旅游,他选择的交通工具、旅游地、旅馆及其他服务项目也不同于温顺型和进取型的人。

社会学家戴维·莱斯曼(David Riesman)提出了另一种通俗的个性类型分类法。莱斯曼在分析欧洲和美国政治社会史的趋势后,根据社会特征提出了个性划分的理论。他认为人的社会特性可分为三类:

(1) 传统趋向型(tradition-directed)。中世纪以来,许多行为有其传统趋向性,即以权威的宗教信条为依据的、刻板的准则,规定在什么环境下应该做什么及为什么这样做。

(2) 内趋型(inner-directed)。18和19世纪,由于宗教压制的削弱,个人的权利和成就越来越多地受到重视,于是,较多的行为转而具有内部趋向性,即每个人意识到自身利益,为自己适应日益复杂的世界选定一条合适的道路。

(3) 外趋型(outer-directed)。当今美国,具有传统趋向型的人几乎不存在了,仅仅在那些仍处于与文化主流隔绝状态的被传统习俗所约束的部分社区还保留了一些。19世纪美国人认为理想的内趋型的人,现在也正为外趋型的人所代替。这种人的行为以得到他最亲近的同辈人的尊敬和赞同为目标。因此,对当代许多美国人来说,"最流行的东西"就是正确的东西。

莱斯曼还认为,从传统趋向型到外趋型的转变对消费者行为产生了深刻的影响。在传统准则支配行为的社会里,人们的穿着、吃喝应按传统规定,即使有一点偏离也得受惩罚。在内趋型支配行为的社会里,产品和服务的消费是由它们对个人的长远利益所做的贡献来决定的。但在外趋型支配行为的社会里,消费是由它们对人们的地位和声望所做的贡献来决定的。

由于美国正处于从内趋的社会到外趋的社会的转变过程中,因此存在着两种不相容的生活方式,人们不论追求哪一种都受到遏制,并将继续被遏制一段时期。外趋型的这部分人所做的消费选择受到内趋型的人的动机的限制,后者认为前者的动机是轻率的、肤浅的，也许甚至认为在伦理上是错误的。

研究表明，莱斯曼的理论为研究各种行为提供了有益的见解。例如，人们发现年轻人比年长的人的行为更具外趋性，而具有内趋性的人不如具有外趋性的人易于说服，前者更加注意对其动机有吸引力的广告宣传。关于这两种类型的人的旅游行为的不同方式，至今尚未进行过深入研究。然而，这两种类型的消费者的旅游行为在许多重大的方面是不同的，外趋型的人做出的旅游决定很可能更受地位和声望的驱使，而内趋型的人也许更受教育、娱乐、文化因素的驱使。那些被认为是传统趋向的旅游者很有可能会去游览祖先的故土、富有宗教色彩或有历史意义的胜地。

最著名的也是在心理学界经常运用的归类方法之一，是瑞士精神学家和心理学家荣格（C. G. Jung）的类型论。他基本沿袭了弗洛伊德的理论和方法，但有所发展和修正。荣格认为"力必多"（libido）是个体的全部生命力，他根据"力必多理论"，提出人分内倾型和外倾型两种，不同类型的人有着不同的心理特点，见表7-2。

表 7-2　外倾型的人和内倾型的人的心理特点

个性类型	心 理 特 点
外倾型 （extrovert）	心理活动倾向于外部，活泼、开朗、容易流露自己的感情。待人接物决断快，但比较轻率，独立性强。缺乏自我分析和自我批评能力。不拘泥于一般小事，喜欢同他人交际
内倾型 （introvert）	心理活动倾向于内部，感情比较深沉，待人接物比较小心谨慎。经常反复思考。常因过分担心而缺乏决断力，但对事情总是锲而不舍。能够自我分析和自我批评，不爱交际

荣格的类型论在某种程度上更为接近实际，但过分绝对化。人往往既有内倾倾向，又有外倾倾向，不可能完全属于哪一类。荣格后来也补充提出了中庸型（ambiversion），他提出：每一个人都同时拥有两种机制——外倾和内倾，但由其所占相对优势决定每个人的个性类型。近年来，英国心理学家艾森克（H. Eysench）发现这两种机制乃是一个连续体的两个极端，内倾型和外倾型各占一端。个体行为特征在此两端间的分布情况接近于正态分布。这种描绘对个性的分析是非常有价值的，它具体地说明了个体的内倾程度或外倾程度，比称一个人是或不是内倾或外倾更准确。这样，我们就可以从最内倾到最外倾依次给每个人打上一个相应的分数。见图7-1。

图 7-1　艾森克外倾内倾分布

上述的两分法或三分法，虽然存在一些问题，但作为个性分析法还是非常有用的。特别是当我们只需要概括的、笼统的，而不是精确的、具体的个性描述时，更是如此。

美国的斯坦利·帕洛格（Stanley Plog）博士建立了一种连续统一心理图示。该图用"安乐小康型"及"追新猎奇型"来表示美国人的个性类型，并分别位于两个极端。美国人个性类型在这两个极端呈正态分布，见图 7-2。

图 7-2　美国人个性类型分析图示

这里提到的安乐小康型（psychocentrics）一词源于"精神"和"自我关注"两词，意思是将思想（即注意力）集中于生活细小问题上。追新猎奇型（allocentrics）是"形式多变"一词的词根"allo"引申而来的，意味追新猎奇型的人是兴趣集中于多变活动之上的人。这种人性格开朗，对自己的行为充满自信，他们富有冒险精神，乐于远行，乐于"玩命"。旅游永远是追新猎奇型的人表达和满足好奇心的途径之一。这两种个性类型的人，在旅游行为上的明显差异如表 7-3 所示。显然内倾型与安乐小康型之间，以及外倾型与追新猎奇型之间有许多相似之处，而大多数人属于这两种类型之间的中间型。

帕洛格在《旅游地名望升降原因》的论文中，阐述了安乐小康型和追新猎奇型的人的旅游行为有许多明显的差异。表 7-3 概述了这些差异。

表 7-3　安乐小康型和追新猎奇型旅游者的行为差异

安乐小康型	追新猎奇型
喜欢熟悉的旅游地	喜欢去一般旅游者未到过之处
喜欢旅游地老一套的活动	喜欢追新猎奇，在新地区捷足先登
活动量小	活动量大
喜欢坐车前往旅游地	喜欢乘飞机前往旅游地
喜欢设备齐全的食宿设施，如家庭式餐馆和游客商店	希望能提供较好食宿服务的饭店，但不一定要求现代化的联营饭店，"游客"吸引物要少
喜欢熟悉的气氛、熟悉的娱乐活动，异国情调要少	喜欢跟不同文化背景的人会晤、交谈
喜欢把旅游活动排得满满的，如包价旅游	要求有基本的旅游安排（交通工具和饭店），但允许较大的自主性和灵活性

总之，安乐小康型的人强烈要求生活具有可预见性，他们的行为倾向是消极、被动的，以休息和松弛为主要旅游动机。他们理想中的度假旅游应该是有条不紊、事先都安排好的，包括旅游的全部活动、旅游设施、餐馆以及提供接待等方面。

对追新猎奇型的人而言，在他们的生活中不需要事先的预料和安排，他们渴望出现不可预见的事物。他们的行为倾向是积极、主动、灵活。他们理想中的度假旅游应该是无法事先估计,而且是复杂多变的。他们喜欢光临那些鲜为人知的旅游地,喜欢去国外,喜欢乘飞机。他们还喜欢跟不同文化、不同历史背景的人交谈。这一类型的旅游者因能去一些不被人知道的旅游地、获得新的经历,而避免出现那些意料之中和雷同的事而感到满意。

安乐小康型和追新猎奇型的人所喜欢的旅游地也不同。图7-3说明了安乐小康型和追新猎奇型的主要个性特征影响到他们对度假旅游区的爱好,并表明很少有人纯属安乐小康型或追新猎奇型,在图7-3中有三个介于安乐小康型和追新猎奇型之间的类型。

图7-3 美国人的个性类型与旅游地关系的分布曲线

图7-3表明典型安乐小康型的人一般对著名的旅游胜地,如柯尼岛、迈阿密海滨和蒙特利尔特别感兴趣。这些胜地已有千百万人游览过,是体现一致性和可预见性的旅游胜地。典型追新猎奇型的人,由于爱冒险、好奇、精力充沛、性格开朗,一般对新奇的旅游胜地,像古巴、南太平洋、非洲和东方国家特别感兴趣。所谓中间型的人,是既不很爱冒险,也不很害怕旅游的人,他们是整个旅游市场的对象。他们对夏威夷、加勒比海、欧洲和墨西哥这些旅游胜地特别感兴趣,这些旅游胜地对他们来说似乎是陌生的、不熟悉的,但又不完全如此。许多美国人已经游览过这些地方,并带回种种趣闻与录像。结果使这些陌生的地方变得不那么不可预见了。通常当今最受欢迎的旅游胜地也将被他们所喜爱。

因此,图7-3实际上表明了旅游者个性类型及其感兴趣的旅游点之间的关系。人们在变化,有时会变得更加冒险和活跃,旅游也会使安乐小康型的人发生变化,使中间型的人变成较追新猎奇型的人。这些说明了为什么曾游览过迈阿密、檀香山、加勒比海、英国、西欧的人,以后又到南美、东欧、日本、南太平洋和非洲去旅游的原因。旅游行为这种态度上的转变是一个长期的过程。安乐小康型的人不会一夜之间就变成勇敢、冒险、开朗的人。

可是,随着时间的推移,某些人的行为会沿着图7-3中安乐小康型—追新猎奇型的方向从左向右移动。这个变化,已在前面关于美国社会由内趋型转向外趋型的问题中作了解释。由于人们变得不那么具有内部趋向性而有更多的外趋性,由于人们生活在非常发达的西方国家,故而对新的经历、陌生人、新文化的眼界更加开阔,正如前面所述,外趋型的人对社会地位比较感兴趣,他们认为到南太平洋或东方国家作异国之游,会比在阿斯波利公园或默特尔海滨作两周家庭度假收获更多。

随着时间的流逝，不仅人会变化，而且旅游胜地也会沿着安乐小康型—追新猎奇型的方向移动和变化。成功的旅游区招徕大量的游客。起初，只有追新猎奇型的人对某个不出名的旅游地感兴趣，以后，较多的中间型的人也去了，旅游者的人数在增加，使这个旅游地走向商业化，需要建造更多的饭店和提供联营饭店标准化的食宿条件。一旦有了广阔的市场，这些旅游地就要认真考虑销售的方法，全程包价旅游因此得到发展并被投放市场，气氛变得更加亲切了，家庭式的餐馆开始营业，旅游商店如雨后春笋，烹饪、娱乐和活动也变得更加家乡化了。此后，当接近安乐小康型的人来到时，这个旅游地可能已与故乡的风情相差无几。

把旅游者分类与旅游地分类直接联系起来的做法，并未考虑人们在不同场合会出于不同动机而去旅游这一重要事实。当追新猎奇型旅游者确实有足够的资金时，可能会去相应的旅游地旅游，但在旅游资金不足时也可能选择属于典型安乐小康型的旅游地作周末旅游。同样，对于一个安乐小康型旅游者来说，计划周详、有全程导游陪同的旅游能够使他感到安全，在这种情况下，他可能去一个遥远的地方旅游。

此外，在家庭收入水平极低的情况下，旅游方式基本上由收入决定。在这种情况下，无论属于哪一种个性类型的人都可能不得不按照帕洛格所认为的安乐小康型方式度假。大学生就是一个很好的例子，他们大多数属于追新猎奇型，但他们往往因为收入不足无法从事自己理想的度假旅游，只能去附近的地区旅游。

综上所述，帕洛格的旅游者个性类型和旅游地类型间的直接联系，只能是一种相对的、不稳固的联系。

三、自我概念

自我概念(self-concept)是说明个性怎样影响人的旅游行为的另一种方法。在自我概念的基础上形成的个性理论是弗洛伊德精神分析理论的发展。

自我概念就是对自己个人身心活动的觉察，即自己认识的一切，包括认识自己的生理状况、心理特征以及自己与他人的关系等。通过洞悉自己的一切，从而对自己的行为加以控制与调节，形成了人对自己固有的态度。自我概念的发生与发展过程，就是个性社会化的过程。个体通过社会化认识自己是什么人，有什么特点，与他人的关系，处于什么样的地位等，这就是自我概念的社会性，即形成了"自我"。同时，自我概念是从周围人们的期待与评价的过程中，由主观体验而发展起来的。因此，人们对自己的情感与评价的意识发展为自我态度。自我概念的这一侧面称"自我形象"，也就是自我概念的形象性。

人们几乎不惜任何代价地保护自我形象。只要有可能，人们就力图提高自我形象。因此，人们的许多行为是自我保卫和自我提高。有一位作家曾坦率地说：人类一切活动的基本目的是保护、维护和提高自我概念。有一点是肯定无疑的，即一个人的自我评价会大大地影响他的行为。重要的需要及目标的产生是与提高和保护自我有关的。

对自我形象的关心导致人们根据产品对本人与他人的意义来看待自己拥有的或想要拥有的许多产品。在人们所购买的商品和服务中，有许多象征着提高或完善自我形象。人们的许多购买决策，实际上是迫切要求与一种产品、一种服务、一个商标、一家商店，甚至一家公司的形象相一致。当产品的形象与人们已形成或想要形成的自我形象一致时,人们更可能购买这种产品。

大量调查研究的结果说明,某些产品作为提高个人自我概念的象征有重要意义。汽车始终是一种具有象征意义的产品。其他具有重要的潜在象征性的产品还有香烟、酒、手表、速溶咖啡、名牌移动电话等。当然,有一些产品很少具有潜在的象征性意义。盐、罐头启子、洗衣皂和收音机,或许就属于这类产品。这种产品在社会上不惹人注目。作为一般规律可以这样说,一个产品愈显眼,愈可能具有重要的象征作用。汽车、服装、家具就是如此。这种产品有助于向自己,同时也向别人表明,他确实是这种或那种人。

旅游能给人们带来极大的乐趣,并赋予人们独特的地位,一方面,它是无形的产品,人们看不见,摸不着,也无法将它搁置在路旁,而且在被"消费"以后,除了留下一些照片和录影带,或在人们晒得黑黝黝的脸上留下愉快的微笑外,什么也没留下。在另一方面,旅游又是看得见的东西。它的一些设备,如家庭旅游车、高尔夫球杆、网球球拍、雪橇、行李包、照相机、信用证、明信片等等,不仅是看得见的,而且还具有很高的象征性意义。

人们人为地使旅游成为一种明显的具有象征性意义的产品,商业旅行就是一个很好的例子。一个公司高级董事经常乘飞机飞往世界各地的商业中心,在最高级的饭店住宿,在最好的餐馆用餐,有时还乘头等舱,并且有一笔可随意花费的钱。这个事实具有相当大的象征性意义,家庭、朋友、秘书、公司的低级行政人员及其他人都意识到这一点,而且可能妒忌这位董事的这种生活方式。飞机、护照、信用卡及其他的东西提醒大家,也提醒这位董事本人,他是一个重要的、有成就的人物。

同样,实行奖励性旅游,也提醒公司销售人员注意那些获得这种旅游的人懂得自己所具有的价值,即他们也属于富有成效的人。

旅游也是看得见的、有高度象征性意义的产品。在某次重要的旅行前,我们筹划、存钱,当我们出发旅行时,也许会使熟人妒忌,甚至惹他们讨厌;反之,也可能举行祝愿旅行顺风的宴会,或者有一两个亲友开车送我们去机场。当满载的家庭旅游车或旅行汽车开出后,我们的邻居也许会观看,会挥手作别,并要我们放心,说他们会照料我们的邮件。旅游期间,当邮递员分发我们寄出的明信片时,又一次提醒我们的朋友:我们多么幸运。回家后,有时觉得忍不住要向大家谈谈我们的旅行情况,给父母放录像,孩子们向同伴大谈其旅行情况,或者在学校里写有关旅行的作文。接着,大家便谈论起明年的度假计划。

显然,旅游可能是所有产品和服务中最具有象征性意义的一种。作为一种象征,旅游可以大量披露一个人的情况:成功、成就、富有经验、老于世故。因此,旅游的机会在加强某种自我形象方面是极其重要的。

有关个性的自我概念法,还有一个要点需要提一下,即一个人实际上有两种自我形象,一种叫真实自我(actualself),另一种是理想自我(idealself)。真实自我是人们实际上把自己看成是什么样的人,理想自我是人们想成为什么样的人。在这两个自我概念之间,多少有一定的差距。这种差距就成为主要的动机力量。假设某人想做一个现代派的、非常有经验的、老于世故的人,而实际上他知道自己是一个普通的、平易的和朴素的人。为了缩短真实的和理想的形象之间的差距,他可能会改善衣着,搬进现代化套房,读几本好书,修一两门扩大知识面的课程,还可能对每年去外国旅游感兴趣。

我们大家都需要有关自己的身份和自己是何种人的证据。我们也需要有关自己将成为意想中的人物的证据。如前所述，对某些人来说，旅游象征着朝着许多人重视的理想努力。此外，人们通过闲暇活动表明自己的身份和渴望成为什么样的人。简而言之，自我概念法为了解人们旅游的原因，提供了另一个有价值的见解。

第三节　生活方式与旅游行为

一、生活方式

在传统的或是集中式的社会中，个人的消费观念往往受社会、等级、村落或家庭支配。而在一个现代的消费者社会中，人们有着更多的自由度去选择一组产品、服务和活动来体现他们自己，且依次建立起社会身份并传递给他人。一个人对产品或服务的选择实际上是在声明他是谁，他想拥有哪类人的身份。

生活方式（lifestyle）是指人们如何花费自己的时间（活动），在他们生活的环境中他们认为什么比较重要（利益）以及他们对自己和周围世界的看法（观点）。生活方式也被称为消费心态特征（psychographic characteristics），因为活动、利益以及观点都是可以量化的心理导向变量。一些用来定义生活方式的活动、利益和观点如表7-4所示。

表7-4　用来定义生活方式的活动、利益和观点

活　动	利　益	观　点
工作	家属	人际关系
嗜好	家庭	社会问题
社会活动	工作	政见
度假	社区	商业
娱乐	娱乐	经济
俱乐部活动	时尚	教育
社区活动	食品	产品
购物	环境	未来
运动	成就	文化

生活方式反映了一个人的消费抉择的形式。一个人的自我定义、种族和社会地位被称为是形成独有的生活方式的"原始成分"。从经济学角度来看，一个人的生活方式表明他选择的分配收入的方式，包括分配给不同产品或服务的相关性和在一类中的特殊选择。

生活方式被认为是一种群体证明。经济学的方法在追踪广泛的社会性的偏好变化上是有用的，但还不能运用到对各个独立的生活方式群体细微差异的分析上。生活方式并非只是对可支配收入的分配，它是一项谁在社会中、谁不在社会中的声明。无论是偏好者、运

动员、演员,还是各个群体都以其明确的象征身份聚集在我们周围。群体中成员的自我定义来自于该群体所专有的共同的典型系统。这些自我定义可以用下列名词来描述:生活方式、公众品位(taste public)、消费群(consumer group)、标志性社团(symbolic community)和地位文化(status culture)。

每种生活方式都是独有的。基于生活方式的消费形式由多种成分组成,这些成分由具有相似的社会、经济环境的人分享。当然,每个人还是向消费形式提供了各自的"偏差",往往把一些个性化的东西加入到已被选择好的生活方式中。例如,一个"典型"的大学生,可能会穿和他的同学相似的衣服,住在同一个地方,喜欢同样的食品,但仍会单独加入到一些诸如马拉松赛跑、集邮或其他社交活动中去,这些使他能与众不同。

生活方式并不是一成不变的,人们的品位和偏好总是在不断地演变。因此,在某个时期被认为是合适的消费方式,在几年后,可能会被轻视,甚至会被嘲笑。因为人们对身体健康、社交、男人和女人的角色、家庭生活的重要性以及其他事情的态度总是在改变。

二、当代消费者生活方式变化的趋势

消费者生活方式的变化部分是因为其人口统计特征的变化,部分是因为其价值观的变化。在20世纪90年代发生了以下六个方面的广义的生活方式的变化:①男性和女性在购物中角色的变化。②由于一种更强调自我放纵的生活方式的流行,对健康的关注有所下降。③由于将更多的时间花费在家里或者花费在工作和娱乐中而造成的一种更为隔绝的生活方式。④更注重自我概念。⑤更加注重勤俭节约。⑥时间压力更大,因而更加强调方便。

(一) 男性在购物中角色的变化

职业女性和单亲家庭数目的增加意味着职业男性和家庭妇女这一传统角色发生了变化。男性在购物中的角色变化最为明显的体现,在于增加了购物和照顾子女方面的责任以及更多地从事家务劳动,而这些传统上都是由女性来承担的。一项调查发现,35%的男性为家里购买所有的食品,大约33%的男性购买全部的清洁用品和家庭用具,约有67%的男性购买自己使用的个人用品。男性购物与女性并没有什么区别,他们一般也要花费同样的时间作采购计划、查阅价格以及兑换优惠券。

男性参与传统上由女性承担的角色并不只限于购物。更多的男性还做饭、打扫房间、洗衣和照顾子女。一项研究表明,在一个只有男性工作的家庭中,只有6%的男性负责做饭,7%的男性负责照顾子女。然而,在夫妻都工作的家庭中,则有20%的男性负责做饭,30%的男性负责照顾子女。但是,必须用正确的眼光看待这一问题。男性只承担全部家务劳动的1/3,这一事实意味着女性仍然承担着远比男性更为繁重的家务劳动。此外,男性谈起自己的角色也还不太坦然。比如,一些早下班去照顾子女的男性对同事说自己是去酒吧喝酒。

男性角色的变化不只是人口结构变化的结果,还是男性价值观变化的结果。在一项研究中,发现更可能去购物的男人认为自己是自由的、考虑周到的和追求成就感的那种人。这种类型的男人感觉没有必要装出一副"雄赳赳气昂昂"的男人形象。因此,男性购物角色的第二个变化就是:男性开始购买一些过去由于被认为过于女性化而不予理睬的产品——珠宝、护肤产品、保湿产品及化妆品。在销售这些产品的过程中，广告制作人员必须将男性描绘成一种不同于以往的新形象，区别于像万宝路牛仔或在典型的啤酒广告中出现的那种强壮、肌肉发达的传统男人形象。现在已经出现了一种新的男性概念：在许多方面和女性一样脆弱、敏感的男性。

男性更多地参与购物和家务劳动以及他们希望摆脱传统的男性形象，结果导致男性与女性在购物过程中的角色出现了融合。今天，对纸巾、一次性尿布或冷冻食品进行调查，如果营销人员把调查样本局限于"家中的女人"，那么这就和一个对金融服务或汽车进行调查的营销人员把调查样本局限于"办公室中的男人"一样，都是非常缺乏远见的行为。

（二）女性在购物中角色的变化

由于职业女性收入的增加、独立性和自信心的增强，女性在购物中的角色也发生了巨大的变化。随着她们购买力的增长，女性购物的范围几乎已涉及任何一类产品，几乎没有留下任何只属于男性的空间。

女性独立性的增强表明她们希望自己超出传统的角色被认可。一项对 35 岁以下的女性进行的调查发现，有 90% 的女性不愿做一辈子的家庭妇女，这些女性中有 3/4 计划在一生中要把从事工作和操持家务结合起来。因此，许多妇女不再认同教她们如何清洁地板和取悦丈夫的广告。现在的问题在于要创造性地推出她们认同的广告。

（三）从全球角度看待女性角色

在不同的文化中，女性角色有很大的区别。从全球角度来看，性别之间的相对平等是一种例外的情况。许多文化都是由男性占主导地位。一个极端的例子就是当塔利班游击队于 1996 年攻占阿富汗首都喀布尔的时候强行推行的宗教激进主义，该组织禁止妇女从事工作，要求妇女在公众场合从头到脚都要被盖住。在日本一般希望妻子待在家中照顾子女，并且传统上妻子要在丈夫后面保持两步的距离。在美国的西班牙裔地区传统上也是以男人为主导的文化占统治地位。

（四）对健康的强调有所减轻

美国消费者非常关心饮食习惯对健康的影响，包括对热量和盐量的水平、咖啡因含量以及食品添加剂等非常关心。根据美国食品和药品管理局的估计，有 40% 的消费者关心自己饮食中盐的含量，美国的成年人中至少有一半的人时时在努力减肥。

尽管美国消费者关注更加健康和更有营养的食品，但是越来越多的证据表明这一趋势已经达到了顶点。1993 年对 1 251 位成年人进行的民意测验发现，与上一年相比，美国人的体重增加得更多，而且对饮食也更不在意。一本反对节食的书《停止疯狂》（stop the insanity!），其销量比任何一本介绍如何节食的书都要大。过分强调节食的时代看上去已经结束，营销人员更愿意迎合生活越来越放纵的美国消费者。例如哈根达斯的广告就是迎合自我放纵的一个例子——"爱它，需要它。"

同样的趋势也出现在了健美市场上。随着过度强调节食的时代的结束，过分强调锻炼的时代也就结束了。美国人仍旧关心保持健美，但不惜任何代价获得一个完美身材这一观念，已随着 20 世纪 80 年代（以热衷于个人想法而闻名的 10 年）的结束而结束了。最近的一项调查似乎表明，美国人更愿意接受自己已拥有的身体，而讨厌使他们对自己身体感到担忧的广告制作者。

随着社会经济在 20 世纪 90 年代初开始的繁荣，人们必须工作更长的时间，因此户外锻炼的时间减少了。

在1992年进行的一项对2 500人的调查中,一家调研公司记录了许多美国人的观点。该公司发现许多消费者对自己所选择生活表示满意,因此当他们进行锻炼时并不想去打动其他人;他们没有被新鲜事物所吸引;他们不愿意因为营销人员认为他们应该是什么样子而为了实现这一理想化的形象而去牺牲一切;他们不愿意放弃自己偶尔的放纵。

(五) 一种更为隔绝的生活方式

消费者正在有越来越多的时间待在家中,这造成了一种更为隔绝的生活方式。这一趋势有两种发展方向:为了休闲而待在家中和在家中工作。

今天,消费者更有可能是为了休闲和娱乐而待在家中。这一趋势对于那些生育高峰期出生的一代和新生代来说更为明显。随着生于生育高峰期的一代的变老,他们已经成为更为传统的待在家中的一类人。随着他们步入中年,他们可能会更加推崇家庭价值以及追求内心平静。一些人把这种趋势称为"作茧"。新生代也更多地待在家里,却是因为其他的原因,他们更可能是被经济方面的原因所累而根本没有能力外出。此外,许多人通过待在家中以吃舒心饭、看电视和录像为一种逃避的方式,以此避免诸如污染和艾滋病等问题。

消费者生活得更为隔绝的更为深层的原因,就是由信息革命提供的更多在家工作的机会,使得那些以家庭为根据地的创业者们能够更容易地像在公司办公室中一样地在家工作,在家中仅需要一部电话、一台传真机、一台复印机和一台个人电脑就可工作。

据美国政府估计,在劳动力中有10%~13%属于自我雇佣(self-employed)。许多人已经把这种自由职业作为一种生活方式,以使个人能够支配的时间最大化并且节省上下班所需的时间。在这一部分人中增长最快的一个群体就是有管理和行政方面经验的50岁左右的白领男性,即20世纪90年代公司裁员的主要受害者。这些受过高等教育的白领管理人员,其队伍在过去的10年中扩展到了70万人。他们经常会发现通过自己的技能已经无法再得到原来的收入了。他们发现自己最好的选择就是成为一名独立的经营者,即使他们赚的钱比在原来公司里赚得要少。这是20世纪90年代初期经济衰退的主要结果,也是在家中开办的新企业总是涉及咨询、图形设计、计算机维护以及人事等领域的一个主要原因。这是由于公司缩小规模而受到损害最大但同时对起步资本的要求又很低的领域。

然而,并不是所有在家工作的人都是自我雇佣的。许多公司现在允许其雇员在家中工作,使用计算机与公司联系以节约时间,并且使雇员不因为办公室中的一些非生产性因素而分散精力。美国运通公司、苹果计算机、IBM、西尔斯以及J.C.潘尼都是允许雇员在家工作的公司。

营销人员对迅速扩展的在家工作者的市场做出了反应。苹果、IBM、佳能、富士和一些其他公司都在通过提供个性化的办公设备,以设法吸引那些在家中工作的创业者。例如苹果公司的广告强调了家庭办公的特别需要,广告中说:"如果你在一台麦金托什计算机上工作的话,你就可以在家庭办公室中完成更多的工作。"

(六) 时间压力变大

最近30年以来消费者时间压力越来越大。在1965年,50岁以下的美国人中有24%认为自己"总是感觉很匆忙",到1992年,这一比例上升到38%。声称自己"手头几乎从来没有多余时间"的人的比例,从1965年的46%上升到1995年的61%。有趣的是,对时间使用的研究表明,美国人在过去的30年中实际上比以往拥有更多的休闲时间,但是他们感觉自己的时间更少，主要原因在于越来越大的压力。1993年，56%的美国人表示自己在过去的两个星期中经历了"很多"或"相当"的压力，而且这是历次以来水平最高的一次。此外，美国人说自己比10年前拥有更少自由时间的可能性提高了一倍。美国消费者的生活正变得越来越孤独。

一则广告从许多美国消费者的角度出发，迎合"终止这个世界，我想要离开"这一愿望。它用了一个男人轻轻跳过一块湖边石头的照片，再加上一句"在我们每个人的内心深处都渴望什么都不做"。另一方面，一些营销人员正在表现在每件事情上存在的时间压力和强制力。一家优秀的私人组织认识到家长有向自己的孩子施加时间压力的倾向。它正用日历、日记本上的迪士尼卡通人物为年轻的一代引进一种新的组织方式，并给那些"在平时繁忙的时间表之外，一周内有一节音乐课、一节健美课和两次聚会"的儿童分发书籍。

时间压力变大的直接后果就是消费者更强调节约时间的便捷方式，因此，一些营销人员得出结论："时间正在与金钱竞争谁是消费者最想得到的商品。"在20世纪90年代关注节约时间的便捷方式导致了消费的两种趋势：放牧式(grazing)与加油式(refueling)。

"放牧式"是指需要在忙碌中吃饭。人们在去上班的汽车里吃早餐，一边走一边吃三明治，或者在办公桌上吃午餐。许多家庭结束了坐下来吃早餐和午餐的习惯，导致了这一趋势。对快餐的需要使得营销人员对自己的产品采用更小的包装，并且根据"放牧式"的饮食需要对产品进行调整。在1993年，雀巢公司重新设计了该公司整个即食早餐系列，在减少脂肪含量的同时增加了维生素和矿物质的含量。

"加油式"是指花更少的时间做饭和用餐。这一趋势的主要反映是微波炉在人们生活中的重要性的提高。由于可以从厨房中的各种工作中独立出来，微波炉食品为繁忙的职业女性或单身消费者节约了大量的休闲时间。在过去的10年中，微波炉拥有量出现了奇迹般的增长。1980年，15%的家庭拥有微波炉，而到1989年，将近80%的美国家庭都拥有了微波炉。

（七）更高水平的自我概念

20世纪90年代，对能够提供一种个人成就感的产品和服务，如体育设备、家用电器以及教育性产品等的需求有所上升。一种更具有自我概念的生活方式所需的两个先决条件是，用来追求自我满足的活动所需的资金以及做这些事情所需的时间。然而，时间压力与更高水平自我概念的生活方式之间产生了矛盾。一家大型的咨询公司认为解决这一矛盾的方法就是"日益强调那些能够很容易地掌握、在短时间内提供高度的享受，而且能够在家中或附近的地方进行的活动。因此，诸如家庭电脑、有线电视以及运动器械等将在消费者的购物清单上居首要位置。"

在迎合自我概念的过程中，许多营销人员过去常常将精力集中在提供高水平的个人成就感上，现在，他们正应用一种更为轻松的方式把精力集中在改善个人形象上。例如，一份印刷广告描绘了从其他报纸上剪下来的大字标题，这些标题告诫女性要"减少脂肪"、"改进你自己"以及"使您14天内拥有一双完美的手臂"。

这种用最低限度的焦虑对自我进行的关注伴随着许多美国人价值观的巨大变化。20世纪80年代充满了过度购买和对"美好生活"的渴望。许多生育高峰期出生的人抛弃了这种生活方式，而变得对现实问题更为关注——也就是说，对家庭、经济保障以及环境更为关注，努力帮助人们解决这些问题的产品也越来越多。提供流行读书品位主要指标的

《纽约时报书评》(The New York Times Book Review),已经被那些教你"怎样去做"的书占据了很大的篇幅,以至于这家报纸不得不为它们开辟一个专栏。同时,那些深夜播出的电视节目也充满了建议消费者如何能够使自己的感觉更好的商业广告片。

(八) 一种更为简朴和更加注意价值导向的生活方式

20世纪90年代初的经济衰退导致了一种向更为简朴的生活发展的趋势。许多现象——如奢侈品支出的下降、重新注重产品质量以及对品牌忠诚度的降低等都证明了这一趋势的存在。因为消费者用维持生活和安全来构成他们的生活框架,而不再注重成功和收获,所以奢侈品市场受到了打击。正如一位观察家所观察到的:在20世纪80年代,人们希望把它做得更大;而现在他们只是希望能够把它做出来。人们今天更关心钱,而不再像以往那样关心"拥有一切"。人们的需要更为基本,不再需要奢侈,不再追随潮流而且对自己实现美国梦的信心也减弱了。

这就把生产奢侈品的营销人员置于一个尴尬的境地,他们只有用一种实用性的论调来销售其高品质的产品,通常使用一种保守的"家庭价值"主题。

要求质量和追求经济性这两种发展趋势相互联合,产生了价值导向(valueo rientation)。尽管消费者购买的高价产品减少了,但是他们对质量的要求仍停留在原有的水平上。这种价值导向造成了品牌忠诚度降低以及增加了购买私人生产的、低价位的品牌。根据最近的一项调查,购物者对自己更有信心而且不再需要通过购买高价商品来给别人留下印象。他们对价廉质优商品的兴趣比对品牌名称的兴趣更大。

三、生活方式对旅游行为的影响

(一) 心理描述法

心理描述法(psychographics)或称生活方式个性分析法,与个人生活方式的特点有关,即与个人的日常工作规律、活动、兴趣、见解、价值观、需要和知觉有关。这些特点反映了一个人的个性特征,它们可以比临床心理学的测量方法更能说明消费者的行为。

心理描述法的研究是在20世纪60年代和70年代修正其他两种消费者研究方法缺点的基础上开始发展起来的。这两种研究是动机研究和定量研究。动机研究涉及深入的一对一的面试和投射测试,从而提供关于少数几个人的大量信息。这些信息通常个人色彩重,不太有用也不可靠。而在另一个极端,提出了定量研究或称之为大规模统计计量,是从许多人中得到少量的信息。

在许多实际运用中心,心理描述法这一名词和生活方式轮换着用,意味着基于消费行为选择和产品使用的差别,消费者被分成许多类别。尽管有许多心理描述变量来细分消费者,他们都遵循共同的基本准则,即透过个性特征的表面去深入地了解消费者购买和使用产品的动机。

统计数据使我们能描述出谁去购买了,而心理描述法则让我们了解为什么他们这样做。

生活方式营销的目标,在于让人们去追求他们选择的享受生活的途径和去表达他们的社会身份。这一策略的关键着眼点在于产品在社会需求背景上的用处。因此,人、产品、背景结合起来,表达了一种特定的消费方式。如图7-4所示。

图 7-4　产品与生活方式的联系

采取生活方式营销视角，提示我们必须通过观察消费行为的方式去了解消费者，我们可以清晰地描绘出人们使用产品的图画，从而通过检测人们对不同种类产品的选择来定义他们的生活方式。

事实上，许多产品或服务看起来是"一体化"的，通常是因为它们会被同一类人所选择。在许多情况下，一些产品不和其伴侣产品在一起是毫无意义的，或者在其他产品存在时显得不协调。因此，生活方式营销的一个重要之处，在于鉴定出一组产品或服务，使其与消费者独有的生活方式相联系。正如一个研究所指出的："所有物品都是有意义的，但仅靠其自身便什么都不是……这是指所有物品间存在着联系，正如音乐只有和声音相连才存在，不能由别的东西代为表达。"

（二）生活方式与旅游行为的关系

下面介绍几个运用心理描述法进行心理描述分析所得出的生活方式与旅游行为之间的关系实例。

1. 文静型

这种生活方式的人是以家庭和子女为中心的人。在他们看来，孩子是生活中最主要的，家庭应该是一个和睦亲密的团体。他们认为每个假期的一部分活动应具有教育意义，并花费大部分时间教育孩子养成良好的习惯。

这种人喜欢清洁，对健康有异乎寻常的兴趣。他们不相信广告宣传，特别是报纸杂志上的广告。他们反对冒险，因为冒险会导致不测。

这种生活方式的人认为"一座僻静的湖边小屋是度暑假的理想之地"，他们多半是适应野外活动的人，野营、狩猎、钓鱼等野外活动对他们都有吸引力。

对这种人的个性的多方面描述，为产品的设计和宣传适应他们的需要、价值观、兴趣和态度提供了许许多多信息。提供有"僻静的湖边小屋"气氛的疗养地，为家庭团聚创造时机，有利于教育儿童参加野外活动，和提供狩猎、垂钓的机会，总之，应强调新鲜空气、清洁、有利于健康。

2. 海外型

这种类型的旅游者同"文静型"的人形成鲜明对照，他们活跃、开朗、自信、对新鲜事物开放。这些特征说明他们的兴趣在于游历遥远的目的地。

海外型的人同文静型的人比较，周游世界的旅游对他们来说更具有刺激性和复杂性。与国内度假旅游者比较，海外度假旅游者对文化享受有较大的兴趣，这些人迷恋美术馆和博物馆，喜欢欣赏古典音乐，观看古典戏剧。国内普通的度假旅游者通常对这些文化活动不大感兴趣。

在对海外旅游者的生活方式的广泛研究中，博乃(Bernay)将被她称为好动者(movers-and-shakes)和恋家者(homebodies)的两种人作了比较。所谓好动者是因为他们积极地投入试图以某种方式改变他们所生活的世界的活动。与其他人相比，他们更积极地参与公民的政治性事务；他们发表演说，发表文章，常给当选的议员写信；他们是体育活动积极分子，他们参加音乐会，珍藏名画手迹；他们读《星期六评论报》、《纽约人》这类深奥的杂志；他们很少看电视或听调频广播；进餐时常常喝酒。因此，与其他类型的人比较，好动者较注重旅游，这也就不使人感到太惊奇了。他们常乘飞机旅行，常到海外旅游，也常租汽车和度寒假。

另一方面，即使恋家者与好动者相邻，两者有同样的收入，受教育的程度和工作都一样，但其生活方式却不同。前者的家对他们来说意义更重大。他们把许多钱花在买家具、装饰品上，把许多时间花在修理、油漆房屋上，他们对汽车有浓厚的兴趣。他们有垂钓用具、猎枪、来复枪、野营设备、滚木球及摩托游艇。他们看电视多，读报多，但很少读"高深"的杂志。他们的活动和兴趣正如博乃所说的，是"以安乐窝为中心"的。恋家者不像好动者，他们或多或少在舒舒服服地坐等世界给他们带来变化。

这两类人的生活方式的比较，有助于解释为什么一类人比另一类人更倾向于旅游。

3. 历史型

这一类型的旅游者的一个主要动机是出于对历史，即对历史上的主要人物、历史遗迹、历史事件的浓厚兴趣。从某种意义上来说，每个历史人物、遗迹、事件都是人们与过去交流的一种方式。他们有用过去陶冶自己、了解过去，甚至再体验过去的迫切愿望。

历史型旅游者的教育程度并不一定比其他人高，但是，他们认为度假应具有教育意义，并由此强烈地激发了他们对具有历史意义的度假胜地的兴趣，而娱乐只是次要的动机。度假是一次了解他人、了解不同的风俗习惯和文化的机会，是一次了解影响当今世界的历史人物、历史事件和丰富个人知识的机会。

这一类型的旅游者对教育的体验和兴趣，同他们对孩子、家庭的强烈责任感结合在一起。他们认为，应该为孩子安排好假期，全家人一起度假的家庭是幸福的家庭，家庭和孩子是生活中最重要的，做家长的主要责任是为孩子的教育而操心。

以上见解对于招徕爱好历史的旅游者的旅游区来说有重要的意义。为了吸引这类旅游者，度假旅游应作为一次受教育的机会和家庭团聚的机会来加以开展。旅游服务行业可以共同努力来建设综合的、具有历史意义的旅游胜地。事实上，全社会可以共同做出这样的努力。

4. 乘休闲车型

生活方式分析法也有助于识别乘休闲车(recreational vehicle, RV)的旅游者特殊的个性特征。这些休闲车包括载有宿营用具的拖车、牵引活动住房的汽车、家庭旅游车、宿营汽车。传统的人口统计要素包括收入、受教育程度、婚姻状况等等，实际上并不能说明为什么某人迷恋于RV旅游。

对RV拥有者的一项研究表明，对RV及其旅游方式不感兴趣的人，对野外活动也不感兴趣。相反，他们喜欢把金钱和时间花在体面的生活上，即出去进餐，参加音乐会，观看戏剧表演，款待朋友，出席鸡尾酒会等。这些人喜欢在室内度过闲暇时间，而且，就是去旅游度假，也宁可到大城市，他们认为度假是一次休息娱乐的机会。对周末旅游汽车不感兴趣的人，其生活方式的最突出、最重要的特点，也许是对工作的高度责任感，他们从工作中得到许多满足，他们生活中的主要目标之一，是要在业务上进步，他们工作时间很长，并且认为没有理由长时间丢开工作。与这些人相比，RV 的拥有者通常要求花较多的时间去旅游，也比较赞成旅游。

拥有周末旅游汽车的人与众不同。他们不那么开朗，社交上不那么活跃。他们宁可在家里度过一个宁静的夜晚，而不去参加鸡尾酒会，他们只是偶尔外出进餐。奇怪的是，在他们相信一个人应避免买昂贵阔气的产品的同时，他们中却有许多人花成千上万的美元去买周末旅游汽车。总之，RV 车主比没有周末旅游汽车的人更加保守，更倾向于传统观念，他们更恋家，其生活方式以家庭为中心，他们也许认为 RV 是家庭的附加部分，家庭活动可以围绕着 RV 进行，他们信守闲暇道德，并且认为，人们应花大量的时间去工作，但他们肌体敏捷，体格健壮，希望参加大量的野外活动。

RV 车主与没有而想有 RV 的人，在人口统计学上的区别是年龄。打算购置 RV 的人比目前拥有 RV 的车主来得年轻，这说明拥有 RV 的一个最大障碍是经济上无力购买。年轻的夫妇要买一部昂贵的 RV，预示着要负很多债，得按月还债。因此，要购买周末旅游汽车，需要制定较大的筹措资金的计划。也许，出租周末旅游汽车会是比较有效的推销方法。

5. 赊购型

现在，用赊购的方法购买旅游服务，就像买衣服、家具、新型汽车、用具及其他许多产品一样容易。当然，有许多人愿意这样做，但同时也有更多人不愿意这样做。

是鼓励还是劝阻人们赊购旅游，实际上反映了人们对旅游的两种基本看法，即旅游或者被看作一种奢侈品，有时甚至是相当昂贵的奢侈品，或者被看作像洗衣机、新衣橱、电冰箱或者微波炉一样的必需品。一些人在买一艘价值 4 000 美元的汽艇或赊购一辆价值 10 000 美元的住房汽车时，几乎没有犹豫。但是，同样是这些人，可能认为只有赢得了赛马赌注，才可能真正考虑为全家赊购价值 4 000 美元的国外旅游度假。当然，两者有一些重要的差别。汽艇和周末旅游汽车是有形产品，使用之后还有转卖的价值；到国外去度假是一个无形产品，它被消费之后，就不再有货币价值了。在这个意义上，旅游与任何不经久的商品没有什么不同之处。人们可能会不厌其烦地证明，赊购珠宝、昂贵的赛车、度假别墅这样的奢侈品是正当的。可是，当谈到使用分期付款的方法购买旅游这样无形的而又不经久的产品时，特别是该产品也被看成是一种奢侈品时，就是另一回事了。

许多人旅游时，把使用信用卡作为一种方便措施，但是，他们避免分期付款购买旅游服务。许多人在外出度假时都愿意用信用卡买汽油、付房租、订购饭菜。商业人员外出时，总是广泛地使用信用卡。可是，娱乐旅行者一般认为，使用信用卡买东西过于方便，会导致买了不是真正需要的东西。一般人都不愿意分期付款购买飞机票、船票。

称心如意地使用信用卡购买旅游服务，需要有一种特殊的个性。信用卡常常被那些到大城市去度假旅游的人所使用。这可能与现金有被窃的极大危险有关，也可能与大城市旅游区的商品和服务的价格一般较昂贵有关。到外国去旅游的人也常常使用信用卡。如前所述，这些旅游者活跃、开朗、自信、易于接受新事物。他们不怕花钱，可能时，他们喜欢乘头等舱旅行。此外，他们不喜欢周密地安排度假旅游。相对来说，他们年轻，在经济上对未来抱乐观态度。这种个性的人，在外出旅行期间对信用卡采取积极的态度，这似乎是合乎逻辑的。

可是，许多美国人，除了购买煤气和汽油外，不愿使用信用卡购买旅游服务。估计这种人和使用信用卡的人之比大于2：1。用信用卡购买实用产品比较便利，商人可能用信用卡买机票。但是，要他为了去亚利桑那度假打高尔夫球而用信用卡去买机票，则在心理上觉得难以做到。在心理上，信用卡（把一个月的所有开销立即用票据付出）比分期付款购买奢侈品便利得多。

确认使用信用卡是购买有关旅游服务，如煤气、汽油、住宿、食品、机票、汽车租费、衣服和其他各种物品的一种方便的方法，而不是作为长期购买这些商品的手段，可能有助于向旅游者出色地推销使用信用卡。这也说明，应该从功利的角度来肯定旅游的意义。应强调旅游的利益，如增强家庭团结，工作后消除疲劳，为儿童提供文化和教育的经历，赢得和恢复友谊。有效的旅游推销还应强调其魅力、浪漫性和乐趣。

第四节　个性结构与旅游行为

人的个性具有稳定性，但这种稳定性只是一种倾向。人们的个性和行为不是完全可以预料的，否则，世界会变得毫无生气。人们对完全相同的情形常有不同的解释。在这一节，通过把个性分为几个组成部分，来解释这种不稳定性和不可预测性，借以理解个性是如何作用于行为，尤其是旅游行为的。

一、弗洛伊德的个性学说

弗洛伊德认为人是一个能量系统，他受物理规律的控制。弗洛伊德心理学的基础，是关于个性各种不同成分的能量转化和交换的理论。根据这个理论，把个性分为"本我"、"自我"、"超我"三个主要组成部分。

（一）本我

本我（潜意识最深层）（id）完全倾向于立即的满足——它是思想中的"政党动物"（party animal），它根据快乐原则（pleasure principle）来运作，行为则受一种想要使快乐最大化和逃避痛苦的愿望支配。本我是自私和无逻辑的，它将一个人的精神活动向快乐的行为指引，而不考虑任何后果。

（二）超我

超我（superego）是同本我相对的。这个体系实质上是一个人的意识，它使社会规则成为自我的一部分（尤其是来自父母的影响），并且阻止本我去寻找自我满足。

（三）自我

自我（ego）是介于本我与超我之间的一个体系。从某种程度上来说，它是在诱惑与道德之间展开的战争的裁判。自我根据现实的原则平衡这两种相反的力量，它寻找途径以满足能为外界所接受的本我。这些冲突发生在非意识阶段，因为一个人没有必要去意识其行为的根本原因。

弗洛伊德的一些观点为消费者研究人员所接受，特别是他的研究，强调了那种支持购买行为的无意识动机的潜在重要性。它暗示了消费者没有必要告诉我们，他们选择一件产品的真实动机，即使我们可以设计一种途径去直接向他们询问。

弗洛伊德的观点也暗示了自我可能会依赖于产品的象征主义，以求在本我的需求和超我的禁止之间达成妥协。这个人通过使用表明其根本愿望的产品，将他的不可接受的愿望，引到可以接受的途径。这就是产品的象征主义与动机间的联系。产品代表一个消费者的真实目标，它可能是为社会不接受或无法达到的。为了得到这件产品，这个人会不得不接受一个替代的结果。

弗洛伊德是一位深刻而又复杂的思想家。因此，误解他的理论，或把他的理论极端化，都是有可能的。他的理论对研究旅游行为的贡献，是把个性分为几个既独立又互相关联的组成部分，为理想个性如何左右并指导旅游行为提供了有益的见解。

二、自我形态

弗洛伊德的个性理论，为心理学一个较新的分支——相互作用分析（Trans actional Analysis）做了大量的基础工作。《大众游戏》的作者埃里克·伯恩（Eric Berne）和《我行——你也行》的作者托马斯·哈里斯（Thomas Harris）普遍推广的相互作用分析，为理解旅游行为提供了一个简单术语和简单方法。

相互作用分析的一个基本概念是自我形态。一个人的个性是由三个重要部分组成的，每个部分叫作一种自我形态。这三种自我形态叫作父母、成人和儿童，大致与弗洛伊德的超我、自我和本我相对应，并以英文中父母（Parent）、成人（Adult）和儿童（Child）的第一个字母 P. A. C. 命名。每一种自我形态是思想、情感和行为的独立来源。在任何特定的情况下，个性和自我形态的任何一个组成部分，都对一个人的行为起指导作用。

（一）儿童自我形态

个体首先形成的自我形态就是儿童自我形态。儿童自我形态由自然产生的情感、思想和行为所构成，也包括个体用以适应情绪所需要的知识。它是一个人经受到挫折、失望、快乐以及缺乏能力而形成的个性部分。此外，也是好奇心、创造力、想象力、自发性、冲动性及生来对新发现表示向往的源泉。

儿童自我形态支配戏耍性的或自然表述性的行为，也就是支配属于情感和情绪的那一部分个性，包括大部分的要求、需要和欲望。当个人感到需要什么东西时，正是儿童这一自我形态表达了他的欲望。儿童自我形态支配了个人的要求、需要、欲望、情感和情绪。

（二）父母自我形态

个体形成的第二种自我形态，就是父母自我形态。它是行为、态度的来源。这些行为和态度通常是个人向自己的父母，或向某些父母辈的人学习模仿来的，它也是个人的见解与偏见、基本知识以及是非感的主要来源。

父母自我形态支配人们有关批评、教诲、指点、教训及道德方面的行为，并为人们立下规矩。当人们大声地叱责或判断现在青年的是非时，以及他纠正某人的错误或行为举止时，父母自我形态起指导作用。父母自我形态告诉人们如何处世和分清是非。

(三) 成人自我形态

个体形成的第三种自我形态,就是成人自我形态,它是指理性思维和客观的信息加工的个性部分。成人自我形态指导理性的、非情绪的、较客观的行为,即指导解决问题。为了使具体问题处理得当,成人自我形态还检验寓于父母与儿童两种自我形态中的材料。

成人自我形态同年龄无关,每个人,甚至连小孩子都具有一种估计现实能力的成人自我形态。精确地说,它适应当前现实并客观地汇集信息。它是有条理的、适应性强的、明智的。它通过检验现实、估计可能性、公正地计算、以事实为基础做出判断的方式起作用。哈里斯为上述三种自我形态提供了一组语言表现和非语言表现,见表7-5。

表7-5 父母自我形态、成人自我形态和儿童自我形态的表现

	语言表现	语调	非语言表现
父母自我形态	按理,应该,从不,永远不,不!总是,不对,让我告诉你应该怎么做。评论性的词语:真蠢,真讨厌,真可笑,淘气,太不像话了,胡扯,别再这样做了!你又想干什么!我跟你说过多少遍了!现在总该记住了,好啦,好啦,小家伙,宝贝,可怜的东西,小可怜,亲爱的	高声=批评 柔声=抚慰	皱眉头,指手画脚,摇头,惊愕的样子,跺脚,两手叉腰,搓手嘬舌,叹气,拍拍别人的头,死板,装作军校教官的样子
成人自我形态	为什么,什么,在哪里,什么时候,谁,有多少,怎样,真的,假的,有可能,我以为,依我看,我看出来了,我判断	几乎像电子计算机那样准确无误	直截了当的表情,舒适自如,不很热情,不激动,漠然
儿童自我形态	孩子的口吻:我想,我要,我不要,我打算要,我不管,我猜,当我长大时,更大,最大,多好,太好了	激动,热情,高而尖的嗓门,尖声,欢乐,愤怒,悲哀,恐惧	喜悦,大声笑,傻笑,可爱的表情,眼泪,颤抖的嘴唇,噘嘴,发脾气,眼珠滴溜溜地转,耸肩,垂头丧气的眼神,逗趣,咬指甲,撒娇

父母、成人、儿童这三种自我形态的每一种形态,在一个情绪健康的人身上都起作用。在一个正常的健康人身上,有时父母自我形态会支配,而且应该支配他的行为;有时成人自我形态应该,而且已在支配他的行为;有时儿童自我形态也在起支配作用。

例如,当你所爱的人需要同情时,或当年轻人需要纪律的约束时,一般由父母自我形态支配这两种情况。当某人在安排家庭经济收支,或努力解决工作中的复杂问题时,成人自我形态通常起支配作用。当一个人积极寻求欢乐,如度假旅行,在室内打垒球,或参观主题公园时,通常是儿童自我形态在支配他的行动。这种"均衡生活",实际上是个性三部分的每一个部分在个人的时间和情绪能量上的合理分配的结果。

一个人,他的行为如果只受一种自我形态的约束,那他很可能存在一个非常严肃的,要专门帮助的个性问题。比如,主要根据父母自我形态(即恒定父母自我形态)活动的人,常常把他周围的人看成是他的孩子。恒定成人自我形态的人通常令人讨厌。他和别人的关系可能闹得很僵,因为他不让爱管事的父母自我形态和爱玩的儿童自我形态起作用。又

如，恒定儿童自我形态的人永远是个小孩子，不想长大成人。这种人不为自己着想，自己不作决定，也不对自己的行为负责。总之，一个人的三种自我形态可以比作三种不同的代言人，每一种代言人都必须在适当的时候才许发言。

三、自我形态和旅游行为

当我们把个性分为三种独立的，而又相互关联的组成部分时，理解人们为什么常常以不同的方式对相同的经历做出反应就比较容易了。

个性的三个部分，即"父母"、"成人"、"儿童"，是负责指挥各种不同的行为的，而且，每一个部分对于个人是否要进行旅游，到哪儿去旅游，花多少钱，待多久等问题都将发表不同的看法。当一个人离开家，父母、成人、儿童这三种自我形态就伴随着他。每一种自我形态都必须以某种方式迎合个人。个性的三种作用都必须肯定外出旅行是有意义的，否则，任何一种旅行都不能进行。

娱乐性旅游的许多主要动机，显然来源于儿童自我形态。请记住儿童自我形态表示个性中"我要"这一部分内容。儿童自我形态对个人的大部分情感负责。如果个人厌烦了，需要旅游所能提供的那种刺激，可能就是儿童自我形态要通过旅游忘掉厌烦。如果旅游是出于好奇心，或出于探索和发现的需要，儿童自我形态则表示："我们去吧"；如果旅游是因为想玩，这时儿童自我形态便发出"去玩"的强烈呼声；如果旅游的动机是娱乐，那么，不管娱乐对个人意味着什么，都是由儿童自我形态指导个人去旅游的。

旅游很容易迎合儿童自我形态。首先是因为旅游将给人以许多乐趣的希望。它无须花多少时间便勾起人们的想象，沙滩、频频摇动的棕榈树、时髦的飞机、举行冠军赛的高尔夫球场、美味的餐馆、窗明几净的舒适的旅馆房间、优美的景色、新奇的事物，还有一些令人激动的事都能激发各种年龄的潜在旅游者的儿童自我形态。旅游广告、对去年度假旅游的美好回忆、四处周游的朋友的第一手资料都促进儿童自我形态形成这些内心的想象。

当儿童自我形态本能地对将带来乐趣的旅游感兴趣时，父母自我形态和成人自我形态通常有保留看法，并对外出旅行提出疑问，特别是父母自我形态可能对儿童自我形态沉迷于外出旅行的欲望表示严重的怀疑。

父母自我形态是个人见解和偏见的主要来源，也是个人的基本知识和是非感的主要来源。父母自我形态包括两个方面，一方面有保护性和教育性，而另一方面有批判性和有权发出各种指示。所谓批判性，它很可能对仅仅为了娱乐而费时花钱去旅游的打算持反对意见。

父母自我形态的旅游动机，主要表现在教育和文化上的益处、家庭团聚、工作之余消除疲劳、义务、经济状况、地位、声望。如果这些动机被激发起来，就会使父母自我形态同意儿童自我形态通过旅游尽情娱乐。即使父母自我形态已同意儿童自我形态进行旅游之后，它还可能坚持已做出的诸如花多少钱、出去多久这样的规定。

由于健康的原因而形成的旅游动机，主要来源于成人自我形态。成人自我形态也负责调解儿童自我形态和父母自我形态之间的冲突，它考虑有关旅游的分歧，力图做出合理的、客观的决定。换言之，成人自我形态的作用，就是合理地做出旅游决策。它决定一次旅游，实际上就是向父母自我形态解释为什么在这个时候去旅游是个好主意。

成人自我形态也负责搜集同意个人安排外出旅游所需的真实、可靠的信息。这时，成人自我形态也充当仲裁，力图取悦要立即启程、想要在外久留、要把所有的钱挥霍在各地的儿童自我形态，力图调停实在不想走，并坚持无论如何花钱要合理、时间安排要得当的父母自我形态。成人自我形态需要诸如怎样去旅游地、花多长时间、带多少钱、就近有哪些食宿设施、费用多少等方面的信息，还要得到其他方面的有助于制定切合实际的旅游计划的信息。在未搜集到必要的、可用的真实信息时，成人自我形态很可能会推迟旅游。

　　总之，不要把每一个旅游者当作一个整体的人，而是当作一个由三个独立的、不同的个性成分组成的人来加以考虑。如果一个人想旅游，并且从中得到快乐，每种个性成分，即父母、成人、儿童的自我形态，都必须得到适当满足。每种成分对旅游预先都有不同的想法，每种成分都有旅游可以满足的不同的要求和动机。在解释旅游行为时，所有这些预先的想法、要求和动机都必须加以考虑，在销售不同的旅游产品和服务时，必须适当加以调节。

▶ 复习与思考

　　1. 解释下列概念：
（1）个性；（2）自我概念；（3）自我形象；（4）生活方式；（5）本我；（6）超我；（7）自我；（8）自我形态。
　　2. 叙述有关个性的理论。
　　3. 个性类型与旅游行为有什么关系？
　　4. 为什么说帕洛格的旅游者个性类型和旅游地类型间的直接联系是一种相对的、不稳固的联系？
　　5. 一个人的生活方式与旅游行为有什么关系？
　　6. 为什么说旅游是一种对自我形象具有象征性的产品？

▶ 即测即评

第八章 社会群体对旅游行为的影响

学习目标

学完本章，应该能够：明确群体和参照群体的概念；识别影响个体旅游行为的群体，并论述每个群体对其成员所起的作用。了解描述个性的几种方法；掌握家庭群体、社会阶层、文化规范与传统对旅游行为的影响。

本章主要术语

群体(group)
参照群体(reference group)
角色(roles)
社会化(socialization)
家庭生命周期(family life cycle)
社会阶层(social class)
文化(culture)
亚文化群体(subcultures)

人类是社会的动物。人都属于群体，试图取悦别人，并且通过身边人们的行为来接受关于如何行为的暗示。事实上，人们要求归属自己心仪已久的某个个体或群体并得到其认同的愿望，正是许多旅游行为的首要动机。

在这一章，首先识别影响个体旅游行为的群体，并论述每个群体对其成员所起的作用。鉴于家庭单位在社会中是最重要的旅游活动群体，因此，将详尽讨论家庭群体与旅游行为。最后将阐述社会阶层、文化规范与传统对个人的旅游行为的影响。

第一节 群体与参考群体

一、群体

人类是社会的动物。人都属于群体，试图取悦别人，并且通过身边人们的行为来接受关于如何行为的暗示。事实上，人们要求归属自己心仪已久的某个个体或群体并得到其认同的愿望，正是许多旅游行为的首要动机。

在日常谈论中，群体一词的运用范围很广，如特殊利益集团、少数民族团体、一群明星倾慕者等。因此，有必要更精确地规定这一概念。一个群体由两个或两个以上的、为了达到一个共同目标而相互作用、相互依赖的人所组成。

相互作用是群体的最基本的方面——它使人们可以确定谁在群体中、谁不在群体中。群体成员相互作用不一定是面对面的，也不一定是言语形式的。例如，即使远隔几万千米的空间，航天飞机中的宇航员和位于休斯敦的飞行控制人员凭借无线电通信，也形成了一个群体。又如，人们传递水桶来灭火，由于相互配合的需要，自然而然地形成了群体。相互依赖仅仅意味着群体成员为了完成某一目标在某种程度上互相依靠。在某些情况中，相互依赖对于目标实现来说是必不可少的。例如，一个人绝对不能够设计、制造和发射一架航天飞机。有时，相互依赖可能比个人努力更有效或更令人感兴趣。不论怎样，群体具有相互依赖、相互作用的性质。最后，所有的群体都有其成员试图实现的一个或一个以上的目标。这些目标的范围包括游戏、销售新产品或者实现世界和平等。

有两个方面的原因决定群体成员资格的重要性。第一，群体对人们施加了非常大的影响，是人们的信念、价值观和行为赖以形成的社会体系。例如，在家庭和某一群体中的早期经历，教会人们做什么和不做什么，如在一个葬礼中如何行动，在一场足球比赛中举止如何，如何合乎体统地用餐等。群体影响的重要性并不低于组织。例如，工作群体的成员提醒人们是否对工作表示满意（"这是一个讨厌的工作，难道不是吗？"）和应如何努力工作（"留神，我们一天只生产了 50 个零件"）。在许多情况下，这些社会信息产生的影响是强有力的，甚至比工作本身提供的"客观"信息更有力。群体提供给人们一个重要的"社会现实"。第二，群体成员资格之所以重要，还在于群体提供了一种人们能够对其他人施加影响的相关关系。这些人包括群体成员或群体之外的受群体活动影响的人。这种影响机会常常能够产生明显的自尊感。在群体内部，人们有充分机会对别人实行领导或向表示欣赏的听众显示自己的技能或才干。反过来说，群体成员资格能够使人们对其他群体或社会充分地行使权利。

图 8-1 为群体成员的相互影响关系，它表明了群体中的活动（所从事的任务）、相互作用（完成任务时人与人之间的行为）、感情（人与群体间的态度）这三者是相互关联的。群体可按不同的标准来划分。

图 8-1　群体中成员的相互影响关系

按照规模群体可以分为小型群体和大型群体。大与小是相对的，从社会心理学的角度来看，小型群体中成员之间有直接的、个人间的、面对面的接触和联系，大型群体中的成员只能以间接的方式联系。相对来说，在小型群体中，成员之间的相互作用要大于其在大型群体中的作用。

大型群体还可分为两种类型：一类是偶然、自发产生的，存在时间相当短，如一群人、观众、听众等；另一类是名副其实的社会群体，即在社会历史发展进程中形成、在每一具体社会类型的社会关系中占有一定地位、在相当长的存在时期内颇为稳定的群体，如社会阶层、种族群体（其主要类型为民族）、职业性群体、按年龄划分的群体等。

根据群体是否存在，可把群体分为假设群体和实际群体。假设群体实际上并不存在，只是为了研究和分析的需要划分出来的。假设群体又可成为统计群体。例如，按人口统计背景而划分的群体就属于假设群体或统计群体。实际群体是实际存在的群体，群体成员之间有着实际的直接联系。

根据群体构成的原则和方式，可把群体分为正式群体和非正式群体。正式群体是指明文规定的群体；非正式群体没有正式规定，是以其成员相互关系中明显的情绪色彩，如好感、喜爱或志趣相投为基础构成的。此外，根据群体发展的水平和群体成员之间联系的密切程度，可分为松散型群体、联合型群体、合作型群体等。

人们加入各种群体是因为群体能满足某些需要。例如，它能保护自己；帮助解决问题；使他有机会结识某些人，并与他们建立交往；能提供行为典范，提高他的自我形象，并为他提供估价自身行为的许多标准。

某人参加一个排外性乡间俱乐部，他这样做可能是因为这个俱乐部能为他提供重要的地位，并使他能结识群体中那些成就卓著的人物。

一个经常旅游的商人加入航空旅客协会，以便在享有饭店与汽车租金折扣之类的利益之外，还能在航空安全、方便与机票价格等有关方面也得到实惠。

一个群体只有对自己的成员起着重要的，甚至是必不可少的作用，才能长时期维持下去。例如，一个配有导游陪同的旅游团至少可以为其旅游团的成员提供五个方面的基本利益：

（一）安排旅游

要解决在有限的时间内游览何处的问题，旅游计划要把一大片地理区域压缩成一个精选的、由最有吸引力的旅游胜地组成的旅游产品。这样就使得缺乏经验的旅行者与首次赴一个特定地区观光的人认为导游具有特别的吸引力。

（二）提供安全感

安排旅游计划要给旅行团成员以心理上的安全感，让他们事先知道将要去什么地方，将在什么饭店逗留。

（三）在经济上提供便利和安全

团员们预先知道整个旅程的花费。旅行社在宣传册中要竭力给人以这样的印象，即在旅程中没有埋伏的额外开支。

（四）配有导游的旅行尽力减少团员在国外遇到的社会问题

旅游协调人与导游者在安排交通运输、翻译、处理各种问题时，在团员与国外社会环境之间担任缓冲者。

（五）导游在旅行中还起着在宣传册中尚未得到承认的一些其他作用

导游可以缩小团员之间的潜在摩擦，营造团内团结的气氛。一起旅行的人对游览什么较难达成一致意见，因而可能找导游为他们解决这个问题。即使能够达成一致意见，他们也可能需要在团体旅行中寻求安全感与社会支持。团体旅行以集体活动的形式提供共同体验与接触陌生事物的机会。在某些类型的旅游中，团体本身就具有很大的吸引力（例如单身者的旅行）。

由于导游对旅游者起着重要的作用，所以导游旅游团的组织形式自出现以后，就一直存在和不断发展着。

一个群体有可能满足每个人的不同需要。比如，一个人可能对旅游团感兴趣，因为他认为这将比独自一人去同一目的地旅行省钱。另一个人也可能加入同一个旅游团，但他主要是因为害怕独自去一个陌生国家旅行，第三个人加入该旅行团，则因为他的几个朋友已经进行过团体旅游。

二、参考群体

（一）参考群体的含义、范围与影响因素

参考群体（reference group）就是对个人的评价、期望或行为具有重大相关性的事实上的或想象中的个人或群体。

一个人在评价他自己的一般的或特殊的态度和行为中，可能使用的参照物是变化着的，从个人到小群体，从家庭到亲属、朋友以及某个社会阶层、职业、种族集团、社会，甚至是一个国家。从消费者行为学的角度来说，影响个人消费行为的主要社会群体，依次为他的家庭、朋友、所属社会阶层和文化，见图8-2。

图8-2 消费者的主要参考群体

不同的参考群体在不同的时间内或不同的情境下，影响个人的信念、态度和行为。例如，一个年轻的饭店女服务员的衣着习惯，随她所在的场合和角色的不同而变化着。她在工作时穿订制的服装，与她的同事的服装样式保持一致，而她在下班后可能穿更为新式的服装，与同龄人的时装标准一致。

人们往往把自己同与自己相似的人作比较，所以常常为与自己相似的人的生活方式所动摇。因此，许多促销策略引入了那些为消费行动提供信息性社会影响的普通人。比如，万事达卡把它的广告视点，从富于魅力而富足的专家的生活方式转到了相对普通者的行为，像那些布置自己的第一所公寓的年轻人的行为，其营销口号是"为了我们真实的生活"。

人们加入某个消费者参考群体的可能性受到以下几个因素的影响：

1. 邻近性

当人们之间的物理距离缩短，互相作用的可能性增加，就变得更容易形成联系。物理上的接近称为邻近性。一项早期在住宅楼群中对友谊模式进行的研究，表明了这项因素的强烈效果。与隔壁交友远比与隔着两个门的人交友容易得多。邻近楼梯的住户比楼道尽头的住户朋友更多（他们更容易碰到上下楼的人）。物理结构与人际关系颇有关联。

2. 单纯曝光

人们会因为看到一些人的次数较多而对其产生好感，这称为单纯曝光现象（mere exposure phenomenon）。即使是无意的接触，较高的频率也会有助于一个人的当地参考者集合的确定。对艺术作品乃至政治候选人的评价也有同样的效应。

3. 群体凝聚力

一个群体的成员之间相互吸引和对群体成员身份相互予以重视的程度称为群体凝聚力。群体对成员的意义越重大，就越容易引导成员的消费。联结大量的人难度很大，因而小群体具有更强的凝聚力。同理，群体往往把成员限于有选择的一部分人，这样就提高了成员身份对成员的价值。

（二）参考群体的类型

参考群体提供了一个评价消费者态度和行为方式的比较标准。消费者可能是一个参考群体的成员，例如家庭，或是渴望归属某一个群体（例如一个网球迷可能非常希望结识一些网坛上的名流）。第一种情况，我们称消费者个体是会员群体（membership group）中的一员；第二种情况，我们称消费者个体是向往群体（aspiration group）的一员。

参考群体还能从负相关的角度来观察。例如，个人可能已经属于或是加入某群体，然后却又反对这个群体的价值观，这个群体叫拒绝群体（disclaiment group）。更有甚者，个人还可能刻意避免加入某一特定群体，这样的群体我们称之为分离群体（dissociative group）。

图8-3列示了这四种参考群体。广告商一般很少力图使消费者去否定或拒绝某一群体，而是诱导消费者产生一种成为某群体成员的愿望。甚至那些独具创意的广告的诉求点也是从正面来论述，使消费者感到与众不同，而不是从反面论述以使消费者远离某一群体，因此，营销人员倾向集中诉求于那些正相关群体，即会员群体和向往群体。

1. 会员群体

因为正相关群体很重要，图8-3进一步细分了会员群体和向往群体。在图8-3的中间，正相关的会员群体按主要还是次要、正式还是非正式进一步做了细分。如果一个人经常与特定的某些人联系，例如家庭、朋友和同事，这些人就是一个主要群体(primary group)。商场购物人群、政治俱乐部、滑雪伙伴或慢跑伙伴构成一个人的次要群体(secondary group)，因为这些人与他或她不经常接触。主要群体在对产品的信任感、口味和偏好这方面更为重要。研究发现，在许多场合那些经常接触的群体(即主要群体)往往购买同一品牌，正是因为他们的影响，这些群体更能引起营销人员的兴趣。

图 8-3　参考群体的类型

群体还能细分为具有特定角色(如筹资、教育、传递信息)的正式结构群体(如主席、秘书和会计)和非正式结构群体。非正式结构群体的结构和角色是不明显的。图 8-3 展示了会员群体由这种分类产生的四种类型。

(1) 主要非正式群体。家庭和同伴代表了主要非正式群体。这种群体是最重要的一种群体，因为个人与这种群体内的其他成员经常接触。广告因此经常描绘朋友和家人一起消费的场景。

主要非正式群体的结构和等级含蓄而不正式，成员经过非正式的协商来担任领导角色。不同的主要非正式群体在宗旨、定位和会员组成上相差很大，他们的规范和价值观各不相同，但对群体成员来说都相当重要。

(2) 主要正式群体。主要正式群体相对于家庭、朋友和同伴群体来说有一个更为正式的结构。消费者有规律地与这些群体交往，但是不像与主要非正式群体交往得那么频繁，例如分配到一个班级里的学校同学或是每天一起工作的商业群体。广告人把这些群体的成员描绘成某种产品赢得赞誉的证人。例如，欧米茄通过将其手表与一个商业团队的成功时刻联系在一起，直接表达了欧米茄与成功的团体努力相连的含义。

（3）次要非正式群体。次要非正式群体没有正式的结构，成员之间也不经常往来，例如偶尔在一起的购物群体或是运动群体。这些群体可以直接影响消费者的购买行为。格兰伯斯(Granbois)在他对购物群体研究中测量了次要非正式群体的影响。他发现当消费者三五个人一起购物时，改变自己原先购物计划的可能性是他们只有两三个人时的两倍。

（4）次要正式群体。次要正式群体对消费者的重要性最低，因为他们不经常接触，有正式的结构，而且不紧密相连，所以得不到营销人员的重视。例如，校友会、商业俱乐部和房客群体。专门性产品(如旅行代理机构和执行规划的开发者)可能对这些群体有一些兴趣，全国性品牌的营销人员一般不去关注他们。

2. 向往群体

图8-3的底部列出了两种向往群体的类型，期望性向往群体和象征性向往群体。期望性向往群体(anticipatory aspiration groups)指的是个人期望在将来某个时候能够加入其中的那些群体，大多数情况下，个人(他或她)与这个群体已有了直接的接触，最能说明这一点的是在组织层次结构中个人期望加入高层的管理群体。这种期望来源于想获得一般被西方文化认为是最重要的一些报酬：权力、地位和金钱，营销人员诉求于这种期望使人觉得能通过加入更高层的向往群体来提高自己的地位。服装和化妆品的广告中就经常包含着商业成功和个人威望。

象征性向往群体(symbolic aspiration groups)是指那些个人虽然羡慕却不太可能加入其中的群体，而不论他是否接受这个群体的信仰和态度。费希尔(Fisher)和普赖斯(Price)发现，购买与向往群体相联系的产品被认为是与这些群体建立一种替代联系的一个途径。例如，球迷往往购买具有自己支持的球队的明显标志的运动夹克和运动衫。这种影响产生作用的一个重要条件是产品的视觉形象明显，就像被支持球队的队服。

营销人员一般通过请名人给特定产品做广告来诉求于象征性期望。

(三) 参考群体的性质

参考群体具有一些特定的性质决定了其对消费者的影响效果，包括规范、价值观、角色、地位、社会化和权利。我们已经看到了这些因素都在哈利戴维森车手群体中发生了作用，我们将在下面把它们列举出来。

1. 规范

规范(norms)是指致使群体建立起来的规则和标准。群体成员被期望遵从这些规范，与之相关的可能有合适的服装、吃饭的习惯、汽车的构造或是化妆品的品牌。

2. 价值观

价值观(values)是群体成员之间共享的关于什么行为合适、什么行为不合适的信念。在第十二章我们将会看到，价值观大多数是被文化或亚文化所定义，但很大程度上又随着家庭和同伴群体不同而变化。一个家庭可能把社会地位看得很重，而另一个家庭则可能更看重个人独立性的增强。

3. 角色

角色(roles)是个人承担的或是组织分配给个人的为达到组织目标而拥有的职能。在群体购买行为中，当营销人员试图提供给用户最好而且用户也有购买力的品牌或产品种类时，往往能识别出一些特定的角色，以下这些角色在家庭购买决策中就能被识别出来：影响者、看门人(那个对流向群体的信息最有控制力的人)、决策者、购买代理人和消费者。

4. 地位

地位(status)是指个人在群体中占据的位置，较高的地位意味着较大的权力和影响。一个委员会的主席在组织里拥有着至高无上的地位，在每周一次的桥牌俱乐部里却可能是个无足轻重的成员。衣着和所有物经常象征着地位的高低，例如，主席镶嵌着橡木的办公室代表着他的地位，而看门人的制服也同样如此。

消费者有时购买产品是为了在一个更广的社会意义上表明自己的地位，因此所传递的信息要么是富有，要么就是高贵。典雅的服装和昂贵的汽车能作为地位的象征，但是在一些群体中，象征物可能与一个人的财富和地位正好相反，在郊区的富人中牛仔裤和小汽车可能很普通，大汽车和较昂贵的衣服即可能是较低社会经济地位的象征。

5. 社会化

一个人学习群体规范和角色期望的过程就叫社会化(socialization)。那些调换工作岗位的人必须从工作中的主要正式群体那里学会新群体中的非正式角色和期望，以及正式的角色和期望。

消费者社会化(consumer socialization)是指消费者为能在市场上活动而获得必要知识和技能的过程。

有两种最重要的社会化过程，小孩的社会化和社团中新成员的社会化。

6. 权力

群体施加给个人的影响和群体的权力密切相关。人们已经识别出群体影响的各种各样的来源，但是有三个因素与营销策略特别相关：专家权力、参考权力和报酬权力。

(1) 专家权力。要具备专家权力(expert power)，个人或群体必须要有一定的经验和知识。一个消费者如果认为他的某个朋友对于某产品有更多的知识或经验，那么他一般会接受这个朋友的购买建议。一个销售代表只要能与消费者建立起信任感，那么他也会被消费者认为具有专家权力。

(2) 参考权力。参考权力(referent power)的基础是消费者力图使自己与群体的其他成员保持一致。个人的信仰和态度与群体的其他成员越相似，群体的参考权力就越大。由于这种共同的规范和价值观，个人或是成为某个群体的一员，或者渴望能属于某个群体。

(3) 报酬权力。报酬权力(reward power)是基于群体给予个人报酬的能力。商业组织把金钱和地位作为给员工的报酬，家庭把表扬和赞赏作为给小孩的报酬。社会群体也能对消费者的购买行为提供报酬，如相关群体的成员对消费者衣着和打扮的赞赏就能增强消费者购买选择的信心。

群体除了报酬权力外，对个人还可能有强迫权力。也就是说，群体对个人"既给予也拿走"。群体对个人越重要，那么群体对个人驳斥甚至惩罚的权力就越大。组织能解雇成员，父母能惩罚子女，社会群体也能因为个人的行为越轨而将其排除在外。

这三种群体影响的因素并不是相互独立的，例如，一个赛车手群体对其成员就施加了所有三种形式的影响。老车手通过阐述恰当的打扮、骑车技巧、遵守程序以及如何谈吐对新成员应用了专家权力。群体中新车手对老车手的模仿是参考权力的结果。群体的报酬权力则是通过要求个人与群体保持一致，并对这种一致奖励给群体内较高的地位来实现的。

(四) 参考群体对消费者的影响

三种群体权力类型暗示了参考群体影响消费者选择的几种途径。首先，专家权力意味着信息影响(informationa linfluence),广告中专家的证实或某个知识渊博的朋友的经验都是一种信息交流;其次,参考权力意味着群体有一种比较影响(comparative influence),因为参考就是将个人的信仰、态度和行为与群体其他成员进行比较,群体作为参照物提供给消费者一个评价他自我形象的基础;最后,报酬权力暗示参照群体有一种规范影响(normative influence),它是通过在群体规范的基础上直接影响消费者的态度和行为,并鼓励遵从这些规范来作用的。

表8-1在消费者行为的框架中显示了每种影响类型,并列出了施加给消费者的影响类型、消费者目标、群体影响的基础以及行为的效果。

表 8-1 参考群体所施加的影响类型

影响种类	目 标	可感知的来源特性	权力类型	行 为
信息影响	获得知识	可信度	专家权力	接受
比较影响	自我维护和充实	相似性	参考权力	认同
规范影响	得到报酬	权力	报酬或强迫权力	遵守规范

1. 信息影响

如果消费者认为某个群体能提供可靠的信息和专家意见,或是消费者相信群体信息将增加其对产品选择的知识,那么他就会接受群体所提供的信息。正如人们在哈利车手的社会化进程中所看到的,信息既可以从群体内消费者认为具有丰富知识的人那里直接获取,也能通过观察群体其他成员的行为而得到。

消费者似乎更多的是从朋友和邻居这类的私人关系中寻找专家建议,而不是求助于商业信息来源,如广告。因为他们认为私人关系比商业来源更值得信赖。消费者可能以怀疑的眼光来看制造商的广告措辞,因为他们认为公司在产品促销中存在既定的利害关系。

从表8-1可看出信息影响的特性是:消费者的目标是获取知识,接受信息的条件是信息的可信度,权力的来源是专家权力,行为的效果是对影响的接受。表8-2列举了阐述信息影响、比较影响和规范影响的各种形式的表述。表述1和表述2反映了人们经常从专家或是从具有可靠信息的朋友和邻居那里获取信息的客观现实,另外,观察(表述3)也被认为是一个重要的信息源。

在两种情形下,信息影响对消费者可能是最重要的。第一种情况是当购买产品存在社会、财务或功能风险时。如一个购买汽车的消费者可能从那些具有相关知识的朋友、亲属或销售人员那里寻求信息,因为存在着社会对新车的看法、购买成本和可能有的机械故障这些风险。在这种情况下,专家的建议可能比参考者的建议更重要。第二种情况下,如果消费者只具备有限的产品知识和经验,信息影响可能是极其重要的。如消费者对一些技术性产品如计算机、蜂窝电话或传真机几乎知道得很少,他们就可能去寻找专家的建议。

营销方面的研究提供了个人信息来源重要性的证据。一项研究发现,对于购买小型用具个人信息来源比商业信息来源更为重要,并且食品在某种程度上也是这样。这项研究表明专家权力既可能来源于朋友和邻居的使用和经验,也可能来源于有专业知识的专家。

2. 比较影响

消费者经常与那些重要群体的成员比较自己的态度。他们试图通过将自己与所赞同的群体联系起来,或通过将自己与所不赞同的群体脱离开,来寻找对自己态度和行为的支持。因此,比较影响的基础在于将自己与群体其他成员作对比并判断群体是否支持的过程。

例如,一个家庭搬入新居碰到新邻居,父母会就政治问题、教育问题以及抚养子女的态度与邻居进行对比,他们也会认同邻居所购买的品牌和产品。新住户自然会被那些与自己相似的邻居所吸引,因为这些邻居强化了他们已有的态度和行为,这就是为什么左邻右舍一般是由具有相同社会和经济特征的人所组成的主要原因。

表 8-1 显示,比较影响是一个自我维护并不断充实的过程,个人的目的是通过联系那些能加强自我意识和自我满意的群体来增强他的自我意识,权力的来源是参考权力,个人对于群体的行为是某种认可。表 8-2 显示了与比较影响相关的条件,包括个人通过成为群体的成员来提升自我的形象(表述 4 和表述 5)或是与那些自己喜爱和羡慕的群体成员保持一致(表述 6 和表述 7)。

表 8-2 信息影响、比较影响和规范影响的条件

影响种类	影 响 形 式
信息影响	1. 个人从独立的专家群体或是与产品相关的内行人那里,咨询有关产品不同品牌的信息 2. 个人从那些对品牌有可靠知识的朋友、邻居、亲戚或是同事那里,咨询与品牌相关的知识和经验(例如,A 品牌的香水与 B 品牌的香水相比如何) 3. 个人对专家行为的观察会影响他对品牌的选择(例如,观察交通警察所驾驶的车的类型或是看那些维修人员所购买的电视品牌)
比较影响	4. 个人感到购买或是使用某一特定品牌能加深别人对他的印象 5. 个人觉得购买某一特定品牌能帮助他在别人面前显示他的身份或想要表现的身份(如运动员、成功的商业人士等) 6. 个人感到那些购买或使用某一特定品牌的人具有他所想要拥有的特征 7. 个人有时候感到像广告所展示的使用某一特定品牌的那些人一样很好
规范影响	8. 个人决定购买某一特定品牌是受到那些与他有社会交往的人偏好的影响 9. 个人决定购买某一特定品牌是受到家庭成员偏好的影响 10. 个人想满足别人对他的期望的愿望会影响他的品牌选择

比较影响暗示了那些被影响的人应该与那些施加影响的人具有同样的特征。一项研究发现,消费者喜欢从那些与自己相近的朋友那里寻找信息并认为这种信息是可靠的。这些研究得出结论,认为广告商应该尽量利用那些消费者认为与他们自己相同的发言人(即"典型消费者")。影响者与被影响者相似的概念也能推广到消费者与销售人员间的交往过程。许多研究发现当消费者认为销售人员与自己有相似的偏好、态度甚至宗教信仰时,销售人员的努力就可能更有效果。

比较影响产生作用也可能是由于人们在生活上比较相似,许多研究显示影响者和被影响者倾向于在生活上相互靠拢。一项针对退休的社会团体里的老人所做的研究表明,有关新产品的信息交换和建议有 81% 发生在住在同一楼层的住户之间。

3. 规范影响

规范影响是指群体要求成员遵守一定的规范而施加的影响。

(1)从众的条件。如果满足下列条件就能激励消费者遵守群体的规范和行为方式:

① 个人对群体有所承诺并珍惜其在群体内的会员资格。个人的承诺越少,遵守规范的压力就会越小。

② 群体对遵守规范提供足够的报酬并惩罚违规者。遵守群体规范最基本的回报就是被群体接受。一项研究发现消费者经常把朋友和亲属看作有关产品的信息源,因为他们提供了积极肯定的社会相互作用。对群体的承诺越大,奖励和惩罚的重要性也越大。

③ 个人的从众行为对群体其他成员的影响是显著的。如果行为是显著的话,很可能会有这样的效果:一个群体能在衣服、家具和用具的购买上施加规范影响,因为这些行为是显著的。一项对费城居民购买空调的研究表明了可见性的重要性。研究指出朋友和邻居对购买产品有直接的影响,但最明显的影响是来源于看见邻居的窗户上安装了空调。规范影响也可能对诸如牙膏和假牙的黏着剂这类东西有所作用。虽然这些东西本身是不被人注意的,但是消费者担心不用它们就会有一些明显的后果(不好的口腔气味、假牙的脱落)。

施加信息影响和参考影响的显著性相对而言不那么重要,在这些情况下,消费者的目的不是与群体保持一致而是获取知识和提高自己,消费者不必通过公开的行为方式就能从群体获取信息,并能在与群体保持一致中获得满意。

按照表8-1,规范影响是基于个人想从群体获得报酬,权力的基础是报酬或强迫,导致相对于群体的行为是一致和服从。表8-2指出规范影响的作用条件是成员有与群体偏好保持一致的愿望(表述8、表述9)和满足群体其他成员的期望(表述10)。

(2) 消费者行为的从众性。遵从群体规范是规范影响的最终目标,因为这意味着消费者将会购买群体所认可的品牌和产品种类。营销人员对这类模仿行为很有兴趣,因为这表明在某个群体中一旦最有影响力的成员接受了产品,就会有一种滚雪球效应。

许多研究都肯定个人的确是在模仿群体行为。这些研究被广泛地实验,并且被社会心理学阐述个人遵从群体规范的实验所鼓舞。这类实验中最有名的一个是将7~9个大学生带到一块,让他们判断画在卡片上的直线线段的长度。除了一个被试验者外,其他所有人都被指示给出同一个不正确的答案。被试验者并不知道这是实验,面对着群体所一致认同的明显不正确的答案,这种情况下有37%的被试验者选择与群体保持一致。

在另一项实验中,三套相同的男人衣服上分别标有"A""B"和"C",并告诉被试验者它们代表了不同的质量和厂商,让被试验者选出质量最好的一套。每组4个学生中有三个被指示选择"B",在大多数情况下,第四个人也会选择"B"。

(3) 社会倍增效应。模仿群体行为的愿望经常导致个人去购买同样的品牌和产品,这样的模仿行为反映了一种示范原理(demonstration principle)。经济学家杰姆斯·杜森伯利(James Duesenberry)第一个明确阐明了这种原理。示范原理指出,随着美国消费者较过去增加了流动性和购买力,消费者会越来越多地接触到新产品并且也具备了购买它们的能力。例如,当CD唱机最初上市时,一旦有某个家庭购买,其朋友和邻居就会接触到这种产品。因为这些人一般具有相同的购买力,所以他们也会去购买CD唱机。依次地,其他人会接触到这种最新的必备产品。于是"拥有这种产品"的行为就会在群体内传播并传播到其他群体。我们把这称之为社会倍增效应(social multiplier effect),因为拥有量是以群体影响和产品显著性的函数关系来倍增的。

社会倍增效应解释了在世界经济中群体影响的挥发性。一些特定品牌或产品类别可能现在到处可见并作为群体规范的代表,但5年或10年后,这些影响可能就微不足道了。

由于社会倍增效应，那些曾被认为是奢侈品的产品(冰箱、空调、汽车)现在都被认为是必需品了。另一些产品如随身听则由于技术进步而过时了。在很大程度上，社会倍增效应为人类达到更高的生活水平提供了动力。

(4) 对从众的拒绝。许多人对群体从众压力的反应是拒绝它们。正如人们将要看到的，拒绝群体的从众压力有很重要的社会意义，特别是对青少年。如果社会能增强青少年的意志去抵抗同伴吸烟、酗酒和吸毒所带来的压力，那么就能挽救上百万的生命和节省数十亿的医疗费用。

拒绝从众压力的可能性依赖于：

① 个人价值体系的力量。如果群体支持与个人已根深蒂固的规范和价值观有相矛盾的行为时，群体的压力可能被拒绝。那些相信吸烟会危及生命并亲眼看见了父母死于肺癌的青少年就不大会迫于同伴的压力而去吸烟。

② 群体保持从众压力的强度。当群体压力过于强烈时，消费者可能会拒绝群体的规范而表现出独立性。在那个除了一个人以外其他人都故意错判直线长度的实验中，当被试验者受到明显的压力去同意其他人时，顺从的概率反而会下降，学生们对这种压力很反感。这种情形，通常就是所谓的反抗性(reactance)，暗示着消费者只会在某一特定点上屈服于群体的压力。

③ 个人对于群体的承诺。个人对群体的承诺越大，他就越有可能遵从群体的规范。但如果这个群体对个人极其重要而又与个人的价值体系相抵触时就会产生矛盾。按照平衡理论，要解决这个矛盾，个人要么减少对群体的承诺从而保持他的价值观，要么保持对群体的承诺而调整自己的价值观与群体一致，或者折中这两种做法，对两者都予以调整。上面提到的那个不太可能屈服于群体压力的大学生就有可能减少对群体的承诺。

④ 对于个性的价值观。许多人相当重视个性的价值而缺乏从众性。他们喜欢与群体保持一定距离，但是可能不会完全脱离与群体成员的关系。

4. 是信息影响、比较影响还是规范影响

群体影响消费者的购买行为是主要归因于群体提供的信息，还是与群体保持一致的意愿，或是群体施加在个人身上的压力？很明显，答案是所有三种因素都影响了消费者。但是，究竟哪种影响最为重要可能是一个与所评价的产品类型有关的函数。

(1) 产品所决定的影响类型。一项研究测量了20种产品的购买过程中信息影响、比较影响和规范影响的相对效果。他们选取了一些大学生作为样本，并让他们按照表8-2所列的表述排列这20种产品。极可能受到信息影响的产品类型是那些技术复杂的产品(汽车、彩电、空调)，或是那些需要有客观信息来作为选择标准的产品(保险、医生、头痛药)；极易屈服于比较影响的产品是那些能作为表现自我和肯定自我手段的产品(汽车、服务、家具)；汽车和服装也很容易受到规范影响，因为他们很显著，因此能作为衡量是否与群体保持一致的手段。

一项对摩托车及其相关服装的研究发现，摩托车及其相关服装容易受到三种影响：信息影响是因为摩托车的技术复杂性，比较影响是源于与产品相关的自我肯定，规范影响则是由于摩托车和服装的显著性以及他们作为肯定从众的手段。

(2) 产品种类相对于品牌的影响。波恩(Bourne)考虑了对群体影响的各种研究后发现，群体能影响个人拥有什么产品和购买什么品牌，或者两者都有影响。通过集中研究两种产品特征——独特性和显著性，波恩认为规范影响胜于信息影响和比较影响。波恩确信对于一些具有独特性的产品如快艇和跑车，群体更多的是影响产品的购买决策，因为拥有这些产品本身就是一种表述。如果产品易被人注意却不独特(如拥有一块表)，群体更多的是影响产品品牌的选择，如购买一块劳力士表。这种情况下，更多的是品牌的显著性而不是产品的显著性受到群体的影响。

如果产品既不独特也不显著，消费者将只基于产品特性做出购买决策。能源效率和尺寸就比邻居的评价更有可能影响消费者对冰箱的选择。

(3) 群体影响的最重要因素是什么。有关信息影响、比较影响和规范影响相对重要性的各种证据让人难以分辨。对比较影响和规范影响方面的研究表明，消费者固然把群体作为一种认同和报酬的手段，但他们可能更多的是把群体作为一个信息提供者。一般来说，信息影响比规范影响能更频繁和更强烈地改变一个人的信仰。

这些发现提示营销人员应更加重视把群体作为一个信息源而不是一个遵从性的源泉。广告应描绘引述产品使用经验的典型消费者，并提供相关的产品特性的信息。例如，广告与其描绘朋友和邻居惊叹于闪亮的地板(遵从于群体喜爱干净的规范)，倒不如显示群体成员给潜在购买者传递产品信息，这种策略是将重心从规范性转移到信息化。为某品牌地板做的一则广告显示了参加婚礼的宾客赞叹新房地板的场面，前面提到的研究指出这可能是一种错误的策略。采取通过"典型消费者"来提供信息的策略可能更有效果。相对于用来模拟群体影响的模特，消费者可能更认同典型消费者，应用典型消费者有可能降低许多消费者对广告措辞的怀疑程度。

(4) 群体影响相对于产品评价。如果群体影响是如此重要的一个信息来源，它能否代替客观的产品评价呢？也就是说，是不是许多消费者会说："我的许多朋友都推荐它，所以我也用它，因为它肯定是最好的。"因此而放弃自己对产品评价的过程？在许多情况下，的确是这样的，参考群体的影响能替代品牌评价。

一些研究者的研究也支持群体建议可能经常会代替品牌评价的观点。他们研究了两种不同产品类别的品牌选择：比萨饼和立体声音响。他们考虑了三种可能性：①遵从群体的建议而不去评价可选品牌；②评价可选品牌；③依赖于群体的建议把选择的范围缩小到几个品牌，然后评价这几个品牌。

他们发现对这两类产品，群体的建议都超过了对品牌属性的评价。也就是说，在大多数情况下，消费者或者完全依赖于群体的建议，或者利用这些建议把选择范围缩小到几个品牌。令人惊奇的是，这对于像立体声音响这样的高风险产品和像比萨饼这样的低风险产品都一样。基于这些证据得出结论，依靠同伴提供信息的结果是"消费者经常不去评价产品的客观属性就选择了产品"。

三、影响个体行为的群体效应

随着群体中人数的增加，任何一个成员单独地受到瞩目的可能性在缩小。较大群体中的人，或者处于难以被辨识的形势中的人，倾向于对自己注意较少，因而对他们行为的正常约束减少了。不难发现，在化装晚会或万圣节前夜，人们的行为表现得比平常更粗野，这种表现称为无个性化(deindividuation)，这时个人的存在沉没于群体中。

(一) 购物模式

当人们处于群体中时，购物行为会发生变化。例如，与别人一起购物时，人们往往购买许多计划外的商品。规范性和信息性影响都在促成这种效应。赢得群体中其他人认可的愿望，会驱动群体成员去购买某种商品，或者他们可能仅仅通过随群体一起收集信息，从而接触到了更多的商品和商店。因此，零售商应当多多鼓励集体购物。

(二) 风险转移

显然，群体的决策不同于个人决策。许多时候，在群体决策中，人们比独自决策时更愿意考虑有风险的方案。这种变化称为风险转移。对这种情况存在着多种解释，这可能类似于社群逃避的发生。当较多的人参与讨论与决策时，每个人对结果所承担的责任减轻了，责任的分化就发生了。另外，还有一种价值假设，认为在这种情况下，冒险性是一种在文化上被珍视的品德，社会压力驱动个人去遵从被社会珍视的品质。

风险转移的表现是复杂的。一个较普遍的效应，就是群体讨论倾向于产生决策极端化（decision polarization）。不管在讨论前群体成员的倾向是有风险的选择还是保守的主张，讨论后都会变得更极端。群体讨论对低风险商品购买，大多数引起风险转移，而讨论对高风险商品购买，则产生更保守的群体决策。

第二节 群体与旅游角色

一、角色扮演与群体

个人在群体中的一个特征就是角色。正式或是非正式群体中的成员，都在自觉或不自觉地扮演着不同类型的角色。这正如莎士比亚所说：整个世界都是舞台，所有男男女女都是这舞台上的演员。

社会心理学中，角色（role）就是个体在特定社会和群体中占有的适当位置。社会和群体规定了角色的态度和行为模式。角色的位置是指个体在社会和群体中所占的地位，从社会价值来看，就是社会地位、身份。

在戏剧舞台上，演员会把自己的某些东西注入他所扮演的角色，但同时他又在扮演戏剧作者所设想的角色。假如他偏离剧中角色太远，他的表演就失败了。按照社会心理学家下的定义，角色一词的含义实际上与戏剧范畴中的含义没有多大的区别。

角色可以分为原生的角色和习得的角色两大类。原生的角色是指个人无法控制的那些因素，而这些因素又是人们期望于他的，如年龄、性别、家庭、种族和宗教信仰等。例如，一个十几岁的小女孩在选择她要穿的衣服时，可能会面临着两个不相容的原生角色：她的同龄朋友中心照不宣的衣着规定（由她的年龄所派生的角色），她的父母的更为保守的衣着规定（由她作为一名家庭成员，或由她的家庭地位所派生的角色）。她选定两种角色的哪一种将取决于哪个群体具有更强的影响力。习得的角色是指那些人们所选定的，因个人的获得和成长所带来的角色，如他所达到教育水平、收入、职业地位和他的婚姻状况等。

另一种分类法是把角色分为以下几种类型：

（1）生物学的角色，如年龄、性别方面的角色。

（2）半生物学的角色，如亲属关系、社会阶层方面的角色。

（3）机构中的角色，如职业、宗教、政治和娱乐中的角色。

（4）暂时扮演的角色，如主人、客人等。

（5）性格角色，如英雄、傻瓜、反面人物等。

一个人一生中扮演的角色是多样的，而且往往同时担任几个社会角色。例如，一个人可能同时是工程师、父亲、工会会员、篮球队员、摄影爱好者等。

人们从生活中逐渐学会在不同群体中扮演不同的角色，特别是从家庭、学校、邻居、工作单位等群体习得，并且由书报、广播、电视等传媒所强化。

二、闲暇与旅游角色

（一）旅游角色

旅游者即使是一个人独自旅游，他的行为仍受他人和某些群体的影响。旅游者虽然离开了家，但他仍在担当角色，而且可供扮演的旅游角色是多种多样的。在选择一种特定的旅游类型时，一个人不是度假者，就是观光者。作为度假者，他将去一个目的地，并在那里度过假期。作为观光者，他将游览几个目的地。每个角色都有一种不同类型的行为。

在选择交通工具时，人们也是在扮演某种角色，并按照该角色的行为准则行事。比如，一个人决定驾驶汽车带全家去旅游，在整个旅游活动中，他除了愿意承担司机的角色外，还可能愿意承担导游、决策者以及汽车修理工的角色。而假如他决定带全家乘飞机去旅游目的地，他就不会担任上述角色中的司机、汽车修理工的角色，而担任诸如旅游代理人和旅伴之类的角色。旅游角色多种多样，每个角色都要求有独特的行为方式。旅游者的行为与当地人的不同；行家的行为与初学者或业余爱好者的不同；客人的行为与主人的不同；头等舱旅客的行为与经济舱旅客的不同，事实上，他们受到的待遇也不相同。

在旅游活动中，旅游者的行为同他在家时的行为可能大相径庭。这不仅是由于扮演的角色不同，而且也因为他一旦离开家，就进入一个幻想世界，或者说进入了一个"游戏世界"（play world）。在这个游戏世界里，旅游者将把束缚他的行为的日常义务与责任全部抛到九霄云外，而在家里，或在离家不远的群体圈子里，个人的行为则受到一个完整的、规范的体系的限制。

闲暇与旅游环境使个人在表演角色中享有较大的灵活性。人与人的相互作用会增强，在人们置身于远离家庭的奇特环境中时尤为如此。个人可以体验少数密友间热烈的社会联系，可以体验与大批不相识者之间广泛的社会联系，然后或者可以飘然离去，完全随心所欲。上述第一种选择，可由一个四五个人组成的团体来说明。例如，这个团体的人都去一个遥远的地方参加一次为期10天的捕鱼远征。他们在那儿捕鱼，开怀畅饮，讲述一些曾多次讲过的往事，而且往往以在家里不可能的方式透露自己的隐秘——要是愿意，就袒露自己的灵魂。时间、距离与一个奇特的环境鼓励了他们的这种行为。离开家，人们还可以体验到一大群陌生人之间的广泛的社会关系。这种情况可能发生在扩大了的旅游团体中，如一艘游船上，或在一个疗养地作一星期或更长时间逗留的期间发生。

人们常说经销旅游的人在做愿望与幻想的买卖。在愿望与幻想中行事的消费者，其行为与他在比较正常的条件下的行为相比很可能大不相同。比如，前面曾指出，许多人在旅游环境里的行为更具有冲动性。在第三章论述知觉时也曾指出，寻求欢乐的旅游者会降低他们的知觉栅栏，注意那些他未旅游时不会予以注意的事物。相应地，这会导致对此人来说绝非寻常的行为。

以前的旅游经历往往终生难忘，因为这些经历是奇特的，因为人们记得他们在旅游时彼此变得更加亲密，或者因为他们记得认识的许多新人，记得和他们共享欢乐与全新经历的时光。尽管在旅游环境中仍然要扮演角色，但有一点看来不容置疑，即旅游者在旅游过程中，把更多的自我倾注到那些角色中去，并对自我获得了更多的了解。经销旅游的人牢记旅游经历的这层意义，就能更有效地做好经销工作。

在闲暇中，一个人可以接受或是拒绝一套行为准则。闲暇提供了灵活性，使人可以接受或拒绝一种特定形式的角色，如承担一次特殊的玩乐及随之而来的角色。假如某人对扮演客人的角色感到不自在，离家外出时他就可以避开朋友们或亲戚。假如他对担当司机的角色感到不悦，他可以不坐小汽车，使用其他的交通工具旅游。而无论在家里还是在工作中，都不会有与此同等水平的自由。

旅游经历之所以往往是难忘和奇特的，还因为这些经历发生于人们称之为游乐世界的地方。人们在选择闲暇与旅游角色中享有灵活性，因为这些角色在某种意义上可说是游乐角色。这可以把野营作为提供多种角色的闲暇经历来进行考察并加以说明。这一论述可能有助于人们分析和认识存在于其他类型的旅游环境中的角色。

（二）角色扮演与户外活动

典型的野营环境虽然摆脱了所承担的日常生活的义务，但仍保留了许多有代表性的日常生活程序。在其他旅游活动经历中也是如此，野营的一伙人通常是一个家庭，他们不需要直接依赖他人，是个相对能自给自足的单位。他们自己备有食物，自劈柴火，生起烧煮食物的火堆。野营者彼此以一种社会准则相互影响着，他们相互款待，做游戏等。换言之，在野营地的奇特环境中，会出现几种不同类型的活动。但是，正是由于野营地的奇特环境，使许多野营活动具有特殊的意义，因而，对个人行为产生了一种特殊影响。大多数类型的寻求欢乐的旅游，大都如此。

野营活动一般可以概括为以下几种：

（1）生存性活动。这些活动包括满足人们对生理和安全需要的活动，如准备食物、做家务、搭帐篷等。在野营环境中，这些劳作也成了一种特殊形式的娱乐。

（2）象征性劳动。进行有象征意义的体力劳动，如打猎、钓鱼、采集奇石、选购纪念品及别的以获取象征劳动成果的有形物为特征的其他活动。

（3）无组织游戏。指个人体验环境和估价自身能力的活动，如扔石子、追逐小动物等。

（4）有组织游戏。在旅游群体中进行的有明确目的的活动，如赛马、打羽毛球、打牌、捉迷藏等。

（5）联谊活动。在旅游群体内，人们互相交往的活动，如和朋友在一起唱歌、跳舞、畅谈等。

（6）表现性游戏。充分表现自己的特殊技能以及其他把自身大部分精力投入进去的活动，如游泳、滑冰、冲浪、划船等。

除上述活动外，还可以组织其他类型的消遣活动。但最重要的一点是每一组消遣活动都具有一套限定人们行为的规则。从野营时男子与妇女之间的关系中可以明显看到这一点——可以依此把同样的分析运用于其他闲暇与旅游环境。

除少数例外，在野营环境里妇女的活动一般看来比较平淡而实际，包括准备食物（生存性游戏）与休息、绘画、看书、日光浴（无组织游戏）之类。在野营环境中，只有当与一位男子同时进行活动时，女子才会参与其他形式的游戏，诸如滑冰与游泳（表现性游戏）；打牌（有组织游戏）以及交谈、歌咏与散步（联谊活动）。

野营环境中的男性角色往往较为激动人心。男子一般会参与多种多样的活动，许多男子身体粗壮，有时显得"邋遢"，除了无组织形式的游乐（休息、绘画、日光浴、看书）外，样样活动他们通常都要参加。除与妇女一起进行的活动之外，男子一般还单独或与其他男子一起从事象征性劳动、某种类型的表现性游戏、有组织的游戏、生存性游戏以及某些形式的联谊活动。简言之，某些消遣活动所涉及的角色是专属男性或专属女性的。

上面所述是对户外娱乐区闲暇行为的研究得出的成果，它通常也适用于其他闲暇与旅游环境。男子往往避开各种类型的无组织游乐。这个事实对旅游经营者、游船公司与疗养地经营者来说，可能很重要。同样，旅游经销人假如认识到妇女只有在与丈夫或其他男子一起时，才会参与生存性与无组织活动之外的活动，定将获益匪浅。这些论述并非蓄意低估近年来发生的角色类型的变化。毋庸置疑，一个21世纪的女子比30年前的女子有更大的自由来选择某些角色。但除了少数例外，还没有明显看出大批妇女已愿意扩充她们在闲暇领域里承担角色的数量与种类。

第三节 家庭群体与旅游行为

一、家庭

家庭是社会生活的基本自然单位，也是一个单独的、最重要的闲暇群体。比如，在美国人参加的娱乐活动中，大约有2/3以上是家庭性质。在文化性的闲暇活动中，估计有近40%是属于家庭性质的。因为家庭单位在闲暇与旅游中极重要，下面就转而探讨家庭单位，剖析影响闲暇与旅游行为的其他因素。

家庭可以定义为至少由两个具有血缘或婚姻关系的人所组成的群体。家庭可以分为扩展家庭和核心家庭两种组成形式。扩展家庭（extended family）曾经是最普遍的家庭单位。它由生活在一起的三代人所组成，通常不仅包括祖父母，还包括叔叔、姑姑和兄弟姐妹们。核心家庭（nuclear family）是由父母以及一个或多个儿童组成。这种组成形式一度成为现代的家庭单位。然而，社会中的家庭结构与关于家庭的观念，现在已有了很大的变迁。

一项世界性的调查表明，几乎所有的妇女都希望家庭规模小一些。家庭规模的大小取决于受教育水平、控制生育的有效性和宗教信仰等因素。

二、家庭生命周期

群体影响最重要的来源也许是我们所属的家庭。所谓家庭生命周期(family life cycle),可能是帮助人们更好地理解家庭群体如何影响个人旅游与闲暇行为的一个有价值的工具。家庭生命周期与家庭及其成员的态度和行为如何随着时间而改变有关。态度与行为的改变常常是由家庭成员承担角色的改变引起的,而角色的改变又是由家庭规模、家庭成员的成熟程度和经历的改变,以及他们的需要、价值观、感性认识和兴趣的改变引起的。

新婚夫妇对购买家庭陈设、小器具以及用品特别关切。在生儿育女前,年轻夫妇往往好客、爱娱乐并注重推进自己的事业。他们可以说是比较倾向于赶时髦,因此,对服装的款式也跟家庭陈设与其他东西一样都很注意。

子女的出生改变了这个倾向。此时,主要的注意力放在育婴室和更大的空间上,即也许是一栋房子,而不是一套公寓。同时产生了储蓄和保险的需求。本来工作的妻子,此时可能决定待在家里。家庭收入因此而降低。家庭从一个生活阶段发展到另一个阶段。随着年龄的增长,随着收入水平的起落,家庭需求也随时间的推移而发生改变。了解一个家庭的家庭生命周期所处的阶段,人们就能更好地预见与了解这个家庭的行为方式,例如,它可能以怎样的方式来花费时间和金钱,以及旅游在它总的生活方式中所起的作用。

一般认为,大多数家庭随着时间的推移,将有次序地经历一系列生活阶段。

美国密歇根大学调查研究中心把美国家庭生命周期分为7种类型:①青年单身;②青年已婚无子女;③青年已婚有6个月以下的子女;④青年已婚有6个月以上的子女;⑤老年已婚有子女;⑥老年已婚无子女;⑦老年单身。根据调查统计,美国约有10%的消费单位与以上分类不符,而出现了第八种类型,即离婚有子女。

最近形成的一个生命周期模式,把不断上升的离婚率、家庭规模总体上的衰落、晚婚以及其他因素都考虑进去了。如图8-4所示。

该图表明了一个家庭生命周期由三个主要阶段构成,即青年阶段、中年阶段和老年阶段。

图8-4 现代家庭生命周期

(一) 青年阶段

传统的青年阶段家庭生命周期包括年轻的、35岁以下无子女的已婚者。按照传统，这个"蜜月"阶段颇短，不到两年第一个子女就出世了。但眼下，由于控制生育，生儿育女的观念起了变化，为了经济或事业，参加工作的妻子增多，因此，这个阶段可延续几年。这就使年轻夫妇建立了前几代年轻夫妇难得拥有的一定程度的经济基础。当然，这对家庭现今与未来的旅游行为将产生重大的影响。

处于家庭生命周期"蜜月"阶段的夫妇的特点，是花大量的金钱去购买新汽车、电冰箱、电炉、家具，以及其他经久耐用的商品。度假旅游在他们的生活中可能也有着重要的地位。他们意识到一有了子女，自由就可能受到严格的限制，自由支配的收入也会减少。因此，年轻夫妇可能会积极步入旅游市场。如果他们决定推迟生育，这个阶段就可以延续数年。

过了"蜜月"阶段，夫妇的生活就沿着三个方向中的一个方向发展。按传统家庭生命周期，年轻夫妇要生儿育女。已婚有子女这个阶段习惯上根据子女的年龄又划分为数个小阶段，即婴幼儿阶段、4~12岁儿童阶段与青少年阶段。子女的出生通常会改变家庭的生活方式与经济情况。这样的家庭往往要购买房屋并添置洗衣机、干燥器以及新家具之类的东西。它必须开始把较多的收入花在孩子的衣着、玩具、食品、咳嗽药、维生素等等上。处于这个阶段的家庭对旅游的兴趣当然会受到子女出生的强烈影响。家庭旅游预算往往会用在全家都能享受的假期上，也许还会用在专为加强对子女进行全面教育而进行的旅游上。过去，这意味着漫长的夏季全家度假，一般排除了父母亲单独度假。家庭的旅游行为取决于家庭收入，取决于所属社会阶层以及子女的多少与年龄。

这个生命周期阶段延续的时间近年来已变得较短，因为一般家庭子女较少，而且子女们的年龄间隔不很大。指出这一点是重要的，这意味着传统家庭会较快进入下一个家庭生命周期阶段，即一个更有利于度假旅游，而不利于那种为期两个星期、乘坐小汽车的全家夏季度假的阶段。

有些人从年轻无子女阶段进入图8-4所示的年轻离婚无子女阶段。认识到这一具有明显特征的家庭生命周期阶段是重要的。因为最近的统计资料表明，在美国，三对已婚者中就有一对离婚。在美国社会中，离婚已变得更为普遍，更为人们所接受，并通常发生于结婚后较短的时间内。年轻的离婚者除了高薪职业者外，有时会遇到严重的经济问题，再加上其他的情况，就暂时限制了他们把大笔金钱用于旅游的能力。

现代家庭生活周期早期部分的另一个可能的阶段，是年轻离婚有子女阶段。不论子女的数目多少与年龄大小，离婚必将引起生活方式与经济状况的巨大改变。典型的情况是：妻子保有对子女的监护权，并常发现子女的抚育费短缺。她必须寻找职业，有时在脱离劳动队伍数年之后还须如此。至于丈夫，除了维持分开了的家庭的费用外，他可自由支配的收入也所剩无几。在这两种情况下，能否把大笔金钱花费在旅游上也就可想而知了。

(二) 中年阶段

现代家庭生命周期的中年阶段包含六种不同的可能阶段。在这些阶段的任何一个阶段中，成为一家之主的那些人，年龄在35岁到64岁之间。中年已婚无子女夫妇也属于这个阶段。历史地看，这批人相对而言并不多，但今后可能将由于更多的夫妇有意识地决定不生育而变得越来越多。对健康状况良好、有经济保障的无子女夫妇来说，这个家庭生命周期可说是个无忧无虑的阶段。处于这个阶段的夫妇往往事业有成，会把大笔金钱花费在旅游上。

大多数传统的中年群，是由有青少年子女的已婚者构成的。在美国，估计每三个人中就有一人以上是这种类型的家庭群体的一分子。这种占支配地位的生活方式或多或少是以孩子为中心的方式。在这类家庭里，合家旅游可能占有相当的比例。比如，每年夏天，也许乘坐家庭小汽车旅行两周或更长的时间。这在很大程度上将取决于子女的实际数目与年龄、他们的性格以及父母所从事的职业的性质。这种家庭的经济状况可能很不错，因为其父亲的职业地位可能已经较高，工作的妻子所占的比例也较大。处于这个家庭生命周期阶段的家庭更有可能把钱花在诸如游船、周末旅游汽车、度假别墅、国外度假等昂贵的旅游项目上。

中年家庭生命周期阶段中，有两个阶段有时被称为空巢阶段。不再有未自立的子女需要抚养的人，无论是保持婚姻关系还是离了婚的，都会经历这两个阶段。子女离开后，父母就有了更大的经济自由，可以开始认真考虑选择环球旅游、昂贵的游船之类新的旅游方式。当然，他们的选择取决于他们相对的经济状况和他们所属的社会阶层与别的因素。但对于大多数人来说，这些选择只有到子女长大，并离开家庭之后才能认真加以考虑。

由于家庭规模日趋缩小，子女之间的年龄间隔也在缩小，这个阶段所经历的时间正在变得越来越长。这对于人们来说，是个至关重要的现实。因为在家庭生命周期的空巢阶段，旅游更显得有重大的价值。处于这个阶段的人光顾旅游市场的时间较长。这个家庭生命周期阶段可早自40多岁开始，延续至退休年龄。即使并不富有的家庭，这个阶段的漫长时间也可使夫妇们积蓄起金钱，到更遥远的旅游地区进行梦寐以求的度假旅行。

（三）老年阶段

当一家之长退休的时候，家庭生命周期的老年阶段就开始了。对大多数人来说，退休意味着生活方式和经济状况的改变。年纪大的退休者承担义务的时间很少，但可能会降低自己的生活标准。但那些有大量积蓄或退休金和身体健康的老年人，能够享受积极的退休生活。这对其中多数人来说，就意味着经常去旅游。

三、家庭生命周期阶段与旅游行为

图8-4向人们显示的，是由具有独特的需要、经济状况与行为方式的家庭所构成的各种家庭生命周期的组合体。其中有些群体，如年轻已婚无子女夫妇与空巢家庭是吸引各种旅游产品与服务经销者的一部分市场。这类家庭中的人通常具有广泛旅游的时间、自由和金钱。

但是，另一些现代家庭生命周期群体是由那些有钱，但不具备广泛旅游的时间与自由的家庭构成的。这不是说，这样的家庭就不具备富有吸引力的推销机会。一个家庭由离了婚的单身父母作家长，或者一个家庭有几个年龄小的子女，这并不意味着家庭成员对旅游的需要或愿望消失了。对旅游经销人的要求，是要开发与推销家庭角色与经济能力承担得了的产品与服务。

许多旅游服务公司根据各种家庭生命周期的家庭群体来划分市场,为他们设计并推销特定的服务。那些专向单身者推销旅游的经纪人及面向度"蜜月"者的度假疗养地旅馆便是一例。多年来,游船公司主要向处于老年生命周期的群体提供产品。当游船公司调整其产品,并开始招徕处于青年或中年家庭生命周期的群体时,游船业就开始长期繁荣昌盛了。当主题公园开发了一种能跨越许多家庭生命周期阶段的产品时,即开发了一种不仅能招徕年幼子女和他们的兄弟姐妹,而且能招徕其父母的产品时,它们也就进入了一个继续发展的时期。滑雪疗养业一度受到为数较少的一批不畏严寒的、具有出类拔萃的滑雪本领的热衷者的光顾。当时滑雪疗养地唯一的诱惑力是滑雪,实际上没有非滑雪的活动。20世纪50年代后期,当滑雪疗养地开始能够满足便利、舒适、有各种娱乐设施、在太阳下山后仍继续进行活动等要求时,它就蓬勃发展成家庭户外活动的场所。目前总的滑雪市场的40%以上的顾客是由家庭构成的。

上述事例说明,分析经销机会的价值,不是根据预期购买者的年龄,而是根据家庭状况及能显示个人和群体的需要与兴趣的东西。此外,懂得针对不同生命周期阶段的群体,系统制定不同的旅游策略显然是有用的。可以确立五种不同的旅游策略:

(1) 迅速抵达一个特定的旅游场所或地区,并在那里参加各种各样的度假活动。

(2) 朝一个特定旅游目的地前进,沿途悠闲地游玩,旅行本身与旅游目的地具有相同的重要性,两者都具有吸引力。

(3) 快速旅游,目的是尽可能多跑路,参观尽可能多的名胜地,没有一个地方比其他地方重要。

(4) 探索性旅游,可能没有事先安排好的目的地或活动,旅游所有的欢乐在于旅游本身。

(5) 多目的、多目的地旅游。在这种旅游中,旅游者们富有想象力地把朋友、亲戚、宗教、经济、事务与职业方面的旅游理由戴上娱乐兴趣的帽子,并结合在一起,包容兼顾。

看来,一定的家庭生命周期群体欢迎一定的旅游策略。按照逻辑,有年幼子女的家庭较欢迎策略(1),因为研究表明,5至10岁的儿童对慢悠悠地朝着一个目的地行进特别不能容忍。而且,年龄大些的儿童对积极参加一些消遣活动的兴趣甚于消极地坐在汽车里耗费过多的时间。看来,策略(2)可能特别受老年生命周期群体的欢迎。依次,读者能推论出最受其他生命周期群体欢迎的旅游策略。

家庭的旅游除了与家庭生命周期有关外,还与他们所属社会阶层、他们的文化等社会因素及个性、动机等心理因素有密切关系。

四、家庭旅游决策

(一) 家庭旅游决策的一般规律

一般来说,家庭要做出补偿性购买决策(consensual purchase decision)和调节性购买决策(accommodative purchase decision) 两种基本类型的决策。

在一个补偿性购买决策中,家庭中的成员都同意意愿中的购买方案,只是在如何完成这项购买上有不同的意见。在这种情况下，家庭最可能会致力于解决问题并考虑各种备选方案，直到找到一个符合群体的方法。在一个调节性购买决策中，家庭成员有不同的喜好和优先顺序，并且可能达不成符合所有成员最低预期的购买意见。在这里，人们可能使用各种交易、强制、妥协以及滥用权力的方法，以达到有利于自己的基本购买目标。家庭决策通常是一种需要调解协商的决策，而并非一种意见统一的决策。

当一项决策不能完全符合家庭中所有成员的需要和喜好时，矛盾就出现了。决定家庭决策矛盾的一些特定因素，包括人际关系的需要、相关产品的功能、责任、权力等。决策所引起的家庭成员间的矛盾，主要在于对备选方案有强烈的不同意见，或者对这些方案的重要性认识存在不一致。这些因素引起的矛盾的程度，决定了家庭所制定的决策的类型。

家庭度假旅游活动可分为五个步骤，如图8-5所示。

图8-5　家庭旅游五步决策过程

对五个步骤产生不同程度影响的社会因素和个体因素，如图8-6所示。一个家庭成员的个性特征以及整个家庭的特征，对不同的相互作用过程，如谈判、说服和决策等，会产生特有的影响。这些相互作用过程的结果对度假旅游的不同阶段，尤其是共同决策阶段有着明显的影响。

图8-6　影响家庭度假旅游行为的因素

1. 一般决策阶段

一般决策阶段是决定是否度假旅游的第一个阶段。人们往往对度假旅游持一种既认为重要和必需，又不十分热衷的态度。在经济拮据、收入减少的情况下，老年人和处于社会较低阶层的人往往容易放弃度假计划，而青年人和中等阶层的人则倾向于寻找一种不太昂贵的度假旅游，如以国内旅游代替出国旅游。

多数情况下，一般决策涉及丈夫、妻子，有时甚至包括子女的共同群体决策。而对家庭中每一个成员来说，度假意味着不同的价值。因此，为了做出一个共同决策，可能要使用各种不同的策略，如谈判、讨价还价和妥协、父母中一方和子女结盟或进行同事式的讨论。这种普遍的方法是不需要学习的常规和程序。从更广泛的意义上讲，度假旅游决策的意义可能包括同家庭之外其他同等地位的人所进行的社会比较，也就是通过一个特殊的度假旅游方式，增进与同等地位的人的联系。同时，度假的准备和回忆也常常成为与熟人交谈的重要话题。

2. 寻找信息阶段

在度假旅游活动的不同阶段，信息的作用亦不同。信息量的大与小和正确与否，直接影响到决策的质量。准确而积极的信息可以起到以下作用：

（1）激发度假旅游的念头，引起人们特殊的期望并产生"幻想"。

（2）促使全家人或不甚乐意去旅游的伴侣，一同去参加特殊的度假旅游活动。

（3）有关地理、历史和文化背景知识的信息，有助于旅游目的地的选择，并提高对旅游目的地的鉴赏能力。

（4）使做出的度假旅游决策更加正确和合理。

消极的信息可以起到拒绝选择某一度假旅游目的地的作用，甚至在度假旅游活动开始之后，消极的信息还会加剧潜在的购买后认知失调。

一般来讲，不同的家庭花在寻找有关做出决策的信息上的时间和精力是不同的。这一行为差异和个性特征有关。文化教养较高的人总是尽力收集更多的信息，想方设法阅读有关介绍他们打算去度假旅游的国家或地区的书籍、资料、广告、小册子等，甚至开始学习或者重温他们度假旅游国家或地区的语言和地理知识。

信息主要来源于商业环境和社会环境，并贯穿在整个度假旅游活动之中。度假旅游的家庭对来源于社会环境的信息极为重视，这些信息包括朋友、亲戚等的观点和合理化建议等。而来自旅游消费组织（如旅行社）的旅游书籍、广告、旅游指南等，在家庭度假旅游决策中作用甚微。

信息的来源和媒介以不同的方式联系着。度假旅游者大多倾向于相信通过个人媒介所获得的信息，而个人媒介中又以家庭成员为首，第二位是亲属，第三位是朋友，个人咨询则排在第四位，而旅游组织提供信息往往排在最后一位。社会阶层较高的家庭往往倾向于寻找大众媒介，如杂志、电视节目和广告等。选择媒介的方式对于度假旅游行为有重大的影响，如接触较低层次媒介的家庭，倾向于去离家不远和不大受社会标准（新潮流）所影响的目的地作短期度假旅游。但生活方式对家庭度假旅游行为的影响，又远远大于选择媒介方式的影响。

3. 共同决策阶段

家庭度假旅游决策，一般是由家庭成员共同参加的决策过程，而寻找信息一般则是单独进行的。

在家庭决策中，丈夫、妻子和子女所具有的影响是不同的。一般而言，丈夫在决定收集与度假旅游有关的信息、决定度假旅游时间的长短以及花多少钱等方面起主导作用。对是否带小孩一起度假旅游，妻子则起主要作用。而对交通工具的选择、活动的种类、住宿的选择和度假旅游目的地的选择等方面则是共同决策。在度假旅游活动安排上丈夫的"一长制"局面正逐渐被夫妻共同决策所取代。孩子对度假旅游活动的种类时间（一般在学校的假期期间）以及目的地的选择等方面影响极大。有时，孩子的影响部分地压倒了妻子的影响。此外，孩子的影响还体现在夫妻双方对子女所负有的责任方面，即要求度假旅游要达到有利于教育孩子的目的。因此，度假旅游目的地的类型和活动的种类，往往和孩子的兴趣、需要及对孩子的教育意义有关。将一对没有孩子的夫妻和有孩子的家庭比较就可看出，一对夫妻比有孩子的家庭更容易取得一致的意见。但当丈夫和妻子意见有严重分歧时，孩子对决策的结果起不到多大影响。

4. 度假旅游活动阶段

根据家庭的度假旅游的动机，可以把家庭度假旅游活动区分为七个类型：

（1）冒险型。别开生面，寻找新发现，不强调舒适。
（2）经验型。浪漫的新经历，但不冒险。
（3）一致型。类似于平时活动，和在家里区别不大。
（4）教育型。兴趣在于度假旅游地区的文化、建筑、历史、语言等。
（5）健康型。强调休息和舒适，从繁忙的日常生活中解脱出来。
（6）社交型。参加同其他人接触的群体活动。
（7）地位型。注重声望，与同等的或高于自己社会地位的人交际。

以上七种类型中，（1）、（2）、（4）、（6）四类是积极主动的，第（5）种类型是消极被动的，第（3）和第（7）两种类型和个人及社会的行为规范有关系。

人们在度假旅游活动中，总是试图寻找更有意义的内容。因此，体育活动和增长知识的活动的增加势在必行。而身体的休息和恢复是次要的，甚至有人主张，在度假中一旦满足了休息和恢复的基本需要之后，应该让高层次的社交、新的经历和自我实现的需要占支配地位。

5. 满足、抱怨阶段

人们对旅游活动满足或抱怨，是旅游者对旅游活动的效果比期望的好或坏和对购买公平或不公平的认识，所产生的肯定或否定的情感体验。满足和抱怨阶段实质上就是信息反馈阶段。

从社会心理学角度来看，"公平理论"是处理在以买和卖形式出现的个体之间关系的变化。按照这一理论，当所有的参加者觉察到他们的买卖比率等于所有参加者各自的比率时就是公平的关系。按照这一理论，当觉察到在参加者之间买和卖的比率不平等时，那么这种关系就被说成是不公平。对度假旅游者来说，如果花了钱而同时又不能获得利益的话，就出现不公平的关系，因而对卫生、膳食、舒适和交通工具等产生一系列抱怨。

不公平是导致不满意或抱怨的一个重要因素。度假旅游者往往把他们的不满归结于外界因素，如旅行社、饭店、交通运输公司等。经济地位和文化教养水平较低的人，以及年事已高的人，他们的期望和要求也较低，而且他们认为假期旅游本身就是奢侈的，因此，度假后往往能获得较大的满足。决定度假旅游者满足或抱怨的因素是暂时的或社会的因素，是个体的早期经验以及与其他人的经验相比较的结果。不满足的旅行者，会采取一系列可能的行为发泄其不满。归纳起来，这些行为大致有以下几种：

（1）不采取任何行动。

（2）采取一些公开行动。①直接向旅游代理人索赔；②采取法律上的行动求得赔偿；③对旅游代理人或政府机构进行抱怨。

（3）采取某种形式的私下活动：①决定再也不同旅行社、交通运输公司或饭店打交道；②告诫朋友不要同上述组织打交道。

（二）家庭旅游决策类型

由于夫妻双方在决策过程中所处的地位不同，以及对旅游产品类型的需要不同，因此家庭决策的方式往往也有所不同。家庭决策可能是丈夫或妻子中的一个制定的，也可能是共同制定的。据此，家庭决策方式可以概括为四种：丈夫起主导作用的决策；妻子起主导作用的决策；共同影响，一方决策；共同影响，共同决策。

1. 丈夫起主导作用的决策

在这种决策类型中，丈夫对购买决策有主要影响，实际上掌握最后的选择权。在这些情况下，妻子对问题或所需产品的认识，对收集有助于选择的信息及购买决策，通常没有多大影响。这种家庭决策方式，使购买旅游产品具有像购买人寿保险、割草机、自动化设备这样的特征。

2. 妻子起主导作用的决策

在这种决策类型中，妻子对购买决策有主要影响，实际上掌握最后的选择权。如果说丈夫起什么作用的话，那只在对问题、对收集信息、对最后决策过程的认识上有一点作用而已。以这种决策方式购买的产品，包括清洁用品、厨房用具、童装、食品及某些家具等。

3. 共同影响，一方决策

在许多购买情况下，尽管夫妻中一方对结果有相当的影响，最后决定仍然由另一方做出。例如，酒类饮料一般由丈夫购买，而妻子却对此施加了许多影响。同样，虽然购买家用器具的决定通常由妻子做出，但丈夫也可能对此有很大的影响。

4. 共同影响，共同决策

这种决定是共同做出的，双方为做出决定都尽一份力，没有一方对购买决定起明显的主导作用。夫妻双方会互让、商议、强加或劝导，但最后双方共同做出决定，都或多或少地同意这是个正确的决定。例如，购买起居室里的陈设和装饰品。大多数家庭花钱度假旅游的决策是典型的共同商议的结果，夫妻双方对决定几乎有同样的影响。这一点对我们来说也许是至关重要的。

显然，夫妇的作用是不相同的，它依赖于夫妇面临的要求，以及可能满足这种要求的产品和服务的类型。我们认为，某家庭做出购买决策的方式影响着某个产品和服务的销售，读者应能预见到家庭决策方式的某些重要含义。

罗杰·L. 詹金斯（Roger L. Jenkins）对美国家庭各成员在度假旅游决策过程中所起的作用进行了分析和研究，结果见表8-3。

表 8-3　家庭旅游决策方式

家庭旅游决策内容	起主导作用的决策方式
度假旅游目的地	丈夫起主导作用
食宿条件的选择	丈夫起主导作用
是否带孩子一起旅游	共同影响，一方决策
度假旅游时间长短	共同影响，一方决策
度假旅游日期	共同影响，一方决策
家庭度假旅游交通工具的选择	共同影响，一方决策
度假活动内容	共同影响，一方决策
是否去度假旅游	共同影响，共同决策
花多少钱去度假旅游	共同影响，共同决策

表 8-3 得出了几个重要的结论。有趣的是在要决定的问题中仅有两个问题，即食宿和旅游目的地，明显地是由一方占支配地位。在大多数的家庭中，丈夫似乎支配着这两项重要的家庭旅游决策，而所有其他类型的家庭旅游决策，妻子要么与丈夫共同做出决定，要么在丈夫最后做决定时，妻子对此有重大影响。如是否带孩子一起去、度假的实际天数、交通工具、度假活动的形式、在度假地待多久，这些决定通常都由一方做出，但另一方对最后抉择有重大影响。而对度假决策本身（家庭是否度假）和花多少钱这两个问题双方都有很大的影响，最后做出共同决策。

我们虽然已经了解了一些关于家庭旅游决策的情况，但这是个尚待进一步研究的课题。例如，在旅游决策的多数问题上，丈夫起决定性作用的原因仍没有完全弄清楚，而且，现存的研究还没有深入到这个方面。在某些家庭决策中，如决定住多久和实际度假天数等问题，我们猜想，丈夫的工作具有很大的影响，要求他做出最后抉择。但由于夫妇都有收入的家庭不断增加，丈夫在做类似的决定时，传统的主导作用可能会减弱。

全家人要乘飞机到外地时，妻子很可能在决定中起非常积极的作用。但全家人乘汽车去旅游，妻子在决定中的作用就不大。不过目前的研究工作还未弄清其中的奥妙。

总之，必须强调的是，在家庭旅游决策中，妻子和丈夫的作用，除了上面提及的因素外，可能还有赖于许多其他因素。另外，任何特定的家庭总是有自己决定旅游的方式。此处所论及的，只是一般的决策模式，不可能对所有的家庭都适合。

（三）儿童对家庭旅游决策的影响

关于儿童对家庭旅游决策的影响，前面仅仅提了一下儿童在家庭旅游决策中的作用。有关研究表明，旅游对儿童的积极意义是家庭度假旅游的重要动机之一。我们已经强调过以教育为目的的旅游的价值。此外，家庭旅游为加强家庭团结提供了机会，也为体验重要而难忘的经历提供了机会。

因此，儿童对家庭旅游的影响虽然可能是间接的，但作用很大。这是因为旅游在人们心目中是最需要经常进行的活动。要求虽然不可能成为具体的选择，但可以决定选择哪一类旅游目的地，并影响着度假期间全家人共同参加的各种活动。此外，儿童的学期也影响度假时间的安排。

研究清楚地表明，儿童对度假时间的长短、交通方式、旅游开支等决定没有多大直接影响。而且，当全家人一离开家，儿童对旅游的具体路线便极少有直接影响了。当然，当全家人改变原来的计划，到某个风景旅游点逛上一个钟头时，他们可能会影响这些冲动性决定。在旅游期间，对全家人选择哪一类旅游公司，儿童的要求也可能有很大的作用。例如，人们常选择有游泳池的汽车游客旅馆，因为乘了一天车之后，这种旅馆可以给儿童提供娱乐的机会。快餐馆（主要是午餐）很受欢迎，因为儿童喜欢吃快餐，同时，快餐馆的价格有利于控制家庭旅游费用。

总之，儿童对家庭旅游决策有很大的、间接的影响。但他们的直接影响很小。就旅游决策的全过程来说，儿童只起了小小的作用，因为他们与寻找信息和评价信息无关，他们也不参与最后决定。不过，旅游经销人员必须认识和考虑儿童对旅游决策的重要影响。

第四节 社会阶层与旅游行为

作为本书基础的基本思想之一，有充足的理由说明从纯经济角度解释旅游行为已不再适用。收入与价格尽管重要，但对个人的闲暇与旅游决策已不能做出充分的解释。现在人们的实际收入比前几代人高。由于人们收入的较大部分可用于包括旅游的非生活必需方面，因而，他们在花钱对象上有了更多的选择。此外，涌现出了一大批中等收入的人，即挣钱数量基本相仿的家庭。他们的花钱方式较多样化，他们的收入水平对了解他们如何消费可自由支配的那些金钱已无多大帮助。因此，我们转而探讨心理学因素，以及在这一章探讨社会学因素，以助于解释旅游行为。

其中一个社会学因素称为社会阶层，这是一个可用于解释多种社会行为的概念。幸运的是，在社会阶层这个领域里所做的研究工作源远流长，这些研究能为闲暇和旅游中的许多重要问题提供合理的答案。

一、社会阶层

一切人类社会都可以以地位和声望为依据划分为种种群体。理由相当简单，每个社会都具有必须履行的各种职责，每个人在履行这些职责时，都担当着某个角色，即便在最原始的社会里也是如此。在较为进步与复杂的社会里，此种角色的数量与种类成倍增加。无论在原始或现代社会，社会成员对每个角色的估价都不同。即使在着意致力于避免社会分化的国家里，人们对不同角色的估价也不同。全体社会成员并不都是平等的。不是所有的人都拥有相同的权力、相同的财产或相同的价值。不是所有的职业都具有同等的声望。几乎每个人对阶层之间的差别至少都有所意识，在社会等级方面，有人地位较高，有人地位较低。

卡尔·马克思（Karl Marx）认为一个人的社会位置是由他和生产资料的关系决定的。一些人（有产者）控制了资源，他们利用其他人的劳动来维护他们的特权位置。无产者缺乏对生产资料的控制，只能依靠他们自身的劳动来求得生存，所以这些人只有通过改变制度才能获取更多的东西。

社会学家马克斯·韦伯（Max Weber）指出，人的社会地位的形成并不是单向度的。一些是考虑其威望或"社会声望"（他称之为身份集团），一些是注重于其权力（或党派），另一些则围绕财富和财产（阶级）。

社会阶层（social class）这个词被广泛地用来描述社会中的所有等级的人。被分在同一社会阶层里的人的社会地位大致相等。他们从事基本相似的职业，他们凭借他们的收入水平倾向于相似的生活方式并有共同的情趣。他们倾向于与别人进行社会交流，并且愿意与别人交流关于生活方式的见解与评价。

社会阶层是一个所有权的问题，也同样是一种生存的状态。阶层还是一个人怎样安排其金钱，并且如何确定他在社会中的角色的问题。尽管人们可能并不喜欢认为社会中有些成员比其他成员更好或"有所不同"，但大多数消费者还是承认不同阶层的存在以及社会阶层对消费的影响。

事实上，在每一个环境里，看起来都有一些人比别人等级更高。社会排列的模式依靠一些人利用其在团体中的相对地位、力量或控制获得比别人较多的资源而得以发展。社会分层（social stratification）这种现象指的是这种对一个社会的人为划分的产生，它可以被定义为在一个社会制度中，稀有并且有价值的资源被不平等地分配于各种身份位置的人们；根据每个人所得到的有价值资源的多少，其等级继而变得更高或更低的这样一个过程。

假如想一想你曾经隶属的群体，不管是大群体还是小群体，你可能都会同意，在许多情况下一些成员得到的东西似乎比他们应该享有的更多，而其他人就不这么幸运。这些资源中的一部分可能已归属那些通过辛苦工作或勤奋学习才获得这些资源的人们，但这种分配是由于成就，其他的资源则可能是由于某人的幸运，例如天生就富有或漂亮而获得的。这种好运气反映了天赐的身份。

无论报酬是归属"最好和最聪明的"人还是归属碰巧跟老板有关系的人，在一个社会群体中的分配很少是平等的。大多数群体呈现出一种结构或身份等级制度（status hierarchy），其中一些成员以某种方式优于其他成员，他们可能拥有更多的权威或势力，或者仅仅是更受别人喜欢或尊敬。

美国看起来没有一个僵硬的、客观明确的阶级制度。但是，美国倾向于根据收入分配维持一个稳定的阶层结构。然而与其他国家不同的是，在美国的各个群体发生着改变（少数民族、种族和信仰），在不同时期它们在阶层结构中占据着不同位置。最具影响且最早尝试描绘美国阶层结构的是W. 洛伊德·沃纳（W. Lloyd Warner），他于1941年提出了这个问题。沃纳将社会阶层区分为六类：上上阶层；次上阶层；上中阶层；次中阶层；上低阶层；次低阶层。

要注意到这些分类根据的是诸如金钱、受教育程度及奢侈资源的获取机会，暗含着（以上升的次序）对称心的事物的判断。这种制度的变更已被提出若干年了，但是这六个层次相当好地概括了社会科学家对阶层的思考方式。图8-7提供了最近对美国社会地位结构的观点。

每一个社会都有其典型的等级阶层结构，人们获得产品和服务的机会由他们所拥有的资源和社会地位所决定。当然，在每个文化中成功与否要看以什么特定"标志"来衡量。例如对于刚开始体验市场经济优越性的中国人来讲，有些人成功的标志是雇用保镖来保护自己及其新获得的财产。

日本是一个身份意识很强的社会，上层的、高贵的称号相当受欢迎，而且还经常可以

```
┌─────────────────────────────────────────────────────────────┐
│                      上层美国人                              │
│    上上层(0.3%):社会之冠,来自继承财富的世界;                │
│    次上层(1.2%):新的社会名流,从当前的专业人员中产生;       │
│    上中层(12.5%):有大学以上学历的管理人员和专业人士的剩余部分;│
│ 以拥有私人俱乐部会员身份、事业和艺术品为标志                 │
├─────────────────────────────────────────────────────────────┤
│                      中层美国人                              │
│    中层(32%):拿平均水平工资的白领工人及其朋友,生活在城市里环境较好│
│ 的区域,试图"做合法的事情";                                │
│    工薪阶层(38%):拿平均水平工资的蓝领工人,无论在收入、学校背景和职│
│ 业方面都在以"工薪阶层的生活方式"生活                         │
├─────────────────────────────────────────────────────────────┤
│                      低层美国人                              │
│    "一个低层团体,但并非最低层"(9%):工作,并不靠救济金生活,生│
│ 活水平仅仅高于贫穷线,行为被认为是"粗鲁的""毫无用处的";      │
│    "真正的最低层"(7%):靠福利金生活,明显地贫穷不堪,经常失业(或干│
│ "最脏的活""乞讨""经常犯罪")                                │
└─────────────────────────────────────────────────────────────┘
```

图 8-7 美国社会阶层结构划分

找到新形式的身份标志。对日本人来说,拥有一个传统的铺满石头的花园和一辆旧式的汽车,将之作为休闲的资源来享受安宁,已成为人们追求的项目。拥有一个铺满石头的花园意味着继承了财富,因为传统上贵族是艺术的恩主。另外,大量的资产意味着你必须买得起乡村中的土地,因为这些不动产是相当昂贵的。土地的稀少也得以解释了为什么日本人是狂热的高尔夫球爱好者:由于一个高尔夫球道要占这么多的地方,因而一个高尔夫球俱乐部的成员资格是极其宝贵的。

英国大部分人的消费方式依据他们所继承的社会地位和家庭背景事先就被注定了。上层阶级的成员在诸如伊顿(Eton)和牛津这样的学校接受教育,并且像电影《我的美丽的女人》(My Fair Lady)中的亨利·希金森(Henry Higgins)那样说话。在这种残存的僵硬的阶层结构中可见到"胡利·亨利(Hooray Henrys)"(在温莎打马球的富有的年轻人)这样世袭的贵族们统治着上议院。但这种财富继承人的统治在英国传统的贵族社会中已渐显衰退。

二、社会阶层的组成部分

当考虑一个人的社会阶层时,人们会考虑到大量的信息因素,最重要的两个是职业和收入。第三个重要的因素是受教育程度,它与收入和职业密切相关。

(一) 职业声望

在一个消费者的类型很大程度上是根据其谋生手段来界定的社会体系中,职业声望是评价一个人是否"有价值"的一种方式。职业声望的等级制度在一段时期内是非常稳定的,在不同的社会他们也是比较类似的。在诸如巴西、加纳、日本和土耳其等不同性质的国家中都可以发现职业声望的相似之处。

一个典型的最高阶层包括处于高层的各种人(例如一个大公司的总经理、内科医生或大学教授),而像擦皮鞋、挖壕沟和捡垃圾等工作,则是处于低层的工作。由于一个人的职业一般与他的空余时间的利用、家庭资源的分配、政治方向等密切相关,这些变量被认为是评价社会阶层最好的指标。

（二）收入

社会科学家和厂商对财富的分配很感兴趣，因为它决定了哪个团体最有购买力和市场潜力。财富在社会阶层中的分配是一点也不平等的。在美国，处于上层的占总人口五分之一的人控制的资产大约占总资产的75%。正如人们所看到的，通常收入本身并非是代表社会阶层的一个非常好的指标，因为支出金钱的方式比这更为有效。然而，人们需要金钱来帮助他们获得代表其品味的商品和服务，因此收入显然仍是非常重要的。

尽管消费者倾向于将金钱等同于阶层，社会阶层的其他几个方面和收入的精确关系并不十分清楚，在社会学家之间对此仍有着争议。这两者根本不能等量齐观，这也就是为什么许多人有钱却还在想方设法利用金钱提高其社会阶层的原因。

有一个问题是，即使一个家庭通过增加工资收入提高了其家庭收入，但是每个附加的工作都很可能是低级的工作。例如，一个拥有非全日制工作的家庭主妇并不可能再获得一份与挣基本工资的人地位相同或更高的工作。另外，所挣得的额外收入通常也不会被并入到家庭的共同商品的开支中。它通常被人们按其个人意愿而花销掉。挣更多的钱并非就能导致地位的提高或消费方式的改变，因为人们倾向于用这些钱购买平常商品而不是能提高其社会地位的产品。

考虑到社会阶层的指标（如住所、职业、文化爱好等）与收入在预测消费者行为中的相对价值之后，可以总结如下：

（1）社会阶层更适合于预测具有标志作用的商品的购买，不适合于预测价格水平一般的商品（如化妆品和酒类饮料）。

（2）收入更适合于预测较主要的开支，而不适合于预测具有地位标志性质的开支。

（3）在预测昂贵的、具有地位标志性质的产品（如汽车和住宅）购买方面，社会阶层和收入这两个数据都是必需的。

三、社会阶层的价值观与态度

属于同一社会阶层的人，往往表现出极为相似的行为方式。在考察社会阶层的行为时，发现同阶层成员行为方式的相似性起源于许多共同的态度与价值观。在此，明确一些能说明各社会阶层不同行为的主要态度与价值观是有益的。首先，把中层与工薪阶层，或所谓劳动阶层作一番对照，因为这两个阶层的人数最多，这两个阶层的总人口估计占美国人口的70%左右。

这里，我们对最底层不感兴趣，因为这个阶层的收入水平一般来说不可能大批参与寻求欢乐的旅游。贵族与暴发户，即上层阶层集团，虽然在闲暇旅游中占据了一个相当大的比例，他们所代表的人口也许不到总人口的百分之五。谈到上层阶层，至少应指出，这些集团中的个人与家庭行为有时候被中上阶层成员视作楷模。渴望上升到上层阶层的中上阶层成员，会竭力仿效这个阶层成员的行为。上层阶层中的人，往往着重于优雅的生活方式与正当地花费财富，如用于艺术古玩、旅游、排他性俱乐部及名牌大学教育。因而，上层阶层的行为对中上阶层的成员的行为能产生巨大的影响。

（一）自我知觉

在论述知觉时，曾指出社会阶层对旅游现象的知觉能产生强有力的作用。中等阶层的人对世界与他们在世界上所处的位置，所持的眼界一般比下等社会阶层的人更为开阔，他们感到与国家和整个世界有切身的联系。而且，中等阶层往往比下等社会阶层自信得多，更爱冒险，更愿意经历风险。因此，中等阶层可能要比下等社会阶层对旅游有更大的兴趣。

出身于下等社会阶层的人通常以较为狭隘与惶恐的眼光看待世界。他可能认为去欧洲或某个遥远的地方旅游是不必要的、轻率的，因而是毫无趣味的。他的理想度假方式可能是去某个国内旅游地，或者认为每个夏季在附近一个湖畔的家庭别墅里过上三个星期也许更好。他往往视其家庭为城堡，一有钱，就要添置"重武器"，把家里塞得满满的，如昂贵的厨房器具、豪华浴缸、高价电视机，以这些东西来象征安全。而形成对照的是，中等阶层的人更爱在诸如戏剧、教育与旅游之类不可触摸的东西上花钱。

了解了价值观和态度方面的这些差异，就容易看出为什么用社会阶层解释旅游行为要比收入或财富有效得多。一个劳动阶层家庭的收入可能与一个中等阶层的家庭相仿甚至更多，但研究结果清楚表明，中等阶层家庭进行旅行的可能性要大得多。在这一方面，收入所起的作用微乎其微，起重要作用的是，该家庭总的世界观及其对作为探索世界的一种方式的旅游所持的态度。

（二）父母与子女的关系

研究一下中等阶层与劳动阶层妇女一般的价值观与态度也是有益的。两者都是以子女为中心的人，子女是每个妇女自身价值的证据，虽然在劳动阶层妇女的生活中，子女可能更是中心角色。劳动阶层妇女对子女的保护更为认真，因为对她来说，这个世界是一个具有威胁性的地方。

母亲们对子女教育所持的态度明显受到社会阶层的影响。这一点对家庭旅游将产生极为巨大的影响。劳动阶层的母亲们不如中等阶层的母亲们那样看重子女的教育。对中等阶层母亲来说，教育被认为是获得工作、较高工资、更多报偿的职业以及取得较高社会阶层的预备成员资格的敲门砖。劳动阶层母亲也承认良好教育对其子女的价值，但换一个社会阶层对她说来一般不是那么重要。因为她的子女们只要最终在劳动阶层里获得一个令人尊敬的地位，便足以使她们为之骄傲。

父母对子女教育所持的态度，能详尽解释中等阶层家庭与劳动阶层家庭，即使收入相等，前者仍更可能进行旅游的原因。现在，旅游已被认为是一种教育方式，中等阶层家庭对它的反应是更多地去旅游，而劳动阶层家庭不可能以同样方式做出反应，因为他们对教育的重要性看法并不相同。在向中等阶层家庭销售度假旅游时，就要强调旅游是一种教育过程这样的价值观。这也提示我们，要成功地向劳动阶层推销旅游，则必须强调教育之外的实惠，或者，使劳动阶层的人确信家庭教育的重要性。

后一种方法可能不如想象的那么难，因为教育过程有不同的类型。中等阶层的父母亲可能会寻求某种旅游经历，使自己的子女从中能学到某些重要的知识，比如说，有关历史、政治或科学的知识。而劳动阶层的父母亲，则或许被一次有可能教给子女某些重要的本领，比如说，有关打猎、钓鱼或进行大规模野外活动等本领的旅游经历所打动。每个社会阶层对不同类型的旅游目的地和旅游胜地会各有偏爱。

（三）夫妻关系

夫妻关系在中等阶层与劳动阶层之间往往存在着许多差异。这明显影响闲暇与旅游行为。在劳动阶层婚姻中，丈夫与妻子所承担的角色往往比中等阶层婚姻规定得更为清楚。劳动阶层妻子的特点是承担抚育子女的大部分日常责任，还要把家里打扫得窗明几净，当好厨娘，而且在最重要的家庭问题上与丈夫保持一致。劳动阶层妻子往往是顺从的，主要是因为她学会了依赖丈夫，把丈夫看作照顾她、赋予她一种身份的人，劳动阶层的丈夫也承担传统的角色。在他妻子料理内部家务时，他修剪草坪，油漆房屋，挣钱，在子女淘气时管教他们，要求得到每个家庭成员的尊敬，并竭力维持他作为一家之主的地位与形象。与中等阶层中的同等者相比，劳动阶层男子与其子女的关系更为拘谨，而且，对自己的体力与男子汉气概往往也更为关注。

典型的劳动阶层夫妇所承担的男性与女性角色有明显的区别，性质截然不同，这也表现在他们闲暇时间的活动中。劳动阶层的丈夫要比中等阶层中的丈夫更有可能常带子女去过夜生活，也许在当地球场上，或者在小酒馆里。他更频繁地定期离开家庭，与一小批朋友去进行钓鱼或打猎远征，这种旅游使他得以证实自己的男子汉气概。

中等阶层夫妇与此形成明显的对照。中等阶层夫妻们比较惯于协同工作，像个工作组，丈夫干家务活，妻子就帮助油漆房屋或照料院子。特别是在中上阶层家庭里，妻子帮助推进丈夫的事业和利益，而丈夫也会分担抚养子女的责任。换言之，中等阶层夫妇一般在人际关系与性别角色方面的传统观念较少。

中等阶层婚姻中较大程度的协同性，也反映于他们家庭的闲暇时间活动中。虽然中等阶层的丈夫也可能偶尔离家外出，去参加男子狩猎或钓鱼远征，但他们的假期几乎总有一部分时间是与家庭共度的。

由于中等阶层看待世界的眼光比劳动阶层开阔得多，恐惧心理少得多，那么，对中等阶层夫妇会与家庭外更多的人交往就不觉得奇怪了。劳动阶层人们的社会关系在很大程度上被限制于亲戚之间。社会阶层的这些差别也会对如何消磨闲暇时间产生影响。它们会影响人们去旅游的目的地，选择的交通方式及他们离家在外喜欢从事的活动。这又一次表明，关于闲暇与旅游行为，有许多情况是无法用收入水平、价格、年龄以及其他经济因素与人口统计因素来解释的。

四、社会阶层对旅游行为的影响

同一社会阶层的成员，具有许多为整个群体所看重的相同的东西。在某些情况下，是财富，在别的情况下是权力、声望、智慧或地位。共有的价值观、态度与行为准则也能转化为对许多同类商品与服务的兴趣。同一社会阶层中的人，特别是这些社会阶层同一群体中的成员，常以同样的方式消费时间与金钱。换言之，共有的价值观与态度产生相似的趣味、生活方式以及对许多同类商品与服务的偏爱。

比如，上等阶层家庭的支出预算常常反映出对书籍、杂志、乡村俱乐部成员资格、旅游、艺术、古玩、名牌大学教育以及体育娱乐设施此类事情的关切。在社会阶层等级的另一端，下层阶层家庭的支出预算反映出食物、衣着与这个阶层所持有的奢侈品等的优先地位。

在对信贷的态度与使用、感兴趣的商店类型、对广告与宣传如何做出反应等方面，同一社会阶层成员的行为也往往相似。对不同社会阶层的市场行为的研究，将有助于人们对一些有关旅游的重要的问题做出回答。

(一) 使用信用证

研究结果表明，上等阶层往往为方便才使用信用证，使用信用证可不必携带大笔现金，又便于精确记录税收与预算；下等阶层则常常为了分期付款赊购而使用信用证。产生这种情况的部分原因是下层阶层迫不及待地要满足自己的需求与愿望。

中等阶层和上等阶层消费者一般避免使用信用证分期付款赊购。因为在心理上，这些社会阶层的人不急于满足自己的需求与愿望。这一点又可用某种非经济因素来解释。中上等阶层对时间有比较开阔的视野，筹划一件事要花较长的时间，而且事前要有充分的理由才着手筹划。假如他陷入了严重的经济困难，他们对事业、名声所做的大量的投资，以及积累起来的财富就有风险，而下层阶层的人在这方面所冒的险较小。因而，下层社会阶层更可能凭冲动行事，要什么就买什么，必要的话就使用信用证赊购。

因此，在向中层与上层阶层销售旅游时，强调使用赊购开支度假可能不像人们起初想象的那样是个成功的策略。中层与上层阶层的人往往认真执行固定储蓄计划，在招致计划外债务之前通常三思而行，慎之又慎。这并不是说中等阶层与上等阶层的人不负债，更何况购买像旅游那样的昂贵品。对这些构成大部分旅游市场的人来说，决定负担数量不小的债务通常是一件严肃的事。因此，借赊购帮助销售旅游可能不是一个成功的策略。也许，旅游储蓄俱乐部的方案要比赊购旅游更有意义。

(二) 购买行为

最初关于社会阶层影响消费者行为的某些研究，涉及社会阶层对购买行为的影响。所有社会阶层的购买者都常常对反映与迎合各自社会阶层志趣的零售商店特别感兴趣。地位低的人对上等阶层商店正如上等阶层对低级商店一样疑虑重重，避而远之。许多商行都代表了一定的社会阶层形象，它们的老主顾来到这些商店里大都有宾至如归之感，这里有他们感兴趣的商品。顾客们是来自同一社会阶层的彼此相像的人。

当然，零售商店之间的差别是相对的。中等阶层的购买者可能愿在低于正常价格的商店购买电冰箱或洗衣机之类的产品。这类产品，品牌名称就是质量的保证。凡重视格调与趣味的商店，或信任不太有名气的品牌，比如信任家具或珠宝的品牌，消费者得冒较大风险的商店，"货真价实"对购买者来说往往就显得极为重要。劳动阶层在选择商店方面一般来说范围狭窄，而中等阶层的购买者通常喜欢多跑几处，考虑的范围尽可能广些。这部分地反映出二者在承担冒险的能力方面存在差别。这个能力也能解释旅游者在离家外出时选择进餐的地点，选择饭店与汽车游客旅馆，选择旅游目的地等。

许多旅游目的地也像零售商店一样，具有吸引特定社会阶层群体的明确的社会阶层倾向性。不同的社会阶层群体会对不同的交通方式、不同类型的闲暇活动等产生兴趣，这似乎也是一目了然的。当然，有一些旅游服务企业对广大中等阶层都具有吸引力。如假日旅馆毫无疑问不仅吸引着中上阶层，而且也吸引着劳动阶层。

特定的零售商店吸引特定社会阶层，这个现象提出了有关零售旅行社及其被服务的顾客类型方面的一些有趣的问题。美国 16 000 多家旅行社每年处理的旅游业务价值超过 150 亿美元。但该行业认为这个数目大大低于它的实际潜力。美国主要旅行业联合会，即美国旅行代理人协会已考虑采用广告，使更多的人意识到旅行社所提供的服务。看来，假如对旅行社的一般顾客有更多了解的话，这个策略会产生更大的成果。不幸的是，对下面问题的了解似乎做得很少。一家旅行社的大多数顾客是否主要来自同一个社会阶层？他们对旅行社的认识如何？是什么促使他们依靠旅行代理人安排他们的离家旅行？

（三）对推销的反应

消费者对推销工作所做的反应也依社会阶层而不同。社会阶层影响人们视、听、读的内容，因而，广告受到社会阶层所考虑的内容的影响。在接触各种杂志方面，各社会阶层之间存在着一些最为明显的差别。有些杂志几乎专供上层与中上阶层阅读。这不仅反映了这些杂志的内容，而且也反映了广告的措辞和推销内容所具有的感染力。在这些杂志的典型的一期里，都刊登着有关国外旅游区、国际班机以及游船航线的大量广告，而且这些广告的感染力着重放在首先能使上层与中上阶层受感染的那些内容上，例如，既有一流水平的、精美的、丰盛的膳食与优雅的起居，也有参观艺术节、欣赏歌剧、考古遗址等内容。

与此相对照，以大众（中等阶层）为对象的杂志里，通常刊登的旅行广告主要推销服务于国内旅行市场的各公司的服务。这些服务公司包括国内班机、国内联营饭店和汽车游客联营旅馆、小汽车出租公司、国内度假目的地。此外，刊登于大众杂志的旅游广告常常强调有关节省方面的内容，如不计里程的车船费、超低价车船费和特惠价格的包价旅游。

各社会阶层收看电视的总量与节目种类，所接触的无线电广播与报纸广告，以及对不同的广告形式所做出的反应也各不相同。比如，中等阶层家庭收看电视一般比劳动阶层家庭少，阅读报纸则较多，而且较多收听调频电台，而不是调幅电台，广告中有效幽默内容的类型也因不同社会阶层的听众而不同。例如，中等阶层喜爱的幽默一般较为微妙，但往往不为较低社会阶层的人所欣赏。

第五节　文化、亚文化与旅游行为

一、文化

文化（culture）可以视为社会的个性。它不仅包括一个群体所生产的物质产品和提供的服务，而且还包括它所重视的抽象观点，如价值观和道德观。文化是一个组织或社会的成员共有的意义、仪式、规范及传统的累积。人们身处其中的文化，可以看作一个巨大的非个人的参考群体。文化的范围是极其广泛的，从消费者行为学的角度，可以把文化定义为："用来调节某一特定社会消费行为的习得的信念、价值和习惯的总和。"

人们通常将文化分为东方文化、西方文化，或者按民族来论文化，如中国文化、法国文化、美国文化等。在同一文化下的人，有着共同的信念、价值观、态度、习惯、风格、传统以及共同的行为方式。文化对一个人的生活抱负、扮演的角色、交往方式、理解事物的方法以及消费行为方式等，有极大影响。

（一）文化的特征
1. 文化的影响是无形的

尽管文化的影响极其自然和不易被觉察，但文化对人类行为的影响却是根深蒂固的，文化影响着人们日常生活的各个方面。

2. 文化满足需要

客观存在的文化能满足社会中人的需要。文化通过提供"实践经验"和能满足心理的和社会需要的经验，为人们在解决问题的各个阶段确定了顺序和方向。例如，关于什么时候就餐，什么食物适合于早餐或中餐、晚餐，以及怎样接待参加宴会的宾客等，文化都提供了规范和准绳。

只要文化中的信念、价值和习惯能满足需要，那么它就将延续下去。但是当某一特定的规范不能再充分地满足社会成员的需要时，它将得到修正或被取代，以便使最终的规范更符合现代社会的需要和愿望。文化就这样逐步地，但却是间断地向前深化，以适应全社会的需要。

3. 文化是习得的

人类并非天生就具有文化意识，它不同于人的生理特征，如性别、头发、肤色等。但人们在幼年时期就开始从社会环境中获得构成社会文化的一系列信念、价值和习惯。所以文化是习得的，是社会实践经验的一部分。

4. 文化是共有的

所谓共有，是指某种特定的信念、价值或习惯并不是少数人的"私有财产"。相反，它必须为社会大多数人所享有。同样，文化通常被认为是群体的习惯，它和群体成员有着密切的关系。因此，共同的语言是文化的组成部分，它使人们有可能享有共同的价值、感受和习惯。

5. 文化是动态的

文化在发挥满足需要的作用时，为了最符合社会的利益，同时为了继续发挥作用，它就必须有所变化，而不能永远停留在原来的水平上。

（二）信仰和惯例

一种文化的成员共有一套意义系统，他们学会接受一套调节生存方式的信仰和惯例，这些信仰通过诸如父母、朋友和老师传授给文化成员。学习自身文化所赞赏的信仰和行为的过程叫文化认同（enculturation）。

1. 核心价值观

每种文化都有一套传达给成员的价值观。价值观是认为某种状态优于其对立面的一种持久的信念。例如，在某种文化中，人们可能感觉到成为一个独特的人，比融入一个组织更可取。但另一种文化也许会强调成员资格的好处。许多情况下，价值观是广泛一致的，如谁都渴望健康、智慧和世界和平。

2. 价值系统

使文化区别开来的是价值观和相对重要性，或称价值的排序。这套排序就构成了文化的价值系统（value system）。价值系统间是有差异的。日本一个大型的广告代理机构 Dentsu 要求纽约、洛杉矶、东京三地的消费者表明其对于理想社会应努力追求的目标偏好，其研究结果是：在美国消费者的样本群中，存在着高度的一致性，两地消费者的最高理想都是"一个人们可以安全生活的社会"；相反，东京居民则把"一个拥有完善的福利制度的社会"作为首要目标。45%的美国人欣赏虽然富于竞争性、但每个人成功机会均等的社会；而东京仅有25%的居民持此观点。

成员对一套价值系统的认可，表现了每种文化的特色，在有些情况下，价值观可能是互相抵触的（如美国人似乎既重视共性又重视个性，并试图在二者间找到某种平衡）。然而，确认定义一种文化的核心价值观是可能的。

3. 规范

价值观是关于目标好坏的非常一般的看法，从中产生了规范，或称准则。规范指明了什么是正确的，什么是错误的，什么是可以接受的，什么是不能接受的。有些规范是人为规定的，如"红灯停，绿灯行"，它们明确地起着作用。但许多规范的性质却微妙得多，隐藏在文化中，只有当它与文化的其他成分相互作用时才被察觉。这类规范包括：

（1）风俗（custom）。是从过去流传至今的，控制着诸如家庭劳动分工和举行特别仪式等基本的行为。

（2）禁忌（mores）。是带有强烈道德意味的风俗，通常涉及戒律或受到禁止的行为，如乱伦、吃人。违反它通常会遭到社会其他成员的严厉惩罚。

（3）习惯（convention）。是指导日常行为的规范，这些准则关系到消费者行为的细微之处，包括布置房子、穿衣戴帽、举行晚会等的正确方法。

这三种形式的规范可共同作用，完整地定义文化上的适当行为。例如，禁忌能告诉我们，哪种食物是可以吃的。禁忌在不同文化间存在差别：吃狗肉在美国是忌讳的，印度人不吃牛肉，穆斯林不食猪肉。风俗决定了开饭的合适时间。习惯告诉人们如何进餐，包括使用的器具、餐桌礼节，甚至晚餐时着装得体这类细节。

（三）礼仪

礼仪（ritual）是一系列复杂的象征性的行为，按固定程序出现，并趋向于定期地重复。当人们想到它时，脑海中浮现的可能是古怪的部落仪式，也许包括各种献祭。实际上，当代许多消费者的行为也带有礼仪性质。

如表 8-4 所示，礼仪出现于各个层次。一些确认了广为传播的宗教或文化价值，另一些却在小群体或与世隔绝的环境中出现。

表 8-4 礼 仪 种 类

最初的行为动因	礼仪种类	例 子
宇宙观	宗教的	洗礼、静坐、弥撒
文化价值观	过渡仪式	毕业、结婚、节日、假日
	文化的	超级杯赛
群体学习	公益的	游行、选举、审判
	群体	成立联谊会、商业谈判、工作午餐
	家庭	进餐时间、就寝时间、生日、母亲节、圣诞节
个人目标与情感	个人的	梳妆及居家礼仪

1. 礼仪用品

许多企业向消费者提供礼仪用品，即举行仪式过程中使用的物品。生日蜡烛、获奖证书、特制的食品和饮料、奖杯、勋章、装饰带、贺卡和发给离职人员的手表，所有这些产品都用在消费者的有关仪式上。此外，消费者还经常使用礼仪手册，以分辨这些物品的使用顺序及使用者。这样的例子包括毕业典礼的程序、礼仪手册和礼仪用书等。

2. 梳妆仪式

事实上每个消费者都经历了个人的梳妆仪式，它是帮助人们从个人的自我转变为社会的自我，或是从社会的自我恢复到个人的自我的一系列行为。仪式从面对世界之前树立起自信，到清除身体的污秽或其他不洁物质，其目的各不相同。

消费者谈及他们的梳妆仪式时，居主导地位的话题反映了化妆品和化妆行为几乎不可理喻的作用。许多人强调一个人前后对比的事实，即使用某些产品后，人们感觉像变了个人一样(类似于灰姑娘的童话)。

个人仪式中表现的两组二元对立是个人与社会(private/public)及工作与闲暇(work/leisure)。如许多美容仪式反映了人从自然状态到现实社会的转变(当一位女士"往脸部上妆"时)或与此相反的过程。在这些日常仪式中，女性再次确认了其文化所肯定的个人美貌的价值和对容颜永远的追求。

3. 赠送礼物的仪式

在送礼仪式(gift-giving ritual)中，消费者购得理想的物品(人工制品)，精心包装一番，然后送给接受者。

研究人员认为，送礼主要是一种经济交换形式。赠送者把一件有价值的物品移交给接受者，后者则相应有义务回赠。送礼也可仅包括象征性的交换，其中，赠送者是出于无私的动机，如爱恋或仰慕，并不期待任何回报。一些研究表明，送礼逐渐演变为社交语言的一种形式。在交往的早期，它更多的是以交换为中心(带有工具性质)，但随着交往的深化，它变得越来越具有利他主义性质。

不管是出于个人的还是职业的原因，每种文化都规定了送礼的一定场合和仪式。送礼的过程可明确分为三个阶段。酝酿期，赠送者被一件事激励，从而购买礼物。这件事可以是属于社会结构的(如某种文化规定的，就像人们购买圣诞礼物一样)，也可以是突然出现的(如出于更个人化、更富有个人特性的原因)。第二阶段是赠予，即交换礼物的过程。接受者对礼物做出反应(恰如其分的或是不恰当的)，赠送者评价这种反应。在第三阶段，重新确立关系，赠送者和接受者之间的关系得到调整(更疏远一些或是更密切一些)，反映了交换完成后出现的新情况。如果接受者认为礼物不合适或是质量低劣，那么就可能出现负效应。赠送者或许会觉得接受者对礼物的反应不够充分、不够诚恳，违背了互惠原则。该原则认为人们有义务回赠价值相同的礼物。

人们通常会制造理由送礼物给自己，他们"款待"自己。消费者购买自我礼物(self-gift)，借此规范自身行为。这种礼节提供给人们一种社交上可以接受的方法，用于奖励自己的良好行为，或在不好的事情发生后安慰自己，又或是激励自己去达到某一目标。

(四) 时尚

时尚(fashion)可被视为一组代码或语言，帮助人们揭示某种意义。和语言不同，时尚依赖于环境。同一件物品，不同的消费者对它的解释是不同的，在不同的情况下，解释也是不同的。许多产品的意义是无法编码的，即它们不存在确切的意义，观察者有相当大的解释余地。

时尚和流行式样或流行风格不同。时尚是一个社会传播的过程，通过它，一种新的流行风格被某个或一些消费者群体接受。一种流行式样(或流行风格)指的是性质的一个特殊组合。流行意味着某个评估群体对它做出正面评价。因此，丹麦现代家具式样(以简朴、轻便为特点)这个术语指的是家具(如室内设计的一种流行风格)的特定特征，并不必然暗示它就是当前消费者想要的流行风格。

1. 文化范畴

时尚转移给产品的意义反映了潜在的文化范畴(cultural categories)，这和我们描绘世界特点的基本方法是一致的。文化区分不同的时代，区分工作和闲暇，区分不同种类，等等。时尚系统为我们提供了了解这些范畴的产品，例如，服装业提供的服装适合在某些时间穿着(如晚上穿的衣服、度假时穿的衣服)，它区分休闲服和工人服，区分男式和女式的服装风格。

这些文化范畴影响了许多不同的产品和流行风格。结果，可以发现在任一时间、任一地点，一种文化的主导方面倾向于在截然不同的产品的设计及营销活动中得到反映。

2. 行为科学透视时尚

时尚是一个在多层面上进行的复杂的过程。一方面，它是同时影响许多人的宏观社会现象；另一方面，它对个人行为施加非常个人化的影响。消费者追赶潮流的愿望，通常是他做出购买决策的动机。时尚产品同时也是审美产品，植根于艺术和历史。因此，对时尚起源和扩散存在许多观点。在此虽不能一一详述，但可以简要介绍一些主要的观点。

(1) 时尚的心理学模式。不少心理因素有助于解释人们为何要追赶潮流。这些因素包括一致性、寻求多样性、个人的创造力和魅力。许多消费者似乎都有"追求独特"的需要。他们想与众不同，但不愿标新立异。出于这个原因，人们经常遵循时尚的基本要点，但又在这些原则框架之内，尽可能即兴创作，发表个人化的声明。

(2) 时尚的经济学模式。经济学家用供给模型来分析时尚。供给有限的产品价值高昂，而那些唾手可得的商品则不受欢迎，珍贵的物品要求尊敬与名望。范伯伦关于显示消费的概念认为，富人穿衣服显示其财富，如穿着昂贵(有时不实用)的衣服。这种观点有点过时，因为现今上层消费者经常故意接受以前低阶层的或是便宜的物品。其他因素也影响了与时尚相关的产品的需求曲线。这些因素包括：名望独占效应，即高价格创造需求；势利效应，低价格实际上会减少需求。

(3) 时尚的社会学模式。社会学家把许多注意力集中在接受产品与阶级结构之间的关系上。格奥尔格·西梅尔(Georg Simel)于 1904 年首先提出的利益扩散理论(trickle-down theory)，是理解时尚的最有影响的方法之一。该理论声称，有两种互相冲突的力量促使时尚发生改变。首先，处于从属地位的群体，当他们试图沿着社会阶梯往上爬时，竭力采用高于自身的群体的地位象征。占主导地位的流行样式起源于上层阶级，并扩散到下层阶段，但这也是第二种力量产生之处。那些居主导地位的群体成员总在梯子上不断朝下望，确保自己没有被模仿。面对着下层阶级仿效他们的企图，他们的反应是采用更新的时尚。这两个过程创造一个永远自动持续的变化循环——这也正是推动时尚的机制。

该理论运用于阶级结构稳定、易于区分上层和下层消费者的社会时，对于理解时尚的变化过程是非常有用的。在现代社会，必须修正这个方法，以理解大众文化的新发展。

3. 接受时尚的周期

虽然一种特定风格的时尚的周期寿命从一个月到一个世纪不等，但时尚倾向于依照可预测的顺序向前发展。时尚生命周期(fashion life cycle)与产品生命周期十分相似。一件物品或一种思想，经历从产生到消亡的基本阶段，图 8-8 所示是对时髦、时尚和经典的接受周期的比较。

图 8-8　时髦、时尚和经典的接受周期的比较

图 8-8 说明，时尚的特点是一开始接受缓慢，接着迅速地加快（如果这种时尚获得成功），最后被淘汰。根据时尚接受周期的相对长度，可以区分时尚的不同种类。虽然许多时尚的周期适中，一般需要花费几年时间完成从接受到衰退的过程，但是其他时尚却极端长寿或短寿。

经典（classic）是一种接受周期极其长的时尚。因为它很长时期内保证稳定性，购买者面临的风险低，所以它是"反时尚"的。

时髦（fad）是一种非常短命的时尚。接受它的人通常相当少，接受者也许都属于共同的亚文化。它在成员间"交叉渗透"，但很少超出特定的群体。时髦产品有以下几个重要特点：

（1）不实用，即它起不到任何有意义的作用。

（2）经常是由于消费者一时冲动而接受的。加入时髦行列之前，人们并没有经过理性的决策制定阶段。

（3）普及非常迅速，反馈也很快，周期短。

二、亚文化

消费者的生活方式受其在社会中所属群体的身份的影响，这些群体被称作亚文化群体（subcultures）。其成员拥有共同的信仰和生活经历，这些使得他们和其他人区分开来。

亚文化群体成员身份常常是影响人们的需求和欲望的最重要的因素。这些群体成员身份往往预示了一些消费变量，如接触媒介种类、食物偏好、衣着、政治行为、休闲活动，甚至尝试新产品的愿望。

每个消费者都同时属于几个亚文化群体。包括宗教群体、年龄群体、民族群体，甚至地区群体。有时休闲活动也可能发展成为一个亚文化群体，如果它足以将消费者置于一种特殊的社会地位。这些亚文化群体中的消费者自己创造了他们自己的世界，这个世界拥有他们自己的规则、语言和产品标志。

（一）民族和种族亚文化群体

民族和宗教身份通常是消费者自我意识的重要组成部分。民族和种族亚文化（ethnic or

racial subculture)群体是由一群因共同的文化或遗传纽带而联系在一起的消费者组成的,他们自认为本群体是永存的,同时这个群体也被其成员和他人看作一个不同于一般的种群。

有些国家,如日本,由于绝大部分公民都拥有共同的文化纽带(尽管日本有相当一部分少数民族人口,尤其是朝鲜人后裔),民族性与主流文化几乎是同义词。在一个像美国这样各方迥异的社会里,许多种不同文化都各有其代表,并且消费者们都尽力维护本亚文化群体的地位,使其不致被消融到社会的主流中去。

(二) 宗教亚文化群体

宗教关系在预测消费行为时,是一个很重要的因素。特别在个性、出生率、家庭形式、收入和政治立场等消费变量上,宗教可以施加很重要的影响。例如,一项研究表明,信奉天主教、新教和犹太教的大学生在选择周末娱乐活动以及选择标准上,有很明显的差异。价格对于新教徒而言是一个很重要的选择因素,而犹太教徒最关心的是有同伴,天主教徒比另外两组人更喜欢跳舞。天主教会的特点是严密的组织结构以及很少对事件发表个人见解。

新教教义强调个人的忠诚。这一传统鼓励人们接受科学知识,新教徒因而更少独断专行,同时视工作和个人磨难为升往上层社会的必经之路。虽然并非所有的新教徒都很富裕,但他们跻身上层社会的比例却出奇的高。

犹太民族由于融合了文化和宗教两方面的个性因素,因而成为一支特别重要的影响力量。犹太教强调个人对行为和自我教育的责任。其消费者的个性特征包括渴望获得成功、忧虑不安等。在一项对犹太人和非犹太人消费者进行的对比研究中,确实发现犹太受访者在小时候更多地接触过教育材料,在搜集信息时使用更多的来源,更容易成为产品创新者以及将更多的消费信息转告他人。

许多人将伊斯兰教与阿拉伯文化等同起来,其实两者不同。"阿拉伯"一词是一种民族身份,而伊斯兰教则是一种宗教信仰。不是所有的阿拉伯人都是伊斯兰教信徒,也不是所有的伊斯兰教信徒都是阿拉伯人。实际上,有四分之一的伊斯兰教信徒是黑人。

伊斯兰教信徒非常重视紧密的家庭结构。家庭是终极权威,任何人干的坏事都被看作整个家庭的反映。很少有大的经销商利用这一特点来向该群体推销产品,随着该群体成员人数的不断增加,这种状况也许会有所改变。

(三) 年龄亚文化群体

一个消费者所降生的时代,使他与同时期出生的其他人产生文化联系。随着一个人的成长,他的需求与喜好在改变,经常要同与他年龄接近的人保持一致。因此,一个消费者的年龄对他的身份有着重大的影响。在条件均等的情况下,他们更愿意拥有与其他的同龄人一样的东西。

经销商经常将产品或服务定位于一个或多个特定的同龄人群,他们认识到同样的产品很可能不会引起其他年龄人群的兴趣。所以他们努力地去精心制作与某一特定年龄人群相联系的信息,并把这些信息放入媒体,通过媒体传达给这个群体的每一个成员。此外,不同年龄人群的购买力也因时而异。

三、文化、亚文化与旅游行为

前面已经讲过,一个人生活于其中的文化群体,可看作一个巨大的、非个人的参考群体。文化修养是习得的行为。社会上的每一个人,都从其文化中学到了一整套独特的信念、价值观、态度、习惯、风俗、传统与行为方式。文化修养影响人们的生活抱负、所承担的角色、与他人联系的手段、理解事物的方法、所需要的商品与服务以及作为消费者的行为方式。

文化对个体行为的影响往往被人们所忽略。比如,我们常常按照鲜明的个性或生理差别形成的行为模式来看待男性与女性。男人往往被认为比女人更有支配性,比较敢作敢为,责任心较强,而女人被认为比较被动,易动感情。男性与女性行为之间的许多差别,是由人们生活的文化环境训练成的角色差别造成的。许多妇女对诸如打猎、钓鱼之类的户外休闲活动不积极,这并非真正由于任何生理或情感的因素所致,而是由于大多数文化一向教导妇女:这些活动不是女人的活动。文化还把恰当的旅游角色教给男人与女人,如男人开车、选择旅游目的地、登记饭店,而妇女照看孩子、准备途中饮食等。

我们往往认为,不同年龄的群体有不同的行为模式,儿童的行为不同于少年、青年或老年人的行为。我们还认为这些差别都是自然的差别,它是由不同年龄的人所具有的独特的生物特征所引起的。但是,似乎与年龄有关的行为形式并不总是由生物因素所致。确切地说,它们主要是文化的现象和社会的现象。比如,美国文化推动了儿童迅速成长,在别的文化里,却有意拉长童年到少年与成人的过程。

经销旅游的人必须注意受特定文化规范与传统支配的个人旅行行为。在改变受社会与文化传统支配的旅游行为方面,单独一家旅游服务公司是完全无能为力的,而作为整体的旅游业,在这方面即使能做点什么,作用也不大。比如,假使是男人通常做出家庭度假决策,而妇女往往承担比较被动的旅游角色,那么,旅游经销者必须意识到这些因素,据此来推销他们的服务。男性与女性旅游角色将只能随着更大文化范围内男性与女性旅游角色的普遍改变的程度而有所改变。

前面已经提到,正常情况下,我们在任何特定社会中都会看到一些亚文化,亚文化还以种族、语言、年龄、社会阶层以及其他因素为基础。重要的是,亚文化成员一般与占支配地位的文化的许多规范保持一致,而偏离不能跟自己的亚文化规范共存的其他文化规范。如十几岁的青少年建立了一个具有明显特色的亚文化团体。他们接受自己生活中的总文化的大部分价值观,但也恪守他们自己的一套独特的价值观。这样的价值观很重视与同等地位者保持联系。

某种亚文化所持有的价值观与传统从各种不同方面影响着其成员的行为。为了说明这一点,总括一下对美国西南部一批美籍墨西哥裔人闲暇和旅游态度及行为的一次调查研究,对我们将会有所帮助。

当提及文化和亚文化及其不同的价值观和信念体系时,我们可以任指一些价值观倾向,其中包括以下这些:

(1) 人的本性(善或恶)。
(2) 人对于时间的态度(过去、现在、将来)。
(3) 人与自然的关系(从属于它,它的组成部分,还是主宰它)。
(4) 人生的主要生活目的(生存,自我实现,进取)。
(5) 人与其同事的主要关系(从个人出发的,从家庭或从同等地位的人出发的)。

比如,一些权威人士认为,美国的中等阶层代表着占统治地位的文化群体,其价值观在美国社会中处于支配地位。这些主要的价值观包括：面向未来的观点；主宰自然的观点；进取的观点；个人主义的观点。

而相当多的迹象表明，美籍墨西哥裔人具有一种符合伦理道德的亚文化，其价值观与上述有所不同。这些价值观包括：面向现在，而不是面向未来的观点；从属于自然的观点；"生存"的观点，而不是进取的观点；从家庭出发的观点，而不是个人主义的观点。研究表明，这些不同的亚文化价值观影响着美籍墨西哥裔人亚文化成员对闲暇的态度。这一点并不出人意料。

美籍墨西哥裔人亚文化的观点认为，一个人认识自我主要通过其闲暇与非工作性活动。而中等阶层的英裔美国人亚文化却十分看重工作的作用，认为工作是生活的主要兴趣，是主要社会关系之源。美籍墨西哥裔人就不太会将其工作看作生活的主要兴趣，而且，其主要社会关系很可能基于闲暇。在中等阶层的英裔美国人亚文化中，由于耶稣教伦理学仍占上风，其成员往往对非生产性的闲暇感到内疚。然而，美籍墨西哥人就很少会因为自己享受了闲暇的乐趣而不安。

这些文化上的区别究竟有什么含义呢？一方面，对于那些信奉耶稣教伦理学，并认为工作即德行的人来说，闲暇活动更可能会负有任务。人们可以发现这些人常把其闲暇时间花在后花园的工作以及装饰房间、整修顶楼或建造其湖畔别墅上。他们旅游时，既不太可能对某个旅游目的地沿途的消遣活动感兴趣，也不会对一项未纳入计划的目的地或活动的探险性旅行感兴趣。这些人较感兴趣的是带有某种特定目的的旅行。如多目标和多目的地的旅行；迅速抵达某个目的地，并在那儿参加各种度假活动的旅行；节奏很快的旅行，其目的是要行程更长，并尽可能多访问一些名胜古迹。

相反，美籍墨西哥裔人对闲暇的看法似乎源于古罗马和古希腊，他们强调闲暇是欢乐的时刻。古罗马和古希腊传统认为，工作虽然暂时挤掉了生活中起主要作用的闲暇，但这只是不得已。因此，对美籍墨西哥裔人来说，旅游显然很少受完成任务或达到某种目标的需要的限制。

总而言之，在旅游和闲暇中，一种亚文化要寻求的利益不同于占支配地位文化所寻求的利益，这一点似乎很明确。一个亚文化群体可能为了快乐而寻求快乐；另一些亚文化群体可能给文化和教育利益以很高的评价；还有一些可能特别重视社会成员间的相互联系，或有利于人们身体健康的各种活动。由于这些区别影响选择闲暇活动和旅游，旅游服务公司在觉察伦理道德及其他亚文化的差异时必须非常敏锐。这在旅游市场中尤其显得重要，因为在这个市场里，迎合某个团体的特别需要是获取利润最可行的途径。

在许多社会里，体育运动都具有一种内在的文化价值。如果没有意识到体育运动作为娱乐旅游的一个主要项目的重要性日趋增强，那么，任何关于文化价值观怎样影响闲暇与旅游行为的论述都将是不全面的。在许多社会里，体育运动都具有一种内在的文化价值。对体育的积极兴趣，以及想去某地参加体育活动的愿望已经成为许多人的旅游计划的主要动机。

对许多人来说，体育世界是神圣的，甚至上升到宗教的地位。现代体育运动的起源可以追溯到古老的宗教仪式，比如丰收节（即奥林匹克运动的起源）。在比赛前队员们进行祈祷，实在是一件很平常的事。体育书刊就像《圣经》一样（我们形容那些体育迷是在"虔诚"地阅读着），体育馆是膜拜场所，而体育迷则是信众了，信徒们参加集体活动，参与者依次举起并挥动手臂使得波浪形的活动沿着体育场四周传播开来。

近年来，旅游中增长速度居第二位的活动就是户外消遣。户外消遣不仅仅指垂钓、打猎和野营，还有高尔夫球、网球、滑雪、潜水及其他体育运动。美国的一项调查中发现，被调查者中有44%的人，每年至少有一次，主要为打高尔夫球、网球或滑雪而去旅游。

人们只要注意到最近各种体育运动不断普及的现象，就不会对体育已经成为旅游市场中一个重要因素感到惊讶。

对体育的积极兴趣以及想去某地参加体育活动的愿望，已经成为成千上万人旅游计划的主要动机。体育已经成为旅游市场中一个重要的因素。

人们去参加体育活动是为了想作一番个人表演，他们期望一举成名，期望自己的表演会给观众留下深刻的印象，他们期望自己的活动能有一个明确的结果。

同样，人们参加体育活动还期望对选手们精湛的技艺、精彩的比赛产生敬慕，并铭记在心。

为什么敬慕或者去干某些事，接着看看其结果，对个人来说是重要的呢？很简单，这是因为在一个工业化国家里，工作形式已经改变了。每三名工人中有两名以上受雇于服务性行业，如教育、保健、广告、会计、科研等。在这些行业中，人们看不见自己的产品。还有，大多数的人受雇于一些企业组织，其成果不可能归功于任何个人。因此，个人的贡献很难被鉴定。

100多年以前，大多数的人都居住在乡镇。那时，个人很容易见到自己的劳动成果，如收获干草的吨数、钉铁蹄的马匹数、砍倒树木的棵数。现在，很少有工人能一个人独立创造一件完整的产品。现代的工人要说"那是我做的"是很困难的。然而，从心理上说，人们能看一看自己的工作成果，并能得知它是不错的，是很重要的。因此，人们就利用闲暇来寻找这种满足：完全自己动手做一件事情，认识到它不过如此，并自豪地说："那是我做的。"同样，大家也会投身于体育比赛，作精彩的个人表演，并为之感到喜悦。

于是，体育活动经历属于人们所能获得的最生动、最难忘的经历之列，体育在工业化社会中有如此重要的地位，也就不足为奇了。对于这种文化现象的了解，可能是非常重要的，因为体育活动提供了一个划分旅游市场的有价值的依据，只有这样，才能更好地为旅游消费者服务。

在所有的文化中，馈赠礼品是一项重要的风俗，尽管其功用和结果有时有着很有趣的差别。在中国，馈赠礼物是在生日、春节、婚礼及其他的特殊场合。这个风俗在此引起我们的关注是因为它对旅游业提出了增加更多的旅游服务的要求。

现代工业社会的主要特征之一，就是消费者现在用于服务行业的费用要比用于有形商品上的费用高。结果，把无形的服务作为礼物馈赠已经变得更加普遍。今天，人们赠送或接受诸如去一个矿泉疗养地的资格、戏票或音乐会入场券、饭店的餐券、滑雪胜地的入场券及飞机票等无形服务这样的礼物已经很平常了。

赠送无形礼物的现象正变得日益普遍。对于接受者来说，这种无形礼物象征着一种能使礼物的性质的特征符合自己的爱好与需要的机会。例如，某人接受一张礼券，可供两个人去一家高级餐馆享用一餐。这就是说，此人能选择吃饭的时间、菜肴以及和谁一同进餐。同样，赠予某人一张去某一旅游胜地的飞机票，他就可以选择去的时间、到那里干些什么、花多少时间，也许还能选择乘哪家航空公司的飞机。

因此，像旅游这样的无形服务作为一种礼物，特别能迎合个人需要，这是显而易见的。接受者可以使礼物满足其特殊的需要、爱好或兴致。这样就减少了礼物与接受者的兴趣、需要或愿望不一致的风险。正因如此，接受者就能因受礼而实现最大限度的享受。由于这些原因，旅游就成了一份有诱惑力的礼物。尽管某些旅游组织做了些尝试，把旅游作为礼物来推销，然而，总的说来，在开发这个尚未打开的市场方面，还有待做出更为重要的、持久的努力。

复习与思考

1. 理解下列概念：
（1）群体；（2）参考群体；（3）旅游角色；（4）家庭；（5）文化；（6）礼仪；（7）时尚；（8）经典；（9）时髦；（10）亚文化。
2. 参考群体有哪些力量？
3. 举例说明一个配有导游的旅游团体为其成员提供的利益。
4. 为什么在旅游活动中，旅游者的行为可能完全区别于他在家时的行为？
5. 以你认识的几个家庭为例，说明他们是怎样做家庭旅游决策的？
6. 为什么一个家庭及其成员的态度和行为会随着时间起变化？
7. 举例说明文化与亚文化群体对旅游行为的影响。
8. 为什么说体育活动提供了一个划分旅游市场的有价值的依据？
9. 为什么说馈赠礼物是经销旅游服务中的一个重要因素？

即测即评

案例分析

案例 1

厦门，我永远的牵挂

我自幼生长在西南边陲的一个小镇，对大海充满了无限神往之情，后来从一个同学那里知道了厦门——一个位于东海之滨的风景城市，以"海上花园"闻名于世。"畅游厦门、与海共舞"的渴望便在我的心中萌发，并随着时间的推移而愈加强烈。

2001年5月黄金周，我兴奋地踏上了畅游厦门的世纪之旅。在厦门的3天，我领略了天地造化带给厦门的灵秀与精致，它的山、岩、湖、海等成就了厦门玲珑剔透、神奇隽永的山水画卷。然而在我陶醉于她秀丽迷人的景色的同时，难免有些遗憾：当我首次满怀激情地奔向她时，本应纯净的沙滩却散布着各种垃圾；当我准备攀上日光岩一览鹭江胜景时，却被那摩肩接踵的人流阻在了山下。

（资料来源：中国旅游报，2002-05-22）

案例 2

气定神闲在一竿

我热爱钓鱼，因为钓鱼既能磨炼个人耐性，又能使人获得成就感，在现代社会生活中实在是一种非常难得的休闲方式。周末，约三五好友或和家人到野外江湖边钓上一天的鱼，在那样清新的环境中，你会倍感舒爽，精力充沛；夕阳西下，提着沉甸甸的篓筐满载而归，这绝对是一种修身养性的好方法。没有华丽、虚伪和浮躁，有的只是田园般的宁静和平淡。垂钓是一种很有意义的体育活动，这种运动的意义在于平心静气的等待中，在于一触即发的起竿中，在于满心欢喜的归途中，是陶冶性情的好方式。钓鱼如同人生，总在不断追求、不断期待，目的不在一个确定的结果，而在无穷无尽的过程。

（资料来源：旅游时报，2002-04-22）

讨论：请根据案例1、2分析旅游实际体验与预期的关系。

案例 3

你怎么知道我爱喝青茶？

某天，8位客人在丰乐园酒店宴会厅刚一落座，服务员小刘便热情地奉上了迎客茶。突然，坐在主宾席上的张先生吃惊地问小刘："你怎么知道我爱喝青茶？"原来，其他7位客人的杯里都是菊花茶，只有给张先生沏的是青茶。小刘微笑着对张先生说："您是第2次来丰乐园用餐了，我们知道您喜欢喝青茶。"一句话，让全桌的人几乎要沸腾了，最激动的要数张先生了，他连连赞叹："没想到，我只来过一次，真的让我感到意外，谢谢你！"小刘说："不用谢，现在整个餐厅的人都知道您爱喝青茶。另外，我还知道您在吸烟的时候爱在烟灰缸里倒些水。"说着，就给张先生倒上了。张先生再一次激动不已，脸上洋溢出幸福的笑容。一直到用餐结束，宴会厅里都谈笑风生，同时也对丰乐园的服务津津乐道，赞不绝口。

原来，每一位客人尤其是贵宾，只要在丰乐园消费一次，酒店就会记下客人的档案材料，并通知给每一个部门。只要客人再踏进丰乐园，服务员都会按客人的喜好和习惯给他提供周到而满意的服务。因此，服务员小刘知道张先生爱喝青茶就不足为怪了。

（资料来源：中国旅游报，2002-05-29）

讨论：细节对游客情绪的影响。

案例 4

美国客人

某天晚上八点多钟，有一位美国客人到某酒店餐厅吃饭。这位客人坐下以后，不断地和服务员交谈，让服务员给他介绍有什么好吃的。他对周围的一切都非常好奇，不是看花瓶、餐具，就是研究筷子架，还让服务员教他如何使用筷子。最后，他点了一个中式牛柳、一个例汤和一碟青菜。很快，菜就上齐了。他首先把牛柳摆在面前，迫不及待地吃了起来。只见他将一块牛柳放进嘴里咬了几下，就把牛柳吐在骨碟上，接着又连试了几块，都是如此。这时，他无可奈何地擦了擦嘴，招手示意服务员过去。当服务员走到他面前时，他非常幽默地说："小伙子，你们这里的牛一定比我的爷爷还老，你看看我的嘴对此非常不高兴，它对我说能否来一点它感兴趣的牛柳呢？"说完，他就笑眯眯地望着服务员，等候他的回答。服务员说了声"对不起，请稍等"，便马上去找主管。主管来了以后对这位客人说："此菜是本店奉送的，免费。"这位客人结账时对服务员说："看来今晚要麻烦送餐部了。"

讨论：该客人属于什么气质类型？

案例 5

日本老人热衷出国修学旅游

62 岁的上原功，男，已退休，年轻时梦想当个中学英语教师。2001 年横滨某俱乐部推出了多种修学包价旅游活动，上原在该俱乐部的组织下去英国南部某城市学习英语。他住在当地居民家中，周一到周五上午去语言学校学习英语，下午和周末跟学校的旅游团去游览该市周边的古迹。他很满意这种旅游形式，认为："能直接了解英国人的思维方式并亲身体验他们舒缓的生活节奏。"回国后，上原继续与接待过他的英国家庭和学校保持定期的电话联系，他从这种国际性的交流中享受到很大的乐趣。

近年来，50 岁以上的日本人越来越喜欢到国外旅游，日本交通公社对 50 岁到 70 岁的老年人进行的一项专项调查表明，该年龄段的老人到国外旅游的主要目的是了解当地历史文化和观光，老年男性尤其喜欢到其他游客很少去的地方旅游；同时，希望旅游内容多样化，而不仅仅是观光览胜。

（资料来源：中国旅游报，2002-5-10）

讨论：旅游需要的动机有哪些？

第三编

旅游企业管理心理

第九章 管理心理学的基础知识

学习目标

学完本章,应该能够:明确管理心理学的概念;描述管理心理学的学科性质和研究对象;了解管理心理学的研究内容和基本任务;说明管理心理学与相关学科的关系;阐述管理学的基础知识。

本章主要术语

管理心理学(Management Psychology)
霍桑实验(Hawthorne experiment)
个体心理(Individual psychology)
群体心理(group psychology)
领导心理(leadership psychology)
组织心理(organizational psychology)

管理心理学以组织中的人作为特定的研究对象,重点在于对共同经营管理目标的人的系统研究,以提高效率,在一定的成本控制条件下,最大限度地调动人们的积极性和创造性。

本章概括介绍管理心理学的基础知识。首先,描述管理心理学的学科性质和研究对象,以及管理心理学的研究内容和基本任务。其次,还将讨论管理心理学与相关学科的关系,接着讨论管理心理学的产生和发展趋势。最后简要地介绍管理学的基础知识。

第一节 管理心理学概论

自20世纪50年代以来，随着管理心理学理论的不断完善与应用范围的不断扩大，越来越多的研究者认为管理心理学已成为一门独立的学科。然而，由于管理心理学毕竟是一门年轻的学科且尚在发展之中，国内外学者对什么是管理心理学的认识，还存在着分歧。本节将就此问题提出我们的看法。

一、管理心理学的学科性质与研究对象

众所周知，第二次世界大战后，由于西方国家出现了政治上的相对稳定和经济上的复苏，科学技术得到了迅猛的发展。科学技术在和平领域中的广泛应用，使得以美国为首的西方国家的生产劳动性质和劳动力结构发生了深刻的变化。随着"知识性劳动"和"白领工人"所占比率的不断增大，昔日皮鞭威胁加金钱利诱式的管理方式已被完全摒弃。以"事"为中心，以纪律为准则，以监督为手段的管理模式已难以奏效，在"霍桑实验"的启发下，美国的一批学者开始加快了研究企业中人的心理活动规律及其在企业管理中的地位与作用的步伐。他们尝试着改变旧有的管理模式，变以"事"为中心为以"人"为中心，以"动机激发"代替纪律、监督，以"参与式管理"代替"独裁式管理"。这种研究从根本上改变了人们的传统管理观念，并有力地促进了管理心理学的形成和发展。

20世纪40年代末至50年代前后，管理心理学更多地被称为"工业社会心理学""工业管理心理学"。50年代以后，鉴于"管理"有"居高临下"和强制之嫌，在美国，人们更乐意接受并非常流行"工业组织心理学"，或干脆称为"组织心理学"。从严格意义上讲，组织管理心理学属于行为科学中的一个重要分支，它主要研究企业组织内的人与企业团体的行为特征。但因为在研究内容上与当时的管理心理学大体相同，因此人们认为，组织管理心理学和管理心理学从概念上基本是等价的。正是基于这样一种认识，当时普遍认为，管理心理学就是一门研究企业管理中人的心理现象、心理活动规律的科学。近些年来，我国陆续出版了相当一批管理心理学的专著、教材，其中部分人也将管理心理学定位于企业。在他们看来，管理心理学就是以企业中的人为"独特的研究对象"，是研究"企业中人的心理活动规律的"。如果说这种认识在20年前尚与管理心理学的整体发展状况大致吻合的话，那么在今天来看，显然已不能反映管理心理学的研究水平和现状了。故国内已有部分学者提出应将管理心理学划分为广义管理心理学和狭义管理心理学。狭义的管理心理学专指"经济管理心理学"或"企业管理心理学"，而广义的管理心理学则"以政治、军事、经济和文化等社会组织的管理活动中与心理学相关的内容为研究对象"，类似的观点还可见于其他许多著作。我们认为，要想真正知道什么是管理心理学，必须从其学科性质和研究对象两个方面来把握。

首先，从学科性质上讲，管理心理学应该是一门由多重交叉而产生的边缘学科。所谓多重交叉，是基于如下的认识，即：从管理心理学的基本内容看，它是由管理学和心理学

交叉而产生的一门科学。而管理学和心理学从其学科性质看,他们本就既属于基础学科,又属于边缘学科。以管理科学为例,我们说它属于基础学科是因为它既有别于其他部门管理学,又不是各种部门管理的简单相加,而是对它们的概括与抽象,因而具有基础性。而所谓边缘学科,则指的是现今的管理学已广泛吸收和借用了自然科学、社会科学、技术科学等多学科的原理和方法,它介于自然科学与社会科学之间,属边缘科学。心理学也具有同样的学科性质,既带有基础学科性质,又带有边缘学科性质。所谓带有基础学科性质,指的是心理学隶属于生物学类,它是研究作为生物机体的人的大脑机能的一门基础学科。但它又是一门边缘学科。因为心理学研究的对象是人的心理现象及其发生、发展、变化的规律,而心理现象是人生理变化和神经活动过程,故属于自然科学研究范畴,然而由于反映的主体——人既具有自然属性,也具有社会属性,也就是说,"人的本质并不是单个人所固有的抽象物,在其现实性上,它是一切社会关系的总和"。所以,人的心理现象又是社会科学研究的课题。人的心理活动本身既具有自然属性,又具有社会属性,就决定了心理学也是介乎于自然科学与社会科学之间的边缘学科。显然,管理学和心理学同属于边缘学科,而它们又再一次交叉而产生管理心理学,那么从某种意义上讲,管理心理学当属于边缘之边缘学科,即多重交叉而产生的崭新的边缘学科。至此,我们可以从学科性质的角度来界定管理心理学:管理心理学是由管理科学和心理学相互交叉而产生的一门研究管理过程中人的心理活动及其规律的边缘学科。

但是,仅仅从这样一个角度来认识管理心理学是远远不够的。我们还必须结合管理心理学的研究对象,更深入地讨论什么是管理心理学。

如前所述,在管理心理学初创时期,管理心理学的研究对象仅局限于企业管理中人的心理活动。但随着时代的发展,管理心理学的触角已伸向了政治、经济、军事、文化、教育等各个领域,派生出了思想政治管理心理学、军事管理心理学、经济管理心理学、人事管理心理学、学校管理心理学等诸多部门管理心理学。而每一部分中又可分为若干分支,从而形成了一个枝状结构的庞大体系,管理心理学已经成为揭示上述各类社会组织系统中的管理活动与人的心理活动相互作用规律的一门科学。

综合以上两个方面的认识,大体上可以认为,管理心理学是由管理学与心理学相互交叉而产生的一门研究各类社会组织系统中管理者与被管理者相互作用而产生的心理现象及其规律性的一门多重交叉的边缘学科。

这里需要指出的是,以上定义并非对管理心理学的终极认识。正如恩格斯所指出的:定义对于科学来说是没有价值的,因为它们总是不充分的。唯一真实的定义是事物本身的发展,而这已不再是定义了。当然,对日常的运用来说,在所谓的定义中对最一般的同时也是最有特色的性质所做的简短解释,常常是有用的,甚至是必要的,只要不要求它表达比它所能表达的更多的东西,它也无能为害。有鉴于此,我们的所谓定义,也只能作为对时下管理心理学的一个"简短解释"罢了。

二、管理心理学的研究内容和基本任务

管理心理学研究的内容,一言以蔽之,就是要研究各类组织系统中,人与人之间相互作用过程中所产生的各类社会心理现象,其具体内容可分为四个方面:

(一) 个体心理

由于任何组织系统都是由个体(要素)组成,所以研究组织系统内管理活动过程中的心理活动规律,就离不开对个体心理的研究。作为个体心理,主要应包括社会知觉、个体心理差异、需要动机与行为激励等方面的内容。

(二) 群体心理

虽然管理活动最终都将表现为对一个个具体个体的行为的管理,但个体总是存在于群体之中,而且群体一旦形成,又具有单个个体所不具有的许多心理特征。譬如群体动力的形成、群体内的信息沟通、人际关系的建立与调节等,都带有不同于个体心理的心理特征。

(三) 领导心理

诚然,领导者都是作为个体的人而存在的,领导集团也必然是一个小的群体。但由于领导者特殊的才能、特殊的地位以及特殊的作用,使得他们的心理活动又具有不同于一般个体心理与群体心理的独特的一面并因其特殊而成为管理心理学研究的重要内容之一。领导心理的研究主要包括领导的特点、领导的心理素质、领导的结构、领导的影响力和领导决策等。

(四) 组织心理

所谓组织心理,其实就是研究在各种组织系统中,组织环境对组织成员产生的心理和行为上的影响。其具体的内容包括组织结构、组织内的责权分配、组织对个体的心理影响以及组织发展与变革等。

管理心理学正是通过对上述内容的研究,完成以下四项任务:

(1) 帮助管理者最大限度地调动被管理者的工作积极性、主动性和创造性。

(2) 加强组织系统内群体的凝聚力、发挥系统的整体功能。

(3) 通过提高领导者的素质、威信和影响力,使领导者的管理水平最优化,领导工作效率最大化。

(4) 通过对组织环境的分析和组织结构的优化设计,为组织系统内的每一个体提供最适宜的工作环境。

三、管理心理学的基本特点

管理心理学作为一门独立的新兴边缘学科,有着不同于传统管理理论的许多鲜明特点。而其中最主要的一点就是管理心理学是一门以人为中心、以人的心理活动为研究对象的边缘科学。作为传统的管理科学,当然也要研究人的行为和人的心理活动,但从根本上讲,乃是以物、以事为中心,这种管理方法主要依靠的是规范的科学性、纪律的严明性和组织的严密性。而管理心理学则不同,它研究的中心是人而不是物。它研究的核心问题是人的动机和人的心理活动,它需要调节的是人与人之间的关系及如何最大限度地挖掘人的潜能。在管理心理学看来,重视人的因素才是搞好整个管理工作的核心和关键。

第二节　管理心理学与相关学科的关系

一、管理心理学与管理科学的关系

管理科学是一门系统研究管理活动基本规律和一般方法的科学。按照马克思主义关于管理的观点，管理从其最基本的意义上看就是经济意义上的管理，具体包括两个方面：一是组织劳动，二是监督劳动。马克思在《资本论》中告诉我们：凡是直接生产过程具有社会结合过程的形态，而不是表现为独立生产者的孤立劳动的地方，都必然会产生监督劳动和指挥劳动。不过它具有二重性。一方面，凡是有许多个人进行协作的劳动，过程的联系和统一都必然要表现在一个指挥的意志上……就像一个乐队要有一个指挥一样……另一方面——完全撇开商业部门不说——凡是建立在作为直接生产者的劳动者和生产资料所有者之间的对立上的生产方式中，都必然会产生这种监督劳动。在马克思的论述中明确指出了管理的自然属性和社会属性这两重性质。按照马克思的观点，由于生产的社会化，为了有效地组织生产，在任何时代，管理都是必需的，这是管理的自然属性。但另一方面，管理又是在一定的生产关系条件下进行的，它体现的是生产资料占有者监督劳动的意志。这是管理的社会属性。当然，不同的时代，监督的意义是不同的。在资本主义社会，资产阶级的管理尽管也强调"劳资合作"，也强调关心工人、重视工人，也需要研究工人的心理活动及其规律。但正如列宁所指出的：资本家所关心的是怎么样借掠夺来管理，怎么样借管理来掠夺。而在社会主义社会，工人阶级是国家的主人、企业的主人，因此社会主义条件下的管理和资本主义的管理就有着本质的不同。社会主义的管理是为了最大限度地调动工人的劳动积极性，发挥其主人翁精神。社会主义国家是在这样的前提下来讨论如何关心工人、重视工人，如何来研究工人的心理活动及其规律的。

当然，无论任何时代，从管理方法的角度看，都是要研究被管理者的心理活动及其规律的。因此，管理心理学所研究的基本内容应该是也必然是管理科学研究的重要内容。时至今日，管理科学本身已大大超出了经济管理的范围而成为有关管理的一般理论的科学，而管理心理学也同样早已超出工业管理心理学的范围而成为一般性地研究管理者与被管理者之间相互作用条件下的各类心理现象及其规律性的一门边缘科学。由此可知，管理科学与管理心理学应该是一般与个别、普遍与特殊的关系，从包容的关系上讲，也可以说管理心理学是管理科学的一个重要分支。

二、管理心理学与心理学的关系

苏联管理心理学家阿·伊·基多夫曾指出：管理心理学作为一门边缘学科，从包容的关系上讲，它"既是心理科学的一个分支，同时又是管理科学的组成部分"。对于这一观点，我们是同意的。

心理学是一门从一般意义上研究人的心理现象及其规律的科学。它研究的主要内容是人的一般心理过程和个性心理。管理心理学研究的则是管理活动过程中人的心理问题。所以，心理学与管理心理学的关系如同管理学与管理心理学的关系一样，也是一般与个别、普遍与特殊的关系，二者密不可分但又不能互相替代。

三、管理心理学与行为科学的关系

行为科学是20世纪50年代产生于美国的一门应用心理学、社会学、社会心理学和人类学等理论来研究人类行为规律的科学。显然，它与20世纪初形成的行为主义有着原则的区别，但其思想基础即来自于行为主义。

行为主义是20世纪初兴起的一个颇有影响的心理学派别。在行为主义看来，所谓行为可以简单地看作人体器官的刺激反应过程。当人们受到环境刺激（包括体内和体外）时，产生一种需要，这种需要可能是为了调整体内的生理状态，也可能是为了调整个人与社会之间的关系。为了满足这种需要，人们采取了一定的活动方式，这就构成了行动。

在历史上第一个把心理学定义为行为科学的是英国的麦独孤（William McDougall）。他在1905年出版的《生理心理学》一书中说："心理学可以最恰当和广泛地定义为生物行为的实证科学。"1908年，他在《社会心理学》一书中就正式使用了"行为"一词。行为主义最重要的代表人物是美国心理学家华生。华生认为，心理学不是意识的科学，而是行为的科学。它不仅包括人类的行为，也包括动物的行为。在华生看来，较简单的动物行为比较复杂的人类行为更带有根本性。华生坚决反对当时正统的构造主义和流行的机能主义。他认为构造主义要找的心理元素和机能主义要找的机能的原因，都是难以进行客观研究的不可捉摸的东西。行为主义极力想避免使用意识、感觉、知觉、情绪、想象和意志一类"心理主义"的概念，而用行为的概念取而代之。在行为主义学派看来，只要给人以某种刺激，就会产生相应的特定行为，通过行为表现又可以判定引起该行为的刺激。所以，行为主义的基本原则可以用"刺激→反应"公式，即 S→R 公式来表示。至于人的意识对行为的控制、调节与制约作用，在这里完全被抹杀了。这种思想反映在管理上，主要是通过刺激——特别是金钱刺激——来诱发人的行为，从而完成管理。而行为科学则不同，它不仅不否认意识对行为的制约作用，而且把人的意识（包括心理机制）作为一个重要的问题加以研究。它与行为主义和新行为主义的最大区别就在于它从根本上纠正了过去见物不见人的管理模式。但是，行为科学研究的人的心理活动、人的行为方式与管理心理学是有所不同的。行为科学主要是从人的行为方式出发来研究如何实施管理的，它更注重的是人的行为规律以及如何利用该规律来提高人的工作积极性和工作效率。而在管理心理学看来，人既是生物学意义上的人，又是社会学意义上的人，且后者更为重要。既然人不是简单的动物，而是复杂社会关系系统中的成员，是社会化的人，那么，人在社会的交往与工作中，就不仅关心物质的利益，更关心工作中的人际关系。这一认识直接决定了管理心理学对人的研究更多的不是从人的行为方式，而是从人的心理活动状态出发。当然，从研究的内容上看，行为科学与管理心理学还是有着许多相近之处的。比如，行为科学研究个体行为，管理心理学研究人的动机激发理论。行为科学研究群体行为，管理心理学研究群体心理；行为科学研究组织行为，管理心理学研究组织心理，二者关系之密切，由此可见一斑。

第三节　管理心理学的产生和发展趋势

一、管理心理学产生的背景

（一）管理心理学产生的社会历史背景

管理心理学的产生如果溯源的话，它几乎与整个人类文明的发展同步。当人类进入阶级社会，出现国家之时，管理心理学中的有关问题就已经被我们的祖先提了出来。我国春秋末期的《孙子兵法》、战国中期的《孙膑兵法》以及历代统治者的治国之道、用人之道中，就包含有丰富的管理心理学思想。古希腊及罗马时期留给人们的辉煌的文化遗产中，古埃及、巴比伦的历史记载中，也不乏管理心理学的精辟见解和令人叹为观止的巧妙运用。当然，真正促成现代管理心理学产生与发展的是19世纪末至20世纪40年代前后的社会历史条件。

从西方的社会历史发展情况看，在19世纪末20世纪初，自由竞争才开始向垄断过渡的这半个世纪中，西方资本主义的经济发展有了惊人的进步，越来越多的资本集中到少数人手中。大企业的增多和生产自动化程度的提高，特别是市场竞争的激烈化，迫使资本家考虑如何尽快地改善劳动者的素质，缓和人机矛盾、劳资矛盾，提高工人的劳动积极性和工作效率，增强企业的市场竞争力。在这样一个解决问题的过程中，资本家发现改善企业内部的人际关系、领导行为，有助于生产的发展。于是，他们就集中了大量的心理学家从事这方面的研究。这一时期的研究成果，已有相当部分构成了今天管理心理学的理论基础。所以，管理心理学的发展可以说是顺应了历史发展的潮流，它是社会生产力发展到一定水平的必然产物。

另外，需要特别指出的是，第一次世界大战和第二次世界大战的爆发，对管理心理学的产生也起到了不小的推动作用。

毋庸讳言，军事和战争是政治的继续，是阶级矛盾和民族矛盾激化的表现。从现象上看，历史上每一次战争都大规模地破坏了生产，毁灭了人类的精神成果和物质成果，战争似乎是戕害了人类的恶魔。但有意思的是，由于战争的残酷性以及它对统治阶级利益的巨大危害，导致了统治阶级在战争期间为取得战争的胜利而不得不进行的超常规的投入，通常能带来科学技术上的令人难以思议的突破和管理思想、管理方法上的革新。第一次世界大战和第二次世界大战对管理心理学的推动就是明证。

以美国为例，它在1917年4月6日对德宣战的同时，就组织成立了17个战争心理问题研究委员会，分工研究新兵心理、服役人员心理、飞行员心理、情绪不稳定者心理、士气与宣传训练心理、军纪心理、军队院校教育心理等数十项与军事有关的心理学问题。在二战期间，美国又训练了1 300多名高级心理学工作者为战争服务，这项工作对美国取得战争胜利起到了巨大的作用。同样，两次大战的元凶德国统治阶级，也同样注重军事心理研究。特别是1918年德国战败之后，德国的许多心理学家都在寻找失败的心理原因。纳粹头领希特勒1934年重整军备时，心理学再次成为他军事指挥和国家管理的最主要的理论工具之一。他曾在政府内设立心理参谋团，直属最高统帅部指挥，并责令他们研究动员心理学、领导心理学、军事生活心理学、战斗心理学等问题。

现在很多研究人员认为，正是两次世界大战中将心理学广泛地应用于战争并取得宝贵的军事管理心理学的经验，才促成了管理心理学今日的成就。有人甚至认为：正是由于两次世界大战的影响，才使管理心理学的研究有了今天这样的成果。这种观点也许有失偏颇，但绝非空穴来风，毫无根据。

（二）管理心理学产生的理论背景

管理心理学的形成除了得益于19世纪末20世纪初整个社会经济的风向标作用外，还与当时一系列关于工业管理心理学的理论的出现密不可分。

首先值得一提的是泰罗的管理心理学思想。泰罗早在1896年发表的第一篇论文《作为经济学家的工程师》中就首次提出了管理是一种独立的能力的思想。他在其1911年发表的代表作科学管理原理中，更提出了一整套系统、完备的管理思想和管理方法。泰罗管理思想的核心是如何提高工作效率。他认为，要想最大限度地提高工作效率，除了必要的工人培训和物质奖励外，还应关心工人、尊重工人，增强工人的自信心和创造力，并在劳资双方之间建立平等的合作关系。尽管泰罗的人性观是以"经济人"为基础的，他认为经济动机是人的主要动机。但其管理原则中体现出的管理心理学思想，却对以后的管理心理学发展起到了难以估量的作用。

第二个值得一提的是法国的法约尔。法约尔在西方是与泰罗齐名的科学管理创始人之一。他于1916年发表的《工业管理和一般管理》一书，提出了颇具特色的管理理论。法约尔管理理论的一个重要特征是他认为所谓的管理其实就是以人为中心，管理的理论说到底就是指挥人的理论。他的"管理原则14条"中所提出的合理报酬、公平、保持人员稳定、创造精神、集体精神等，都包含有管理心理学的思想。

第三个需要指出的是美国学者雨果·芒斯特伯格。他在1912年发表的《心理学与工业效率》一书被后人公认为是将心理学与工业管理相结合的第一本书，有人甚至将其尊称为工业心理学之父。

芒斯特伯格的研究特点主要表现在两个方面：一是发现了人们的心理素质的个体差异，并据此提出应选用适当的人员担任适当的工作；二是发现工人在不同心理条件下工作效率是不一样的，并据此提出工人在何种心理条件下工作效率最高的观点。芒斯特伯格的上述理论直接影响到了现代管理心理学的发展，并直接导致了后来人事心理学和工效心理学的诞生。

第四个重要的理论基础是马斯洛的需求层次理论。其基本内容前面已有叙述，此处不再赘述。马斯洛认为，要想最大限度地激发人的心理动力去努力工作，以提高工作效率，就必须采取适当的管理措施去满足人的不同层次的需求。马斯洛的需求层次理论对管理心理学的产生和未来的发展都有极大的影响，以至于直到今天，西方的管理心理学家们仍把这一理论作为其重要的理论基础。

除了上述四人外，古典管理理论的代表人物厄威克所撰写的《管理的要素》、古利克与厄威克1937年合著的《管理科学论文集》以及斯科特1923年出版的《影响工业中的人：谁、暗示的心理学》等书，以及1927年移居美国的瑞士心理学家莫里诺的"社会测量学"理论，德国心理学家勒温的群体动力理论等研究成果的出现，为现代管理心理学的诞生奠定了坚实的理论基础，成了管理心理学产生的直接理论前提。

当然，对管理心理学产生最为直接，也是最大影响的是美国心理学家梅约的人际关系理论。梅约根据他1927—1932年间在霍桑实验基础上所进行的分析与总结，于1933年写出了著名的《工业文明中的人的问题》一书，首次提出了人际关系（或曰人群关系）理论。其实，霍桑实验指的是20世纪20年代到30年代由美国专家在芝加哥郊外的西方电气公司下属的霍桑工厂所进行的两次实验。第一次霍桑实验是从1924年11月开始到1927年4月结束的那次实验。这次霍桑实验的初衷是想证明工作条件与生产效率的关系是密切的。实验历时近两年半，令人大惑不解的是，实验非但没有证明工作条件与工作效率间的必然联系，反而显示了工作条件对提高工作效率仅具有次要意义。

带着对这一结果的困惑，梅约于1927年4月召集了一批哈佛大学的教授会同西方电气公司的人员组成了新的研究小组，再次开进霍桑，进行第二次实验。这次实验从1927年持续到1932年，时间长达5年之久。实验的最终结果证明了与工作效率相关程度最大的不是诸如物理环境、物质刺激等"硬因素"。换言之，提高工作效率的决定因素是职工与管理人员的融洽的关系和企业内良好的人际关系。

梅约正是在霍桑实验的基础上提出了著名的"人际关系理论"。这一理论的发现是对经典管理理论的一次重大冲击。他在其管理理论中首次将人际关系提高到管理工作的首位，这在管理心理学的研究上具有划时代的光辉意义。梅约的发现对现代管理心理学的产生起了决定性的作用。

二、管理心理学的形成及其主要理论发展阶段

现代大多数研究者认为，管理心理学作为一门独立的学科，形成于20世纪50年代，它的发源地在美国。

20世纪50年代中期，美国斯坦福大学著名管理心理学家莱维特首次以"管理心理学"命名出版了他的专著。在他之前，所有研究心理学知识在工业企业中应用的著作，都是以"工业心理学"命名的。将工业心理学更名为管理心理学，标志着工业心理学研究的深入。这是"工业心理学"难以包容"管理心理学"丰富内涵这一历史事实的必然反映。

就西方管理心理学的发展而言，从20世纪初工业管理心理学的提出到20世纪50年代正式以管理心理学命名，西方管理心理学理论的演进大致可以划分为三个阶段，即古典管理心理学阶段、行为管理心理学阶段和现代管理心理学阶段。

古典管理心理学阶段大致形成于20世纪初至20世纪20年代，代表人物是泰罗、法约尔、厄威克以及芒斯特伯格等人。这一时期理论研究的特点是以工作效率为中心，他们重点研究的是如何通过改进工作条件、建立工作规范、加强管理的科学性来提高工作的效率。

行为管理心理学阶段大致形成于20世纪20年代至40年代，代表人物是马斯洛、梅约等人。这一时期理论研究的特点是以人的行为为中心，研究的重点是如何通过满足人的需求、调整人的行为、改善人际关系来激发人的创造性、主动性。当然，最终的落脚点仍是如何提高工作效率。

现代管理心理学阶段指的是形成于20世纪50年代，至今仍在发展的阶段。美国心理

学家海尔、管理心理学家弗鲁姆、梅尔以及莱维特、巴斯等人的工作,基本上可以代表这一时期的研究水平。这一时期的理论研究特点是比以往更强调从心理学和社会学的角度来研究管理,重视社会环境及个性发展、人际关系对提高工作效率的影响。它以现代管理理论作为自己的理论基础,以"人"为研究的中心。

在西方现代管理心理学家看来,所谓的人,既不是简单的"经济人",也不是梅约等人所认为的一般的"社会人",而是具有自由意志、独立品格的"复杂人"。这种对"复杂人"的认识,其实是建立在现代管理理论中的"超Y理论",即权变管理理论基础之上的一种认识。这种以"复杂人"为中心的研究,成为现代管理心理学最鲜明的特点之一。

展望未来管理心理学的走向,可以认为有两大趋势特别值得注意:

(1) 管理心理学的研究将呈现高度分化与高度综合相结合,且以高度分化为基础,以高度综合为主导的发展走势。

所谓高度分化,指的是随着管理心理学研究领域的拓展,学科本身将进一步分化,细分出工业管理心理学、政治管理心理学、军事管理心理学、人事管理心理学、学校管理心理学等诸多学科分支。每一分支又可二级分岔或多级分岔。如学校管理心理学可再细分为大学管理心理学、中学管理心理学;政治管理心理学可细分为行政管理心理学、思想政治工作管理心理学等。随着管理心理学研究的深入,这种分化的速度和规模仍将不断扩大,并可能出现一大批相互联系而又相对独立的分支学科。

所谓高度综合,指的是分化出的各个分支尽管都有各自特定的研究对象和研究方法,但它们之间又是紧密联系、相互补充、不可分割的。当这种分化的趋势发展到某一时期,将会出现两种综合走向。其一是由于各分支学科间的相互影响、相互渗透,而形成一些新的学科,这是一种综合形式。其二是由于各分支学科之间在分门别类的研究过程中,逐渐认识到了这种只见区别的研究方式的局限性,而追求统一的整体化研究、追求各分支学科间的事例和贯通。这种追求,将促使作为研究各类管理中心理现象及其规律的一般理论——管理心理学的产生。从目前的研究来看,管理心理学研究的综合趋势已开始上升为主导地位。而且,即使是分支学科的分化,由于其起着进一步揭示整体内部联系的作用,也已成为整体化、综合化的一种特殊表现。

(2) 管理心理学的研究将随着现代科学技术的发展而愈来愈具有现代科学的特征。

从研究的方法与手段上看,将会一改过去单纯的定性研究的方法,而以现代系统科学和计算机技术为依托,走一条定性研究与定量分析相结合的崭新道路。

我们知道,现代科技发展的显著标志之一是科学的数学化倾向。按照马克思主义的观点,任何客观事物都是质与量的统一体。对于任何事物的研究,都应该既把握其质的规定性,又把握其量的规定性。然而,直到19世纪以前,除了物理学等少数学科部分地运用数学外,大部分自然科学学科都极少使用甚至根本不使用数学。进入20世纪以后,这种情况才有了根本性变化。不仅自然科学大量地采用数学作为研究的工具,连社会科学也开始大量采用数学方法和模型方法。特别是第二次世界大战以后,随着控制论、信息论、系统论、耗散结构理论、协同论、突变理论、超循环理论、混沌理论等横断学科的出现以及计算机技术的应用,社会科学研究运用数学已成为时代的潮流。现代计量社会学的出现,更为运用数学及横断科学方法研究社会现象提供了强有力的工具。在这样的大背景下,管理心理学的研究要深入下去,采用某些必要的定量研究方法已成为历史的必然。目前,现代管理理论中的系统管理学派的卡斯特、罗森茨韦克以及决策理论学派的西蒙等人，已开始了这方面的工作，管理心理学家伯法在其代表作《生产管理基础》中也做了许多有益的尝试。应该说，他们的工作与传统的半定量化的心理统计有着很大的区别。我们可以大胆地预言，未来的管理心理学，数学方法、模型方法将会成为其重要的研究手段，而随着横断学科方法特别是计量社会学方法的引入，将可能由此带来一场管理心理学研究的重要变革。

第四节 管理学基础知识

一、管理理论的发展

管理的产生与发展是与生产力的发展紧密相连的，在生产力水平很低的古代和中世纪，无论是中国还是外国，管理都没有形成一门科学。只有机器大工业出现之后，管理才逐渐成为一门独立的学科，并且越来越受到人们的重视。

管理从产生到形成现代管理科学大致经历了以下三个阶段：

（一）传统管理阶段

当机器取代手工操作在生产中占主导地位时，企业生产过程中分工与协作的要求日益强烈，这就必然要出现指挥者与管理者，但这时管理还没有成为科学。早期的企业经营管理者一般就是企业资本的所有者。这些工厂老板凭着自身的经验办事，工人的操作也是凭自己的经验完成的，没有统一的操作规程。工人的技术培训，也是采用师傅带徒弟的办法。总之，这一时期还是沿袭着小生产的传统，没有完全摆脱小生产经营管理的影响。这个阶段大致从18世纪80年代开始，到19世纪末20世纪初，经历了100多年的时间。到了19世纪末20世纪初，传统的管理已经不能适应资本主义生产发展的需要，因而开始走向科学管理阶段。

（二）科学管理阶段

随着生产技术的进步，生产社会化程度的提高，市场和企业规模的扩大，管理工作日益复杂，生产活动本身对管理的要求也越来越高，这样，管理工作就逐渐形成一种专门的职业，出现了资本所有者和经营管理者的分离。同时，管理的不断发展，要求对过去的管理经验进行总结提高，以便更好地指导实践。正是在这样的形势要求下，出现了许多科学管理理论，也就进入了科学管理阶段。

1. 泰罗的科学管理理论

泰罗（F. W. Taylor，1856—1915）及他的追随者，于19世纪末20世纪初创建了科学管理理论。科学管理理论的要点如下：

（1）科学管理的中心问题是提高劳动生产率。泰罗在他出版的《科学管理》一书中曾强调指出："人的生产率的巨大增长这一事实标志着文明国家和不文明国家的区别，标志着文明在一两百年内的巨大进步。"泰罗等人认为，当时工人提高劳动生产率的潜力很大。他们经过大量的试验,提出了制定有科学依据的工人的"合理的日工作量",这就是所谓的工作定额原理。

(2) 为了提高劳动生产率,必须挑选"第一流的工人"。所谓"第一流的工人",是指那些适应工作、又愿意努力干的人。

(3) 让工人使用标准化的工具、设备、材料,并使作业环境标准化。泰罗认为,为了工人能完成较高的工作定额,不仅应让他们掌握标准的操作方法,还要使工人使用的工具、设备、材料及作业环境标准化。

(4) 实行刺激性的工资报酬制度。为了鼓励工人努力工作、完成定额,泰罗提出实行有差别的、有刺激性的工资制度。对于完成工作定额的工人,按较高的工资率付给工资;对于完不成工作定额的工人,按较低的工资率付给工资。

(5) 为了提高劳动生产率,工人和雇主都要来一次"精神革命"。泰罗认为,工人和雇主都应认识到,劳动生产率的提高是对双方都有利的事情。因此,双方都要来一次"精神革命",也就是变互相对立为互相协作,共同为提高劳动生产率而努力。

(6) 把企业中的计划职能与执行职能分开,变经验工作法为科学工作法。泰罗认为,计划职能归企业管理当局,并要由专门的计划部门来承担。工人的职责,就是服从管理当局的命令,从事执行(作业)的职能。

(7) 主张实行"职能制"管理。所谓"职能制"管理就是要使每一管理者只承担一两种管理职能,同时每一管理者对工人都有指挥监督权。后来实践证明,这种多头领导的"职能制"是不适当的,但这种思想对职能部门的建立和促使管理人员专业化具有重要意义。

(8) 按照"例外原则"进行管理控制。"例外原则"就是企业领导人把一般的日常事务授权给下级管理人员去处理,自己只保留对非规范的例外事项的决策和对下属的监督权。这样,既有利于调动下级人员的积极性,又能使领导人员集中精力研究和解决重大问题。这一原则以后发展为管理上的分权制和事业部制等管理体制。

泰罗等人通过大量的试验与研究,提出的科学管理原理与方法,标志着从传统管理进入了科学管理的新阶段。虽然它产生于20世纪初,但至今仍被许多国家所采用,并且它也是后来许多新的管理理论的基础。

这一时期,对科学管理做出了贡献的还有,吉尔布雷斯(F. B. Gilbreth)在动作研究方面做出了贡献;甘特(H. L. Gannt)发明了运用线条图制定生产作业计划和控制计划执行的管理办法;福特(H. Ford)创立了汽车工业的流水生产线,等等。

2. 法约尔的一般管理理论

法约尔(H. Foyol,1841—1925)是与泰罗同时代的法国人。他主要在经营管理的活动职能、原则等方面阐明了自己的观点。法约尔认为,经营就是指导或引导一个组织趋向一个目标。经营有六种活动:技术活动、商业活动、财务活动、安全活动、会计活动、管理活动。管理活动又包括五种职能:计划、组织、指挥、协调和控制。法约尔还根据自己的管理经验,提出了14条管理原则。它们是:劳动分工原则;权利与责任统一原则;纪律原则;命令的统一性原则;统一指挥原则;个别利益服从整体利益原则;报酬原则;集权原则;等级系列原则;秩序原则;公平原则;保持人员稳定原则;首创精神;团结合作精神等。

法约尔认为不能把管理原则看成是固定不变的,而应使其灵活地适应于每一种具体需要。

3. 梅约的"行为科学"理论

梅约(G. E. Mayo,1880—1949)是早期的"行为科学"的代表人物。他研究的是工人在生产中的行为以及产生行为的原因这门科学,主要包括人的本性和需要、行为和动机以及生产中的人际关系。

梅约等人在霍桑实验的基础上,得出了以下看法:

(1) 对生产中的人的看法。梅约等人认为泰罗把工人看成是只追求最高工资的"经济人",因此,只研究如何通过工作条件、工资报酬等方面的改进来提高劳动生产率。但实际上,工人是"社会人"。因此,必须从社会、心理方面来鼓励工人以提高生产率。

(2) 对组织问题的看法。梅约等人认为泰罗只研究了企业中的"正式组织",但除正式组织外,企业里还存在着"非正式组织",它与正式组织相互依存,对生产率的提高同样有很大的影响。

(3) 对领导问题的看法。梅约等人认为,领导不仅要有解决技术经济方面问题的能力,还要具有善于了解职工思想感情,把握职工思想情绪,协调人际关系的技能。

(4) 总之,梅约等人主要是以人为中心来研究管理问题,这是管理理论的一个突破。

(三) 现代管理阶段

第二次世界大战之后,管理理论又有了新的发展,而且发展速度相当快,形成了许多新的理论和学派。

1. 管理过程学派

管理过程学派也叫管理职能学派。他们认为,管理是在组织中通过别人或同别人一起完成工作的过程。管理过程与管理职能是分不开的。如果将管理的概念、原则、理论和方法结合起来,形成管理理论,就能指导和改进管理实践。

管理过程学派的代表人物主要有拉尔夫·戴维斯、哈罗德·孔茨、威廉·纽曼等。

2. 社会系统学派

社会系统学派的创始人是美国的高级经理人员和管理学家切斯特·巴纳德(C. L. Barnard)。他把企业组织中人们的相互关系看成是一种协作的社会系统,提出了正式组织的基本要素、经理人员的职能等观点。巴纳德认为,经营管理的过程就是领悟到作为一个整体的组织以及与之有关的全部形势。这就是管理的"艺术"。它是内部平衡和外部适应的综合。各级组织都是社会这个大协作系统的各个部分和各个方面。每个组织都必须符合这些条件才能生存。

3. 决策理论学派

决策理论学派是美国人西蒙(H. A. Simon)创立的,西蒙认为管理就是决策。西蒙、马奇等人认真分析了决策在管理中的作用和过程,并提出用"令人满意的"准则代替"最优化"准则进行决策。西蒙因其在管理决策理论中做出的杰出贡献,获得了1978年的诺贝尔经济学奖。

4. 系统管理学派

系统管理学派的理论基础是贝塔朗菲(Ludwig Von Bertallanffy)的一般系统论。它分析了组织和管理的系统模型以及系统管理中的各项管理职能特别是福莱斯特等人创立的系统动态学说，对系统管理学派有了进一步的发展。

5. 经验管理学派

经验管理学派的代表人物是美国的德鲁克（P. Drucker）。经验管理学派认为，应从企业实际出发，研究企业管理的科学，并且应该以大企业的管理经验为主要研究对象。

6. 权变理论学派

权变理论学派是 20 世纪 70 年代形成的一种管理学派。他们认为，在企业管理中，没有普遍适用的"最好的"管理理论和方法，任何理论和方法都要依据企业所处的内部条件和外部环境随机应变，才能取得良好的效果。

7. 数理管理学派

数理管理学派也叫运筹学派。他们认为，管理就是应用数学模型，对决策、计划、组织、控制等职能做择优解答，并且将电子计算机技术应用于管理中。

8. 经理角色学派

经理角色学派的主要代表人物是亨利·明茨伯格（Henry Mintzberg）。这一学派是 20 世纪 70 年代才在西方出现的。他们从经理所担任的角色分析入手，考虑经理的职务和工作，以求提高管理效率。

二、人性的假设与管理

美国心理学家和行为学家埃德加·沙因将人的特性归纳为四种假设："经济人"的假设、"社会人"的假设、"自我实现人"的假设和"复杂人"的假设。现分述如下：

（一）"经济人"的假设

"经济人"的假设是古典经济学家和古典管理学家关于人的特性的假设，也就是美国工业心理学家麦格雷戈 1960 年所著的《企业的人性方面》一书中所称的 X 理论。"经济人"的假设起源于享乐主义，认为人们的行为就是为了获取最大的经济利益，工作的目的是为了获得经济报酬。

1. "经济人"的假设的要点

（1）多数人天生不喜欢工作，因此都尽量逃避工作。

（2）因为不喜欢工作的天性，对大多数人就必须用强制、惩罚、控制、奖励等办法，迫使他们为达到组织的目标而努力工作。

（3）多数人胸无大志，宁愿受别人的领导，而不愿负任何责任。

（4）多数人工作都是为了满足基本的生理需要和安全需要。因此，只有金钱等物质利益才能鞭策他们努力工作。

2. 相应的管理措施

基于"经济人"的假设，在管理中常采取以下措施：

（1）将管理工作的重点放在提高生产率和完成生产任务方面，忽视对人的感情和道义上应负的责任。只讲管理的计划、指挥、控制、监督，不考虑被管理者的心理因素。

（2）管理工作只是少数管理者的事，与广大工人群众无关。工人的责任就是服从管理者的指挥。

（3）在奖励制度方面，主要用金钱来刺激工人的生产积极性，同时对消极怠工者采取严厉的处罚措施。

3. 评价

"经济人"的假设,将人看作单纯追求物质利益、只为报酬而工作的自然人,在认识上是错误的。它必然导致行为的偏差。基于对人的特性的错误认识,在对人的行为的控制上,只能片面强调金钱的刺激,靠严厉的处罚措施来限制工人的行动。

现在,在发达的资本主义国家,一般认为X理论的时代已经过去,但X理论的思想影响还是存在的。这一理论对我国企业管理的改革也有借鉴意义,尤其是多年的改革实践也证明了,单纯靠物质利益、靠金钱的刺激及严厉惩罚来调动职工积极性,其作用是有限的,还是要物质与精神两手抓。

(二)"社会人"的假设

"社会人"的假设是人际关系学说的倡导者梅约等人依据霍桑实验的材料提出来的。"社会人"的假设认为,人们注重的是在工作中与周围的人友好相处,建立良好的人际关系,而物质利益对劳动生产率的提高仅具有次要作用。

1. "社会人"假设的要点

(1) 人除了物质需要外,还有社会心理需要,人们要在社会关系中寻找乐趣。

(2) 生产率的提高和降低主要取决于职工的"士气",而"士气"又取决于家庭和社会生活,以及企业中人与人之间的关系。

(3) 人的非正式组织的社会影响比正式组织的经济诱因对人的影响力更大。

(4) 领导人要善于倾听职工的意见,了解他们的思想,使正式组织的经济需要与非正式组织的社会需要取得平衡。

2. 相应的管理措施

(1) 管理人员应把注意重点从完成生产任务转移到关心人、满足人的需要上。

(2) 管理人员不能只注意计划、组织、指挥、控制等方面的问题,更应重视职工之间的关系,培养和形成职工的归属感和整体感。

(3) 在实行奖励时,提倡集体的奖励制度,不主张个人奖励。

(4) 管理人员应起到职工与上级之间的联络人的作用,既要倾听职工的呼声,又要向上级呼吁、反映。

(5) 提出了职工参与管理的新型管理方式。

3. 评价

从"经济人"的假设到"社会人"的假设,标志着以工作为中心的管理转向了以职工为中心的管理,这无疑是前进了一步。由于企业竞争加剧,企业中劳资关系紧张,为了缓和劳资矛盾,管理者必须注意职工的思想变化。"社会人"的观点,特别是职工参与管理,确实解决了一些问题,对缓和矛盾起了作用,但由于资本主义制度的限制,不可能彻底改变职工的地位。因此,也不能从根本上改变企业内部的劳资对立关系。

但我们社会主义国家就不同了,职工是企业的主人,管理者与被管理者在根本利益上是一致的。管理者更应该也更有可能全面深入地了解职工的多方面的需求,职工也可以通过职工代表大会更好地表达自己的意见。从制度本身讲,我们有优势,但在具体落实上,以前往往流于形式,效果并不突出。另外在奖金的发放上,怎样做到既有利于鼓励个人,又有利于集体团结,这都是有赖于我们进一步探讨和研究的问题。

（三）"自我实现人"的假设

"自我实现人"的假设，是对马斯洛的需求层次论、阿吉里斯的"不成熟—成熟"理论、麦格雷戈提出的Y理论中关于人性的认识的概括。马斯洛需求层次论中人类最高一级的需求就是自我实现的需要。阿吉里斯的"不成熟—成熟"理论中所谓成熟的个性，也就是自我实现的人。麦格雷戈所讲的Y理论，事实上也是指自我实现的人。

所谓"自我实现人"，指的是人都需要发挥自己的潜力，表现自己的才能，只有人的潜力充分发挥出来，人才会感到最大的满足。

1."自我实现人"的假设的要点

（1）一般人都是勤奋的，只要环境条件有利，工作就会像娱乐或休息一样自然。

（2）人们是能够自我控制和自我激励的，外来的控制和处罚不是实现组织目标的唯一方法。

（3）在正常情况下，人们能够主动承担并寻求责任。缺乏雄心并不是人的本性。

（4）个人的自我实现同组织目标的实现并不冲突，而是一致的。在适当条件下，个人会自动地调整自己的目标，使之与组织目标配合。管理者的责任就是创造这样的条件。

（5）人们力求在工作上有所成就，大多数人拥有丰富的想象力、适度的解决组织中问题的创造性。而现代工业条件下，人的潜力只部分地得到了发挥。

2. 相应的管理措施

（1）管理的重点是创造一种有利于人们发挥潜能、进行自我实现、自觉完成组织目标的条件。

（2）管理人员的职能发生变化。他们的主要任务是为发挥人的潜能创造适宜的条件，减少和消除职工自我实现过程中所遇到的障碍。

（3）奖励方式的改变。麦格雷戈等人认为，对人的奖励可分为两大类：一是外在奖励；二是内在奖励。外在奖励如加薪、提升、良好的人际关系；内在奖励是指人们在工作中能获得知识，增长才干，充分发挥自己的潜力。只有内在奖励才能满足人的自尊和自我实现的需要，从而极大地调动起人的积极性。管理者尤其应该注意使职工在工作中得到内在的奖励。

3. 评价

"自我实现人"的假设，是在资本主义高度发展的条件下提出的。随着生产的发展，工人的工作日益专业化，特别是流水线作业的普遍运用，把工人束缚在狭窄的工作范围内，每天做着简单重复、单调乏味的动作，看不到自己的工作与整个组织任务的联系，工作人员的"士气"很低，影响了商品产量和质量的提高。正是在这种情况下，为了振奋工人的精神，激发工作热情，提出了"自我实现人"的假设，并采取了相应的管理措施，如工作扩大化、工作丰富化、管理制度改革等。

从理论上看，对人的特性的认识，认为人天生懒惰是不对的，但认为人生来勤奋也是不对的。人的发展与成熟，不完全是自然过程，更重要的是社会环境、社会关系的影响。在以剥削为本质的资本主义社会制度中，很难使多数人达到自我实现的境界。

当然，在我们批判这种假设的错误观点的同时，对其中的一些管理措施可以研究并借鉴。比如，有意识地为职工创造更有利于他们学习、研究、充分发挥才能的条件；将工作本身安排得更丰富，更有吸引力，以创造内在奖励的机制，等等。

（四）"复杂人"的假设

沙因等人认为，"经济人"假设、"社会人"假设、"自我实现人"假设各自反映出当时的时代背景，并适合某些人和某些场合。但是，人的动机是复杂的，不能简单地归结为一两种，也不能把所有的人都归结为同一类人。

20世纪60年代末70年代初，就出现了"复杂人"的假设。人的需要在不同的情况、不同的年龄、不同的时间和不同的地点，其表现形式是不同的。人的需要和潜力，随着年龄的增长、知识的积累、地位的改变，以及人与人之间关系的变化也在不断变化。

1. "复杂人"的假设的基本要点

（1）每个人都有许多不同的需求和不同的能力。人的工作动机不但是复杂的，而且是多变的。每个人的需要都各不相同，需求层次也因人而异。

（2）人在同一时间内有各种需要和动机，他们会发生相互作用，并结合为统一的整体，形成错综复杂的动机模式。

（3）一个人在组织中可以学得新的需要和动机。组织中的工作和生活条件不断变化，就会不断产生新的需要和动机。

（4）人在不同的组织和不同的部门中可以有不同的动机模式。

（5）人可以根据自己的动机、能力及工作性质，对不同的管理方式做出不同的反应。因此没有一种适合于任何时代、任何组织或任何人的万能的管理方式。

2. 相应的管理措施

根据"复杂人"的假设，在管理措施上，要求管理人员根据具体的人的不同情况，灵活地采用不同的管理措施。即因人而异，因事而异，不能千篇一律。

"复杂人"的假设产生了"超Y理论"，它成为权变管理的理论基础。权变理论已应用于管理实践中，并且做了大量的具体工作。例如，企业组织的性质不同，职工工作的固定性也会不同；有的企业需要采用较固定的组织形式，有的企业就需要较灵活的组织结构。企业领导人的工作作风也需要随着企业的情况而有所不同。在企业任务不明确、工作混乱的情况下，需要采用较严格的管理措施，才能使生产秩序走向正轨。反之，如果企业的任务清楚，分工明确，则可以更多地采取授权形式，使下级可以充分地发挥自己的能动性。此外，权变理论要求管理人员要善于观察职工之间的个体差异，根据具体情况采取灵活多变的管理方法，等等。

3. 评价

应该承认，"复杂人"的假设和权变理论，在强调要根据不同的情况，针对不同人采取不同的管理措施方面，带有辩证的思想，这对于我们改进管理工作也是有益的。

但"复杂人"的假设只强调了人们之间差异性的一面，某种程度上忽视了人们共同性的一面。离开共性片面强调个性的差异，是违背辩证法的，这也说明"复杂人"假设的提出者，在考察社会中人的本质时，没有彻底摆脱历史唯心主义的观点。

总之，西方管理心理学从"经济人"的假设出发，提出了"X理论"；从"社会人"的假设出发，提出了人际关系理论；从"自我实现人"的假设出发，提出了"Y理论"；从"复杂人"的假设出发，提出了权变理论（"超Y理论"）。介绍这些有关人性观点的假设，一方面使我们能够了解西方管理心理学中关于人性观点的演变过程；另一方面也使我们进一步认清离开社会制度和阶级关系，缺乏历史唯物主义观点，来研究和分析问题，是不会得出正确结论的。当然，各种有关人性的假设在具体管理措施上，有许多是值得我们参考借鉴的，但一定要结合我国的具体实际，不能生搬硬套，要探索出一条有中国特色的管理之路。

（五）立足于人性假设基础的管理理论

20 世纪中叶，管理专家们开始注意到：金钱、工作条件和处罚都不具有持续的激励性。那么，管理的新的出路在哪里呢？美国的道格拉斯·麦格雷戈博士，在担任安第奥克学院院长期间，提出根据职员的态度采取相应的管理方式的 X 理论—Y 理论。这种理论是建立在"经济人""社会人""自我实现人"假设的基础上的。70 年代，美国管理心理学家约翰·摩尔斯和杰伊·洛希提出了"超 Y 理论"，威廉·大内提出了"Z 理论"。这种理论是建立在"复杂人"的假设的基础上。

1. "X 理论"

"X 理论"是麦格雷戈 1957 年与"Y 理论"同时提出来的。1960 年他发表了《企业的人性方面》一书，进一步阐明了自己的理论，该书被专家奉为行为科学方面的一本经典著作。他以两种极端的观点描述了专制与民主的管理者所做的两种对于人性的假设。"X 理论"是对"经济人"假设的概括。其基本观点是多数人天生是懒惰的，他们都尽可能逃避工作；绝大多数人希望避免责任，很少有野心，只希望得到安全；由于这种不喜欢工作的天性，因而对部分人必须采取强迫、控制、指挥以及处罚的威胁才能驱使他们为实现组织的目标而努力；多数人工作的目的都是为了满足基本的生活需要，因此，激励他们努力工作的因素只能是金钱和地位；人基本上分为两类：一类是以上假设所描述的人，他们是人群中的多数；另一类是少数人，是能够自我鼓励的人。基于以上假设，相应的管理措施是：在管理方式上的专制性。

2. "Y 理论"

"Y 理论"与"X 理论"同出于麦格雷戈博士。"Y 理论"是基于马斯洛的"自我实现人"假设及其他管理学家相类似的人性观提出来的。"Y 理论"对人性的假定是：人在工作中所做的体力和脑力方面的努力如同娱乐和休息一样，这是人的天性；外力的控制和处罚的威胁，并不是唯一促使人们为组织的目标做出努力的方法。对于自己所承诺的目标，人们会自我引导、自我控制来加以完成；人们对目标的承诺，与他们达成此目标后的报偿息息相关；一般人在一定的激励条件下，不但愿意接受任务，而且还要寻求担负责任；大部分的人都有相当丰富的想象力、机智及创造力，可用以解决组织上的问题；在现代工业社会生活的状况中，一般人的智慧潜能，仅是部分地得到发挥。"Y 理论"的着眼点不是一般的方面，而是一项深入开发人类潜能资源的设想。因此它的相应管理措施摒弃了专制，而实行民主。它认为任何组织绩效低落的责任不在于被管理者，而是管理者能力欠缺、人力资源潜力没有充分开发的结果。在具体管理方式上，应该以参与管理取代集权化管理。同时，执行个人和组织的"融合原则"，也就是创造一个管理者与个人目标一致，共同受益的工作环境。

3. "超 Y 理论"

"超 Y 理论"是由美国管理心理学家约翰·摩尔斯和杰伊·洛希于 1970 年提出的，它是应变理论或权变理论的代表。"超 Y 理论"从权变的观点出发，认为"X 理论"并非一无是处，而"Y 理论"也绝非普遍适用。所以不存在一种普遍适用的、"最好的"

或"不好的"管理方式,它强调权宜应变,要求根据变化了的环境采取与之相应的做法,一切以时间、地点、条件为转移。"超Y理论"的主要观点是:人的需要和动机是多种多样、各不相同的,但主要的是获得胜任感,这是基本相似的,所以可以用不同的方式来满足不同人的胜任感;组织结构、管理层次、职工培训、工作分配、工资报酬及控制水平等,只有随着工作性质、工作目标和员工的素质来确定,才能使人创造最佳绩效,满足胜任感;一个目标达到以后,一个新的、更高的目标便会产生,又需要新组织。可见,"超Y理论"既分析、运用了"X理论"和"Y理论",又不同于"X理论"和"Y理论",是一种提倡权宜应变的管理理论。从目前现实的管理世界中,很难找到一种典型的、完全属于某一类型的管理者,管理者所面对的人并不是一个不变化的"平均的人"。要想使部属时时保持良好的工作态度,有必要观察每一个部属的本性,从而给以不同程度、不同方式的引导和控制,使其发挥全力,这一现象恰好从侧面反映了"超Y理论"的观点。

4."Z理论"

"Z理论"是由美国加利福尼亚大学管理学日裔美籍教授威廉·大内以"复杂人"为基础,分析和融合了日本和美国的管理理论与实践,提出的新理论。他认为:企业主和雇员双方是一致的,双方的积极性可融为一体,职工应树立起作为企业成员之一的思想,企业主在关心生产的同时也应关心职工的劳动、生活等问题,特别应该注意到不同时期、不同层次的需要,这样上下沟通,关系融洽,企业成为职工的大家庭,职工对企业也就能培养起"集体主义"的感情。

随着麦格雷戈博士的"X理论"和"Y理论"的问世,许多管理理论学者觉得有必要对人性的假设明确地给以定义,因而做了更为详细的分析。其中西恩的研究较为系统。下面的假设是在把人看做"理性经济人"的情况下推导出来的:

(1)人最初的激励因素是经济性的刺激,所以他将选择在经济上能获得最大利益的工作。

(2)因为经济上的激励是在组织的控制之下,所以人是被动地由组织所推动和控制的等。

西恩对麦格雷戈的"Y理论"假设,也补充了他的看法。他认为,"社会人"的人性概念,早在"霍桑研究"之前的1920—1930年就存在了,因为在当时便有许多人引用了"社会人"的观念。例如在欧拉汤·马约及其他学者的报告里,对于人性的假设就有了"社会人"观念,其内容是:人所受到的最主要的激励来源于社会的需要得到满足,以及得到和别人的关系及地位上的成就;人对于所处群体中的社会力量所受的影响,比对管理中的激励和控制对他的影响更大;人只有在满足了自己的社会需要时,才会对管理有反应等。根据西恩的研究,许多心理学家,基于"自我实现人"的假定推导出人的动机可按需要分成不同的层次,自我实现是最高层次。人的自我实现和有效的组织绩效之间,并没有根本的矛盾。西恩自己对于人性的看法,是基于所谓"复杂人"的一些假定:①人不仅是复杂的,而且也是多变的。②人从其组织经验中能够不断获得新的动机。③在不同的组织,或在同一组织的不同部门中的人,动机可能也不相同。④人对于各种不同的管理策略都能有所反应。

西恩的研究使人性假设的"经济人""社会人""自我实现人""复杂人"的发展脉

络更加清晰和系统。

(六) 人性假设管理理论的启示

当我们从"X 理论""Y 理论""超 Y 理论""Z 理论"全面考察人性理论发展的过程之后，可以从中得到一些很有价值的借鉴。

1. 必须考虑整个的人

如果要认识人性，最重要的是要就整个的人来加以研究。人确实是复杂的，对于人性问题的探讨，不能将其与组织努力有关的部分与其本性分开来研究。各方面的人性不仅互相影响，而且偏向性也在急速地改变。

2. 管理者重要的假设

人们的才智和逻辑思维能力使他们能够看到问题和解决问题，实现其理想并克服本性上的要求，以追求更美好的理想。从此可以推导出，关于管理者的某些假说：

（1）个人是可以被领导的。由于人可以接受领导，所以可以采用某些策略将人们引入所期望的轨道中。但必须善于选择策略，以满足其本质上的个人需要。利用人本质上的荣誉感、地位欲等加以引导，经常可以成功。

（2）每个人都希望在社会环境中生活和工作，这一假设在多数情况下是正确的。但有时有的人不愿意受别人的干扰，如科学家等研究人员就属这类人。

（3）人有建立组织团体的兴趣，因为有许多需要是不能靠单个人的力量获得满足的，必须借助人们共同的努力才能达到目的。另外，人们还希望在这个组织和团体中享受权利，而不想成为奴隶。

（4）不存在"平均的人"。假设所有的人都类似，将人类的本质取其平均值，而采取一刀切的管理方法，一定会失败。

（5）每个人都能尽全力接受挑战。人通常是迫不及待地要发挥其全力。他们有了解其最大能力极限的兴趣，并希望以此水平来工作。上述关于人性观念的推论，对于管理极为重要。人是重要因素，他们在不同时期，以不同的程度在变化着，这些不稳定性使得对人的能力无法测量，也不能用精确的输入和产出计算法加以计算。称职的管理者由于他们具有领导人的经验，所以比其他人更善于应用这样的方程式。

3. 对被管理者个人的考虑

管理者应该制造一种能使其下属竭尽全力工作的内部环境。被管理者个人最先考虑的是在工作岗位上有些事情对"他"有影响，所以管理者应建立一种程序来考虑这种态度。因此，在竞选、评价及晋升时，应结合每名员工的能力。训练则必须针对每个人对知识和学习的需要，分配工作应要求符合个人的能力。决策的权力应这样分配：给希望负担责任的人以实际职责，薪金和奖金应按照各人的职责大小予以分配。按这种方式所建立起来的工作环境，能使每个工作人员明确自己的努力方向，为达成集团目标而竭尽其力。

如果认为每个职工都能竭尽全力地接受艰巨的任务，这就估计错了。雇员的工作效率，经常远低于他们的潜力。原因是工作缺乏竞争性，因而有能力的雇员感到失望。为了提供有竞争性的机会，特别是那些有能力的管理者，需要组织中高层管理人员在态度上和做法上做重大的改进，使那些希望承担更大责任的下级管理人员有用武之地。

复习与思考

1. 解释下列概念：
（1）管理心理学；（2）心理学；（3）行为科学。
2. 概述管理心理学的研究内容和基本任务。
3. 与管理心理学相关的学科有哪些？
4. 描述管理心理学的发展趋势。
5. 管理学的发展经历了哪几个阶段？
6. 关于人性的基本假设有哪些？

即测即评

第十章 个体差异和管理

学习目标

学完本章，应该能够明确个体差异的概念；描述员工能力差异与旅游企业管理的关系；说明气质类型与特征，以及旅游企业管理中，如何对待员工的气质差异；阐述性格与性格特征，以及员工性格差异与旅游企业管理的关系。

本章主要术语

个体差异（individual difference）
能力（ability）
智力（intelligence）
气质（temperament）
性格（character）
A 型性格（type A personality）
B 型性格（type B personality）
工作满意度（job satisfaction）

人与人之间在生理上、个性上都存在着很大的差别。管理心理学所讲的个体差异，是指人与人之间在个性心理特征上的差别。这些差别包括能力差异、性格差异和气质差异等。旅游企业管理者如果能了解与运用个体差异的规律，就可以有效地开发人力资源，实现人适其职、职得其人、人尽其才、才尽其用，从而提高管理工作的水平。

在这一章，首先明确能力的概念，探讨员工能力差异与旅游企业管理的关系。然后考察气质类型与特征，讨论在旅游企业管理中，如何对待员工的气质差异。然后将考虑性格与性格特征，阐述员工性格差异与旅游企业管理的关系。

第一节　能力差异与管理

一、能力

能力一词的含义较为笼统，而且常常同很多类似的概念混淆不清。按一般的常识，能力一词包括许多方面。诸如：表现在肢体或动作方面的能力，称为体能或技能；表现在人际关系方面的能力，称为社会或社交能力；表现在处理事物方面的能力，称为才能；表现在吸收知识和运用知识方面的能力，称为智能。心理学所研究的能力，在某种程度上虽然与常识的看法有些相似，但在语意表达上却不尽相同。

能力有两层含义：其一是指个人现在实际"所能为"；其二是指个人将来"可能为"。"所能为"是个人在行为上所表现的实际能力。个人在某方面所表现出的实际能力，是他的先天遗传基础加上后天环境中努力学习的结果。这种实际能力，在心理学上称为"成就"（achievement）。"可能为"是指个人将来有机会学习时，他可在行为上表现出的能力，也就是"潜能"（potentiality）。平常指某人为"可造之才"或者有某方面的"天分"，即为此意。像这种个人的潜在能力，在心理学上称之为"性向"（aptitude）。性向又可分为两类：一类称为"普通性向"，普通性向又称为普通能力（general ability），指包括一般性的潜力；另一类称为"特殊性向"，特殊性向又称为特殊能力（specific ability），指在某一方面的特殊潜力。具有普通性向的人，将来如果有机会学习历练，可能成为一位通才。具有某方面特殊性向的人，将来如果有机会学习历练，则可能成为某一方面的专才。

人的认知或思维活动是在他从事各种工作或操作中进行的，为了顺利、成功地完成这些活动，重要的心理前提是具备某些能力。例如，熟练地进行操作，准确、无误地完成任务，是饭店客房、餐厅服务员应具备的必要能力；熟练地上好一堂课，内容新颖，讲解透彻，条理清楚，是教师应具备的必要能力；善于鉴别色彩、形象记忆，掌握好线条比例是画家应具备的必要能力；记忆清晰、思维敏捷、反应灵活等，则是为完成各种活动所应具备的一般能力。

要成功地完成一项活动，仅靠某一方面的能力是不够的，必须具有多种综合能力才能获得成功。例如，为了出色地完成学习任务，不能仅仅依靠记忆力或仅仅依靠对课文的分析、理解，而必须同时具有观察力、概括力、分析力、理解力等。在完成某项任务时，所需要的各种能力的最完备的结合，能使人迅速地、创造性地完成任务。这时可以认为，这个人具有较强的能力。

人在顺利完成某项任务时，必须具有普通能力，又具有特殊能力。普通能力即智力，是在很多种基本活动中表现出来的能力，如观察力、记忆力、思维力、想象力等。特殊能力是出现在某些专业活动中的能力，如数学能力、音乐能力、专业技术能力等。普通能力与特殊能力在活动中的关系是辩证的统一。一方面，某种普通能力在某种活动领域得到特别的发展，就可能成为特殊能力的组成部分；另一方面，在特殊能力得到发展的同时，也发展了普通能力。

能力是保证活动取得成功的基本条件，但不是唯一的条件。要保证活动顺利地进行并取得成功，往往还涉及人的个性特点、知识技能、工作态度、物质条件、身体状况及人与集体的关系等因素。只不过在这些条件相同的情况下，能力强的人比能力弱的人更能使活动顺利进行，更容易取得成功。

和能力有关但又不同的两个概念是知识和技能。知识是概括化的经验系统，技能是概括化的行为模式，而能力则是概括化的心理特征。能力发展到一定程度时就会定型，但知识和技能却可以不断积累。能力和知识、技能的区别对企业管理有重要的启示。尽管人的能力有限，有高低大小之分，但人却可以通过不断学习而获得新的知识和技能。在科学技术、生产水平不断发展的现代社会，不断提高企业的整体文化技术素质，是保证企业生存发展的重要方式之一。因此，许多有战略远见的企业，都重视员工自身素质的培养，把人的素质的提高看成是企业发展的根本前提。

能力一词到底是什么意思？在我们的术语中，能力（ability）反映了个体在某一工作中完成各种任务的可能性。这是对个体能够做什么的一种现时的评估。一个人的总体能力可以分为两大类：心理能力和体质能力。

心理能力（intellectual ability）即从事心理活动所需要的能力。测量心理能力需要心理学上的特别技术，智商测验就是用于确定个人总体的心理能力的一项技术。此外，大学入学考试如 SAT 和 ACT，各科研究生入学考试如 GMAT（商学院研究生入学考试）、LSAT（法学院研究生入学考试）、MCAT（医学院研究生入学考试），也属于这种类型的测验。一般认为，在心理能力中包括七个维度，即：算术、言语理解、知觉速度、归纳推理、演绎推理、空间视知觉以及记忆力，如表 10-1 所示。

表 10-1　心理能力维度

维　度	描　述	工 作 范 例
算术	快速而准确进行运算的能力	会计：在一系列项目中计算营业税
言语理解	理解读到和听到的内容以及词汇之间关系的能力	工厂管理者：推行企业政策
知觉速度	迅速而准确辨认视觉上异同的能力	火灾调查员：鉴别纵火责任的证据和线索
归纳推理	鉴定一个问题的逻辑后果，并解决这一问题的能力	市场调查员：对未来一段时间内某一产品的市场需求量进行预测
演绎推理	运用逻辑评估一项争论价值的能力	主管：在员工所提供的两项不同的建议中做出选择
空间视知觉	当物体的空间位置变化时，能想象出物体形状的能力	室内装饰师：对办公室进行重新装饰
记忆力	保持和回忆过去经历的能力	销售人员：回忆主顾的姓名

不同的工作要求员工运用不同的心理能力。对于需要进行信息加工的工作来说，较高的总体智力水平和言语能力是成功完成此项工作的必要保证。当然，高智商并不是所有工作的前提条件。事实上，在很多工作中，员工的行为十分规范，很少有机会使他们表现出

差异。此时,高智商与工作效绩可以说是无关的。然而,一项很严谨的综述报告指出,无论什么水平的工作,在言语、算术、空间视知觉和知觉速度能力方面的测验分数,都是工作熟练性的有效预测指标。因此,可以测量具体维度的智力测验对预测工作绩效是十分重要的。

在要求信息加工的复杂工作中心理能力起着极为重要的作用,同理,对于那些技能要求较少而规范化程度较高的工作而言,体质能力(physical ability)对于工作的成功是十分重要的。比如,一些工作的成功要求耐力、手指灵活性、腿部力量以及其他相关能力,因而需要在管理中确定员工的体质能力水平。

研究人员对上百种不同的工作要求进行了调查,最后确定在体力活动的工作方面包括九项基本能力。如表10-2所示,表中列出了这些内容。个体在每项能力中,都存在着程度上的差异。而且,这些能力之间的相关性极低。不难理解:一个人在某一项能力中得分高并不意味着在另一项能力中得分也高。如果管理者能确定某一工作对这九项中每一项能力的要求程度,并保证从事此项工作的员工具备这种能力水平,则肯定会提高工作绩效。

表 10-2　九种基本的体质能力

能　　力	描　　述
力量因素	
1. 动态力量	在一段时间内重复或持续运用肌肉力量的能力
2. 躯干力量	运用躯干部肌肉(尤其是腹部肌肉)以达到一定肌肉强度的能力
3. 静态力量	产生阻止外部物体力量的能力
4. 爆发力	在一项或一系列爆发活动中产生最大能量的能力
灵活性因素	
5. 广度灵活性	尽可能远地移动躯干和背部肌肉的能力
6. 动态灵活性	进行快速、重复的关节活动的能力
其他因素	
7. 躯体协调性	躯体不同部分进行同时活动时相互协调的能力
8. 平衡性	受到外力威胁时,依然保持躯体平衡的能力
9. 耐力	当需要延长努力时间时,保持最高持续性的能力

心理学上讨论人类的各种不同能力时,认为智力是其中最重要的;讨论能力测验时,也认为智力测验是其中最重要的。智力一词虽然在心理学上备受重视,然而至今尚无统一的定义。历来的心理学家对智力的解释尽管有不同意见,但在基本理念上仍有两点共识之处:其一,智力是一种综合能力,而非单一能力;其二,个体智力的高低,是他先天遗传与后天环境两种因素交互作用的综合表现。基于这两点共识,可以将智力定义为:智力(intelligence)是以个体遗传条件为基础,在其生活环境中与人、事、物交往时所表现出的运用经验,吸收、储存及支配知识,适应变化,解决问题的综合能力。

二、能力差异与旅游企业管理

人的能力是有个体差异的,即人与人之间的能力是不同的。从能力水平上看,有人能力水平高，有人能力水平低；从类型上来看，完成同一种活动，取得同样的成绩，不同的人可能采取不同的途径或不同能力的结合；从发展上来看，有人能力发展较早，有人能力发展较晚。有的学者把思维能力划分为两种类型：一种叫艺术型，拥有这种思维能力的人善于形象思维、爱好写文艺作品，这种人讲故事十分生动、形象；另一种是思维型，拥有这种思维能力的人善于逻辑思维，这种人写文章、讲课逻辑性很强，条理也很清楚。这就是一种能力类型上的差异。

能力是人的一个重要的心理特征，每个人都有一定的能力。人的个性有差异，人的能力也有不同。因此，作为旅游企业管理者，应该研究能力的个别差异，掌握员工能力的特点，量才使用，使人尽其能。

怎样才能做到合理地使用人力资源，达到人尽其才的目的呢？具体应注意以下几个问题：

（一）能力与工作的匹配

不同工作对个体有不同要求，而个体在能力方面也存在着差异。显然，当能力与工作相匹配时，员工的工作绩效便会提高。

高工作绩效对具体的心理能力和体质能力方面的要求，取决于该工作本身对能力的要求。比如，飞行员需要有很强的空间视知觉能力；海上救生员需要有很强的空间视知觉能力和身体协调能力；高楼建筑工人需要有很强的平衡能力；一个缺乏推理能力的记者很难达到最低的工作绩效标准。因此，仅仅关心员工的能力或仅仅关心工作本身对能力的要求都是不够的。员工的工作绩效取决于两者之间的相互作用。

当这种匹配不良时，会出现什么结果呢？如果员工缺乏必需的能力，常常会在工作中失利。比如，如果你被录取为一名文字处理人员，而你的能力达不到键盘打字工作的基本要求，那么无论你的态度多么积极或动机水平多高，最终的工作绩效还是很低，甚至还会感到群体压力，产生焦虑心理。当员工的能力远远超过了工作要求而造成能力与工作要求不匹配时，结果又是另一种情形：工作绩效可能不会存在问题，但同时可能会使组织缺乏效力，员工的满意度降低。员工所得到的薪水反映了个体在工作中的最高技能水平。如果员工的能力远远超过了工作要求，则管理层应付给他更多的薪水。另外，能力水平远远超过工作要求也会降低员工的工作满意度，尤其当员工渴望施展自己的才能时，会因工作的局限性而灰心丧气。

由此看来，一个好的旅游企业管理者，并不在于谋求把能力最强的人聚集在自己周围，而在于根据旅游企业的需要合理地确定所需要的能力结构，并在此基础上聚集与各部门需要相适应的人才。

（二）同一个人不可能适应所有部门的每一项工作

同一个人在不同的条件下，不可能时时事事都保持着同样的成绩。此外，一个人的工作成绩与主观心理环境也有密切的关系，他在感兴趣、心境好的时候，可能会取得最大的成就，而在相反的主观心理环境下就可能一事无成。所以，先进的就不可能时时事事总是先进。一个人的行为是其主观心理环境与客观外界环境相互作用的结果。因此，一个优秀的管理者应该唯物辩证地看待一个人，既要重视合理分配工作，又要注意员工的主观心理状况。

（三）同样聪明的人，不一定适应同一工作

这是因为任何一种工作除了必须具备一般智力水平外，还要求具备某种适应该项工作的特殊能力。各种工作所需要的特殊能力在种类和水平上不尽相同，旅游企业管理人员必须进行职业分析，对各种工作所需要的特殊能力及其水平进行鉴别，并做出明确的规定。与此同时，对执行各种工作的人员，也必须通过各种特殊能力测验，以鉴定他是否适应这项工作。

（四）接受同等教育程度者，能力水平并不相等

知识的掌握并不等于能力的必然发展，知识的增加是能力发展的前提条件之一，但不是唯一的前提条件。在管理过程中，必须分清学历和能力的关系，文凭并不完全标志一个人的能力发展水平，而是意味着他接受过某种文化知识的训练。没有相应文凭的人之中，也不乏佼佼之才。因此，旅游企业在用人时应进行能力鉴定，真正做到量才用人。

（五）针对员工的能力发展水平，实施不同的职业教育和训练

培训是一个包括获取技能、观念、规则和态度以提高员工绩效的学习过程。经济因素、社会因素、技术因素和政治因素都会在很大的程度上影响组织的策略和目标，这些领域内的变化使得今天学会的知识和技能在将来会过时。同时，有计划地组织变化和扩张，也使员工更新知识和技能，或获取新知识和技能成为必然。

培训是提高员工素质和服务水平的关键，已越来越受到旅游企业的重视。旅游企业经营管理的实践证明，针对不同能力的从业人员进行不同层次的职业培训，是提高旅游企业从业人员的专门技能的行之有效的方法。在培训中，通过测验获知能力水平，然后根据能力差异分配适当的工作任务。

（六）完善组织机构，确立人才"金字塔"

一般来说，工作能力的高低等于智商与所受教育或训练的乘积。

"智商"是德国心理学家施塔恩（W. Stern）于1912年提出来的。所谓"智商"（IQ）就是心理年龄（MA）与实际年龄（CA）之比，再乘以100，其公式为：

$$IQ = (MA/CA) \times 100$$

施塔恩认为，智商的标数直接表示一个人的智力发展程度，即一个人是聪明还是不聪明。凡是IQ等于100者，由于实际年龄与心理年龄相等，其智力发展水平是平庸的；凡是IQ超过100者，由于实际年龄小于心理年龄，所以智力发展水平超常；凡是IQ低于100者，说明实际年龄大于心理年龄，其智力发展水平是低下的。

应该指出，按照斯滕伯格的智力三元论，智商只能代表组合性能力，并不代表一个人的绝对智力水平。

工作能力高者，应该分配给任务重的工作，能力中等者分配给中等工作，能力低下者仅能从事一些较简单的工作。任何一个组织，客观上都存在这样三种类型的人，管理者必须使这三部分人紧密配合，才能达到组织的目标。

一般来说，一个好的人才金字塔，塔的坡度不能太陡。否则，智力相差太大。往往影响管理和沟通工作。因为智力差距太大，下级难以理解上级意图和组织目标，妨碍效率的发挥，甚至容易产生误会、曲解。

（七）尽量考虑和培养员工的兴趣，提高他们的专业技术能力

所谓兴趣，就是人们力求认识某种事物或爱好某种活动的心理倾向。当人们认识到

某种事物或某种活动与他们的需要有密切关系以后，就会注意认识它并热情而耐心地对待它。这种注意认识和热情耐心对待的心理状态，就是兴趣的表现。例如，在饭店里，一个服务员对餐厅服务工作有兴趣之后，他就会注意一切有关餐饮方面的知识，热情而耐心地去参加各种餐厅服务的学习和实践活动。他的服务操作能力也就在这些活动中发展起来。

兴趣以需要为基础。需要有直接需要和间接需要，因此，兴趣也有直接兴趣和间接兴趣。直接兴趣是由于实践本身的需要而引起的兴趣。间接兴趣则是对于某种事物本身并没有兴趣，只是由于某种实践的间接需要而引起了兴趣。例如，学习外语，有些人对它并不一定感兴趣，有时还会因学习困难而感到烦恼，但是当考虑到搞好旅游服务工作需要掌握外语时，也会表现出对外语的兴趣，这就是间接兴趣。

兴趣与认识和情感相联系。没有对某一事物的深刻认识，就不会对这一事物有浓厚的兴趣；对某一事物没有深厚的情感，也谈不到对这一事物的兴趣。认识越深刻，情感越强烈，兴趣才会越深厚。

第二节 气质差异与管理

一、气质的类型与特征

气质是人的个性心理特征之一，一般人讲的"性情""脾气"，是气质的通俗说法。气质(temperament)，是指某个人典型的表现于心理过程的强度、心理过程的速度和稳定性以及心理活动的指向性特点等动力和时间方面的特点。所谓心理过程的强度，指情绪的强弱、意志努力的程度等。所谓心理过程的速度和稳定性，指知觉的速度、思维的灵活程度、注意集中时间的长短等。所谓心理活动的指向性特点，指有的人倾向于外部事物，从外界获得新印象；有的人倾向于内部，经常体验自己的情绪，分析自己的思想和印象。每个人生来就具有一种气质。某种气质类型的人，常常在内容很不相同的活动中，都会显示出同样性质的动力特点。例如，一个具有活泼、好动的气质特征的服务员，会在饭店的各种活动中表现出这种气质。一个人的气质特点不以活动的内容为转移，仿佛使一个人的全部心理活动都涂上了个人独特的色彩，表现出一个人生来就具有的特性。

气质具有极大的稳定性。虽然在环境和教育的影响下气质也会发生某些变化，但是同其他心理特征相比，其变化要迟缓得多。

公元前5世纪，古希腊著名医生希波克拉底(Hippocrates)首先提出了气质学说。他认为，人体内有四种体液：血液、黏液、黄胆汁、黑胆汁；哪种体液成为主导成分，便形成哪种气质，即人的气质分为多血质、黏液质、胆汁质和抑郁质四种类型，见表10-3。虽然四种体液的比例的概念并不合乎现代医学的认识，但以这种象征性名义产生的对人的分类即有合理性，因此这四种气质类型的名称一直沿用到现在。

表 10-3　气质类型及其特征

气质类型	特　征
胆汁质 （choleric temperament）	精力充沛，情绪发生快而强，言语动作急速而难于自制，内心外露，率直，热情，易怒，急躁，果敢
多血质 （sanguine temperament）	活泼爱动，富于生气，情绪发生快而多变，表情丰富，思维言语动作敏捷，乐观，亲切，浮躁，轻率
黏液质 （phlegmatic temperament）	沉着安静，情绪发生慢而弱，思维言语动作迟缓，内心少外露，坚毅，执拗，淡漠
抑郁质 （melancholic temperament）	柔弱易倦，情绪发生慢而强，易感而富于自我体验，言语动作细小而无力，胆小，忸怩，孤僻

巴甫洛夫通过对高等动物的研究，根据高级神经活动的强度、平衡性和灵活性等三个基本特征，把高级神经活动划分为四种基本类型：不可遏制型、活泼型、安静型、弱型。神经系统的基本类型是气质的生理基础，气质是高级神经活动类型的外在表现。四种神经活动类型分别与胆汁质、多血质、黏液质、抑郁质相对应。见表 10-4。

表 10-4　高级神经活动类型与气质类型

高级神经活动类型				气质类型
强	不平衡	灵活	不可遏止型（兴奋型）	胆汁质
	平衡	灵活	活泼型	多血质
		不灵活	安静型	黏液质
弱	不平衡	不灵活	弱型（抑制型）	抑郁质

我国古代学者也有过一些类似的气质分类，如孔子将人分为"狂""狷""中行"三类。这里孔子所说的"狂"，指狂妄的人；"狷"，指拘谨的人；"中行"，则是指行为合乎中庸的人。孔子认为："不得中行而与之，必也狂狷乎？狂者进取，狷者有所不为也。"也有人按阴阳的强弱把人分为喜静的太阴型、少阴型，好动的太阳型、少阳型，及动静适中的阴阳平型。还有的根据五行学说，把人分为金、木、水、火、土五种类型。

不过，在现实生活中，只有少数人是典型纯属于某一气质类型的，大多数人则是接近某种气质而又具有其他气质的某些特征。

二、气质差异与旅游企业管理

气质是个性的重要组成部分，它不仅影响人的外部表现，而且贯穿到心理活动的所有方面。气质类型对人的兴趣、爱好等都有重要的影响，是人的能力发展的自然前提。

气质类型无所谓好坏，对之一般不作道德评价。任何一种气质类型在一种情况下可能具有积极意义，而在另一种情况下，可能具有消极意义。例如，多血质的人情绪丰富，活动能力较强，容易适应新的环境，但注意力不稳定，兴趣容易转移，情绪变化也快。抑郁质的人工作中耐受能力差，容易疲劳，孤僻羞怯，然而感情细微，做事小心谨慎，具有敏锐的观察能力。同样，胆汁质和黏液质的人也各有积极的一面和消极的一面。

气质不能决定一个人活动的社会价值和成就高低。据苏联心理学家的研究，俄国四位著名作家是典型的四种气质的代表，见表 10-5。不同的气质类型并不影响他们在文学上的杰出成就。

表 10-5　俄国四位著名作家的气质类型

作　家	气质类型	作　家	气质类型
普希金	胆汁质	克雷洛夫	黏液质
赫尔岑	多血质	果戈理	抑郁质

气质虽然对人的实践活动不起决定性的作用，但也有一定的影响，气质影响着活动进行的性质和效率。对于旅游企业管理人员来说，除了认识自己的气质特点，学会掌握和控制自己的气质之外，还应该做到以下几点：

（一）根据员工的气质类型，为他们安排适当的工作

旅游企业管理人员要善于掌握和控制所属员工的气质类型和特点，为他们安排适当的工作，以便使不同气质的人能够发挥自己气质中积极的一面，而抑制消极的一面。

不同气质的人做不同工作的效率是有显著差异的。例如，《水浒传》里的黑旋风李逵脾气暴躁，为人耿直，是典型的胆汁质类型的人。《红楼梦》里的林黛玉多愁善感，柔弱孤僻，她的气质是典型的抑郁质。如果让李逵去卖肉，是轻而易举的，叫林黛玉去卖肉则是强人所难。反之，让林黛玉去绣花，恰如其分，让李逵去绣花则是故意刁难了。

在旅游企业的各部门人员选择安排上，确定完成某项工作所必需的特殊能力和气质的特点，然后选拔、鉴定适合完成这项工作要求的人，是实现企业目标的一项重要工作。拿饭店的前厅服务工作来说，客人来店时，要对来宾表示问候，帮助客人接拿行李；客人离店时，为客人安排车辆和运送行李等。每天上午都有几百名客人离店，下午又有同样数量的客人进店，还要负责回答客人提出的一些问题，答复有关饭店的情况和当地的情况。这就要求前厅服务员具有迅速灵活反应的能力，对于多血质和胆汁质的人来说，对前厅服务就较为适应。此外，多血质的人也适于做公共关系、销售、餐厅引台等工作。像财务、记账等项工作，要求认真、持久、耐心，则黏液质和抑郁质的人来做就较为适合，而胆汁质、多血质的人就较难适应。

（二）在安排工作时，注意不同气质类型人员的适当搭配

在选拔班组成员上，应注意各种气质类型人员的适当搭配，使各种气质可以得到适当的补偿。因为一个集体有各种不同性质的工作，即使是同一工作，也有不同的情况发生。把各种不同气质的人搭配在一起，就可以发挥各种气质的积极因素，而弥补其中消极的成分。可以设想，如果一个班组全部都是由多血质和胆汁质类型的人组成，那么这个班组将活泼有余而严肃不足，而且也容易产生摩擦，不易处理好人际关系。同样，如果一个班组全部由黏液质和抑郁质的人组成，这个班组将毫无生气。所以，如果一个集体里同时具备了这些不同气质类型的人，就比单纯的同一气质类型的人在一起工作，更容易搞好人际关系，工作效率也要高得多。

（三）从员工的气质类型出发，使用不同的教育手段

气质可以影响人的情感和行为，旅游企业管理人员及从事思想政治工作的人员，也要注意针对不同气质类型的员工，采用不同的工作方法。胆汁质的人易于冲动，脾气暴躁且难以自制。同他们谈话，就应该冷静理智，努力使他们心平气和，如果一开始就形成剑拔弩张之势就很难收场了。多血质的人反应敏捷，活泼多变，但有时较为轻浮，似乎什么也

无所谓。对他们不妨敲一下警钟，如果含蓄地提醒，他可能根本没往心里去。黏液质的人外柔内刚，情绪含而不露，有话爱闷在肚子里。对他们有时不妨稍微刺激一下，使他们倾吐心头之隐。抑郁质的人敏感多疑，自尊心极强，你若稍有损害他的自尊或委屈了他，他就可能从此对你关闭心灵的窗扉。然而，正因为他们羞怯内向、不善言谈，所以当你能处处表现出对他们的理解和尊重时，他们就会把你当成难得的知己，你的话就可能具有极大的说服力。

第三节 性格差异与管理

一、性格与性格特征

（一）性格

性格是个性中的重要心理特征，人与人之间的个体差异首先表现在性格上。性格（character）是指一个人对客观现实的态度和习惯化了的行为方式中所表现出来的较稳定的心理特征。人的性格是受一定思想、意识、信仰、世界观的影响和制约的。由于具体的生活道路不同，每个人的性格会有不同的特征。性格是在一个人生理素质的基础上，在社会实践活动中逐渐形成、发展和变化的。

人的性格个别差异是很大的。例如，有的人活泼、外向，有的人孤寂、内向；在待人方面，有的人诚实、和善，有的人虚伪、狡诈；在对待生活的态度上，有的人乐观进取，有的人悲观失望；在情绪上，有的人稳定持久，有的人忽高忽低；在行动上，有的人坚毅、果断，有的人谨慎、怯懦。

由于性格是一个极为复杂的问题，对它的研究虽然很多，但至今尚未形成一套能为大多数学者所共同接受的理论。各种性格理论，按其主要内容的不同，大体可分为两大类：一类是偏重于研究个人行为的发展与改进的理论；另一类是偏重于研究个人生理行为特征的理论。各种理论研究的侧重虽然有所不同，但有一个共同点，都认为性格与行为有密切的关系。要提高对人的行为的预见性和控制力，掌握行为的规律性，不能不对人的性格进行深入的研究。

（二）性格特征

对性格结构研究的早期工作主要是试图确定和标明一些持久稳定的特点，用以描述个体行为。这些特点包括害羞、进取心、顺从、懒惰、雄心、忠诚、畏缩等，当一个人在不同情境下均表现出这些特点时，我们称其为性格特征（character traits）。这些特征越稳定，则在不同的情境中出现的频率就越高，在描述个体的行为时也就越重要。

1. A型性格与B型性格

你是否知道有些人总愿意从事高强度的竞争活动，并长期有种时间上的紧迫感？这些人就拥有A型性格（type A personality）。A型性格者总是不断驱动自己要在最短的时间里干最多的事，并对阻碍自己努力的其他人或事进行攻击。在北美文化下，这种特点被高度推崇，而且它与进取心和物质利益的获得直接相关。

A型性格表现为：

（1）运动、走路和吃饭的节奏很快。

（2）对很多事情的进展速度感到不耐烦。

（3）总是试图同时做两件以上的事情。

（4）无法处理休闲时光。

（5）着迷于数字，他们对是否成功是以每件事中自己获益多少来衡量的。

与A型性格相对照的是B型性格。B型性格"很少因为要从事不断增多的工作或要无休止地提高工作效率而感到焦虑"。

B型性格表现为：

（1）从来不曾有时间上的紧迫感以及其他类似的不适感。

（2）认为没有必要表现或讨论自己的成就和业绩，除非环境要求如此。

（3）充分享受娱乐和休闲，而不是不惜一切代价实现自己的最佳水平。

（4）充分放松而不感内疚。

A型人常处于中度至高度的焦虑状态中。他们不断给自己施加时间压力，总为自己制定最后期限。这些特点导致了一些具体的行为结果。比如，A型人是速度很快的工人，他们对数量的要求高于对质量的要求。从管理角度来看，A型人表现为愿意长时间从事工作，但他们的决策欠佳也绝非偶然，因为他们做得太快了。A型人很少有创造性，因为他们关注的是数量和速度，常常依赖过去的经验解决自己当前面对的问题。对于一项新工作，无疑需要专门时间来开发解决它的具体办法，但A型人却很少分配出这种时间。他们很少根据环境的各种挑战改变自己的反应方式，因而他们的行为比B型人更易于预测。

在组织中A型人和B型人谁更容易成功？尽管A型人工作十分勤奋，但B型人常常占据组织中的高层职位。最优秀的推销员常常是A型性格，但高级经营管理人员却常常是B型性格。为什么？答案在于A型性格倾向于放弃对质量的追求，而仅仅追求数量，然而在组织中晋升的机会常被授予那些睿智而非匆忙、机敏而非敌意、有创造性而非仅有好胜心的人。

2. 五维度模型

近年来，一系列颇具影响力的研究证实，这五项性格维度是所有性格因素的最基础维度，人们常称其为"大五"（Big Five），它们是：

（1）外倾性（extraversion）描述一个人善于社交、善于言谈、武断自信方面的性格维度。

（2）随和性（agreeableness）描述一个人随和、合作且信任方面的性格维度。

（3）责任心（conscientiousness）描述一个人的责任感、可靠性、持久性、成就倾向方面的性格维度。

（4）情绪稳定性（emotional stability）描述一个人平和、热情、安全（积极方面）、紧张、焦虑、失望和不安全（消极方面）的性格维度。

（5）经验的开放性（openness to experience）描述一个人幻想、聪慧及艺术的敏感性方面的性格维度。

在五维度的研究中，除了提供总体的性格框架外，还发现这些性格维度与工作绩效之间有着重要关系。研究对以下五类人员进行了调查：专业人员（包括工程师、建筑师、会计师和律师）、警察、管理者、推销员、半熟练和熟练工人。工作绩效用三个指标来界定：绩效评估、培训效果（在培训项目中获得的成绩）以及人事资料（如薪金水平）。调查结果表明，对于所有人员来说，责任感可以预测工作的绩效。对于其他性格维度，其预测力取决于绩效标准和职业群两项因素。比如，外倾性可以预测管理和销售职位的工作绩效。这一点比较容易理解，因为这些职务需要较多的社会交往活动。同样，研究发现经验的开放性在预测培训效果方面也十分重要，这一点也是合乎逻辑的。在这方面尚不清楚的问题是为什么情绪的稳定性与工作绩效无关。凭直觉人们认为平和而有安全感的人会比焦虑而不安的人工作做得更好。研究者对这一结果的解释是这样的，可能只有那些在情绪稳定方面得分较高的人才能保住自己的工作，而研究样本选择的均是受聘个体，因此，他们之间的差异也非常小。

二、性格差异与旅游企业管理

在前面对性格特征的讨论中，我们已经认识到，在性格特点与工作绩效之间的关系中还有一项中间变量——工作要求，应该重视性格特点与工作要求之间的协调一致，也就是性格与工作相匹配。在此方面心理学家约翰·霍兰德（John Holland）提出了性格工作适应理论（personality-job fit theory）。他指出，员工对工作的满意度和流动的倾向性，取决于个体的性格特点与职业环境的匹配程度。他还划分了六种基本性格类型。

这六种性格类型中的每一种都有与其相适应的工作环境。如表10-6所示，表中对六种类型进行了分别描述，列举了它们的性格特点以及与之匹配的职业范例。

表10-6　霍兰德的性格特征类型与职业范例

类　　型	性　格　特　点	职　业　范　例
现实型：偏好需要技能、力量、协调性的体力活动	害羞、真诚、持久、稳定、顺从、实际	机械师、钻井操作工、装配线工人、农场主
研究型：偏好需要思考、组织和理解活动	分析、创造、好奇、独立	生物学家、经济学家、数学家、新闻记者
社会型：偏好能够帮助和提高别人的活动	社会、友好、合作、理解	社会工作者、教师、议员、临床心理学家
传统型：偏好规范、有序、清楚明确的活动	顺从、高效、实际、缺乏想象力、缺乏灵活性	会计、业务经理、银行出纳员、档案管理员
企业型：偏好那些能够影响他人和获得权力的言语活动	自信、进取、精力充沛、盛气凌人	法官、房地产经纪人、公共关系专家、小企业主
艺术型：偏好那些需要创造性表达的模糊且无规则可循的活动	富于想象力、无序、杂乱、理想、情绪化、不实际	画家、音乐家、作家、室内装饰家

霍兰德开发了职业偏好测量表，其中包括了160个职业项目。让回答者回答自己是否喜爱这些职业，以这些数据为基础，建构性格剖面图。研究结果有力地支持了图10-1的六边形模型：在六边形中两个领域或取向越接近，则两者越一致。临近的类型比较近似，而对角线上相对的类型则最不一致。

图 10-1　职业性格类型之间的关系

这一理论指出，当性格与职业相匹配时，则会产生最高的满意度和最低的流动率。社会型的个体应该从事社会型的工作，传统型的个体应该从事传统型的工作，依此类推。一个现实型的人从事现实型的工作比从事研究型的工作更为和谐，社会型的工作对于现实型的人则可能最不合适。这一模型的关键在于：

（1）个体之间在性格方面存在着本质的差异。
（2）工作具有不同的类型。
（3）当工作环境与性格类型协调一致时，会产生更高的工作满意度和更低的离职可能性。

旅游企业要做好人力资源开发与管理，必须注意到所属员工的行为倾向，而性格正是决定这种行为倾向的最重要的心理特征之一。对一个人性格的了解，不仅有助于解释和掌握他现在的行为，而且还可以预见他未来的行为。由此可见，掌握员工的性格对于管理工作的意义主要体现在两个方面：一方面，有助于控制员工的行为；另一方面，有助于创造适宜的工作环境，使之与员工的性格倾向尽量吻合，以利人力资源的开发与管理，尽量避免在管理工作中出现的"不和谐"而引起的"阻抗"作用。

旅游企业管理者还应该创造一定的环境条件，使员工的性格朝着健康的方向发展。美国心理学家阿吉里斯（Chris Argyris）长期从事工业组织的研究，以确定管理方式对个人行为及其在工作环境中成长的影响力。他的研究表明，一个人在由不成熟向成熟的转变过程中，性格会发生七种变化，如表 10-7 所示。

表 10-7　性格的发展过程

不成熟	→	成　熟
1. 被动	→	主动
2. 依赖	→	独立
3. 少量的行为	→	能产生多种行为
4. 错误而浅薄的兴趣	→	较深与较强的兴趣
5. 时间知觉短	→	时间知觉较长
6. 附属的地位	→	同等或优越的地位
7. 不明白自我	→	明白自我、控制自我

阿吉里斯认为这些改变是持续的，而人的性格便因此由不成熟趋于成熟。这些改变只是一般的倾向，但是这使人们对成熟有了较多的了解。一个人的文化水平和个性可能使这些改变受到限制，而随着年龄的增长，人的性格总是有日趋成熟的倾向。

阿吉里斯着重研究了管理方式及工作环境对性格成熟的影响。他观察分析了工业界经常见到的工人工作不努力和对某些事物漠不关心的情况。这种情况的产生是否只是个人性格的问题呢？阿吉里斯认为事实并非如此。在许多情况下，工人是因为受管理方式的束缚而使性格不能成熟。在这些组织里，工人被鼓励做一个被动、依赖及附属的人，因此，其行为便不易成熟。

阿吉里斯认为，传统的管理组织具有抑制人们成熟的"功能"。因为组织的成立是为了使集体达到某种既定的目标，这些组织的代表通常就是这些建立组织的人。个人是无条件地被安插在工作之中的。先有工作设计，后有个人工作的安排。工作设计的依据是科学化管理的四个概念：专业化、命令、统一领导以及一定的管理制度。管理者为使工人成为"可互相替换的零件"，而不断提高并强化组织与管理的效率。

这些组织的权力和权威需要掌握在少数高阶层的人手中。因此，位居下层的人必须受上司或系统本身严密的控制。专业化通常使工作过于简单、重复、固定，不具有挑战性，这就是专制型的、以工作为主的管理方式。在这种情况下，上级是决策者，下级只是执行这些决策而已，因而缺乏主动性。

根据以上情况，阿吉里斯要求管理者提供给员工一种可以成长与成熟的环境，使其在致力于组织成功的过程中亦可以获得需要的满足。应当相信，如果受到适当的激励，人们可以主动自觉地工作，且具有创造力。

阿吉里斯的关于性格的"不成熟—成熟"理论，对今天的企业管理来说，也不无意义。

复习与思考

1. 解释下列概念：
(1) 能力；(2) 智力；(3) 气质；(4) 性格。
2. 为什么说当能力与工作相匹配时，员工的工作绩效便会提高？
3. 不同气质类型的人有何主要特征？在旅游企业管理中，如何对待员工的气质差异？
4. 阿吉里斯关于性格的"不成熟—成熟"理论，对现代旅游企业管理有什么现实意义？

即测即评

第十一章 激励

学习目标

学完本章,应该能够:明确激励和激励因素的概念;区分激励与绩效;描述内在激励与外在激励;说明和比较几种激励理论;阐述激励理论在旅游业管理中的应用。

本章主要术语

激励(motivation)
内在激励(intrinsic motivation)
外在激励(extrinsic motivation)
绩效(performance)
分配公平(distributive justice)
程序公平(procedural justice)

在现代旅游企业管理中,激励是管理者应该具备的一项重要管理职能。通过激励可以使员工最充分地发挥其技术和才能,充分挖掘员工的内在潜力,提高企业的竞争力。

在这一章,首先说明激励和激励因素,把激励与绩效加以区别。然后描述和比较几种激励理论。最后深入探讨激励理论在旅游业管理中的应用。

第一节 激励概述

一、激励与激励因素

(一) 激励的含义

激励是管理的核心问题。作为现代旅游业的管理者,为了实现组织的既定目标,就更加需要激励全体员工,以充分调动他们的积极性和创造性。

激励(motivation)是通过高水平的努力实现组织目标的意愿,而这种努力以能够满足个体的某些需要为条件。尽管一般情况下,激励涉及为实现所有目标而付出的努力,但为了反映对于与工作有关的行为的兴趣,我们把范围缩小为组织目标。这个定义中的三个关键因素是:努力、组织目标和需要。

努力要素是强度指标。当一个人被激励时,他会努力工作。但是高水平的努力不一定能带来高的工作绩效,除非努力指向有利于组织的方向。因此,我们不仅要考虑努力的强度,还必须考虑努力的质量。指向组织目标并且和组织目标保持一致的努力是我们所追求的。最后,我们把激励看做一个满足需要的过程,如图 11-1 所示。

图 11-1　激励的过程

需要(need)意味着使特定的结果具有吸引力的某种内部状态。一种未满足的需要会带来紧张,进而在躯体内部产生内驱力。这些内驱力会产生寻求行为,去寻找能满足需要的特定目标,如果目标达到,需要就会满足,并进而降低紧张程度。

所以被激励的员工可以说处于一种紧张状态,为缓解紧张他们会努力工作。紧张强度越大,努力程度越高。如果这种努力成功地满足了需要,紧张感将会减轻。但是,由于我们感兴趣的是与工作有关的行为,所以这种减轻紧张程度的努力必须是指向组织目标的。因此,激励的定义中隐含着个体需要必须和组织目标一致的要求。否则,虽然个体也表现出高努力水平,但与组织利益背道而驰。值得说明的是,这种情况并不少见。例如,一些员工常常在上班时间与朋友聊天以满足其社会需要。这也是高水平的努力,只是对组织来说毫无价值可言。

(二) 激励因素

激励因素是指诱导一个人去取得各种成绩的东西。各种激励反映了各种要求,而这些激励因素又是确定了的报酬或者鼓励,这又加强了满足这些要求的动力。激励也是一种手段,可用来调和各种需要之间的矛盾,或者重点强调某一种需要而使它比另一种需要得到优先的满足。

管理者还可以建立一种对某些动机有利的环境来大大强化动机。例如,在一个素以优秀和高质量而享有盛名的组织里工作的人们，往往受到一种激励，促使他们为组织的声誉做出贡献。

在任何一个有组织的企业里，管理人员必须关心激励因素并创造性地运用它们。人们常常可以通过各种途径来满足他们的欲望。例如，一个人可以通过积极参加社会俱乐部的活动，而不是在企业里工作来满足他的归属愿望；可以用工作的方式来满足经济上的需要，或者花费时间参与政党工作来满足地位上的需要。管理者必须做到的是有效利用激励因素，以引导人们为聘用他们的企业有效地完成工作。管理者不能期望去支配员工的全部活动，因为人们总有与企业无关的愿望和动机。但是如果要使公司或其他任何类型的企业成功和有效，必须充分激发并满足每个员工的动机，以保证较好的业绩。

二、激励的层次

宽泛地讲，当我们说某人正被激励着或者没有被激励着做某件事时，我们涉及的是三种不同的、不过有时又互相联系的激励层次，如下式所示。

$$员工激励 = \frac{行为的方向即员工选择什么样的行为去完成任务} + \frac{努力程度即员工在其行为中投入多少精力} + \frac{坚持的程度即当员工面对障碍时会在其行为中付出多大的努力}$$

第一层次是个人行为的方向，员工都按理想的方向工作吗？请注意，从管理者的观点上讲，员工行为的方向可能并不是理想的。一名饭店销售部的员工可能将其时间的15%用在了通私人电话或者看报纸上，而不是与客户联系上。管理者只是确定和传达理想的行为是不够的；管理者必须激励员工真正地去实施那些理想的行为。

激励的第二层次与员工工作的努力程度相关。当员工意识到需要这样的行为时，他会为此付出多少努力呢？对于许多管理者来说，激励的第二层次带来的挑战最大，那就是使员工努力地工作，将精力放在他们所做的事情上。一家商场的管理者抱怨他们的售货员只是保持自己的区域干净和井井有条。"他们知道做什么，但他们就是不按照应该做的去做。"一名饭店总服务台的管理者感叹他的接待人员不能对顾客微笑，用眼睛接触对方，直接称呼对方的名字。

激励的第三层次也是最后一个层次就是坚持。当面对逆境、障碍时，员工会怎样努力地坚持下去。当实施行为的环境合适的时候，员工或许能极大地被激励，但是一旦出现了逆境或者障碍时，又会发生什么呢？当一名员工早上感觉身体不太舒服时，她能不能出勤呢？即便来了，她又能不能坚持下来，并认真地工作呢？

三、内在激励与外在激励

在讨论人们为什么工作时，应该注意激励的来源问题。某些观点主张，人们受到外部环境中的因素(例如严厉监督或工资)的激励；某些观点则主张，在某种意义上说，在没有运用这些外部因素的情况下，人们能够进行自我激励。如有一些工作，人们仅仅是为了完成它们而热情地去做的。还有一些工作，仅仅是为了保住工作或使上级满意才去做的。

管理心理和组织行为方面的专家对内在激励和外在激励之间的区别已有某种认识。但是,应该强调,这些概念并没有严格的、一致的定义,特别是在具体的激励因素是应作为内在因素还是外在因素方面矛盾更多。下述定义和例证多少有助于我们较好地认识这种区别。

(一) 内在激励

内在激励(intrinsic motivation)来自于人们和任务之间的直接联系,通常是自我运用的。完成工作本身产生的成就感、挑战感和胜任感等可以成为某种内在激励因素,对工作本身的兴趣也是一种内在激励因素。

(二) 外在激励

外在激励(extrinsic motivation)来自于任务外部的工作环境,通常是被某些人而不是被正被激励的人所运用的。工资、附加补贴、公司政策和各种形式的监督是外在激励因素的例子。

显然,并不是所有激励因素都可以像这些定义规定的那样进行简单划分。例如,一次晋升或一句赞语可能取决于上级的意图,但是,也可能是取得成就及胜任工作的显著标志。因此,某些激励因素可能既有外在激励性质,又有内在激励性质。

四、激励与绩效

在组织环境中我们会发现,有许多人是"高激励的",但是工作做得并不好。他们工作时间长,并且很努力,但是往往不符合要求。这种现象指出了激励和绩效之间的区别。绩效(performance)是组织成员为实现组织目标所做出的贡献。

考虑员工绩效的一个常用但过分简单的方法是把它看成是能力和激励相互作用的结果,即绩效=f(能力,激励)。如果有一个因素不合适,绩效就会受到消极影响。这有助于解释为什么能力平平却非常努力的运动员或学生总是胜过更有天赋但懒惰成性的竞争者。如果我们要准确地解释或预测员工的绩效,除了激励之外,还必须考虑到智力和技能(以"能力"来表示)。但我们还忽略了一点,我们需要在等式中加入表现机会(opportunity to perform),即:绩效=f(能力,激励,机会)。即使一个能干而且想干的人也可能遇到限制绩效的障碍,如图11-2所示。

作为管理者,当你试图评价一名员工为什么没有取得你认为他能取得的绩效水平时,不要忘了看一看工作环境是否具有支持性。员工是否有足够的工具、设备、材料和供应;员工是否有愉快的工作环境,能提供帮助的同事,支持性的规则和程序;员工是否有做出工作决定所需的充分信息,做好工作所需的充分时间,如此等等。如果没有,绩效就会受到影响。

图11-2 绩效维度

我们可以这样总结以上的讨论:在其他条件相同的情况下,员工的激励水平越高,绩效就越好。不过条件很少真正相同,所以在探讨与绩效相关的原因时,管理者的个人推断能力就遇到了很大的挑战。

五、激励的功能

激励对于调动人的潜在积极性,出色地去实现组织的既定目标,不断提高工作效率,都具有十分重要的作用。

(一) 激励的管理职能

在企业中,有效地组织并充分利用人力、物力和财力资源是管理的重要职能,其中又以人力资源的管理最为重要。在人力资源管理中,又以怎样调动人的积极性最为关键和困难。管理学家们早就能够精确地预测、计划和控制财力和物力,而对于人力资源,特别是对于人的内在潜力,至今无法精确地预测、计划和控制。

激励之所以越来越受到旅游业及其他企业的重视,是由竞争加剧、激励对象的差异性和需要的多样化决定的。其表现如下:

首先,在国内外旅游业竞争加剧的情况下,旅游企业为了生存和发展,就要不断提高自己的竞争力。为此,就必须最大限度地激励全体员工,充分挖掘出内在的潜力。

其次,组织中人员的表现有好、中、差之分。管理中采用各种激励办法,就是要不断地使表现好的人继续保持积极行为,使表现一般和较差的人逐步地转变为主动积极为组织多做贡献的人。

最后,激励对象的需要是多方面的,要满足这些需要就必须采取多种激励办法。包括多给金钱、建立友谊和关心尊重他们、创造好的工作条件、安排有趣的和有意义的工作等。满足每个人的要求就能达到激励员工的目的。

管理者的任务就在于对不同的人选取适合其需要的激励因素和激励措施。

(二) 激励与实现组织目标

企业管理实践表明,通过激励可以把有才能的、组织所需要的人吸引过来,并长期为该组织工作。从世界范围看,美国特别重视这一点。它从世界各国吸引了很多有才能的专家、学者,这也是美国之所以能在许多科学技术领域保持领先地位的重要原因之一。为了吸引人才,美国采用了支付高酬金、创造好的工作条件等很多激励办法。

通过激励可以使员工最充分地发挥其技术和才能,变消极为积极,从而保持工作的有效性和高效率。美国哈佛大学的心理学家威廉·詹姆士(William James)在《行为管理学》一书中,阐述在对职工的激励研究中,发现按时计酬的职工仅能发挥其能力的20%~30%,而受到充分激励的职工,其能力可发挥到80%~90%。即同样一个人在受到充分激励后,所发挥的作用相当于激励前的3~4倍。

(三) 激励对员工提高工效的功能

通过激励还可以进一步激发员工的创造性和革新精神,从而大大提高工作的效率。例如,日本丰田汽车公司通过颁发合理化建议奖(包括物质奖励和荣誉奖)来鼓励职工提建议。不管这些建议是否被采纳,均会受到奖励和尊重。结果该公司的员工仅1983年就提出165万条建设性建议,平均每人提31条,这些建议带来的利润为900亿日元,相当于该公司全年利润的18%。再如,我国哈尔滨轴承厂开展的合理化建议大奖赛的效果也很好,仅缩小切断刀口一项建议,每年就可节省钢材130多吨,节约资金70多万元。

随着科学技术的不断进步和生产过程的日趋复杂,单靠改进机器设备已不能增加生产，而对员工的科学技术素质的要求越来越高，因此，进一步激发员工的创造性和革新精神就显得越来越重要了。

第二节 激 励 理 论

20世纪60年代以来，专家学者们针对人们的工作行为进行了许多研究，也出现了许多重大的理论，它们对于试图避免组织中摩擦的任何领导者来说都是重要的。对于任何活动着的人，比如必须同他人协同工作的管理者来说，对于激励理论的理解是必要的。德国心理学家、拓扑心理学的创始人、实验社会心理学家库尔特·勒温（Kurt Lewin）曾说过，没有什么比好的理论更有应用性。本章余下的部分将着重探讨激励的重要理论，并且重点强调其对于旅游企业管理的适用性。

一、早期的激励理论

20世纪60年代是激励理论发展卓有成效的阶段，这一时期形成了三种理论。尽管这些理论受到猛烈攻击，现在看来效度方面也存在问题，但它们可能依旧是对员工激励的最著名的解释。这三种理论分别是需要层次理论、X理论和Y理论、激励保健理论。尽管现在已有了对激励更有效的解释，但仍应该了解这些早期的理论，这主要有两个原因：①它们提供了当代激励理论得以产生的基础；②实际中管理者常用这些理论和专业术语解释员工的激励问题。

（一）需要层次理论

需要层次理论的基本内容在第五章已有叙述，此处不再赘述。

马斯洛需要层次论中的五种需要与工作中实现这些需要的方式见图11-3。

图 11-3 马斯洛的需要层次

马斯洛把五种需要分为高层次和低层次的。生理需要和安全需要是较低层次的需要（lower-order needs）；社会需要、尊重需要和自我实现需要是较高层次的需要（higher-order needs）。区分这两个层次需要的前提是：较高层次的需要从内部使人得到满足，较低层次的需要从外部使人得到满足(例如,通过报酬、工会合同、任职期得到满足)。实际上,从马斯洛的分类中会自然而然地得出这样的结论:在经济繁荣时期,几乎所有长期被雇用工人的较低层次的需要都基本上得到满足了。

马斯洛的需要层次理论得到了广泛的认可,尤其是在从事实际工作的管理者中,这可归功于该理论的直觉逻辑和易于理解。遗憾的是,研究未能对该理论提供验证性的支持。马斯洛没有提供实证材料,一些试图验证这个理论的研究也没有为它找到证据。

马斯洛的理论是对于人类行为相对而不是绝对的解释,应该了解对于这个理论的四项修正:

(1) 并不是一定要满足了某一层的需要之后,其上面一个层次的需要才变得重要起来。

(2) 这个理论不能用于解释神志不健全或者智力有问题者的行为。

(3) 一些人的优先次序是不同的。比如,一名艺术家可以为了创作出伟大的艺术作品,满足自我实现的需要忍受饥饿;一些人会比其他人更少倾向于安全或者成就的需要。

(4) 不同于低层次的需要,两个最高层次的需要很少能够完全地获得满足。在成长、获得认可和取得成就的过程中总是会有新的挑战和机遇。一个人即便在一个职位上待几十年,他还是可以从他的工作中发现很多的挑战和激励。

(二) X 理论和 Y 理论

X 理论、Y 理论的基本内容在第 9 章中已介绍过,此处不再赘述。

麦格雷戈描绘的 X 理论可能最清楚地说明了"人们工作是因为他们不得不工作"的观点。

在 X 理论中,有两个重要的激励论据能够支持人们工作是因为他们不得不工作的假定。①惩罚的威胁和严密的监督是激励个人的必不可少的条件。例如,一名雇员说,他们的工作进度取决于老板严厉监督的程度。②正强化是一种强有力的激励因素。因此,不管人们是否喜欢工作,在没有明显的惩罚或威胁的情况下,人们受到引诱才这样做。需要注意,这两种激励论据都假定激励是"外加于"人们的某些事情。

这两种论据都有一定道理。例如,纳粹分子能够利用武力和恐吓迫使集中营的监禁者为德国法西斯卖力。但是,惩罚和威胁难以解释人们为什么在按规定退休之后还继续工作,人们为什么自愿为公共组织工作,或者为什么一些企业家要开办他们自己的企业。同样,在我们的社会中,钱确实是一种重要的商品,人们买彩票、上班和变换工作都是想得到报酬。但是,如果人们工作主要是为了钱,那么很难解释,某些人在中彩之后为什么还继续工作,或者某些百万富翁为什么每天把 12 小时消耗在办公室里。而且,某些人选择了工资较低的工作而不是工资较高的工作。这些相互矛盾的现象使我们想到,"人们工作是因为他们不得不工作"的想法不能全面解释激励理论。

麦格雷戈描绘的 Y 理论似乎明显地与"人们工作是因为他们不得不工作"的假定相反。麦格雷戈的 Y 理论说明了"人们工作是因为他们喜欢工作"的观点。

像 X 理论一样,Y 理论也提出一个和激励有关的论据。麦格雷戈假定工作和休息、娱乐的"性质"一样,主张工作是能够受到内在激励的。换句话说,他假定,人在工作环境中能够运用自身的激励因素,这些因素和严厉监督或金钱一样有力。我们可以将其概括为自我控制或自我激励。

实际上，某些人确实受到所喜欢的工作的激励，并非为了谋生而继续工作的中彩者和百万富翁也许属于这种类型。如果工作确实和休息或娱乐的性质一样，那么，应该有相当多的人会说工作是他们生活中的核心因素。但是，实际情况并非如此。美国进行的一次全国性的调查表明，人们更关心他们的健康、他们的家庭生活和他们的生活水平，而不是他们的工作。另外，在现实社会中，许多工作并没有提供麦格雷戈所说的自我控制和有价值的目标。因此，人们工作是因为他们喜欢工作，这一假定不能作为全面激励理论的基础。

麦格雷戈显然担心 X 理论和 Y 理论可能被人误解。下面各点将澄清某些误解，从而使这两种假设保持其准确性。第一，X 理论和 Y 理论假设恰如下面所说，它们仅仅是假设而已。它们不是在管理策略方面的规定或建议。说得更准确一点，这些假设必须经受实际的检验。还有，这些假设只是直觉演绎出来的，并不是根据研究得出的结论。第二，X 理论和 Y 理论不含有硬的或软的管理方法。"硬的"方法可能引起反抗和敌对，"软的"方法则可能在管理上放任自流，因此，均不符合 X 理论和 Y 理论。相反，成功的管理人员不仅承认人的局限性，而且承认人的尊严和才能，并且根据情况的要求来调整他们的行为。第三，X 理论和 Y 理论并不把 X 和 Y 看成是一个连续阶梯上的两个相反的极端。它们不是程度问题，而是对人的看法完全不同。第四，Y 理论的讨论不是一个协商一致管理的实例，更不是反对使用权力的辩论。相反，根据 Y 理论，权力被看作管理人员行使领导职能的许多方法之一。第五，不同任务和情况，要求采取不同的管理方法。有时，权力和机构就某些任务来说可能是有效的。

如上所述，麦格雷戈的两组假设是根本不同的，X 理论是悲观的、静态的和僵化的。控制主要来自外部，也就是由上级强制使下级工作。相反，Y 理论是乐观的、动态的和灵活的，它强调自我指导，并把个人需要与组织要求很好地结合。无疑，每一组假设都会影响到管理人员履行他们的管理职能和管理活动时的做法。

应该指出的是，某些人工作仅仅是因为他们不得不工作，或者某些人工作是因为他们喜欢工作，这两种简单的解释是不完全的，并且在某种意义上说，是不正确的，因此，需要有全面的激励理论指导我们对工作动机复杂性的理解。任何有效的激励理论都应该涉及将激励因素运用于激励对象的环境，也应该涉及激励对象自我激励的情况。另外，这种激励理论应该阐明哪一种激励形式可能更有效或更可能发生的条件等。

如果我们接受麦格雷戈的分析，激励的含义是什么呢？答案在马斯洛的框架中得到了最好的表述。X 理论假设低级需要主导个体行为，Y 理论假设高级需要决定个体行为，麦格雷戈自己认为 Y 理论比 X 理论更符合实际。因此，他提出了一些激发员工工作动机的方法，如参与决策过程，提供有责任性和挑战性的工作，建立融洽的群体关系等。

遗憾的是，没有证据证明哪一组假设更有效，也无证据表明在接受 Y 理论的基础上改变员工的行为会使更多的员工受到激励。本章第三节将会提供证据，无论 X 理论还是 Y 理论的假设在某一特定环境下都有可能是有效的。

（三）激励保健理论

20 世纪 60 年代有一项名为弗雷德里克·赫茨伯格(Frederick Herzberg)的研究，该研究深入调查了 200 多名工程师和会计师，他们来自于匹兹堡和宾夕法尼亚地区的 11 家不同的公司。这些被调查者被要求回忆在工作中能使他们感觉很好或者很坏的一件事或者一系列事件，并且描述这些事情对他们的绩效和士气有怎样的影响。在赫茨伯格研究之前，一种普遍的假设是像金钱、工作保障、工作环境这一类的因素都是很强的激励因素，并且都以同样的方式起作用：如果这些事情在工作中得不到满足，人们就会缺乏激励；如果它们得到了满足，人们就会得到很强的激励。赫茨伯格的发现证明这种假设是错的，并且帮助我们更好地区分了不同的激励因素。

本着这样的信念：个人与工作的关系是一种基本关系，他对工作的态度在很大程度上将决定其成败，赫茨伯格调查了这样一个问题：人们想从工作中得到什么。他让人们详细描述他们感到工作异常好和异常坏时的情形。这些回答被制成表并加以分类。赫茨伯格所做的12个调查中影响工作态度的因素如图11-4所示。

图 11-4 满意因素与不满意因素比较

从经过分类的回答中，赫茨伯格总结出，人们对工作满意时的回答和对工作不满意时的回答大相径庭。如图所示，某些特征总是与工作满意有关（图右边的因素），而其他因素与工作不满意有关（图左边的因素）。内部因素，如工作富有成就感、工作成绩得到认可、工作本身、责任大小、晋升、成长等，看起来与工作满意有关。当被调查者对工作满意时，他们倾向于把这些特征归于自己。另一方面，当他们不满意时，他们倾向于抱怨外部因素，如公司政策及行政管理、监督者、与主管的关系和工作条件等。

赫茨伯格认为，统计资料表明满意的对立面不是不满意，不像通常人们认为的那样，消除工作中的不满意因素并不必然带来工作满意。赫茨伯格认为，这一发现表明了一个二元连续统一体的存在："满意"的对立面是"没有满意"，"不满意"的对立面是"没有不满意"，如图11-5所示。

根据赫茨伯格的观点，带来工作满意的因素和导致工作不满意的因素是不相关的和截然不同的。因此，管理者若努力消除带来工作不满意的因素，可能会带来平静，却不一定有激励作用。他们能安抚员工，却不能激励他们。赫茨伯格把公司政策、监督、人际关系、工作环境和工资这样的因素称为保健因素。当具备这些因素时，员工没有不满意，但是也不会满意。赫茨伯格提出，如果想在工作中激励人们，要强调成就、认可、工作本

图 11-5　满意与不满意观点的对比

身、责任感、发展和晋升,这些因素是内部奖励。

赫茨伯格所提出的两类因素与马斯洛所提出的理论是有些类似的,见图 11-6。

图 11-6　马斯洛的需要层次论与赫茨伯格的激励理论对比

赫茨伯格解释道:不满意因素通常都是人们认为应当拥有的,所以它们不会有特别的激励作用。例如,如果员工认为自己的工资太低;如果员工与上司关系不好;如果餐厅没安装空调——这些事情都会降低积极性,造成旷工、工作质量低劣、工作量减少。它们与激励的关系仅仅在于能减少员工的动力。这些因素必须维持在一个令人满意的水平,以避免消极的作用力。但是,等新鲜劲儿一过去,给餐厅安装空调或是调工资,都不能使员工更努力地工作。

相反,带来强烈不满的事情也不会是诸如缺乏责任感或工作中缺少挑战或工作成果没有获得认可之类的事情。如果在公司打算消除不满意,就必须解决诸如工资、工作环境和保障等内在的因素。

本章的开头我们曾讨论了内在激励和外在激励。请注意那些与积极激励有关的因素都是工作中内在的,而那些带来不满的因素都是外在的。当人们对工作的感觉非常好时,通常是因为发生了一些事情,使他们感到自己工作出色或者成为本专业的专家。换句话说,好的感觉来自他们从事的工作本身,而不是来自外在的因素比如金钱、保障或者工作环境。相反的,当他感觉很坏,通常也是因为发生了一些事情,使他们感到自己被不公平地对待。

赫茨伯格理论的关键就在于不满意因素和满意因素各自在自己的方面都是重要的。不满意因素比如好的薪金、津贴、工作环境和工作保障必须得到保证，只有这样才能避免员工的不满，从而成为激励员工的基础。一旦不满意因素不存在了，管理层就会从激励中获得更多的成效，可以将重点放在给予员工责任感、认可、进步的工作的挑战上了。

赫茨伯格的成果被其他的研究复制到非专业人员比如饮食服务工人、装配线工人和其他人身上。但是，一些对于赫茨伯格理论的重要修正是应该知道的。

（1）金钱是可以作为激励因素的，尤其是当它和认可以及成就相关时。

（2）对于许多人来说，尤其是专业人员，缺少激励比如认可、进步和挑战也可以使他们不满意。

（3）有的批评认为，赫茨伯格的发现本身就存在偏见。当一个人被问及工作的积极面时，他会倾向于提到那些他的行为能够主导的事情，比如成就感、挑战工作难题等。相反，当被问及不满意因素时，人们就可能提到那些他们不能控制外部因素，比如薪金或者工作环境。

尽管做出了这些修正，赫茨伯格的理论作为理解工作行为的一般性指导还是有价值的。

二、当代激励理论

早期激励理论虽然广为人知，但遗憾的是经不起严密的推敲。不过他们也不是没有任何可取之处。许多当代激励理论有一个共同点：每个理论都有相当确凿的支持性材料。当然这并不表明这些理论是无可辩驳的。我们称其为当代理论不是由于它们近期才建立，而是由于它们代表了当前对员工激励艺术的解释状况。

当代激励理论有 ERG 理论、三重需要理论、认识评价理论、目标设置理论、强化理论、公平理论、期望理论等，这里介绍其中的四种：目标设置理论、强化理论、公平理论、期望理论。

（一）目标设置理论

人们会常听到："尽最大努力去做。这是每个人都可以做到的。"但是，"尽最大努力去做"意味着什么？如果教练员给每一个选手一个明确的目标，他们是否会取得更好的成绩？如果你的父母曾经对你说"在英语课上你应该努力争取比 85% 以上的同学学得好"，而不是告诉你"尽最大努力去做"，你是否会在英语课上表现得更好呢？关于目标设置理论（goal setting theory）的研究回答了这个问题。你将会看到，这个理论探讨了目标具体性、挑战性和绩效反馈的作用。

20 世纪 60 年代末，爱德温·洛克（Edwin Locke）提出，指向一个目标的工作意向是工作激励的主要源泉。也就是说，目标告诉员工需要做什么以及需要做出多大努力。事实有力地支持了目标的价值：明确的目标能提高绩效；一旦人们接受了困难的目标，会比容易的目标带来更高的绩效；反馈比无反馈带来更高的绩效。

具体的、困难的目标比笼统的目标——"尽最大努力"效果更好。目标的具体性本身就是一种内部激励因素。例如，当一个卡车司机决定每周在上海市和苏州之间跑 12 次时，这种愿望就给他设置了一个要达到的具体目标。我们可以说，在其他条件相同时，有具体目标的卡车司机比没有目标或只有笼统目标"尽最大努力去做"的司机做得更好。

如果能力和目标的可接受性这样的因素保持不变。我们可以说，目标越困难，绩效水平越高。一旦员工接受了一项艰巨的任务，他就会投入更多的努力，直到目标实现、目标降低或放弃目标。

当人们获得了在朝向目标的过程中做得如何的反馈时，人们会做得更好。因为反馈能帮助认清他们已做的和要做的之间的差距，也就是说，反馈引导行为。但并不是所有的反馈都同样有效。自我反馈——此时员工能控制自己的进度——是比外部反馈更强有力的激励因素。

如果员工有机会参与设置自己的目标，他们会更努力地工作吗？参与目标是否比制定目标更有效？答案并不确定。在某些情况下，参与式的目标设置能带来更高的绩效；在其他情况下，上司指定目标时绩效更高。参与的一个主要优势在于提高了目标本身作为工作努力方向的可接受性。正如我们提到的，目标越困难，阻力越大。如果人们参与目标设置，即使是一个困难的目标相对来说也更容易被员工接受。原因在于，人们对于自己亲自参与做出的选择投入程度更大。

目标设置理论是否有例外情况？或者我们是否可以把它当作普遍真理对待，即明确的并且困难的目标永远会带来更高的绩效？除了反馈，还有其他因素影响目标和绩效的关系：目标承诺、适当的自我效能感和民族文化。目标设置理论的前提假设是每个人都忠于目标，即个人决定不降低或放弃这个目标。当目标是当众确定的、个人是内部控制点、目标是自己设置的而不是指定的时候，这种情况就更有可能发生。自我效能感（self-efficacy）是指一个人对他能胜任一项工作的信心。一个人的自我效能感越高，他对自己在一项任务中获得成功的能力就越有信心。所以，我们发现，在困难情况下，自我效能感低的人更容易降低努力或干脆放弃；相反，那些具有高自我效能感的人会努力迎接挑战。另外，高自我效能感的人对消极反馈的反应是更加努力，而低自我效能感的人面对消极的反馈则可能降低努力程度。最后，应该指出的是，目标设置理论是受文化限制的。

我们的最后结论是，有一定难度的具体目标和工作意图结合起来才是有效的激励力量。在适当的情况下，目标可以带来更高的绩效。

（二）强化理论

与目标设置理论相对的一个观点是强化理论（reinforcement theory）。目标设置理论是一种认知观点，它假设一个人的目的指引他的行为。强化理论是一种行为主义观点，它认为强化塑造行为。很明显，二者在哲学上是矛盾的。强化理论家把行为看成是由环境引起的，他们认为不必关心内部认知活动，控制行为的因素是外部强化物（reinforcers），强化物是在行为结果之后马上跟随的一个反应，它提高了该行为被重复的可能性。因此，强化理论家认为行为是其结果的函数。

按照斯金纳（B. F. Skinner）的观点，当人们因采取某种理想行为而受到奖励时，他们最有可能重复这种行为。当这种奖励紧跟在理想行为之后，则奖励最为有效；当某种行为没有受到奖励或者是受到惩罚时，其重复的可能性则非常小。

按照强化理论，管理者可以通过强化他们认为有利的行为来影响员工的活动。但是重点应该在于积极强化而不是惩罚，也就是说，管理者应当忽视，而不是惩罚他不赞同的行为。尽管惩罚措施消除不良行为的速度快于忽视手段,但是它的效果经常只是暂时性的,并且可能会在其后产生不愉快的消极影响,如功能失调的冲突行为、缺勤或辞职等。

例如,一名饭店员工由于对待客人的不友好态度而受到惩罚。当这名员工被训斥时,她未必具体知道她必须怎样去改进。并且,即便有人告诉她应该怎么做,这个时候她也会听不进去。她或许还会产生强烈的反应,将"客人"同受惩罚联系起来,产生回避所有客人的倾向。

另一方面,如果这名员工做了正确的事情,管理者说:"我看到你这么耐心地帮助客人解决他们的难题,我要表彰你。"这就可能使员工乐意接待客人,并且服务得很好。这个具体的行为(耐心、帮助)带来了奖励,就会促使她重复这个行为。

如果正确应用积极强化,那么它会成为有力的激励。组织及其管理者可以有很多方式实施积极强化,除了加薪和更多的奖金,还可以使用许多非金钱的奖励方式。比如,可以使用表扬和认可来强化员工的正确行为。实际上,如果正确使用了表扬,那么它会成为管理者最有效的激励工具之一,如下所述:

1. 表扬应该是真实的

员工经常会认为表扬只是激励的一种手段而已。或者有些管理者是在上级管理者在场时对员工进行表扬,目的是为了让自己更加面子上有光。要想真正发挥表扬的作用,必须使员工感到自己真正受到了管理者的认可和赏识,而没有任何附加的其他情况。

2. 表扬应该是具体的

假设一名员工在一次安全会议上做了一个报告。会议结束后,管理者说:"这是一个非常好的报告,谢谢。"尽管这也是表扬,但是这种表扬中根本没有涉及行为之所以被表扬的原因。更有效果的表扬应该是这样的:"感谢你做了这个安全报告。你所陈述的数据和调查结果我们都能够很好地理解。并且你走在了我们所有人的前面。我非常感谢你为我们每个人敲响了警钟,使我们意识到安全问题不能放松。"

3. 由于绩效好于预期给予表扬

尽管当员工达到预期目标时给予表扬是重要的,尤其是当管理者监管的小组的绩效总是一般以下时更应如此,但是一些监管者还是有滥用表扬的嫌疑,在一些预期的和平常的事情上大肆表扬。当一名总是准时出勤的员工冷不丁被管理者夸了一句"你今天很准时,你做得很棒"时,他会丈二和尚摸不着头脑,疑惑今天这是怎么了。在塑造一个高绩效的团队时,管理者对那些好过预期的行为,比如付出了更多的努力、超过了预定绩效目标等进行表扬则更为重要。

4. 表扬应该及时

为了最大化强化的效果,表扬应当与行为紧密相连。如果昨天管理者批评了员工的不准时,而今天他准时到达,那么,认可他今天的行为就必须在今天,而不要拖到这个周末。管理者可以注意时间,随意地说一句"谢谢"。这就足够达到强化的作用了。

5. 仅仅是为了表扬,而不是为了其他目的

当员工感到表扬是另有其他目的,比如使他们接受另一个问题时,那么表扬就变得非常浅薄。有时管理者将对于员工的批评和表扬掺杂在一起。他们往往以简单的表扬开头,然后会以"不过"或"但是"转到批评上去,而这才是交谈的真正原因。有时管理者会借助表扬发布一些坏的消息,比如降职或者解聘。这时表扬反而会引起反感。

强化理论的证据无疑对工作行为产生了重大影响，但极少有学者认为它是员工工作积极性存在差异的唯一影响因素。员工对管理者分配的每项任务的努力程度都受到管理者行为所带来的结果的影响。

强化理论的致命弱点在于它忽视了情感、态度、期望和其他已知的会对人的行为产生影响的认知变量，仅仅关注一个人采取一定行为时会出现什么结果。因为强化理论没有考虑引发行为的因素，所以严格地说，它不是一种激励理论。但是它确实对控制行为的因素提供了有力的分析工具，正因为如此，人们一般把它当作一种激励理论来讨论。

（三）公平理论

激励中的一个重要因素，是人对报酬结构是否觉得公平。一个人对所得到的报酬是否满意，是通过公平理论（equity theory）来说明的，那就是个人主观地将他的投入（包括诸如努力、经济、教育等许多因素）同某些其他有关的人相比来评价是否得到公平或公正的报酬。美国心理学家亚当斯（J. Stacey Adams）因将公平（或不公平）理论以公式来表示而知名。公平理论的本质可以表述如下：

一个人的报酬和投入之比和与之比较的另一个人的报酬和投入之比应该是平衡的。如果人们觉得他们所获的报酬不适当时，就可能产生不满，进而降低产出的数量或质量，或者离开这个组织。如果人们觉得报酬是公平的，他们可能继续在同样的产出水平上工作。如果人们认为个人所得的报酬比公平的报酬多，他们可能工作得更加努力，或者低估报酬。这三种情况如图11-7所示。

图11-7 公平理论

在公平理论中，员工所选择的与自己进行比较的参照对象（Reference）是一个重要变量，我们可以划分出三种参照类型："他人""制度"和"自我"。"他人"包括同一组织中从事相似工作的其他个体，还包括朋友、邻居及同行。"制度"指组织中的薪金政策与程序以及这种制度的运作。对于组织层面上的薪金政策，不仅包括那些明文规定，还包括一些隐含的不成文规定。组织中有关工资分配的管理是这一范畴中主要的决定因素。"自我"指的是员工自己在工作中付出与所得的比率。它反映了员工个人的过去经历及交往活动，受到员工过去的工作标准及家庭负担程度的影响。

所以员工可能把自己与朋友、邻居、同事或其他组织中的成员相比较，也可以与自己过去的工作经验相比较。员工采取哪种参照对比方式，不仅受到员工所掌握的有关参照人的信息的影响，而且受到参照人的吸引力的影响。我们在这里关注四个中介变量——性别、任职期、在组织中的地位和受教育或职业化程度。研究表明，男女员工都倾向于同性别比较。这项研究还表明，从事类似的工作，妇女比男子的报酬低，并且对相同的工作，妇女比男子的报酬期望低。所以，一个妇女以另一个妇女为参照对象易于产生一个较低的比较标准。因此我们可得出结论：从事没有性别区分工作的员工与从事只适合男性或女性的工作的员工相比，能够进行更多的跨性别比较。这还意味着，如果说妇女可以容忍较低的工资，这可能要归因于她们使用的比较标准。

在当前组织中任期短的员工可能不太了解组织中其他人的信息，所以他们依赖于自己的个人经历。但是，任期长的员工会更多地用同事作比较。高层次的员工——受教育程度较高的人员和专业技术人员——可能具有更加全球化的态度，掌握更多的关于其他组织中人们的信息。因此，这些类型的员工可能进行更多的外部比较。

1. 员工对待不公平的六种行为

（1）改变自己的投入。如不再那么努力。

（2）改变自己的产出。如实行计件工资的员工通过增加产量、降低质量来增加自己的工资。

（3）改变自我认知。如"我曾认为我以中等速度工作，但是现在我意识到我比其他任何人工作都更努力"。

（4）改变对其他人的看法。如"A的工作不像我以前认为的那样令人满意"。

（5）选择另一个不同的参照对象。如"我可能不如我弟弟挣得多，但我比我爸爸在这个年龄时挣得多"。

（6）离开工作单位。如辞职。

公平理论认为，每个人不仅关心由于自己工作努力所得到的绝对报酬，而且还关心自己的报酬与他人报酬之间的关系。他们对自己的付出与所得和他人的付出与所得之间的关系做出判断。他们以对工作的付出，如努力程度、工作经验、受教育程度及能力水平等为根据，比较其所得，如薪金、晋升、认可等因素。如果发现自己的付出所得比和其他人相比不平衡，就会产生紧张感，这种紧张又会成为他们追求公平和平等的动机基础。

2. 公平理论对报酬分配提出的四点建议

（1）按时间付酬时，收入超过应得报酬的员工的生产率水平，将高于收入公平的员工。按时间付酬能够使员工生产出高质量与高产量的产品，以增加自己收入付出比率中的付出额，保持公平额。

（2）按产量付酬时，收入超过应得报酬的员工比那些收入公平的员工来说，产品生产数量增加不多，而主要是提高产品质量。计件付酬的方式将使员工为实现公平感而加倍付出努力，这将促使产品的质量或数量得到提高。然而，数量上的提高只能导致更高的不公平，因为每增加一个单位的产品导致了未来的付酬更多，因此，理想的努力方向是指向提高质量而不是提高数量。

（3）按时间付酬对于收入低于应得报酬的员工来说，将降低他们生产的数量或质量。他们的工作努力程度也将降低，而且相比收入公平的员工来说，他们将减少产出数量或降低产出质量。

（4）按产量付酬时，收入低于应得报酬的员工与收入公平的员工相比，他们的产量高而质量低。在计件付酬中，应对那些只讲产品数量而不管质量好坏的员工，不实施任何奖励，这种方式能够产生公平性。

这些观点得到了普遍支持，但要附加一些辅助的限制条件。第一，在大多数工作环境中，报酬过高带来的不公平看来对行为没有十分显著的影响。很显然，和低报酬带来的不公平相比，人们更能容忍报酬过高带来的不公平，或者说，更能使之合理化。第二，不是所有的人都对公平敏感。例如，一小部分工作人员实际上倾向于自己的收入付出比低于参照对象。看来，从公平理论得出的预言在那些所谓的仁慈者身上是不适用的。

同样需要注意的是：虽然大多数关于公平理论的研究着眼于工资，但员工也从组织的其他报酬分配中寻求公平。例如，有证据表明，高社会地位的工作头衔和宽敞、装饰豪华的办公室在一些员工的公平方程中可能起到"收入"的作用。

最后，近期研究多指向扩展公平或公正的含义。从历史上看，公平理论着眼于分配公平(distributive justice)，即个人间可见报酬的数量和分配的公平。但是公平也应考虑程序公平(procedural justice)——用来确定报酬分配程序的公平。证据表明，分配公平比程序公平对员工的满意感有更大的影响，相反，程序公平更容易影响员工的组织承诺、对上司的信任和流动意图。所以管理者需要考虑分配的决策过程应公开化，应遵循一致和无偏见的程序，采取类似的措施增强程序公平感。通过增强程序公平感，员工即使对工资、晋升和其他个人所得不满意时，也可能以积极的态度看待上司和组织。

大量研究支持了公平理论的观点：员工的积极性不仅受其绝对收入的影响，而且受其相对收入的影响。一旦员工感知到不公平，他们会采取行动纠正这种情境，其结果可能是降低或提高生产率，改善或降低产出质量，缺勤率或自动离职率提高或降低。

通过以上的讨论，我们发现公平理论也存在一定的问题，该理论在一些关键问题上并不十分明了。例如，员工如何来界定付出与所得？他们对二者又是怎样衡量的？不过，尽管存在诸多问题，公平理论仍不失为一个颇具影响力的理论，它有助于我们进一步深入研究员工的激励问题。

（四）期望理论

另一种广泛被人们接受的对激励的一种解释是维克多·弗鲁姆(Victor Vroom)的期望理论(expectancy theory)。尽管也有批评意见，但大多数的研究支持了这一理论。

期望理论认为，一种行为倾向的强度取决于个体对于这种行为可能带来的结果的期望强度以及这种结果对行为者的吸引力。具体而言，当员工认为努力会带来良好的绩效评价时，他就会受到激励进而付出更大的努力；良好的绩效评价会带来组织奖励，如奖金、加薪或晋升；组织奖励会满足员工的个人目标。因此，这个理论着眼于三种联系：

1. 努力、绩效的联系

个体感觉到通过一定程度的努力而达到工作绩效的可能性。

2. 绩效、奖赏的联系

个体对于达到一定工作绩效后即可获得理想的奖赏结果的信任程度。

3. 吸引力

如果工作完成，个体所获得的潜在结果或奖赏对个体的重要性程度，与个人的目标和需要有关。

虽然这些联系看起来有些复杂，其实并不难理解。可以将它们归结为以下几个问题：我必须付出多大努力以实现某一工作绩效水平？我真的能达到这一绩效水平吗？当我达到这一绩效水平后会得到什么奖赏？这种奖赏对我有多大吸引力？它是否有助于实现我的目标？员工是否愿意从事某种工作，取决于个体的具体目标以及员工对工作绩效能否实现这一目标的认识。

图 11-8 是期望理论的一个简化模式，它表现了该理论的主要内容：一个人从事工作的动机强度取决于他认为自己能够实现理想的工作绩效的信念强度。让我们进一步来看一下期望理论中所包含的这四个步骤。

图 11-8 简化的期望模式

第一，员工感到这份工作能提供什么样的结果？这些结果可以是积极的，如工资、人身安全、同事友谊、信任、额外福利、发挥自身潜能或才干的机会等；也可以是消极的，如疲劳、厌倦、挫折、焦虑、严格的监督与约束、失业威胁等。也许实际情况并非如此，但这里我们强调的是员工知觉到的结果，无论他的知觉是否正确。

第二，这些结果对员工的吸引力有多大？他们的评价是积极的、消极的还是中性的？这显然是一个内部问题，与员工的态度、个性及需要有关。如果员工发现某一结果对他特别有吸引力，也就是说，他的评价是积极的，那么他将努力实现它，而不是放弃工作。对于相同的工作，有些人则可能对其评价消极，从而放弃这一工作，还有人的看法可能是中性的。

第三，为得到这一结果，员工需采取什么样的行动？只有在员工清楚明确地知道为达到这一结果必须做些什么时，这一结果才会对员工的工作绩效产生影响。比如，员工需要明确了解在绩效评估中"干得出色"是什么意思？使用什么样的标准来评价他的工作绩效？

第四，员工是怎样看待这次工作机会的？在员工衡量了自己可以控制的决定成功的各项能力后，他认为工作成功的可能性有多大？

期望理论的关键在于：弄清个人目标以及三种联系，即努力与绩效的联系、绩效与奖赏的联系、奖赏与个人目标满足的联系。作为一种权变模式，期望理论认为没有一种普遍适用的原理能解释员工的激励问题。另外，即使知道员工希望满足何种需要，也不能保证员工能感知到良好的工作绩效可以使他们的需要得到满足。如果一个人选修 MBA 课程只为了认识更多的人，扩大交往面，而教师却认为他希望成绩优异，那么他在这次考试中的成绩不佳只会引起教师自己的失望。大多数教师认为自己的评分等级是激励学生学习积极性的强有力手段。事实上，只有当学生重视分数，知道如何做能得到理想分数，并且获得好成绩的可能性较大时，学生才会高度努力。

让我们总结一下期望理论中存在的一些问题。首先，它强调报酬或奖赏，我们需要假设组织所提供的奖赏能够与个体的需要保持一致。这一理论的基础是自我利益，它认为每一名员工都在寻求获得最大的满足感。其次，期望理论强调管理者应知道为什么某些结果对员工有吸引力，而另一些结果则没有吸引力。在此基础上我们对员工评价积极的结果给予奖赏。再次，期望理论注重被期望的行为。可是员工知道期望他们的是什么吗？他们如何对此进行评估？最后，期望理论关心的是知觉，而与实际情况不相关，个体对工作绩效、奖赏、目标满足的知觉决定了他们的努力程度，而不是客观情况本身。应该指出的是，我们所学习的激励理论，主要是由美国心理学家建立起来的，并在对美国产业工人的研究中得到了验证。这些理论需要根据不同的文化背景进行调整。

第三节　激励理论的应用

一、理论运用的制约因素

管理者该如何运用这些激励理论？如果管理者能够根据自身的特定情况以及员工的个人情况，对这些理论进行调整的话，它们中的许多东西都可以付诸实践。但也有一些情况会制约管理者对这些理论的运用程度。下面以饭店管理为例加以说明。

（一）饭店业的工作性质

第一个制约因素是饭店业中许多工作的性质。它们沉闷、没有挑战性、重复性强、乏味。至少从表现上来看，管理者似乎很难激励洗碗工、保安、清洁人员、整理床铺员工以及换灯泡的员工，使他们高标准地完成工作，使他们安心工作不跳槽。

即使对于那些不是那么程式化的工作，可供管理者改变，从而使工作更有意思、更有挑战性的地方也非常少。大部分工作是由一些必须日复一日按照同样的方式来完成的事情构成的。同时，许多工作在某种程度上取决于一些管理者无法控制的情况：员工每天的工作内容和工作量会随着顾客的要求而变化。除非员工刚好觉得这样很有意思，也很有挑战性（确实有这样的员工），否则很难使这样的工作达到激励员工的效果。

（二）公司政策和管理理念

第二个制约因素是公司政策、行政管理以及管理理念。管理者所做的一切必须与公司的目标（以顾客为导向、成本核算）协调一致而且必须遵守公司的规定和条例。此外，管理者无权控制工资率、福利待遇、晋升政策、监控以及公司范围内的其他体制和做法。如果所有工作都按照科学管理的方法进行了标准化，管理者就根本不能对工作内容和方法做出任何改动；除非管理者是通过公司规定的适当渠道和程序。

公司的管理特点和风格对于管理者能做什么、不能做什么有极大的影响。如果公司的管理理念是专制和高度控制型的，管理者想采用别的方式就极为困难。

（三）管理者的权力和所掌握资源的范围

第三个因素是管理者的责任、权力和所掌握的资源的范围，它与第二个因素密切相关。管理者不能超越自己工作的权限。管理者也许在使用资金、做出工作职责的变动等方面受到限制。同时还要记住，上司要对管理者的工作效果负责；而且这一点要沿指挥链一直上行。如果管理者想进行大范围的革新，一定要得到上司的许可。

（四）员工的类型

第四个制约因素是员工的类型。如果他们只是在这儿干着看，工作就不能真正激励他们；他们只投入时间，而不投入精力与热情，因为工作不是他们生活中的主要兴趣所在。他们在工作以外有别的事情——家庭、学习——那些才能满足他们的个人需求与爱好，而且除非迫不得已，他们是不想更努力工作的。

许多有依赖心理的员工常常会造成激励上的问题，他们希望管理者告诉他们在每个环节该做什么，最终，他们会像绕在管理者脖子上的磨盘一样。

（五）管理者的压力

作为饭店业的经理，日常工作中持续不断的压力使得他倾向于只关注眼前的问题和工作本身。这样，使他很容易以工作为导向而非以人为导向，尤其是如果他曾当过普通员工的话，就会感到处理工作比管理员工更得心应手。一旦经理们看到，对员工激励有助于把工作完成得更好，他们就可以有意识地尽量克服这一制约因素。

（六）管理者的时间

最后一个制约因素是时间。管理者也许认为他的时间都已经排得很满了；而且可能也的确如此。了解员工需要时间；要琢磨出进行什么样的改动才能激励员工需要时间；让这些变动通过必要的渠道实施需要大量时间；让员工适应工作中的变化需要时间。而且通常需要过上一段时间，才能看到变革的效果。但是，有成效的经理会找出这些时间，而且通过对员工更有效的使用，他们最终还将赢得时间。

在涉及运用的时候，理论本身也有一些制约因素。最主要的一个就是，没有一条关于激励的规律或者一套原则可以供我们像运用科学或数学公式那样加以运用。每个人都不相同，而且他们的需要、欲望和行为会像万花筒一样变化莫测；这些变化可以由任何事物引发——他人、环境、任务、自己的记忆、自己的期望、上司的期望以及他们早餐吃了什么。

理论本身也会变化。新的试验带来新的理解。管理者需要做出自己的判断，没有100%正确的答案。

二、激励员工的方法和步骤

（一）提供良好的工作环境

1. 提供一个诱人的工作环境

员工的工作环境不仅包括物质环境和工作条件，还包括其他员工、工作时间、工资水平、福利待遇以及公司的政策和行政管理，可以把这些看作保健因素或者维持因素。

正如赫茨伯格指出的那样，这些工作因素起不到激励作用。但它们中的任何一样都可导致不满情绪，并破坏激励作用，这样就会干扰生产、增加员工的流失率。因此，管理者有必要把能导致不满的因素尽可能多地清除掉。在管理者的控制范围之内，可以提供良好的物质工作条件：运作状况良好、令人满意的设备，足够的暖气、冷气和照明，舒适的员工休息室，足够的停车位以及诸如此类的条件。管理者可以注意使工作时间和安排尽量满足员工的需求。如果管理者有权决定的话，最好做到使工资和福利待遇不低于或者高于竞争对手。这样，员工就不会被更优厚的条件吸引走。

如果公司的政策和行政管理比较死板，监控度高，管理者对其不能做出什么改变的话，就只能在合理的限度内展开工作；维护员工；在权力范围内按自己的方式做事。我们假定的前提是，公司的管理理念不是基于恐惧和惩罚之上的，否则连管理者自己也不会在那儿干下去。

2. 提供一个安全的工作环境

在饭店业的运行过程中，从放满水的洗碗池里的刀具一直到客房清洁员用于清洁饭店房间的化学制剂，都可能危害到人身安全。割伤、摔倒、火灾、触电都是可能并且确实在发生的事故。管理者要尽其所能为员工提供一个安全、保险的工作场所。

3. 人适其职

如果管理者了解自己的员工，将有助于搞清楚哪些工作适合什么样的员工。有较高安全需求的员工适合从事常规性的工作：一旦他们掌握了规律，他们就能把工作做好，从而给他们带来满足感和安全感。如果让他们做接待员的工作，则结果将是一团糟。安排喜欢与人打交道的员工去做幕后的常规工作，则结果可能也是一团糟。

许多厨师乐于为别人准备好吃的东西。即使他们必须得按照标准化的菜谱来做，也可以从下列事情中得到满足感：准确地判断出牛排是否刚好半生不熟；煎出完美的鸡蛋；摆出漂亮的自助餐拼盘。许多酒吧招待乐于展示他们高超的斟酒技巧。这些人的工作适合他们。

一个人对自己工作的自豪感可以成为强大的激励因素。把被客人弄得乱七八糟的房间收拾得井井有条、一尘不染，迎接下一位客人的到来，能给有的员工带来极大的成就感。他们就很适合干这份工作。

下面举一个能说明要找合适的人来做适合的工作的例子。一位年龄较大的督导，在工作中经常制造麻烦。她无法管理自己的员工，并且总是干涉别人的工作，结果总是把事情搅乱。最后，她的经理让她去管洗衣房。那儿由她全权负责，但却没有人要督导。现在，她找到了自己擅长的事，一件既重要又能为人赏识的事，并且她属于那儿。她雷厉风行，效率极高，还极大地降低了成本。

4. 使工作有趣且富有挑战性

当工作中的某些东西是员工感兴趣的，并且能激起他们把工作做好的愿望时，员工就能做出最出色的表现。喜欢自己从事的工作的员工会自觉自愿地努力工作。不喜欢自己的工作的员工则拖拖沓沓，只盼着下班，能少干活就少干，只求保住工作，因此，常被上司看作懒汉。

工作中不同的方面可以激励不同的人。与顾客打交道的工作可以激发起某些员工的兴趣。热情待客、为顾客提供上乘的服务、令顾客愉快、开心；通过协助解决顾客的问题使他们由怒气冲冲变为回头客。这一切都能使这一类员工感到兴奋。有一些员工则讨厌与顾客打交道。他们喜欢没有人让自己烦心的惬意的常规性工作。他们可以发挥自己一丝不苟的精神和技能。整理好杂乱的文件，让一切井井有条。一些员工喜欢那种随时有新问题出现要他们解决的工作；另一些人则讨厌出现问题。他们喜欢的是运用自己的专门技术，生产出令自己自豪的产品。

所有这些员工的共同之处在于，他们的工作内容既能激励他们又能满足他们。上升到理论的高度，就是说，工作满足了他们较高层次的需求，即那些与自尊、自我实现相关的需求，具体一点说，员工努力工作是因为工作使员工有机会取得成绩、担负责任、得到成长和晋升、做自己真心喜欢做的事情。

作为管理者，有两点可以用于激励员工。一点是给合适的人安排合适的工作。另一点是充实员工的工作，在其中包含进更多的激励因素。

管理者可以从让员工在工作中担负更多的责任做起：放松控制；不再监督员工的一举一动。只要他们能遵循工作要求的关键标准和程序，就放手让他们尝试用自己的方式达到工作目的。

在此基础上，可以尝试以其他方式把工作内容扩展起来；可以把自己的一部分工作授权；可以调整待充实的工作，以增加员工的权力和责任；可以分派新的、具有挑战性的任务；可以安排特殊的、要求员工有一定想象力，并且能培养他们技能的任务。

另一个已在许多行业中尝试过的办法是：不要用流水线的方式把工作分成细微、不断重复的部分，而是让一名员工或是一组员工对整个单元的工作或是整件产品，包括质量控制，负起责任来。

任何旨在扩展工作内容的努力在一开始都会导致生产力下降，因为员工正在适应新的责任和其他改变。因此，在初始阶段，员工需要上司的个别辅导和大力支持。同时，在引入变动时要循序渐进，并且一定要经过仔细的规划，这是至关重要的。如果一下子给员工太多的责任和自由，一部分员工会因经验不足或工作涉及一些不保险的方面而感到无法应付。因此，在这样的情况下，管理者对每一名员工的关注程度再次成为一个关键要素。

（二）建立积极的工作氛围

积极的工作氛围是一种使置身于其中的员工能够并且愿意更有效地工作的氛围。他们能够在工作中做出自己的最佳表现，发挥最大的自身潜力。创造积极的工作氛围的方法之一是满足员工的期望与需求。在了解其他方法之前，我们先讨论一个类似的概念：士气。

士气是一种与工作的完成有关的团队精神面貌。它的表现形式覆盖的范围很广：从热忱、自信、欢快、奉献，一直到泄气、悲观、冷漠和抑郁。它由团队中每个人对工作的态度构成；这种态度会迅速地从一个人传给另一个人，直到团队中的所有人都持有相同的想法。它可能会随着时间发生变化。当它很高昂的时候你能看得到；当它低落的时候你能察觉出来；如果处于中间水平的话，没人会谈及它。

当员工对工作不满意时，他们在工作时感觉就不会好。他们会感到筋疲力尽；他们很容易生病，而且一请假就是很多天。最终他们将放弃这份工作，因为为了它把自己弄得那么疲惫、那么不愉快很不值。在一个许多员工只是"干着看"并且没有归属感的行业里，上述几种感觉和行为是很有感染力的，因此，士气成了一个大问题。旷工、劣质的工作、很高的员工流失率不仅增加了生产中的问题，同时也会浪费资金。

高昂的士气则具有相反的效果，它是一个企业中最好的现象。拿破仑宣称，他在战场上的胜利有75%得归功于军队高昂的士气。

为了能够建立起积极的工作氛围，除了上面讲过的为员工提供一个良好的工作环境之外，管理者还需要特别关注下列两个方面：每一名员工和管理者自己。下面列出了建立积极的工作氛围的40种方法。

建立积极的工作氛围的40种方法：

(1) 书写一份有效的远景构想陈述
(2) 订立指导原则
(3) 把你的远景构想和指导原则制度化
(4) 每天都友好地跟员工打招呼并努力了解他们
(5) 积极倾听的员工

（6）在适当的时候对员工给予帮助
（7）不要经常在员工身旁转悠
（8）公平、一视同仁地对待员工
（9）不要对一名员工谈论另一名员工的工作表现
（10）向员工通报情况
（11）让员工参与管理
（12）如果可行的话，为员工提供一些咨询和保健活动
（13）使用最新的、准确的工作细则
（14）指导新员工
（15）培训员工如何做好本职工作
（16）对员工进行个别指导
（17）每年至少对员工进行一次正式的评估
（18）制定纠正错误的指导原则，并传达给员工
（19）用两步走的过程来处理不利于生产的行为
（20）预防不利于生产的行为
（21）奖励你的员工
（22）遵循员工奖励的指导原则
（23）员工好的表现应得到回报
（24）为员工制定利润分成或所得分成的计划
（25）帮助员工看到他们的工作成果
（26）尽可能多地让你的员工做出他们自己的决定
（27）交叉培训员工并轮换他们的岗位
（28）建立事业阶梯，使职工得以内部晋升
（29）给员工安排特殊的任务
（30）为员工提供个人和事业发展的机会
（31）坦诚
（32）能够胜任你所督导的工作
（33）管理好你的时间
（34）让员工看到你
（35）做良好的角色榜样
（36）建立有竞争力并且公平的工资档次
（37）提供适合你的员工的、有竞争力的福利待遇
（38）提供合理的工作时间安排
（39）提供一个舒适、安全、干净的工作环境
（40）享受你的生活

1. 关注每一名员工

建立积极的工作氛围的起始点，是作为个体的每一名员工。那种认为每个人都是为了钱一类的东西而工作的观点已经站不住脚了。工资会令员工很高兴，但需要搞清楚的是，他们是否愿意为了工资而努力工作，还是为了别的什么东西，或者到底有没有动力。因为

每个人都各不相同；对每个人都需要有一种单独的激励策略——并非正式的规划，而是在与每个人打交道时所采用的独特的、能激发出员工最大干劲、并能给他们个人带来最大限度满足感的方式。

（1）了解每一名员工。了解员工的最佳方式是观察他们。他们如何进行工作？他们对上司、对同事是毫无拘束还是很僵硬？他们在倾听和说话时有何种表情？注意他们的手势和面部表情。什么能使他们愉快？什么会令他们沉默？尤其注意他们在闲聊中谈到的有关他们自己的事。这对管理者来说可能是一种全新的方式，但是观察人的确非常有趣，而且管理者很快就会变得善于发现线索。如揭示员工的需求、欲望、不满和抱负的线索，还有沮丧、干劲、成就、能力和表现，以及他们的表现能否达到工作要求，或者他们是否具备工作中不要求的能力。但最主要的还是员工的需求、欲望和能打动他们的东西，因为这些激励因素能够带来令管理者和员工都满意的上乘表现。

管理者观察员工纯粹是出于实际的考虑，不必试图去给他们做心理分析，探寻他们潜在的动机，挖掘出真正能激发他们的东西，因为这些不容易做到。要做到这些，需要管理者具备多年的专业训练，还有大量的时间。此外，如果管理者非专业的分析出现了错误，员工就会认为管理者不公正。而如果管理者对了，他们会感到很脆弱——管理者太了解他们了。不论是哪种情况，都只会干扰管理者对员工的激励而不会使之得到改善。

（2）满足员工的安全需求。发现有着高度安全需求的员工相对而言要容易一些。他们的表情、行为都显示出焦虑、犹豫不决、小心翼翼。他们可能属于那种事无巨细都要向上司请示的员工，或者他们害怕得甚至不敢问。恐惧与焦虑属于反激励因素。它们会减弱员工的动力。但安全需求得不到满足时，员工根本不可能干好工作。事实上，这一类员工都属于那种刚干了几天就会离开的。

这时就能用上马斯洛的理论了。如果发现有人有安全需求，而管理者帮助他满足了这一需求的话，就使他顺利上升到了另一个更高的激励层次。

要满足员工的这一类需求，可以告诉他们要做什么，怎么做，并详细地告诉他们具体的要求，还要对他们进行培训。所有这些做法都可以提供一个令人安心的工作框架，从而使他们避开工作中的不确定因素。这样可以减少他们的失误，并且鼓舞起他们的干劲，树立起他们的自信心。

管理者随时要让员工知道自己的位置，通过个别指导、反馈和鼓励，对他们予以支持。他们做对的事情，应给予积极的强化。并且通过重新培训，帮助他们纠正错误。不要对他们过于呵护和娇惯，要指导他们独立完成工作。

即使员工已经训练有素，并且管理者对他们的表现已经很满意，仍要不断地对他们的工作给予肯定的评价。最重要的一点是，绝不用恐惧来作为激励因素。这是这一类员工最不需要的。

管理者应该经常评估员工的工作，对做得对的事情，要给予表扬，尤其要表扬任何形式的进步。利用员工的进步来树立起他们的自信心，让他们明白，你期望他们好好干。管理者对员工的信任会给他们信心，可能最终激发起他们的自我激励机制与雄心抱负。对初级需求的满足能使这些高层次的需求得以显露。

（3）满足员工的社交需求。按照马斯洛的需要层次论，每个人都有社交需求，管理者也许不认为这类需求能在工作场所得到满足，但情况通常并非如此。对许多人而言，工作能够满足他们与他人相处、被他人接受和归属的需求。这些要求非常强烈。它们通常被归到赫茨伯格的保健因素那一类：得不到满足时，它们会引起不满情绪，但得到满足时也起不到激励作用。但对一部分人而言，它们也可以成为激励因素。

不论社交需求能否转化为激励因素，在工作中使员工的这类需求得到满足，对于他们的个人发展以及总体的工作氛围都是极为有利的。社交需要得不到满足的员工要么可能工作干不好，甚至可能会惹出麻烦和争执。

管理者能够做些什么以满足员工的社交需求呢？可以在其中两个需求上下点儿工夫，并且几乎不需要花什么时间。

其中之一是被他人接受的需求。这一点我们前面已经谈到过：与员工建立一种一对一的关系；把每个员工都看作有着自身尊严和价值的独立的个体。尊重每个人的特点（除非它影响了工作）：你对张三说话时轻声细语，因为这样的方式最能打动他；你对李四大喊大叫，因为这是你与他沟通的独特方式，而且你们俩都明白这一点。如果你换了别的任何一种方式对待他，他就会认为你已经不在乎他了。

要区别对待每一个人，但要根据一个统一的标准，不论他漂亮还是长相一般；不论他的母亲是靠救济为生还是拥有城里最大的工厂。每个人都有自己的可贵之处，都有其价值。管理者对待所有人都要遵循这个原则。

管理者还要表明，你看重每一个人的工作，并且不论工作多么微不足道，对于整个组织都很重要。床铺整理得好，沙拉中的青菜洗得干净，卫生间干净得发亮，这一切都会让顾客高兴。而皱巴巴的床单、有沙子的沙拉、空的手纸筒则会把顾客赶走。对细节的关注对饭店或餐厅的成功的重要性不亚于调酒师的专业技术和厨师的拿手好菜。你可以使员工感到他们是整个组织不可或缺的一部分；你需要他们；他们属于这儿。从长远的观点来看，归属感可能是你最有力的同盟——正是它，能使员工长远地干下去。

归属的需求是管理者有能力使其得到满足的另一社交需求。一些管理者日常工作中都要做的事情就可以帮助管理者满足这一需求。例如，管理者可以用下列方法使员工在工作中感到舒适。对他们进行培训、个别指导；告诉他们所处的位置；经常评估他们的工作；开诚布公的沟通也有助于培养归属感；员工在提建议或问题时就不会感到拘束。向员工通告与之有关的变动能使员工感到自己是正在进行的事业中的一部分——而如果谁被管理者遗漏在外的话，就会感到自己无足轻重。管理者还可以请员工参加与工作有关的讨论；欢迎他们提出看法，抒发感情，做出回应。如果管理者能建立起团队精神，也有助于培养归属感。

每个人周围的伙伴群体也有助于归属感的培养。管理者需要意识到员工之间的人际关系，并认识到这些关系和他们与上司的联系一样重要，有时前者甚至比后者更重要。同伴给予的压力通常比上司的更有影响力。

管理者需要这些群体站在你这一边——如果有这个必要的话——而要做到这一点，最好的办法就是通过与每一个人建立良好的关系。

群体和群体中的交往是工作场所的正常组成部分。通常，由于兴趣的差异，或者有时是出于竞争，这些群体会分化为小团体。你不应该阻止群体或小团体的形成。但是，如果小团体之间的竞争扰乱了工作，就不得不进行干涉了。管理者不能任由员工之间的竞争破坏工作氛围。

(4) 培养员工。保持积极的工作氛围的另一种方法是，帮助员工在工作中取得进步并发挥他们的潜力。这可能是管理者工作中最关键的事情之一。作为经理，我们的确没有尽自己所能使手下员工的技术和能力得到充分的发挥，你的目标应该是你所有的员工都和你一样出色，因为这样可以使工作变得更容易；可以使你的上司更器重你，并且也有益于员工的成长。

管理者可以通过下列方式培养新来的员工：培训、反馈、鼓励、支持以及提供合适的设备并且从总体上协助他们的工作。还可以通过你对待他们的方式，使他们感受到自己对运作过程的重要性；感受到自身的价值；感受到自己的成绩和成长。对他们的进步所给予的具体的认可，不论奖品、奖励或者仅仅是一句赞扬，都可以增加新员工对于自己的成绩的自豪感。

对那些极具潜力的员工，管理者应该做的还不应只限于上述方面。管理者应该尽量培养他们的技能；运用他们的才干；向他们征询对工作的看法，以考察他们；让他们担负责任；在力所能及的范围内为他们敞开前进的大门。

培养员工也有利于士气，它能给员工一种向前进的感觉，从而避免员工失去新鲜感或者原地踏步、停滞不前。同时，让员工感觉到管理者在帮助他们前进也有利于他们接受管理者的领导地位。

2. 以感染、期望和榜样力量营造积极的工作氛围

说到底，积极的工作氛围的关键掌握在管理者手里。这不仅取决于他采取了什么步骤，或是他做了什么，以激发员工的积极性，关键还在于管理者自己处理工作和职责的方式——他们自己在工作中的表现。如果他们自己的工作积极性很高，对工作充满热忱，他们的员工就很可能也有工作积极性。如果他们对自己和员工的期望都很高，如果他们对自己和员工都很有信心，一般来说，他们的员工会达到他们的期望。这就是由管理者的感染、期望和榜样激发的积极性。

(1) 以身作则。不论管理者意识到与否，管理者都在为员工树立一种榜样，他们会模仿管理者所做的一切。这一现象称为角色榜样(rolemodel)。如果管理者期望员工有最佳的工作表现，管理者就必须在工作中做出自己的最佳表现。如果管理者付出100%的时间和精力，很可能员工会付出110%。但如果他们看到管理者只付出了75%，他们就会只付出25%~50%的努力。所以，如果管理者想让员工做好每一天的工作，就要做好自己每一天的工作。这有时被称为以身作则式的管理。

做出最佳表现是指永远把最好的一面展示出来。每个人都有好的一面和坏的一面。我们中的大多数人在遇到某些事情时，会变得软弱，进而失去控制力，把自己坏的一面展示出来。在管理者身为角色榜样时，这种情况极具破坏性。当管理者管理的是与顾客打交道的员工时，情况尤为如此。如果管理者在一群员工面前大发雷霆，冲他们大吼大叫，他们会把管理者的语气的翻版，并将管理者的行为在他们心中所激起的情绪直接带到饭店大厅或是餐厅。他们对待顾客将极不耐烦、充满敌意，而且不顾及顾客的需求。管理者对他们进行的顾客关系培训将被他们抛在脑后。

管理者好的一面与管理者坏的一面具有同样的影响力。如果管理者希望员工对待顾客殷勤有礼，服务周到，自己就得殷勤有礼地好好对待员工。如果说不良情绪很有感染力，那么良好的情绪也一样，热忱就很有感染力。如果管理者希望员工喜欢他们的工作，自己

就要有工作热情。

作为管理者，应该把眼光放得高一些，对员工要抱有最好的期望。如果管理者期望他们做到最好，并且采用了积极的方式，那他们通常会做到最好。如果管理者让他们知道，自己相信他们，对他们的工作能力有信心——也就是说，管理者给他们鼓劲儿，他们会赋予自己的表现以管理者所期望的价值，他们会为自己的工作和成绩感到自豪；另一方面，如果管理者突然让他们改进工作，既无事先提醒，又以一种批评的态度，暗示着他们懒散且不能胜任工作的话，他们可能会憎恶管理者的批评并且抵制管理者的要求。

（2）建立一种坦诚的气氛。积极的工作氛围要求有一种坦诚的气氛，我们已经谈到过，坦诚是员工对上级的期望之一。这意味着当管理者和员工谈论起他们的表现、潜力、成绩以及过失的时候，一定要坦诚。这意味着管理者要坚守自己的诺言，在该信任的时候再信任。这意味着管理者不欺骗、不撒谎、不偷拿公司的东西：不把厨房里的食物、酒吧里的酒拿回家，不因为顾客换更好的房间或桌子而收取他们的报酬。管理者身为角色榜样，不能做这样的事情，不仅因为它们不符合职业道德，而且因为管理者希望员工诚实；员工会效仿管理者，这同样是以身作则式的管理。

作为管理者，不能言行不一。最令员工疑惑的莫过于管理者说得冠冕堂皇，做的却大相径庭。应该做到言行一致，办事公平。不应耍手腕，应该开诚布公，光明磊落；应该值得员工信任。

坦诚的气氛能促进忠诚感的形成。如果管理者对所属公司忠心耿耿，并且对员工坦诚相见、处事公平、开诚布公的话，他们就很可能对管理者和公司都忠心耿耿。如果管理者贬低公司，就会破坏整个工作气氛，因为员工也会渐渐相信，这个公司很糟糕。如果管理者时不时想贬损公司，一定要忍住别说出来。如果管理者什么时候都有这种感觉，那就需要换工作。如果心里老憋着这种情绪，管理者是不可能把管理工作做好的。

（三）提供明确的绩效目标

按照期望理论和目标设置理论，保证员工清楚地了解自己要实现的目标是非常重要的。正如目标设定理论所提到的，如果可能，确定具体的、明确地、有挑战性的目标。此外，如果这些目标并不是由系统自身或者你的上司确定的，那么试着让员工参与进来。他们对自己参与设立的目标可能会更加负责任。

（四）支持员工以高绩效的努力

管理者应把自己看作教练，任务就是支持团队成员。不仅要在无形的东西上帮助他们，比如建立自信或者给予鼓励；还要在一些有形的方面帮助他们，比如提供资源，满足他们的需要，或者对他们进行额外的培训等。不仅要让自己成为他们最好的啦啦队队长，还要成为他们的服务者，为他们提供有形的帮助。

（五）提供及时的绩效反馈

绩效反馈是员工坚持努力的动力。尽管工作本身也会给予反馈，但是管理者对于工作进展的认可也是非常重要的。许多员工说他们知道工作进行得很好，因为他们没有接收到来自管理者的任何反馈。管理者必须像给予不利的绩效以反馈一样给予有利的绩效以反馈。请注意这里讨论的反馈并不是指每个员工都要进行的半年或者一年的正式的回顾，而是每天、日常的反馈。

(六) 奖励员工的绩效

不吝啬给予员工奖励，并且确保奖励不落空。通过能控制的奖励系统强化员工的出色行为，比如提拔、表扬和认可或者获得更有挑战性的工作机会。要创造性地进行奖励，记住不同的个体对于奖励的评价不同。在本章第二节介绍强化理论时，已讨论了如何表扬以及什么时机表扬，下面进一步说明奖励员工的一些指导原则。

不同形式的奖励，可以成为非常有效的激励因素，前提是它们要能够激发起员工的需求和欲望或者与员工的工作目的相关联。当然，问题之一是，能激励这名员工的东西，另一名员工可能对其无动于衷，然而为了公平起见，对于同等的表现，管理者一定要给予同等价值的奖励。

这些启发激励机制的方法始自"胡萝卜原则"，即：许诺对好的表现给予奖励。当员工需要或想要得到这种奖励时，出于对它的期望，他们就会努力工作。如果他们不想要胡萝卜，这个方法就不生效。

一旦获得了奖励，这一循环就要重新开始：欲望必须由对奖励的期望激起。正如赫茨伯格指出的那样，没有期望，就不会取得成绩，而工作表现又会滑回到没有奖励时的水平，除非员工能从自身取得的成绩中获得满足感。

然而，奖励毫无疑问是很有用的激励因素。许多工作既乏味，重复性又强，且没有意义，不可能给员工带来能令其满足的成就感，因此奖励可能是管理者能用来激励员工的唯一办法。

奖励的整个机制，包括金钱和非金钱性质的，在运用时都必须谨慎；不仅要达到最大的激励效果，而且要保证让员工觉得公平。获得奖励所要求的工作表现必须仔细说明，并且这一目标应在所有人的能力范围之内。员工必须提前知道奖励的内容，并且认为奖励是公平的，否则奖励所引发的不满情绪将大于它所起的激励作用。

既然员工的需求与欲望各不相同，那要怎样才能使奖励成为有效的激励因素呢？家庭困难的员工可能会为了金钱的奖励或是多加班的机会而非常努力地工作。另一名员工可能会为了多有一天带薪假期而超水平发挥。还有一名员工愿意做任何事情，以在停车场靠门的位置得到一个他专用的停车位，并且上面还要醒目地写上他的名字。这些奖励很适合用做员工竞赛的奖品，而获胜者可以在它们当中挑选一样。

你可以让员工参与进来，让他们提议奖励的内容。一旦有了员工的参与，找到真正的激励办法的可能性就增大了。

事实上，任何奖励都可以不仅仅是胡萝卜。它可以是对员工的成绩、价值及其对于公司的价值的认可，它能建立起自豪感、自尊心。它也可以是一个目标。员工一旦获得了某种奖励，并从中得到了满足感的话，他们很可能想要再次赢得它。这样，你就通过员工对这个自身目标的追求，激发起了他们的内在动力。而这个，就是工作中的成功激励的一个缩影——在同一过程中同时实现个人的和公司的目标。

复习与思考

1. 解释下列概念：
(1) 激励；(2) 需要；(3) 激励因素；(4) 内在激励；(5) 外在激励；(6) 绩效。

2. 说明激励员工的三个层次。
3. 解释绩效和激励之间的关系。
4. 赫茨伯格关于员工激励的研究在哪些方面与马斯洛的需要层次理论相联系?
5. 举例说明应如何表扬及在什么时机进行表扬?
6. 讨论对你来说最有意义的激励理论。
7. 是哪些因素制约了饭店业管理者对激励理论的充分运用?
8. 如何为员工提供一个良好的工作环境?
9. 谈谈了解员工的最佳方式。
10. 说明培养员工的意义和方法。
11. 描述饭店业管理者以身作则的管理方法。

▶即测即评

第十二章 压力

学习目标

学完本章，应该能够：明确压力的定义；描述压力的来源；了解压力的个体差异；说明压力的反应；掌握压力应对策略。

本章主要术语

压力(stress)
压力因素(stressor)
过劳死(Karoshi)
心力交瘁(burnout)
挫折(frustration)
冲突(confict)
防御机制(defense mechanism)
身心健康方案(wellness programs)

旅游职业是对社会很重要的职业，但是旅游职业现在的情况就像许多其他职业一样，面临许多工作压力，应该引起旅游企业领导者和管理者的关注。

在这一章，首先明确压力的定义并描述压力的来源。然后考察工作压力的反应。最后探讨组织应采取什么样的措施来减轻员工的压力感。

第一节 压力概述

一、什么是压力

日本人创造了一个词,叫做过劳死,意思是因工作过度劳累引起心脏病发作或脑卒中而暴死。在日本,一天工作16小时的人并不罕见。专家估计,每年因工作过度劳累而死亡的日本人有10 000人。

1983年至1993年间,美国12个邮政业务领域发生了12起枪击事件,有34人丧生,20人受伤。据说在所有的事件中,工作压力是其中一个重要的原因。邮政服务行业的工会领导人列举了邮政员工的各种压力,如在机器上以每秒一封信的速度分拣信件;根据主管人员确定的速度发送信件;应付独断专行的上司等。

在北美,大部分大公司正在裁员,没有被解雇的员工则被要求承担更多的工作,结果就导致了员工紧张感的增加。

对美国600名工人进行的一项抽样调查发现,46%的员工认为他们的工作是高度紧张的;34%的员工表示,他们的工作压力太大以至于他们想辞职。

当企业裁员和进行重组时,经理人员经历着商业史上最为严峻的考验。给经理们带来压力感的还不只是变革的快节奏,真正使他们感到压力的是现在生意场上发生的事情会对他们的日常生活产生影响。生产和销售指数在不断地攀升。但除此之外的其他事情却似乎正在下滑:企业运作费用预算、旅行津贴、花销账目、工资增长、晋升机会等。最令经理人员痛苦的是,经理人员原来是为了构建组织、增强企业势力而服务的,现在却要他们拆自己的墙脚。本来需要增加人员,壮大企业的力量,而现在却恰恰相反,他们正不得不面临裁员的选择。

在饭店和餐饮业,越来越多的管理者、职员以及员工正承受着心力交瘁的痛苦。尽管这不是一个医学上的准确定义,心力交瘁有其可辨别的症状,它是长期经受压力的结果。美国的一位精神病专家唐纳德·E. 罗森(Donald E. Rosen)说:"这些受害者往往对人冷漠,感到空虚。对原来的自己很满意的事情也不再有什么满意感了。他们对自己所做的工作的价值充满了疑问。"每天,他们都讨厌去上班。这种现象不仅仅发生在某个早上,所有的早上都会发生这种现象。

上面列举的事实表明,工作压力是组织中的一个严重问题。在本节中,我们将考察工作压力的起因与后果,以及员工和组织应采取什么样的措施来缓解工作压力。

在继续探讨之前,有一点要明确,即压力问题在个人层次、群体层次和组织层次上的含义是各不相同的。我们在下面将说明,个体压力会因个体的个性、角色冲突、工作设计等可变因素的影响而得到增强。因此就组织系统而言,工作压力是一个多层次的概念。

从正式界定看,压力(stress)是指个体对一些对其有身体及心理上的要求,并在重要结果利害攸关时造成不确定性及个人控制的缺失的刺激的生理及情感反应。这些刺激被称为压力因素（stressor），压力因素会造成既有沮丧又有焦虑的综合心态。沮丧是因为不能达到某一目标（如因资源不够而不能在截止日期之前完成工作指标），而焦虑是因为担心因不能达到某一目标（如没及时完成工作）而受到惩罚。压力因素是指人感知的某些刺激，它们使个人的能力及资源不堪应对或完全无法应对。

压力是一种动态情境，在这种情境中，个体要面对与自己所期望的目标相关的机会、限制及要求，并且这种动态情境所产生的结果被认为是重要而又不确定的。

压力本身不一定是件坏事，但一般讨论的是其负面影响，其实它也有积极的、有价值的一面。它意味着潜在的收益机会。举个例子，运动员或舞台演员们在"紧要关头"往往会有超常水平的发挥，如果他们不是利用压力的积极作用来抓住机会，发挥出他们相当或接近最优的水平，他们就不可能创造出优异的成绩。

一般说来，压力总是与各种限制（constraints）和要求（demands）相联系的。前者会阻碍一个人去做自己想做的事，而后者则会使自己丧失所渴望得到的事物。因此，当你在学校参加考试或在工作岗位上参加全年工作绩效评估时，你会感到有压力。因为你要面对各种机会、限制和要求。好的绩效评定结果可能导致晋升、更大的责任、更高的报酬；相反，如果绩效较差，则可能使你失去提升的机会，很差的绩效结果还可能导致自己被解雇。

潜在压力变成现实压力的两个必备条件是：活动结果具有不确定性，而且这个结果很重要，另外还要具备的条件是，个人不能确定机会能否被抓住，限制因素能否被排除，损失能否被避免。当这几项条件都具备后，压力才会产生。也就是说，对于自己的成功与失败无法确定的人压力感最强，而认为自己败局已定的人压力感最小，但同时还必须考虑结果的重要程度。如果认为输赢都无所谓，就不会产生压力感。很显然，如果保住职位或得到提拔对你来说无足轻重，你就没有理由为要经受绩效评估而感到压力。

二、压力的来源

哪些因素会导致压力感的生产？它会给员工个人带来何种后果？为什么在同样的条件下，有人压力感很强，有人却很弱？如图12-1所示的模型有助于回答这些问题。

图12-1 压力模型

该模型确认了三方面潜在的压力源：环境的、组织的和个人的。这几个方面的因素是否会导致现实压力感的形成取决于个体差异，如工作经验与个人认识等。当个体体验到压力感时，其外化的反应有三类：行为反应、生理反应、心理反应。

图 12-1 的模型显示了三种类型的潜在压力：环境的、组织的和个人的。我们现在来逐个分析潜在的压力因素。

（一）环境

环境的不确定性不仅会影响组织结构的设计，它也会影响组织员工的压力水平。

商业周期的变化会造成经济状况的不确定性。经济紧缩时，人们会为自己的安全保障而倍感压力。20 世纪 30 年代经济大萧条时期，美国的自杀率达到顶峰绝非偶然。较小的经济衰退同样也会导致压力水平的上升。与经济下滑相伴随的，往往是劳动力减少、临时解雇人数增多、薪水下调、工作时间缩短等后果。

政治的不确定性在伊拉克这样的国家中，会给工人带来较大压力。即使是在像美国和加拿大这样的国家里，政治变革或政治威胁也总是会诱发压力感。例如，加拿大的魁北克省想与政府谈判达成一项协议，使其独特的法式文化的地位得到认可与保护，这就增强了加拿大政治的不确定性。双方未能达成一致协议使得魁北克的独立愿望化为泡影，但是问题尚未全面解决之前，这个难题肯定会使某些加拿大人，尤其是那些居住在魁北克省内却不懂法语的人压力感增强。

新技术革新使一个员工的技术和经验在很短时间内过时。因此，技术的不确定性，是引发压力感的第三类环境因素。电脑、自动化、机器人及其他形式的技术创新会威胁到许多人，使他们产生压力感。

（二）组织

组织内有许多因素能引起压力感，例如，所做的不是自愿做的事或在有限的时间内完成工作，工作负担过重，同事令人讨厌，老板难以相处等，都会给员工带来压力。《华尔街日报》就此做了一项调查，其结果如表 12-1 所示。

表 12-1 工作中压力产生的主要原因

因　素	回应百分比*
所做的不是自己愿意做的事	34%
在有限时间内完成工作	30%
工作负担过重	28%
同事令人讨厌	21%
老板难以相处	18%

* 百分比相加超过 100%，因为一个人可以做多种选择，也就是说，引起一个人压力感的原因有多种。

我们从任务要求、角色要求、人际关系要求、组织结构、组织领导作风、组织生命周期这几个方面，对组织因素作了分类。

1. 任务要求

任务要求是指一些与个人所从事的工作有关的因素，包括个人工作的设计（自主性、任务的丰富性、自动化程度）、工作条件、体力消耗程度等。自动生产线速度过快时，会给员工带来压力；个人工作与其他人的工作之间相互依赖性越强，个人越可能产生压力，但是工作自主性能减轻工作压力。如果工作环境的温度、噪音、污染及其他条件有危险或不受欢迎，会使员工焦虑感增强。如果让员工在一个干扰较多的透明空间或在一个过于拥挤的房间工作，员工焦虑感也会增强。

2. 角色要求

角色要求，是指个人在组织中扮演的特定角色给他带来的压力。角色冲突会带来一些难以协调而且又难以实现的个人预期；员工被要求去做很多事，又得不到足够的时间，他就会产生角色过度负荷感；角色预期不清楚，员工不知道他该做些什么时，就会产生角色模糊感。

3. 人际关系要求

人际关系要求，是指由于其他员工的缘故而带来的压力，如果个人缺乏同事的社会支持，与同事关系紧张，都会使员工产生相当的压力感，而对于那些社交需要较高的员工来说，这种情况尤为普遍。在组织外部，一个人常常能够停止和不喜欢的人来往。当人们在一起工作的时候，这种选择常常是做不到的。此外，人际关系不相容的压力能够在组织中蔓延。换句话说，人际关系不相容不仅本身正在产生压力，而且能够通过影响工作绩效造成进一步的压力。下属同上级个性不和，可能会使上级给下属做出不好的绩效评定，加大下属的压力。另外，下属可能花费很多时间抱怨领导或者试图"加强防御"，使其实际工作受到损害。显然，组织成员和其他同事、上级及下属的人际关系问题能够从车间一直扩展到管理阶层。

4. 组织结构

组织结构所界定的是，组织层次分化的水平、组织规章制度的效力、决策在哪里进行等。如果组织规章制度过多，员工缺乏参与决策的机会，员工在工作中就会因此而受到影响。这就是组织结构变量可能成为压力源的例子。

5. 组织领导作风

组织领导作风，是指组织高层管理人员的管理风格。有些公司首席执行官的管理风格会导致一种以员工的紧张、恐惧和焦虑为特征的组织文化，他们会使员工在短期内产生幻觉式压力。他们对员工的控制过度严格，并经常解雇达不到要求的员工。

6. 组织生命周期

组织的运行是周期的，要经过初创、成长、成熟、最终衰退这四个阶段所组成的生命周期。这个过程会给员工带来许多不同的问题和压力。尤其在初创和衰退阶段，更是压力重重。初创阶段的主要特点是，新鲜的东西很多，不确定性很强；而衰退阶段一般伴随着生产规模的缩小、解雇员工和另一种不确定性；在成熟阶段，组织的不确定性处于最低点，员工的压力感一般也处于最低水平。

（三）个体因素

上述两类压力来源，在性质上均属于外在因素。除此之外，属于个人内在心理上的困难，也是形成压力的重要原因。在压力的心理因素方面。挫折与冲突是其中最重要的两项，也是压力的两种基本形式。

1. 挫折

所谓挫折（frustration），在心理学上指个体动机性行为遇到障碍或干扰，致使个体动机不能获得满足的情绪状态。对个体行为发生阻碍作用的，可能是人，可能是物，可能是社会环境或自然环境。个体在挫折情境下会产生烦恼、困惑、焦虑、愤怒等各种负面情绪所交织而成的心理感受，这种复杂的心理感受，称为挫折感。障碍或干扰是刺激，挫折感是反应。心理学家们所要研究的，也就是在挫折情境之下，分析个体因情景对其行为阻碍而产生的挫折感。

根据以上所述挫折之概念，我们可以想象，在日常生活中，随时随地都可能遇到挫折情境，因而产生挫折感。因挫折情境的阻碍，使人的生活目标无法达到，在诸多挫折感的交织之下，自然将形成心理压力。

在组织环境中，产生挫折感的因素有以下四点：

（1）拖延。甚至在目标实际达到的时候，许多人由于拖延感到挫折。有些任务本来可以迅速地和轻易地完成，但往往由于组织整体上的设计问题，因为个别人而被拖延。例如，你必须等另外一个同事打完了字后才能去打字，或办完一项手续才能办另外一项手续。除了这些例行之事的拖延外，在职业发展中，也有严重的拖延。

每一个组织都存在一个"一级压一级"的等级制度，它要求组织成员先做出某种贡献，然后才能得到晋升。许多素质良好的大学毕业生虽有学历，但没有以所期望的速度在组织中晋升，因而感到垂头丧气。

（2）缺乏。个人常常缺乏实现他们的目标所必不可少的物力资源、人力资源和人际资源。一个缺编部门的经理可能发现，在工作繁忙时期难以使单位的工作有效运转。同样，缺乏新型计算机系统的知识和技能的经理，由于没有掌握这方面的工作能力，可能感到挫折和威胁。

（3）丧失。有时，组织成员们丧失了一种技能或资源，使他们在试图实现一个重要的目标方面遇到挫折。许多管理者会由于一名非常重要的助手或秘书辞职而遭受严重挫折。

（4）失败。组织提供了大量取得成功的机会，但是，它也提供了失败的机会。除了拖延、缺乏和丧失之外，组织成员常常在实现目标的尝试方面遭受挫折。最明显的失败事例是受到其他组织成员注意的事例。报告误期、错过了客户、成绩评定很差或者没有能力获得晋升等，所有这些在组织中的其他人眼里都体现为失败。另外，当人们设立的个人目标不能实现时，同样会遭受挫折。例如一个人决心通过晚上自学，得到大学文凭，但是他发现工作时间表要求他经常出差，这个目标是不可能实现的。

2. 冲突

旅游业，尤其是饭店业是多元文化构成的行业，这种多元文化和行业价值观的不同常引起冲突。不同年龄段和不同价值观也会导致冲突。

冲突（conflict）一词是心理冲突（mental conflict）的简称。冲突是一种因个体同时具有两个动机但无法兼而获得满足所产生的心理困境。

心理冲突的情况有多种，在第5章第一节讨论过的三种情形是最常遇到的，它们是：①接近—接近冲突；②接近—回避冲突；③回避—回避冲突。

在现代社会中，动机的冲突是构成压力的主要原因之一。尽管个人的欲望及生活环境不同，所遇到的冲突内容也各有差异，但由于现代社会环境的共同特征，人们所面临的心理冲突也有共同的特征，具体表现在以下几个方面：

（1）竞争与合作的冲突。现代社会里，无论是求学、就职、择偶、事业或其他社会活动，人人都必须进行激烈的竞争才能取得成功。然而，人们从小所受到的教育又要求大家协力合作、谦让、牺牲。因此，构成内心竞争与合作间的冲突。

（2）理想与现实的冲突。现代社会的人都有一定的理想和抱负，尤其是青年人，如升学、就职、配偶的选择等。一方面，由于自我估计不足，理想和抱负超出了个人的实际水平，致使理想和抱负不能实现，而产生挫折感；另一方面，一个人的理想抱负往往受到现实的限制，个人往往无能为力，同样会产生压力感。

（3）满足欲望与抑制欲望的冲突。由于社会的发达，社会上刺激欲望的物质越来越多，人们对物质生活和精神生活的欲望也不断增强，但另一方面由于经济上或由于传统道德上的理由，必须抑制这些无穷的欲望。

人的生活是多层面的，有家庭的层面，有事业的层面，也有社会的层面。在不同的层面中遇到的问题，都需要个人选择判断。在选择判断时，有的重在感情，有的重在理性，更有的因患得患失而不得不考虑各种利害关系。如此看来，日常生活中心理冲突的困扰在所难免。甚至我们也可以想象，能力愈强、条件愈好的人，在精神上愈可能感受到更多的心理冲突困扰。因为他们比一般人有更多的选择机会，同时，他们比一般人也有较多的动机和追求目标。动机与目标既多，在选择上又怎能避免冲突的困扰呢！

（四）其他因素

员工每周工作时间一般是40~50小时。员工在每周其他120多个小时的非工作时间内的经历及所碰到的各种问题也不免影响到员工的工作。因此在考虑工作压力时，除了个体心理因素之外，同时应考虑到员工的个人生活因素。一般来说，这些因素主要有家庭问题、经济问题、员工个性特点等几个方面。

调查表明，人们把家庭和人际关系的地位看得很重。婚姻困境，某种亲密关系的破裂，以及管教孩子中的麻烦事，这些都是人际关系方面出现问题的例子。这些问题会给员工带来压力感，而且使员工在工作时间也对此耿耿于怀。

因开支过大而出现的经济问题也会给员工带来压力感，并使他们工作时分心。不管收入高低，有些人就是不善于理财，或者他们的开支欲望总是超出他们挣钱的能力。

最近在三个不同组织中进行的研究发现，员工在工作开始前所呈现出的压力症状，与工作9个月后的压力症状差异不大。研究者因此而得出结论，认为有些人天生喜欢注意现实中的负面因素。如果真是这样，那么影响工作压力的一个重要个人因素就是个人的基本性向。也就是说，工作时所呈现的压力症状可能源自员工的个性特点。

考察个体压力因素时，往往会忽略这样一个事实，即压力具有可相加性，压力是逐步积累和加强的。每一个新的持续性的压力因素都会增强个体的压力水平。单个压力因素本身可能无足轻重，但如果加在业已很高的压力水平上，它就可能成为"压倒骆驼的最后一根稻草"。如果要评估一个员工所承受的压力总量，就必须综合考虑他所经受的机会压力、限制性压力和要求性压力。

三、压力的个体差异

有些人在压力重重的环境中生机勃勃，而有些人则萎靡不振，是什么因素致使人们处理压力的能力有差异呢？哪些个体差异变量调节着潜在压力因素与实际压力感之间的关系呢？我们发现至少有五个因素是与此相关的中介变量：个体认知、工作经验、社会支持、控制点观念和敌意感。

（一）个体认知

员工的反应是基于他们对现实的认识，而不是基于现实本身。因此，个人认识是潜在压力环境与员工反应之间的一个中介变量。公司裁员时，有的员工害怕自己失去工作，而有的员工即认为这是脱离公司，从而开展自己事业的一个机会。与此相似，同样的工作环境，有的员工认为它富有挑战性，能够使人的工作效率提高；而有的员工却认为它的危险性太大，要求太高。因此，环境、组织、个人因素中潜在压力的产生并不取决于客观条件本身，而取决于员工对这些因素的认识诠释。

（二）工作经验

有人说，经验是一位很好的老师，但同时它也是一种很好的减压器。回想一下你的第一次约会或你进大学的头几天，对于多数人而言，这类情景的全新性和不确定性会带给其压力感。但当人们有了经验以后，那种压力感就消失了或大大减小了。这种规律似乎对工作也适用，也就是说，工作经验与工作压力大致呈反比关系。至于原因，大致有两种观点：第一种是选择性退缩。压力感较重的人更可能会自动流动。因此，在组织中工作时间长的员工是那些抗压素质较高的人，或对于他们所在组织的压力抵抗能力更强的人。第二种观点是，随着时间的推移，人们最终会产生一种抗压力机制。因为这要花费一定的时间，所以组织中的资深成员适应能力更强，压力感也较轻。

（三）社会支持

越来越多的证据表明，社会支持——也就是与同事或上级主管的融洽关系——能够消减压力带来的影响。把社会支持作为中介变量的理论基础是：社会支持可以减轻由于高度紧张工作所带来的负面影响的压力。

对于那些遇到同事不提供帮助，甚至对自己抱有敌意等情况的员工而言，他们缺乏工作中的社会支持。如果员工更多地参与家庭生活、朋友交往以及社区活动，他们也能更多地拥有社会支持（对社交需要强烈的员工更是如此），这样也会使工作压力相对减轻。

（四）控制点观念

控制点是一种个性特征。具有内控观念的人认为，自己可以控制自己的命运。而具有外控观念的人则认为，自己的命运由外部力量主宰。有事实证明，持内控与持外控观念的人相比，前者更容易认为他们的工作压力较轻。

当内控者和外控者面对相似的情境时，内控者更倾向于认为自己可以对行为后果产生较大影响。因此，他们采取行动以控制事态的发展。外控者则更多地倾向于消极防守，他们不是采取行动来减轻压力，而是屈服于压力的存在。因此，处于紧张气氛中的外控者不仅易于产生无助感，也易于产生压力感。

（五）敌意感

20世纪70年代至80年代大部分时间中，对A型性格的研究十分盛行。事实上，在整个80年代中，它是最常用的与压力感有关的中介变量。

在第十章我们已指出，A型性格的主要特点是，总是有一种时间紧迫感和过分的竞争驱动力。一个具有A型性格的人总是积极地投入到长期的、不停的斗争中，以越来越少的时间，获得越来越多的成绩，而且如果需要，就与别人的反对意见对着干。

直到最近，研究者才认为，A 型人无论是在工作中还是在工作外，都更容易产生压力感。具体说来，大家普遍认为，A 型人更容易患心脏病。但对于研究资料的深层次分析则得出了新的结论。通过考察 A 型性格的各种构成因素，人们发现，只有与 A 型行为相联系的敌意感和愤怒情绪才真正与心脏病有关。情绪长期处于愤怒状态、多疑、对别人不信任的人更容易得心脏病。

同时，如果一个人是工作狂，缺乏耐心，竞争心较强，这并不意味着他必然易患心脏病，或受到其他压力负面因素的影响。相反，那些易怒、对事物持有敌意感、对别人老是持怀疑态度的人，才更容易患心脏病，受到压力负面因素影响的可能性也较大。

第二节 压力的反应

下面，我们将考察组织中体验到压力的个人可能出现的反应。这些反应可以分为行为的、生理的和心理的三个方面。

一、压力的行为反应

对压力的行为反应是指受到压力的个人在克服压力的意图方面进行的公开活动，包括问题解决、退缩和运用添加物。

（一）问题解决

问题解决是对压力的最典型的反应。一般来说，问题解决以消除压力因素或减少它的影响为目标，它并不以在短期内使个人感觉稍好为目的。问题解决是注重现实的，如果不能有效消除压力因素，则会表现出灵活性和及时运用反馈。因此，如果一种尝试性的问题解决方案不能生效，那么，人们会试验另一种方法。对压力做出问题解决反应的大多数事例是不显著的，因为一般说来，问题解决是一种较平常的、可见的、明显的方法。如：

（1）分配。一名任务繁重的管理者通过把某些任务分配给有能力的下属，以减轻产生压力的工作负担。

（2）时间管理。一名感到时间紧张的经理制定了一张日常时间表，规定他的下属事先申请正式谈话的时间，并且指示他的秘书有限制地筛选电话。

（3）搞清问题。一名因为同非工程师的上级沟通效果差、体验到压力的专业工程师下决心同这名上级坐在一起，找出关于某项计划中的一致点。

（4）请求帮助。一名担心公司完成订货有困难的推销员，请求生产经理现实地估计一下可能的交货日期。

（5）另外选择。一名感到工作单调而产生压力的车工，申请调到一个工资一样但比较感兴趣的岗位上工作。

这些反应在减少压力方面是否有效取决于环境。一般来说，问题解决显然不仅对个人有利，而且对组织也有利。

(二) 退缩

避开压力因素是对压力的最基本的反应之一。在组织中，这种反应往往采取缺勤和离职的方式。与对压力的问题解决反应相比较，缺勤没有直接对抗压力因素。确切地说，缺勤者仅仅试图短时间地减轻压力因素引起的忧虑。当他返回到工作中时，压力仍然存在。从这一点来看，不管对个人还是对组织来说，缺勤都是一种不好的压力反应。当一个人仅仅为了躲避压力，一时冲动辞去一个有压力的工作时，这种离职反应对个人和组织都无益处。但是，一个人经过慎重考虑，为了谋求另一个压力比较小的工作而辞职，这种情况可能要好一些。这实际上是一种问题解决的反应。从长远的观点看，它既有利于个人又有利于组织。到目前为止还不能确定有多少缺勤离职是由于压力产生的退缩。但是，某些证据表明，容易产生压力的操作工作更可能造成缺勤。另外，上述讨论的某些压力因素（沉重的工作负担、角色模棱两可和降格使用的可能性）和缺勤、辞职有一定联系。

(三) 运用添加物

对个人和组织来说，吸烟、喝酒和服药是在压力之下做出的最不令人满意的行为反应。这些活动不能消除压力，它们严重影响雇员的体力和智力，使之难以完成他们的工作。新闻发言人和广告管理人担任的边界角色职务的压力是造成他们酗酒的原因。这种压力反应的事例很多。实验证明，烟瘾和酗酒与工作中的压力有联系。

二、压力的生理反应

工作中的压力对人有害吗？显然，这个问题对组织很重要，对在工作中感受到过分压力的个人来说更重要。对压力的生理反应的大多数研究集中于心脑血管系统，特别集中于可能引起心脏病发作的各种危险因素方面。例如，有证据表明，工作压力与心电图不规则、高血压、高胆固醇和脉搏快有联系。无论如何，在比较各种职业中不同的压力因素和各种危险因素的发生率方面，大多数研究实质上是一种相关研究。但相关原因并不能揭露出主要原因。很有可能，有高度心脏病危险的人选择从事某种特定职业。在这种情况下，特定职业似乎确实增加有害生理反应，但是，主要原因在于它们把有危险病症的候选人吸引了过来。

有一项对压力的生理反应的研究是令人感兴趣的，因为它进一步证实了一种直观的看法，空中运输管理人员承受较高的工作压力，因而对身体健康有不利影响。空中运输管理人员的血压较高、糖尿病和胃溃疡患病率较高。空中运输管理工作是否吸引有危险病症的人——研究表明，在管理人员当中，在运输较频繁的航空站，高血压和胃溃疡的发生更为普遍。这使我们认识到，产生压力的工作要求，确实造成有害的生理反应。

三、压力的心理反应

压力能导致不满意。与工作有关的压力能导致工作不满意感，工作不满意实际上是压力感的"最简单、最明显的心理影响后果"。但压力感的心理症状还有其他表现形式，例如，紧张、焦虑、易怒、情绪低落等。

有关事实表明，当工作对于个人的要求很多，而且又相互冲突，或者任职者的工作责任、权限及内容不明确时，员工的压力感和不满意感都将增强。与此相似，对工作的速度越是缺乏控制能力，压力感和不满意感就越强。虽然这种关系还有待于进一步研究，但有关事实表明，如果一个人的工作内容单调，重要性、自主性低，工作反馈机制不健全，工作同一性差，任职者的压力感就会增强，工作满意感就会下降，对工作的投入程度也会降低。

对压力的心理反应主要指情感和思想过程，而不是指公开活动，尽管这些反应常常在个人的言行中表现出来。对压力的最普通的心理反应是防御机制（defense mechanism）的作用。防御机制是减少压力引起的忧虑的心理意向。需要注意，根据定义，防御机制只是减少忧虑，而不是实际对抗或处理压力因素，防御机制的运用通常是自动的和无意识的；个人一般没有意识到自己的防御机制在起作用。但是，在某些情况下，个人可能会注意到这种机制或者有意识地运用它。某些普遍的防御机制如下：

（一）文饰

文饰指把一个人的行动归因于社会认可的理由和动机，使这些行动至少对本人来说，似乎是合理的和明智的。所谓"酸葡萄心理"，即是这种防御形式。例如，当知道自己不能被提升为主管后，一名男护士十分恼怒，大发牢骚，他可能宣称护士长歧视男人，证明他的愤怒是合理的。

（二）投射

投射指把自己不合需要的思想和动机归因于其他人，使他们具有肯定性质。例如，一名向政府官员行贿而处于心理矛盾中的推销管理人员可能推想，那名官员是腐败堕落的人。

有的心理学家认为被害妄想是存在于自己内心的攻击动机的一种投射。

（三）转移

转移指把愤怒的感情发泄到一个"安全"对象上而不在可能遭受惩罚的地方表现出来。例如，一名因为做工粗劣而受到工长严厉批评的建筑工人回到家中，狠踢他家中的狗。

（四）反向

反向指以一种与个人真实感觉相反的方式表现自己的意向，而不冒使自己的真正立场遭到否定反应的危险。例如，群体中一名地位不高的成员在一个重要问题上按多数人的意志投票，而不表明他的真正立场，以免使自己遭受攻击。

（五）补偿

补偿指在某一领域中运用自己的技能弥补在另一领域中的失败。例如，一名不能出研究成果的大学教师可能决心成为一名杰出的中学教师。

（六）抑制

抑制指防止自觉意识到可能发生的威胁，以便回避压力因素。例如，觉得工作机械但是又不得不去，因而感到压力的装配线工人忘记给闹钟上弦，结果睡过了头不能去上班。

防御机制的反应是好是坏？在偶然用来暂时减少忧虑时，它们似乎是一种有用的反应。例如，建筑工人把侵犯转移到他家中的狗身上，没有攻击使他遭受挫折的工长，然后，他可能会冷静下来，第二天返回岗位工作，并且同工长一起"搞清楚问题"。（请注意，这是一种问题解决的反应。很可能他也将给狗以补偿!）因此，偶然运用防御机制作为暂时减少忧虑的因素，对于个人和组织都是有利的。事实上，那些"防御机制虚弱"的人可能被忧虑弄得萎靡不振，并且求助于退缩或添加物来减轻忧虑。

但是如果把防御机制作为对压力的经常性的反应，情况则完全不同。问题来自于防御机制的真正特性——它们并不改变客观存在的压力因素，基本冲突或挫折仍然存在，短暂的减轻忧虑后，基本问题仍然没有解决。事实上，压力可能有增无减。另外，像上面的例子所说明的，所有防御机制都在一定程度上和现实的压力分离。当处在层层防御之中时，个人可能越来越难以准确判断引起他们忧虑的真正原因。在这种情况下。他们越来越不可能明智地对压力因素做出问题解决的反应。

第三节　压力应对策略

一、压力与工作绩效

对压力与工作绩效二者关系方面的研究很多。人们研究最广泛的是二者的倒 U 型关系模型。如图 12-2 所示。

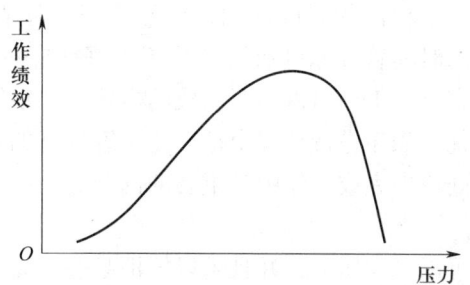

图 12-2　压力与工作绩效之间的倒 U 型关系模型

倒 U 模型的理论基础是：压力感低于中等水平时，它有助于刺激肌体，增强肌体的反应能力。这时候，个体的工作会做得更好、更快，并且个体也更具有工作热情。对个体施加过大压力，对员工提出过多要求和限制时，会使员工绩效降低。这种倒 U 型结构，也可以描述个体在较长时间内，对压力和压力感强度变化的反应。也就是说，持续性的压力强度会拖垮个人并将其能量资源消耗殆尽。长此以往，即使压力水平处于中等水平，也会给员工的绩效带来负面的影响。例如，一个运动员可以利用压力的积极影响在秋季每周六的比赛中发挥出更高的水平；一个销售经理会因其代表公司参加全国性的年会而精神振奋。但如果是长时间地经受中等水平的压力，就会像城市大医院急救室的员工一样，导致绩效水平的降低。这也许正是这种急救室员工需要经常轮换的原因。很少有人愿意让自己毕生的职业生活在这种环境中度过。事实上，如果真这样做，这个人就有被工作榨干吸尽的危险。

尽管倒 U 型理论很热门并且很有吸引力，但实证支持并不多。从这个角度说，管理人员不要认为这个模型可以准确地描述压力与工作绩效之间的关系。

二、减少压力的策略

从组织角度讲,员工压力感低于中等水平时,管理者们可能并不在意。因为,我们前面已指出过,低于中等水平的压力感有助于员工提高绩效。但如果压力感水平过高,或者即使压力水平较低,但持续时间过长,都会使员工绩效降低。因此也需要管理人员采取行动。

尽管一定的压力感有助于员工提高绩效,但他们自己并不这样看。从员工个人角度来讲,即使压力感水平很低,也是令人不快的。因此,工作压力感多大才好?管理人员和员工个人的观点是有所不同的。管理人员认为"对肾上腺良好运转起积极推动作用"的压力感,在员工看来,就过分沉重了。在讨论员工个人和组织在应对压力问题的方法时,应记住这一点。

(一) 员工个人减少压力的策略

员工个人通过承担责任能够减轻自己的压力感。有效的个人策略包括:实行时间管理法,增强体育锻炼,进行放松训练,扩大社会支持网络。

1. 实行时间管理法

很多人不善于管理自己的时间。如果他们能够恰当地安排好时间,那么他们在既定的每天或每星期时间段内所必须完成的任务就不至于落空。井然有序的员工就像井然有序的学生一样,与无序者相比,在相同的时间段内,能够完成无序者两倍或三倍的任务。因此,理解并学会应用基本的时间管理原则有助于员工更好地应付工作要求带来的压力感。大家所熟悉的时间管理原则有:①列出每天要完成的事情。②根据重要程度和紧急程度来对事情进行排序。③根据优先顺序进行日程安排。④了解自己的日常活动周期状况,在自己最清醒、最有效率的时间段内完成工作中最重要的部分。

2. 增强体育锻炼

一般认为,锻炼身体可以减少压力,并且可以抵消某些压力的有害的生理影响。保健专家们推荐了以下非竞技性的活动,来作为对付较高水平压力感的方法,例如增氧健身法、散步、慢跑、游泳、骑自行车等,这些形式的生理锻炼有助于增强心脏功能,降低心率,使人从工作压力中解脱出来,并提供了员工用来发泄不满的渠道。

3. 进行放松训练

通过各种放松技巧,如自我调节、催眠、生物反馈等方法,员工自己可以减轻紧张感。进行放松活动的目标是达到深呼吸状态,员工从中可以体会到自己身体彻底放松了,在某种程度上脱离了周围环境,也没有了身体的紧张感。每天进行 15 分钟或 20 分钟的深呼吸练习,有助于减轻紧张感,使人感到平和。尤其重要的是,达到较深的放松状态后,心跳、血压及其他生理状况也会有所改善。

4. 扩大社会支持网络

我们在本章前面已经指出,压力感过强时,与朋友、家人、同事聊天提供了一个排遣压力的途径。因此,扩大自己的社交网络是减轻压力的一种手段。这样,在你有问题时,就会有人来倾听你的心声,并帮助你对问题进行客观的分析。研究还表明,社会支持有助于调节压力感与精神崩溃之间的关系。也就是说,较多的人际交往能够降低因工作压力过大而累垮的可能性。

（二）组织减少员工压力的策略

几种导致工作压力感的因素，尤其是任务要求和角色要求及组织结构，是由管理人员控制的。这样，就可以对它们进行调整和改变。管理人员可以用来减轻员工压力感的方法有：加强人事甄选和工作安排；设置具体可行的目标；工作再设计；提高员工的参与程度；加强与员工作正式的组织沟通；设立公司身心健康项目等。

1. 加强人事甄选

我们知道，某些工作比其他工作更容易使人产生压力感。但同时，不同的员工对于同一压力情境的反应也是不同的。例如，工作经验少、持外控观念的人压力倾向一般较强，进行甄选和安置决策时，应把这些因素考虑在内。很显然，工作经验丰富、持内控观念的人，能更好地适应压力较强的工作，并能高效地做好这类工作。但是，管理人员也不可能只雇佣这类员工。

预先说明工作现状是使员工对压力有所准备的一种方法。组织在招聘一个人之前应明确地向他说明未来工作的性质。招聘人员有时出于热情，倾向于掩饰工作的消极方面，包括引起压力的可能性。如实说明工作情况将允许那些感到不能应付压力的人知难而退，或使新加盟者在事先有所准备的情况下开始工作。尽管这种方法已经表明有利于提高工作满意度和减少离职，但是，还需进一步研究它们对压力的影响。这种方法也可使晋升或内部调动的候选人了解在新工作中可能存在的压力因素。

2. 设置具体可行的目标

我们在第十一章已经讨论过目标设定的问题。基于大量的研究，可以得出结论认为：员工的目标比较具体又富有挑战性，而且能及时得到有关情况反馈时，他们会做得更好。利用目标设定可以减轻工作压力，增强员工的工作动机。如果目标比较具体，而员工又认为目标可以达到时，这就有助于他们明确自己的绩效预期。另外，如果工作中反馈及时，这就有助于降低员工实际工作绩效的不确定性。这样，能够相应地减轻员工的受挫感、角色模糊感和压力感。

3. 工作再设计

重新设计工作可以给员工带来更多的责任、更有意义的工作、更大的自主性、更强的反馈，这样就有助于减轻员工的压力感。因此这些因素可以使员工对工作活动有更强的控制力，并降低员工对他人的依赖性。但我们在讨论工作设计时已指出，并非所有的员工都愿意使自己的工作内容更丰富。那么对于那些成就需要较低的员工而言，进行工作设计时，应使他们承担较轻的工作责任，同时还应增加具体化的工作。如果员工更乐意做例行性和结构化的工作，那么降低工作技能的多样化要求，就能相应地降低工作中的不确定性和压力水平。

4. 提高员工的参与程度

角色压力存在范围较广。因为员工对于工作目标、工作预期、上级对自己如何评价这类问题可能会有种不确定感。这些方面的决策能直接影响员工的工作绩效，因此如果管理人员让员工参与这方面的决策，就能够增强员工的控制感，帮助员工减轻角色压力。从这个角度说，管理人员应提高员工参与决策的水平。

5. 加强与员工正式的组织沟通

强化与员工正式的组织沟通,有助于减轻角色的模糊性和角色冲突,从而减少不确定性。尽管在压力感员工反应这对关系中,员工个人认知是一个很重要的中介变量,但管理人员可以运用有效的沟通作为改变员工个人认知的手段,记住,员工所划分的各种任务要求、威胁、机会,都仅仅是他们对现实的一种诠释。而管理人员与员工的沟通所采取的符号和举措能够影响到这种诠释。

6. 设立公司身心健康项目

我们最后一个建议是,为员工提供组织支持的身心健康方案(wellness programs)。这些项目应从改善员工的身心状况着眼。例如,组织一般都提供各种活动以帮助员工戒烟、控制饮食量、减肥、改善饮食状况、培养良好的锻炼习惯。实施这种福利举措的理论假设是,员工应该对自己的身心健康负责,组织只是提供他们达到目的的手段。

复习与思考

1. 解释下列概念:
(1)压力;(2)挫折;(3)冲突。
2. 试论潜在压力感的三个来源,其中哪一个可被管理者所控制?
3. 在组织中,产生挫折的因素有哪些?
4. 什么是压力的行为反应?压力的行为反应有哪几种?
5. 什么是防御机制?对压力的心理防御机制包括哪些内容?
6. 组织可以采取哪些措施来减轻员工的压力感?

▶ 即测即评

第十三章　劳动心理

学习目标

学完本章，应该能够：明确疲劳的定义；掌握如何根据员工的疲劳心理行为，合理组织劳动和休息；阐述员工的工作环境对工作效率的影响；说明维护员工的身心健康，提高员工的工作效率。

本章主要术语

劳动心理学(labor psychology)
疲劳(fatigue)
生理疲劳(physical fatigue)
心理疲劳(psychological fatigue)
消极情绪(negative emotions)
单调感(sense of monotony)
厌烦感(tired feeling)
自我心理调节(self-psychological adjustment)

劳动心理学是研究人在劳动过程中，伴随活动与人际协作而产生的生理心理变化的规律，它的根本任务就是使劳动人道主义化和提高劳动效率。

在这一章，将主要考察劳动心理中的疲劳和工作环境两个方面的问题。首先明确疲劳的定义，讨论如何根据员工的疲劳心理行为，合理组织劳动和休息。之后，将考虑饭店工作环境，分析员工的工作环境对工作效率的影响，以维护员工的身心健康，提供员工的工作效率。

第一节 疲　　劳

一、人与职业环境

劳动心理学是研究人在劳动过程中，伴随活动与人际协作而产生的生理心理变化的规律，它的根本任务就是使劳动人道主义化和提高劳动效率。劳动的人道主义化是指过度疲劳和职业病的预防、生产性伤残和个性职业性变形的预防等内容，为劳动者的全面发展创造条件，充分发挥劳动者的才智。

心理学用自己的方法，解决劳动人道主义化的任务。如职业的心理学选择，改进职业培训与考核。根据劳动者的心理特点，采取使社会环境和身体环境合理化等实际措施，可以实现对不同个性特征的人合理安排和使用，使劳动者在劳动中维持最佳状态。

劳动心理学的一个主要的研究课题就是人与职业之间的协调关系，也就是研究"劳动主体职业环境"系统中的动力平衡问题。而人和劳动对象及工作(职业环境)之间的协调问题，又是调动个性潜力和个体发展的最主要条件。

在"人-职业环境"系统中，职业环境是指劳动对象、劳动工具、职业任务、自然环境和社会环境等。

人、物、环境是现代企业管理的三要素，人与物、人与环境、人与人构成这三要素的三种关系。人是居于主导地位的。研究人的劳动心理，对激励人的积极性，提高工作效率和经济效益有重大的意义。

二、疲劳的含义与分类

所谓疲劳，是指人在劳动和活动过程中，由于能量消耗而引起的肌体的生理变化。也就是在连续劳动一段时间以后，劳动者自感不适和劳累，从而使劳动机能减退的现象。疲劳也是人的肌体为了免遭损坏而产生的一种自然的保护反应。

一般来说，可以将疲劳分为生理疲劳和心理疲劳两种。

(一) 生理疲劳

工作疲劳表现在生理方面叫作生理疲劳。由于人们从事工作的性质不同，生理疲劳又可以分为体力疲劳和脑力疲劳。

1. 体力疲劳

体力疲劳是指由于肌肉持久重复地收缩，能量减弱，因而工作能力降低以至消失的现象。体力疲劳产生的原因是肌肉关节过度活动，体内新陈代谢的废物——二氧化碳和乳酸——在血液中积聚并造成人体力衰竭的结果。人的肌肉不可能在这些化学物质积聚的情况下，继续有效地活动。

2. 脑力疲劳

脑力疲劳是指用脑过度、大脑神经活动处于抑制状态的现象。人的大脑是一个复杂而精密的组织，它既有巨大的工作潜力，也容易受到损伤。大脑重量约1400克，只占全身重量的2%，即整个浸沐在血液之中，拥有心脏流出血液的20%。人在从事紧张脑力工作时，耗血量更大。如果大脑供血中止15秒钟以上，人会立即神志昏迷；中止4分钟以上，大部分的脑细胞将受到破坏而无法恢复。人们在进行脑力劳动时，肌肉同样有所反应，那些细微的变化与体力劳动属于同一类型。例如，看书时眼肌收缩；头和颈以及身体其他部位也有相应的反应；竭力集中思考时，往往紧握钢笔、搔头皮或皱眉头，这些毫不相干的动作也引起肌肉紧张。实验证明，人们在进行心算时，肌肉的活动量将随着题目难度的增加而增加。这说明肌肉的紧张程度与持续注意有关。注意力越集中，肌肉越紧张，消耗的能量也越大。在脑力疲劳的情况下，许多在不疲劳时能够解决的问题，这时却不能解决。

因而，体力疲劳和脑力疲劳是相互影响、紧密相关的。极度体力疲劳不但降低直接参与工作的运动器官的效率，而且首先影响到大脑活动的工作效率。例如，大量的手工操作，不但使人手臂痉挛，而且使人昏昏欲睡。这说明极度体力疲劳使脑力活动的能力减弱或消失。同样，极度的脑力疲劳也会造成精神不集中、神志混乱、全身疲倦无力，从而影响一个人的感知速度和动作的准确性。

（二）心理疲劳

心理疲劳是一个较难把握的概念。一般是指人体肌肉工作强度不大，但由于神经系统紧张程度过高或长时间从事单调、令人厌烦的工作而引起的疲劳。它表现为感觉体力不支、注意力不集中、思维迟缓、情绪低落，并往往伴有工作效率低、错误率上升等现象。心理疲劳的持续发展，将导致头痛、眩晕、心血管和呼吸系统功能紊乱、食欲下降、消化不良以及失眠等。因此，了解心理疲劳的产生及发展过程，进而消除或推迟心理疲劳的产生，在工作中是有实际意义的。

三、疲劳时的状态

疲劳问题早就引起了研究人员，其中包括生理学家和劳动心理学家的注意。研究疲劳问题具有重要的实际意义，因为疲劳是对劳动效率发生重要影响的最为普遍的因素之一。

随疲劳而出现的是作业量的减低。疲劳是一系列复杂纷繁现象的综合体。疲劳的完整内涵不仅仅由生理的，而且还由心理的、劳动环境的以及社会的因素所决定。

心理学家注意研究疲劳，正是把疲劳看成特殊的、独特感受的心理状态，认为疲劳是多种感受的体验。其中包括：

（一）无力感

甚至当劳动效率还没有下降的时候，员工已经感到劳动能力有所下降，这就是疲劳反应。劳动能力下降表现为特殊的、难忍的紧张造成的难受感觉和缺乏信心，员工感觉到无法按照规定的要求继续工作下去。

（二）注意的失调

注意是最容易疲劳的心理机能之一。在疲劳情况下，注意力容易分散，变得少动，或者相反，变得杂乱好动，游移不定。

(三) 感觉方面的失调

在疲劳的影响下，参与活动的感觉器官就会发生功能紊乱。如果一个人不间歇地长时间读书，那么他会觉得眼前的字行"开始变得模糊不清"；听音乐时间过长，高度紧张，会丧失对曲调的感知能力；手工操作时间过长，会导致触觉和动觉敏感性的减弱。

(四) 动觉方面的紊乱

表现为动作节律失调，动作滞缓或者忙乱，动作不准确、不协调，动作控制程度降低。

(五) 记忆和思维故障

与工作相关的领域都会直接出现这些故障。在过度疲劳的情况下，员工可能忘记技术规程，把自己的工作环境弄得杂乱无章；与此同时，对于与工作无关的东西却熟记不忘。脑力劳动造成的疲劳，尤其有损于思维过程。然而在体力劳动造成疲劳的情况下，员工也经常抱怨自己理解能力降低和头脑不够清醒。

(六) 意志衰退

疲劳状况下，人的决心、耐性和自我控制能力减退，缺乏坚持不懈的精神。

(七) 睡意

过度疲劳能够引起睡意，这种情况下睡意是保护性抑制的反应。人工作得疲惫不堪，睡眠的要求变得强烈，以致任何姿势下(如坐着)都能入睡。

上面历数了疲劳的心理学表现，它们随疲劳的强度而改变。轻度疲劳状态下，人的心理无明显变化，只是警告人们必须采取措施，预防劳动能力的降低。人过度疲劳时，劳动能力将急剧降低，劳动效率也就随之下降，因而过度疲劳是有害的。

疲劳可以分成不同阶段。疲劳的第一个阶段，倦怠感相对轻微，劳动效率并没有降低或者稍有降低。可是不能认为，如果疲劳感——主观感受尚未造成劳动效率的下降，那么它就是毫无意义的。一个人进行着繁重的工作，主观上觉得自己精力还很充沛的时候，疲劳感往往已经产生。浓厚的工作兴趣、工作的特殊刺激、意志的冲动构成了自我感觉精力充沛的原因。人处于这种抗疲劳状态时，在一些情况下他确实战胜了疲劳，同时没有降低劳动效率。而在另一些情况下，这种抗疲劳状态能够造成过度疲劳的独特形式的迸发，这种迸发对人的劳动能力起着强烈的破坏作用。

疲劳的第二个阶段，劳动效率的下降已经为人所察觉，并且下降趋势愈演愈烈。不过这一下降只涉及工作的质量，而不是工作的数量。

倦怠感强烈并以过度疲劳的形式出现是第三阶段的特点。工作曲线或是急剧下跌，或是"忽高忽低"，后者表明人正在力图维持作业的规定进度。在第三阶段中，工作进度可能加快，但不能稳定下来。最终动作发生紊乱，人感到一种病态而无法继续工作。

个体的易倦性是一个有意义的问题。许多研究人员都认为，个体的易倦性确实存在。疲劳的发展过程和疲劳的极限量，主要取决于劳动者个人的特点，如肌体发育和健康状况、年龄、兴趣和动机、性格的意志特征等。这些个体特点还决定着一个人对疲劳的感觉程度，以及在疲劳的不同阶段如何克服疲劳。

四、疲劳的生物学意义及产生疲劳的因素

生理疲劳是一种保护性反应，是由于刺激量超过大脑所能承受的程度时而引起的超限

抑制。人们在持续的强刺激下，因为能量消耗太多，使大脑细胞受到破坏。因此而产生的保护性抑制，使大脑神经细胞的活动和肌肉收缩被迫减慢直至停止工作，以便减少人体的能量消耗、保证营养物质的储存和氧代谢的正常状况，而有利于调节心、肺和神经系统的功能，为新的工作储备力量。生理疲劳是赢得充沛精力、保证未来工作效率的必然阶段。诚然，服务员在餐厅里紧张地干了一天活，会觉得肌肉紧张，四肢软弱无力，腰酸背痛。但是只要睡一觉或好好休息一下，使身体有机会把积蓄的二氧化碳和乳酸等废物排泄出去，积蓄起一定的营养物质和氧以供应血液，肌肉便会重新获得正常的工作能力，并且感到呼吸通畅、舒适、精神振作。

（一）产生疲劳因素的主要理论

关于产生疲劳的因素，心理学家们有着不同的见解。但归纳起来，主要有如下四种理论：

1. 疲劳物质积累论

该理论认为疲劳是由劳动中人体内废物质过多引起的。如正常人血液中的葡萄糖占 0.1%，而体力劳动后下降到 0.07% 左右，大部分氧化而成为乳酸，乳酸积累过多就会产生疲劳。

2. 能量消耗论

该理论认为人们在劳动中消耗过多的能量就会产生疲劳。

3. 物理化学变化协调论

该理论认为疲劳是人体内物质的分解与合成过程产生不协调所致。

4. 中枢神经论

该理论认为疲劳是中枢神经失调引起的。相比较而言，最后一种理论更受重视。

（二）产生生理疲劳的主要因素分析

劳动心理学的研究表明，产生生理疲劳的主要因素是紧张而持续的作业。具体可以从下面几点来分析：

1. 作业强度和持续时间

作业强度是决定疲劳出现早迟以及疲劳积累程度的主要因素。作业强度越大，疲劳出现越早；持续时间越长，疲劳积累的程度越高。

2. 作业速度

过于快的作业速度，很容易产生疲劳。只有采取"经济速度"，才能减少疲劳和提高效率。

3. 作业环境

恶劣的环境会使作业者加速疲劳。温度、湿度、照明、噪声、灰尘、震动等处理不好都会引起疲劳。

此外，肌肉的不合理活动也会产生疲劳。像全面的肌肉劳动，局部肌肉的长时间劳动，以及静态的肌肉劳动等，也都容易产生疲劳。

4. 工作时间

研究表明，人的工作效率在一天的 24 小时中，有一定的周期性。图 13-1 是关于一天工作时间周期与工作效率关系的参考图。从图上看到，一个人在夜里的工作效率大大不如白天，所以夜班作业比白天作业疲劳产生得快，大约作业时间为白天的 80% 就会疲劳。

从工作曲线还可以看出，白班工作过程的效率大体上可以划分成三个不同阶段。

第一阶段，开工渐进阶段。

员工开始操作，一般需要 10 分钟左右的时间来适应工作条件。这是因为员工由其他活动转入操作活动时，需要意志的努力，使自己的心理（如注意、记忆、思维等）集中于工作。因而员工通常应提前 10 分钟到班熟悉工作情况，做好心理适应。在适应了工作条件之后，由于工作开始时，情绪饱满，精力充沛，所以动作越来越熟练，效率越来越高。工作效率上升的状态，可以持续到 11：00 左右。这个达到最高产量前的时期，称为开工渐进阶段。

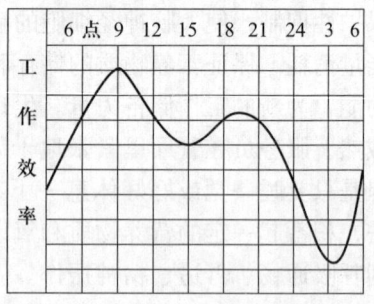

图 13-1　一天工作时间周期与工作效率的关系

第二阶段，疲劳发作时出现的工作能力下降。

随着疲劳的增加，工作能力从最高点开始下降，意志紧张的强度发生波动。在意志减弱的时候，工作效率下降；在意志增强的时候，工作效率上升。同时，随着疲劳的发展，注意分散的次数增多。操作者在工作中"出乱子"，往往是由于注意力分散的结果。因此，培养兴趣、增强意志、减少疲劳是加强注意、防止事故、保持最优工作效率的先决条件。

第三阶段，预知工作时间行将结束时的完工突进。

坚强的意志和良好的情绪，在一定的范围内能克服疲劳的不利影响，从而在最后阶段使工作效率再度提高。这就像精疲力竭的长跑运动员，看到终点在即的时候，就会动员全身的力量，奋力冲向终点。

每个阶段的时间长短由许多因素来决定，因此难以定出一个到处适用的数值。这里有个体因素的影响，也有作业难易程度和作业特点的影响等。

上面已经有意识地在忽略掉个体因素的情况下，介绍了人的肌体固有的工作能力的自然变化。现在必须把这个很重要的问题予以补充说明。假设一个人以最大的工作能力工作了一段时间，这时他的疲劳逐渐积累起来，他的自然工作能力正在降低。换句话说，肌体要求减少产量，但人被工作所吸引，尽量不去这样做。在不长的一段时间疲劳之后，他可以在一些时间里相当轻易地保持先前的水平。这就是所谓的"充分补偿阶段"。工作在继续进行着，人同先前一样，保持着最大的能力。但是往下越来越难，因为疲劳情况越来越严重。此时，肌体真正要求减低效率，劳动者已经不能以自己的意志力来补偿自己的疲劳，因而不管他是否愿意，效率在不断下降。不过在这种情况下，效率还没有降低到可能达到的极限。这就是"不稳定补偿阶段"。对这种现象有种种的解释，但不管怎样，起着主导作用的是各种个人因素。

或许还可能出现这种情况，这工作并不是员工喜欢干的，他今天只是"心不在焉"地干着。因此，他的效率会极低，甚至在肌体允许他取得最大成绩的时候还是这样。

此外，在一项对饭店员工所进行的工作是否符合他们的精神需要和他们的体力可能的研究中发现，在认为这项工作是有趣的人中，大约 80% 的人都认为他们体力上能够胜任；在认为此项工作完全不符合自己兴趣的人中，大约占 70% 的人说，这项工作是他们力不从心的。

(三) 心理疲劳产生的主要因素

心理疲劳的产生，主要与消极情绪、单调感及厌烦感等因素有关。

1. 消极情绪

在饭店各部门里有时难免碰到这样一些员工，他们总感到全身疲乏，精神萎靡不振，休息后也难以恢复，或稍一活动就出虚汗，感到疲惫不堪，这种现象称为病态疲劳。它是一种既有生理因素也有心理疲劳的表现。如果不是病后虚弱的话，它说明体内潜伏着某种失调，或即将爆发某种疾病。

然而有些人什么病也查不出来，却仍是无精打采，注意力不集中，情绪消沉，或狂躁，或抑郁。这可能是由于工作、学习、生活不顺心；可能是受到他人打击和遭遇某种不幸，因而心烦意乱；也可能是由于一种需求得到了满足，失去了对行为的激励；或者是合理的需求得不到满足，产生了郁闷消极的情绪。消极情绪对人的行动有减力的作用，有消极情绪的人，工作缺乏动力，对工作表现冷漠甚至厌烦，遇到困难也不能自觉地以坚强的意志来克服。忧虑郁闷的情绪，使人的能力和技能不可能很好地发挥。悲伤、恐惧、委屈、痛苦、不满、嫉妒等消极情绪使人失去心理上的平衡，因而动作软弱无力，姿态反常，面色苍白，心率、呼吸频率加快，甚至肌肉颤抖。在这种状态下工作，工作效率必然降低，甚至出现别别扭扭、摔摔打打、拿东西撒气、甩手不干等抵制工作的现象。生理疲劳经过睡眠休息易于消除，恢复工作能力，而要消除心理疲劳就不那么容易。可见心理疲劳对工效的影响比生理疲劳更大。要消除员工的心理疲劳，就需要加强思想工作，增强员工的工作兴趣，满足员工的合理需求，使员工从消极的思想情绪转变为积极的思想情绪。

2. 单调感和厌烦感

在现代旅游企业里由于分工过细，因而使员工感到单调、乏味、厌倦。随着工作时间的增加，这种感觉会越来越严重。从事持续单调操作的员工，大多数在上午上班后一小时和下午上班后半小时就开始进入心理疲劳状态，工作效率逐步下降。而这两个时间正是员工的一天工作中体力最佳的时间。这说明，持续单调操作给员工心理上造成的疲劳和对工效的影响，远远先于和大于生理疲劳所带来的影响。一般说来，员工做单调的工作比做变化多、兴趣大的工作能量消耗多。

五、疲劳的消除

尽管生理性疲劳具有防护性作用，但人在疲劳过程中会出现注意力涣散、操作速度变慢、动作的协调性和灵活性降低、误差及损耗增多、事故频率升高等现象。这些现象无疑会降低员工的工作效率。因此，有必要对消除疲劳的措施进行探讨。

一般来说，消除疲劳常用的措施有以下几项：

(一) 合理安排休息

人疲劳后必须休息。但是，休息应科学地安排。具体地说，如何根据工作和疲劳的情况确定休息时间的长短、休息的频率以及什么时候开始安排休息，不是一件简单的事。工作与休息的合理安排对于提高工作效率、保证操作者健康至关重要。

如何确定合理的休息时间长度，这一问题曾引起许多研究者的兴趣。这里介绍一个较有代表性的研究。研究者以工作活动过程中平均能量消耗的限度作为确定休息时间长短的依据，认为如果指定特定的能耗值为平均能耗的上限，那么，它意味着一旦某一特殊活动的能耗超出了这一上限就必须进行休息，以补偿超额的能耗。与这一观点相对应，研究者还提出了估算任何给定工作活动所需总休息时间的公式：

$$R=\frac{T(K-S)}{K-6.3}$$

上式中，R 是所需要的总休息时间，T 是总活动时间，K 是活动中的平均能耗率，S 是指定的平均活动能耗上限值。分母中的 6.3 则为休息时的近似能耗值。这样，如果我们以 16.8 千焦/分为平均活动能耗的上限，那么活动 1 小时（60 分钟）所需要的总休息时间应为：

$$R=\frac{60\times(K-16.8)}{K-6.3}$$

对于休息与活动时间的配置，一般应根据疲劳积累规律和活动状况（强度和环境条件）加以考虑。在活动初始阶段，操作者的工作能力逐渐上升，这时一般不需要进行休息。不适当的休息反而会延迟操作者达到最大工作能力状况的时间。在进入最大工作能力阶段后，操作者的疲劳逐渐积累，这时应开始安排休息。安排休息的原则应为"先少后多"，即起先少休息几次，休息时间也可较短，以后慢慢增多。如果没有安排足够的休息致使工作过程提早进入下一阶段，即工作能力下降阶段，这时即使给予很多休息也往往无法使操作者完全恢复到最大工作能力。操作活动强度大，环境条件差，操作者的疲劳积累较快，这种场合下应在活动的较早阶段就开始安排休息以缓和疲劳的积累。

另外，操作者的工作能力还存在随工作日、星期和月份发生变动的特点。在一天中，上午（特别是 9:00—10:00）的工作能力较强。在一星期中，工作能力呈倒 U 型，即星期三、四的工作能力较强，而周初和周末工作能力较弱。在一年中，冬季的工作能力最强，夏季的工作能力最弱。所以根据日、星期、月份的变化，适当地安排休息时间具有一定的意义。

（二）提供足够的睡眠

提供足够的睡眠是消除疲劳，恢复操作者工作能力的最重要方法之一。通过睡眠，可以将操作者在一天中消耗的能源物质重新储备起来，将积累的代谢产物清除掉，只要不是过度疲劳，通过足量的睡眠，操作者完全可以恢复到活动前的状态。

（三）合理设计工作环境

在工作环境的设计上，除了消除温度、噪音、粉尘等因素的不利影响外，工作台、工作座椅的合理设计对消除疲劳也是十分重要的。工作台过高或过低、工作座椅设计不合理，往往会造成操作者在一种不舒适的姿势下工作，从而引起局部肌肉疲劳。例如，操作时如果工作座椅的高度过低，则操作者的双腿将处于一种持续紧张的状态而引起疲劳。此外，让操作者在工作过程中变换姿势，使工作负荷由不同肌肉轮流承担，也是一种减轻疲劳的有效方法。

（四）变换工作类型

不同类型的活动对操作者施加压力的形式是不同的。有些操作活动须由双手来承担，而另一些活动则可能需由身体其他部位来承担；有些活动是纯体力的操作活动，而另一些活动则可能是纯智力、心理的活动。所以合理地安排操作者工作轮换，或者将各种类型的活动混合起来并交替进行，可使操作者肌体的不同部位（或机构）得到必要的休息。

（五）工作内容丰富化

使工作丰富化是用以减少单调感、厌烦感，调动员工积极性的重要方法。它可以使工作成为员工本身的一种享受和需要，从而具有内在的激励作用。

工作丰富化就是尽可能地使员工的劳动丰富多彩，其要点是在工作中增加更有兴趣和更有挑战性的内容。在计划和控制工作中，给予员工更多的自主权，通过工作发展个人的成就感和创造力。实行工作丰富化之后，能消除工作设计上的错误，员工能够马上了解到自己的工作成果，感到工作是一种学习提高的机会。这样，工作中的单调感和厌烦感便会减少。

企业吸收员工参加管理和制定规划，使员工的本职工作与企业联系在一起，让员工有更多的机会发挥自己的聪明才智。这样做的一个重要作用就是可以增强员工对工作的责任感和进取心，发挥员工的自觉性、积极性。企业领导坦率地与员工研讨改进工作的办法，允许员工参与决策，有益于激励员工不断取得新的成就。

（六）自我心理训练

自我心理训练，也叫自我心理调节，就是运用思维、情绪等心理因素的作用，对自己进行良好的心理暗示，使大脑产生美好的想象，抑制大脑的紧张状况，从而有利于消除疲劳，强身健体，提高工效。

自我心理训练的主要方法是：闭目养神，脑子里思想意识集中，想象自己认为是最美好的事物，想着想着就会面带笑容，产生美好愉快的体验；或者以意领气，采用自我调节呼吸的方法，吸气时默念"静"，呼气时默念"松"，以这种"静"、"松"的意念来缓慢地调节呼吸。经过几次练习之后可使头脑入静，全身放松，全身的血液循环和呼吸系统的功能得到改善。运用自我心理训练入静之后，大脑的兴奋自然地转入抑制，常可入睡，而使人得到休息。

第二节　饭店工作环境研究

饭店员工的活动始终离不开特定的环境。员工在有利于身心健康和劳动操作的环境中，工作效率和服务质量就可能提高；而在不适宜的环境中工作或学习，不仅不能提高工效，有时甚至会影响健康和安全。因此，创造一个良好的工作环境，将有助于保障员工的身心健康，提高工作效率和服务质量。

在员工的作业活动中，人是活动的主体，而环境就是作业的条件。工作环境的好坏直接影响到员工的心理状况。在饭店各部门中，组成工作环境的因素很多，但主要是指光、声、电、磁、力等物质运动时所产生的一些现象。如照明、温度、噪声、振动、压力、缺氧等。对环境设计不仅要考虑工作上的需要，而且还要考虑到对人的身心健康的影响。工作环境按其适应的程度可分为以下四种：不能容忍的工作环境、不舒适的工作环境、舒适的工作环境、最舒适的工作环境。研究工作环境的目的在于创造良好的工作条件，对人身采取劳动保护。饭店各部门中，员工必须有一个良好的工作环境，这是保护员工身体健康，提高工作效率，从而获得良好经济效益的重要条件之一。

一、照明

人反应外界刺激的五种感觉（视、听、嗅、味、触）中，尤以视觉最为敏感。人的眼睛无论看什么东西，看远或看近，都需要适宜的光线。

光有两种，即天然光与人工光。天然光就是阳光。建筑学上利用天然光的技术叫作"采光"，是通过门窗解决白天室内利用阳光的问题。人工光主要是指由电光源发出的光，用在夜间或白天弥补天然光之不足。利用人工光的技术叫"照明"。在饭店，采光和照明往往同时使用，光线太强或太弱都不利于眼睛看清目的物。照明强度过高不仅会降低可见度，而且会加剧眼肌的紧张和疲劳，从而影响员工的工作效率和服务质量。

人的眼睛对光照具有很强的适应能力。例如，人既能在阳光下看东西，也能在月光下看东西。太阳光相当于100 000勒克斯。勒克斯（lx）是照度的单位，照度是均匀地投射到一个物体平面的光通量密度。光通量是最基本的光度量，它是单位时间内通过的光量，是用CIE（国际照明组织）规定的标准人眼视觉特性（光谱光效率函数）来评价的辐射通量，单位为流明（lm）。月亮光相当于0.2勒克斯。月光、阳光两者照度的比是1∶500 000。有这样的适应能力，使得人们在得不到充分光照的地方也竭力想看到东西。这样眼睛就会很快地疲劳，甚至造成错误动作。根据试验，疲劳现象是随着照度的增加而减少的，图13-2反映了这种关系。

图13-2　光源与疲劳的关系

当照度为100勒克斯时，有80%的试验者在接受试验后出现明显的疲劳现象。而照度约2 000勒克斯时，出现的疲劳就极少。

根据照明收效递减律，过高的照明水平对作业绩效的改善并无多大帮助，而对能源却会带来不应有的浪费。照明水平太高，甚至还会由于眩光效应对视觉作业产生不良的副作用。如图13-3所示，600勒克斯以上的照明水平所带来的眩光影响使仪表的检查反应错误率上升。在高照明水平时，由于消除了由被观察物体阴影所形成的"视觉梯度"，会减弱视觉信息的线索，影响对物体的觉察（Logan，1961）。可见高强度的照明并非总是有益的。

综上所述，对于视觉作业选择一个合理的照明水平是非常重要的。为此，世界各国都制定了种种照明标准。表13-1是我国1979年颁发的工业企业照度设计标准中规定的若干照明数据。

合理的照明水平还有助于降低视觉疲劳。有人以眼的调节闭合时间、亮度辨别力和视觉疲劳主观评价等指标，测定了不同照明水平对视觉疲劳的影响。证明低照明水平下视觉疲劳要明显高于高照明水平。有人对中小学课桌照明水平的研

图13-3　不同照度仪表检查反应

究也得到了类似的结果。此外，照明水平的提高也能使操作人员的主观满意感有所提高。有人用7点量表请办公室工作人员对作业照明水平的满意度进行主观评价。结果，当照明从538勒克斯提高到1 614勒克斯时，主观满意度从3.5分提高到5.0分(Hughes,1978)。视觉疲劳的降低和满意感的提高都将间接地促进作业效绩的提高。

表13-1 生产车间工作面上的最低照度值*

识别对象的最小尺寸 d(毫米)	视觉工作分类 等	视觉工作分类 级	亮度对比	最低照度(勒克斯) 混合照明	最低照度(勒克斯) 一般照明
$d \leq 0.15$	Ⅰ	甲	小	1 500	—
		乙	大	1 000	—
$0.15 < d \leq 0.3$	Ⅱ	甲	小	750	200
		乙	大	500	150
$0.3 < d \leq 0.6$	Ⅲ	甲	小	500	150
		乙	大	300	100
$9.6 < d \leq 1.0$	Ⅳ	甲	小	300	100
		乙	大	200	75
$1 < d \leq 2$	Ⅴ			150	50
$2 < d \leq 5$	Ⅵ				30
$d > 5$	Ⅶ				20
一般观察生产过程	Ⅷ				10
大件贮存	Ⅸ				5
有自行发光材料的车间	Ⅹ				30

* ① 一般照明的最低照度一般是指距墙1米(小面积房间为0.5米)、距地为0.8米的假定工作面上的最低照度。
② 混合照明的最低照度是指实际工作面上的最低照度。
③ 一般照明是指单独使用的一般照明。

二、噪声

在生活中既有和谐的音乐，也有机器的轰鸣、吱吱嘎嘎的摩擦声。乐音使人心旷神怡，精神振奋；噪声令人心烦意乱，忐忑不安。而绝对无声的环境又使人孤寂难熬，甚至失去理智。这说明声音过强或过弱都影响人的听觉，使肌体产生不良反应。

心理学上把人们不需要的声音视为噪声。例如，你在专心看书，隔壁放起了音乐，虽然音响设备很高级，曲子也很优美，但此时你并不希望它出现，这时它对你来说就是噪声。但当你心情愉快地置身于大自然时，潺潺流水声听起来是那样的悦耳。所以一个声音是否是噪声，是与人的主观因素相联系的。噪声已被公认为是一种看不见的"空气污染"，它影响了人们的正常生活，成了重大的公害之一。国际标准化组织(ISO)将噪声污染列为环境污染的首位。噪声的评价和控制问题已受到人们的普遍关注。

噪声是一种使人感到烦躁、不舒服或者有害于听觉的声音。它对人具有各种程度的危害，轻则干扰听觉，降低语言的清晰度；重则损害听觉，包括：立即受损——大于150分贝(dB)的噪声，听力损失——永远不能恢复，听力疲劳——暂时的听力衰退。此外，还可能影响睡眠，造成失眠与神经衰弱，影响人的新陈代谢，使消化器官退化与血管硬化等。在工作中，噪声使人容易烦恼与疲劳，降低劳动效率，噪声还能干扰信号，容易引起事故。因此，劳动心理学要研究劳动环境的噪声问题。

为了对声响有一定的认识，下面列出某些声源和声响水平表，如表13-2所示。

表13-2 某些声源和声响水平表

声 源	声响水平(dB)
轻声翻书声	10~18
安静的家庭花园、树叶簌簌声	20~25
低声广播	40
具有很少交通噪声的街道	50
交谈、房间内高强度的广播	50~60
大声交谈、电视、打字机	70~75
闹钟、狗吠	80
街道上的交通活动	80~90
尖声的刹车、机械的旋转	95
纺织车间、冲压车间	105
混凝土振捣器、内燃机车、锅炉厂	115
汽笛、飞机喷嘴	150

(一) 噪声允许值范围

1. 我国著名声学家马大猷教授总结了国内外现有各类噪声的危害和标准，提出了噪声建议允许值

(1) 为了保护人们的听力和身体健康，噪声的允许值在75~90dB。

(2) 为保障交谈和通信联络，环境噪声的允许值在45~60dB。

(3) 在睡眠时间，环境噪声建议在35~60dB。

2. ISO 在1971年提出了听力保护和环境噪声标准

(1) 听力保护标准。ISO 在1971年提出的8小时噪声暴露的听力保护标准为连续等效A声级85~90dB。若时间减半，则允许声级提高3dB，见表13-3。

表13-3 1971年ISO噪声标准

连续噪声暴露时间(h)	8	4	2	1	0.5	最高限
允许等效连续声级(dB)	85~90	88~93	91~96	94~99	97~102	115

(2) 环境噪声标准。1971年ISO提出的ISOR1996环境噪声标准是：住宅区室外噪声标准为35~45dB。不同时间应按表格13-4修正，不同地区按表13-5修正，室内按表13-6修正。室内噪声一般根据窗户条件由户外噪声标准导出。声源性质不同也须进行修正，一

一般含有纯音峰值的噪声或脉冲噪声应减少 5dB。

非住宅区的室内噪声标准见表 13-7。

表 13-4　不同时间环境噪声修正表

时　间	修正值(dB)
白天	0
晚上	-5
深夜	-15～-10

表 13-5　不同地区环境噪声标准修正表

地　区	修正值(dB)
乡村住宅、医院疗养区	0
郊区住宅、小马路	+5
市区	+10
工商业区和交通混合区	+15
城市中心	+20
工业地区	+25

表 13-6　室内噪声标准修正表

窗户条件	修正值(dB)
开窗	-10
单层窗	-15
双层窗	-20

表 13-7　非住宅区室内噪声标准

场　所	标准(dB)
办公室、商店、小餐厅、会议室	35
大餐厅、带打字机的办公室、体育馆	45
大的打字室	55
车间（根据不同用途）	45～75

（二）控制噪声的措施

要达到上述标准，必须对噪声进行控制，一般可以从下列三个方面采取措施：

1. 降低声源的噪声辐射

防护噪声对员工危害最根本的方法是使噪声来源减弱。如对噪声大的设备进行修理和改造，甚至停止使用，或者限制使用时间；或者加用消声器，使机器所辐射的噪声在一定范围内很快地衰减；或者将机器封闭或遮蔽，限制噪声大量向外辐射；或者给机器加上防震措施，以减少由震动发出的噪声。

2. 控制噪声的传播途径

如在机器的布置上使得噪声不直接向工作人员辐射；或者让声源尽可能离员工远一点，使噪声衰减；用吸声材料吸收辐射而来的噪声。

3. 对噪声接受者采取防护措施

如适当调换工作时间或轮流工作，或者使用耳塞等。

（三）功能音乐

许多人都喜欢在做家务或简单的操作时放音乐，有的人甚至在从事较复杂的脑力劳动时也喜欢边工作边放音乐。音乐往往可使人精神振奋、心情愉快，从而对枯燥的工作不感到厌烦。音乐在许多情形下能促进人的工作效绩，我们称这时的音乐为功能音乐。

音乐为何能提高人的工作效率？心理学研究表明，人不可以生活在绝对安静的环境中，否则会导致各种神经症甚至精神病。如果剥夺任何感觉，人会处于昏睡中。一定的噪声能使人的大脑维持一定的兴奋水平。

许多研究者对噪声对工效的影响进行了实验与理论探讨，提出了一些理论解释，其中的唤醒模型也许能解释功能音乐的作用。此模型认为，低噪声对工作绩效有利，是因为唤醒水平恰当，高噪声导致过度唤醒，所以对绩效有不利影响。唤醒与绩效之间存在着倒U型关系。事实上，此模型指出的"漏斗形注意"也部分地解释了音乐对简单操作的促进作用。因为这时有利于人把注意力集中在作业上而忽视其他无关信息。

不同的作业所需的唤醒水平是不同的。所以，不同操作应选择何种音乐才能使工效最高，是一个有待研究的课题。美国心理学家詹姆斯认为，不管何种操作，音乐所达到的唤醒水平应使人有反应但又没有意识到音乐的存在，即所谓背景音乐。有调查表明，商店播放节奏缓慢的、强度低的音乐，能使顾客既心平气和地挑选商品，又不至于驻足去欣赏音乐而忘了购买。事实上，不同的人，甚至同一人的不同时期，所需的功能音乐也是不同的。许多人有这样的体验，做同样一件事，有时觉得音乐存在能提高效率，有时却觉得是一种干扰。这就说明功能音乐的课题中还应考虑人在不同时间的基础唤醒水平。

根据音乐对人的心理功能作用和影响，饭店的一些工作场所可以播放欢快活泼、轻盈流畅、优雅柔和的轻音乐，使员工感到轻松愉快、舒适安逸。但播放时间不宜太长，时间过长也是产生噪声的一个因素。一般来说，每首曲子播完之后应有一段间歇时间为宜。

三、色彩

不同波长的可见光作用于人类视觉系统，可产生各种不同的颜色感觉。不同的颜色对人的心理和生理起着不同的刺激作用。

一些亮度高而鲜艳的暖色，如红、橙、黄等颜色，给人以热烈、辉煌、兴奋的感觉，同时也容易引起人的疲劳。红色会增加人眼的压力；在红色的长期作用下，人的听力几乎成倍地下降；鲜红色的墙壁，会使人心跳加速。

一些亮度低而柔和的冷色，如青、绿、蓝等颜色，给人以清爽娴静的感觉，使人感到轻松愉快。绿色会降低人眼的压力，能提高人的听力，还能增强人的肌肉活动能力。这些因一种感觉而引起另一种感觉的心理现象叫联觉。一般，人对不同的颜色会产生不同的联觉。

红色——兴奋、温暖、富丽

橙色——温暖、华美、动人
黄色——愉快、幻想、诱惑
绿色——安静、寒冷、快乐、安慰
蓝色——寒冷、高尚、尊严、体面
紫色——镇定、哀悼、神秘
淡调——快活、年轻、活泼、柔弱
暗调——沉着、端庄、安息

对员工的工作环境，如果能巧妙的发挥色彩的积极作用，使周围环境的墙壁、走道、地板、设备、工作台、甚至工作服装等，都配以恰当的、受人欢迎的色彩，就可以创造一个符合心理要求的色彩环境，提高工作效率。一些重要设备应该用鲜明的色彩加以突出，以便于识别。还可以把相同的设备涂成一种颜色，以区别于另外的一些设备。表13-8是各种设备的标志色彩。

表13-8 设备的标志颜色

类 别	主要标志颜色	文字颜色	中文代字
消防设备	红色	白	消防
危险物料	黄色	黑	危险
安全物料	绿色	黑	安全
防护物料	浅蓝色	白	防护

在饭店安全方面，颜色也有其特殊的作用。信号装置、危险部位都可以应用专门的色彩，以引起人们的注意。

四、温度与湿度

人体总是要保持一个稳定的温度，一般是37℃。这个温度稍有变化就会使人感到不舒服，降低工作效率，甚至产生病理变化。人体通过食物的消化，持续地产生热量，又将多余热量不断地向周围散发，以保持体内的稳定温度。人体是靠对流、辐射、传导、蒸发四种方式散发热量的。一些研究资料表明，一个坐着从事轻度工作的人每小时散发的热量约为418 000J。热量的散发与周围的温度、湿度有关。温度过高会使人体的热量无法向外散发，于是体温上升，心脏活动增大，人的作业行动减退，差错增加，在工作上表现为效率和质量下降。温度太低，则人体的热量大量向四周围散发，使关节变硬，活动不灵便，注意力减退，工作效率下降。当温度高、湿度过大时，人体的汗蒸发太多，又很难发散，感觉闷热，口干舌燥，很不舒服。可见工作场地的气温对工作效率有直接影响。什么样的温度和湿度才能使人工作起来感觉舒适，效率提高呢？考虑到人的工作性质不同，人对冷热的感觉有差异，以及人们的衣着不同等，对于最适宜的温度和湿度只能给出一个范围，如表13-9所示。

表13-9中的温度为有效温度。所谓有效温度，就是指湿度为10%，空气处于完全静止状态的温度。

表 13-9　工作场地适宜的温度和湿度范围

工作性质	温度/℃		湿度/%
	夏天	冬天	
脑力劳动或轻体力劳动	20~26	18~23	40~70
站着轻工作或坐着重工作	19~24	17~21	40~70
站着重工作或轻负荷运输	17~23	15~20	30~70
重体力劳动或重负荷运输	16~22	14~19	30~60

为了保证饭店员工有良好的环境温度条件，须在饭店建筑设计时充分考虑这个问题。在建筑设计中处理好门、窗、天窗的设置，考虑到房间的日照，阳光的辐射，以及空气调节设备来创造合适的温度和湿度条件。

复习与思考

1. 解释下列概念：
（1）劳动心理学；（2）疲劳；（3）生理疲劳；（4）心理疲劳；（5）照明；（6）噪声；（7）功能音乐。

2. 阐述疲劳的心理学表现。

3. 生理疲劳和心理疲劳的产生主要与哪些因素有关？试具体说明这些因素。

4. 举例说明消除疲劳常用的措施。

5. 结合自己在饭店实习的经历，谈谈饭店工作环境对员工身心健康、工作效率以及服务质量的影响。

6. 如果你是一家饭店的主要管理人员，你将在哪些场所使用功能音乐？你将如何设计这些功能音乐？为什么？

▶ 即测即评

第十四章　群体与团队建设

学习目标

学完本章,应该能够:明确群体和团队的含义及其区别;了解群体的形成与发展的阶段;说明影响群体效率的因素;掌握有效团队的特征;熟悉饭店中各类团队组合;描述工作团队的未来。

本章主要术语

群体(group)
团队(team)
协同作用(synergy)
正式群体(formal group)
非正式群体(informal group)
群体性虚耗(social loafing)
群体凝聚力(team cohesiveness)
自我管理型工作团队(self-managing workteams)

旅游企业利用各种资源——员工、设备、工作程序、公司政策等——为客人提供产品和服务,并为行业创造利润。完成以上任务的最佳选择之一是创建高标准的工作团队。

在这一章,首先讲述群体的含义、类型、优缺点。然后讲述群体的形成与发展,讨论影响群体效率的因素。最后为团队下定义并比较群体与团队的区别,继而以饭店行业为例,描述饭店中各类团队组合,并放眼未来,勾勒出团队发展的前景。

第一节 工作群体

一、什么是群体

群体（group）就是能够为达到一个或者数个共同目标而定期相互沟通和共同工作的两个或两个以上的人。这个定义重点突出了至少要有两个人共同工作才能构成群体。如果群体太大，成员之间相互影响就会变得困难。于是较小的群体便应运而生。但也要记住，霍索恩（Hawthorne）的一项研究发现群体既可能支持组织的目标，也可能完全违背组织的目标。

从管理的角度来看，我们总是希望能够获得协同增效作用，并能够最大限度地利用员工的潜能，这时组织就需要有群体的出现。协同作用（synergy），是这样的一个概念：两个或两个以上的人以协作、配合的方式工作能够比他们各自行动获得更高的绩效。协同作用意味着整体要大于部分之和。这在使用群体完成特别任务时表现得尤为明显。假设有一个五人特别任务群体要去解决一个事关整个组织的问题。如果这个群体能够获得有效地解决问题的方式，那么协同作用可以用数学方式定义为 1+1+1+1+1>5。

对于管理者来说理解群体或者群体的发展过程是重要的，因为工作群体或者团队能够产生管理者为达到目标而需要的增效效果。

二、群体的类型

组织中的群体既有可能是正式的，也有可能是非正式的。正式的群体是由组织设定的群体。最普遍的情况是群体由一名管理者和其直接下属组成。非正式群体也是从正式组织中产生的，只不过他们不是由管理层设定的，也不会在组织的结构中体现出来。比如一个朋友式的群体，他们都喜欢在午餐时讨论各类体育运动。

（一）正式群体

正式群体（formal group）是为了有利于实现组织目标而由组织建立和指导的群体。它们通过有意识地安排而把个人努力引导到一个合适的方向上来。在大多数组织中，正式群体有几种基本类型。

1. 命令群体

最普遍的类型叫作命令群体（command group），或称指挥群体。命令群体由组织结构决定，它是由一名指派的管理者及其直接负责的下属组成。这样的群体很多。例如，在一家饭店中，一个命令群体可能由一个领班和由其直接负责的 12 名服务员所组成。又如，在一家工厂中，一个命令群体是由生产经理和 6 名倒班组长所组成。以此类推，以倒班组长为首的命令群体由其本人及其下属所组成。因此，多数组织的等级制度是一系列相互衔接的指挥群体。

2. 任务群体

还有一种类型叫作任务群体(task group)，也是由组织结构决定的。它是指为完成一项工作任务而在一起工作的人。但任务型群体的界限并不仅仅局限于直接的上下级关系，还可能跨越直接的命令关系(隶属关系)。例如，如果一个在校大学生违反了校规，那么就需要在教务主任、学生处处长、保卫处处长、学生辅导员之间进行协调和沟通。这些人员就组成了一个任务型群体。应该指出，所有的命令型群体都是任务型群体，但因为任务型群体可以由来自组织各个部门、各个层次的人组成，因此，任务型群体不一定是命令型群体。

在多数组织中，正式群体还有另外几种普遍类型，其中包括特殊任务组和委员会(committee)。特殊任务组是临时组织起来的群体，它们成立是要实现特殊的目标或解决特殊的问题，常常从组织中的各个固定岗位上抽调成员组成。例如，一个改善工作条件的特殊任务组由一名生产工人、一名工会干事、生产经理和人事经理所组成。委员会通常是永久性的群体，它处理一般的命令群体结构范围外的经常性的任务。例如，一所商学院可能建立一个由各个系的教学行政人员组成的委员会，专门研究毕业计划政策。

(二) 非正式群体

除了由组织为了实现组织目标批准的正式群体外，在所有组织中，还存在非正式的群体构成。非正式群体(informal group)是在组织成员对共同利益的反应方面自然形成的群体。它们极少得到组织批准，它们的成员资格常常和正式群体相交叉，使非正式群体产生、发展的共同利益一般包括自我防御、工作帮助和友谊等。

1. 利益群体

非正式群体常见的一种类型叫作利益群体(interest group)。那些属于或不属于命令群体和任务群体的人，都可能加入利益群体。在利益型群体中，大家是为了某个共同关心的特定目标而走到一起来的。比如，公司中有些员工为了修改休假日程，或为了帮助一个被解雇的伙伴，或为了增加福利，或为了解决一个软件问题，而结合在一起，组成一个群体，以实现他们的共同利益。

2. 友谊群体

还有一种非正式群体往往是由于其成员具有某些共同的特点而形成的，我们把这种基于成员共同特点而形成的群体称为友谊群体(friendship group)。这种群体往往是在工作情境之外形成的，他们所赖以形成的共同特点可能是年龄相近、支持某个球队、同一所大学毕业、观点相同，等等。友谊群体也有共同的利益，但是他们在本质上更加社会化一些。

尽管非正式群体并不是正式组织中的一部分，但有时也被看作一个正式的工作群体。比起正式群体的管理者，群体的成员往往会更加忠实于非正式群体的管理者。

非正式群体通过满足其成员的社会需要而发挥着重要的作用。由于工作场地的接近和任务联系的密切而导致交往比较频繁，我们可以看到员工在一起打球、一起上下班、一起吃午餐、一起度过工休时间。应该认识到，即使员工之间的这种相互作用是非正式的，它们对员工的行为和绩效的影响也是深远的。

图 14-1 表明了一个管理者是如何成为一个组织中不同群体的成员的。

应该强调，非正式群体中的利益群体是一个以工作为目的的正式组织的自然结果。就这一点而论，这种群体的存在在本质上分不出好或坏。为了自我防御而形成的非正式群体，可能是一个使组织苦恼的事物，但是它们也可能表明组织中存在不公平的现象，这样就能够使问题易于解决而不是留下隐患。同样，在帮助完成工作方面形成非正式联盟的现象也是非常普遍的，如果它们魔术般地突然消失，许多组织就将不能正常运转。另一方面，这种群体构成可能会有助于个人完成他们自己的工作，但是却牺牲了组织的整体目标。最后，以简单的友谊为基础形成的群体可以加强正式的任务合作并提高工作满意度，减少缺勤和离职。相反，我们所有的人也观察到过这种情况，同事之间只顾畅叙友情，以致没有抓紧时间完成工作任务。

图 14-1 作为不同群体成员的管理者

三、群体的评价

群体无论是正式的还是非正式的，都是组织生活中所真实存在的。在前面的内容中，我们已经解决了许多与群体有关的问题。这一部分，我们将讨论群体的主要优点和局限。

（一）群体的优点

1. 提供满足需要的机会

群体成员关系给成员提供了满足安全和社会需要的机会，并且提供了满足更高层次的尊重和自我实现需要的机会。群体的成员关系可以使其成员获得很大的满足。比如，作为一个有着很高运行效率的问题解决群体的成员，会有强烈的自豪感。有时，当在群体中和别人一起工作时，一项你原认为是苦差事的任务可能也会变得不那么令人讨厌。表 14-1 总结了人们加入群体所能满足的需要和利益。

表 14-1 加入群体所能满足的需要和利益

需 要	利 益
安全需要	通过加入一个群体，个人能够减少独处时的不安全感。个体加入到一个群体中之后，会感到自己更有力量，自我怀疑会减少，在威胁面前更有韧性
归属需要	群体可以满足其成员的社交需要。人们往往会在群体成员的相互交往中，感觉到满足。对于许多人来说，这种工作中的人际相互作用是他们满足归属需要的最基本的途径
自尊需要	群体能使其成员感到活得有价值。也就是说：群体成员的身份除了能够使群体外面的人认识到群体成员的地位之外，还能够使群体成员感到自己存在的价值
地位需要	加入到一个被别人认为是很重要的群体中，个体能够体会到被别人承认的满足感
权力需要	权力需要是单个人无法实现的，只有在群体活动中才能实现
实现目标的需要	有时，为了完成某个特定的目标需要多个人的共同努力，需要集中众人的智慧、力量。在这个时候，主管人员就要依赖正式群体来完成目标

2. 可能比个人运行更有效

协同作用的概念就是二加二可以等于五。这是群体潜在的主要优点之一。持有不同观点、经验和技能的成员通常可以组合起来为了群体的利益而工作。此外，群体中的个人在工作时常常可以感到集体的责任，这往往会带来更高的激励和责任感。

(二) 群体的局限性

1. 鼓励群体性虚耗

群体性虚耗(social loafing)这个词可以用来描述群体成员共同工作时的"搭便车"行为。总的来讲，群体性虚耗的发生是由于部分成员认为自己对于群体的影响并不是那么重要，或者他们希望搭便车。搭便车者如果还能和那些真正负起自己的职责的人一起获得同样的奖励和认可，那么搭便车的行为就会得到进一步的强化。

2. 分散职责

职责在群体成员之间的分散同群体性虚耗有些关联，并且是它的主要成因之一。由于每个人只能做项目的一部分，所以没有人会觉得要为整个项目负责任。分散的职责会导致群体的一种尴尬的状态：成员不再为自己的行为负责。那种"啊，什么东西"的态度，以及"他们"会处理的思想会致使无政府散漫主义出现。这也意味着更多平凡的、日常的以及不合意的工作会被忽略掉，每个成员都希望其他人会完成那些工作。

3. 可能不比个人运行更有效

尽管协同作用是一个吸引人的话题，但是一个令人无法回避的事实是有时二加二等于三。一个经典的研究非常明白地表明了这种效应。要求一个三人的群体拉一根绳子，其拉力应该是每个人拉力的三倍。事实完全不是这样：群体施加的拉力只是两倍半于每个人的平均拉力。

这样，由于存在着群体性的不劳而获、职责分散和其他因素，群体未必比个人更为有效和更有生产效率。

第二节 群体的形成与发展

一、影响群体形成的因素

什么因素决定一个随机的个体集合有可能呈现和保持一种群体的特性？我们在前面已经对这一问题作了某些尝试性的回答，在这一节将进行更系统的考察。在正式群体的问题上，我们的兴趣在于了解组织形成命令群体、特殊任务组和委员会的条件。在非正式群体的问题上，我们关心在正式工作环境中促使其自然形成的因素。

(一) 相互作用的机会

相互作用的机会增加了群体形成的可能性。当人们同其他人相互作用时，能够认识到，他们可以通过相互依靠来达到共同目标。影响相互作用机会的一个关键因素是邻近性或身体距离。在其他条件相同的情况下，在一定时期内身体位置互相接近的人，更有可能互相吸引并形成群体。因此，工作岗位的邻近性是预见非正式群体形成的一个有效因素。

有时，身体距离和相互作用之间的关系受到所谓的心理距离的制约。某种因素能够增加或减少同事之间可以感觉到的或者表面上的距离，因此在一定程度上影响了相互作用。这些因素之一是社会职位。心理距离也受到建筑障碍的影响。例如，一堵位置有决定性作用的不透明的墙壁或者玻璃屏障可以出人意料地减少仅仅以个人之间的距离为基础的相互作用。

回过头来，让我们看一看正式群体。管理者知道，只有其成员的相互作用达到一个必要的程度，群体才能变成并保持为一个真正的群体。因此，在正式群体中经常"引进"相互作用的手段，最经常的是加强群体成员的身体邻近性。组织也采用电话会议和面对面的会议缩短群体成员之间可能存在的身体或心理距离。但是，有时最好的加强相互作用的计划也会受到阻碍。例如，有一家富有创新精神的油漆厂，其安全规定要求建立一堵防爆墙把油漆填充和包装任务分隔开，这使既负责填充又负责包装的包装组成员常常抱怨这个有形障碍给班组工作带来的麻烦。正式的班组工作成员之间的相互作用受到必不可少的建筑障碍的限制。

（二）目标完成的可能性

即使当个人之间相互作用的机会很充分时，如果缺少有利于目标完成的可能性，群体关系也不会发展或持久。在非正式的群体关系方面，一个人不可能同工作中相互作用的每一个人成为朋友。同样，在最终达到目的时或认为不可能达到目的时，像特殊任务组或委员会等正式工作群体可能会被解散。可以把群体目标划分为下列几种类型：

1. 物理目标

物理目标揭示了群体形成和维持的最明显的动机。当两个史前人发现他们一起行动能够移动一块独自一人不能移动的石块时，人类就已经认识到，群体是一种成倍增加人力的有效手段。一个单独行动的人绝对不能建立起一座摩天大楼或者扑灭一场大火。利用群体完成物理目标的一个附带效果是社会助长效应。这是一种人们在其他人面前比单独一人时更能精神焕发地完成一项他熟练掌握的任务的倾向。因此，一名手持凿岩机的操作工在同事面前比他们单独工作的时候干得更起劲。虽然有时"其他人"可能仅仅是旁观者而不是群体成员，但是，可以想到，社会助长效应的产生是因为行动者对"其他人"关于其绩效可能做出的评价十分敏感。在正常的工作环境中，这种评价特别可能来自于工作群体的成员。因此，群体成员资格对目标完成既有直接的，又有间接的效果，前者通过努力的加倍，后者通过社会助长效应发生作用。

2. 智力目标

通过共同努力完成智力目标的可能性也是群体形成的一个因素。与"两个人的智慧胜过一人"的观念相一致，人们常常组织成群体来解决面临的问题和完成决策任务，例如决定政治策略、设计桥梁或者审查借贷申请等。在某些情况下，必须通过群体努力才能完成一个智力目标。例如，一个人不可能完全掌握设计一台复杂的计算机所必需的全部智力技能。而在另外一些情况下，达到一个智力目标不一定需要群体努力，但有可能利用群体努力可以提供思想火花或者得到对某一选择方案的赞助。例如，一名合格的建筑设计师不用帮助也有能力设计出一个切实可行的桥梁建筑方案。但是，成立设计组可以提出一个更有创造性的、第一流的方案，并且使组员确信它完美无缺。

3. 社会情感目标

实现社会情感目标的机会也影响群体的形成。这是一些同马斯洛的需要层次理论中的中间类型的需要——安全、归属和尊重——相联系的目标。如上所述，大多数人与他人交往的愿望很强烈，形成非正式的友好群体，能够使他们实现这一目标。

在安全需要层次方面，大量证据表明，当环境存在压力或存在威胁时，可能会形成群体，例如，在自然灾害期间，平素互不交往的邻居会自发形成有效地救援和保护受难者的群体。在组织方面，罢工委员会的形成和工会组织的发展，都可以证实非正式群体的形成是压力和威胁的产物。战争期间在军事人员中形成的密切的、发自内心的友好群体也是一个典型例子。

人们除仅仅由于纯粹的恐惧或感到压力而倾向于结成群体外，进一步思考提出了更合理的动机。首先，有压力的情境是过去未遇到过的、令人慌乱的情境，那些感到压力的人可能拿不准应如何反应——即什么样的情绪是适当的。当这种情况发生时，处于同样困境中的其他人可以提供某些有用的信息（"敌人将在黎明时刻到达这座山头，我的战友很镇静，因此，我也应该镇静"）。另外，在对压力的反应方面，非正式的群体成为一种实际对抗压力来源的社会结构。例如，由于工厂倒闭的传闻而感受到威胁的雇员，可能会联合起来弄清事实，并向他们的代表寻求帮助。

群体成员资格可以实现的另一个社会情感目标是自尊。在许多情况下，这种成员资格能够使群体成员借助群体的力量或声望提高自己。"我们改变了董事会的意见"或"我们队总是夺取大学生联谊赛冠军"等等，这些说法都是通过群体力量得到自我尊重的表现。同样，一个警察宣称"我的小队总是使大多数罪犯插翅难逃"，他因自己是一个有威望的群体中的成员而得到了自我尊重。无论哪一种情况，群体成员资格都可以使人们得到从个人身上难以得到的社会情感报酬。甚至最不入门的新手也能从和其同事的联系中享受到自豪。

社会情感目标也可以在正式的群体发展中起作用。例如，一名银行行长坚持主张，所有高额贷款申请都要由银行管理层集体审查，这可以在决策失误的情况下，提供一定程度的心理安全感。同样，组织善于利用特殊标记和服装提高自我尊重和工作群体的一致性。

（三）成员的个性

除了相互作用和目标实现的机会外，个人特性是否有助于群体形成和维持？换句话说，是不是"物以类聚，人以群分"？是不是"同性相斥，异性相吸"？当然，与这类题目相联系的民间谚语举不胜举，它们大多数是从对友谊和婚姻形式的偶然观察中得到的。

首先应明确个性意味着什么。我们已经确定，在实现物理的、智力的和社会情感的目标方面，特殊的共同利益常常促使群体形成。但是，仍然存在一个问题，即态度和个性特征等更抽象的特性是否影响群体形成。

关于态度方面的证据是相当明显的，人们易于对那些具有类似态度的人发生兴趣，特别是当这些态度和他们所处的社会环境有关的时候。因此，对其工作不满意的工人可能互相吸引，并且更喜欢在一起工作。

关于个性特征和群体形成的证据较为复杂。首先，和态度与群体形成之间的关系一样，个性特征的相似有助于结成群体。因此，有高层次需要的推销员可能特别感兴趣和有类似特性的其他人交往。但是，在个性范围中也有"异性相吸"的例子。例如，个性很强的人可能要寻找顺从的人作为同伴，反过来也是如此。同样，内在控制型和外在控制型的人有时彼此之间会相互吸引。因此，个性特征和群体的形成以及维持之间的关系取决于具体特性和发生相互作用的环境。

为什么态度和个性特征对相互吸引及群体的形成和发展有影响？首先，人们会遇到思想、行为、感觉与自己的方式相同的人。这种相似性告诉我们，不管我们如何孤僻，我们在世界上并不是孤立的。其次，相互吸引和相互作用可能表明，他们有具体的共同目标，这种目标可以通过建立一种关系来实现。例如，有高层次需要的推销员之间有可能相互提供有助于提高工作绩效的销售诀窍或忠告。又如，在支配型和顺从型的同事之间保持发展相互作用的关系，有可能使双方都能满足重要的个人需要。

态度和个性特征也和正式群体的形成和保持有关。管理者常常利用关于个性或态度方面的判断把类似的成员分配到某一个群体中，认为这样做能够使群体存在一致性。当然，有时也需要将态度和个性方面存在差异的成员分配在一个群体中。在一个由公司成立的、研究新产品开发的特殊任务组中，组长可能寻找一个精打细算、讲究实际的会计和一个容易冲动的、有创造力的营销代表来取得平衡。可以料想，这两个人的技能能够互相补充。

二、群体发展的阶段

多年以来，我们一直认为，大多数群体的发展遵循一种特定的顺序，而且我们了解这种顺序。事实上，最近的研究表明，群体的发展没有什么标准模式可言。下面，我们就对大家比较熟悉的群体发展阶段模型进行评述。

从20世纪60年代中期起，人们大都认为，群体的发展要经过五个阶段的标准程序。这五个阶段是：形成阶段、震荡阶段、规范化阶段、运行阶段、中止阶段。

阶段1：形成(forming)。形成阶段是成员刚刚聚在一起并形成最初印象的阶段。他们试图确定群体的任务和彼此的角色。在这一阶段，由于成员对于自己要完成的工作并不确定，所以他们要依靠领导者提供重要的群体体系，以便建立工作日程和准则。

阶段2：震荡(storming)。撞击阶段是一个典型的冲突时期——在观念上的和组织上的冲突时期。冲突源自于目标、任务行为(即谁应该为什么工作负责)和领导角色。关系行为问题出现，因为人们都有自己的强烈个性，有时会以一种敌对的方式表达自己。压制冲突是错误的，关键是要进行管理。如果一个群体成功地经过了第二个阶段，它就能够有效地组织起来，并且开始建立自己的规范、规则和标准。

阶段3：规范化(normal)。规范化阶段是发展群体工作和增加群体凝聚力，并且通过信息共享开始沟通的阶段。成员间的关系开始变得友好，彼此间的反映积极良好，并且信任和合作的程度已经达到很高的水平。这些令人满意的群体发展的特征要归功于建立了一致的目标，并且制定了程序、标准和规则，群体可以依此而正常运转。如果前一个阶段的问题尚未得到解决，那么群体可以退回解决。

阶段4：运行(performing)。运行阶段是群体开始表明它可以多么有效率和有效果地运行达到目标的阶段。成员可以在共同的领导下进行信息交换来解决问题。正如一种组织行为教材指出的：一些群体继续从他们的经验和新的注入中学习和发展……其他的一些组织——尤其是那些规范不充分、无法有效率和有效果地运行的组织——可能只能在维持生存的层次上运行。这样，群体的发展，像人的发展一样，也是一个连续的过程。

阶段5：中止（adjourning），对于长期性的工作群体而言，运行阶段是最后一个发展阶段，而对暂时性的委员会、团队、任务群体等工作群体而言，因为这类群体要完成的任务是有限的，因此，还有一个中止阶段。在这个阶段中，群体开始准备解散，高绩效不再是压倒一切的首要任务，注意力放到了群体的收尾工作。这个阶段，群体成员的反应差异很大，有的很乐观，沉浸于群体的成就中，有的则很悲观，惋惜在共同的工作群体中建立起的友谊关系不能再像以前那样继续下去。

五阶段模型的许多解释者都带有这样的假设：随着群体从第一阶段发展到第四阶段，群体会变得越来越有效。虽然这种假设在一般意义上可能是成立的，但使群体有效的因素远比这个模型所涉及的因素来得复杂。在某些条件下，高水平的冲突可能会导致较高的群体绩效。所以，我们也可能发现这样的情况：群体在第二阶段的绩效超过了第三和第四阶段。同样，群体并不总是明确地从一个阶段发展到下一个阶段。事实上，有时几个阶段同时进行，比如震荡和执行任务就可能同时发生。群体甚至可能回归到前一个阶段。因此，即使是这个模型的最强烈的支持者，也没有假设所有的群体都严格地按照五阶段或者四阶段发展总是最可取的。

在理解与工作有关的行为时，五阶段模型的另一个问题是它忽视了组织环境。例如，一项关于飞机驾驶员的研究发现，三个陌生人被指定同时驾驶一架飞机飞行，他们在首次合作的10分钟内就成为高绩效的群体。促使这种群体高速发展的因素是环绕着飞机领航员独特的组织环境。这个环境提供了群体完成任务所需要的规则、任务的定义、信息和资源。他们不需要五阶段模型所预测的那些过程，如形成计划、分配角色、决定和分配资源、解决冲突、建立规范。因为组织中大多数的群体行为发生在独特的组织环境中，因此，五阶段发展模型对于我们理解工作群体很可能没有多少实用价值。

卡兹巴赫和史密斯也采用相似的工作表现曲线来描述群体的全部发展过程，但没有使用形成、震荡、规范化和运行为工作群体命名，而使用工作群体、模拟团队、潜在团队、真正团队/成功团队等名称。见图14-2。

图14-2　团队发展阶段和工作表现曲线

三、群体的效率

什么是决定群体效率的关键因素？图14-3表明的是影响群体的满意度、目标实现和生产效率等的主要变量。正如这个模型所表明的，在领导（原因变量）、群体特征（相当于中间变量）和结果变量之间有一个因果关系。

图14-3　群体效率模型

（一）群体规模

毫无疑问，工作群体的规模会影响群体的效果。群体规模在很大程度上取决于它的目的。组织采用权变的方式来决定管理者的控制幅度，这自然就会影响到群体的规模。但是随着对各种委员会、任务群体、质量圈和自我管理群体的不断使用，我们需要额外的指导来确定这些类型群体的规模。表14-2表明了群体规模通过影响群体领导、成员和群体运作来影响群体效果的情况。

表14-2　群体规模对于群体绩效的可能影响

范畴	群体规模	2~7名成员	8~12名成员	13~16名成员
领导	对领导者的要求	低	中等	高
	领导者和成员之间的差距	低	中等偏低	中等偏高
	领导的指导力	低	中等偏低	中等偏高
成员	对于领导的指导的容忍度	低与高之间	中等偏高	高
	部分成员对群体的主导力	低	中等偏高	高
	普通成员的参与	低	中等	高
群体运作	规则和程序的格式化	低	中等偏低	中等偏高
	达成决策所需要的时间	中等偏低	中等	中等偏高
	群体中间形成小群体的倾向	低	中等偏高	高

一般来讲，问题解决群体的理想人数是5~7名成员。表14-2表明，在这个数目下，领导者和成员之间很少有差异出现，也很少会出现少数员工主导的情况，达成决策也只需要较少的时间。一项研究发现，在专题讨论会上，通常使用5~7人的特别任务群体来研究问题，并向较大的群体汇报所建议的行动计划。几乎没有例外，行动计划总是很少被修改就被采纳了。

研究还发现，当使用了一个较大的14个人的群体来制订一项计划时，遇到了麻烦。那一次，汇报上来的计划被否定了，他们抱怨那项计划是2名主导成员强行通过的。另一方面，一项研究发现 14 个人是以发现事实为目标的群体最理想的人数。这再次表明理想的群体人数是由群体的目的所决定的。

(二) 成员构成和角色

群体成员构成情况对于群体效率有很大的影响。至少，成员完成任务的能力是一个主要因素。成员在年龄、背景、价值体系、受教育程度、个性类型等方面越接近，他们看待问题的方式就会越相似。文献资料认为对于那些需要最大限度合作的简单任务而言，同质化的群体是较好的选择。相反，对那些复杂的任务而言，背景差异很大的成员组成的群体是较好的选择，因为这样可以产生更多的不同想法，增加创造性工作的可能性。

无论群体的构成怎样，只要群体是有效的，就必须执行自己的关键任务和履行维护群体的职能（见表 14-3）。在执行群体的行动时，成员倾向于自然地来回摆动于各类角色间。这种情况在问题解决群体和日常工作群体中尤为明显，其中的正式领导者会非常熟练地让每个人都参与到群体的工作中来。问题解决群体中许多成员会肩负数种任务和日常角色。遗憾的是，通常会有一些无效的角色或者行为，比如主导，这些都会对群体的运作效果产生消极的影响（见表 14-3）。这些技能是要领导者运作的，所以只有分享领导角色，无效的行为才会最小化。

表 14-3　群体中的任务和群体维护的角色

有效的角色		无效的角色
工作或任务职能	群体维护职能	
启动　计划任务或提出目标；规定行动的需要；建议某一行动过程中的程序	**一致性检验**　群体一起核对达成了多少一致意见；或者离统一的结论还有多远	**表现出挑衅的态度**　挫败对方的观点；攻击群体或其价值观；以尖刻的话语开玩笑
提供信息　给出事实；提供相关的信息；说出自己的观点	**协调**　尽量使不同看法得以统一；减少紧张关系；让成员一起探讨差异所在	**阻碍**　无理反对；为了个人的原因顽固地抵制群体的意愿；幕后安排来阻碍群体的行动
寻求信息　要去获得信息；寻求相关的信息；核对含义；请教建议或想法	**敞开大门**　尽量使沟通渠道敞开，促进其他人参与建立能够广开言路的程序	**主宰群体**　独揽权力来操纵群体或者成员；妨碍他人实现成就；通过谄媚或其他方式控制
阐明　解释想法或意见；定义术语；在群体面前阐明问题；澄清误会	**鼓励**　友好、温和、礼貌地对待别人；通过面部表情或者言语表明对他人成绩的接受；给予他人被认可的机会	**花花公子的行为**　当人还身在群体时就"抛弃"群体；以与群体无关的方式寻求认可躲避的行为。兴趣点不在工作上；游离于工作之外以防负责任；妨碍群体的论辩；阻碍议案通过
总结　整理相关的思想；群体讨论完后复述建议；给出决定或结论让群体去考虑	**妥协**　当某人的观点或者立场卷入冲突中，放弃争执；承认错误；为维护群体凝聚力而惩戒自己	**傲慢无礼**　通过言语或行动奚落别人的观点或想法；进行人身攻击
现实性检验　对想法进行必要分析；检验想法；用一些资料来检验某个想法，来考虑这个想法是否能够奏效	**共享感情**　感受群体中的情绪、感情和关系，与其他成员分享感情，商讨对群体过程的看法	

*"工作或任务"和"群体维护"之间的差异有时并不明显。有些内容实际上也可以归于另一栏中。

(三) 规范

规范(norms)通常被认为是由群体成员制定的用来指导群体行为的规则。规范、标准和行动计划在一个有效的群体中都是相互高度关联的,并且有助于实现组织目标。但是,如果一个群体没能被很好地领导,那么消极的规范就可能会出现,与组织的目标背道而驰。一个消极规范的例子是一名非正式领导在一个建筑群体中说:"不用急着完工,他们会给你们更多的工作。"

在影响积极的规范上,领导的角色显得尤为重要。一个积极规范的例子是一名市场群体的非正式领导者说:"保证它看起来很好——我们要为工作而骄傲。"商业伦理准则和规范的相同之处就在于它们都提供了行为指导。一个组织的最高领导者对于群体和个人的伦理价值观都有重要的影响。

(四) 群体凝聚力

群体中成员彼此的一致程度和对于组织怀有的感情被称为群体凝聚力(team cohesiveness)。正如我们所看到的,群体的规模对于群体凝聚力有很大的影响。在我们举办的讨论会上,交流的内容通常都是问题导向的,这会增强群体的凝聚力。在总体目标上的一致观点,以及达到这些目标的过程和计划都会增强群体的凝聚力。

相反,破坏群体凝聚力的因素有功能的冲突、内部的权力斗争和没有实现目标。但有时,群体成员也会非常志趣相投,在目标上也可以达成一致、感觉也像是一个群体,但就是不能完成自己的使命。

还有另外三种概念也在健康群体发展中起到关键作用:聆听、支持和分歧。你曾经多少次参与群体讨论并且发言被中途打断?你曾经多少次思考过自己做出判断而不是听别人的?有时我们发现自己对他人的想法或者建议是这样反应的:"这真是一个伟大的想法——我恐怕永远也提不出来。"那些时候,如果我们打算为想法的产生创造一个支持型的孕育环境,通过积极的反馈来支持那些建议就是重要的。最后,对于群体的创造性来说最重要的是创造一个人们可以在观点上有所分歧,但是又不会招致不愉快的环境。

第三节 团队建设

一、团队和群体

对于群体及其成长过程有了一些了解之后,下面将要把重点放在团队和团队建设上。许多管理者都在向团队领导者的角色转换,所以我们在本章会一直使用团队领导者这个词。

群体与团队不是一回事。在本节中,我们就来定义和澄清工作群体和工作团队的差异。

工作团队有各种不同的定义。IBM把工作团队视为"通过协作的决策,组成工作群体达到共同的商业目的"。另一定义来自约翰·R.卡兹巴赫和道格拉斯·K.史密斯所著

《团队智慧》:"团队是拥有不同技巧的人员的组合,他们致力于共同的目的、(共同的)工作目标和(共同的)相互负责的处事方法。"

另一种看待团队的方式是观察三种元素:碳、氢和氧。它们各自毫无味道,但通过正确的组合方式,它们能变得非常可口:糖。这一切的转变都是三者之间工作团队巧妙结合的表现。如果员工不知如何共同协作或没有正确地组合,他们个人的技巧就会受到极大的限制。然而,一旦他们组成为有机的团队,他们能通过相互沟通、相互信任,致力于共同的目标,使这个团队能有所作为。在这种团队中,整体的力量已大大超过松散的个人力量的组合。

在本节中,我们把团队定义为:一个团队(team)是指必须依靠团队协作才能发挥最大潜能并且达到目标的一队人的集合。经验表明,一个成功的团队是可以被授权建立一些或者全部的团队目标,能够决定达到目标的方式,承担需要承担的任务,并共同对结果负责。

在本章第一节,我们把群体定义为:能够为一个或者数个共同目标而定期相互沟通和共同工作的两个或两个以上的人。在工作群体中,成员通过相互作用来共享信息,做出决策,帮助每个成员更好地承担起自己的责任。在工作群体中,不存在一种积极的协同作用,能够使群体的总体绩效水平大于个人绩效之和。图14-4明确展示了工作群体与工作团队的区别。

图14-4 工作群体与工作团队的对比

这些定义有助于澄清为什么现在许多组织围绕工作团队重新组织工作过程。管理人员这样做的目的,是通过工作团队的积极协同作用,提高组织绩效。团队的广泛使用为组织创造了一种潜力,能够使组织在不增加投入的情况下,提高产出水平。不过,应该注意,我们说的是"潜力"。建立团队不是变戏法,并不能保证一定产生积极的协同作用。仅仅把工作群体换种称呼,改称工作团队,不能自动地提高组织绩效。在这一节,我们将论证,成功的或高绩效的工作团队具有一些共同特征,如果管理人员希望通过运用工作团队来提高组织绩效,就要先保证他们的工作团队具有这些特点。

在饭店业中,有两个重要原因要求创建工作团队:行业要求和客人要求(图14-5)。这些要求是由来已久的。一般认为,行业经营的目的是最大限度地盈利(降低成本和/或提高

图14-5 饭店业组建工作团队的原因

价格),而客人则要求物有所值(造成成本上涨和价格下降)。

饭店管理者需得到各方面的帮助以协调和满足行业和客人的不同需求。管理者可采用的一条成功的并较为轻松地完成自己的职业工作的途径即组成工作团队,以工作团队的力量去有效地满足日常工作中的方方面面,以及有时使督导倍感头疼的不同需求。

二、有效团队的特征

遗憾的是,许多团队并没有获得应有的成功和发挥其潜能。这通常可能是由团队领导者的领导风格造成的,在管理团队时,要么太专制,要么太放任。结果是,一个有效团队的许多必备特点都欠缺。这些特点参见表14-4。

表14-4 有效团队的特征

要点	描述
明确的目标	团队的目标、任务、使命都已经得到明确规定和所有人的接受,也有了行动计划
非正式性	氛围是非正式的、舒适的和放松的,没有明显的紧张和厌烦迹象
参与	有很多的讨论机会,鼓励每个人积极参与
倾听	成员使用有效的倾听技巧,比如询问问题、解释和总结来使对方说出想法
宽容异议	尽管存在着不同意见,但是团队能够接纳它,并且并不回避、抚平或压制冲突
一致决策	对于重要的决定,这个要求是重要的,但是并不一定要全体一致的同意,只要每个人都充分地表达了自己的看法,讨论充分就可以了。避免正式投票或轻易地折中
开放的沟通	团队成员可以自由表达对团队任务和运作的看法。很少有幕后动机。在会议之外大家也可以交流沟通
明确的角色和任务沟通	每名成员都明确地知道自己的角色定位。但采取行动时,工作的分配、接受和执行清楚明确。成员之间的工作分配公平
共有的领导	尽管团队有一名正式的领导,但领导职能不时地转换,这取决于环境的变化、团队的需要和成员的技能。正式的领导塑造恰当的行为,并有助于建立积极的规范
外部关系	团队花费时间来经营关键的外部关系,动员各种资源,并且与该组织其他部门的关键人员建立互信关系
风格差异	团队应该存在多种类型的成员,有些人重视任务、目标设定,有些人重视方式和如何履行团队的职能
自我评估	团队定期停下来检查自己的运作情况和影响自己效能的因素

三、饭店业团队的分类

(一)简单型工作团队

简单型工作团队(simple work team)是把有相似技巧的员工组织在一起,以在规定时间内完成所有工作。例如,一名前台员工在淡季完全可以负责全部入住登记工作;但当一辆旅游车送来150名客人时,他是无论如何也不可能在规定的时间内完成全部工作的。这时,督导可能会召集其他前台员工组成简单的团队来完成眼前的工作量。其他简单工作团队包括餐饮员工、厨房厨师、客房部员工等。可以看出,简单的工作团队一般都来自同一工作地点或部门。

当团队中每名成员都训练有素时,简单工作团队的工作效率会极大地提高。如果前例中的一名前台员工工作效率低下,在他面前登记入住的客人就要排起长队等待。如果其他员工放下工作过来帮助他,整个入住运营工作就会受到影响。这就要求督导有责任确保所有员工都十分熟悉自己的工作!能够运用简单工作团队以提高工作效率的督导,常得到高层管理者的认可和奖励。

(二)接力型工作团队

在接力比赛中,队中各运动员轮流上场;每个队员都要成功地把接力棒递给下一名队员,而后者必须接到棒后方可开始比赛。

接力型工作团队(relay work team)的工作原理也是这样。在麦当劳快餐店中,其简单的团队组成常是点菜员和厨师。点菜员必须准确无误地记录客人所点的菜名,然后传给厨师去准备。厨师准备好后再把食品传送给点菜员,最后再送给客人。这种简单的接力团队中出现的错误能使客人大为恼火。试想,当客人开车回家打开自己的外卖食品袋,却发现并不是自己点的食品时,他们会是什么心情呢?

这种简单的接力型团队工作在正式餐厅中也可看到,而点菜的过程更复杂。当迎宾员安排客人就座后,服务员就要准确地为客人点菜、记录客人的要求("我的牛排要半熟,但中间要热!")及特殊要求("我选择你们的自制沙拉,但不想要其中的洋葱。"),服务员必须准确地把这些信息传送到厨房;厨师根据信息进行食品加工准备并及时出菜。这样看,服务员和厨师组成的小接力团队在根据客人的要求而工作,确保达到或超过客人的期望。

在大规模的酒店经营中,这种接力关系则相对变得较为复杂,客人是由一个部门送到另一部门的(见图14-6):从停车场(如果是自己驾车到店)被传送到前台,再传送到行李员——这是登记入住的最后环节。在客人住店期间,接力还在持续,从餐厅门口的迎宾员到餐厅服务员,再到健身房的工作人员和晚间送餐的服务员等。

图14-6 饭店行业中的接力型工作团队

从这些事例中可看出,所有的饭店业都有各自的接力团队,尽管称呼各不相同。每个员工都是一个或多个接力团队的一员,每个人的工作都对他人起着重要的作用。工作的好坏就像接力赛一样对全队有重要的影响。

而许多饭店行业却没有向员工讲明这种接力赛的团队精神。每个人的工作不仅对"外部客人"——客人十分重要，而且对"内部客人"——他们的同事也是十分重要的，因为客人要通过他们传送到各个部门和区域。如果一名团队的成员服务周到，把一个满意的客人传送给下一个队员，后者可能会较容易地与客人建立良好关系。例如，在停车场受到礼貌欢迎和高效服务的客人，面对前台工作人员的心情肯定与受到怠慢接待的客人不一样。当团队成员慢待了客人时，他们把烦恼、愤怒或失望的客人传送给了同事，而使其工作极为难做。

应提示的是后台工或不接触客人的员工也是整个接力团队的成员。比如，客房部的员工也是团队的一部分，因为客房的清洁整齐也是客人对整个饭店印象的一个重要组成部分，也影响着客人对饭店的态度。

这也表明员工虽然从属于简单工作团队——客房服务员——但也是接力型团队的一部分。拿停车场工作的员工为例，他们是简单工作团队的成员——"代客泊车"，但也是整个由停车场员工、前台接待和行李员组成的接力型团队的一部分。简单地说，在餐厅、饭店或其他饭店业工作的所有员工都可视为大的接力团队成员，因为每个人都直接或间接地影响着客人的入住经历。

（三）一体化型工作团队

在简单型工作团队中的成员往往从事同样的工作任务，他们掌握着同样的技巧；而在一体化型工作团队（integrated work team）中具有不同专业技艺的成员组合在一起来完成工作任务（见图14-7）。例如饭店中为客人安排会议的全体员工，这个团队中有销售经理、餐饮总监、客房部经理和工程部经理。他们汇集在一起，目的是计划并协调各个部门和员工的行动，确保会议取得圆满成功。销售部经理首先要与员工沟通，传送客人的要求并确保其他成员都能达到这一要求。餐饮部总监必须使用自己的专业技艺计划会议期间的餐饮和休息期间的茶点。客房部经理应为团队到来做好准备，保证预留房间并特别关照重要人士的房间中客用品的布置。工程部经理可能要安排视听设备，并安排布置各个会议室的音响设置。在这种一体化操作中，团队成员不仅要熟悉自己工作范围内的技巧，还要有良好的沟通能力。

图14-7 一体化型团队把有各种技巧的员工组合在一起

（四）解决问题型工作团队

如同名称所示，解决问题型工作团队（problem solving workteam）的组建目的是要解决问题。组成团队的目的是因为面对的问题非常严重，已超出个人解决的能力范围。问题的起因大多是简单型、接力型或一体化型工作团队在运营中产生的难题。有时问题的症结难以确定，因此团队的首要任务是要确定问题的起因。可采取的方式包括集思广益，列举所有面对的困难,并试图发现是否可从中找出问题的共性或问题的起因。

有些行业有自己固定的问题解决团队,并有规律的集思广益来解决各类问题,在饭店业中,利兹卡尔顿公司是一个很好的范例。而其他行业常常是出现了问题,再去设法组织解决。如到达前台办理入住的大量客人的预订出现了问题,饭店可能召集前台人员、预订部人员和信息系统专家来共同查找出问题的起因。

不论解决问题的团队是固定的还是临时性的,解决问题的过程通常是一致的(见图14-8)。

四、团队的效率

影响团队效率的因素与影响群体效率的因素相类似,读者可参见本章第二节的相关内容,此处不再赘述。

图 14-8 解决问题的过程

五、工作团队的未来

现在,发达国家的管理层正在经历一场变革,其中部分是因为自我管理型工作团队(self-managing work teams)的出现。

通常,早期的"工作团队"几乎没有任何决策权,也根本称不上是真正的团队。但在过去的十几年中,不少行业开始改变团队的组成概念,并赋予团队真正的"权力":即工作团队在设立自我目标或解决自身矛盾时(非管理层),有权做出决策。未来工作中,一些行业会更加致力于团队的自身建设和自我管理素质。在这方面,利兹卡尔顿是饭店行业中的先驱。

自我管理型工作团队下达自己的工作指令,包括雇用和辞退团队成员,设置工资等级并建议工资的调整基数,安排团队的工作时间并确保成员完全遵守,批准成员的假期,制定相关的工作政策,评估和调整工作程序——总之,团队将取代过去的督导和经理而成为自我决策的实体。团队还要完成自己的"数目",也就是完成行业中团队自己所承担经营目标额度的组成部分。

显然,自我管理型团队完全不同于以往的操作模式,也会给行业带来巨大变革。如行业的宏观调控力度将大大削弱,自我管理型团队将调整行业的宏观指令,甚至完全取消这种指令。工作程序将发生重大改变。管理者认可的工作程序可能完全不符合该团队的经营运作,团队可能会重新调整工作的程序,对其做出归纳和增删。

这些对管理者意味着什么呢?在未来自我管理型团队的世界中,他们是否还能找到工作?答案是肯定的。但工作的性质则发生巨变。明天的管理者可能要靠团队的成员来确定自己的作用和工作职责!几乎可以肯定地预测,管理者将不会过多地关注指令和检查工作的安排。工作重点将发生重大改变:管理者将主要从事辅导和传带,外加少量的政策指导;而团队则主要负责自己的管理。在当今的饭店业中,不断地学习是管理者在竞争中取胜的出路;在明天的饭店业运营中,继续学习对管理者是必备的要求;他们必须要获取新的知识以成为团队的信息咨询来源。

今天的管理者有权雇用团队成员；明天的管理者可能要受雇于团队。团队也不一定完全依靠管理者来做最后雇用的决策，但管理者必须拥有相关的知识和经验做出招聘的选择。当团队内部出现冲突而又难以自行解决时，管理者可能被要求进行调解。虽然团队有权做出加薪决策，但可能还要咨询管理者，平衡个别成员的加薪对其他成员和对整个团队工作的影响。自我管理型团队在审视其工作效率后（可能在督导的帮助下），可能决定需要购买新的设备，团队可能要求督导审视设备的各种情况数据，并向团队汇报，为团队决策提供支持。

上述的改变并非一帆风顺。试行这一做法的行业声称遇到了不少障碍：每个人都失去了自己的舒适区域；一些督导和经理感觉到来自员工独立的威胁；有的员工面对新的职责不知所措。但总体上是利大于弊：降低了行政开支；增强了管理者和员工的工作满意度；提高了服务质量。利兹卡尔顿集团质量控制部副总裁帕特里克·迈恩谈到，他还未见到自我管理型团队回复到过去传统的模式中去。他说："这就像民主进程一样，虽然还不完善，但比其他方式要好得多。"

复习与思考

1. 解释下列概念：
（1）群体；（2）正式群体；（3）命令群体；（4）任务群体；（5）非正式群体；（6）利益群体；（7）友谊群体；（8）团队。
2. 简述群体的主要优点和局限性。
3. 影响群体形成的因素有哪些？
4. 工作团队与工作群体的区别是什么？
5. 谈谈自我管理型工作团队的出现对旅游行业的影响。

▶ 即测即评

第十五章 沟通

学习目标

学完本章,应该能够:明确沟通的定义;描述沟通的过程以及沟通的功能;了解沟通的形式和沟通的网络;说明沟通的障碍;掌握克服沟通障碍的方法和技能。

本章主要术语

沟通(communication)
人际沟通(interpersonal communication)
沟通过程(communication process)
非言语沟通(nonverbal communication)
沟通网络(communication networks)
小道消息(grapevine)
反馈(feedback)
聆听(listening)

沟通是影响群体行为的一个重要因素,也是群体管理中的一个极其重要的内容。现代管理理论非常重视信息和沟通。管理心理学研究沟通,主要是探讨沟通中的心理因素,找出其中一般的心理规律。

在这一章,首先明确沟通的定义,介绍一个沟通过程模型,说明沟通的功能。然后论述沟通的形式和沟通的网络。最后,将研究沟通的障碍,讨论几种改进沟通的方法和技能。

第一节 沟通概述

一、沟通

沟通是影响群体行为的一个重要因素，也是群体管理中的一个极其重要的内容。从某种意义上来讲，企业本身就可以看作一个信息处理和决策系统，尤其是现代企业组织的规模日趋庞大，与外界环境的关系也日益复杂，对内必须了解并统一各方面的意见，对外则需引进各方面的资料，这些都与信息沟通有密切的关系。同时，良好的人际关系的建立、维持与发展，或改变员工的态度等，也都有赖于信息的沟通。一个组织或群体的工作效率和发展水平，在很大程度上取决于对信息的吸收和利用程度。现代管理理论非常重视信息和信息沟通。管理心理学研究沟通，主要是探讨沟通中的心理因素，找出其中一般的心理规律。

对管理者来说，有效沟通不容忽视，这是因为管理者所做的每件事中都包含着沟通。管理者没有信息就不可能做出决策，而信息只能通过沟通得到。一旦做出决策，又要进行沟通。否则，将没有人知道决策已经做出。最好的想法，最有创见的建议，最优秀的计划，不通过沟通都无法实施。因此，管理者需要掌握有效的沟通技巧。当然，这并不是说仅拥有好的沟通技巧就能成为成功的管理者，但是可以说，低效的沟通技巧会使管理者陷入无穷的问题与困境之中。

沟通包含着意义的传递。如果信息或想法没有被传送到，则意味着沟通没有发生。也就是说，说话者没有听众或写作者没有读者都不能构成沟通。因此，哲学问题"丛林中的一棵树倒了却无人听到，它是否发出了声响？"在沟通的背景下，其答案是否定的。

但是，要使沟通成功，意义不仅需要被传递，还需要被理解。如果写给一个不懂葡萄牙语的人的一封信使用的是葡萄牙语，那么不经翻译就无法称之为沟通。所谓沟通（communication），指的是两个或两个以上的个体或群体，通过一定的联系渠道传递和交换各自的意见、观点、思想、情感与愿望，从而达到相互了解、相互认知的过程。概括地说，沟通是意义的传递与理解。完美的沟通，如果其存在的话，应是经过传递之后被接收者感知到的信息与发送者发出的信息完全一致。

另外需要注意的是，良好的沟通常常被错误地解释为沟通双方达成协议，而不是准确理解信息的意义。如果有人与我们意见不同，不少人认为此人未能完全领会我们的看法，换句话说，很多人认为良好的沟通是使别人接受我们的观点。但是，我可以非常明白你的意思却不同意你的看法。当一场争论持续了相当长的时间，旁观者往往断言这是由于缺乏沟通导致的，然而详尽的调查常常表明，此时正进行着大量的有效沟通。每个人都充分理解了对方的观点和见解。问题是人们把有效的沟通与意见一致混为一谈了。

在深入讨论之前还需说明一点，本章我们关心的是人际沟通（interpersonal communication）：即存在于两人或多人之间的沟通方式，其对象是人而不是物体。组织范围中的沟通，包括组织沟通的流程、沟通网络、管理信息系统的改进等，则属于信息控制系统讨论的内容。

二、沟通过程

沟通发生之前，必须存在一个意图，我们称之为要被传递的信息（message）。它在信息源（发送者）与接受者之间传送。信息首先被转化为信号形式——编码（encoding），然后通过媒介物——通道（channel）传送至接受者，由接收者将收到的信号转译回来——解码（decoding）。这样信息的意义就从一个人那里传给了另一个人。

图15-1描述了沟通过程（communicationprocess）。这一模型包括七个部分：①信息源；②信息，连接各个部分；③编码；④通道；⑤解码；⑥接收者；⑦反馈。此外，整个过程易受到噪声（noise）的影响。

图 15-1　沟通过程

三、沟通的功能

沟通的功能就是把有组织的活动统一起来的手段。还可以解释为，沟通功能就是把社会各种输入信号注入社会系统的手段，它也是一种改变行为、实现变革、使信息发挥积极作用和达到目标的手段。无论是家庭，还是工商企业，个人之间的信息传递都是绝对必要的。

心理学家注重在信息的发送、传递和接收的沟通过程中所发生的人的行为问题。他们致力于识别影响信息顺利沟通的障碍，特别是那些人际关系方面的障碍。

在群体或组织中，沟通有四种主要功能：控制、激励、表达情绪和提供信息。

（一）控制

沟通可以通过几种方式来控制员工的行为。员工们必须遵守组织中的权力等级和正式指导方针。比如，他们要首先与直接上级主管交流有关工作方面的不满和抱怨，要按照工作说明书工作，要遵守公司的规章制度，等等，通过沟通可以实现这种控制功能。另外，非正式沟通也控制着行为，有时甚至会产生不良影响。比如，当工作群体中的某个人工作十分勤奋，并使其他成员相形见绌时，其他人会通过非正式沟通的方式控制该成员的行为。

（二）激励

沟通通过下面的途径来激励员工：明确告诉员工做什么，如何来做，没有达到标准时应如何改进。我们可以在第十一章对目标设置理论和强化理论的介绍中看到这一点，具体目标的设置、实现目标过程中的持续反馈以及对理想行为的强化这些过程都有激励作用，而这些过程又都需要沟通。

(三) 情绪表达

对很多员工来说，工作群体是主要的社交场所，员工通过群体内的沟通来表达自己的挫折感和满足感。因此，沟通提供了一种释放情感的情绪表达机制，并满足了员工的社交需要。

(四) 提供信息

沟通的最后一个功能与决策角色有关，它为个体和群体提供决策所需要的信息，使决策者能够确定并评估各种备选方案。

这四种功能无轻重之分。要使群体运转良好，就需要在一定程度上控制员工，激励员工，提供情绪表达的手段，并做出决策。你可以认为在群体或组织中几乎每一次沟通都能实现这四种功能之中的一种或几种。

第二节 沟通的形式和方向

一、沟通的形式

(一) 正式沟通和非正式沟通

1. 正式沟通

正式沟通(formal communication)是指在组织系统内，依据一定的组织原则进行的信息传递与交流。例如组织与组织之间的公函往来，组织内部的文件传达、召开会议，上下级之间定期的情报交换等。正式沟通也可能发生在两位职员之间，他们为了完成顾客的一份订单必须相互交流来协调他们的工作。另外，群体所组织的参观访问、技术交流、市场调查等也在此列。

正式沟通的优点是：沟通效果好，比较严肃，约束力强，易于保密，可以使信息沟通保持权威性。重要的消息和文件的传达，组织的决策等，一般都采取这种方式。其缺点是由其优点派生出来的：因为依靠组织系统层层传递，所以很刻板，沟通速度很慢。

2. 非正式沟通

非正式沟通(informal communication)指的是正式沟通渠道以外的信息交流和传递，它不受组织监督，自由选择沟通渠道。如群体成员私下交换看法，朋友聚会，传播谣言和小道消息等都属于非正式沟通。非正式沟通是正式沟通的有机补充，现代管理理论对此极为重视。美国著名管理学家西蒙(H. Simon)指出：在许多组织中，决策时利用的情报大部分是由非正式信息系统传递的。同正式沟通相比，非正式沟通往往能更灵活迅速地适应事态的变化，省略许多烦琐的程序；并且常常能提供大量的通过正式渠道难以获得的信息，真实地反映员工的思想、态度和动机。因此，这种信息往往能够对管理决策起重要的作用。

非正式沟通的优点是：沟通形式不拘，直接明了，速度很快，容易及时了解到正式沟通难以提供的"内幕新闻"。非正式沟通能够发挥作用的基础，是群体中良好的人际关系。其缺点表现在：难以控制，传递的信息不确切，易于失真、曲解，而且，它可能导致小集团、小圈子，影响人心稳定和群体的内聚力。

此外，非正式沟通还有一种可以事先预知的模型。国外心理学研究表明，非正式沟通的内容和形式往往是能够事先被人知道的。它具有以下几个特点：第一，消息越新鲜，人们谈论得就越多；第二，对人们工作有影响者，最容易招致人们谈论；第三，最为人们所熟悉者，最多为人们谈论；第四，在工作上有关系的人，往往容易被牵扯到同一传闻中去；第五，在工作中接触多的人，最可能被牵扯到同一传闻中去。对于非正式沟通的这些规律，管理者应该予以充分注意，以杜绝起消极作用的"小道消息"，利用非正式沟通为组织目标服务。

在现代西方管理理论中，还提出了一个新概念，叫作"高度的非正式沟通"。它指的是利用各种场合，通过各种方式，排除各种干扰，来保持人们之间经常不断的信息交流，从而在一个群体、一个企业中形成一个巨大的、不拘形式的、开放的信息沟通系统。国外的一些企业家在这方面动了不少脑筋。在美国沃特·迪士尼制片公司，上至董事长，下至一般职员，都佩戴一个只有名字的标记，让大家彼此直呼其名，以减少在交谈时因身份不同而造成的等级感。在美国明尼苏达采矿公司，凡属职工人数达十名的部门，都发起举办俱乐部，其目的是促使成员有机会进行高度的非正式沟通，以解决一些实际问题。

实践证明，非正式沟通一方面可以满足员工的社交需要，另一方面它还能改进组织的绩效，因为它能产生一种替代的、通常是快速和有效的信息沟通渠道。

（二）书面沟通和口头沟通

1. 书面沟通

书面沟通是指用书面形式进行的信息传递与交流。在组织内书面沟通有备忘录、简报、文件、书面通知、刊物、调查报告等。对外则有市场调查问卷、广告、员工招聘启事及发布新闻等。

书面沟通的优点是：它可以长期保存下来，具有一定的严肃性与规范性，不容易在传递过程中被歪曲；书面沟通也能促进政策和程序的一致，在有些情况下还能减少费用。在表达方式上，它往往比口头表达更为详细，接收者可以按照自己的速度详细阅读，以求理解。书面沟通的缺点在于时效有限，不能及时提供信息反馈，适应情况的应变能力差，往往难以达到预期的效果。

2. 口头沟通

口头沟通就是运用口头表达来进行的信息传递与交流。在组织内有面对面的谈话，各种会议，教育培训中心的授课、演讲，电话联系等。对外则有街头客传、推销访问、口头调查、与其他组织间的洽商会议、向外发表演说等。

口头沟通的优点是：能够充分、迅速地交换意见，人们可以提问并澄清疑点，并可马上获得对方的反应，具有双向沟通的好处，且富有弹性，可以随机应变；沟通双方可以进行情感交流，增加亲切感，提高沟通效果。口头沟通的缺点主要表现在：沟通范围有限，尤其是在群体沟通场合使用起来有困难；由于沟通双方缺乏深思熟虑而且口头沟通的随机性较强，使得发送者和接收者有时会提出一些不应提的问题，传递一些"多余的"信息而影响效率；此外，沟通双方采取的是面对面的方式，这也会增加彼此的心理压力，造成心理紧张，影响沟通效果。

书面沟通与口头沟通形式不是固定不变，而是可以相互转换的。书面通知用电话传达到基层,就变成了口头沟通,而电话通知一旦记录在电话瘭记本上就成了书面沟通。

传统的管理方式比较重视对物的控制,而忽视人的因素,因此,一般比较强调书面沟通。而在现代管理中,口头沟通的作用得到了重视。因为利用适当的口头语言,面对面地交换意见,不仅可以及时地传递信息,而且可以联络感情,融洽人际关系,此外还可以确保信息的准确性。管理心理学的研究表明,就效果而言,口头沟通与书面沟通混合使用的效果最好,口头沟通次之,书面沟通最差。

(三) 非言语沟通

一些极有意义的沟通既非口头形式也非书面形式,而是非言语沟通(nonverbal communication)。刺耳的警笛和十字路口的红灯都不是通过文字而告诉我们信息的。教师上课时,当看到学生们的眼神变得无精打采或者有人开始翻阅校报时,无须言语说明,学生们已经告诉他,他们厌倦了。同样,当笔记本开始合上时,所传达的信息意义也十分明确,该下课了。一个人所用的办公室和办公桌的大小,一个人的穿着打扮都向别人传递着某种信息。不过,非言语沟通中最为人知的领域是体态语言和语调。

1. 体态语言

体态语言(body language)包括手势、面部表情和其他身体动作。比如,一副咆哮的面孔所传达的信息显然与微笑不同。手部动作、面部表情及其他姿态能够传达诸如攻击、恐惧、腼腆、傲慢、愉快、愤怒等情绪。

2. 语调

语调(verbal intonation)指的是个体对词汇或短语的强调。下面我们举例说明语调如何影响信息的意义。假设学生问教师一个问题,教师反问道:"你这是什么意思?"反问的声调不同,学生的反应也不同。轻柔、平稳的声调与刺耳尖利、重音放在最后一词的声调所代表的意义完全不同。大多数人会觉得第一种语调表明某人在寻求更清楚的解释;而第二种语调则表明了此人的攻击性或防卫性。

任何口头沟通都包含有非言语信息,这一事实应引起极大的重视。一名研究者发现,在口头沟通中,信息的55%来自于面部表情和身体姿态;38%来自于语调;而仅有7%来自于真正的词汇。我们都知道动物是对我们怎样说做出反应的,而不是对我们所说的内容做出反应,人类与此并无太大差异。

(四) 电子媒介

当今时代我们依赖于各种各样复杂的电子媒介传递信息。除了极为常见的媒介(电话及公共邮寄系统)之外,我们还拥有闭路电视、计算机、静电复印机、传真机等一系列电子设备。将这些设备与言语和纸张结合起来就产生了更有效的沟通方式。其中发展最快的应该算是电子邮件(Electronicmail)了。只要计算机之间以适当的软件相连接,个体便可通过计算机迅速传递书面信息。存储在接收者终端的信息可供接收者随时阅读。电子邮件传递迅速而廉价,并可同时将一份信息传递给多人。它的其他优缺点与书面沟通相同。

二、沟通的方向

沟通的方向可以是单向的,也可以是双向的;可以是垂直的,也可以是水平的,垂直维度还可以进一步划分为自上而下和自下而上两种。

(一) 单向沟通和双向沟通

1. 单向沟通

单向沟通指的是信息发送者背向或以命令方式面向接收者,一方只发送信息,另一方只接收信息,双方无论在语言上还是感情上都不需要信息反馈。发指示、下命令、做报告等都属于单向沟通。

2. 双向沟通

双向沟通指的是信息的发送者以协商和讨论的姿态面对接收者,信息发出以后,还要及时听取反馈意见。必要的时候,发送者和反馈者还要进行多次重复交流,直到双方共同明确为止。与员工谈心、开座谈会、听取情况汇报等都属于双向沟通。

单向沟通与双向沟通各有利弊。管理心理学家哈罗德 J. 利维特(Harold J. Leavitt)曾就意见沟通的方向问题做过实验研究,以比较哪一种方向沟通的效率高。实验用两种不同的指示方法,要求受试者在纸上画下一连串的长方形,长方形的连接法有一定的限制,其接触点必须在角尖处或中点,其连接的角度则为 90 度或 45 度,如图 15-2 所示。受试者必须遵照主试者的指示一个接一个地把长方形画下去,如同主管向部属说明复杂的工作内容及指示工作程序。指示方法如下:

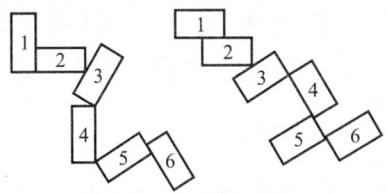

图 15-2　单向沟通与双向沟通的实验

单向沟通:
(1) 主试者(发送者)背向被试者(接收者),避免视觉上的沟通。
(2) 不准被试者提出疑问,或发出笑声、叹气等任何表达接收状态的反应。
(3) 发送者以最快的速度说明长方形连接的模式。

双向沟通:
(1) 主试者面向被试者,可以看到他们的表情,了解他们接收信息的状态。
(2) 接收者可以随时打断发送者的描述,提出任何质询,要求发送者解答。

根据实验,利维特将单向沟通与双向沟通进行比较,得出以下的结论:
(1) 从速度上看,单向沟通比双向沟通快。
(2) 从内容的正确性来看,双向沟通比单向沟通准确。
(3) 从表面的秩序来看,单向沟通显得安静规矩,而双向沟通则较吵闹、无秩序。
(4) 在双向沟通中,接收信息的人对自己所做的判断比较有信心,对自己的行为有把握。
(5) 在双向沟通中,发送信息的人所感到的心理压力较大,因为随时可能受到接收者的批评和挑剔。
(6) 如果从信息发送者在沟通过程中或沟通进行前所需准备的条件来说,单向沟通需要较多的计划,要事先编好一套能自圆其说的内容,选择适当的词句。因为单向沟通有如唱片,一开始就要不停顿地唱到完,事先如果缺少系统的计划,则无法顺利进行。双向沟通则因随时可能遇到各种质询，容易遇到干扰而无法预先制定出一套定型的计划，信息发送者需要当场做出很多的判断及决策。因此，发送者必须是一个有关方面的专家，要有随机应变能力。

(7) 双向沟通的最大优点是，能够做到确实的沟通，可以从多方面的反应来重新估计事情的状况，从不同角度观察问题的所在；同时，透过双方的意见表达，可以增进彼此的了解，建立良好的人际关系。

单向沟通中的信息发送者因为得不到反馈，无法了解对方是否真正收到信息。接收者因为无机会核对其所接收的资料是否正确，又无法表达接收时所遭受的困难，内心有一种不安与挫折感，容易产生抗拒心理与埋怨情绪。因此，单向沟通并不是真正的意见沟通，而是一方把话告诉另一方。意见沟通有如以箭射靶，不但要把箭头射出，同时要击中靶子，单向沟通只管把箭头射出去，而不问中靶与否。双向沟通则可以凭借接收者的反应和做出的反馈，了解射程、位置等中靶的情形，作为修正沟通关系的依据。

根据上述情况，在管理中采取哪种沟通方式较为适宜，必须因人因场合而定。

(1) 如果只重视信息传递的快捷与成员的秩序，采用单向沟通系统较为适宜。

(2) 大家熟悉的例行公事，向下级的命令传达，可采用单向沟通。

(3) 如果要求工作的正确性高，重视成员的人际关系则宜采用双向沟通。

(4) 处理新问题和上级组织的决策，双向沟通效果较好。

(二) 纵向沟通和横向沟通

1. 纵向沟通

(1) 下行沟通。下行沟通(downward communication)主要是指组织中的上级对下级所进行的沟通。例如将组织目标、计划、方针、措施等传达到基层，公布任免事项，对一些具体问题提出处理意见等。

下行沟通的优点是，它可以使下级主管部门和群体成员及时了解组织的目标和领导意图，增加群体的向心力与成员的归属感。它也可以协调组织内部各个层次的活动，加强组织原则和纪律性，使组织机器正常地运转下去。下行沟通的缺点是，如果这种渠道使用过多，会在下属中造成上级高高在上、独裁专横的印象，使下属产生心理抵触情绪，影响群体的士气。此外，由于来自最高决策层的信息需要经过层层传递，容易被耽误、搁置，有可能出现信息遗漏或信息曲解、失真的情况。

(2) 上行沟通。上行沟通(upward communication)主要是指群体成员和基层管理人员通过一定的渠道与管理决策层所进行的信息交流。它有两种表现形式：一是层层传递，即依据一定的组织原则和组织程序逐级向上反映，例如基层单位的情况通报就是从班组开始，经过车间、分厂再到总厂逐级反映的。二是越级反映，指减少中间层次，让决策者和团体成员直接对话。例如职工在"厂长接待日"直接反映情况或写成书面意见投入"厂长信箱"等。

上行沟通的优点是：职工可以把自己的意见向上级反映，获得一定程度的心理满足；管理者也可以利用这种方式了解企业的经营状况，与下属形成良好的关系，提高管理水平。上行沟通的缺点是：在沟通过程中，下属因级别不同易产生心理距离，形成心理障碍；害怕"穿小鞋"，受打击报复，不愿反映意见。同时，上行沟通常常效率不佳。有时，由于特殊的心理因素，经过层层过滤，导致信息曲解，出现适得其反的结局。这种沟通经常受到沟通环节上的主管人员的阻碍,他们不把所有信息,特别是不利的消息向有关方面传送。

相比较而言,下行沟通比较容易,居高临下,甚至可以利用广播、电视等通信设施;上行沟通则困难一些,它要求基层领导深入实际,及时了解情况,做细致的工作。一般来说,传统的管理方式偏重于下行沟通,管理风格趋于专制;而现代管理方式则是下行沟通与上行沟通并用,强调信息反馈,增加员工参与管理的机会,提高管理水平。

2. 横向沟通

横向沟通(lateral communication)指的是在组织系统中层次相当的个人及群体之间所进行的信息传递和交流。在企业管理中,横向沟通又可具体地划分为四种类型。一是企业决策阶层与工会系统之间的信息沟通;二是高层管理员之间的信息沟通;三是企业内各部门之间的信息沟通与中层管理人员之间的信息沟通;四是一般员工在工作和思想上的信息沟通。横向沟通既可采取正式沟通的形式,如组织内部的调度会、联席会议等,也可以采取非正式沟通的形式。通常是后一种方式居多,尤其是在正式的或事先拟定的信息沟通计划难以实现时,非正式沟通往往是一种极为有效的补救方式。

横向沟通有很多优点:第一,它可以加速信息的流动,使办事程序、手续简化,节省时间,提高工作效率。第二,它可以使企业各个部门之间相互了解,有助于培养整体观念和团结合作精神,并为实现组织的目标而协调各方面的努力。第三,它可以使员工互谅互让,培养员工之间的友谊,满足员工的社会需要,使员工提高工作兴趣,改善工作态度。其缺点表现在:横向沟通头绪过多,信息量大,易于造成混乱;此外,横向沟通尤其是个体之间的沟通也可能成为职工发牢骚、传播小道消息的一条途径,造成涣散团体士气的消极影响。

实际上,在横向沟通中,大量的沟通工作并不是按组织的职权层次进行的,而是在指挥系统中横向流动的。

第三节　沟通的网络

在沟通的过程中,信息传递者直接将信息传给接收者,或中间经过某些人才传递到接收者,这就产生了沟通渠道的问题。由各沟通渠道所组成的结构形式称为沟通网络(communication networks)。许多关于沟通网络的研究结果是在实验室中得到的,因此,由于人为的因素它们只能局限于很小的范围内使用。不同的网络沟通既可能影响群体工作效率,又可能影响群体成员的心理效应和群体心理气氛。

一、正式沟通网络

正式沟通网络一般可划分为五种基本类型:链式信息沟通网络、环式信息沟通网络、Y式信息沟通网络、轮式信息沟通网络和全通道式信息沟通网络。如图15-3所示。

(一) 链式沟通网络

从图 15-3 中可以看出,链式网络代表的是五个垂直层次的结构,在这种情况下沟通只能向上或向下进行。这种情况可以发生在一个只有直线型权力关系而没有任何其他关系的组织中。比如,负责工资的职员向工资主管报告,工资主管向会计主管报告,会计主管向企业财务总管报告,财务总管向总经理报告。这样五个人的关系代表了一种链型网络。

图 15-3 五种经典信息沟通网络

在一个组织系统中,该网络相当于一个纵向沟通网络。在这种网络中,信息经过层层传递,层层筛选,容易出现信息漏失和失真的现象。各个信息传递者所接受的信息差异很大,平均满意程度差距较大。这种网络如果稍做变化,也可表示组织中主管人员和下级部属间中间管理者的组织系统,属控制型结构。如图 15-4 所示。

在管理中,如果因组织系统过于庞大,需要实行分层授权管理,则利用链式的信息沟通网络为佳。

(二) Y 式沟通网络

这是一个纵向沟通网络。在企业组织中,这一网络大体相当于从企业领导、秘书班子,到基层主管部门或一般员工之间的纵向关系。在这种信息沟通网络中,只有 C 是沟通中心(见图15-3)。因此,集中化程度高,解决问题速度也快,但群体成员的满意程度,除 C 以外都比较低。

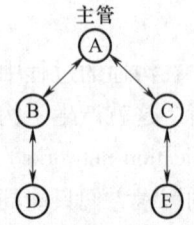

图 15-4 组织中的链式沟通网络

如果将这个网络颠倒过来,并稍做改动,就成为图 15-5 的模式。它表示一个组织中主管人员 A 通过第二级层次 B(例如秘书),与三个下级发生沟通联系。这种现象在组织中十分常见。即秘书由于处于沟通核心,获得了最多的情报信息,往往掌握着控制组织的真正权力，导致"秘书专政"，而主管人员则成为形同虚设的傀儡人物。

在组织中，如果管理者的工作任务十分繁重，需要有人帮助选择信息，提供必要的决策资料，减少时间的浪费，而且又要求对组织实行有效的控制，那么采取这种渠道是较好的办法。但是这种网络人为地设立了一些中间层次，信息经过层层筛选，可能会导致曲解和失真，而且会拉开上、下级之间的距离，使彼此难以理解对方的意图和想法。此外，这种网络还拉开了群体成员心理满足的距离，影响群体士气，因而会阻碍群体工作效率的提高。

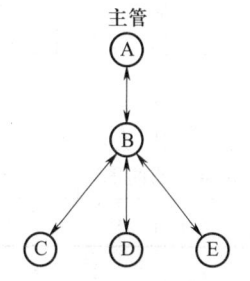

图 15-5 组织中颠倒的 Y 式沟通网络

（三）环式沟通网络

该网络可以看成是链式网络的一个封闭式控制结构。这种模式既可以看作五个人之间依次联络沟通，也可以看作一个具有三级层次的组织结构。环式信息沟通网络可采用的沟通渠道不多，群体成员满意程度较为一致。因此，群体士气高昂。

如果需要在群体和组织中创造出一种高昂的士气来实现群体目标，那么采用环式沟通网络是一种行之有效的措施。不过在一个庞大的组织系统中，要使所有人员都做到平等获得各种情报信息是不太可能的，也是不必要的。因此，可以考虑在企业决策层之类的小群体中采用这种环式沟通网络。

（四）轮式的沟通网络

这种网络属于控制网络。在企业中，它的图形大体类似于一个主管领导直接管理几个部门的权威控制系统，它的集中化程度高，解决问题的速度快。

在管理中，如果需要加强组织控制、争时间、抢速度的话，那么轮式沟通网络是适宜的。但是在这种网络中，只有处于核心地位的人才了解全面情况，其他成员之间消息闭塞，平行沟通少，很难达到心理满足，影响群体士气，也影响群体工作效率。

（五）全通道式沟通网络

这种网络是一个开放式的系统。在此系统中，每个成员之间都有联系。在企业中，一个民主气氛很浓或合作精神很强的群体组织结构一般都采取这种沟通网络。

在这种信息沟通网络中，可能采取的沟通渠道很多，群体的集中化程度很低。但每个沟通者之间全面开放，使得群体成员的平均满意程度很高，各个成员之间满足程度的差距很小，群体士气高昂，合作气氛浓厚。

全通道式信息沟通网络，既有助于增强群体合作气氛，解决复杂问题，又有助于提高群体士气，达到个体高度的心理满足。不过，这种网络沟通渠道太多，易于造成混乱，而且很浪费时间，影响工作效率。

表 15-1 概括出了各种网络的效率，所用的标准是：速度、准确性、形成领导者的可能性和成员的士气。从表上可以看出，没有一个网络能在任何情况下都是最好的。

如果速度最重要，那么轮式和全通道式是最好的。链式、Y 式和轮式在准确性上非常高。轮式结构容易形成一种权威或产生一位领导。环式和全通道式可以增强员工的满足感。

表 15-1　沟通网络和评价标准

标准	沟通网络				
	链式	Y式	轮式	环式	全通道式
速度	中	中	快	慢	快
准确性	高	高	高	低	中
领导者的涌现	中	中	高	无	无
士气	中	中	低	高	高

二、非正式沟通网络

群体中信息的沟通不仅可以通过正式渠道进行，有些消息往往又是通过非正式渠道传播的。

（一）小道消息

小道消息（grapevine）是存在于任何组织中的非正式的沟通网络。从这一点上说，小道消息常常与管理部门承认的正式的沟通路线相交叉。

戴维斯（K. Davis）曾在一家皮革制品公司采取顺藤摸瓜的方法对小道消息的传播进行了研究，发现存在四种传播的方式，如图 15-6 所示。

图 15-6　非正式信息沟通网络（A 是首先传播者）

单线式传播方式是通过一连串的人把消息传播给最终的接受者。流言式是一个人主动把小道消息传播给其他人。偶发式是按偶然的机会传播小道消息。集束式是把小道消息有选择地告诉自己的朋友或有关的人。

戴维斯的研究结果表明，小道消息传播的最普遍形式是集束式。戴维斯进一步研究了组织中传播小道消息的人数比例，发现只有 10% 的人是小道消息的传播者，而且小道消息的传播者往往是固定的一些人。

（二）小道消息的特点

通过观察，可提出小道消息系统的几个特点：

（1）一般认为，小道消息是通过口头交谈沟通信息的。无论如何，文字性的便函和电报通讯等也有助于信息传递。

（2）组织常常有几个小道消息系统，其中某些可能松散地联系着。例如，一名秘书属于"办公室小道消息"的范围，他可能把信息传给一名邮递员，这名邮递员再把它扩散为"仓库的小道消息"。

（3）小道消息既可以传递与组织工作有关的信息，也可以传递与个人有关的流言蜚语。在许多时候，这两种情况很难区分。

小道消息的准确程度如何？一名专家计算的结果表明，小道消息所传播的与组织有关的信息至少75%是正确的。有关私人的信息和带有情绪色彩的信息则有可能失真。

小道消息的信息并不是有规则地通过 A 只告诉 B、B 只告诉 C 等整齐的链条在组织中传递的，也不是由每一名传递者告诉 6~7 名其他人，这些其他人又各自把信息传递给另外的 6~7 人。确切地说，总有一部分接收到小道消息的人继续传播它，最后的结果是"知道的人"比"告诉的人"多。

从组织的角度来看，小道消息并不是完全不合乎需要的。某些管理部门在这方面十分松弛，以至小道消息经常取代正式的沟通。小道消息也能在不用做出正式表示赞成的情况下，测验员工对拟议中变革的反应。有的管理部门通过小道消息故意把一些想法"透露"出去，以便试探潜在的接受程度。最后，参与小道消息的传播可能给工作环境增加一点兴趣和消遣。

当小道消息变成谣传的一种经常性的传播途径时，它则成为组织的一个问题。谣传是一种处于不断循环中的、无法证实的消息。在这里，无法证实是一个关键性的字眼——虽然某一谣传可能是真实的，但是，当它通过小道消息散布时，它不可能保持真实性。因为不能准确查证消息，谣传在从一个人传到另一个人时难免以讹传讹。

对谣传的歪曲可能有两种方式。某些谣传被每一个传送者添油加醋，变得更长、更复杂。某些谣传为便于沟通通过复述被简化了。当发生这种情况时，不熟悉的、难以记忆的细节一般被省略，而令人感兴趣的细节将被添油加醋。例如，某一谣传开始是：因为安装了新的自动化设备，某某被解雇了。当它结束时可能变成：据说自动化会裁减这里许多工作，迫使某些人离开。

当信息特别模棱两可的时候，当谣传内容对那些所涉及的人很重要的时候，当接受者被弄得情绪激动时，谣传似乎传得最快、最远。

第四节　沟通的障碍及其克服

一、沟通的障碍

（一）缺乏计划

良好的沟通极少是偶然发生的。人们对信息传送的目的，往往首先未经思考、计划和说明，就开始议论和写文章论述起来，影响了有效的沟通。不过，对一个下达的指令说明理由，选择最合适的沟通渠道和适宜的时间，就能大大增进对信息的理解，并减轻抵制变化的阻力。

(二) 过滤

过滤(filtering)指发送者有意操纵信息,以使信息显得对接收者更为有利。比如,一名管理者告诉上级的信息都是上级想听到的东西,这名管理者就是在过滤信息。这种现象在组织中经常发生。当信息向上传递给高层经营人员时,下属常常压缩或整合这些信息以使上级不会因此而负担过重。在进行整合时,个人的兴趣和自己对重要内容的认识也被整合进去,并因而导致了过滤。

过滤的主要决定因素是组织结构中的层级数目。组织纵向上的层级越多,过滤的机会就越多。

(三) 选择性知觉

本书曾多次提到过选择性知觉(selective perception),在此处又出现这一概念是因为在沟通过程中,接受者会根据自己的需要、动机、经验、背景及其他个人特点有选择地去看或去听信息。解码的时候,接受者还会把自己的兴趣和期望带进信息之中。在第三章中我们说过,我们不是看到事实,而是对我们所看到的东西进行解释并称之为事实。

(四) 不善聆听意见及过早的评价

有些人聆听时不全神贯注和自我约束,常常对他人的发言过早地进行评价。对别人所说的急于进行判断,表示赞成或不赞成,而不是试图去理解谈话者的基本内容。以上这些都不利于信息沟通。

(五) 情绪和态度

在接收信息时,接收者的感觉也会影响到他对信息的解释。不同的情绪感受会使个体对同一信息的解释截然不同。极端的情绪体验,如狂喜或悲痛,都可能阻碍有效的沟通。这种状态常常使我们无法进行客观而理性的思维活动,代之以情绪性的判断。

态度是行为的诱因。态度是一种以肯定或否定的方式估价某些事物或事态的心理定位。显然,倘若我们已经认定了什么,那么,就不可能客观地倾听别人的意见。

(六) 信息超负荷

有人也许认为,比较多的、不受限制的信息流动,会有助于克服信息沟通中产生的问题,但是不受限制的信息流动会导致信息过量。人们以多种方式对付信息超负荷问题。首先,他们可以无视某些信息。一个人收到的信件太多,干脆就把应该答复的信件也置之不顾了。其次,一旦人们被过多的信息搞得晕头转向,在处理中就会出差错。例如,人们可能会把信息所传送的"不"字(否定之意)忽略了,从而使意愿颠倒。第三,人们既可能会无限地拖延处理那些信息,也可能放在日后迅速处理。第四,人们会对信息进行过滤。如果首先处理那些最紧迫的也是最重要的信息,再接着处理那些不太重要的信息,那么信息过滤工作是很有用的。最后,人们干脆从沟通工作中脱身,以此对待信息超负荷的情况。换言之,由于信息超负荷,人们会把信息束之高阁或者根本不进行沟通。

(七) 语言

同样的词汇对不同的人来说含义是不一样的。词汇的意义不存在于词汇中,而存在于使用者中。年龄、教育和文化背景是这方面的三个最主要因素,它们影响着一个人的语言风格以及他对词汇的界定。

沟通的另外一些障碍,是信息的发送者和接收者双方之间的地位和权力上的差异。还有，在信息已经通过组织等级制度中的数道层次时，也往往会遭到歪曲。

二、克服沟通障碍

因为不论是管理人员，还是非管理人员，都是为实现企业共同目的的工作者。所以，进行有效沟通是组织中所有人的职责。信息沟通是否有效，可用预期的效果来评价。以下的建议可以帮助我们克服沟通中的障碍。

（一）运用反馈

很多沟通问题是直接由于误解或不准确造成的。如果管理者在沟通过程中使用反馈回路，则会减少这些问题的发生。这里的反馈（feedback）可以是言语的，也可以是非言语的。

当管理者问信息接收者："你明白我的话了吗？"所得到的答复代表着反馈。但反馈不仅仅包括是或否的回答。为了核实信息是否按原有意图被接收，管理者可以询问有关该信息的一系列问题。但最好的办法是，让接收者用自己的话复述信息。如果管理者听到的复述正如本意，则可增强理解与精确性。反馈还包括比直接提问和对信息进行概括更精细的方法。综合评论可以使管理者了解接收者对信息的反应。另外，绩效评估、薪金核查以及晋升都是反馈的重要形式。

当然，反馈不必一定以言语的方式表达。行动比言语更为明确。比如，销售主管要求所有下属必须填好上月的销售报告，当有人未能按期上交此报告时，管理者就得到了反馈。这一反馈表明销售主管对自己的指令应该阐述得更清楚。同理，当你面对一群人演讲时，你总在观察他们的眼睛及其他非言语线索以了解他们是否在接收你的信息。

（二）简化语言

由于语言可能成为沟通障碍，因此管理者应该选择措辞并组织信息，以使信息清楚明确，易于被接收者理解。管理者不仅需要简化语言，还要考虑到信息所指向的听众，以使所用的语言适合于接收者。记住，有效的沟通不仅需要信息被接收，而且需要信息被理解。通过简化语言并注意使用与听众一致的语言方式可以提高理解效果。

与前面反馈的讨论一致，在传递重要信息时，为了使语言问题造成的不利影响减少到最低程度，可以先把信息告诉不熟悉这一内容的人。比如，在正式沟通之前让接收者阅读演讲词是一种十分有效的手段，这将有助于确认含混的术语、不清楚的假设或不连续的逻辑思维。

（三）积极聆听

当别人说话时，我们在听（hearing），但很多情况下我们并不是在聆听（listening）。聆听是对信息进行积极主动的搜寻，而单纯地听则是被动的。在聆听时，接收者和发送者双方都在思考。

我们中的不少人并不是好听众。为什么？因为做到这一点很困难，而且常常当个体有主动性时才会做得更为有效。事实上，积极聆听（active listening）常常比说话更容易引起疲劳，因为它要求脑力的投入，要求集中全部注意力。我们说话的速度是平均每分钟150个词汇，而聆听的能力则是每分钟可接收将近1000个词汇。二者之间的差值显然留给了大脑充足的时间，使其有机会神游四方。

通过发展与发送者的移情，也就是让自己处于发送者的位置，可以提高积极聆听的效果。不同的发送者在态度、兴趣、需求和期望方面各有不同,因此移情更易于理解信息的真正内涵。一个移情的听众并不急于对信息的内容进行判定,而是先认真聆听他人所说。这使得信息不会因为过早而不成熟的判断或解释而失真,从而提高了自己获得信息完整意义的能力。

(四) 抑制情绪

管理者并非总是以完全理性化的方式进行沟通。我们知道情绪能使信息的传递严重受阻或失真。当管理者对某件事十分失望时,很可能会对所接收的信息发生误解,并在表述自己的信息时不够清晰和准确。那么管理者应该如何行事呢?最简单的办法是暂停进一步的沟通,直至恢复平静。

(五) 注意非言语提示

我们说行动比言语更明确,因此很重要的一点是注意你的行动,确保它们和语言相匹配并起到强化语言的作用。非言语信息在沟通中占据很大比重,因此,有效的沟通者十分注意自己的非言语提示,保证它们也同样传达了所期望的信息。

复习与思考

1. 解释下列概念:
(1) 沟通;(2) 正式沟通;(3) 非正式沟通;(4) 沟通网络。
2. 举例说明沟通的功能。
3. 常见的沟通网络有几种?试比较不同网络的利弊。
4. 举例说明小道消息对企业管理的影响。
5. 举例说明沟通的障碍。
6. 管理者应如何有效地克服沟通的障碍?

第十六章 人际关系

学习目标

学完本章,应该能够:明确人际关系的概念;说明群体中的人际关系类型以及人际关系在管理中的意义;描述社会知觉的含义与常见形式;了解社会知觉现象的归因理论;熟悉人际吸引和人际关系需求类型;掌握人际关系调节的原则和方法。

本章主要术语

人际关系(interpersonal relation)
社会知觉(social perception)
第一印象(first impression)
晕轮效应(halo effect)
刻板印象(stereo typing)
归因(attribution)
人际吸引(interpersonal attraction)
出丑效应(pratfall effect)

人际关系是影响群体心理的一个重要因素,也是决定企业成败的重要因素之一。改善人际关系是团队管理中的重要环节和内容,对于旅游企业管理有着重大的作用。

在这一章,首先明确人际关系的含义,讨论群体中的人际关系类型以及人际关系在管理中的意义;然后考察社会知觉,介绍社会知觉的三种常见形式,论述解释社会知觉现象的归因理论;之后考虑人际吸引和人际关系需求类型;最后阐述人际关系调节的原则和方法。

第一节 人际关系概述

一、人际关系的含义

人们在一定的群体中学习、工作、生活，必定会结成各种各样的人际关系，也就是人与人的相互交往和联系。人际关系（interpersonal relation）的外延十分广泛，从个人之间的关系、家庭关系到集体关系与社会关系，都属于人际关系的范畴。不过在管理心理学中，主要是探讨在一个群体中成员与领导者之间、成员与群体之间以及成员与成员之间的相互交往关系。

人际关系是影响群体心理的一个重要因素，也是决定企业成败的重要因素之一，对于旅游企业管理有着重大的作用。因此，现代管理学者都特别重视人际关系的研究，努力寻求合理正确的方针、政策、方法、方式，以调动全体人员的积极性，达到企业的组织目标。

在现代管理学发展史上，有一个人际关系学派。20世纪初，泰罗（W. Taylor）科学管理学说的广泛传播以及泰罗制的实际运用，大大提高了劳动生产率，但也引起了工人的强烈不满。因为这种制度使工人的劳动变得紧张而又单调，工人每天在机器前疲于奔命，成了机器的奴隶。这种现象引起了管理者和心理学家的高度重视。1924年11月，在美国西方电气公司的霍桑工厂里进行了一项实验。实验的目的是想论证照明条件对生产效率的影响。这个实验持续了三年，但是，未获成功。1927年冬，以哈佛大学著名心理学家梅约（George Elton Mayo）为首的一批心理学家另辟蹊径，在"人"身上打主意，经过驻厂五年的实验和研究，他们得出了一个重要结论：照明、作息时间以及工人的薪水同劳动生产率并无多大的关系；劳动生产率的高低主要取决于工人的心理因素，如工人的情绪、工作满足感以及相互之间的人际关系等。他们还发现了非正式群体在管理中的至关重要的意义。在1932年出版的《工业文明中的人性问题》一书中，梅约详细阐述了这个结论。他的理论既丰富了现代管理学的原理，又成为管理心理学的一个重要理论基础。到了20世纪50年代，对企业中的人际关系的研究出现了新的高潮，并发展为群体对策研究，如企业内的沟通交往对策，调查士气以及伴随而来的提高士气对策，提建议制度，参与管理制度等。在日本，人际关系学说演变成为一种新的管理风格和一种新的管理理论体系，美国学者称之为"Z理论"，在现代管理学和管理心理学的研究中有重要的影响。

二、群体中的人际关系类型

人与人通过不同的交往形式，可以结成多种多样的人际关系。在群体中，人际关系主要有：领导和成员之间的关系，成员和群体之间的关系以及成员与成员之间的关系。这些关系的形成与调整，对群体士气和群体效益会产生不同程度的影响。

(一) 领导和成员之间的关系

在一个正式群体中，领导处于核心地位。他负责提出和制定群体的目标，执行上级指令，进行决策，并对群体活动进行组织、管理和控制。领导的行为和作风对群体成员有很大影响。成员情绪的高低、能力的发挥、需要的满足、期望的实现等都与此密切相关。一般来说，在群体中，领导职能的发挥和领导对成员的影响力，主要取决于领导者和成员在心理上是否一致以及一致的程度如何。一致的程度越高，关系就越融洽，相互肯定性的反应也就越高。反之，就会使领导和成员难以接近，产生成见，出现冷淡、敌视等对立反应，形成心理冲突，恶化人际关系。

在调整领导和成员的人际关系时，领导一般处于主导地位。要使相互关系得到和谐一致的发展，领导必须注意：一要提出符合大多数成员利益的、切实可行的团体目标；二要发挥每个成员的主观能动性，尊重和信任他们；三要有公正民主的领导作风；四要切实关心成员的生活，一切为成员着想。

(二) 成员与群体之间的关系

这里所说的群体是指正式群体，它有明确的任务和目标，有严格的组织系统和规章制度，也有群体认同和群体舆论。社会心理学认为，要了解一个人，最好从他所属的群体去了解；要改变一个人，最好用群体力量去改变；要使个体充分发展，也必须通过群体活动去实现。人们只有在群体中、在一定社会组织中才能彼此认识，结成密切的关系。因此，群体不仅影响个体的行为，而且也影响个体之间的相互关系。

群体有良好的，也有不良的。它们都会影响成员的心理及其相互关系。一般说来，良好的群体对人际关系有积极的影响。由于取得了一定的成就，社会声誉较高，群体成员有一种自豪感，可以产生较强的内聚力，因而，在这样的群体中，成员能获得共同的心理感受，达到彼此的心理相容，结成融洽的人际关系。不良的群体则对人际关系产生消极作用，因为它没有明确的方向、共同的目标和严格的纪律，成员之间矛盾重重，关系紧张，问题不断，从而阻碍了良好的人际关系的建立。

(三) 成员之间的人际关系

这是指在团体内通过个体之间的交往而形成的人际关系。人与人之间的相互关系的形成，有很多复杂的因素，我们将在下面专门讨论。

三、人际关系在管理中的意义

组织中人际关系的好坏，不仅影响着人与人之间的交往；而且对组织的社会实践效果也会产生重大影响。一个组织具有和谐友好的人际关系，是实现组织目标的重要条件，也是管理者实现目标的重要环节；同时对组织的两个文明建设也有着深刻而广泛的影响。

(一) 良好的人际关系有利于组织团结

人际关系的性质，反映出组织团结的好坏。良好的人际关系是组织团结的基础。一个组织只有成员与成员之间、领导者与被领导者之间、成员与组织之间人际关系搞好了，该组织才可能成为团结战斗的集体。

(二) 良好的人际关系有利于工作效率的提高

一个组织人际关系好，成员之间相互帮助、相互支持、协调一致，有利于集体力量的发挥。同时，人与人之间感情融洽，心情舒畅，士气高涨，更容易激发大家的积极性与创造性。相反，人际关系紧张，互相猜疑，钩心斗角，互不协作，势必降低工作效率。

（三）良好的人际关系有利于心理健康

人际关系对人的心理健康有重大影响。人的心理适应，最重要的就是对人际关系的适应，对人际关系适应不良，就会引起身心疾病。原始社会的人主要与自然搏斗，人际关系简单，所以心理疾病很少；而在人际关系十分复杂的文明社会里，心理疾病已成为引人注意的问题，在企事业单位，建立良好的人际关系，对职工的身心健康具有重要影响。

（四）良好的人际关系有利于精神文明建设

一个组织人际关系的好坏反映了该组织精神文明建设的水平。良好的人际关系，体现出团结友爱的精神，互相帮助，相互信任，为他人服务的思想蔚然成风，这些会将组织的社会主义精神文明建设推向更高的水平。

第二节 社会知觉

一、社会知觉的含义与形式

对于研究群体管理来说，社会知觉是非常重要的内容。所谓社会知觉(social perception)，是指在社会关系中，以人与群体为对象的知觉，有时又称做人际知觉。人与人之间的相互关系，常常是以社会知觉的结果为基础的。因此，要想建立良好的人际关系，首先必须具有正确的社会知觉。

对人的知觉不同于对物的知觉，对物的知觉直接诉诸对象的具体特征。对人的知觉涉及人的各种外在特征，尤其涉及人的行为。而要认识人的行为，根本的一点就是要了解行为的原因。因此，说明行为与人的内在心态的关系、说明行为的原因，便是研究社会知觉的核心。

在具体的社会知觉中有一些常见的形式，它们已成为人际判断的基本习惯和手段。但按照这些形式做出的人际判断并不是任何时候都正确无误，有时可能会歪曲知觉，导致知觉偏差。

（一）第一印象

大家都会有同样的经验，在你面对某人而有必要了解他的时候，在第一次见面时所获得的印象是最重要的。因此，心理学家们在研究人际知觉时，就不能不研究人与人初次见面时的第一印象。所谓第一印象(first impression)，是指观察者在第一次与对方接触时，根据对方的身体、相貌及外显行为所得的综合性与评鉴性的判断。在日常生活中，人们随时随地都有机会对人产生第一印象。例如某教授第一次上课，凭他的衣着、谈吐、见解、对学生的态度等有限资料，就会构成学生们对他的第一印象；同理，老师与某学生第一次谈话，也将根据该学生的谈吐应对而形成老师对他的第一印象。尤其是谋职应征者，第一次会晤面谈，更是给人关键性第一印象的时刻。

对人的第一印象,形成的主要根据是人的表面特征。虽然有句俗语说:"不能根据一本书的封面评定其内容。"但不幸的是,人际知觉中第一印象的形成,确有偏重外表而忽视内涵的倾向。然而足以影响观察者第一印象的,究竟有些什么心理因素?根据心理学家的研究发现,人的相貌和性格两类因素,对第一印象的形成会发生不同的影响。

管理心理学认为,第一印象至关重要,人与人之间的交往关系,总是以第一印象为媒介进行,而且对以后的人际知觉起着指导性的作用,它在很大程度上决定着人们的态度和行为。

第一印象的作用本质上体现了一种优先效应。当不同的信息结合在一起时,人们总是倾向前面的信息,即使人们同样也注意了后面的信息,但也会认为后面的信息是"非本质的"、"偶然的"。当人们接受了前面的信息后,就会按照这样的信息来解释后面的信息,即使后面的信息与前面的信息不一致,也会屈从于前面的信息,从而形成整体一致的印象。

第一印象的形成与人的知觉恒常性有关。当人的知觉条件在一定范围内改变了的时候,知觉的印象仍保持相对不变,这就是知觉的恒常性。人们总是在已有的知识经验的基础上知觉客体,并按照已有的印象解释变化了的客体,所以知觉对象能保持不变。人们初次相见,往往没有任何相关的信息可以参照,但在以后的交往中人们就会自觉地按照过去得到的有关信息,尤其是初次印象来解释当前的知觉信息。如果没有初次印象的话,那就等于人们总是在与陌生人打交道了。因此,尽管第一印象难免给以后的知觉带来偏差,但却是人们相互之间认识所不可缺少的基本信息来源,这也是第一印象得以存在的理由。

在企业管理中,第一印象具有实际意义。例如,在提拔干部时,有的领导者无视群众的呼声,一锤定音,凭的就是第一印象。有些员工对领导察言观色,投其所好,目的就是希望在领导心目中形成好的印象。在这种情况下,有的人则可能因给别人的第一印象不佳而被埋没,一蹶不振。这些情况应当引起管理者的注意。一方面,它要求管理者上任伊始,就应该给员工留下一个好印象,以便利用这种心理效应开展日后工作;另一方面,又要求管理者在接触和了解员工时,做深入细致的调查研究,全面客观地看问题,避免第一印象的干扰。

(二) 晕轮效应

晕轮效应(halo effect)又称月晕效应。它是指在人际知觉时,人们常常从对方所具有的某个特征而泛化到其他一系列有关的特征,也就是从所知觉到的特征,泛化推及至未知觉到的特征,从局部的信息而形成一个完整的印象。

晕轮效应的极端化就是推人及物。从喜爱一个人的某个特征推及至喜爱他整个人,又进而从喜爱他这个人,泛化到喜爱一切与之有关的事物,即所谓"爱屋及乌"。晕轮效应的成因,首先与人的知觉整体有关。人们在知觉客观事物时,并不是对知觉对象的个别属性或部分孤立地进行感知的,而是倾向于把具有不同属性、不同部分的对象知觉为一个统一的整体,这是因为知觉对象的各种属性和部分有机地联系成为一个复合刺激物。其次,对人知觉的晕轮效应,还在于内隐人格理论的作用。人们普遍认为,人的各项品质之间是有其内在联系的。例如,热情的人往往对人比较亲切、友好,富于幽默感,肯帮助别人,容易相处;而冷淡的人较为孤僻、古板、自我中心,不愿求人,也不愿帮助别人。对某人只要有了"热情"或"冷淡"的一个核心特征印象,人们就会自然而然地去补足其他关联的特征，产生晕轮效应。再次，人们往往把一个人的性格特征与他的外部表现联系在一起。例如，人们一般认为具有勇敢正直、不畏强暴的性格特征的人，在处世待人上往往还表现为襟怀坦白，不弄虚作假，敢作敢为，不欺上瞒下，且端庄大方，恳切自然。一个具有自私自利、欺软怕硬性格特征的人，则还会在其他方面表现出虚伪阴险，表里不一，对人只知利用，不愿帮助，或阿谀奉承，或骄横跋扈。于是人们既可从外表知觉内心，又可从内在性格特征泛化到外表的评价上。

在企业管理中，晕轮效应现象的存在，往往使管理者难以真正地了解和公正地评价员工，从而挫伤员工的自尊心和工作积极性，造成管理者与员工之间的对立情绪，妨碍集体团结，影响人际关系。例如，一家饭店在评先进、树典型时，总是千方百计地给"先进人物"身上加上优点，有的甚至将别人的优点移植过来，把他们打扮成一个个"完人"。又如，有的人有些小毛病或者犯了点小错误，领导便把他看得一无是处，甚至把别人的缺点都加在他身上，使他难有"出头之日"。由于晕轮效应的影响，有的人办错了一件事，可能被认为好心办错事，而另外一个人办错了一件事，就可能被认为是动机不纯或思想有问题。此外有些领导找员工谈心，了解情况，往往凭自己对对方的印象，或者凭别人反映的情况，主观臆断，先在脑子里形成"思维定式"，给对方的思想状况和心理活动定调。这些现象给人际关系造成了一定的不良影响。

（三）刻板印象

所谓刻板印象（stereo typing），是指在人们头脑中存在的关于某一类人的比较固定概括而笼统的印象。刻板印象的形成过程就是按照预想的类型把人分成若干类别，然后按照这些类别贴上固定特征的标签。于是，在人际知觉中，就往往按照某个人的一些容易辨别的特征，如年龄、性别、民族、职业、文化等，把他归属为某类成员，然后又把属于这类成员所共有的典型特征归属到他身上，并以此为根据去知觉和判断他。这实际上是对社会上各种各样人物的一种"角色期待"。如过去人们一提及教授，脑海里便立即浮现出一个印象：文质彬彬、白发苍苍、思想深邃、风雅清高。这个印象符合相应的角色期待。这种职业印象就是刻板印象，也就是人际知觉偏差。

刻板印象的产生与知觉的选择性有密切的关系。我们周围的客观事物是纷繁复杂的，它们每时每刻都作用于我们的感觉器官。但是，在一定时间内人们并不感知所有的对象，而仅仅感受能够引起注意的少数刺激。人总是有选择地以少数事物作为知觉的对象，对它们知觉得格外清晰，而对其余的事物则反映得比较模糊，知觉的这种特性就是知觉的选择性。

刻板印象普遍存在于人们的意识之中。人们不仅对曾经接触过的人具有刻板印象，即使对未见过面的人，也会根据间接的资料与信息而产生刻板印象。于是，人们总是带着一定模式有选择地知觉他人的各个特征，发现与期待的模式相吻合的特征，而舍弃不符合的特征。

在某些条件下，刻板印象有助于对他人作概括性的了解。但是，它又是一种简单的认识，尤其是当这种刻板不符合客观事实，或认知对象具有特殊性时，就会对他造成错误的判断，影响良好人际关系的建立。因此在企业管理中，管理者既要把握人们所属群体的一般特征，又要注意每个人的特殊性，进行具体的分析。

二、对行为的归因解释

社会心理学家海德(Fritz Heider)在1958年提出了归因理论(attribution theory),用来解释人际知觉现象。按照归因理论的基本要义,人对他人或自己所表现的行为,依据其感受与经验对该行为发生的原因予以解释的心理过程,称为归因(attribution)。

对别人的行为予以归因解释时,一般不外两大原则:其一,认为别人行为的发生是由于情境因素所致,这叫作情境归因(situational attribution)。因为情境属个人自己之外的因素,故而又称情境归因为外向归因(external attribution)。其二,将别人行为发生的原因归之于其个人性格或其所具条件,这叫作性格归因(dispositional attribution)。因为性格属个人的自身因素,故而又称性格归因为内向归因(internal attribution)。在平常的情形之下,一般人在解释别人的行为表现时,比较倾向于内向归因而较少使用外向归因。换言之,在解释别人行为时,一般人比较重视个人的性格因素而忽略了情境因素。此种偏重"对人"而忽略"对事"的归因心理取向,很可能造成归因误差:对别人行为的原因给予错误的解释。像这种只重视性格因素而忽视情境因素而造成对行为解释的偏颇倾向,心理学家称之为基本归因误差(fundamental attriutional error)。

在日常生活中,一般人在解释别人的行为时,很容易发生基本归因误差。商品广告设计者经常利用观众基本归因误差的心理倾向,以不实的广告技术推销商品。例如,当你看到一个身材健美的运动员,在电视上手持一罐某品牌的饮料,并一再重复该饮料可使身材健美的语句时,你对他的行为将如何解释?假如你认为他说的是实话,那你采用的就是性格归因原则。假如你认为他说的未必是实话,他如此说的原因,一方面是他收了厂家的报酬,另一方面是他借此在电视上作秀以宣传自己,那你采用的就是情境归因原则。单就这一则广告的目的而言,显然设计者希望观众采用性格归因来解释。当然,电视宣传广告未必就不真实,像某种疾病流行时请医师上电视为观众讲解注意事项,就算医师收取报酬,观众也不致将他的行为给予情境归因。

归因只是对别人行为原因的推理解释;推理解释未必符合事实。归因能否符合事实,关系到很多因素,其中人际关系就是一个重要原因。例如,一位丈夫忘记了妻子的生日,你猜这位妻子将对丈夫的行为如何归因?以下两种归因都有可能:其一,妻子怀疑丈夫对她冷淡。其二,妻子猜想那是由于丈夫工作太忙所致。显然,前者是性格归因,后者是情境归因。由这两种不同归因趋向,可了解夫妻间不同的感情关系。

如果把归因的理念扩大到也用来解释个人自己的行为,心理学家发现了一个相当普遍的心理现象:一般人在解释别人的行为时,倾向于性格归因,而在解释自己的行为时,却倾向于情境归因。显然,这两种归因倾向,都有可能导致归因误差。人为什么会有这种心理,心理学家们认为可能有两个原因:其一,个人对自己知道的较多,对别人知道的较少;个人不能设身处地站在别人的立场看别人的行为,故而只能笼统地解释说其行为原因乃是出于对方本身。其二,由于注意焦点不同,观察别人行为时,注意的焦点多落在对方本人身上;在个人自己表现某种行为时,注意的焦点往往落在环境上。

以上介绍的,主要是海德归因论的基本理念与其后继者的研究。社会心理学家凯莱(Kelley,1971)对一般人在解释别人行为时所采取的归因取向提出了一种补充理论。按凯莱的解释,在面对别人的行为表现时,只要按三个标准去考虑,即可确定宜于采取何种归因方式。凯莱以见到女生玛利看电影时大笑为例,提出三个标准如下:

(一) 特殊性(distinctiveness)

指该行为只在特殊情况下发生,还是在一般情境下经常发生。玛利只是看到这个电影时大笑,还是她每次看电影时都会大笑?

(二) 共同性(consensus)

指该情境下是否引起大家同样的行为。玛利看电影时大笑,是她在大家都笑时跟着一起笑,还是别人都不笑而只有她一人大笑?

(三) 一致性(consistency)

指某人该种行为在类似情境之下是否重复出现。玛利每看此类电影时都会大笑吗?

表 16-1 表示归因的三种标准与归因取向的关系。

表 16-1 归因标准与归因取向的关系

归因取向	归因标准	特殊性		共同性		一致性	
		高	低	高	低	高	低
宜采取性格(内向)归因			√		√	√	
宜采取情境(外向)归因		√		√		√	

不妨举例说明以上三个标准如何作为归因的重要依据。假设有一份工作,以前任职的人绩效差异很大,有的干得好,有的干得很差——共同性很低。有一位女职员以往的工作表现很普通,没有什么突出的成就——低特殊性。现在她担任了这份工作,并且工作表现很稳定——一致性很高。该如何评价她的工作?一个平常人担任一份并不是任何人都干得很出色的工作,而且工作表现很稳定,应该说这是合理的结果,可以认为她已经兢兢业业、恪尽职守了。归因理论的重要价值就在于,它说明了解释行为的依据和复杂性,说明对同一行为可以有不同的解释。比如,一个向来工作出色的职员出现了失误,领班会不以为然,认为这只是偶然现象,外因所致——情境归因,不至于影响对这个职员的总体评价。但若一名平素表现较差的员工犯了同样的过失,则往往会被认为是本性所致——性格归因。

第三节 人际吸引和人际关系需求类型

一、人际吸引

人际吸引是人与人之间建立感情关系的第一步;一个人如果毫无吸引别人之处,就不能引起别人的注意,如果两人之间不能彼此吸引,也建立不起亲密的感情关系。所谓人际吸引(interpersonal attraction),是指人与人之间彼此注意、欣赏、倾慕等心理上的好感,并进而彼此接近以建立感情关系的过程。心理学家们研究发现，构成人际吸引的因素有以下几种：

（一）接近且相纳

由于人与人之间在活动空间上彼此接近，因而有助于人际关系的建立，这是一种最自然的现象。邻居、同学、同办公室、同车上下班等，都是使人接近的机会。因接近机会多而相识，因相识而彼此吸引，进而建立友谊。由空间上的接近而影响人际吸引的现象称为接近性（proximity）。美国心理学家费斯汀格（Festinger）等人，曾以麻省理工学院已婚学生眷属宿舍的居民为对象，研究他们之间的邻居友谊与空间远近的关系。该宿舍共17栋两层楼房，每栋上下两层，每层5户，共计170户。在学年开始搬入宿舍时，彼此互不相识。经过一段时间之后，研究者要求每户举出在宿舍中新交的三位朋友。结果发现，他们所交的新朋友，几乎离不开四个接近性的特征：①是近邻；②是同层楼的人；③是信箱靠近的人；④是走同一个楼梯的人。由此看来，经常见面是友谊形成的一个重要因素。

当然，人与人空间上彼此接近，未必一定彼此吸引，也可能接近久了彼此生厌。因此，人际间的接近性，只能视为人际吸引的必要条件，不能视为充分条件：从无接近机会，彼此间就不能吸引；有了接近机会，彼此间的吸引力也未必产生。只能说"近水楼台先得月"，却不能说近水楼台"必"得月。在接近的条件下要想进一步与人建立良好的人际关系，需要彼此互相接纳。所谓接纳（acceptance），是指接纳对方的态度、意见、观念与思想，对其为人处世的方式，不但感兴趣，而且表示适度的赞许。只有在接近的条件上彼此接纳，才会继续来往沟通。有沟通，才会彼此相知；彼此相知，才会成为莫逆之交。

国外管理者很重视接近因素的作用，他们对员工的工作场所进行设计和安排时，常常将人际交往的因素也考虑进去。这样，既便于员工之间相互交往，有利于形成协调一致的关系，又可防止因空间上的距离而产生的与整体利益不一致的小圈子。其次，人与人之间的交往频率也影响人际关系的建立。在群体中，成员之间接触越多，了解时间越长，就越容易形成良好的人际关系。

（二）相似或相补

中国有两句成语："惺惺相惜"与"刚柔相济"，前者指才智相似的人会彼此爱怜，后者指两个性情极端不同的人，却能和谐相处。像前一种情形，两人间彼此吸引的原因，称为相似性（similarity）；像后一种情形，两人间彼此吸引的原因，则称为相补性（complementarity）。

人与人之间的相似处很多，诸如年龄、学历、兴趣、嗜好、态度、宗教信仰、政治理念等，都可能彼此相似。由于某些方面相似，而可能彼此投契，可能情投意合，从而形成亲密关系。从心理学的观点看，相似有助于相交，可有以下两点解释：

第一，具有相似兴趣与态度者，多趋于参加同类的活动，自然增加了彼此认识沟通的机会，从相识而相知，进而建立进一步的感情。

第二，凡是年龄、学历、兴趣、信仰等各方面相似者相交往时，彼此间的意见容易沟通；而在意见沟通交流的过程中，由于个人的见解引起了对方的共鸣，因而在"知音难遇而得遇"的情境下，格外觉得珍重。

至于相补性能构成人际吸引的原因，除两性之间自然相补之外，在个人兴趣、专业、特殊才能等方面，多数人都会有希望自己所缺者能由别人补足的心理倾向。因为人在追求成长时，不可能掌握到所有的机会，因而顾此失彼的遗憾总是难免。因此，遇到自身所缺少而对方所擅长的某种特征时，就会不期而然地对之表示好感。例如：学理工的人，可能爱好文艺但失去学习文艺的机会，如在人际交往中交到长于文艺的朋友，分享其在文艺上的心得与快乐，就可使他的缺憾得到补足。

（三）相悦因素

所谓相悦，主要是人与人之间情感上的相互接纳和肯定。在日常生活中不难发现，期待能得到说话者喜欢和赞赏的人，往往与对方靠得较近。如果是在一个群体之中，那些离说话者最近的人，往往就是最期望对方对自己有好感的人。同样，说话者也能够察觉到，那些离自己最近的人正是喜欢自己的人。人们的相悦会在举止言谈中不知不觉地表现出来，彼此都感到对方能接纳自己和喜欢自己时，就会产生最大的相互吸引力，极易建立良好的人际关系。

人们常常很敏感地从他人的评价和态度来体会自己是否被他人接纳和肯定。希望得到他人的良好评价和称赞，应该说是一种正常的心理现象。人们往往从别人良好的评价中，了解自己在群体中或在别人心目中的地位，树立自己的自尊，产生一种被承认和被接纳的满足感。于是，人们能因对方的友好态度而感到愉快，这样相互之间就产生了建立良好的人际关系的基础。在许多情况下，人们也能心悦诚服地接受他人善意而合理的批评，这也同样出于别人接纳和喜欢自己的内心感受。

就一般心理活动而言，人们并非总是喜欢别人的称赞。首先，人们需要的是恰如其分的称赞，从中可以了解到自己应保持的优点，也需要恰如其分的批评，从中可以了解到自己应注意克服的缺点。其次，人们也并非受到别人的称赞越多就越喜欢对方。这里存在着一种"得失效应"，老生常谈的赞扬话不能使其增值，就显得贬值了。当一个人处境不利、缺乏自信或不为他人所接纳和称赞时，他最需要的是得到肯定性的评价和支持。这时恰当的"鼓励和称赞"，就如"雪中送炭"。而当一个人得到众多赞誉时，多一个人"锦上添花"未必能使他感到高兴。如果他是个明智的人，就会更欢迎中肯的批评。因此，人际交往的相悦因素不是基于相互间的捧场，而应该是基于相互间的互相帮助、共同提高。

（四）性格与能力

性格与能力不仅是应聘工作或从事职业的成功要素，就是在人际关系上，性格与能力也是引人注意与令人欣赏的重要条件。大家可能都曾体验过，而且也都会同意，一个人如果具有诚恳、坦率、幽默等性格，在人际交往中就比较能够吸引别人注意，也能获得别人赞赏。

按一般的看法，能力是人的优越条件，能力愈高，成就愈大，他获得的评价自然也就愈好。这种常识性看法，在"就事论事"的观点而言，可能是对的。例如运动比赛的冠军，大家都会对他投以羡慕的眼光，表示衷心的赞赏。只是这种常识性看法用于"就人论人"的情形时，却未必尽然。心理学家研究发现，最为人所欣赏者，并非全能的人，而是精明中带有小缺点的人。以下的实验研究，正说明这一"就人论人"的心理倾向（Aronson，1980）。

该项实验研究，是将不同的四卷访问录像带，分别播放给四组受试者观赏，让他们凭主观的感觉评分，以表示他们对被访者喜欢的程度。录像带的内容，都是访问员与受访问者面谈，受访问者的身份是大学生。四卷录像带中的人物，都是一样的，只是访问员事先介绍以及访问过程各不相同。第一卷录像带的内容是，访问员在介绍受访问者的时候，将他描述成一个能力杰出的大学生：他是荣誉学生，是校刊编辑，是运动健将。在访问过程中，尤其表现杰出，对访问员提出的所有问题，都能毫不费力地答对。如此，受访者给人的印象是完美无缺的人。第二卷录像带的内容与第一卷大同小异。访问员的介绍相同，受访者回答的方式及表现也相同。其中唯一的不同是，在访问过程中加了一段小插曲：受访者表现有点紧张，不小心将面前的咖啡打翻，弄脏了一身新衣服，形成相当尴尬的局面。第三卷录像带的内容是，访问员将受访者说成是一个普通大学生。在访问过程中，受访者也只有普通的表现。第四卷录像带的内容，与第三卷大同小异；小异之点与第二卷中的插曲相同。实验者将四卷人物相同而能力表现各异的录像带，分别播放给不同的受试者去观赏，并要他们凭主观感受对受访者评分以表示他们对其喜欢的程度。经分析评定结果发现：按四卷录像带内四位受访者(实际上是一人)的顺序，大家最喜欢的是第二卷中的受访者，其次是第一卷，再次是第三卷，最不喜欢的是第四卷中的受访者。

以上研究发现所显示的意义是：才能平庸者固然不会受人倾慕，而全然无缺点的人，也未必讨人喜欢。最讨人喜欢的人物是精明而带有小缺点的人。为什么在行为表现上略带瑕疵的人反而会讨人喜欢？按心理学的解释，此种现象称为出丑效应(pratfall effect)，意指精明人不经心中犯点小错，不仅是瑕不掩瑜，反而更使人觉得他和别人一样有会犯错的缺点。不过，此种缺点发生在精明人的身上，反而成了优点。一般人为什么会有这种心理现象？按照研究者的解释，一般人与全然无缺点的人相处时，总难免因己不如人而感到不安。如一旦发现精明人也和自己一样有缺点，就会因为他也具有平凡的一面而使自身感到安全。

由人际吸引而人际交往，再由人际交往进而建立亲密的人际关系，显然是两方面的事。有些人虽为别人所吸引，在心理上好生倾慕，但因自己缺少足以吸引对方的条件，甚至在与对方接近时遇到冷落或排斥，这时自然难免感受到孤独寂寞的痛苦。寂寞(loneliness)是现代都市生活中，日处熙攘人群而彼此漠不关心情形下的一种相当普遍的心理现象；所不同的只是程度上的差异而已。

二、人际关系需求类型

需要是人们相互交往的根本原因。心理学家舒兹认为，每个人都需要别人，因此都具有人际关系需求。但每个人需求的内容和方式不同。在工作实践中，每个人都会逐渐形成对人际关系的基本倾向，也称人际反应特征。对人际反应特征的了解，能预测人与人之间的交往中可能发生的交往反应。

舒兹把人际关系的需求类型分为三种：

（一）包容需求

包容需求是人们为了谋求一定的社会的、物质的和精神的生活条件而建立起来的一种人际需求关系。每个人都希望与人来往、结交，想同别人建立并维持和谐的关系，基于这种动机而产生的人际行为特征即为交往、沟通、归属、参与等，他们在任何时刻都喜欢与人相处，要求归属于某一组织。与此相反的人际反应特征则是孤立、退缩、疏远、排斥、对立等。不管在什么历史条件和时代背景条件下，在人成长的不同阶段和不同的工作岗位上，人们都需要交往，都有被自己称为朋友的人，只是交往的密切程度、时间长短不同而已。

（二）控制需求

控制需求是人们为了满足支配欲与依赖心理而建立起来的一种人际关系需求。支配欲望人人都有，只是因为环境和能力的差异造成了支配欲强弱的不同，其行为特征表现为运用权力、权威、威望来影响、控制、支配或领导他人。与此相反的人际反应特质是依赖，即追随他人、模仿他人、受人支配。同样，由于环境和能力的差异，每个人依赖心理的强弱也不相同。这样支配欲较强者往往支配那些依赖心理较强的人，从而形成一种支配与被支配的控制关系。

（三）感情需求

感情需求就是人们为了满足友谊和爱的需要而建立起来的人际关系需求。每个人都存在感情上与他人建立、维持良好关系的愿望，其行为特征表现为喜爱、亲密、同情、友善、热情、照顾等。与此相反的人际反应特征是冷漠、反感、疏远、厌恶、仇视、憎恨等。爱具有动力作用和平衡作用，它可以活化人的感情，振奋人的精神，也可以使人保持心情的愉快，促进人的心理健康发展，从而形成健全的人格。如果爱的需要得不到满足，这种积极的情绪体验不能形成，就会产生孤独、焦虑、忧郁、恐惧的消极体验，长久下去将导致人格异常。人的这种感情需求在人的心理发展过程中自始至终存在，只是在不同的年龄阶段，需要不同的爱而已。因此，在工作过程中，要建立良好的上下级关系，各级领导一定要关心群众的疾苦，倾听群众的呼声，保护群众的利益。

舒兹认为，一个包容动机很强的行为主动者，一定是一个性格外向、喜欢与他人交往、积极参与各种社会活动的人。如果他的感情动机也很强，则不但喜欢与人相处，同时也关心别人，爱护别人，必能左右逢源，受人爱戴，赞美。

舒兹不仅区分了人际关系需求的三种类型，而且又进一步将人们的行为分为两种：①积极的表现者（以 E 为代表）；②被动的期待他人的行动者（以 W 为代表），从中分出六种基本的人际关系的倾向，如表 16-2 所示。

表 16-2 基本人际关系倾向

类型需求	行为表现	以 E 为代表 主动性	以 W 为代表 被动性
I	包容	主动与他人来往	期待别人接纳自己
C	支配	支配他人	期待别人引导自己
A	感情	对他人表示亲密	期待别人对自己表示亲密

主动型和被动型的人在三个特征上分别形成三对互补关系，就比较容易协调。如果是同一类型的，有时反而会难以相处。

需要的相补也是形成良好人际关系的重要条件。在现实生活中，需要的相补可以发展成密切的友谊。脾气暴躁的人和脾气随和的人往往能友好相处；独断专横者与优柔寡断者会成为好朋友；活泼好动的人与沉默寡言的人相得益彰。在相互交往中，成员之间通过互取其长，互补其短，可以结成亲密友好的人际关系。

第四节　人际关系的调节

组织中人际关系的好坏直接影响着人们的工作情绪和积极性,影响着组织效能的发挥和个人身心的成长;因此,对组织中的人际关系障碍要及时改善和调节。

一、人际关系调节的原则

(一)情感性原则

所谓情感性原则是指建立人际关系必须以情感的融洽性为基础。人际关系不同于其他社会关系的根本特点就在于它是建立在人们的好恶情感基础之上的。要建立良好的人际关系,不能靠政治制度、工作规范、工作纪律的强制性,更重要的是要真心实意地尊重、热爱、体贴别人。

(二)主体性原则

主体性原则是指建立人际关系的主动性和主导性。每个人都应该去主动亲近别人、协调关系,如果谁也不愿迈出第一步,要建立良好的人际关系是根本不可能的。各级领导应充分发挥自己的主动性和主导性,打破办公室、会议室的禁锢,主动与广大群众建立良好的人际关系,并用自己正确的认识、健康的情绪和适合的行为引导交往的健康发展。

(三)事业性原则

良好的人际关系并不是一团和气、相互吹捧,所谓事业性原则是指建立人际关系必须以提高工作效率、实现共同目标为根本目的。为保持一团和气而降低工作效率,为个人利益而以私人感情亲疏为标准建立人际关系都是不健康的。组织中的各级领导干部一定要克服好人主义和宗派主义倾向,按照有利于事业发展的原则建立人际关系。

二、人际关系调节的方法

人际关系的调节,包括工作环境因素的改善和个性心理修养两个方面。

(一)工作环境改善

1. 建立一个坚强且善于协调处理人际关系的领导班子

一个组织中领导班子的作风直接影响着组织中的人际关系。领导班子办事公道,密切联系群众,就能促进友好和谐的人际关系的建立。因此,在对管理者进行选拔的过程中,要求他们不仅要懂得本行业、本学科的业务知识,还必须懂得管理。这是管理者更应该具备的一种能力,有了这种能力,才能使组织成员行动协调,关系融洽,使整个组织处于一种"人和"环境之中。

2. 建立合理高效的组织结构

组织结构合理,人员精干,上下左右信息畅通,每位成员各得其所,各司其职,各负其责,各尽其能,各展其才,人际关系自然良好;相反,组织机构重叠,人浮于事,衙门作风，相互推诿责任，则整体功能必定很差，效率低下，内耗严重，人际关系也将随之受到严重影响。

3. 推行参与管理

人们一旦亲自参与某件事情，就会产生一种主人翁感，并从中体会到自己的价值和责任，从而提高满足感。让职工参与管理，有利于沟通意见，增加相互之间的理解与信任，使管理者与被管理者之间的人际关系改善，使管理措施的执行具有较可靠的基础。职工参与管理，对于职工来说可以更多地了解管理者的思想和措施，而较少引起不满，主动配合管理者，共同努力实力组织的目标。

4. 加强意见沟通

每个组织都有奋斗目标及达到目标的措施，只有全体成员都了解这些目标和措施，才能齐心协力去实现目标。为了建立协调的人际关系，一个组织内部必须使意见得到充分交流，增进彼此的了解，增强团结，领导者更要善于听取下属的意见，鼓励职工发表意见，特别是建设性的意见和批评意见。

5. 采用相互作用分析的技术

根据第七章介绍的相互作用理论，人的个性一般由三种心理状态构成，这就是"父母状态"、"成人状态"以及"儿童状态"。它们对人际关系的形成和发展有重大影响。"父母状态"以权威和优越感为标志，通常表现为统治人、训斥人的家长专制作风。"儿童状态"是一种自然冲动，表现为服从和任何人摆布，喜怒无常，与儿童无异。"成人状态"注重事实资料的搜集与客观理智的分析，不受"父母"和"儿童"心理状态的干扰。人们在发生相互作用时，有时是平行的关系，如"父母父母"、"儿童儿童"、"成人成人"；有时是交叉的关系，如"父母成人"、"父母儿童"、"成人儿童"。在人际交往中，合理地运用相互作用分析，乃是一门高超的艺术。一般说来，在平行作用时，两个人之间的"对话"会无限制地继续下去；而在交叉作用时，信息沟通往往会出现中断。理想的相互作用应该是"成人"刺激和"成人"反应。所以，采用相互作用分析的技术，可以使管理者和团体成员理解人们在相互交往时的心理状态，融洽人际关系。一个人只要明白自己和对方都有种种心理状态，同时能配合这些状态进行交流沟通，那么，他便能正确分析对方的谈话，并做出适当的反应。相互作用分析的重点之一，是不但使自己确立成人的心理状态，尽可能控制自己，用成人的思想、成人的语调来对待别人，同时也要鼓励和引导对方确立成人的心理状态，尽可能用"成人"态度来处理问题。这样一来，人际关系就会建立在一种较稳固的基础之上。

（二）个性心理修养

1. 感受性训练

感受性训练是旨在提高人们的自我认识与社会认识能力的心理修养。良好的人际关系是良好的自我认识和社会认识的产物。通过感受性训练，人们可以加深对各种情绪，如不安、焦虑、厌烦、恐惧、羞愧、愤怒等的体验，可以了解各种心理形成的过程以及各种行为的心理原因，从而调整自身的情绪与行为。

感受性训练可以通过两种途径来进行。一种是自然条件下的自我训练，另一种是在受控条件下的自我训练。自我训练是在提高心理修养自觉性的基础上，自觉地对自己的心理活动进行监视、评价、分析和调节。自我训练应当是组织领导进行感受性训练的主要途径。受控条件下的感受性训练,是由实验主持人设置某种特定的环境与事件,使受试者产生某种典型的情绪状态,如焦虑和愤怒,并及时回忆、记录、分析与评价。总之,通过感受性训练,可以提高心理感受能力和自我表现调节能力,从而为建立良好的人际关系创造有利条件。

2. 角色扮演

在人际交往的过程中,假如每个人都能站在别人的立场,多替别人着想,必定可以减少很多不必要的误会和冲突,维持和谐的人际关系。角色扮演法就是把人们从交往的主体角色转变为客体角色,通过体验客体角色的心理感受来调节自己的心理行为,使人际关系不断改善。如在领导活动中,领导者承担主体角色,他召集会议、布置工作、督促检查、实行奖惩等。这种活动方式势必给领导者的心理带来消极影响,使领导干部滋生唯我独尊的心理,成为建立良好人际关系的障碍。消除这种障碍的有效方法,就是让领导者变为被领导者,接受官僚主义领导作风的刺激,使之产生种种不愉快的情绪,从而体会到被领导者同样也有谋求尊重的需要,进而改进自己的领导作风。领导者与被领导者、医生与病人、营业员与顾客、教师与学生等,都是这种互为主体和客体的关系。

3. 人格修养

恶劣的人品是破坏人际关系的主要障碍。一个人心胸开阔、性格开朗、严于律己、宽以待人,为搞好人际关系提供了良好的心理条件;相反,心胸狭窄、性格怪僻、嫉妒心强、性格暴躁就直接损害着人际关系,妨碍着人际关系调节方法的有效实施。所以,改善人际关系的基本途径是进行人格修养,人格修养的主要任务是树立正确的人生观和价值观。

复习与思考

1. 解释下列概念:
(1) 人际关系;(2) 社会知觉;(3) 第一印象;(4) 晕轮效应;(5) 刻板印象;(6) 归因;(7) 基本归因误差;(8) 人际吸引。

2. 概述人际关系在管理中的意义。

3. 社会知觉有哪些常见的形式?为什么说按照这些形式做出的判断并不是任何时候都正确无误的,有时可能会歪曲知觉,导致知觉偏差?

4. 为什么一般人在解释别人的行为时,倾向于性格归因,而在解释自己的行为时,却倾向于情境归因?归因理论的重要价值是什么?

5. 构成人际吸引的因素有哪些?举例说明这些因素。

6. 概述人际关系调节的原则和方法。

即测即评

第十七章 领导心理

学习目标

学完本章,应该能够:明确领导、领导者的定义;说明领导与管理的区别;了解领导理论的发展过程;掌握领导者的基本素质。

本章主要术语

领导(leadership)
领导者(leader)
管理(management)
技术技能(technical skills)
人际关系技能(human skills)
观念技能(conceptual skills)

领导是人类社会的伴生物。群体活动所必需的人际合作、协调和统一运作是领导现象存在的前提。对旅游企业来说,领导对于旅游企业绩效具有决定性的意义。

在这一章,首先明确领导、领导者的定义,阐述领导与管理的区别。然后概括介绍领导理论的发展过程。最后讨论领导者的基本素质。

第一节 领　　导

一、领导与领导者

领导是人类所独有的一种特殊社会现象，无论是在原始部落，还是在现代社会，凡有以群集方式共同活动的地方必定有领导存在，领导是人类社会的伴生物。群体活动所必需的人际合作、协调和统一运作是领导现象存在的前提。

关于领导的概念，众说纷纭。一位管理学家说，有多少管理学家为领导下定义，就有多少个领导的定义。在这里我们使用的是领导的广义定义，即：领导(leadership)是指引和影响他人或群体在一定条件下实现某种目标的行为过程。在这个过程中，承担指引任务或发挥影响作用的个人称为领导者(leader)。

领导既是一门科学，又是一门艺术。首先，领导是一门科学，是探索领导者、被领导者、环境三要素如何相互作用的科学。其次，领导是一种艺术，是寻求如何达到领导者、被领导者、环境三要素和谐统一的艺术。

领导者是领导过程三个要素中的核心，是在正式组织或非正式组织履行职责时必须产生的一种社会角色。领导者用角色行为支配或强化被领导者的行为，而被领导者则在角色知觉和角色期望的基础上，把领导者的行为作为群体行为的楷模。因而领导者是领导过程中各种人际关系以及人与情景相互作用的核心，领导者的素质与领导水平是企业成败的关键。

二、领导与管理

领导与管理之间是否有区别？这一问题尤其成为近年来的热点话题，很多专家在这方面有着不同的看法。比如，哈佛商学院的亚伯拉罕·扎莱兹尼克(Abraham Zaleznik)指出，管理者和领导者是两类完全不同的人。他们在动机、个人历史及想问题、做事情的方式上存在着差异。扎莱兹尼克认为，管理者如果说不是以一种消极的态度，也是以一种非个人化的态度面对目标的；领导者则以一种个人的、积极的态度面对目标。管理者倾向于把工作视为可以达到的过程，这种过程包括人与观念，二者相互作用就会产生策略和决策；领导者的工作具有高度的冒险性，他们常常倾向于主动寻求冒险，当机遇和奖励很高时尤其如此。管理者喜欢与人打交道的工作，他们回避单独行为，因为这会引起他们的焦虑不安，他们根据自己在事件和决策过程中所扮演的角色与他人发生联系；而领导者则关心的是观点，以一种更为直觉和移情的方式与他人发生联系。

同在哈佛商学院的约翰·科特(John Kotter)却从另一角度指出了管理与领导的差异。他认为，管理者主要处理复杂的问题，优秀的管理者通过制定正式计划、设计规范的组织结构以及监督计划实施的结果而达到有序而一致的状态。相反，领导者主要处理变化的问题，领导者通过开发未来前景而确定前进的方向，然后，他们把这种前景与他人进行交流，并激励其他人克服障碍，达到这一目标。科特认为要达到组织的最佳效果，领导和管理具有同等的重要性，二者缺一不可。但是大多数组织总是过于强调管理而忽视了领导的重要性，因此我们应更加注重开发组织中领导的作用。因为，今天的主管过于着重按时完成工作任务，不超过经费预算，昨天干了什么工作，然后在过去的基础上仅提高5%。

如果比较领导与管理两概念的含义，两者的相同之处是都属于一种动态的行为过程，两者的差别是领导的概念要比管理的概念广泛得多。管理是指一种特殊的领导，是指引和影响个人或组织在一定条件下实现组织目标的过程。换句话说，管理的最高目标就是实现组织目标。领导虽然也同个人与群体共同来实现目标，但是这些目标不一定就是组织目标，它可能包括个人目标、小集体目标或者组织目标。

第二节 领导理论的发展

一、特质理论

领导的特质理论(trait theories of leadership)是所有领导理论中最古老的一种理论。这种理论着重研究理想领导者的特质，并以此为标准预测什么样的人当领导者最合适。

早在20世纪30年代，心理学家们就进行了大量研究，希望发现领导者与非领导者在个性、社会、生理或智力因素方面的差异。在1949年以前，对领导的研究主要是力图分析领导人所具备的品质。"伟人"论认为领袖是天生的而不是造就的，这种信念可追溯到古代希腊人和罗马人，以此为出发点，研究人员试图辨析不同的领袖在身体、精神和个性方面的品质。"伟人"论随着心理学行为学派的兴起而大大丧失了它的可接受性。行为学派强调人除了得自遗传的身体特征外，没有天生的品质，也许只具有一些健康的素质。

不少学者已经做过各种品质问题的研究，但众多分离领导特质的研究努力以失败告终。比如，一份研究综述概括了20篇研究报告，并列出了近80项领导特质，其中至少在四篇文章中共同的因素仅有五项，也就是说，人们并未找到一些特质因素总能对领导者与非领导者以及有效领导者与无效领导者进行区分。可能尚还乐观的是，大多数人相信对于所有成功的领导者来说，都具备一系列一致而独特的个性特点，不论他们在什么样的企业中工作。

不过，在确定与领导关系密切的特质方面的研究，得到的结果却相当瞩目。比如，研究发现领导者有六项特质不同于非领导者，即：进取心、领导意愿、正直与诚实、自信、智慧和与工作相关的知识。另外，最近的研究表明，个体是否是高自我监控者(在调节自己行为以适应不同环境方面具有很高的灵活性)也是一项重要因素，高自我监控者比低自我监控者更易于成为群体中的领导者。总之，大半个世纪以来的大量研究使我们得出这样的结论：具备某些特质确实能提高领导者成功的可能性，但没有一种特质是成功的保证。

为什么特质论在解释领导行为方面并不成功呢？我们认为至少有四个原因：第一，它忽视了下属的需要；第二，它没有指明各种特质之间的相对重要性；第三，它没有对因与果进行区分（如到底是领导者的自信导致了成功，还是领导者的成功建立了自信）；第四，它忽视了情景因素。这些方面的缺欠使得研究者的注意力转向其他方向。因此，从20世纪40年代开始，特质理论就已不再占据主导地位了。20世纪40年代末至60年代中期，有关领导的研究着重于对领导者偏爱的行为风格的考察。

二、行为理论

由于在特质论的矿山中未能挖掘到金子，研究者开始把目光转向具体的领导者表现出的行为身上，希望了解有效领导者的行为是否有什么独特之处。如果领导的行为理论（behavioral theories of leadership）成功，它所带来的实际意义将与特质论截然不同。

如果特质理论成功，则提供了一个为组织中的正式领导岗位选拔"正确"人员的基础；如果行为研究找到了领导方面的关键决定因素，则可以通过训练使人们成为领导者。特质理论与行为理论在实践意义方面的差异源于二者深层的理论假设不同：如果特质论有效，领导从根本上说是天生造就的；相反，如果领导者具备一些具体的行为，则我们可以培养领导，即通过设计一些培训项目把有效的领导者所具备的行为模式植入个体身上。这种思想显然前景更为光明，它意味着领导者的队伍可以不断壮大。通过培训，我们可以拥有无数有效的领导者。

（一）俄亥俄州立大学的研究

最全面且重复最多的行为理论来自于20世纪40年代末期在俄亥俄州立大学进行的研究，研究者希望确定领导行为的独立维度，他们搜集了大量的下属对领导行为的描述，开始时列出了1 000多个因素，最后归纳出两大类，称之为结构维度和关怀维度。

1. 结构维度

结构维度（initiating structure）指的是领导者更愿意界定和建构自己与下属的角色，以达到组织目标。它包括设立工作、工作关系和目标的行为。高结构特点的领导者向小组成员分派具体工作，要求员工保持一定的绩效标准，并强调工作的最后期限。

2. 关怀维度

关怀维度（consideration）指的是领导者尊重和关心下属的看法与情感，更愿意建立相互信任的工作关系。高关怀特点的领导者帮助下属解决个人问题，他友善而平易近人，公平对待每一个下属，并对下属的生活、健康、地位和满意度等问题十分关心。

以这些概念为基础进行大量研究发现，在结构和关怀方面均高的领导者（"高-高"领导者）常常比其他三种类型的领导者（结构低，关怀低或二者均低）更能使下属取得高工作绩效和高满意度。但是，高高风格并不总能产生积极效果。比如，当工人从事常规任务时，高结构特点的领导行为会导致高抱怨率、高缺勤率和高离职率，员工的工作满意水平也很低。还有研究发现，领导者的直接上级主管对其进行的绩效评估等级与高关怀性成负相关。总之，俄亥俄州立大学的研究表明，一般来说，"高-高"风格能够产生积极效果，但同时也有足够的特例表明这一理论还需加入情境因素。

（二）密执安大学的研究

与俄亥俄州立大学的研究同期，密执安大学调查研究中心也进行着相似性质的研究：

确定领导者的行为特点以及它们与工作绩效的关系。

密执安大学的研究群体也将领导行为划分为两个维度，称为员工导向和生产导向。员工导向的领导者(employee-oriented leader)重视人际关系，他们总会考虑到下属的需要，并承认人与人之间的不同。相反，生产导向的领导者(production-oriented leader)更强调工作的技术或任务事项，主要关心的是群体任务的完成情况，并把群体成员视为达到目标的手段。

密执安大学研究者的结论对员工导向的领导者十分有利。员工导向的领导者与高群体生产率和高工作满意度成正相关；而生产导向的领导者则与低群体生产率和低工作满意度联系在一起。

（三）管理方格论

布莱克(R. R. Blake)和莫顿(J. S. Mouton)二人发展了领导风格的二维度观点，在"关心人"和"关心生产"的基础上提出了管理方格论(manage rialgrid)，它充分概括了俄亥俄州立大学的关怀与结构维度以及密执安大学的员工导向和生产导向维度。

管理方格如图17-1所示。这是一个衡量领导者行为倾向的态度模型，由于通俗、实用，促进了行为理论的流行。

图17-1 管理方格图

图中，横坐标表示管理者对生产的关心程度，纵坐标表示管理者对人的关心程度。这样图中有81个方格，分别代表了81种不同的领导风格，每种领导风格就用它的横坐标和纵坐标数值来表示。评价管理人员时就按照这两方面的行为，在图上找出交叉点，这个交叉点便是他的类型。

布莱克和莫顿强调，他们使用"对……关心"这句话的含义是要表明管理人员"怎样"关心生产,以及他"怎样"关心人,而不是关心从一个群体中得到"多少"产量之类的事。

"关心生产"是指一名监督管理人员对各类事项所抱的态度,诸如对政策决议的质量、程序与过程,研究工作的创造性,职能人员的服务质量,等等。同样,"关心人"也有广泛的解释,包含了诸如个人对实现目标的承诺程度、工人对自尊的维护、基于信任而非基于服从来授予职责、提供良好的工作条件和保持令人满意的人际关系等内容。

布莱克和莫顿在提出管理方格图时,还列举了下列四种极端的管理方式:

1. 1.1 型管理

1.1 型管理可称为"贫乏型管理"。这种管理对生产任务的关心和对员工的关心都做得最差,管理人员实质上已放弃自己的职责,只是无所事事或者只充当将上级的信息向下属传达的信使。它是管理者和整个企业的失败,但一般很少出现这种情况。

2. 9.1 型管理

9.1 型管理有时被称为"任务型管理"。这种管理只注重生产任务的完成,而不注重人的因素,员工都变成了机器。这种管理者是一种专制式的管理者,下级只能奉命行事,一切都受到上级的监督和控制,使员工失去进取精神,不肯用创造性的方法去解决各种问题,并且不愿施展他们所学到的本领。最后,管理者同员工都可能转向"1.1 型管理"。

3. 1.9 型管理

有些人称 1.9 型管理为"乡村俱乐部型管理"。这种管理同偏重任务的管理遥遥相对,管理人员很少甚至不关心生产,而只关心人,他们促成一种人人得以放松,感受友谊与快乐的环境,而没有人关心去协同努力以实现企业的目标。他们的论点是,只要员工精神愉快,生产成绩自然很高。他们认为不管生产成绩好不好,都要首先重视员工的态度和情绪。这种管理的结果可能是很脆弱的,万一和谐的人际关系受到了影响,工作效率就会随之降低。

4. 9.9 型管理

9.9 型管理又称"团队型管理"。这种管理对生产的关心和员工的关心都达到了最高点。这种管理工作发扬了集体精神,员工都运用智慧和创造力进行工作,人际关系和谐,任务完成得出色。这种管理可获得以下良好结果:

(1) 增加了企业的竞争能力和赢利能力。
(2) 改善了各单位之间的相互关系。
(3) 充分发挥了集体精神的管理。
(4) 减少了员工的摩擦,增进了员工间的相互了解和谅解。
(5) 提升了员工的创造力和对工作的责任感。

在"9.9 型管理"的情况下,员工在工作方面希望相互依赖,共同努力去实现企业的组织目标;领导者诚心诚意地关心员工,努力使员工在实现组织目标的同时,满足个人的需要。

以这四种极端的管理类型为基点,就能够把各种管理技术、方法和方式置于方格图中的某个位置。显而易见,5.5 类型的管理人员对生产和人的关心都是适中的,他们能得到充分的士气和适当的产量,但不是卓越的。他们并不制定过高的目标,对人则很可能是相当开明的专断态度。这种管理虽比 1.9 型管理和 9.1 型管理强些,但由于企业固守传统的习惯和产品的一般标准，从长远的观点看，会使企业逐渐落伍。因此，5.5型管理又称之为"中庸之道型管理"。

布莱克和莫顿根据自己的研究得出结论，9.9风格的管理者工作效果最佳。但遗憾的是，方格论只是为领导风格的概念化提供了框架，未能提供新信息以澄清领导方面的困惑，并且，也缺乏实质证据支持所有情境下的9.9风格都是最有效的方式。例如，有人对此提出异议，他们用战争实例、救火实例来证明"9.1型管理"最有效。

总之，方格理论主要表明的并不是得到的结果，而是为达到这些结果领导者应考虑哪些主要因素。

（四）斯堪的纳维亚学者的研究

前面介绍的三种行为观点都是在20世纪40年代末至60年代初提出来的。这些观点是在世界政治经济发展较为稳定且可预测的背景下提出的，一些研究者认为它们未能很好反映当今变化极快的现实，于是芬兰和瑞典的研究者再次提出是否在把握领导行为的实质方面只存在两个维度。他们的基本假设是：在变化的世界中，有效的领导者应该表现出发展导向的行为。这些领导者重视尝试的价值，寻求新方法，发动和实施变革。

斯堪的纳维亚研究者重新考察了俄亥俄州立大学的原始实验数据，他们发现俄亥俄的研究者们包括了发展因素，如"做事总愿意采用新方法"，"运用新观点解决问题"及"鼓励下属采取新活动"。但是，这些项目在当时并不能很好地解释有效的领导。斯堪的纳维亚研究者认为，这是因为在那个时代里，开发新观点和实行改革并不是十分重要的。然而，在今天的动态环境中，情况发生了根本改变。所以，这些学者进行了新的研究，以考察是否还有第三个维度——发展维度——与领导的有效性有关。

初步的证据是十分积极的，研究者采用的一些芬兰和瑞典领导者的样本，有力支持了应该把发展导向的领导行为作为一个分离和独立的维度的观点。也就是说，传统上只重视两类领导行为的观点在20世纪90年代已变得并不十分适当。另外，尽管在传统结论中缺乏确凿证据，但也表现出具有发展导向的领导者(development-oriented leader)更令下属满意，被下属评价为更有能力。

三、权变理论

人们越来越清楚地认识到，为了预测领导成功而对领导现象进行的研究其实比分离特质和行为更为复杂。由于未能在特质和行为方面获得一致的结果，使得人们开始重视情境的影响。

对影响领导效果的主要情境因素进行分离的研究很多。在权变理论的发展过程中，人们经常使用的中间变量有：工作的结构化程度、领导者成员关系的质量、领导者的职位权力、下属角色的清晰度、群体规范、信息的可得性、下属对领导决策的认可度、下属的工作士气等。

在分离主要的情境变量中，一些做法被证明比另一些做法更为成功，也因此而获得了广泛认可。权变理论主要有：费德勒模型、赫塞和布兰查德的情境理论、领导者-成员交换理论、路径目标理论和领导者参与模型等。这里，我们仅介绍其中的赫塞和布兰查德的情境理论。

保罗·赫塞(Paul Hersey)和肯尼斯·布兰查德(Kenneth Blanchard)开发的领导模型称为情境领导理论(situational leadership theory)，它被广大的管理专家们所推崇，并常常作为主要的培训手段而应用。

情境理论是一个重视下属的权变理论。选择正确的领导风格可以获得领导的成功，在这一点上，赫塞和布兰查德认为下属的成熟度水平是一个权变变量。在进一步讨论之前，首先我们要澄清两个问题：第一，为什么要重视下属？第二，成熟度这个术语是什么意思？

在领导效果方面对下属的重视反映了这样一个事实：是下属们接纳或拒绝领导者。无论领导者做什么，其效果都取决于下属的活动。然而这一重要维度却被众多的领导理论所忽视或低估。

对于成熟度，赫塞和布兰查德将其定义为：个体对自己的直接行为负责任的能力和意愿。它包括两项要素：工作成熟度与心理成熟度。前者包括一个人的知识和技能。工作成熟度高的个体拥有足够的知识、能力和经验完成他们的工作任务而不需要他人的指导。后者指的是一个人做某事的意愿和动机。心理成熟度高的个体不需要太多的外部鼓励，他们靠内部动机激励。

情境领导模式使用的两个领导维度是任务行为和关系行为。赫塞和布兰查德认为每一维度有低有高，从而组合成四种具体的领导风格：

（一）指示（高任务低关系）

领导者定义角色，告诉下属干什么、怎么干以及何时何地去干，它强调指导性行为。

（二）推销（高任务高关系）

领导者同时提供指导性行为与支持性行为。

（三）参与（低任务高关系）

领导者与下属共同决策，领导者的主要角色是提供便利条件与沟通。

（四）授权（低任务低关系）

领导者提供极少的指导或支持。

赫塞和布兰查德理论的最后部分定义了下属成熟度的四个阶段：

阶段一。这些人对于执行某些任务既无能力又不情愿。他们既不胜任工作又不能被信任。

阶段二。这些人缺乏能力，但愿意从事必要的工作任务。他们有积极性，但目前尚缺乏足够的技能。

阶段三。这些人有能力却不愿意干领导者希望他们做的工作。

阶段四。这些人既有能力又愿意干让他们做的工作。

图17-2概括了情境领导模型的各项要素。当下属的成熟度水平较高时，领导者不但可以减少对活动的控制，还可以减少关系行为。在阶段一(R1)中，下属需要得到明确而具体的指导。在阶段二(R2)中，领导者需要采取高任务和高关系行为。高任务行为能够弥补下属能力的欠缺，高关系行为则试图使下属在心理上"领会"领导者的意图。在阶段三(R3)中出现的激励问题运用支持性、非指导性的参与风格可获最佳解决。最后，在阶段四(R4)中，领导者不需要做太多事情，因为下属既愿意又有能力承担责任。

敏锐的读者可能已经注意到，赫塞和布兰查德的四种领导风格与管理方格中的四

"角"极为相似,指示型风格等同于 9.1 型管理;推销型风格等同于 9.9 型管理;参与型风格等同于 1.9 型管理;授权型风格等同于 1.1 型管理。是否情境与管理方格论大体相同,二者的主要差异只是将 9.9 型的内容(一种适合于所有情况的风格)做了改动,认为"正确的"风格应与下属的成熟度相联系?赫塞和布兰查德否认了这种看法。他们认为方格论强调的是对生产和员工的关注,是一种态度维度,而情境领导模式却相反,强调的是任务与关系的行为。尽管赫塞和布兰查德这样辩驳,但它们之间的差异确实很小。如果认为情境领导理论是在方格论基础上的改进,它反映出了下层成熟度的四个阶段,则更易于对它的理解。

图 17-2 情境领导模型

四、关于领导理论的最新观点

在这一主题中我们将列出三种观点来概括领导理论的最新观点:领导的归因理论,领袖魅力的领导理论,以及交易型领导和变革型领导理论。这些观点有一个共同之处,即它们都减少了理论的复杂性,而从普通人的角度看待这一主题。

(一)领导的归因理论

前面曾经讲过,归因理论主要用于了解原因与结果之间的关系。当一件事发生时人们总愿意将它归因于某种原因。在领导情境下,归因理论(attribution theory)指的是,领导主要是人们对其他个体进行的归因。运用归因理论的框架,研究者发现人们倾向于把领导者描述为具有某种特质,如智慧、随和的个性、很强的语言表达能力、进取心、理解力和勤奋等。并且,人们发现高高领导者(即在结构维度和关怀维度方面均高)与人们对好领导具有哪些因素的归因相一致。也就是说，不论情境如何，人们都倾向于将高高领导者知觉为最佳。在组织层面上，归因理论的框架说明了为什么人们在某些条件下使用领导来解释组织结果。这些组织绩效常常是极端情况。当组织中的绩效极端低或极端高时，人们倾向于把它们归因于领导。这一点有助于解释当组织承受严重的财政危机时，首席执行官们的敏感性，无论他们是否与此事有关；它还说明为什么这些首席执行官都会因为极好的财政状况而赢得人们的好评，不管实际上他们的贡献大小。

在领导的归因理论文献中，有一个十分有趣的现象，人们常常认为有效的领导者所做的决策前后连贯或坚定不动摇。有证据表明，"伟人式"的领导者是从困难或不寻常入手，通过决心和毅力，最终彻底获得成功的人。

（二）领袖魅力的领导理论

领袖魅力（charismatic leadership）的领导理论是归因理论的扩展。它指的是当下属观察到某些行为时，会把它们归因为伟人式的或杰出的领导能力。大部分领袖魅力的领导研究是确定具有领袖气质的领导者与无领袖气质的对手之间的行为差异，被公认为具有领袖魅力的领导人有：富兰克林·罗斯福、约翰·肯尼迪、马丁路德·金、沃尔特·迪士尼等人。

一些研究者试图确认具有领袖魅力的领导者的个性特点。罗伯特·豪斯（以路径目标理论而著名）确定了三项因素：极强的自信、支配力以及对自己信仰的坚定信念。瓦伦·本尼斯（Warren Bennis）研究了90位美国杰出和最成功的领导者，发现他们有四种共同的能力：有令人折服的远见和目标意识；能清晰地表述这一目标，使下属明确理解；对这一目标的追求表现出一致性和全身心的投入；了解自己的实力并以此为资本。不过，在这方面最新最全面的分析是由麦吉尔大学的康格（Conger）和凯南格（Kanungo）进行的。他们的结论是，有领袖魅力的领导人有如下特点：他们有一个希望达到的理想目标；为此目标能够全身心地投入和奉献；反传统；非常固执而自信；是激进变革的代言人而不是传统现状的卫道士。表17-1总结了区别有领袖魅力的领导者与无领袖魅力的领导者的关键特点。

表17-1　领袖魅力的领导者的关键特点

要　点	描　述
1. 自信	有领袖魅力的领导者对他们的判断和能力充满信心
2. 远见	他们有理想的目标，认为未来定会比现状更美好。理想目标与现状相差越大，下属越有可能认为领导者有远见卓识
3. 清楚表述目标的能力	他们能够明确地陈述目标，使其他人都能明白。这种清晰的表达表明了对下属需要的了解，然后，它可以成为一种激励的力量
4. 对目标的坚定信念	他们被认为具有强烈的奉献精神，愿意从事高冒险性的工作，承受高代价。为了实现目标能够自我牺牲
5. 不循规蹈矩的行为	他们的行为被认为是新颖的、反传统、反规范的。当获得成功时，这些行为令下属们惊诧而崇敬
6. 作为变革的代言人出现	他们被认为是激进变革的代言人而不是传统现状的卫道士
7. 环境敏感性	他们能够对需要变革的环境加以限制和对资源进行切实可行的评估

近期的研究试图确定领袖魅力对下属造成了哪些实质性的影响。这一过程的第一步是领导者清晰地描述宏伟前景。这一前景将组织的现状与更美好的未来联系在一起，使下属有一种连续的认识。而后，领导者向下属传达高绩效期望并对下属达到这些期望表现出充分的信心。这样做提高了下属的自尊和自信水平。接下来，领导者通过言语和活动传达一种新的价值观体系，并以自己的行为为下属设立了效仿的榜样。最后，有领袖魅力的领导人可以做出自我牺牲和反传统的行为来表明他们的勇气和对未来前景的坚定信念。

有领袖魅力的领导者对下属有什么影响呢？有关这方面越来越多的研究表明，有领袖魅力的领导与下属的高绩效和高满意度之间有着显著的相关性。为有领袖魅力的领导人工作的员工受到激励而付出更多的工作努力，而且，由于他们喜爱自己的领导，也表现出更高的满意度。

既然领袖魅力如此理想，人们是否可以通过学习成为有领袖魅力的领导者呢？有领袖魅力的领导人是否天生具有这些气质？尽管仍有少数人强调领袖魅力不可能被习得，但大多数学者专家认为个体可以经过培训而学会展现领袖魅力的行为，并因而享受到"有领袖魅力的领导者"所自然得到的效益。比如，一群研究者指出一个人可以通过以下三个阶段的学习变成有领袖魅力的领导者。首先，个体要保持乐观态度。使用激情作为催化剂激发他人的热情，运用整个身体而不仅仅是言语进行沟通。通过这些方面可以开发领袖魅力的氛围。其次，个体通过与他人建立联系而激发他人追随自己。第三，个体通过调动追随者的情绪而开发他们的潜能。研究者利用这种方法使商业专业的在校大学生成功地"扮演"了有领袖魅力的领导角色。他们指导学生清晰地表述一个极高的目标，向下属传达高绩效的期望，对下属达到这些目标所具备的能力表现出充分的信心，重视下属的需要；学生们练习表现出有力、自信和动态的形象，并使用富有魅力的迷人语调。为了进一步捕捉领袖魅力的生动特征，研究者还训练这些学生使用领袖魅力的非言语特点，他们或者坐在自己的办公桌上，或者在桌边漫步，身体向前倾向下属，保持直接的目光接触，呈现放松的姿态和生动的面部表情。研究者发现，这些学生学会了如何展现领袖魅力，并且，这些领导者的下属表现出更高的工作绩效、对工作任务的适应性以及对领导和群体的适应性。

有关这一主题的最后一点是：有领袖魅力的领导对于员工的高绩效水平来说并不总是必需的。当下属的任务中包含观念性要素时，它最为恰当。这可以解释为什么有领袖魅力的领导者更多出现于政治、宗教领域以及战争期间，或在一个引入重要新产品或面临生存危机的企业中出现，因为在这些情况下十分注重观念。富兰克林·罗斯福在经济大萧条中给美国人指出了光明的前景；斯蒂夫·乔布斯(Steve Jobs)在20世纪70年代末80年代初提出了个人电脑必将极大改变人们的日常生活前景，从而在苹果公司赢得了技术员工坚定的忠诚和高度的承诺。然而，当危机和剧烈变革的需要减退时，有领袖魅力的领导人事实上可能成为组织的负担。为什么？因为有领袖魅力的领导人过分的自信常常导致许多问题。他们不能聆听他人所言，受到有进取心的下属挑战时会十分不快，并对所有问题总坚持自己的正确性。比如，菲利普·凯恩(Phillipe Kahn)就是一位具有领袖魅力风格的领导者，在波兰德全球软件公司(Borland International)最初的创业时期，他立下了汗马功劳。然而，在公司的成熟时期，这位首席执行官却成为企业的负担，他独断的风格、自负而鲁莽的决策使公司陷入危机之中。

(三) 交易型领导与变革型领导理论

交易型领导（transactional leaders）通过明确角色和任务要求来指导或激励下属向着既定的目标前进。另一种领导鼓励下属为了组织的利益而超越自身利益，并能对下属产生深远而不同寻常的影响，被称为变革型领导者（transformational leaders）。他们关怀每一个下属的日常和发展需要；他们帮助下属以新观念看待老问题从而改变了下属对问题的看法；他们能够激励、唤醒和鼓舞下属为达到群体目标而付出更大的努力。表17-2概括了两种类型的领导者在四个方面的不同特点。

表17-2 变革型领导者与交易型领导者的特点

交易型领导	变革型领导
权变奖励：努力与奖励相互交换原则，良好绩效是奖励的前提，承认成就	领袖魅力：提供远见和使命感，逐步灌输荣誉感，赢得尊重与信任
通过例外管理（主动）：监督、发现不符合规范与标准的行为，把它们改正为正确行为	感召力：传达高期望，使用各种方式强调努力，以简单明了的方式表达重要意图
通过例外管理（被动）：只有在没达到标准时才进行干预	智力刺激：鼓励智力、理性活动和周到细致的问题解决活动
自由放任：放弃责任，回避决策	个别化关怀：关注每一个人，针对每个人的不同情况给予培训、指导和建议

我们不应该认为交易型领导与变革型领导采取截然对立的方法处理问题。变革型领导是在交易型领导的肩膀上形成的，他导致的下属努力水平和绩效水平比单纯的交易观点好得多。此外，变革型领导也更具领袖魅力。单纯领袖魅力的领导仅仅是想让下属适应领袖魅力的世界就足够了，而变革型领导则试图逐步培养下属的能力，使他们不但能够解决那些由观念产生的问题，而且完全能解决那些由领导者提出的问题。

有相当多的证据支持变革型领导优于交易型领导。比如，对美国、加拿大和德国的军队官员进行的大量研究发现，在每个水平上，对变革型领导者的评估都比交易型对手更好。在联邦快递公司中，那些被下属评估为更具变革型领导特质的管理者，被他们的直接上级主管评估为有更高成就的人和更应晋职的人。总之，所有证据都表明，变革型领导与低离职率、高生产率和高员工满意度之间有着更高的相关性。

第三节 领导者素质

作为领导者，如何行使自己的领导职责，如何做一个合格的领导者，很大程度上取决于领导者素质的高低。而且，领导者素质与领导效能有着密切的关系，是决定领导效能的一个重要因素。

一、领导者的基本技能和条件

一个企业经营管理的成败，关键在于领导者。

领导者的范围较为广泛。纵向看，有高层领导者、中层领导者、基层领导者等不同层次之分；横向看，有业务领导者、群众团体领导者、行政领导者等不同部门、不同职能之分。这些不同层次、不同职能的领导岗位因工作对象与具体情境不同，对任职者的要求也有一定的差异。但是他们作为领导者，都肩负着组织、指导人们去实现组织目标的共同职责，因而存在着一个普遍适用的衡量领导者的基本标准。

（一）领导者的基本技能

罗伯特·卡茨（Robert Katz）提出了三种基本管理技能：技术技能、人际关系技能和观念技能。

1. 技术技能（technical skills）

技术技能包括应用专门知识或技能的能力。领导者必须学习和掌握自己领域的专门知识和技能，能够胜任特定任务的领导，善于把专业技术应用到管理中去。这是领导和管理现代企业所必须具备的能力。所有的工作都需要一些专门的知识和技能，通过广泛的正规教育，人们掌握了自己领域的专门知识和技能，许多人的技术技能是在工作中形成的。

2. 人际关系技能（human skills）

人际关系技能是指无论是独自一个人还是在群体中与人共事，理解别人、激励别人的能力。许多人在技术上是出色的，但在人际关系技能方面却有些欠缺。例如，他们可能不善于倾听，不善于理解别人的需要，或者在处理冲突时有一定困难。由于领导者是通过别人来做事，所以，他们必须具有良好的人际技能，才能实现有效的沟通、激励和授权。一般认为，人际技能比聪明才智、决策能力、工作能力等更为重要。

3. 观念技能（conceptual skills）

观念技能是指领导者必须了解整个组织及自己在该组织中的地位和作用，了解部门之间相互依赖和相互制约的关系，了解社会群体及政治、经济、文化等因素对企业的影响；具备良好的个人品德和素质，有高度的事业心和进取精神；善于创新和把相关科学知识运用到企业管理中去。有了这种认识可使领导者按整个组织的目标行事。领导者可能在技术和人际关系技能方面都很出色，但若不能理性地加工和解释信息，照样会失败。

由于领导职位高低的不同，对以上三种技能的学习和掌握的要求也不同。当一个人从较低的领导层上升到较高的领导层时，他所需要的技术技能相对地减少，而需要的观念技能则相对地增加。较低管理层的领导者因接触生产和技术较多，他们需要较高的技术技能，而高层的领导则不必过多地了解某些具体技术上的问题，而特别需要能够将这三种技能相互结合运用，发挥各方面的力量，实现整个组织目标。如图 17-3 所示。

技术技能和观念技能可随领导层的不同而有所变化，但人际关系技能则对每个层次的领导者都具有同等重要的意义。

图 17-3　企业不同的领导层所需的管理技能

(二) 优秀领导者须具备的条件

密执安大学的行为学家利克特(R. Likert)对企业领导者行为进行了长期的研究。他在《管理的新模式》一书中,提出了一个优秀的领导者必须具备的条件:

(1) 优秀的领导者虽然对组织负全部责任,但并不单独做出所有的决策。他要善于引导群体内的意见交流,虚心听取各种不同意见,由此获得有助于决策的情报资料、技术性知识及各种事实和经验。

(2) 优秀的领导者在无法等待群体讨论而必须临时做出某种决策时,必须能预测到此种决策能够获得员工的支持,使群体迅速采取一致的行动。

(3) 优秀的领导者首先要特别注意营造一种群体成员相互合作支持的气氛,上下一致,为实现统一的组织目标而努力。

(4) 优秀的领导者必须能承担起组织交给自己的职责,但对于部属的影响应尽可能减少使用位置权力,即少利用其正式领导的地位与权力去指挥部属,而多利用自己的非权力性影响力去指导与影响部属。

(5) 优秀的领导者应具有善于同组织中的其他群众联系的能力。他能将本群体的见解、目标、价值及决策反映给别的群体,以收到影响其他群体的效果;同时,也能将其他群体的各种见解、目标等告知本群体,促进双方意见交流与相互影响。

(6) 优秀的领导者必须善于处理群体所面临的技术问题,并随时将专门知识提供给群体,必要时可请技术专家或其他专家给予协助。

(7) 优秀的领导者不仅是一位"以群体为中心的管理者",而且还要善于激发群体旺盛的士气,努力促使群体成员对组织也产生责任感与连带感。

(8) 优秀的领导者应具有敏锐的感受性,能洞察问题的所在,了解成员的需要和情感,并随时伸出支援之手。

(9) 优秀的领导者必须能适应外部环境的变化,引导群体在环境中生存与发展。

(10) 优秀的领导者要善于规划群体的目标,并引导各单位及个人依据群体的总目标设置分目标,并努力去实现各自的目标。

二、领导者的心理品质

在现代管理中,领导者不仅应具有一定的个人素质,还应具有一定的心理品质。领导者的心理品质是指在特定时空条件下,在其领导行为中表现出来的一般的、典型的心理素质。领导者的心理品质特征直接关系到事业的兴衰或成败。现代管理者应具有以下几个基本心理品质。

(一) 良好的认知品质

领导认知就是领导者对其工作对象的看法和理解。良好的认知心理品质是领导者了解情况、获得信息、正确决策的基础。为此,领导者必须具有良好的观察、记忆、想象和思维等心理品质。领导观察是领导者从一定目的和任务出发,有计划、有组织地对某一对象的知觉过程。领导观察是一项能动、积极的感知活动,它不限于知觉,而是在思维和语言的参与下进行的,是一种"思维的知觉"。观察敏锐,才能及时捕捉多种信息;观察准确,才能获得正确的信息;观察全面,才能保证信息的完整性;观察深刻,才能把握信息的本质,从而及时、准确地为决策提供可靠的依据。记忆是信息的输入、贮存、编码和提取的过程。记忆的准确性和记忆的备用性是两项极为重要的记忆品质。记忆的准确性使信息得到准确无误的贮存,记忆的备用性使领导者的决策和其他管理活动所需要的信息能及时提取出来,从而保证决策等管理活动的顺利进行。想象是人的心理活动中的创造性因素,丰富的想象力使领导者能对所获取的信息,从各个角度、各个侧面进行加工、改组,产生丰富的联想,形成各种新颖独特的决策构想和领导方案。思维能力是智力结构的核心。领导思维是领导者对客观事物的本质及其规律的间接、概括的反映,是领导者认识中最为复杂的心理活动。领导思维对客观事物的反映不是凭感觉直接把握,而是借助于媒介和头脑的思维加工实现的,它所反映的不是客观事物的现象和个别属性,而是其本质属性和规律性。领导思维过程是由分析与综合、比较与分类、抽象概括与具体化等环节有机地构成的,这个过程贯穿在领导者发现问题、研究问题和解决问题的复杂的脑力劳动过程中。凡是在事业上有成就的人,都具有这些品质,特别是在他们分析问题、解决问题的实践中得到了充分的体现。

(二) 要有开拓创新的进取精神

领导者能否打破陈规旧俗和一切束缚人们前进的旧传统、旧观念,能否适应新情况,解决新问题,是决定领导者能否客观有效地领导的一个重要问题。具有开拓创新精神是对领导者的基本要求。要创新,必须扩大视野。一是要突破传统的小生产的狭隘眼界,树立面向现代化、面向世界、面向未来的全新的战略眼光。二是要高瞻远瞩,要和因循守旧、思想僵化决裂,勇于进取。

(三) 当机立断的胆识和魄力

当机立断的魄力是领导者胆量和见识的综合表现,也是时代强者的表现。在竞争激烈的今天,现代领导者面临着许多新问题,必然要运用其知识和智慧,纵观全局,把握时机,做出抉择,这就是当机立断的魄力,如果优柔寡断,就会错过良机。要做到这一点,首先要敏捷而准确地发现问题的症结;其次,通过现象把握本质,权衡利弊得失;最后认准目标,当机立断,拍板定案。

(四) 较强的组织管理能力

一个组织、一个企业的各种不同层次的职能部门要为实现共同的组织目标而有效地运转,这要求领导者有较高的组织能力,正确处理好各个部门之间的关系。使之成为一种相互配合的有机整体。决策做出之后,领导者就要善于组织并激励被领导者为实现组织目标而努力实践;善于授权分工,明确责任;善于统筹兼顾,全面安排;善于综合人力、物力、财力,协调、沟通人与人之间的关系,从而使整个工作步步衔接,有序运转。

(五) 广泛的兴趣

领导者要有广泛的兴趣。不仅要有对本企业各部门工作的兴趣,而且还要有对国内外企业管理工作的兴趣。这样才可能获得有关企业和科学管理的广泛知识,掌握党的方针政策和现代化科学管理的理论、方法,了解国内外企业发展动向与趋势,才能防止或克服专业知识老化、管理混乱、缺乏政策观念等倾向。

(六) 情绪乐观而稳定

企业经营管理过程中,往往会出现令人不愉快的事情,领导者应对此保持乐观而稳定的情绪。情绪急躁、忽冷忽热,不仅影响领导者自身的工作效率,而且会给广大员工的积极性带来不利影响。

除此之外，领导者还要具有高尚的道德品质与良好的健康水平。道德品质包括公正无私、讲原则、尊重人和善于团结人、以身作则、言行一致、谦虚谨慎和心胸宽广等；良好的健康水平指的是健康的体魄和旺盛的精力。

复习与思考

1. 解释下列概念：
（1）领导；（2）领导者；（3）管理。
2. 你认为领导的实质是什么？
3. 阐述领导理论的发展过程。
4. 为什么领导的特质理论成为引起争论的问题？
5. 管理方格图作为培训工具为什么这样受欢迎？
6. 举一个实例具体运用赫塞和布兰查德的情境理论。
7. 对比交易型领导和变革型领导。
8. 领导者应具备哪些心理品质？

▶ 即测即评

第十八章 组织心理

学习目标

学完本章，应该能够：明确组织的定义；了解组织结构设计；说明组织结构对员工行为的影响；描述组织变革，掌握当代组织变革中的重要主题；熟悉组织发展的干预措施。

本章主要术语

组织（organization）
组织结构（organizational structure）
团队结构（team structure）
虚拟结构（virtual organization）
无边界组织（boundaryless organization）
创新战略（innovation strategy）
奉行成本最小化战略（costminimization strategy）
奉行模仿战略（imitation strategy）
学习型组织（learning organization）
组织发展（organizational development，简称 OD）

对人、财、物等资源的管理，是依靠一定的组织进行的。研究人在组织中的心理活动，是管理心理学的任务之一。

在这一章，首先明确组织的定义。然后考察组织结构设计，探讨组织结构对员工行为的影响。最后详尽讨论组织变革与组织发展。

第一节 组 织 设 计

一、组织的含义与特征

对人、财、物等资源的管理，是依靠一定的组织进行的。管理和组织是相互依存的，换句话说，管理中有组织问题，组织中也有管理问题。研究人在组织中的心理活动，是管理心理学的任务之一。

组织心理的研究在很多国家都受到重视，其现实意义主要是：促进人的潜力的发挥，强调重视个人需要与组织目标之间的联系，提高领导艺术以发挥组织效能和保证组织目标的实现。

我国的组织心理研究起步较晚，大约是从 20 世纪 70 年代后期开始的。目前主要是翻译介绍国外这方面的著作。同时，也在逐步开始运用组织心理学探讨、解决现代管理中的问题，以建立以人为中心的现代管理体系。

传统的或古典的组织理论认为，组织是为了达成某一特定的共同目标，通过各部门的劳动和职务的分工合作，将不同等级的权力与责任制度化，有计划地协调一群人的活动。这一定义认为组织的实质作用是协调人的活动，而不是着眼于完整的人。现代组织理论对组织的定义是：组织指的是结构性和整体性活动，即在相互依存的关系中人们共同工作或协作。管理心理学讲的"组织"（organization）是指由许多目标相同、功能相关的群体，为了完成一定任务而组织起来的有机整体。

（一）组织的基本特征

1. 组织必须有一个共同的目标

人们为了实现共同目标，完成共同任务而协调组织成员的活动。没有共同的组织目标，就不会有协调的活动，就不是真正的组织。

2. 组织包括不同层次的分工合作

组织目标单靠个人无法实现，必须分工合作，由不同层次结构的群体来实现。有分工，就有权力和职责，在一个企业组织中，各车间、班组、科室有各自不同的权力和职责范围。组织的层次结构是组织区别于小群体的重要特征之一。

3. 组织的功能作用在于协调人们的活动去实现共同的目标

协调指统一所有成员的思想和行动，调动各层次人员的积极性、主动性和创造性。

4. 组织的基本任务是规定每个人的责任

明确组织成员之间的关系，协调组织内每个成员的行动。

（二）现代组织的特征

1. 组织的开放性

组织是结合人群，运用人力与物力，应付内外环境的一种机构。组织与社会环境不断进行材料、能源和信息的交换，从而使组织不断地变革与发展。

2. 组织的复杂性

组织不仅包括结构层次、技术等静态结构，而且包括心理、社会和管理等动态结构。

3. 组织是一个完整的结构系统

组织系统建立在各个子系统相互依存的基础上，它离不开与环境的相互作用。因此，组织整合了各个子系统与外界环境的关系，组织的本质是领导和支配人力的机构，并且是以整体性的人力聚集和理想目标的实现为组织的信念；组织目标的实现是集体智慧和能力的结晶。

二、组织结构

组织结构(organizational structure)是指对于工作任务如何进行分工、分组和协调合作。组织结构使组织成员处于相对于组织的不同位置上。这种相对关系会影响到成员的工作满足感，影响到组织行为。因此，研究组织结构是十分必要的。

(一) 复杂性

组织结构的复杂性是指任务分工的层次、细致程度。它有三种表现形式：水平分化、垂直分化、空间分化。

1. 水平分化

水平分化(horizontal differentiation)是指部门横向分工的细致程度。水平分工越多，表明组织需要各种拥有专业知识与技能的人才，分化度就越高。这种组织由于具备各种专业部门，能处理精细的工作，但横向协调也比较困难。

2. 垂直分化

垂直分化(vertical differentiation)是指组织层级的深度或阶数。从最高管理层到最低作业层之间的层级越多，结构就越复杂。复杂的垂直分化适应于庞大的组织，以便适当分权，但高层与低层间相对隔离，也造成信息沟通上的困难，容易产生信息歪曲、失真。

3. 空间分化

空间分化(spatial differentiation)指组织的实体设施在地理上的分散程度。比如现在的跨国公司，空间分化程度就极高。当空间分化度增大时，组织各部门之间沟通、协调、控制的难度都加大。

(二) 规范性

规范性指组织中使用规则和标准的处理方式以规范工作行为的程度。越是标准化的工作，从事该工作的人员对于该做什么，怎样做，什么时候做就越明确，越需照章行事，自己做主的余地就越小。组织的规范通常以文字的形式明确下来，要求所有成员都了解这些书面规范。这些标准化规范不仅降低了成员从事其他工作行为的可能性，甚至成员也不必去思考是否有其他形式的工作可选择或替代。这种情形无疑会影响到成员对工作的态度和工作满意程度。

当然，不同组织，规范化的程度不同，即使同一组织内部，不同部门或职务，规范化的程度也可以不同。

(三) 集权度

集权度是指组织中权力分散或集中的程度，也就是指权力分配的方式。不同组织权力分配方式不同，有的采用高度集权制，高层经理决定一切，其他人只是奉命行事；有的组织将决策权分散给各个职能部门的经理，这也可以叫作分权制。

集权度只针对组织中正式的权力而言。在集权制中，高层主管垄断决策权，但也须对决策负责，决策风险大。同时下属因没有参与权，一是容易有不满情绪，二是容易养成漠不关心的习惯。在分权制中，决策迅速，处理问题及时，在这种参与形态下，一方面上层主管可以获得更多的信息，另一方面，员工不会感到与管理阶层的强烈对比和疏离，容易培养参与意识和主人翁态度。

三、组织结构设计的关键因素

管理者在进行组织结构设计时，必须考虑六个关键因素：工作专门化、部门化、命令链、控制跨度、集权与分权、正规化。表18-1表明了这些因素对重要的结构问题可能提供的答案。下面，我们将对这六个结构要素分别加以介绍。

表18-1　在设计适当的组织结构时管理者需要回答的六个关键问题

关键问题	答案提供
1. 把任务分解成各自独立的工作应细化到什么程度？	工作专门化
2. 对工作进行分组的基础是什么？	部门化
3. 员工个人和工作群体向谁汇报工作？	命令链
4. 一位管理者可以有效地指导多少个员工？	控制跨度
5. 决策权应该放在哪一级？	集权与分权
6. 应该在多大程度上利用规章制度来指导员工和管理者的行为？	正规化

（一）工作专门化

20世纪初，亨利·福特（Henry Ford）通过建立汽车生产线而富甲天下，享誉全球。他的做法是，给公司每一位员工分配特定的、重复性的工作，例如，有的员工只负责装配汽车的右前轮，有的则只负责安装右前门。通过把工作分化成较小的、标准化的任务，使工人能够反复地进行同一种操作，福特利用技能相对有限的员工，每10秒钟就能生产出一辆汽车。

福特的经验表明，让员工从事专门化的工作，他们的生产效率会提高。今天，我们用工作专门化（work specialization）这个术语或劳动分工这类词汇来描述组织中把工作任务划分成若干步骤来完成的细化程度。

工作专门化的实质是：一个人不是完成一项工作的全部，而是先把工作分解成若干步骤，每一步骤由一个人独立去做。就其实质来讲，每个人专门从事工作活动的一部分，而不是全部活动。

20世纪40年代后期，工业化国家大多数生产领域的工作都是通过工作专门化来完成的。管理人员认为，这是一种最有效地利用员工技能的方式。在大多数组织中，有些工作需要技能很高的员工来完成，有些则不需经过专门训练就可以做好。如果所有员工都参与组织制造过程的每一个步骤，那么，就要求所有的人不仅具备完成最复杂的任务所需要的技能,而且具备完成最简单的任务所需要的技能。结果,除了从事需要较高的技能或较复杂的任务以外,员工有部分时间花费在完成低技能的工作上,由于高技能员工的报酬比低技能的员工高,而工资一般是反映一个人最高的技能水平的,因此,付给高技能员工高薪,却让他们做简单的工作,这无疑是对组织资源的浪费。

通过实行工作专门化,管理层还寻求提高组织在其他方面的运行效率。通过重复性的工作,员工的技能会有所提高,在改变工作任务或在工作过程中安装、拆卸工具及设备所用的时间会减少。同样重要的是,从组织角度来看,实行工作专门化,有利于提高组织的培训效率。挑选并训练从事具体的、重复性工作的员工比较容易,成本也较低。对于高度精细和复杂的操作工作尤其是这样。

20世纪50年代以前,管理人员把工作专门化视为提高生产率的不竭之源或许是正确的,因为那时工作专业化的应用还不够广泛,只要引入它,几乎总是能提高生产率。但到了20世纪60年代以后,随着工作专门化程度的加深,人的非经济性因素的影响(表现为员工的厌烦情绪、疲劳感、压力感、低生产率、低质量、缺勤率上升、流动率上升等)超过了工作专门化的经济性影响,使生产率开始下降。如图18-1所示。在这种情况下,通过扩大而不是缩小工作活动的范围,可以提高生产率。另外,许多公司发现,通过丰富员工的工作内容,允许他们做完整的工作,让他们加入到需要相互交换工作技能的团队中,他们的产出会大大提高,工作满意度也会增强。

图 18-1 工作专门化的经济性和非经济性

现在,大多数管理人员并不认为工作专门化已经过时,也不认为它还是提高生产率的不竭之源。他们认识到了在某些类型的工作中工作专门化所起到的作用,以及使用过头可能带来的问题。例如,在麦当劳快餐店,管理人员们运用工作专门化来提高生产和售卖汉堡包、炸鸡的效率。大多数卫生保健组织中的医学专家也应用工作专门化。

(二)部门化

一旦通过工作专门化完成任务细分之后,就需要按照类别对他们进行分组以便使共同的工作可以进行协调。工作分类的基础就是部门化(departmentalization)。

对工作活动进行分类主要是根据活动的职能。制造业的经理通过把工程、会计、制造、人事、采购等方面的专家划分成共同的部门来组织其工厂。当然,根据职能进行部门的划分适用于所有的组织。只有职能的变化可以反映组织的目标和活动。一个医院的主要职能部门可能有研究部、诊疗部、护理部、财会部等;而一家饭店则可能设财会部、人力资源部、营业部及后勤部门等。这种职能分组法的主要优点在于,把同类专家集中在一起,能够提高工作效率。职能性部门化通过把专业技术、研究方向接近的人分配到同一个部门中，来实现规模经济。

工作任务也可以根据组织生产的产品类型进行部门化。例如，在美国太阳石油产品公司(Sun Petroleum Products)中，其三大主要领域(原油、润滑油和蜡制品、化工产品)各置于一位副总裁的统辖之下，这位副总裁是本领域的专家，对与他的生产线有关的一切问题负责，每一位副总裁都有自己的生产和营销部门。这种分组方法的主要优点在于提高产品绩效的稳定性，因为公司中与某一特定产品有关的所有活动都由同一主管指挥。如果一个组织的活动是与服务而不是与产品有关，每一种服务活动就可以自然地进行分工。比如，一个财会服务公司多半会设有税务部门、管理咨询部门、审计部门等，每个部门都会在一个产品或服务经理的指导下，提供一系列服务项目。

还有一种部门化方法，即根据地域来进行部门划分。例如，就营销工作来说，根据地域，可分为东、西、南、北四个区域，分片负责。实际上，每个地区是围绕这个地区而形成的一个部门。如果一个公司的顾客分布地域较宽，这种部门化方法就有其独特的价值。

最后一种部门化方法是根据顾客的类型来进行部门化。例如，一家销售办公设备的公司可以下设三个部门：零售服务部、批发服务部、政府部门服务部；比较大的法律事务所可根据其服务对象是公司还是个人来分设部门。根据顾客类型来划分部门的理论假设是，每个部门的顾客存在共同的问题和要求，因此通过为他们分别配置有关专家，能够满足他们的需要。

大型组织进行部门化时，可能综合利用上述各种方法，以取得较好的效果。但是，20世纪90年代有两个倾向较为普遍：第一，以顾客为基础进行部门化越来越受到青睐。为了更好地掌握顾客的需要，并有效地对顾客需要的变化做出反应，许多组织更多地强调以顾客为基础划分部门的方法。例如，施乐公司已取消了公司市场部的设置，把市场研究的专家排除在这个领域之外。这样使得公司能更好地了解谁是其顾客，并更快地满足他们的需要。第二，坚固的职能性部门被跨越传统部门界限的工作团队所替代。正像我们在第14章所描述的，随着工作内容日益复杂，所需要的技术日趋多样化，管理人员开始将注意力转向多功能型团队。

(三) 命令链

20年前，命令链的概念是组织设计的基石，但今天它的重要性大大降低了。不过在决定如何更好地设计组织结构时，管理者仍需考虑命令链的意义。

命令链(chain of command)是一种不间断的权力路线，从组织最高层扩展到最基层，澄清谁向谁报告工作。它能够回答员工提出的这种问题："我有问题时，去找谁？""我对谁负责？"

在讨论命令链之前，应先讨论两个辅助性概念：权威和命令统一性。权威(authority)是指管理职位所固有的发布命令并期望命令被执行的权利。为了促进协作，每个管理职位在命令链中都有自己的位置，每位管理者为完成自己的职责任务，都要被授予一定的权威。命令统一性(unity of command)原则有助于保持权威链条的连续性。它意味着，一个人应该对一个主管，且只对一个主管直接负责。如果命令链的统一性遭到破坏，一个下属可能就不得不穷于应付多个主管不同命令之间的冲突或优先次序的选择。

时代在变化，组织设计的基本原则也在变化。随着电脑技术的发展和给下属充分授权的潮流的冲击，现在，命令链、权威、命令统一性等概念的重要性大大降低了。

现在一个基层雇员能在几秒钟内得到 20 年前只有高层管理人员才能得到的信息。同样，随着计算机技术的发展，日益使组织中任何位置的员工都能同任何人进行交流，而不需要通过正式渠道。而且，权威的概念和命令链的维持变得越来越无关紧要，因为过去只能由管理层做出的决策现在已授权给操作员工。除此之外，随着自我管理团队、多功能团队和包含多个上司的新型组织设计思想的盛行，命令统一性的概念也变得越来越无关紧要了。当然，许多组织仍然认为通过强化命令链可以使组织的生产率最高，但今天这种组织越来越少了。

（四）控制跨度

一个主管可以有效地指导多少个下属？这种有关控制跨度（span of control）的问题非常重要，因为在很大程度上，它决定着组织要设置多少层次，配备多少管理人员。在其他条件相同时，控制跨度越宽，组织效率越高，这一点可以举例证明。

假设有两个组织，基层操作员工都是 4 096 名，如图 18-2 所示，如果一个控制跨度为 4，另一个控制跨度为 8，那么控制跨度宽的组织比控制跨度窄的组织在管理层次上少两层，可以少配备 800 人左右的管理人员。显然，在成本方面，控制跨度宽的组织更有优势。但是，在某些方面宽跨度可能会降低组织的效率，也就是说，如果控制跨度过宽，由于主管人员没有足够的时间为下属提供必要的领导和支持，员工的绩效会受到不良影响。

图 18-2 控制跨度对比

控制跨度窄也有其好处，把控制跨度保持在 5~6 人，管理者就可以对员工实行严密的控制。但控制跨度窄有三个主要缺点：第一，正如前面已指出的，管理层次会因此而增多，管理成本会大大增加。第二，使组织的垂直沟通更加复杂。管理层次增多也会减慢决策速度，并使高层管理人员趋于孤立。第三，控制跨度过窄容易造成对下属监督过严，妨碍下属的自主性。

近几年的趋势是加宽控制跨度。加宽控制跨度，与努力降低成本、削减一般管理费用、加速决策过程、增加灵活性、缩短和顾客的距离、授权给下属等的趋势是一致的。但是，为了避免因控制跨度加宽而使员工绩效降低，各公司都大大加强了员工培训的投入力度。管理人员已认识到，自己的下属充分了解工作之后，或者有问题能够从同事那里得到帮助时，他们就可以驾驭宽跨度的控制问题。

（五）集权和分权

在有些组织中，高层管理者制定所有的决策，底层管理者只管执行高层管理者的指示。另一种极端情况是，组织把决策权下放到最基层管理人员手中。前者是高度集权式的组织，而后者是高度分权式的组织。

集权化（centralization）是指组织中的决策权集中于一点的程度。这个概念只包括正式权威，也就是说，某个位置固有的权力。一般来讲，如果组织的高层管理者不考虑或很少考虑基层人员的意见就决定组织的主要事宜，则这个组织的集权化程度较高。相反，基层人员参与程度越高，或他们能够自主做出决策，组织的分权化（decentralization）程度就越高。

集权式和分权式组织在本质上是不同的。在分权式组织中，采取行动、解决问题的速度较快，更多的人为决策提供建议，所以，员工与那些能够影响他们的工作、生活的决策者隔膜较少，或几乎没有。

近年来，分权式决策的趋势比较突出，这与使组织更加灵活和主动做出反应的管理思想是一致的。在大公司中，基层管理者更贴近生产实际，对有关问题的了解比高层管理人员翔实。

（六）正规化

正规化（formalization）是指组织中的工作实行标准化的程度。如果一种工作的正规化程度较高，就意味着做这项工作的人对工作内容、工作时间、工作手段没有多大自主权。人们总是期望员工以同样的方式投入工作，能够保证稳定一致的产出结果。在高度正规化的组织中，有明确的工作说明书，有繁杂的组织规章制度，对于工作过程有详尽的规定。而正规化程度较低的工作，相对来说，工作执行者的日程安排就不那么僵硬，员工对自己工作的处理权限也比较宽。由于个人权限与组织对员工行为的规定成反比，因此工作标准化程度越高，员工决定自己工作方式的权力就越小。工作标准化不仅减少了员工选择工作行为的可能性，而且使员工无须考虑其他行为选择。

组织之间或组织内部不同工作之间正规化程度差别很大。一种极端情况是，众所周知，某些工作正规化程度很低，如推销新书的出版商代理人，工作自由权限就比较大，他们的推销用语不要求标准划一。在行为约束上，不过是每周交一次推销报告，并对新书出版提出建议。与此形成鲜明对比的是那些处于同一出版公司的职员和编辑。他们上午8：30要准时上班，而且，他们必须遵守管理人员制定的一系列详尽的规章制度。

四、一般组织设计形式

（一）简单结构

一家小型零售店、一个白手起家的企业家经营的公司、一家小餐馆有哪些共同点？也许答案是，它们的组织都是一种简单结构（simple structure）。

简单结构型组织的最大特点在于它不是什么，而不在于它是什么。它不复杂，部门化程度很低，控制跨度宽，权力集中在一个人手中，正规化程度较低。简单结构是一种扁平式组织结构形式，通常仅有 2 或 3 层垂直层次，员工之间的联系比较松散，决策权力集中在一个人手中。

简单结构在小型企业中最常见，在这种组织里，经营者与所有者为同一个人。这种组织设计的一个范例如图 18-3 所示。这是一家小餐馆的组织结构图。老板拥有并管理这家餐厅。虽然他雇用了两名厨师、三个全日制的服务员、一名收银员，以及节假日工作的其他员工，但经营管理权集中在他一个人手里。

图 18-3　小餐馆的简化结构

简单结构的优势就在于它的简单。它简便易行、反应敏捷、费用低廉、责任明确。其主要弱点是随着组织的扩展，这种组织形式由于正规化程度低、高度集权，导致的信息滞积于上层，难以适应组织的扩展需要。随着组织规模的扩大，如果高层主管还企图独揽决策大权，组织决策就会日渐迟缓，甚至停滞，这往往会导致许多小型企业的倒闭。如果一个组织的员工人数在 50~100 人之间，企业主就很难包揽所有的决策。如果组织结构还不加以改变，使之更加复杂，这个企业就难免失去不少发展机会，最终将会倒闭。简单结构的另一个不足在于它的风险性：一切都取决于一个人。事实上，一次心脏病发作就足以破坏整个组织的信息与决策中心。

简单结构型组织不仅仅适用于小型企业，只不过在大型组织中，这种结构形式难以有效地运作。但有些大公司采用这种组织结构形式并获得了成功。

（二）官僚结构

标准化是所有官僚结构组织的关键理念。官僚结构（bureaucracy structure）的特点是：通过职务专门化，制定非常正规的制度和规则；以职能部门划分工作任务；实行集权式决策，控制跨度狭窄；通过命令链进行经营决策，来维持日常的组织运营顺利进行。

官僚结构型组织的主要优势在于，它能够高效地进行标准化活动操作。把同类专家配置在同一个职能性部门，能够实现规模经济，使人事和机器的重复设置降到最低限度，员工也有更多的机会和自己的同事进行兴趣相投的交流。而且，这种结构形式对中、低层管理人员要求较低，因此可以节约成本。规章制度在组织中的渗透在某种程度上使管理人员处理问题比较容易。实行标准化操作和高度正规化经营，使决策可以集权化。因此，对中、低层管理人员的创新能力、决策、工作经验要求不高。

官僚结构型组织的一个主要不足是工作专门化导致了各个分部门之间的冲突，职能部门的目标有时会凌驾于组织的整体目标之上。

官僚结构的另一个不足是我们在生活中或多或少都有过的经历：和官僚部门的人打交道。对于在官僚结构型组织工作的人来说，即使事实和规则不完全相符，也要遵守规则，根本没有变通的余地。只有在员工们面临他们熟悉的问题，而且问题解决方法已有程序性规定时，这种结构的效力才能发挥出来。

官僚结构型组织盛行于 20 世纪 50 年代至 60 年代。例如，那时候世界上的大公司，像 IBM 公司、通用电气公司、大众汽车公司、松下公司、皇家荷兰壳牌集团，都采用这种组织形式。到了20世纪90年代，这种组织形式已经过时。批评家认为这种结构形式对于变革的反应速度太慢，压抑了员工的创造性和积极性。但是多半大型组织仍具有官僚结构的基本特点，尤其是专门化和高度正规化这两点。但在控制跨度上，大都有所拓宽，集权式经营决策向分权式经营决策转变，功能齐全的部门和多功能团队共同发挥作用。现在的另一种趋势是，把官僚结构分解为小型的、职能较少的官僚结构单位。这种单位一般拥有150~260个员工，每个单位有自己独立的经营宗旨和利润目标。据估计，大约15%的大型公司正在采用这种做法。

（三）矩阵结构

另一种流行的组织设计方案是矩阵结构（matrix structure）。在广告公司、航空公司、研究开发实验室、建筑公司、医院、政府机关、大学、管理咨询公司、娱乐服务公司中，都可见到这种结构形式的存在。实质上，矩阵结构是对两种部门化形式（职能部门化和产品部门化）的融合。

职能部门化的主要优势在于把同类专家组织在一起，使所需人员降到最少，使生产不同产品时可以实现特殊资源的共享。其主要不足在于，要协调好各种专家之间的关系，否则，要他们在资金预算范围内完成任务是比较困难的事。产品部门化的优势和劣势则与职能部门化的优势、劣势正好相反，它有利于专家的协调，在预算范围内及时完成任务，而且，它为各种活动规定了清晰的职责。因此，可以与职能部门化实现互补，矩阵结构试图把二者融合在一种组织结构中，扬二者之长，避二者之短。

矩阵结构最明显的特点是突破了控制统一性的框框。矩阵结构组织中的员工有两个上司——职能部门经理和产品项目经理，因此，其命令链是双重的，见图18-4。

图18-4　矩阵结构

矩阵结构性组织的优势在于，在组织的各种活动比较复杂，又相互依存时，它有助于各种活动的协调。随着组织的扩展，其信息处理能力可能会趋向饱和。在官僚结构组织中，复杂性会导致正规化程度的提高。在矩阵组织中，各种专家可以通过经常接触，更好地进行交流，使组织比较灵活，并且使信息的传递比较迅速。另外，矩阵结构还有利于减少官僚主义现象，双重权威可以避免组织成员只顾保护本部门的利益而忽视组织整体目标的现象发生。

矩阵结构还有一个优点，便于专家的高效配置。专家们各自处于职能性部门或生产小组中时，他们的才能被垄断，难以得到充分发挥。矩阵组织则通过为组织提供最好的资源，并有效地配置人、财、物资源，实现规模经济，提高组织运行的效率。

矩阵组织的主要不足在于，它会带来混乱，使组织增生争权夺利的倾向，并给员工带来较大压力。命令统一性消除后，模糊性就大大增加了，这样就容易导致冲突。例如，谁向谁汇报工作常常不清楚，产品经理常为得到出色的专家而展开争斗。混乱和模糊还可能播下争权夺利的种子。官僚组织通过制定工作规则而减少了权力斗争的可能性。而在矩阵组织中，这些规则富有弹性，因此职能部门主管和生产部门主管之间的斗争就不可避免。对于渴望安全感，却因工作中的模糊性而得不到安全感的员工来说，这种工作环境会产生压力。员工向多个上司汇报工作会带来角色冲突，模糊不清的角色期待会导致角色模糊。官僚组织中一切都可预测的安全感不见了，取而代之的是不安全感和压力增加。

五、新型组织设计方案

从20世纪80年代开始，有些组织的高级主管为加强组织的竞争力，开始设计新型组织结构。在以下内容中，我们将描述三种新的组织结构设计方案：团队结构、虚拟结构、无边界组织。

（一）团队结构

正如第14章所介绍的，现在团队已成为组织工作活动的最流行方式。当管理人员动用团队作为协调组织活动的主要方式时，其组织结构为团队结构（team structure）。这种结构方式的主要特点是，打破部门界限，并把决策权下放到工作团队员工手中，这种结构形式要求员工既是全才又是专才。

在小型公司中，可以把团队结构作为整个组织形式。在大型组织中，团队结构一般作为典型的官僚结构的补充，这样组织既能得到官僚结构标准化的好处，提高运行效率，又能因团队的存在而增强灵活性。例如，为提高基层员工的生产率，像摩托罗拉公司、施乐公司这样的大型组织都广泛采用着自我管理的团队结构。但是，当波音公司或惠普公司需要设计新产品或协调主要项目时，他们将根据多功能团队来组织活动。

（二）虚拟结构

可以租借，何必拥有？这句话道出了虚拟结构（virtual organization）的实质。虚拟组织是一种规模较小，但可以发挥主要商业职能的核心组织，用结构理论术语来讲，虚拟组织决策集中化的程度很高，但部门化程度很低，或根本就不存在。

像戴尔计算机公司（Dell Computer）这样的公司在美国有成千上万家。他们发现，没有自己的生产设备，也可以赚到大笔钱。例如，戴尔计算机公司，没有生产工厂，只是从别的公司买来零部件进行组装。美孚石油公司把自己的精炼厂移交给别的公司经营。

这样做的目的是什么？它们追求的都是最大的灵活性。这些虚拟组织创造了各种关系网络，管理人员如果认为别的公司在生产、配送、营销、服务方面比自己更好，或成本更低，就可以把自己的有关业务出租给它们。

虚拟结构和官僚结构截然不同，官僚结构的组织垂直管理层次较多，控制是通过所有权来实现的，研究开发工作主要在实验室中进行，生产环节在公司的下属工厂中完成，销售工作由公司自己的员工去做。为保证这些工作顺利进行，管理层不得不雇佣大量的额外人员，包括会计人员、人力资源专家、律师等。与之相反，虚拟组织从组织外部寻找各种资源，来执行上述职能，而把精力集中在自己最擅长的业务上。

虚拟组织的主要优势在于其灵活性，例如，它能使善于创新但又缺乏资金的人，如迈克尔·戴尔(Michael Dell)和他的戴尔计算机公司成功地与IBM这样的大公司进行竞争。这种结构的主要不足是，公司主管人员对公司的主要职能活动缺乏强有力的控制。

(三) 无边界组织

通用电气公司总裁杰克·韦尔奇(Jack Welch)创造了无边界组织(boundaryless organization)这个词，用来描述他理想中的通用电气公司的形象。韦尔奇想把他的公司变成一个年销售额达600亿美元的家庭式杂货店。尽管公司体积庞大，威尔奇还是想减少公司内部的垂直界限和水平界限，消除公司和客户及供应商的外部障碍。无边界组织寻求的是减少命令链，对控制跨度不加限制，取消各种职能部门，代之以授权的团队。

管理人员通过取消组织垂直界限而使组织趋向扁平化，等级秩序作用降到了最低限度，个人身份和头衔地位也一落千丈，组织看上去更像一个粮仓筒而不是金字塔，最上层的谷粒和最下层的谷粒差别不大。通用电气公司用来取消组织垂直界限的做法有：引入跨等级团队(由高级主管、中级主管、基层主管和员工组成)；让员工参与决策；360度绩效评估(员工的绩效由他的同事及其上、下级共同评定)。

组织的水平界限是由职能部门的存在而形成的，因此消除这种界限的方法是，以多功能团队取代职能性部门，围绕公司的工作流程来组织活动。例如，施乐公司现在通过多专业交叉的团队参与整个工作流程的工作，而不是围绕狭窄的职能任务来开发新产品，他们要参与整个过程。与此相似，美国电话电报公司的部分下属单位进行年度预算时也不再基于职能部门进行，而是建立在提供世界性通信网络服务这样的过程上。管理人员用以消除水平障碍的另一种途径是，进行各部门间的人员横向调动或在不同职能领域的工作轮换，这样有助于专才变成全才。

充分发挥无边界组织的职能，有助于打破组织与客户之间的外部界限和地理障碍。取消外部界限的方法包括：经营全球化，实行公司间的战略联盟，建立顾客和组织之间的固定联系，这些方式都有助于清除组织外部界限。

使无边界组织能够得以正常运行的技术原因之一是计算机网络化，这类工具使人们能超越组织内外的界限进行交流。例如，电子邮件使成百上千的员工可以同时分享信息，并使公司普通员工可以直线和高级主管进行交流。现在组织间的网络，使商品供应商可以及时查看自己经营的商品在商店的存货情况。如沃尔玛的供应商宝洁公司和列维·施特劳斯公司可以分别监控商店中肥皂和牛仔裤的存货水平，因为宝洁和列维的计算机系统与沃尔玛的系统是相连的。

六、机械模型与有机模型

在前面的内容中，我们介绍了许多组织设计方案，其中有高度结构化、标准化的官僚组织，也有松散无定型的无边界组织，在这两个极端形态之间还有其他几种组织形式。

图18-5是这两种极端组织设计模型的结构示意图，重现了我们前面的讨论。我们把其中一个极端称为机械模型(mechanistic model)，它与官僚机构大致是同义词。其特点是僵化的部门制；高度正规化；有限的信息网络(主要指自上而下的明确的命令链)；基层员工参与决策的机会很少，即集权化。另一个极端被称为有机模型(organic model)，这个模

型看起来像无边界组织,其结构扁平;工作多由多功能、跨等级的团队来进行;组织正规化程度较低;信息自由流通(不仅有横向的,还有纵向的双向沟通);员工参与决策程度较高,即分权化。

机械结构
- 高专业化
- 僵化的组织关系
- 固定的职责
- 高正规化
- 正式沟通渠道
- 决策集权化

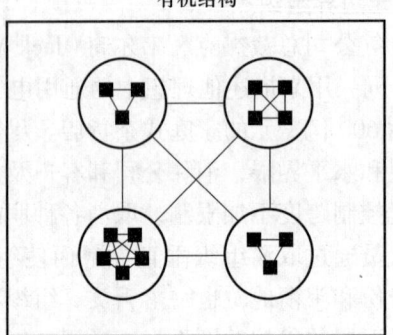
有机结构
- 低专业化
- 合作(包括垂直的和水平的)
- 可调整的职责
- 低正规化
- 非正式沟通渠道
- 决策分权化

图 18-5　机械模型和有机模型

考察了这两种模型,现在我们来看两个问题:为什么有的组织选择机械结构式,而有的组织选择有机结构式?影响这种选择的因素有哪些?是哪些因素决定着一个组织的结构形式?

（一）战略

组织结构是管理人员用来达到目标的一种手段。由于组织目标是由组织的总体战略决定的,因此,组织战略和组织结构的关系很密切。组织结构应该服从组织战略。如果组织战略发生了重大变化,组织结构也应做相应的调整,以支持组织战略的变化。现在,大多数组织战略集中在三种战略的选择上:创新、成本最小化、模仿。在进行组织结构设计时,就出现了三种联合组织战略的形式。

一个组织在多大程度上引进新产品和新的服务方式就是它的创新战略(innovations trategy)。它不是指简单的、表面上的战略变化,而是注重有意义的、独特创新的战略形式。显然,并非所有的公司都追求创新。这种战略可能很好地概括 3M 公司的特征,但却不是《读者文摘》(Reader's Digest)杂志社所追求的战略。

奉行成本最小化战略(cost-minimization strategy)的组织对成本加以严格的控制,限制不必要的发明创新和营销费用,压低销售基本产品的价格。储藏公司(Office Depot)、普通日用品销售公司一般实行这种战略。

奉行模仿战略(imitation strategy)的组织试图充分利用上述两种战略的优势,它追求的是风险最小化,利润最大化。在一种新产品或新市场的开发潜力被创新组织证明之后,它们才进行大胆投资。它们采纳革新者的成功思想并进行模仿。那种剽窃时装设计师的风格、进行时装规模生产的厂家奉行的正是此种战略。像 IBM 和履带拖拉机公司这样有名的大公司也可能采用这种战略,它们基本上追踪那些较小的、富有创新精神的竞争者的脚步,在竞争对手证明了市场的存在后,再以优质的产品争夺市场。

表 18-2 描述了与每种组织战略相对应的最佳的组织结构选择。创新战略需要有机结构的灵活性;成本最小化战略要求机械结构的效率和稳定性;而模仿战略所适用的组织结构是这二者的融合。运用机械结构可以实现严格的控制,并降低目前活动的成本。同时,创设有机结构单位,便于组织进行创新活动。

表 18-2 战略-结构理念

战略	结构方案
创新战略	有机结构:结构松散,工作专门化程度低,正规化程度低,分权化
成本最小化战略	机械结构:控制严密,工作专门化程度高,正规化程度高,高度集权化
模仿战略	有机-机械结构:松紧搭配,对于目前的活动控制较严,对创新活动控制较松

(二) 组织规模

浏览一下我们日常生活中接触到的组织,不难得出这样一个结论:组织规模(organizational size)对组织结构有一定的影响。例如,员工超过 80 万人的美国邮政服务公司(the U. S. Postal Service),不可能简单地把所有的员工都装入一栋大楼内,也不可能把他们分配到几个部门,由几个管理人员来监督。很难想象,对这 80 万人用什么方式把他们组织起来,唯一的办法是大量实施工作专门化和部门化,同时制定大量的程序和规则来保证统一的行动,实施高度的分权化决策。但对于仅雇佣 10 个员工,年营业额不足 300 万美元的地方邮政服务公司而言,就不必实行分权决策或明确规定程序与规则了。

大量证据支持这样的思想:组织规模对组织结构的影响很大。例如,大型组织,一般员工在 2 000 人以上,工作专门化、部门化的程度较高,垂直层次较多,规章制度也较多,但规模与结构之间并非简单的线形关系;相反,呈递减的趋势。随着组织的扩大,规模的影响会渐渐减小。如果一个组织拥有 2 000 名员工,其机械性已经较强,再增加 500 名员工,影响也不大。但对于仅有 300 人的组织而言,再增加 500 人可能会导致组织的机械化程度大大增强。

(三) 技术

技术(technology)是指组织把投入转化为产品的手段。每个组织都至少拥有一种技术,从而把人、财、物等资源转化为产品或服务。例如,福特公司主要是应用生产线来生产汽车。而大学则可能拥有大量的指导性技术,如正规授课方法、案例分析法、实验法、程序学习法等,用来培养学生。下面,我们来讨论组织结构如何适应其技术特点。

有关技术结构关系的研究很多,具体情况比较复杂,我们直接来考察一些最基本的东西,然后就我们所了解的进行归纳总结。

对技术进行区分的一个常用标准是他们的常规性程度,也就是说,技术是常规性的还是非常规性的。常规性的技术是指技术活动是自动化、标准化的操作,非常规性的技术则是指技术活动内容根据要求而不同,包括像家具组装、传统的制鞋业和遗传学研究之类的活动。

技术和结构之间存在什么关系呢?我们发现虽然二者关系并非高度相关,但常规性的任务与层次繁杂和部门化的结构有关,技术与正规化程度相关。多种研究一致表明:常规性技术任务通常与各种操作规则、职务说明及其他正规文件分不开。最后,技术与集权化的关系很有趣。在逻辑上,似乎常规性技术应与集权化结构相关,而非常规性技术,因为更多地依赖专家的知识，应与分权化结构相关。这种推理得到了一定的支持。但是，一般的结论认为，技术与集权化之间的关系受正规化程度的影响。正规的制度程序与集权化经营决策都属控制机制，二者可以相互取代。如果组织中规章制度很少，常规性技术就与集权相联系了，但是，如果正规化程度很高，常规性技术则可以伴随分权化控制机制。因此，只有在正规化程度较低时，常规性技术才能导致集权化。

(四) 环境

一个组织的环境(environment)是由组织外部可能影响组织绩效的多种机构和因素构成的，主要包括供应商、顾客、竞争者、政府管理机构、公众压力群体等。

为什么环境会影响组织结构？因为环境是不确定的。有些组织所面临的环境相对静止，环境中的因素基本上没有变化，例如，它们没有新的竞争对手，或现有的竞争对手在技术上没有重大突破，公众压力群体对组织的影响很小。而有些组织所处的环境则是动态的，例如，不断变化的政府规章制度影响企业的业务活动，新的竞争者不断出现，获得原材料的难度在增加，顾客对产品的口味在变化。静止环境给管理者造成的不确定性要小得多，由于不确定性会危害组织的有效性，因此，管理人员会努力减少它的影响。减少环境的不确定性的方法之一是调整组织结构。

最后，还要考虑环境的复杂性，即环境要素的异质性和集中性状况。简单的环境是同质的、单一的。这可以描述烟草工业的情况，因为烟草业中经营商较少，烟草行业的公司就可以密切地关注竞争状态的变化。相反，异质性强、分散程度较高的环境则为复杂环境。如今计算机数据处理服务行业的公司就面临着这种环境，几乎每天都有新竞争对手出现，已有的公司不得不做出应对。

第二节 组织的变革和发展

一、组织变革

(一) 组织变革的动力

今天越来越多的组织面对的是一个动态的、变化不定的环境，这又反过来要求组织适应这样的环境。表18-3概括了能够激发组织变革的六种动力。

表18-3 组织变革的动力

动　力	例　子
劳动力的性质	文化多元化 专业人员增加 许多新员工技术不足
技术	计算机和自动化程度高 全面质量管理方案 技术革新计划

续表

动　力	例　子
经济冲击	债券市场的暴跌 利率波动 汇率波动
竞争	全球竞争者 兼并和联合 专门零售商的成长
社会趋势	受大学教育的人增多，年轻人婚姻推迟离婚率上升
世界政治	苏联解体
	"9·11"事件 美国攻打伊拉克

1. 劳动力的性质

由于劳动力性质的变化，几乎每个组织都不得不进行调整，以适应多元化的环境。为了吸引和留住以多元化为特点的劳动力队伍，人力资源政策和实践也必须加以变革。另外，许多公司不得不在培训方面大量投资，以提高员工的阅读、数学、计算机及其他技能。

2. 技术

技术使工作和组织发生了变化。例如，由于计算机控制取代了直接监督，使管理者的控制跨度更为广泛，组织结构也更扁平。复杂的信息技术也使组织的活动更迅速。像美国电话电报公司、摩托罗拉、通用电气公司和克莱斯勒这样的公司，现在开发、生产和销售产品所用的时间只是10年前所用时间的一小部分。同时，不但组织越来越具有适应性，员工也是如此。在有关群体和组织设计的讨论中，我们谈到许多工作正在重新设计，从事狭窄、专业化、常规的工作的个体正在被工作团体所取代，团队成员从事多种工作并积极参与群体决策。

3. 经济冲击

我们生活在一个"不连续的时代"。在20世纪50年代到60年代，过去是未来的序幕，明天是昨天的延续，现在这些已不复存在了。20世纪70年代，随着石油价格一夜之间翻了两番，经济冲击就在不断迫使组织进行变革。例如，近几年美元对日元和德国马克的比价急骤下跌。同时，1994年美元利率迅速上涨，致使股价暴跌。这些经济冲击对某些公司的影响尤其巨大。当它们遇到这些经济冲击时，所产生的后果非常严重。比如，许多抵押贷款经济公司在1994年不得不解雇大批员工，因为利率上升导致了家庭贷款和再筹资金的萎缩。

4. 竞争

竞争也在发生变化。经济全球化意味竞争者不只来自国内，还来自国外。强调竞争意味着公司需要保护自己，它一方面必须和开发新产品和服务的传统竞争对手抗争，另一方面又面临具有创新优势的小企业的挑战。缺乏竞争意识就要挨打，特别是在风云变化的IT

市场，诺基亚就是一个典型的例子。在手机市场领域，能保持 14 年的冠军宝座的确令人惊叹，然而，出于一些原因，诺基亚的优势自 2010 年起渐渐减少。除了在高端智能手机市场被苹果三星等超越，诺基亚也没有涉及低端智能手机市场。其他的智能手机如 HTC、中兴，都趁机进军低端智能手机市场。成功的组织将是那些根据竞争做出相应变革的组织。它们紧跟时代的脚步，能够迅速开发新产品并投放市场。它们以短、平、快的形式进行产品的开发和生产。同样，它们也需要灵活且敏捷的劳动力才可能适应急剧变化的环境。

5. 社会趋势

让我们来看看 20 世纪 70 年代至 90 年代的社会发展趋势。它们表明了 21 世纪的组织必须要适应哪些方面的变化。例如，在过去的 30 年里，结婚和离婚方面有一个明显的趋向。年轻人的婚姻推迟，在美国，近半数的婚姻以离婚告终。这种社会趋势导致的明显后果是单亲家庭数量不断增加。而单亲家庭对住房的需求量也随之上升。同时，对房屋大小和布局的需求也与以往不同。

6. 世界政治

由于世界正在变成一个地球村，因此我们需要充分认识在全球背景下考察组织行为的重要性。这些年来世界政治的变化。例如，柏林墙的倒塌和德国的统一，伊拉克入侵科威特，苏联解体，欧盟东扩，"9·11"事件，以及美国攻打伊拉克，使得世界几乎所有的组织不得不做出相应的变革，以适应世界政治的变化。

（二）有计划的变革

组织中的许多变革是在事情发生后才实施变革。但是，我们所关注的是预先的、有目的的变革活动，在本章中，我们把变革视为一种有意图的、目标取向的活动。

有计划变革（planned change）的目标主要有两个：第一，提高组织适应环境变化的能力；第二，改变员工的行为。

一个组织要想生存，就必须对环境的变化做出反应。组织需要适应各种各样的情况，例如，竞争者引进新的产品和服务，政府部门颁布新法律，企业失去重要供给来源或其他类似的环境变化。

由于组织成败的关键取决于员工是否合作，所以有计划的变革还重视组织中个体和群体行为的改变，以下简要介绍一些组织用以改变人们的工作和人际交往行为的方法。

从程度等级方面来考虑有计划的变革也是不无裨益的。第一层次的变革（first-order change）是线性连续的。这一层次的变革并不意味着组织成员在世界观方面的改变，或在组织如何提高功能方面会有根本的改变。相反，第二层次的变革（second-order change）是多维度、多层次、不连续、激进的变革。它涉及重新建构组织以及组织所处环境的观念。

变革推动者（change agents）在组织中负责实施变革活动。变革推动者可以是管理者也可以是非管理者，可以是组织内的员工也可以是组织外的顾问。

通常是我们把高级经营人员视为变革推动者。但对于多数变革来说，高层管理者越来越求助于临时的外部顾问，他们具有变革的理论和方法上的专业知识。作为外部顾问的变革推动者比内部的变革推动者能提出更为客观的观点。但是，他们也有不足之处，因为他们对组织的历史、文化、人员、操作程序缺乏了解。外部顾问更愿意推行第二层次的变革，因为他们不受变革后果的影响。相反，组织内部的专业人员或管理者，尤其是那些在组织中工作了多年的人，常常更为谨慎，因为他们担心触犯了多年的朋友和同事。

（三）变革的领域

变革推动者所从事的活动可以划分为四类：结构变革、技术变革、物理环境变革和人员变革。结构变革涉及对权力关系、协调机制、工作的再设计和其他类似的结构变量的改变。技术变革包括对工作过程、方法以及所用设备的调整。物理环境变革包括对工作场所的位置和布局安排的改变。人员变革涉及对员工态度、技能、期望、观念和行为的改变。

1. 结构变革

在本章第一节中，我们讨论了组织结构问题（如工作专门化、控制跨度和各种组织设计等）。但组织的结构并不是一成不变的，环境的变化要求组织结构也发生相应的变化。所以，变革推动者可能需要对组织结构进行调整。

组织结构可定义为如何正式划分、归类和协调工作任务。变革推动者可以对组织设计中的一个或多个关键因素加以改变。例如，合并部门职责，精简纵向层次，拓宽控制跨度，从而使组织结构更为扁平，更少官僚性。此外，为了提高标准化的程度，可以实施更多的规则和程序。分权程度的提高可以加快决策速度。变革推动者还可以在现有的结构设计上做出重大变动。如从一个简单的结构转变为以工作团队为基础的结构或一个矩阵结构。变革推动者也可以考虑重新设计工作安排，如修订工作说明书，丰富工作内容，实行弹性工作制，改变组织的报酬制度（例如通过引进绩效奖金或利润分成提高激励水平）。

2. 技术变革

早期对管理和组织行为的研究大多着眼于技术变革。例如，在20世纪初，科学管理在时间和动作研究的基础上实施变革以提高生产效率。今天，大多数技术变革通常包括引进新设备、新工具或新方法，以及实现自动化或计算机化。

由于行业内部的革新或竞争压力，常常需要变革推动者引进新的设备、工具或操作方法。例如，近年来，许多炼铝业公司为了更有效地参与竞争而进行重大改进。他们装配了更有效的操作设备、锅炉和压制机，从而降低每吨铝的生产成本。

自动化是以机器代替人力的技术变革，它开始于工业革命时期，从那时起直到今天一直是一种变革方案。自动化邮件分类器的引进以及汽车生产线上机器人的采用都是实行自动化的实例。

最近几年最明显的技术变革是计算机的普及。现在许多组织都有复杂的管理信息系统。大型超级市场已用输入终端代替了收款台，并把终端和计算机系统相连，以便提供快捷的存货信息。由于计算机的广泛使用，现在的办公室和1975年的大不相同了，这些差异典型地体现在桌面微机上。它可以运行成百上千个商业软件包和网络系统，而网络系统又使各计算机实现了相互沟通。

3. 物理环境变革

工作空间的布局不应是随意的。一般来说，当管理者要对空间结构、内部设计、设备安置和其他事项做出决策时，总会认真考虑到工作需要、正常的交往需要和社会需要等因素。

例如，推倒墙壁和隔板，采用开放的办公室设计，会使员工之间更容易交流。同样，管理者还可以改变光线的亮度和颜色，冷暖的程度，噪音的大小和种类，工作场所的清洁程度以及家具、装饰和配色等内部设计。

有证据表明，仅物理环境本身的改变并不能对组织或个人的绩效产生实质性影响，但它能够使员工的某些行为更为容易或更为困难，也就是说，员工和组织的行为可以因此而得到增强或减弱。

4. 人员变革

变革推动者起作用的最后一个领域是帮助组织中的个体和群体更有效地工作。通常，这类变革主要通过沟通、决策和问题解决过程来改变组织成员的态度和行为。你会在本章末看到，组织发展的概念包括了一系列干预措施，这些干预措施是用于对人员及其工作关系的性质和质量进行变革的。我们在组织发展的讨论中会评述这些人员变革的方法。

（四）变革的阻力

在个体和组织行为方面的研究所得到的丰富的发现之一是：组织和成员抵制变革。从某种意义上说，这是积极的。它使行为具有一定的稳定性和可预见性。如果没有什么阻力的话，组织行为会变得混乱而随意。变革的阻力还可以成为功能正常的冲突源。例如，对组织重组计划或生产线改进方案的抵制会激发对这些变革观点优缺点的有益讨论，并因而会得到更完善的决策。但变革的阻力也有显而易见的缺点，它阻碍了适应和进步。

变革阻力不一定以统一的方式表现出来，阻力可以是公开的、潜在的、直接的或延后的。公开的和直接的阻力最容易处理。例如，当提议实施变革时，员工会很快做出反应，他们怨声载道，消极怠工，并声称要进行罢工或做出其他类似举动。处理潜在或延后的变革阻力是更大的挑战。潜在的阻力十分微妙，它可能会降低对组织的忠诚感，丧失工作积极性，增加错误率，因"病"请假使缺勤率上升，因此也更难识别。同样，延后的反应使阻力源和对阻力的反应之间的联系变得模糊。一项变革刚开始出现时可能只会产生很小的反应，但在几个星期、几个月甚至数年后，阻力就暴露出来了。一项单独的变革本身可能刚开始时产生的影响很小，但后来却可能会成为"最终导致失败的致命因素"。对变革的反应可能积累起来，然后以看起来和原先对变革的反应完全不相称的行为爆发出来。然而，变革的阻力常常是延后的或储备性的，它所表现出来的是对以往变革的累积反应。

下面我们来看看变革的阻力源。为了便于分析，我们将其分为个体的阻力源和组织的阻力源两个方面。事实上，二者常常是重叠的。

1. 个体阻力

变革中个体的阻力源来自于基本的人类特征，如知觉、个性和需要。下面概括一下个体抵制变革的五个因素。

（1）习惯。你每次出去吃饭，是否总去不同的餐厅？很可能不是，如果你像大多数人一样，你会选定几个自己喜欢的地方，然后以某一固定的理由去那里。

人类是有习惯的动物。生活很复杂。人们每天必须做出数百种决策，但不必对这些决策的所有备选方案一一考察。为了应付这种复杂性，人们往往依赖习惯化或模式化的反应。但是当面对变革时，以惯常方式做出反应的趋向会成为阻力源。所以，当你的部门迁到城市另一处新的办公楼里时，就意味着你可能不得不改变许多习惯：早起10分钟，穿过一条条新街道去上班，寻找新的停车场，适应新办公室的布局，形成新的午饭规律，等等。

（2）安全。安全需要较高的人抵制改革，因为变革会带给他们不安全感。当西尔斯公司公布要解雇50 000名员工或福特公司引进新的机器人设备时，这些公司的许多员工感到自己的工作受到了威胁。

（3）经济。第三个个体阻力源是变革会降低收入。如果人们担心自己不能适应新的工作或新的工作规范，尤其是当报酬和生产率息息相关时，工作任务或工作规范的改变会引起经济恐慌。

（4）对未知的恐惧。变革用模糊和不确定性代替已知的东西。不管你多么讨厌上大学，你至少知道在那里希望你做什么。但是当你离开学校进入专职聘用的世界时，不论你多么想走出校园，你却不得不面对未知领域。

组织中的员工同样不喜欢不确定性。如果全面质量管理的引进意味着生产工人不得不学习统计过程控制技术的话，一些人会担心他们不能胜任。因此，如果要求他们使用统计技术，他们会对全面质量管理产生消极态度或者产生功能失调的冲突。

（5）选择性信息加工。在第三章我们看到，个体通过知觉塑造自己的认知世界。这个世界一旦形成就很难改变。为了保持知觉的完整性，个体有意对信息进行选择性加工，他们只听自己想听的，而忽视那些对自己已建构起来的世界形成挑战的信息。例如，那些面临着引进全面质量管理的生产工人可能充耳不闻上司关于统计知识的必要性和变革会带给他们潜在收益的解释。

2. 组织阻力

组织就其本质来说是保守的，它们积极地抵制变革。这种现象随处可见，政府机构想继续从事它们干了数年的工作，无论它们的服务是否仍被需要；宗教深深地植根于历史中，改变教义需要极大的恒心和耐心；教育机构是为了开放思想和挑战已有学说而存在的，但它们自己也极端地抵制变革，大多数学校仍在使用和 50 年前本质上相同的教学技术；很多商业公司也强烈的抵制变革。抵制变革的组织阻力主要有以下六个原因：

（1）结构惯性。组织有其固有的机制保持其稳定性。例如，甄选过程系统地选择一定的员工流入，一定的员工流出。培训和其他社会化技术强化了具体角色的要求和技能。而组织的规范化提供了工作说明书、规章制度和员工遵从的程序。经过挑选符合要求的员工才可以进入组织，此后，组织又会以某种方式塑造和引导他们的行为。当组织面临变革时，结构惯性就充当起维持稳定的反作用力。

（2）有限的变革点。组织由一系列相互依赖的子系统组成。不可能只对一个子系统实施变革而不影响到其他的子系统。例如，如果只改变技术工艺而不同时改变组织结构与之配套，技术变革就不大可能被接受。所以子系统中的有限变革很可能因为更大系统的问题而变得无效。

（3）群体惯性。即使个体想改变他们的行为，群体规范也会成为约束力。例如，单个的工会成员可能乐于接受资方提出的对其工作的变革，但如果工会条例要求抵制资方做出的任何单方面变革，他就可能会抵制。

（4）对专业知识的威胁。组织中的变革可能会威胁到专业群体的专业技术知识。20 世纪 80 年代初，分散化个人计算机的引进就是一个例子。这种计算机可以使管理者直接从公司的主要部门获得信息，但它却遭到了许多信息系统部门的反对。因为分散化的计算机终端的使用，对集中化的信息系统部门所掌握的专门技术构成了威胁。

（5）对已有的权力关系的威胁。任何决策权力的重新分配，都会威胁到组织长期以来已有的权力关系。在组织中引入参与决策或自我管理的工作团队的变革，就常常被基层主管和中层管理人员视为一种威胁。

(6) 对已有的资源分配的威胁。组织中控制一定数量资源的群体常常视变革为威胁。他们倾向于对事情的原本状态感到满意。变革是否意味他们的预算减少或人员减少呢？那些最能从现有资源分配中获利的群体，常常会对可能影响未来资源分配的变革感到忧虑。

在变革阻力的讨论中不包括变革政治的论述就是不全面的。因为变革无疑会威胁到现状，因此它隐含地意味着政治活动。

内部变革推动者往往都在组织中位居要职，会在变革中失去很多利益。实际上，他们通过开发有利于组织的技术和行为模式才升迁到这个权力位置上。但变革会威胁到这些技术和行为模式。如果这些技术和行为模式不再为组织所重视又会怎样呢？这就为组织中的其他人提供了获得权力的机会，这种机会又是以现居要职者的牺牲为代价的。

政治意味着变革的推动力更有可能来自于组织中的新来者（和对现状投资不多的人）或是那些不处于主要权力结构中的经营人员。那些把毕生精力都投入到一个组织中并最终在管理层中获得了高级职务的管理者常常是变革的障碍。变革对他们的地位和职务构成了真正的威胁。但他们也可能希望实施变革以证明自己不仅仅是个暂时的代理人，通过扮演变革推动者的角色，他们可以向各方人士包括股东、供应商、员工、顾客等象征性地传递如下信息：他们完全控制了问题，并在适应动荡不定的环境。当然可以预期到，当被迫实行变革时，这些长期掌权者会倾向于实行第一层次的变革。激进变革的危险性太大。

组织内的权力斗争在很大程度上会决定变革的速度和程度。可以预期，长期任职的经营人员会成为变革的阻力。这一点可以解释为什么董事们认识到需要迅速实施第二层次的变革时，往往要从外部候选人中挑选新的领导人。

变革推动者在处理变革阻力方面提出了六种策略，简要概括如下：

(1) 教育和沟通。通过与员工进行沟通，帮助他们了解变革的理由，会使变革的阻力减少，这种策略的基本假设是，产生阻力的原因在于信息失真或沟通不良。如果员工了解了全部事实，消除了所有误解的话，阻力就会自然消失。沟通可以通过个别交谈、小组讨论、备忘录或报告来实现。这种策略能否奏效？当变革的阻力确实来自于沟通不良，并且劳资关系以相互信任为特征时，它会是有效的。如果这些条件不具备，它就不可能成功。

(2) 参与。个体很难抵制他们自己参与做出的变革决定。在变革决策之前，应把持反对意见的人吸引到决策过程中来。如果参与者具有一定的专业知识，能为决策做出有意义的贡献，那么他们的参与就可以减少阻力，获得承诺，并提高变革决策的质量。但是，这种策略也有不足之处：即可能带来劣等的决策，并浪费了很多时间。

(3) 促进和支持。变革推动者可以通过提供一系列支持性措施来减少阻力。当员工十分恐惧和忧虑时，给员工提供心理咨询和治疗、新技术培训或短期的带薪休假都有利于他们的调整，这个策略的不足之处是费时，另外，实施起来费用较高，并且没有成功的把握。

(4) 谈判。变革推动者处理变革的潜在阻力的另一个方法是，以某些有价值的东西换取阻力的减少。例如，如果阻力集中在少数有影响力的个人身上，可以商定一个特定的报酬方案满足他们的个人需要。当变革的阻力非常强大时，谈判可能是一种必要的策略。但其潜在的高成本是不容忽视的。另外，这种方法也有一定的风险，一旦变革推动者为了避免阻力而做出让步时，他就可能面临其他权威个体的勒索。

(5) 操纵和收买。操纵是指隐含的影响力。这方面的例子有：歪曲事实使事件显得更有吸引力，封锁不受欢迎的信息，制造谣言使员工接受变革。如果工厂的管理者威胁说，员工要是不接受全面的工资削减方案，工厂就要关门，而实际上并无这种打算的话，管理层使用的就是操纵手段。

收买是一种包括了操纵和参与的形式。它通过让某个变革阻力群体的领导者在变革决策中承担重要角色来收买他们。之所以征求这些领导者的意见，并不是为了寻求更完善的决策，而是为了取得他们的允诺。相对而言操纵和收买的成本都低，并且易于获得反对派的支持。但如果对象意识到自己被欺骗和被利用时，这种策略会产生适得其反的效果，一旦被识破，变革推动者会因此而声誉扫地。

(6) 强制。最后一项策略是强制，即直接对抵制者实施威胁和压力。如果员工不同意削减工资，而企业管理者真的下决心要关闭工厂时，那么这种变革策略就会具有强制色彩。其他例子还有，不予提拔，消极的绩效评估和提供不友善的推荐信等等。强制的优缺点与操纵和收买相似。

（五）变革的方法

现在我们来看看推行变革的几种常用方法。具体而言，我们介绍勒温（KurtLewin）经典的三步模型，以及活动研究模型。

1. 勒温的三步模型

勒温认为成功的组织变革应该遵循以下三个步骤：解冻（unfreezing）现状、移动到新状态、重新冻结（refreezing）新变革使之持久。如图 18-6 所示。从下面的例子中，你可以看到勒温三步变革模型的价值。

图 18-6　勒温的三步变革模型

现状可以视为一种平衡状态。要打破这种平衡状态就必须要克服个体阻力和群体的从众压力，因此解冻是必要的。解冻可以通过以下三种方式之一来实现：

(1) 推动力（driving forces），指引导行为脱离现状的力量。

(2) 约束力（restraining forces），指阻碍偏离现有平衡状态的活动的力量。

(3) 以上两种方法的结合。

一旦变革付诸实施，要想成功，需要重新冻结新形式，这样才能长时间维持它。如果不采取最后这个步骤，变革就可能是短命的。而员工也会试图回到以前的平衡状态，重新冻结的目标是通过对推动力和约束力二者进行平衡使新状况更为稳定。

2. 活动研究

活动研究（action research）是指一种变革过程，这种过程首先系统地搜集信息，然后在信息分析的基础上选择变革行为。活动研究的重要性在于它为推行有计划的变革提供了科学的方法论。

活动研究的过程包括了五个阶段：诊断、分析、反馈、行动和评价。

(1) 诊断。变革推动者在活动研究中通常是外部顾问，他们从组织成员那里搜集变革需要方面的信息。这种诊断和医生了解病人到底有什么病相似。在活动研究中，变革推动者提出问题，和员工面谈，考察记录，并倾听员工所关注的问题。

(2) 分析。第二步要对诊断阶段所搜集的信息进行分析。员工认为哪些过程是关键的，这些问题以什么形式出现，变革推动者把这些信息综合成这几个方面：主要关心的问题，问题的范围和可能采取的行动。

(3) 反馈。活动研究还包括了变革对象的广泛参与。任何变革方案涉及的员工都必须积极参与问题的确定和寻求问题解决的方法。所以，第三步是让员工共同参与前两步发现的问题。在变革推动者的帮助下，员工可以开发任何有关变革的行动计划。

(4) 行动。现在就是活动研究中的"行动"阶段了，员工和变革推动者采取具体行动来改进所发现的问题。

(5) 评价。最后，变革推动者评估行动计划的效果。他们以搜集到的原始资料为参考点，对而后发生的变革进行比较和评价。

活动研究对组织至少有两点好处：第一，以问题为中心。变革推动者客观地发现问题，问题的类型决定了变革行为的类型。第二，由于活动研究中包括了员工的大量参与，所以减弱了变革阻力。实际上，只要员工在反馈阶段积极参与，变革过程通常就有了自身的动力，参与变革的员工和群体就成为带动变革的、持续的、内部的力量源泉。

(六) 当代组织变革中的重要主题

1. 创新

变革是使事情发生变化，而创新则是一种具体的变革类型。创新(innovation)是指用以发明或改进一项产品、工艺或服务的新观点。所有的创新都包含变革，但不是所有的变革都涉及新的观点或带来显著的改进。组织中创新的范围可以从很小的改进到重大的产品突破。

创新组织往往具有相似的文化：它们都鼓励尝试，无论成功还是失败都给予奖励；它们还赞赏错误。遗憾的是，在太多的组织中，人们都是因为没有失败而不是因为成功而获得奖励。这样的文化压制了冒险和创新。只有当人们感觉到自己的行为不会受任何惩罚，他们才会提出新观点，尝试新方法。

最近一项研究发现，变革的倡导者具有共同的个性特征：非常自信、持之以恒、精力充沛、敢于冒险。他们还具备与变革型领导风格有关的特征。他们用自己对创新潜力的远见以及坚定不移的信念来鼓舞和激励其他人。他们还善于获得他人的承诺，以支持自己的事业。另外，这些倡导者从事的工作一般能提供相当大的决策自主权，这种自主权有助于他们在组织中引入和实施创新。

2. 创建学习型组织

正如全面质量管理是20世纪80年代的潮流，企业再造工程是20世纪90年代初的潮流一样，学习型组织成为20世纪90年代中期的潮流。当今许多管理者和组织理论家们都在寻找新的方法对这个相互依赖并且不断变化的世界做出有效的反应，学习型组织的出现引起了他们极大的兴趣。这里我们将阐述什么是学习型组织以及管理学习的方法。

学习型组织(learning organization)是一个不断开发适应和变革能力的组织。正如人要学习一样，组织也要学习。所有的组织都在学习，不管他们是否有意识这么做，这是他们维持生存的基本条件。

大多数组织进行的是单环学习(single-loop learning)。当发现错误时，改正过程依赖过去的常规程序和当前的政策。相反，学习型组织运用的是双环学习(double-loop learning)。

当发现错误时，改正方法包括组织目标、政策和常规程序的修改。与本节开始论述的第二层次的变革相似，双环学习向组织中根深蒂固的观念和规范提出挑战，其提出的截然不同的问题解决方法有利于实现变革的巨大飞跃。

学习型组织中的成员摒弃旧的思维方式，相互之间坦率真诚，了解组织怎样运行，制定每个人都认同的计划或构想，然后共同工作以实现这个构想。学习型组织有如下五个特征：

（1）有一个人人赞同的共同构想。

（2）在解决问题和从事工作时，摒弃旧的思维方式和常规程序。

（3）作为相互关系系统的一部分，成员们对所有的组织过程、活动、功能和环境的相互作用进行思考。

（4）人们之间坦率地相互沟通（跨越纵向和水平界限），不必担心受到批评或惩罚。

（5）人们摒弃个人利益和部门利益，为实现组织的共同构想一起工作。

学习型组织的支持者们认为这种组织是解决传统组织固有的三个基本问题的良方，这三个问题是：分工、竞争和反应性。首先，专业化的分工制造了隔离带，从而把一个组织分割成相互独立且常常相互冲突的领域。其次，过分强调竞争常常会削弱合作。管理层的人相互竞争以显示谁更正确，谁知道得更多，谁更有说服力；部门之间本应相互合作，共享信息，他们却也在相互竞争；项目小组的领导者相互竞争以显示谁是最好的管理者。第三，反应性使管理者的注意力发生了偏离，他们更注重解决问题而不是开发创新。问题的解决者尽力避免发生某些事情，而创新者努力带来新的东西。对反应性的一味强调会排挤创新和不断的改进，鼓励人们为"救火"而忙碌。

如果把学习型组织视为建立在以往的大量组织行为观念上的理想模式，会有助于更好地理解什么是学习型组织。没有一个公司曾经或将会完全具备上述所有的学习型组织的特征。所以，应该把学习型组织视为奋斗目标而不是对组织结构活动的现实描述。同时，还应注意学习型组织和以往的组织行为学概念的关系，如全面质量管理、组织文化、无边界组织、功能冲突和变革型领导行为等。比如，学习型组织采用全面质量管理进行不断改进；它以重视冒险、开放、成长的文化为特征；它打破了等级层次和部门分工带来的障碍从而寻求一种"无边界"的状态；它支持不同意见、建设性批评和其他功能正常的冲突；为了实现共同目标，学习型组织需要变革型领导行为。

所谓管理学习是指怎样改变组织使之成为一个不断的学习者，管理者又能做些什么使其公司成为一个学习型组织呢？以下介绍三种管理学习的方法。

（1）制定战略。管理者要明确表明他对变革、创新和不断改进的承诺。

（2）重新设计组织结构。正式的组织结构可能会成为学习的严重障碍。通过下面的方法可以强化人们之间的相互依赖关系，减少人们之间的界线：使组织结构扁平化；取消或合并一些部门；更多地运用多功能工作团队。

（3）重新塑造组织文化。学习型组织以冒险、开放和成长为特征。管理者以其言谈（战略）和举止（行为）界定了组织文化的基调。也就是说，管理者需要通过行动证明他们倡导冒险并允许失败，这意味着奖励那些抓住机遇的人和犯了错误的人。管理者还需要鼓励功能正常的冲突。一位学习型组织的专家说："在工作中开启人们之间坦诚的钥匙是让他们放弃自己内心不同意却表面同意的做法。我们总认为意见一致是如此重要，但是，你不得不在开放的环境中给大家带来异议、冲突和困境,这样,我们团结起来会比一个人更聪明。"

二、组织发展

(一)组织发展

组织发展(organizational development,简称OD),或称组织开发,是一种最近才建立并不断发展的艺术和科学。它利用广泛的、各种各样的特殊技术和策略对组织进行变革。就这一点而论,它的特性很难用一句话来总结,也很难作为一个单独的概念定义。所有的组织发展都试图变革组织,但并不是所有变革努力都可划分为组织发展。

组织发展(以下简称OD)是一种变革组织,使之更有效和更人性化,有计划的、不断发展的努力。它运用行为科学的知识培养组织自我考察的风气和做好变革的准备。它的重点突出放在人际和群体过程上。

OD的计划性使之与所有组织中出现的无计划的、偶然的或常规的变化相区分。OD至少在两个意义上说是不断发展的。第一,许多OD方案在一个很长的时间内延续,并包括几个明显的活动阶段。第二,如果OD制度化,不断重新进行考察和进一步变革的准备则成为组织的永久部分。在试图使组织更有效和更人性化方面,OD承认在领导、决策、沟通等个人过程和生产率、效率等组织结果之间有重要联系。OD运用行为科学知识的事实使它与其他仅仅依靠财务、经济或工程技术原则的变革策略区分开。但是,有时OD干预也可能会体现出这些原则。组织风气指组织的一般规范、角色关系和相互影响、相互作用的形式。OD试图改变这些方面,使组织保持自我意识和做好适应变革的准备。最后,OD的焦点放在人际和群体过程方面,承认所有的组织变革都会对其成员产生影响并且要依靠成员的合作来贯彻。

总之,系统的态度改变必须伴随着行为方面的改变,不管这些行为的改变出于任务、工作程序、组织结构方面的要求还是出于修正企业策略方面的要求。实行OD的变革推动者传统上是在下列一组价值观和假定之下工作的:

1. 尊重人

认为个人是负责的、明智的、关心他人的。他们有自己的尊严,应该受到尊重。

2. 信任和支持

有效和健康的组织拥有信任、真诚、开放和支持的气氛。

3. 权力均等

有效的组织不强调等级权威和控制。

4. 正视问题

不应该把问题掩盖起来,要正视问题。

5. 参与

受变革影响的人参与变革决策的机会越多,他们就越愿意实施这些决策。

这些价值观和假定是现实吗?它们意味着OD只能在特定的组织中实行吗?它们提出了一种管理和组织的最好方式吗?作为对这些问题的回答,一名OD专家建议一组可选择的命题,它将使变革代理人帮助组织阐明自己对于开发的需要。具体地说,OD必须:

（1）在其所处的环境方面，帮助组织形成有关组织状况的可靠数据。
（2）帮助组织管理者阐明所希望的结果。
（3）帮助组织在对现状和所希望的结果进行诊断的基础上做出策略选择。

（二）组织发展的干预措施

有哪些组织发展的技术或干预措施能带来组织变革？下面介绍变革推动者可能会使用的三种方法。

1. 敏感性训练

你可能听说过一大串名称：实验室训练、敏感性训练、交朋友小组、T 小组（训练小组），它们指的是通过无结构小组的相互作用改变行为的方法，一般称为敏感性训练（sensitivity training）。在训练中，成员处于一个自由开放的环境，讨论他们自己以及他们的相互交往过程，并且有专业的行为科学家予以适当的引导。这种小组是过程导向的，也就是说，个人通过观察和参与来学习，而不是别人告诉他学什么，他就学什么。专业人员为参与者创造机会，让他们表达自己的观点、信仰和态度。他自己并不具有（实际上是明确抵制）任何领导角色的作用。

T 小组的目标是使主体更明确地意识到自己的行为以及别人如何看待自己，并使主体对他人的行为更敏感，更理解小组的活动过程。它追求的具体目标包括：提高对他人的移情能力；提高倾听技能；更为真诚坦率；增强对个体差异的承受力；改进冲突处理技巧。

如果个人对别人如何看待自己缺乏了解，那么通过成功的 T 小组训练会使他们的自我知觉更为现实，群体凝聚力更强，功能失调的人际冲突减少。进一步而言，敏感性训练的理想结果将是：个人和组织更为一体化。

2. 调查反馈

调查反馈（survey feedback）是评估组织成员所拥有的态度、识别成员之间的认知差异以及清除这些差异的一种工具。

组织中的每一个人都可以参加调查反馈，但其中最重要的是"组织家庭"（即任何一个部门中的管理者及向他直接汇报工作的下属）的参与。调查问卷通常由组织或部门中的所有成员填写。问卷主要询问员工对下面这些方面的认识、理解和态度：决策实践，沟通效果，部门间的合作以及对组织、工作、同事和直接主管的满意度。调查者通过提问或面谈的方式来确定哪些问题是重要的。

调查者根据个体所在的"组织家庭"及整个组织来统计问卷的信息，并分发给员工。这些资料就是确定问题、澄清问题的出发点。有时，外部的变革推动者会告诉管理者问卷回答的意义，并对"组织家庭"的小组讨论提供指导。在这里尤其要注意的是，调查反馈法鼓励小组讨论，并强调讨论要针对问题和观点，而不是进行人身攻击。

最后，调查反馈法的小组讨论要使成员认识到问卷结果的意义。人们会不会听这些信息？会不会由此产生新观点？决策、人际关系、任务分配能否得到改进？对这些问题的回答将导致人们做出承诺，解决已发现的问题。

3. 过程咨询

没有组织能够尽善尽美地运作，管理者常常发现自己部门的工作业绩还可以改进，但却不知道要改进哪些方面以及如何改进。过程咨询（process consultation）的目的就是让外部顾问帮助客户（常常是管理者）对他们必须处理的事件进行认识、理解和行动。这些事件可能包括工作流程、各部门成员间的非正式关系、正式的沟通渠道等。

过程咨询和敏感性训练的假设很相似，即通过协调人际关系和重视参与，可以提高组织的有效性。但过程咨询比敏感性训练更为任务导向。

过程咨询中的顾问，让管理者了解在他的周围以及他和其他人之间正在发生什么事。他们不解决组织中的具体问题，而是作为向导和教练在过程中提出建议，帮助管理者解决自己的问题。

顾问和管理者共同工作，诊断哪些过程需要改进。在这里之所以强调"共同工作"，是因为管理者在对自己所在部门的分析过程中还培养了一种技能，这种技能即使顾问离开以后仍将持续存在。另外，通过管理者积极参与诊断和方案开发过程，使他能对过程和解决方法有更好的理解，减少对所选择的活动方案的阻力。重要的一点是，过程顾问不必是解决具体问题的专家，他的专业技能在于诊断和开发一种帮助关系。如果管理者和顾问均不具备解决某一问题所需要的技能，则顾问会帮助管理者找到一位这方面的专家，然后指导管理者如何从专家那里尽可能多地获得资源。

复习与思考

1. 解释下列概念：
（1）组织；（2）组织结构；（3）虚拟组织；（4）无边界组织；（5）创新；（6）学习型组织；（7）管理学习；（8）敏感性训练。
2. 为什么工作专门化不是提高生产率的不竭之源？
3. 管理人员可以采取哪些方式进行部门化？
4. 在其他条件相同的情况下，控制跨度宽和控制跨度窄，哪一种更有效？为什么？
5. 什么是矩阵结构，管理者什么时候可以采用这种结构？
6. 概述组织规模与组织结构的关系。
7. 举例说明技术的含义。
8. 概述环境和组织结构的关系。
9. 变革推动者能做什么？
10. 勒温的三步变革模型是怎样处理变革阻力的？
11. 阐述活动研究的过程。
12. 描述学习型组织的特征，说明管理者可以做些什么使其公司成为一个学习型组织。
13. 有哪些组织发展的技术或干预措施能带来组织变革？

即测即评

案例分析

案例1

激情释放动感无极限　独领风骚欢乐大赢家

今年"五一"黄金周，欢乐谷接待游客量达23万人次，7天营业收入达2 600万元，其中5月3日创下日接待量5万人次、单日营业收入600万元人民币的历史记录。

欢乐谷是一个全新的现代主题乐园，是一个让人圆梦的欢乐海洋，成功之处在于合理的项目布局和串联，园区景观、项目故事、表演的功能设计得浑然天成；个性化的主题分区，独特的环境包装，带给人不少的新鲜感。走进香格里拉，如同步入原始、野趣、神秘、美丽的世界；来到阳光海岸，就会感到热带海滨的轻松休闲。"零距离"的表演，是带给游客欢乐的至关重要的一点，比如金矿镇上，突然会有铁匠为游客悄悄遮阳，还会用英语说几句问候的话，使游客觉得是故事中的人，而不是局外人；再如"激流勇进"项目，船从26米高处飞驰而下，溅起几层楼高的水花，坐船的感到昏天黑地，全身湿透，观看的同样有趣，在玻璃后面看从天而降的飞船，然后是铺天盖地的水花，有惊无险。另外，在消暑降温方面，欢乐谷也别出心裁，十几处水风扇，吹出的水雾带给游客一分清凉、一分惊喜、一分满足。这些设计，使得游客不知项目从何开始，到何处结束，仿佛一只无形的手在牵引大家，"为那些在充满竞争和高速生活节奏中透支体力的人们创造了一个品尝欢乐的空间，创造了一个平等的享受欢乐的天国"，带给游客无尽的惊喜。

（资料来源：中国旅游报，2002-05-15）

讨论：欢乐谷的成功之处在哪？

案例2

350元"点菜"游港澳　广之旅创价格新概念

近日，广东旅行社广之旅发布消息，该社港、澳游启用新版通行证后降至350元起，350元包括香港游组接团服务费、签注费及其他手续费，不包括新版港、澳游通行证和来往交通费。同时，游客根据自己的爱好，享受广之旅推出的港、澳游"点菜式服务"。游客得到了最大的选择和自由。价格无疑是消费者最关注的因素，但如果单纯为降价而降价，终究不能长久。旅行社只有在产品设计、服务水准以及营销策略上不断创新，向游客提供质价相符、性价比最高的产品，才是长远的经营之道，此次又率先推出港、澳游"点菜式服务"，都意在使游客买到性价比最高的港、澳游产品，得到更多的享受。

（资料来源：中国旅游报，2002-05-20）

讨论：广之旅靠什么吸引了游客？

案例3

溺水身亡谁之过

郑州D旅行社组织S单位一行32人赴江苏苏北一带进行为期6天的旅游。途经淮阴县境内一条河旁，有游客提出想到河中游泳，全车游客一致响应。D旅行社全陪导游小宋以不熟悉环境、不安全为由，加以阻拦。争执多时，S单位领队代表全体游客给小宋出具了一份证明，证明"该活动为游客自主行为，因此而造成的行程延误等一切后果由游客自负，与D旅行社无关"之后，小宋才同意不阻拦，并提醒各个游客一定要注意安全。但是，有一个随团的游客因为河水稍凉，不习水性，且离群体太远，溺水身亡。等到发现，为时已晚。

（资料来源：大河报，2002-03-23）

讨论：溺水身亡究竟是谁之过？

案例4

专为带孩子出游的线路

"五一"黄金周快到了，该向广大市民推出什么样的旅游产品呢？天地旅行社通过对市民的心理需要进行调查分析发现，许多家庭出于让孩子增长知识、开阔视野的需要，有带孩子一起出游的愿望，只是苦于没有合适的出游方式。对此，天地旅行社独辟蹊径，专门开辟了一条适合带孩子一起出游的家庭旅游线路。同时，他们一开始就树立"向孩子提供周到的服务而只赚家长旅游的钱"这样的经营思想，通过自身大量的工作和周到的服务，让家长把花在孩子身上的费用减少到最低限度。

广告一经打出，报名便火爆异常……最终，此举赢得了家庭的普遍称赞。

讨论：天地旅行社的成功之处在哪？

第四编

旅游企业服务心理

第十九章 旅行社服务心理

学习目标

学完本章，应该能够：了解旅游活动与旅行社服务的关系；描述旅游者在游览过程中的心理状态；掌握导游的心理品质；说明导游服务中的心理因素。

本章主要术语

旅行社（travel agency）
导游（guide）
道德感（moralsense）
美感（sense of beauty）
理智感（rationalfeeling）
意志（will）

旅行社与饭店、旅游交通一起，被称为旅游业三大支柱。旅游活动的核心和关键环节就是"游"。而担负着组织旅游活动、为旅游者提供导游服务的组织就是旅行社。在这一章，首先考察旅游活动与旅行社服务的关系。然后论述导游的心理品质。最后探讨导游服务的心理因素。

第一节 旅游者在旅游活动中的心理状态

一、旅游活动与旅行社服务

旅游者怎样才能"游"好？旅游者到达陌生的旅游目的地后，如何选择最佳的旅游路线？如何从最佳的角度、在最佳的方位去欣赏美丽的景观？如何更好地了解当地的名胜古迹、风俗民情、神话传说等典故及当地的风味特产？如何解决"游"中存在的交通、食宿、语言的沟通等一系列问题？此时，如果有为旅游者设立的引导游览及服务的组织机构——旅行社（travel agency）及由旅行社提供的导游（tourguide）服务，这些问题都将迎刃而解。

引导游览参观的服务，首先可以通过图片、文字、音像资料（如不同文字的交通图、导游图、旅游指南、景点介绍、画册、录音、录像带等）提供服务；其次，可以通过引导和组织参观游览的人，向旅游者提供面对面的现场和旅途中的实地讲解服务。

实际上，随着现代交通业、饭店业的发展，旅游人数的增多，旅游者外出旅游已逐渐改变了从前那种行、游、住、食由旅游者自己安排的辛苦的旅游方式，而将旅游作为一种时尚，以追求享乐、享受生活为旅游的目标。旅游者需要全方位的服务，只有能为其提供行、游、住、食、购、娱一条龙的系列化综合服务的部门——旅行社的服务，才能真正地满足旅游者追求方便、享乐的旅游方式。

旅行社服务的对象是各种不同性质的旅游者。他们的经历、经济地位、生活水平、文化教养、兴趣爱好、个性特征等都各不相同，对于周围的事物也就会产生不同的心理状态。因此，为使旅行社取得良好的服务成效，更好地掌握旅行社服务的主动权，就需要运用心理学的基本原理去研究旅游者的心理活动的特点及其基本规律，探索旅行社服务中的心理因素，掌握导游服务的艺术技巧，提高旅行社服务工作的水平和质量。

提高旅行社服务的质量和水平涉及许多方面，本章仅对具有普遍意义的服务心理学中的相关问题进行论述。

二、旅游者入境时的心理状态

要掌握旅行社服务的主动权，首先必须对旅游者在旅游活动全过程各不同阶段中的心理和行为有所了解。

旅游者初入境，虽然反映多样、表情各异，但仔细观察不难发现其共同的心理特征。他们初到异国他乡，觉得眼前的一切是那样的陌生、奇特、有趣而富有吸引力。想知道一切，可语言不通；想交结朋友，却不懂当地风俗习惯；既有兴奋、好奇、惊讶、欲探索新事物的迫切心情，又有因人地生疏、语言不通而产生的茫然、苦恼和不安，甚至产生恐惧感。此时，旅游者最急需解决的是如何消除陌生的心理状态以适应新的环境。旅行社的服务人员若能对其予以真挚、热情、友好的接待和周到细致的关心、服务，定能使旅游者倍感亲切、一见如故，收到宾至如归的良好服务效果。例如，我国旅行社的导游在国外旅游者抵达时，向旅游者致"欢迎词"时，要把旅行社的良好愿望和增进人民友谊的心情及中国人民好客的传统表现出来，给旅游者提供第一最佳服务，留下第一最佳印象；在旅游者出发去下一个旅游地(点)途中，旅行社的全程陪同应向旅游者概括全面地介绍下一个旅游地(点)的情况，激发旅游者欲一睹为快的强烈兴趣，为地方陪同进一步介绍和导游做好心理上的铺垫。

三、旅游者在游览过程中的心理

(一) 好奇心理

旅游者出发之前，通过媒介宣传等途径，已对旅游目的地产生了种种美好的想象。当旅游者抵达旅游目的地进行参观游览，实现早已梦寐以求的愿望时，好奇和激动交织在一起，形成一种无比兴奋的心情。旅游者面对各种见所未见、闻所未闻的新奇、古老、壮观而引人入胜的自然景色、文物古迹、现代建筑与娱乐设施时，会对该地不同的种族、语言、习俗、文化、民情等产生强烈的好奇心，驱使自己尽情地观赏。这时，旅游者一般具有先睹为快的强烈兴趣，而后才想知道根由。旅行社的导游服务人员应满足旅游者的心理需要，简要介绍后让其尽情观赏，适当解答一些问题。若导游此时不了解旅游者的共同心理，只是热情地讲解，可能是吃力不讨好，甚至引起旅游者的厌烦心理。随着旅游活动的进一步展开，旅游者在情绪上逐渐地活跃、放松，个性的表露有扩大的趋势。旅游者的好奇心以及求知、求解的愿望，可能使他们向旅行社的服务人员提出各种各样的问题和各种合理与不合理的要求和希望，平时健忘的人易丢三落四，平时活泼的人变得更随便，提出的问题也更深更广。旅行社的导游服务人员此时应善于把握旅游者心理上的变化，善于组织旅游活动，有针对性地进行导游服务，以满足旅游者的好奇心理。

旅游者的好奇心理反映在游览过程中主要表现为求知、求解。来中国的旅游者在游览过程中，对种种新异的刺激物，如陕西黄土高原的窑洞、南国的竹楼、山区的尖底背篓、中国的茶馆、西藏的雕房、少数民族特殊的服饰和风俗等，都会产生莫大的兴趣。旅行社服务人员应针对这种兴趣进行导游。就国内旅游者而言，随着人们生活和文化水平的提高，抱有求知心理需求的旅游者越来越多，他们不仅希望旅行社提供生活上的帮助，而且希望在旅行游览中增长知识；他们对旅游景点的风物传奇、神话故事、古今诗文、匾额、楹联、碑碣等也很感兴趣，渴望详尽地了解知晓。

(二) 审美心理

一般在旅行游览中，旅游者的审美要求主要集中于旅游地的自然美和人文美。旅游者的审美意识是旅游者的思想感情和心理状态主动作用于审美对象而形成的，所以不同旅游者的审美要求亦有差异。旅行社的导游服务人员在为旅游者服务中，应注意照顾其共同的审美情趣，了解其在游览过程中的审美心理及其规律性，有意识地利用旅游者的审美意识，提供完美的导游服务。旅游者在游览中的审美心理涉及面广，这里仅从旅游者的审美动机来讨论旅游者在游览过程中的审美心理。

1. 自然审美

现代社会的激烈竞争使人们产生焦虑、受挫、苦闷、忧郁、失望、冷漠等不良的情绪与心态，具有迫切需要防卫、逃避、自我调节的心理趋向，并试图通过旅游活动在自然中寻求一种情感的净化和物质上、精神上、心理上的放松满足感。人们崇尚自然、回归自然的心理需要在不断增长。尽管人们外出旅游的动机不可能相同，但无疑几乎都是为了追求美好的事物。从一定意义上讲，旅游者的旅行游览活动是一种寻觅美、发现美、欣赏美、享受美的综合审美实践，其主要审美对象首先是包罗万象的大自然。旅游者在游览过程中的自然审美心理，几乎贯穿于旅游活动的始终，是一种最普遍的现象。面对奇妙的自然万物，人类能够随心所至，自由地构形绘影。其基本形状，如天空、山岳、江河、泉瀑、鸟兽……看了都让人觉得可喜可乐、心情轻松，使人顿生超凡脱俗之感。自然风景资源的形、光、音、色造就了自然旅游景观的形状美、光泽美、色彩美、音韵美。瞬息万变的佛光、云瀑布、海市蜃楼等变幻造景更为大自然增添了神秘美、变幻美。例如，苏东坡的《饮湖上初晴后雨》对西湖的描写："水光潋滟晴方好，山色空蒙雨亦奇。欲把西湖比西子，浓妆淡抹总相宜。"中国山水素有南秀北雄、阳刚阴柔的美学风貌，加上中国古文化的丰富内涵和旅行社导游服务人员出神入化的深入引导讲解，可以引发旅游者丰富的联想，使旅游者在游览过程中宠美心理得到充分满足和心情愉悦。正如范仲淹在《岳阳楼记》中所述："登斯楼也，则有心旷神怡，荣辱皆忘，把酒临风，其喜气洋洋者矣。"由此可见，美是可以感知的对象，当人们观赏美妙的景色时，心里总是洋溢着一种难以名状的喜悦。人们常常以对象引起的心理愉悦感来表达其美感。

自然旅游景观是大自然赐予的，但审美的主体是人，人是有个性、有情绪变化的。所以，审美对象是通过人的心灵的透镜反射作用而形成美感的。旅游者也常常把自己的喜、怒、哀、乐寓于自然景观之中，产生移情作用。心理学上的"移情说"是19世纪后半叶由心理学家利普斯首先提出的。其实，我国古代也有类似的论断。如吴乔曾说："情能移境，境也能移情。"明朝王夫之说："景中生情，情中会景。故曰：景者情之景，情者景之情也。"在旅行社的导游讲解中常用的"寓情于景，借景抒情，情景交融"，其实就是"移情效应"的应用。

2. 人文与社会审美

自然景观突出其形式美，旅游者能直接感知。但人文和社会景观则重视内容的美，若不了解其历史背景与神话传说等典故，则难窥视其深层的美。如旅游者游览一座寺庙，看到的仅是具有民族风格和浓厚宗教色彩的古建筑，许多文物古迹仅是一块石头、一段碑文，甚至是一处古代的遗址、残骸。其形式简单，直觉印象十分乏味，旅游者常不知其美在何处。导游人员此时若能出神入化地讲解，可令旅游者产生兴趣，形成良好的旅游氛围。如武汉的"古琴台"是游客必到之处，它只是一块碑文，讲述伯牙与钟子期的故事。看来毫无美感，但若导游人员把"知音"这个故事娓娓道出，就会发人遐想，回味无穷，使游客联想到中国的社会美——中国人讲究友情，是重情之邦。又如，一美国旅游团在我国境内游览中，正遇河水上涨，团中一位老人不敢涉水，当地一位过路的年轻农民主动上前将她背过河，事后又谢绝老人给的钱。此举使全团美国人大为感动，这位美国老人更是喜泪横流，紧紧握住这位农民的双手感慨地说："这种事兴许只有中国才有……"所以，旅游者在游览过程中，除自然审美的满足外，还会鲜明地感受和评价旅游区域的社会美。这包括社会的产品、社会的风尚（道德、伦理、人情及民风等综合美）、社会生活（生活环境、节日习俗、服饰打扮的有机整体美）、社会制度，甚至人的相貌等方面，都可使旅游者在游览中获得社会的审美价值，以寻求一种心灵上的补偿和感情的升华。审美是社会发展的必然。先哲墨子说过："食必常饱，然后求美；衣必常暖，然后求丽；居必常安，然后求乐。"现代社会人们的物质生活条件不断改善，对上述需求的意识、愿望更趋强烈。旅游可以满足其求美、求乐的心理需求。

3. 文化艺术审美

自然审美注重形式，社会人文审美注重内容，而文化艺术审美是内容与形式的完美统一。中华古国有着悠久的历史和灿烂的文化。中国的传统艺术美是许多国际旅游者所渴望目睹的，也只有在中国社会与文化氛围中才能真正体验其意境。艺术是情感的结晶，艺术的美透入人们的心田使旅游者产生心灵的震撼。如陕西临潼秦始皇兵马俑被称为20世纪最壮观的考古发现，它向人展示了中国古代雕塑艺术的辉煌成就。再如中国的绘画、戏剧、书法、园林艺术及民间的工艺美术、剪纸、丝绣、蜡染、竹编等工艺品，都能激发起旅游者艺术审美的激情。然而，对艺术的审美，特别是对中国艺术的审美，旅行社的导游服务人员在其中起了重要的媒介作用。导游在引导旅游者特别是引导外国旅游者了解中国艺术的美、了解中国传统的审美观方面，可谓功不可量。如中国画讲究"意境"，即"景愈藏、境愈大；景愈显、境愈小"。画秋竹，只在尺幅间寥寥数笔而尽收秋风萧瑟之寒。中国画呈现图、诗、书法、金石的综合美，与西洋画重色彩和逼真不同。含蓄的意境是中国艺术品审美的重要尺度，也反映中华民族文化的背景特征。如艺术大师齐白石的画上只有几只虾，便令人感到满幅溢水，好像虾在清溪中游戏，表现了因"虚"得"实"、"虚实相生"和"超于像外"的艺术效果。不了解中国文化传统的旅游者，只有借助旅行社提供的导游服务人员讲解帮助，才能进行这种艺术审美活动。

4. 饮食生活审美

在长期的生活实践中，人们追求美食的需求，最终使烹饪演化为一种实用的生活艺术。这种艺术不仅是特定文明历史的见证，也是特定审美意识的沉积。我国的八大菜系虽风味各异，但都讲究色、香、味、形、器、名、意、趣等综合美的和谐，令南来北往的国内外旅游者尽饱口福，流连忘返，构成中国饮食文化旅游的魅力。使旅游者从中不仅能获得生理上的满足，而且能得到精神上和心理上的审美愉悦。许多旅游者正是在"一饱口福"的审美需要驱动下出游的。

实际上，人们外出旅游往往带有多重动机和目的，既想欣赏旅游地的自然风光美，又想体验其文化艺术与社会生活美，还想品尝美食。这里我们将游览活动中旅游者的审美动机硬性划为四类难免有些欠妥。对审美主体的旅游者来说，它们常是交融在一起的。因此，旅行社在安排组织旅游活动时应注意多样统一，以最大限度地满足旅游者在游览活动中的多重审美需求。

第二节　导游服务心理

导游是旅行社的代表，由旅行社组团的旅游消费活动主要通过导游的沟通来实现。导游不仅代表旅行社引导旅游者参观游览，而且还担负行、游、住、食、购、娱各方面的综合服务任务。导游涉及旅游活动的各个环节，是旅游综合服务的中心。

导游服务不仅仅是指导参观游览，它肩负着传播文化科学知识、促进民间交往、国际交流、增进友谊的重任，为旅游者提供生活、交通的方便，言语的沟通，做好购物参谋，满足旅游者在旅游活动中的各种生理和心理需要。因此，导游常被称为"非官方的友好大使"、"友谊的建筑师"。的确，导游是旅行社的支柱，旅游业的灵魂。基于导游服务是旅行社服务的主体与支柱，在"旅行社服务心理"这一章，我们着重探讨导游服务心理。

一、导游行为的影响因素

英文导游 guide 既是名词，又是动词。在这里有必要将导游和导游人员作一个区分：导游是一种活动，是一个指引和影响旅游者或旅游者群体实现既定旅游目标的行动过程。在这个过程中承担引导任务或发挥影响作用的个体称为导游人员。在本章中所说的导游，实际上是指导游人员。

导游行为的差异是由于导游对各种刺激或情境以不同的行为方式反应而形成的。在导游活动中，导游因所接受的外界刺激或所处的情境的不同而引起不同的行为方式；即使接受相同的外界刺激或处于相同的情境，由于个体的心理状态不同，也会引起不同的行为方式。

导游的导游行为受以下因素的影响。

（一）个体先天素质及生理因素

素质是有机体生来具有的某些解剖生理特点，特别是神经系统、脑、感觉器官和运动器官的解剖生理特点。个体先天素质是个体能力发展的前提。导游先天素质的差异在一定程度上影响了他的行为方式及智力倾向。此外，个体的年龄、性别、身体素质等生理因素的差别也同样可以形成各具特色的导游行为。

（二）个体心理因素

个体心理因素包括智力、兴趣、情感、意志、气质、性格等。个体心理因素的差别对导游行为的影响极为明显。由观察力、注意力、记忆力、表达力、思维力、技能熟练等形成的智力水平，是导游做好导游服务工作的重要条件。导游的智力水平不同，他们的导游行为也不相同。例如，表达能力强的导游善于驾驭自己的导游语言，使导游活动达到较完美的境地。因此，导游表达能力的差异可以产生不同的导游效果。

（三）社会因素

社会因素包括政治、文化背景及旅游市场的变化（主要指旅游客源结构的变化及旅游者消费行为的变化）等。社会因素的差异必然会导致导游行为的差异。例如，社会上对旅游活动的评价，会使旅游者对导游的态度发生变化，从而在不同程度上影响了导游的导游行为。

（四）旅游者的个体因素

旅游者的人口统计背景（年龄、性别、民族、教育、职业、社会地位等）、心理过程（认知、情感、意志等）、个性特征（能力、气质、性格等）的差异会对导游的导游行为产生不同影响。这就是导游者和旅游者之间的相互作用，也可以视为一种反馈。导游实践证明，导游的行为表现是个体心理品质相互作用的综合效应。导游的导游实践活动是引起认识、思维、情感和意志等心理活动的条件，也是形成个性特点的重要基础。导游行为方式的发展和变化，必然地会引起导游情感、意志、能力等心理品质的发展变化，而心理品质的发展变化也会影响导游行为方式的改变。

各行各业的从业人员，都具有各种与其行业相适应的、独特的心理品质，以调节支配自己的心理活动和行为方式。社会主义旅游业要求导游具备良好的个性修养和职业道德，熟练掌握导游服务的本领，才能以自己优秀的心理品质出色地完成导游服务工作。

二、导游的心理品质

世界各国旅游业对导游都有严格的要求。日本导游专家大道寺正子认为："优秀的导游最重要的是他的人品和人格。"并指出导游的基本条件是健康、整洁、礼貌、感情、笑容、毅力、胆大、勤奋、开朗、谦虚；具体条件是掌握丰富的知识、灵活地运用经验、理解游客的心理、掌握讲话的技巧。导游站在客人面前，要让客人看了就感到心满意足才行。

我国的导游不仅是旅行社的从业人员，也是国家的主人与代表。导游除应具备高度的政治素质、健康的身体素质并精通导游业务外，还必须努力发展和培养其良好的心理素质。导游人员的心理状态就像无声的语言，时刻影响着旅游者的心理，其心理品质直接影响旅游者的消费行为。因此，导游应具有与其工作相适应的独特的心理品质，以调节、支配自己的心理活动和行为方式，更好地为旅游者服务。

（一）导游的情感品质

情感是人对客观现实事物的特殊反应形式，是人对客观事物是否符合自己的需要而产生的态度体验。能满足需要的事物会引起人的肯定情感；相反，不能满足需要或与人的意向相违背的事物会引起人的否定情感。情感是人所特有的，是由一定的对象所引起的。离开了客观事物，情感就不可能产生。实际上，情感就是个体对客观事物的一种好恶的心理倾向。

导游工作面临的客观事物是复杂多变的，因而导游的情感体验也不同。例如，旅游者的不同个性特征、旅游者的需要、旅游商品和服务质量的矛盾等都会引起导游不同的态度，产生不同的情感体验。而不同的情感体验会导致不同的导游行为，或导致积极的行为，或导致消极的行为。丰富的情感是心理活动向深度和广度发展的必要条件，强烈而持久的积极情感可以推动导游进行有益于旅游者的各种活动。健康积极的情感品质主要通过以下几个方面表现出来：

1. 正确的情感倾向性

人的情感的起因和指向反映了情感的倾向性。导游应该具有为繁荣旅游事业，满足旅游者需要而奉献的情感，并把这种积极的情感在为旅游者服务的实践活动中充分体现出来。正确的情感倾向通过正确的道德感、美感和理智感表现出来。

（1）道德感。道德感（moral sense）是为衡量人的言论、行动、思想、意图是否符合道德需要而产生的情感。道德感受社会生活条件和阶级的制约。

作为国际旅游业的导游应该因自己的祖国而自豪，并维护祖国的尊严，应具备对违反公共道德行为的憎恨感，对旅游事业的义务感、责任感和荣誉感，以及对旅游者的友谊感等。

中国国家旅游局在2003年8月27日发布的《关于加强中国公民出境旅游市场管理的通知》中指出，旅游市场存在严重的不规范经营现象，当前比较突出的问题是：用超范围经营来招徕游客；以虚假广告搞价格欺诈，采取"零负团费"方式经营普遍存在，擅自增加自费项目；诱骗游客购物消费和诱导游客参加内容不健康活动的行为屡禁不止等。

导游应真诚为旅游者服务，对不顾国格、人格的行为和不良的情感倾向应该坚决反对和抵制。导游的责任感和荣誉感具体反映在对旅游者的尊重和体贴上，这种高级情感的深刻与稳定是导游努力提高业务知识和服务质量的内在动力。在导游过程中，导游健康积极的情感自然会通过鲜明的面部表情、动作和声音等情绪反应而流露出来，以此表达自己对旅游者的友爱和关心，有效地感染旅游者，促进他们强烈的心理体验，从而引发旅游者积极肯定的情绪，产生良好的导游效果。

（2）美感。美感（sense of beauty）是因衡量客观事物是否符合个人美的需要而产生的情感。美感与道德感一样，也受社会生活条件的制约，在不同的社会发展阶段、不同的社会制度、不同的文化背景以及不同的阶级中，人的宠美标准及美的需要是不同的，因而对各种事物美的体验也不同。

导游正确的美感倾向将通过他的衣着、举止谈吐、表情、态度等仪表风度给旅游者留下良好的第一印象。这些美感的外部表现与人的生活情调、思想修养密切相连。在导游工作中虽然对导游仪表的要求没有一定的标准，但必须符合现阶段人们对仪表美的大体标准，适应旅游者对仪表的一般心理要求，只有这样，导游的仪表才能给旅游者良好的心理感觉，并由此引起旅游者积极的情感体验。

导游的精神面貌应健康、振作；服饰应舒适、端庄；举止谈吐应亲切、文雅。人的仪表美应当是心灵美的自然流露，内在美与外在美应协调统一。因此导游应该注重道德规范和品德的修养，注重丰富自己的内心世界，提高思想素质。

（3）理智感。理智感（rational feeling）是人在对客观事物的认识过程中和智力活动过程中产生的情感体验，它与人的求知欲、认识兴趣、解决问题的需要等相联系，正如列宁所说的："没有'人的感情'，就从来没有也不可能有人对真理的追求。"缺乏情感的认识不可能将认识引向深入，理智感是在认识过程中产生和发展的，反过来推动着人的认识进一步深入，成为人认识世界和改造世界的一种动力。

导游正确的理智感倾向应该是具有强烈的探索旅游科学、钻研导游业务的求知欲，表现为热爱真理、厌弃偏见和迷信。

道德感、美感和理智感这三种高级的社会情感是在人们认识世界和改造世界的实践活动中交叉发展的。是人从事学习、工作和劳动的动力。如果导游的情感没有正确的目的倾向，把情感分散在偶然的客体上，就可能因为同旅游者之间发生的小矛盾而无原则地发怒，甚至爆发消极的激情，影响导游服务质量。

2. 深厚而持久的积极情感

情感在人的心理活动和行为表现中的反映程度有所不同，有的人比较稳定持久，而有的人则短暂易变。一般来说，与人的理想、信念、期望有密切联系的情感是一种深厚的情感。深厚的情感可以起到积极的增力作用，并渗透到生活中的各个方面。

导游只有树立了坚定而远大的生活目标，以及为旅游业献身的远大理想和信念，才能产生对导游工作深厚的积极情感，并把这种情感稳固而持久地体现在为旅游者服务的行动上。应该指出的是，对于有的人来说，情感的鼓舞力在实践活动中能发挥极大的作用；而有的人的情感即停留在"体验"上，很少体现在行动上，这就是情感的行为效应。导游应该努力把自己深厚而持久的积极情感和导游实践密切结合，与旅馆、旅游交通等旅游业人员积极配合，给旅游者以愉快的、肯定的、积极的情感体验。而旅游者的积极情感反过来也将会加深导游的深厚而持久的积极情感。

(二) 导游的意志品质

意志(will)是人为了达到一定的目的，自觉地组织自己的行动，并与克服困难相联系的心理过程。人的意志表现在行动开始之前善于做出决定，并选择恰当的行动方式；在行动开始之后能顽强克服行动过程中的种种困难，把行动坚持到底。

导游活动面临着复杂的社会情境，导游的个体因素与复杂的客观因素之间往往会引起导游心理上的冲突。要正确解决各种心理冲突，服从导游活动的目标，有赖于导游坚强的意志、品质。意志、品质表现在行动过程中。

1. 意志的自觉性

意志的自觉性是指人在行动中有明确的目的性。如果一个人对于自己的观点、原则、愿望和行动的目的、方式、步骤等都有明确的认识，坚信它们是正确和必要的，因而积极、主动地组织自己的行动，百折不挠地为实现既定的目的而行动的话，那么，他就是一个有意志自觉性的人。

导游意志的自觉性首先表现为明确导游服务工作的社会意义，深刻意识到导游服务质量与祖国和人民的荣誉、社会风尚等息息相关。其次，表现为能不受外界影响独立支配自己的行动，排除各种干扰和诱惑，与影响行动的消极因素与错误观点做斗争。在工作中，不依赖、不推诿、不避重就轻，自觉遵守组织纪律，独立完成导游工作任务。再次，表现为能正确地认识自己，虚心倾听别人的意见，并敢于坚持真理，修正错误。工作中不惧艰险，不怨天尤人，时时处处表现出信心百倍。而不具备意志自觉性的导游往往容易受他人的暗示及外界因素的引诱和干扰，放弃原定的努力方向，做出与愿望相违背的事来。

2. 意志的果断性

意志的果断性是指善于明辨是非、当机立断、毫不犹豫地做出决定的能力。具有果断性品质的人，善于对客观问题进行分析、判断，迅速而正确地做出决定。意志的果断性是以意志的自觉性为前提的。

导游工作复杂而烦琐，经常要与各种不同类型的旅游者打交道，同时还要与旅游交通部门、旅馆、风景游览区等沟通，各种矛盾在所难免。因此，明辨真伪，当机立断，迅速而合理地处理问题，一旦条件许可便毫不犹豫地采取行动，以满足旅游者的各种特殊要求，是导游意志品质的重要方面。此外，导游意志的果断性还表现在一旦情况发生变化时，能立即停止或改变已经执行的决定，或等待时机重新做出决定。相反，不具备意志果断性的导游遇事往往举棋不定、患得患失。如果情况紧急，则更是惶惶然不知所措，徒然在犹豫不决中耗费时间。

3. 意志的坚韧性

意志的坚韧性也就是毅力，表现为一个人能够不畏艰险、不怕挫折，坚决地完成规定的活动任务，体现出锲而不舍、勇往直前的品质。坚韧性是与对自己行动的目的、意义以及社会价值的深刻认识密切联系的。

虽然导游工作与其他形式的工作相比，没有规律性的固定工作时间，是非常繁重的劳动。表现在导游不仅必须跋山涉水为旅游者解说服务，同时还要为旅游者的生活服务。导游的工作程序从迎接开始，紧接着是转移、旅馆服务、座谈活动日程和活动节目、晚间活动，直至送客等。在这一系列工作程序中，导游不仅经常要夜以继日地为旅游者服务，还要始终如一地保持主动、热情、耐心而周到的服务态度和良好的服务质量，如果没有充沛的精力与意志的坚韧性是难以做到的。缺乏毅力的导游尽管思想上也愿意为旅游者提供满意周到的服务，但这种主观愿望常常难以实现，或虎头蛇尾，或有始无终，使事情半途而废。

4. 意志的自制性

意志的自制性就是善于控制和支配自己行动的能力。一个有自制性的人善于自己去执行已经做出的决定，并战胜徘徊、犹豫、恐惧、羞怯、懒惰等一切妨碍执行决定的因素，善于抑制行动过程中可能出现的消极情绪和冲动行为。

在旅游情境中，旅游者的需要、气质、性格各不相同，行为表现也各不相同。面对旅游者提出的一些不易解决的问题，甚至是不合理的要求，导游的自制力和忍耐性显得格外重要。在这种情况下，导游应以平静、耐心的态度向旅游者进行说服和解释，以期得到旅游者的谅解和赞同。如果不能做到这一点而流露出不耐烦的情绪或和旅游者争吵，影响旅游者的情绪，必然会使旅游者对整个旅游活动安排产生偏见。

导游实践证明，导游的情绪状态对导游服务工作有很大的影响。导游的情绪不可避免地受到各种主客观消极因素的影响。因此，导游应该有较强的自制力，在紧急情况下沉着冷静，不感情用事，自觉调节和控制自己的言论和行动，保持心平气和、热情耐心，有时甚至需要忍耐和克制生理上和精神上的痛苦来为旅游者服务。导游意志的自制性不仅能对旅游者产生极其明显的心理影响，而且能抑制旅游者某些消极情绪爆发。

导游的意志品质的培养应从以下两个方面入手：

首先，要树立正确的世界观和崇高的理想，才能对自己提出培养意志品质的要求。其次，长期自觉地在导游实践活动和其他实践中坚持不懈地努力锻炼自己，处处要求自己说到做到，尽最大努力去完成所承担的任务。相反一次又一次地以种种借口原谅自己，不去完成既定的任务，只会使自己的意志越来越薄弱。

（三）导游的能力品质

能力，是人顺利完成某种活动所必须具备的、最基本的心理特征，是个性心理特征的一个重要方面。例如，作家的语言表达力、科学家的周密思考力、画家的视觉记忆力、工程师的技术想象力、音乐家的音乐听觉力等，都是他们顺利完成所从事的相应活动所必需的最基本的心理特征。

要成为一名称职的导游，仅具备一种能力是不够的，导游工作需要导游具备各种能力并将其有机结合才能胜任。这是因为导游的本职工作大体包括了向导和讲解、照顾和代办、商品推销、安全等几个方面。

导游工作内容的复杂性和特殊性决定了导游能力结构的复杂性和特殊性。导游除了应具备广博的知识和熟练的技能，还要求具备导游服务所需要的观察能力、注意能力、判断能力、记忆能力、思维能力、想象能力和表达能力等心理品质，其中观察能力、注意能力和表达能力尤其重要。

1. 导游的观察能力

观察，是对某种事物有目的、有计划、有步骤的知觉，是知觉的高级形态。观察能力是指能发现事物典型特征的能力。导游要有通过旅游者的外部表现来了解旅游者的心理活动、个性特征、旅游需要和消费心理的观察能力。

具有敏锐观察能力的导游，不仅能够从旅游者的言谈举止、面部表情准确地判断旅游者的需要和意图，还能够由此了解到旅游者的兴趣指向和气质特点，从而一方面可以采取相应的服务措施，在旅游者还没有提出要求时就给予帮助，以提供使其心满意足的服务；另一方面还可以迅速观察到某些旅游者无益的激情爆发的预兆，及时采取措施防患于未然。

气质不同的旅游者的行为特征各不相同。具有敏锐观察力的导游，能够从每个旅游者的外部表现捕捉到其气质特征，并据此进行有针对性的服务。

使观察有收获的心理因素首先是要具有了解旅游者需要的强烈兴趣，怀有强烈的兴趣就能观察到许多细节；第二是要具有高度集中的注意，只有注意力稳定集中才能观察到自己所需要的东西；第三是要进行积极的思维活动，一面观察一面思考；第四是要具有稳定而愉快的情绪状态，以及摒除臆造的错觉等。而观察技术是在导游实践中由锻炼和培养得来的，具体可以从以下几个方面着手：

（1）制定明确的观察任务，做到心中有数，以免临场失策，坐失良机。

（2）从不同角度去观察。苏东坡登庐山时曾写过这样一首诗："横看成岭侧成峰，远近高低各不同，不识庐山真面目，只缘身在此山中。"说明只有从不同的角度全面地去观察，才能了解和掌握事物的本来面目。

（3）注意观察细节。人的心理活动是不易观察的，这主要是因为人的心理活动有隐蔽性、主动性和灵活性的特点。这正如美国文学家马克·吐温说的："每一个人像是一轮明月，他呈现光辉的一面，但另有黑暗的一面从不给别人看到。"因此，善于察言观色，注意旅游者的动作、表情和言谈上的细节以及细微变化对导游来说极为重要。

（4）观察前要有一定的知识准备。导游实践证明，观察的成功主要依赖于具备一定的知识和经验。导游的知识经验可以帮助他了解旅游者心理现象与行为产生的原因，并迅速准确地对观察到的材料进行分析综合，做出正确判断。

2. 导游的注意能力

注意是心理活动对一定对象的指向和集中。注意是人的一种意向活动，它使人的认识活动和行动有一定的方向，以保证这样的认识活动和行动得以有效地进行。

导游在导游服务过程中，不仅同旅游者打交道，还要同旅游汽车司机，以及旅馆、饭店、风景区等的有关人员打交道。为此，导游不但要有稳定的注意能力，同时还应尽量扩大注意的广度，具备注意分配和注意迅速转移的能力。一个旅游团体，多至几十名甚至上百名旅游者，导游必须把握住每个旅游者，因此，没有广泛的注意能力以及注意的分配能力是做不到的。同时，导游还要根据导游活动的安排及时变换自己的注意对象，避免顾此失彼，使导游活动有条不紊。

如果导游不具备良好的注意能力，往往会影响导游服务的质量。例如，当一位导游在一个风景区解说时，如果他不善于分配注意力，则往往会把自己的注意力全部集中在所讲解的景物上，而注意不到旅游者的情绪反应。如果他的注意力转移不灵活，那也就不易连接各种活动，当活动内容改变时就要影响服务效率与质量。

导游培养良好的注意品质主要从以下几个方面入手：

（1）培养对导游工作的兴趣，因为任何注意都依赖于兴趣。厌恶导游工作的导游是不可能注意导游活动的对象的。

（2）做注意的主人，不能做注意的奴隶。培养自己把注意集中到所需要注意的客体上去的能力。

（3）同分心做斗争，有意识地锻炼自己注意的稳定性。

3. 导游的表达能力

导游的表达能力是指导游在与旅游者打交道时运用言语、表情传递有关信息的能力。在心理学里，语言和言语是两个概念。语言是社会生活的客观现象，是人类交际的工具；言语则是心理现象，是人们进行交际的一种特殊形式，是一个人运用某种语言进行思考，并用以表达思想感情和影响别人的心理活动过程。在导游活动中，导游的各种心理品质主要是以言语体现出来的，导游活动过程也主要是和旅游者言语交往的过程。因此，具备较好的言语表达能力是做好导游服务工作的关键因素。

导游良好的言语表达能力有助于创造和谐的旅游气氛，促进旅游者的消费行为和增强购买后的满足感。文明礼貌、真挚和善的言语能引起旅游者发自内心的好感；明确、简洁、适当、中肯的言语能增强旅游者的信任感；富于情感、生动形象的言语能激发旅游者的兴趣感；适应对象、灵活变换的言语，能给旅游者以亲切感，使旅游者获得心理上的满足。导游的言语表达能力主要体现在以下几点：

（1）言语的文明性。言语是人际交往中最敏感的刺激物。导游的言语应是艺术性的言语，应该做到文明礼貌，讲究言语美，在同旅游者交谈时要委婉而文雅。例如，当旅游者提出一些暂时办不到的要求时，应该把困难告诉他们，以取得他们的谅解，而不应该立即断然拒绝。不能说"No"（不行），而应该说："Let me try"（让我试试看）。要做到言语文明还要注意旅游者的风俗习惯。例如，西方人注重"女士优先"（Ladies first）、忌讳数字"13"、不问女宾年龄、不谈及私人财产等。

（2）言语的针对性。导游应该针对不同的国家、民族以及不同个性的旅游者运用不同的言语表达方式。要做到这一点，首先必须了解不同国家和民族的旅游者的特点，以及他们的行为和习惯等。一般地说，美国人个性自由开放、幽默、爱开玩笑，日本人特别注意礼仪细节，英国人则绅士派头十足。因此，对美国人言谈要爽快，别太拐弯抹角；对英国人要讲点外交辞令，用词考究；对日本人则要特别注意礼仪礼节等。

同样，对待不同个性类型的旅游者也应该使用不同的言语表达方式。日本导游专家大道寺正子总结了不同类型旅游者的特征及其接待方法，如表19-1所示。

表19-1 旅游者类型、特征及接待方式

旅游者类型	特征	接待方式
老好人型	常用温和语气讲话	要有礼貌地对待
猜疑型	没有根据和证据就不相信	讲话要有根据，不用模棱两可的语言

续表

旅游者类型	特征	接待方式
傲慢型	瞧不起人	让其充分亮相后,以谦虚态度耐心说服
腼腆型	内向性格,说话声小	亲切相待,忌用粗鲁言语
难伺候型	爱挑毛病,板着面孔	避免陷入争论
唠叨型	说话啰唆,不得要领	在不伤害客人感情的前提下,耐心说服
急性型	不稳重,稍许不如意就发脾气	要以沉着温和的态度相待
嘲弄型	不认真听讲,爱开玩笑	不要被他缠住
沉默寡言型	不健谈	主动打招呼搭话
散漫型	不遵守时间,自由散漫	难以伺候,但要有礼貌地耐心说服

表19-1的归纳尽管不能包括所有旅游者的类型,在接待方法上也不能算做尽善尽美,但从中可以看到旅游者因各自的环境、教育、经历、社会地位不同,个体因素不同,他们的兴趣、爱好、需要也是各不相同的,导游必须采取有针对性的表达方式,才能使不同类型的旅游者都感到满意。

导游言语的针对性还包括要注意讲话的时机和地点,亦即抓住最适宜的时机,选择最适当的场合讲话。

(3) 言语的生动性。导游的言语应该是生动、活泼、引人入胜的。呆板和生硬的言语表达听起来索然无味,必然会使旅游者产生厌烦的情绪体验。导游要做到言语生动活泼应该注意以下几点:

讲解时姿势应自然优雅,这是博得旅游者注意力的一种魅力。同时以手势、动作、表情增加言语的生动性。但这三项要做得自然协调、恰到好处,如果做得不协调或生硬反而会给旅游者装腔作势之感,更有甚者会让人觉得导游像滑稽演员、舞台小丑。另外还要注意言语的声调、节奏、速度。言语的声调要有高有低,有时慷慨激昂,有时和风细雨,不要总是高八度或低八度。节奏感要强,要有抑、扬、顿、挫。速度应有快有慢。发音、吐字要清楚,切忌"嗯"、"这个"、"那个"等口头禅。

此外,在导游言语中还应多运用设问、比喻、排比等修辞方法,恰当地使用旅游者所熟悉的谚语、俗语、俚语、格言、典故等,因为浓厚的地方色彩会给旅游者以真实感和亲切感,不仅增加了言语的生动性,而且可以起到言简意深的作用。

例如,一名导游到机场接到一批来自澳大利亚的客人,当时天气炎热,大家下飞机后情绪比较低落。在汽车上坐好后导游说:"G'day, Aussiccobbers. It's bonzer to have you on board."(这两句话的意思是:"澳大利亚伙伴们,你们好,你们能坐在这辆车上我感到很高兴。")由于导游使用了澳大利亚的俚语,他话音刚落,旅游者就大笑起来,有的点头、有的称赞,更有一些人一连说出了好几句俚语,全团顿时活跃起来了,炎热的天气给大家带来的倦意也烟消云散。再如德语中的"Wenn der Engelreist, Iachtder Himmel"(要是神仙来旅游的话,那么天也会笑的),"DerDurstists chlimmerals Heimwen"(口渴比思乡更难受),如对德国旅游者使用的话,必然也会起到事半功倍的效果。

(4) 导游言语的幽默性。导游的言语应幽默风趣。由于旅游者旅游的主要动机是寻求愉快，而幽默风趣的言语正可以使旅游者产生愉快的情绪体验。

幽默感既是一种美感也是一种理智感。英国心理学家策动心理学学派的创始人麦独孤（W. Mc Dougall）认为幽默是人的一种本能，这种本能使人以快乐的态度处理事情，即使在失意的时候也能自慰，一笑了之。旅游者愉快的笑，是一种增力的情绪体验，有益于身心健康，并从中得到满足。

心理学的研究表明，一个人的言语表达能力与其家庭环境、受教育程度、气质、性格以及兴趣、需要有关。导游要想提高自己的言语表达能力，应该从以下几个方面着手：

（1）主动借鉴他人。和各种人积极交往，从中学习、借鉴他人的言语表达能力，以提高自己的言语表达能力。

（2）学习掌握丰富的词汇。因为词是言语的意义单位，词汇越丰富、越纷纭，言语也就越丰富、越发展。然而丰富的词汇只有通过学习才能获得。

（3）做好导游词的准备工作。使讲解思路清晰、内容丰富，避免临场"卡壳"或信口开河。

（4）讲解时要充满信心，满腔热情。旅游者怀着期望而来，因此很容易受到暗示的影响。导游如能把自己的信心、激情倾注到旅游者身上，尽管有时讲解的内容并不新颖，但也能感动旅游者。

（5）讲解时注意旅游者的反应，即运用"反馈"信息，不断校正自己的讲解。

导游良好的言语表达能力，总是与导游的记忆能力、思维能力以及想象能力联系在一起的。只有使各种能力得到综合发展，才能有助于言语表达能力的提高。例如，记忆能力强的导游，在需要的时候能迅速地运用词汇，既敏捷又准确地向旅游者传递信息；思维能力强的导游思路清晰而宽广，灵活而富有逻辑性，他的论说自然有条有理，而且言之有据，持之成理，令人信服；想象能力强的导游言语表达富有感染力，可以引起旅游者的有益联想，增强旅游商品和服务的魅力。

三、导游服务中的心理因素

导游服务既是一种功能性服务，更是一种心理性服务。为满足旅游者在旅游中的各种心理需求，导游服务应注意把握旅游者的心理活动规律，因势利导，灵活服务，完善导游服务。

"因势"就是要承认、尊重、顺应和利用旅游者追求心理和谐这一趋势。"利导"就是对旅游者的行为施加影响，使旅游者采取合乎规定的行为。即导游中努力使旅游者的生理和心理需要得到合理的满足，为旅游者的内心压力寻找一条合理的释放途径，注意以理服人与以情感人相结合，因势利导地做好导游服务工作。

（一）树立美好的第一印象与最后印象

迎客和送客是导游工作的开端与终端，旅游服务给旅游者的第一印象与最后印象，对旅游者在心理上的影响是重大的。

第一印象的好坏常常构成人们的心理定式，不知不觉成为判断一个人的依据，特别是短期相遇。旅游者到达旅游目的地首次接触导游，导游给旅游者留下的第一印象常会左右旅游者在以后旅游活动中的判断与认识。美好的第一印象，将为导游以后工作的顺利开展铺平道路。因此，导游从机场、车站第一次接触旅游者起，就必须注意自己的形象要美观大方，态度要热情友好、充满自信，办事要稳重干练。不仅要注意外表的形象和态度对旅游者心理的影响，而且要以周密的工作安排、良好的工作效率给旅游者留下美好的第一印象。从机场、车站到饭店的交通工具、行李运送、住房安排、饮食调理到书面导游材料的提供，都要做好妥善的安排，迅速高效地满足旅游者的需求。消除旅游者初到异地时的疑虑和茫然感，增强安全感和信任感。这是导游服务工作成功的良好开端，也为以后接待服务工作中遇到问题时的处理，奠定了一定的感情基础。当然，导游在迎客之前做好接待服务的准备，将有利于树立良好的第一印象。导游的欢迎词是服务的"序幕"，常是给旅游者的第一印象。导游在接待旅游者之前若能记住客人的特征、姓名，迎客时就能叫出其名字，也有利于获得游客的好感。

同第一印象一样，导游留给旅游者的最后印象也非常重要。若导游给旅游者的最后印象不好，就可能导致前功尽弃。一个游程下来，作为导游已感到很疲惫，但仍应保持精力充沛的外表。这一点常令旅游者对整个游程持肯定和欣赏的态度。同时导游针对旅游者此时开始想家的心理特点，要提供周到的服务，不厌其烦地帮助他们选购物品，真诚地请他们代为问候亲人；对服务中的不尽如人意之处要诚恳检讨，广泛征求意见和改进建议；代表旅行社祝他们一路平安。导游此时以诚相待是博取旅游者好感的最佳策略。在仪表方面要与迎客时一样，送别时要行注目礼并挥手示意，一定要等飞机起飞、火车启动、轮船驶离后方可离开。良好的最后印象能使旅游者对即将离开的旅游地产生强烈的恋恋不舍的心情，从而激起重游的动机，并且回去后可起良好的宣传作用。

（二）运用眼神的魅力，进行微笑服务

眼睛是心灵的窗口，炯炯有神的眼睛能拨动人们的心弦，奏出令人身心愉快的乐章。导游服务中应充分运用眼神的魅力。导游在接团时应将和蔼的目光扫向每一位客人，当客人感到导游的目光，就感到受到了尊重，便会情不自禁地对导游产生好感。如何正确地运用眼神的魅力？德国哈拉尔德·巴特尔在其《合格导游》一书中作了精彩的论述：导游应努力做到在自己的视野中虽有旅游者的眼睛，但不仅仅是看着他的眼睛，更不能盯着对方的眼睛。导游的目光应该是开诚布公的、对人表示关切的，是一种从中可以看出谅解和诚意的目光。这种目光表明交谈者愿意理解对方的愿望。在导游的视野里，如果不能看到旅游者的全身，就不应只看对象的某一点而要看对方的头部及上身。这样做之所以重要是因为不如此就无法看到对方的表情、姿势和整个态度。从谈话的旅游者的表情和姿态中，我们可以了解更多的东西，甚至比语言中了解的还要多。

在眼神的运用中，微笑的眼神在导游服务中应时时体现。微笑能使人感到真诚、坦然，是人际交往中友谊的象征。心理学的研究告诉人们，真诚的笑、善意的笑、愉快的笑能产生感染力，刺激对方的感官，产生报答效应，引起共鸣。所以，导游的微笑最能博得旅游者的好感而产生心理动力。导游真诚愉快的微笑是欢迎词，是伸出的友谊之手，是尊重对方的示意，是架起和谐情感交流的桥梁，是美的化身。笑是情绪上的反应，导游的微笑服务能使旅游者迅速消除生疏感，缩短同导游间的距离，犹如回到家里受到亲人的接待。有经验的导游，深知微笑服务对旅游者的巨大魅力。尽管他们在生活工作中遇到困难，也难免产生怨气而情绪低落，但在旅游者面前，他们总是保持笑逐颜开、幽默风趣，令旅游者不胜愉快。因为笑是"被人喜爱的秘诀"，导游服务成功的秘诀之一就是"微笑服务"。

（三）利用兴趣特点和 AIDA 原则组织导游活动

兴趣是人们力求认识某种事物或活动的心理倾向，具有能动的特点。从兴趣的程度来说，它可以增强也可以减弱。从内容来说，它可以随时转移，由某种兴趣转到另一种兴趣，或因外界事物的刺激产生一种新的兴趣。兴趣的能动性特点为导游服务工作增加了能动性。导游如何使旅游者对活动的内容由不感兴趣或兴趣不高，转为感兴趣并逐渐增加兴趣的强度，如何保持兴趣的稳定和持久，如何防止兴趣的突然消失，导游如何利用兴趣的能动性特点处理一些问题，下面是 AIDA 原则的利用。

AIDA 是西方商业界进行市场推销的一种模式，它简明地反映了从认识到行动这一行为模式。AIDA 由 attraction（吸引力）、interest（兴趣）、desiretoact（行动的愿望）、action（行为）四个英文单词的首字母构成。西方旅游界吸取其合理内涵应用于旅游接待工作，导游服务中若运用得当也能取得较好的效果。如因某种原因，导游不得不改变已商定的日程计划，其中涉及改换旅游者感兴趣的参观项目，导游在解释改变日程的原因时，提出替换的参观项目，并加以有声有色的详细介绍，使新项目对旅游者产生吸引力（A），引导旅游者兴趣的转移（I），产生观看新项目的愿望（D），从而同意导游改变日程，接受新安排（A）。这个例子说明导游若有目的、有针对性地利用旅游者兴趣能动性的特点及其行为模式，将更容易达到自己预期的目标，组织好导游活动。

一般情况下，旅游者是怀着浓厚的兴趣、激动好奇的心理参加旅游活动的。问题是如何进一步去激发，使原有的兴趣巩固并得到发展，使旅游者乘兴而来，尽兴而归。这就要求导游在服务中应用一些激励因素去激发旅游者的兴趣。如利用直观形象和语言这两种激励因素。新鲜、悦目、奇特的直观形象可以引起人们的直接兴趣。有的科学家认为，直观兴趣与人脑内以化学物质支配的"好感机构"有关。导游可以利用自然景物、历史古迹等作为激发旅游者直观兴趣的激励因素。但作为激励因素的直观形象切忌重复，重复会产生单调感，甚至会造成兴趣索然。如我国园林寺庙众多，所到之处内容重复也多，直观兴趣就难以持久。此时，导游若能借助于语言这一激励因素，生动阐述其中的奇妙之处，又能重新激发起旅游者的兴趣，并使原有的兴趣得到巩固与发展。这时，旅游者会将兴趣转向探索大同中的差异之奥妙，保持游兴的持续性。它将有利于组织游览。

（四）正确使用导游语言，充分发挥语言的感染力

导游服务不仅在于充分依靠和发挥旅游资源本身固有的作用以调动旅游者的直观兴趣，更重要的是如何借助语言工具去组织、激发旅游者的自觉兴趣。它可以引起人们丰富的联想并伴随思维活动，加深对事物的认识与理解，维持产生的自觉兴趣。在前面我们提到旅游者主要的宠美动机是观赏自然美、人文美。但大多数旅游者因人地生疏、语言不通，没有导游的服务讲解很难得到宠美上的心理满足。导游服务就是要把景点的美扩散给旅游者，通过导游的语言让旅游者通过联想、移情、欣赏等心理活动使外界美的景观变成旅游者美的享受，因而获得生理和心理上的满足。

语言是导游服务中的重要工具和手段，它对激发旅游者的兴趣起着关键作用。心理学原理指出，语言的重要职能是作为思想交流的手段或交际的方式。一切思想的交流，首先是施影响于交谈者，影响其意识、动机系统及情绪、价值观等。交际活动的心理内容因预计要改变的是哪一方面而有所不同。其一，是传授新知识；其二，是改变动机系统或改变

价值体系；其三，是直接激发行动。根据以上原理，导游应如何充分运用语言施加影响于旅游者，从而激发其游兴，是值得探讨的问题。导游语言受旅游业性质与其特定任务、对象和条件的影响制约而构成专业化的特色。导游语言是科学性、知识性、艺术性三者的融合，它可以从多方面调动旅游者的注意力。正确地使用导游语言可以发挥其深入人心的感染力。导游的语言应该是友好的语言、美的语言、生动活泼的语言。

1. 友好的语言

（1）言之友好。导游是"友谊的建筑师"，在语言的用词、声调、表情上，都应表现出友好的感情。如"认识大家我很高兴"。友好的语言起着温暖旅游者身心的作用，尤对远离家乡的旅游者更是具有亲切感，有缩短与导游的心理距离而强化服务效果的作用。

（2）言之有礼。友好感情的表现形式是礼貌。"礼"实际上是"自谦而尊人"，多用敬语、礼貌语可令人心情舒畅。在失礼时说声"对不起"，表达了导游谦虚而勇于纠正错误的美德。导游中发生的许多纠纷就因为导游的礼貌语言而得以顺利解决。

2. 美的语言

导游的语言在用词、声调和表情等方面应讲究语言艺术，给人以美的享受，使旅游者产生美的移情。

（1）言之悦人。俄国哲学家、文学家车尔尼雪夫斯基说："美感的主要特征是一种赏心悦目的快感。"能使旅游者"赏心悦目"、产生心理快感的语言就是美的导游语言。如不说旅游者避讳的事；当旅游者提出一些办不到的要求时，也应用婉转或幽默的语言加以扭转和修饰。

（2）言之畅达。流畅的导游语言反映为用词得当、语法正确、语音语调传情三个方面的良好协同。

（3）言之文雅。礼貌是文雅的属性之一，善良是文雅的内涵之一。尊敬他人才能出言文雅，文雅是一种正规的语言，故有"雅言"之说。导游"雅"的语言正是以上几个方面的体现。

3. 科学的语言

科学语言是实事求是的语言。

（1）言之有据。导游讲解的内容要有根有据，实事求是，即使是传说、神话等虚构的"事实"，也要有所出处。导游的语言要经得起旅游者的推敲。

（2）言之有物。导游的语言必须具有丰富的内容并合乎科学，语言应准确、严谨，具有严密的逻辑性，而不应仅仅使用漂亮的辞藻却无充实的内容。

（3）言之有理。导游不仅要讲出事实根据，而且要善于根据事实内容分析，讲出道理，令人信服。若与旅游者发生冲突，要坚持和颜悦色、以理服人的态度，一时讲不通可求同存异。

4. 生动活泼的语言

前面讲的友好的、美的、诚实科学的语言，侧重于语言的内容兼表达形式，而生动活泼的语言则侧重于语言的表意形式兼内容。英国美学家奥斯本（Osborn）说，形式与内容不能相互排斥，因为缺这方就不存在那方，抽象化足以扼杀双方。如果导游的语言是平淡或背书式的呆板、枯燥单调，甚至是生硬的，旅游者听起来索然无味，必然在心理上产生厌烦的情绪。因此，导游的语言必须形象生动、饶有趣味、发人深省，这样才能起到引人入胜的作用，发挥语言的感染力。

（1）言之通俗。在导游语言中可恰当地使用旅游者所熟悉的谚语、俗语、俚语、格言、典故等，增强语言的通俗性。

（2）言之生动。在古今中外的知识宝库中，有许多成语、典故、神话、寓言、谚语、诗歌、故事及富有哲理性的语言等，都具有生动性的特点，导游可以从中吸取丰富的营养，令语言生动。导游的语言与情景交融活跃了观赏气氛，激发起浓厚的兴味。导游从游客中也可以学到生动的语言。如一位美国客人说："中国如此广大美丽，再好的照相机、再多的胶卷也不会够用。我认为最好的照相机是自己的一双明快的眼睛，用不完的胶卷是自己的头脑，只有它们才能从这儿带走真正完美的记忆。"一位导游在遇到照相入迷的旅游者扰乱团队的时间安排时，引用了这段生动而富有诗意的语言，收到了良好的效果。导游语言的生动性还表现在讲解时的手势、动作、表情等方面应和谐一致，以引起旅游者的注意。

（3）言之幽默。在导游服务中遇到不愉快的情况，幽默可以缓解窘境，甚至可以"化干戈为玉帛"；当情况危急、人心浮动时，幽默可以稳定情绪；当人际关系产生龃龉，幽默有"相逢一笑泯恩仇"之效；遇沮丧哀怨之事，幽默又有"破涕为笑"之功。幽默是生活中的智慧之光，是人际交往中的调味料与润滑剂，能使交往关系和谐、自然、轻松有趣。幽默的语言大都含蓄、诙谐，引人发笑，意味深长，使人惬意。旅游者出游的动机是寻求乐趣。导游幽默的语言使旅游者松弛情绪，身心愉快。如下大雨飞机不能按时起飞，导游说"人不留客天留客，天公舍不得远方的来客走啊"，英语导游说"Fail to plan, plan to fail"。

（五）针对客人的背景及个性特点灵活地导游

旅游者来自世界各地，其背景必然造成不同的旅游心态。导游服务应有针对性地因人、因时、因地制宜，灵活进行。

1. 根据不同国家的民族习惯和风格导游

每个国家和民族都有自己的传统文化和风俗习惯，反映在旅游者头脑中就形成了不同的个性倾向和个性心理特征，在不同的性格、兴趣和爱好上表现出来。例如，美国人性格外向、开放，崇尚自由，富有幽默感，导游可多使用幽默风趣的语言；英国人性格内向，尊崇绅士风度，为人矜持，导游应注意自己的言谈要庄重、严谨，不可举止失当；日本人则较重礼貌，导游服务应注重礼节。

2. 针对不同背景的旅游者导游

讲解要能满足旅游者的需要，必须联系他们熟悉的事物。如欧美游客对中国文化较生疏，有经验的导游在给他们讲白娘子与许仙的爱情悲剧时，常与他们熟悉的罗密欧与朱丽叶的爱情悲剧相联系，旅游者不仅易懂而且倍感亲切。对旅游度假休息型的旅游者，应侧重于详尽地讲解名胜古迹，使其保持轻松愉快的情绪。对职业相同的专业旅游团，在游览中要侧重介绍一些与他们专业相关的内容。对年长者的旅游团，可结合其容易怀旧的心理让其观赏古董文物，适当地介绍一些中国老年人的生活状况、社会地位、家庭环境等。对妇女，尤其是中年已婚妇女，可结合她们对购物、市场、物价、特产感兴趣的特点，提供有针对性的服务。对青年旅游者应结合其好奇心强、对新事物感兴趣、富有冒险精神，而提供有针对性的导游，并可适当向其介绍一些中国青年的学习、就业、恋爱、婚姻等情况。

3. 根据个性类型导游

导游每时每刻都在为具有不同个性类型的旅游者提供服务,导游应该针对不同个性的旅游者,运用不同的语言表达方式,提供有针对性的服务。

4. 尊重旅游者的审美习惯

旅游者的审美意识和审美活动带有主观选择性,导游应尊重旅游者的审美习惯。尽管自然美和人文美都有美的客观属性和形式,但审美意识和审美活动带有明显的社会性、时代性、民族性和个人选择性。导游认为是美的,旅游者未必认为是美的;但有时导游不感到是美的东西,旅游者却认为是美的。如"马扎"是我国北方用帆布为面、铁木作架的折叠式小坐具。导游根本没想到其美,而旅游者认为它很美,是"中国古老文化和民族智慧"的体现,要买了带回去。西方文明科学尽管发达,却没有发明"携带方便、小巧玲珑"的马扎。因此,导游应随机应变灵活地做好导游服务。导游应帮助国外旅游者了解中国人的审美观,因为一位持有本民族审美观的外国人不容易一下子理解中国旅游景观的审美标准,理解了也不一定欣赏。当然导游不能把自己的审美观强加于人,但若旅游者由于不理解而不能欣赏中国的美,导游有责任引导旅游者理解中国人的审美习惯心理。

5. 要按东、西方人不同的思维方式有针对性地服务

一位好的导游应了解西方人的思维方式与我们东方人的思维方式的不同。东方人的思维方式,从抽象到具体,从大到小,由远到近,而西方人则反之。如写通讯地址,西方人是先写姓名,次写单位,再写牌号、街道、区、市、州,最后才写国家,中国则相反。因此,导游在给西方旅游者讲解时要多举事例、数据等具体事实,结论让旅游者自己下,这样效果就更好。切忌先讲空泛的理论、先下断语。

(六) 善于观察旅游者的情绪,利用旅游者的有意注意,主动导游

旅游者中,有的毫无隐藏地将自己的情绪反映出来;有的性格内向,往往令人不易觉察其真实的情绪状态。这就要求导游善于通过正面的、侧面的、多方位的观察,并从实践中不断总结经验去了解旅游者的内心世界。导游应努力成为旅游者情绪的组织者、调节者。导游除通过旅游者的外在表现去观察分析旅游者的喜怒哀乐,尽可能满足旅游者的需要而调动旅游者的积极情绪外,还可巧妙地引导旅游者的有意注意,使旅游者的情绪一直处于兴奋活跃的状态之中,激起旅游者的想象和思维以获得美好的感受和心理满足。

(七) 运用超常服务赢得人心

虽然导游的主要工作是在旅游者参观游览时提供导游讲解,但这不是导游的全部工作。导游是旅游者的服务员,只要旅游者所需要的,就是导游所应该做的。一般旅游者对导游所提供的一般性和例行的服务反应不热烈,他们觉得这些服务是完全应该提供的,每个人都已经为此次旅行交纳了费用。因此,在接受按费用的高低提供的不同等级的服务时,他们觉得自己理应去享受。超常服务与一般服务不同,它是导游向旅游者提供的特殊服务,亦称细微服务。超常服务的内容和项目是超出旅游者期望的,要使他们看到自己和导游之间的关系并不纯粹是金钱买卖关系,而是充满了人情味。如一旦遇有客人患急病,导游就应千方百计地联系医院就诊,残疾人行动不便,导游在游览中多一份照顾,就使他能与正常人一样地游览;客人不慎遗失钱款证件,导游经努力帮其寻找,使物归原主。再如经较长时间旅行到达旅游点时,导游主动指明男女厕所的位置,以便大家解除负担,心

情愉快而轻松地听讲解和观赏美景。这些看来并不起眼的服务，体现了导游站在"假如我是一个旅游者"的立场上考虑问题，于细微之中见真情。在旅游者急需帮助时，导游要及时出现在他们面前，伸出友谊之手，使他们倍感温暖，深受感动。因此，在导游提供"超常"服务之际，正是导游服务最得人心之时。

复习与思考

1. 解释下列概念：
(1) 导游；(2) 素质；(3) 情感；(4) 意志；(5) 观察；(6) 注意。
2. 为什么说旅游审美是一个综合的审美心理过程？
3. 导游应具备哪些心理品质？
4. 简述 AIDA 原则在组织导游活动中的应用。
5. 对导游语言有什么标准和要求？
6. 为什么说在导游提供"超常"服务之际，正是导游服务最得人心之时？

▶ 即测即评

第二十章　旅游交通服务心理

学习目标

学完本章，应该能够：理解现代旅游业的产生、发展有赖于交通条件的改善；了解旅游者对旅游交通服务的需要；描述旅游者在旅途中的心理状态；说明改进旅游交通服务的措施。

本章主要术语

旅游交通（tourist traffic）
便捷（convient）
准点（on time）
安全（safty）
舒适（comfort）
多样性（diversity）

现代旅游业的产生、发展有赖于交通条件的改善。"行"是旅游活动的首要环节，旅游者的旅游活动，离不开旅游交通。

在这一章，首先讨论旅游者对旅游交通服务的需要。然后，考察旅游者的在旅途中的心理状态，探讨改进旅游交通服务的心理因素。

第一节　旅游者与旅游交通服务

一、旅游活动与旅游交通服务

旅游交通(tourist traffic)是指一般交通中服务于旅游事业的那一部分。旅游者开始旅游活动的第一步便进入交通服务工作的范畴。旅游交通服务包括人们离开家到达旅游目的地的交通服务和人们在旅游地游览时的交通服务。

现代旅游业的产生、发展有赖于旅游交通条件：合理的交通路线、先进的交通设备、配套的交通服务设施(机场、车站、码头)及服务管理人员的优质服务，等等。本章仅就旅游者对旅游交通服务的需要、旅途中的心理和行为特征与旅游交通服务的心理因素做一些探讨。

旅游交通服务归根到底是为旅游者提供"行"的服务。首先，我们必须了解旅游者对旅游交通服务的生理和心理的需要，了解如何才能满足其需要，了解人们在无法获得满足（遭受挫折）时的心理反应。由于时代、旅客构成、经济条件等众多因素的差异，旅游者对旅游交通服务的需要也有很大差异。这里我们仅讨论带有普遍意义的旅游者对旅游交通服务最主要的需要。

二、旅游者对旅游交通服务的需要

(一) 便捷

本书前面已经指出，旅游者对旅游时间的知觉非常敏感。许多旅游者已习惯于平时的快节奏生活，当他们一下子转到真正休息所需要的那种缓慢的生活节奏时，往往会感受到一种与时间相关的紧张情绪。他们自然希望旅行途中所花费的时间是短暂的。所得到的旅游交通服务是方便快捷的。

另外，一天中每个人所支配的时间是固定不变的，只有 24 小时。这种限制促使人们寻找一切途径来节约时间，突出的一点是人们往往试图减少用在枯燥乏味的杂务和其他活动上的时间。以便抽出更多的时间去从事他们极感兴趣的活动。途中旅行通常是为达到旅游目的地，并非旅游的目的。故旅行时间常被旅游者认为是无意义的、枯燥乏味的。特别是长距离的旅行，容易引起身体和心理的疲劳。因此，旅游者对旅游交通服务常有"方便快捷"的生理和心理需要。当旅游交通不便捷而又没有其他的旅游刺激因素时，旅游者常常可能因此而产生厌烦的情绪体验和疲劳的生理体验。这就是许多旅游学者提出"旅宜速"的原因所在。

在旅游过程中，人们总是期望尽快地从一地赶到另一地，尽量地缩短时空距离。很多旅游者选择飞机作为交通工具，因为它是到达旅游目的地最迅速的方式。若乘火车旅行，也往往选择乘直达快车或高速列车。现代旅游交通工具的进步，正是为适应人们对"行"

要求"便捷"的生理和心理需要而发展起来的。如20世纪70年代欧洲等地发展了高速列车、高性能汽车、高速公路等，现代航空工业的发展将进一步开发跨洲的长途、高速的飞行工具。这一系列旅游交通服务设施的高速化，正是为适应旅游者的时间知觉，满足其节省时间及要求交通服务"便捷"的生理和心理需要。

（二）准点

人们普遍认为时间是宝贵的资源。所以每个人在利用这一宝贵而固定的资源时，总是按照他们认为最满意的方式分配其时间，如工作时间、生活时间、消费时间、文化时间、社交时间、空闲时间等。旅游时间也是旅游者有限时间里的一部分，它被分别安排成旅行时间、游览时间、用餐时间、休息时间等。又因为旅游交通带有严密的连贯性，前一站的误点和滞留要影响下一站的游览活动，因此，会发生一系列的经济责任时间，如房费、交通费、餐费等的结算时间等。对部分旅游者还可能诱发一些严重问题，如有些入境旅游者不能按时出境，返回本地被业主解雇等。所以，旅游者对旅游交通服务普遍具有"准时"的需要。这种需要，是人们计划旅游活动内容、保持正常的生活和工作节奏的基本需要。如果旅游交通服务不能按计划要求准时运行，提前或推后都会打破旅游者的心理平衡，他们感到一切都被"打乱"了，产生焦虑、不安，甚至反感、恼怒的情绪体验。这有时会直接损害旅游者的事业或健康，影响旅游活动的开展。旅游交通服务部门应充分认识到，"准点运行"是旅游者对旅游交通服务最基本的生理和心理需要，是维持旅行正常秩序的重要保证，是旅游交通服务最基本的工作规范。

（三）安全

在马斯洛的"需要层次论"中，曾提到人类具有安全的需要。认为安全需要是人们满足生理需要后，最基本的一种需要。旅游者对旅游交通服务同样也具有"安全"的心理需要，而且是作为一种最为关注的首要需要。旅游者的安全需要在旅行途中表现特别突出。人们期望"一路平安"，而决不愿发生交通事故。

人们外出旅游是为了满足生理需要和心理需要，然而只有在安全的保障下，才能乐在其中。安全是旅游活动的前提。只有被认为是安全的旅游交通服务，人们才敢"游"，才能"游"，从而消除紧张不安的心理状态。因此，旅游交通只有在确保游览安全的前提下，才能构成有效的服务，某一地区如果海、陆、空交通事故不断，旅游者连起码的安全都没有保障，则必然破坏该地区旅游业的形象和市场发展的前景。

（四）舒适、快乐

旅游作为一种娱乐活动，投入的是时间和财力，产出的是精神上多层次、多方位的享受。它所产生的价值在很大程度上取决于舒适与快乐的感受。这种快乐不仅限于旅游目的地，而且贯穿于旅游活动的全过程，当然也包括旅游交通舒适而快乐的需要。人们休闲外出旅游是为了放松自己而得到物质和精神的快乐享受，旅途"舒适方便"的交通服务，正是迎合了这种生理和心理需要。旅游交通服务不仅要为旅游者提供"行"的方便，而且也要为旅游者提供"行"的舒适与快乐。在旅行中旅游者都希望交通设施条件良好，它直接影响旅游者各种感官的舒适程度。

（五）多样性

旅游者对旅游交通服务的需要带有明显的多样性。根据抽样调查，目前国外旅游者参加我国为期两周长线旅游团一般均要访问五六个城市，却要搭乘三四次飞机和两三次火车。旅游者的这一需要特性，对于科学地计算交通运输的需要量和发展旅游交通建设极为重要。另外旅游者构成上的多元性，决定了旅游者要求旅游交通服务的多样性。在旅游活动中，使用飞机、船、火车、汽车等各类交通工具，就是用以满足不同旅游者对旅游交通服务的需要。

第二节　旅途中旅游者的心理状态及旅游交通服务的改进

一、旅途中旅游者的心理状态

随着航空事业的发展，飞机这种快速、方便、舒适的交通工具吸引力越来越大。特别是在其安全性能得到可靠的保证以后，飞机已成为旅游者旅行，特别是长途旅行理想的主要的交通工具。这里仅就飞行途中旅游者的一般心理作一简单的描述，以此来说明旅途中人们心理的一般模式。

乘坐飞机旅行是旅游者一种美好的享受。旅游者离开家人，在一片"旅途愉快"的送行声中和挥手告别之后，由空中小姐领入机舱。在马达轰鸣、飞机一跃而起、直插云霄的时刻，旅游者会因为将脱离日常生活的束缚，接受新的体验而产生激动的感觉。

随着飞机在空中平稳地遨游，这种激动的紧张感减弱，取而代之的是一种解放的自得感。人们心神舒展，行为自由。由于好奇心的驱使，旅游者常常透过机窗看窗外翻滚的云海，鸟瞰大地的宽广、高山的渺小及城镇、河流、田野等。饱览一番与地面所视不同的景象。这时空中小姐的热情服务，美味的空中食品和机舱内幽雅清洁、温暖舒适的环境，都会增添旅途的情趣，使旅游者消除生理上和心理上的疲劳，产生舒适、愉悦的情绪体验。但由于是在空中航行，旅游者不同程度的紧张和担心也可能产生，这是旅游者出于安全要求的考虑。

同样，乘火车、轮船、汽车的旅客对旅途也有要求安全、舒适、热情友好的服务的需要。旅途中人们对噪声、空气污染、温度变化异常反感。所以现代化的交通工具都应提供减音装置和空调设备。如果在旅途中能领略异地、异国的民俗、民风、地形、地貌，又能听到有关沿途风光的有趣介绍，或伴以适当的文化活动，如民族音乐欣赏，便会增添旅途乐趣，活跃旅行气氛，解除长途旅行中使旅游者产生的生理和心理上的烦闷和焦躁不安的感觉，使旅游者的心理得到调节。

飞机降落或车、船到站，旅游者投身一个陌生的世界，因人生地疏而产生莫大的不安。旅游者此时可有多种行为反应，有的东张西望，有的沉默寡言，有的大声喧哗，这种现象在刚入境者身上尤为明显。复杂的行为、表情反映了复杂的心理状态。旅游者在经历一段旅行到达目的地后，一般说都迫切需要到饭店休息。他们希望从机场（码头、车站）到饭店手续简便，快捷便利，服务热情。旅游者希望认识这个陌生的地方，并将有一个欢乐、舒适、愉快和安全的旅游历程。

了解旅途中旅游者的一般心理，有利于我们在旅游交通服务中更好地结合旅游者的心理需要和旅游者对旅游交通的知觉，采取一些改进旅游交通服务的措施，以满足旅游者的需要，减少旅游者旅途中的挫折感。

二、改进旅游交通服务

（一）旅游交通要确保安全

安全是旅游交通服务最基本的工作。人类机体本身就是追求安全的机制。旅游交通服务工作最重要的一环是确保游客安全，要采取一切有效的措施，防止交通事故的发生。因为一次"空难"在人们心理上留下的阴影，少则几月，多则三五年才逐渐消退。

（二）旅游交通服务设施现代化

旅游交通服务的设施是为旅游者服务，并获得最佳心理效果的硬件条件。"工欲善其事，必先利其器。"所以，首先应加强硬件建设，机场、车站、码头、运输工具及服务应逐渐实现现代化、网络化。

（三）旅游交通服务系列化

现代旅游交通不仅仅是解决旅游者"行"的问题，而且应该为旅游者提供"行"的全方位服务。在充分认识旅游者对节省时间、获得方便、快捷的交通服务的需要的前提下，应使旅游交通服务逐步系列化。如我国首都机场不仅有现代化的航空设备，而且在机场设有银行、电话、电报室、画廊、商店、出租汽车站、餐厅，在贵宾休息室内还有70多幅壁画，使旅客置身于美丽的画廊中，得到快乐和美的享受。

（四）旅游交通服务情感化

旅游交通服务是为旅游者提供的一种服务，旅游者对服务的知觉很重要的方面来源于服务人员的态度。所以要提高旅游交通服务的质量，获得最佳的效果，就必须加强交通服务的软件建设。要培养服务人员良好的心理品质。如高尚的情感、坚强的毅力、敏锐的观察应变能力等。他们应善于了解旅游者的好恶、困难、需要和愿望，善于捕捉旅游者心理和情感的变化。在客观条件许可的情况下，"动之以情，晓之以理"，尽量满足旅游者对旅游交通服务的合理要求，做旅游者的知心人。

复习与思考

1. 解释下列概念：
（1）旅游交通；（2）旅游交通服务。
2. 旅游交通服务包括哪些内容？
3. 旅游者对旅游交通服务的主要需要有哪些？
4. 谈谈改进旅游交通服务的策略。

▶即测即评

第二十一章 饭店服务心理

▶学习目标

学完本章，应该能够：理解饭店是旅游业的重要组成部分；说明影响饭店服务质量的因素；了解住店客人的需要；掌握饭店前厅、客房以及餐厅的服务心理。

▶本章主要术语

饭店(hotel)
服务质量(quality of service)
前厅(front office)
咨询服务(consulting service)
客房(guest room)
餐厅(restaurant)

旅游业是以旅游资源为基础，旅游服务设施为条件，向旅游者提供一系列旅游服务的行业。饭店(hotel)是旅游供给的基本构成因素，是旅游业经营活动必不可少的物质条件，因而是旅游业的重要组成部分。旅游者在旅游目的地的"住"和"食"，通常都在饭店内进行。

在这一章，首先讨论影响饭店服务质量的因素，考察住宿客人的需要。在这之后，阐述饭店前厅、客房以及餐厅服务的心理因素。

第一节　旅游者的住宿心理

一、旅游者与饭店服务

旅游者经历了一段时间的旅行到达旅游目的地或中转地后，迫切需要解决住和食的问题，饭店(hotel)要为他们提供相应的服务。旅游者对饭店的住宿和餐饮服务有怎样的生理和心理需要？饭店的经营、管理、服务等从业人员如何才能为旅游者提供最佳的服务？这些问题都是现代饭店业需要研究和解决的。它们作为饭店经营策略和服务措施制定的重要依据，关系到饭店业经营的成败。

现代饭店要获得成功，必须以服务质量(quality of service)求生存。而服务质量的高低常常以服务人员提供服务时的行为、态度及宾客在享用服务时获得的感受和满意程度为衡量标准。饭店员工的服务行为与客人的行为是相互关联、相互影响、相互作用、相互转化的，如图21-1所示。

图21-1　饭店员工服务行为与客人行为相互作用关系

饭店的服务质量除取决于饭店的设施(设备)的质量、有形产品的质量(餐饮、购物)、劳务的质量(员工提供的服务)、饭店的环境质量(自然环境、人际环境)等技术与功能质量外，还取决于旅游者对饭店服务的期望值和经验质量相比较得出的感知服务体验。饭店服务的最终质量是旅游者将期望值与实际感受相比较后获得的满足程度，常产生如图21-2所示的四种结果。第一种(Ⅰ)，期望低，实际感受好，客人感到出乎意料的好，感知服务质量高。第三种(Ⅲ)，期望值值高，实际感受好，客人感到如愿以偿，感知服务质量高。第二种(Ⅱ)，期望值低，实际感受很一般，感知服务质量还可以被接受。第四种(Ⅳ)，期望值高，实际感受差，客人感到名不副实，产生极大的失望，感知服务质量最低。

由此可见，在饭店服务中必然涉及众多心理学上的问题，值得我们去探讨。美国假日旅馆公司(Holiday inn)提出了"为旅客提供最经济、最方便、最令人心情舒畅的住宿条件"的经营方针。这里的"最"也就是从最需要的方面去研究服务对象。它的创始人威尔逊(Wilson)曾通过一次旅游,亲身体验和考察了作为一个旅游者的心理需要,然后制定出相应的改革方案和措施而取得了巨大的成功。所以,一个成功的饭店企业家,必须不断地捕捉顾客经常变化的需要和可能出现的潜在的需要,使旅游饭店的服务不断地适应发展着的旅游者的新需要。它使现代意义的饭店提供的服务已不仅局限于住宿和膳食,而且在行、游、购、会议、通信、贸易、娱乐、健身等众多方面也能提供多功能、全方位、系列化的服务。在这一章,我们仅就饭店住宿及餐饮服务心理,作一简单的阐述。

图 21-2　客人期望值、实际感受与满意程度的关系

二、住店客人的需要

旅游者的心理活动随着时间、地点、旅游活动的不同阶段、环节及客观事实等,发生着变化。心理活动就是活动者的心理状态,是一个动态过程。旅游者一到达饭店,首先必须了解他们需要些什么,这些需要的满足将在旅游者的心理上产生什么样的反应。

旅游者住进饭店后,即成为饭店的"客人"。他主导的需要是有个临时的"家",解决生活上的基本需要,这是旅游者到饭店来的最主要的动机。饭店的客人在这一动机的支配下,具有哪些具体的生理和心理需要呢?饭店接待的客人除少数是专门常住客人外,一般客人逗留的时间都比较短。客人的年龄、性别、职业、国籍、种族、宗教等情况各不同,需要复杂。我们这里仅讨论最普遍的、最基本的需要。

(一) 方便

任何旅游者都需要下榻的饭店为他们提供各种方便。如饭店在交通上是否方便?在营业时间上是否方便?办理住宿和离店手续是否方便?服务的项目能否满足生活、工作、娱乐等方面的要求?是否有洗衣、商场、邮电通信设施等配套服务?行李运送是否快捷?实际上,旅游者不仅要求饭店提供食宿的方便,而且希望饭店能提供以上一系列各种服务的方便。总之,"方便"是旅游者在饭店时最基本的需要。饭店若满足了旅游者要求方便的正常心理需要,会使旅游者在心理上产生安慰感,激发愉快、舒适的情绪体验,消除旅途中的疲劳和对新"家"的种种不安心理而产生稳定感。

（二）安全

安全是旅游者非常敏感的问题，也是旅游者要求满足的最重要的需要之一。现代饭店，加强防盗、防火的设施和措施，训练服务人员在安全防卫方面的基本技能，重视对旅游者财物的管理保护，加强烟尘报警装置、电子门锁等防卫措施等，都是为了满足旅游者对安全的需要，以保证旅游者在饭店中愉快安全地度过短暂的旅行生活，缓解旅游者对新"家"的心理紧张感，产生安全、保险的感觉。

（三）卫生

旅游者在外旅游，尤为关心下榻的饭店是否清洁卫生。因为它不仅使旅游者在心理上有一种安全感，而且也使旅游者在生理上产生舒适感。因此，无论是高档的五星级饭店，还是经济型的饭店，其内外环境的清洁卫生都是旅游者十分关心和重视的。美国康奈尔大学旅游管理学院的学生曾花了一年的时间调查了 30 000 名旅客，其中有 60% 的人把清洁、卫生列为住宿饭店的第一需要因素。如果饭店住宿和饮食条件不够清洁、卫生，将导致旅游者心理上的反感，从懊丧、厌恶、愤怒，直到要求立即离开这一不清洁卫生的场所，更换饭店。

（四）安静舒适

旅游者经旅途的劳累后投宿饭店，多数希望有一个安静舒适的场所使其消除疲劳。人们休息时，普遍的心理现象是最讨厌不安静因素的干扰。为此，现代饭店不仅注意选址，而且门窗都采用隔音性能良好的材料制作。在服务中注意轻声化，使安静舒适的气氛不仅在客房，而且在门厅、餐厅、商场等其他部门也取得协调，以满足旅游者心理上的平和感、舒适感。

（五）平等公道

旅游者外出旅游是为了得到一种心理满足，其中包括希望得到别人的尊重，希望受到公平合理的接待，即"一视同仁"，不因外表、社会和经济地位的差异受到冷遇或在价格上感到吃亏。旅游接待服务的平等性，旅游产品价格的公道性，也是旅游者的心理需求之一。旅游者在饭店中生活，理应享受公平的待遇，自尊心应得到满足。旅游者对此类需求不仅强烈而且异常敏感。只有旅游者认为在接待上、在价格上是公平合理的，才会在心理上产生平衡感，感到不被歧视和欺骗。服务工作的不平等、价格的不公道会造成旅游者的挫折感，甚至进行投诉而使饭店陷于被动的境地。

三、住宿客人的个体差异

饭店是为旅游者提供生活服务的基地，以上所述的各种需要是旅游者在饭店生活中的一些共同的、一般的心理活动。但是，旅游者的具体情况，如国籍、职业、家庭、性别、年龄、受教育程度、生活习惯、收入水平、文化背景、宗教信仰、经济及社会地位等不同，旅游者的兴趣、爱好、个性等也不同，对上述需要的表现形式和内容必然存在个体差异。例如，有的需要价格低些的单人间，有的要住套房和豪华套房，价格要贵些以显示其地位；有的喜欢中国茶，有的喜欢矿泉水，有的要喝咖啡或果汁；有的惯用西餐，有的喜欢品尝中国菜、地方风味小吃。因此，饭店服务应尽可能地了解旅游者的个体差异和个性特征，采用有针对性的措施提供有效的饭店服务。这种有效的服务按照饭店的目标客源市场的不同需求,来设计饭店服务的不同标准和程序,努力使不同需要的客人在饭店都能得到满足。

第二节 前厅服务心理

前厅(front office),包括门卫、迎送岗、行李服务、电话总机及饭店的枢纽——总服务台。

前厅的预订服务、办理入住、离店服务,行李服务、迎送服务,都是饭店为旅游者提供最基本服务的支持服务,即是饭店为了使旅游者得到最基本的服务而提供的一些必需的促进性服务。它是基本服务能够被旅游者消费而向旅游者提供的前期服务工作,是以后旅游者对饭店服务印象产生的基础。当旅游者步入饭店的前厅,他们有哪些心理活动呢?这是饭店前厅服务心理必须研究的问题之一。

一、旅游者在前厅的一般心理需求

(一) 尊重

当旅游者踏入饭店,在前厅中求尊重的心理特别强烈和敏感。他们期望自己是受欢迎的人;期望面临的是服务员热情的接待服务,看到的是笑脸,听到的是礼貌友好的语言;期望尊重他们的人格、习俗及信仰;期望尊重他们的朋友、客人;期望服务人员能仔细解答所提出的问题,耐心倾听他们的意见、要求,并提供他们所需要的针对性服务。总之,期望进入一个充满友好、令人愉快的环境氛围之中。

(二) 快捷

旅游者经过长途旅行到达旅游目的地或中转站,进入饭店是为了解决休息和饮食的问题。旅游者这时对时间的知觉特别敏感,不希望在前厅耽搁较长的时间。他们渴望行李搬运平稳而迅速,验证技能熟练,入住手续办理得准确、快捷,要求服务高效率。

(三) 求知

饭店宾客来自四面八方——祖国各地或世界各国。初来乍到的旅游者对旅游目的地的物产、景观、风土人情都不太了解。他们步入饭店前厅具有强烈的求知心理。他们需要了解客房的分类、等级、价格;需要知道饭店餐饮的服务项目、特点与价格;需要了解饭店的其他生活服务设施能提供什么服务;需要了解当地的风景名胜、文物古迹、参观景点、购物中心、交通线路、地理位置等状况。所以,前厅总台往往要备有上述资料供宾客使用,服务人员也要对这些了如指掌,随时准备应答,以满足宾客的求知心理。

(四) 方便

旅游者在前厅期望能快速并方便地办理住、离店手续,能为他们提供诸如订票、订餐、交通、通信、外币兑换等多方面的系列化的方便服务。

二、前厅服务的心理因素

(一) 努力给旅游者留下美好的第一印象与最后印象

旅游者进入饭店，首先是用感觉器官去感知周围的事物，然后通过思维做出初步的评价。人们对任何事物的"第一印象"与"最后印象"将深刻地印在脑海中，影响以后对该事物的评价。饭店的前厅是一个综合性的服务部门，服务项目多，服务时间长，住店的任何一位客人都需要前厅提供服务。当客人进入饭店时，首先映入眼帘的是前厅的环境，首先为其提供服务的是前厅的工作人员，当客人离开饭店时，最后一个为他提供服务的也是前厅的服务人员，最终留下的饭店形象也是前厅的形象。前厅的优质服务是饭店服务质量的窗口，客人对前厅服务工作的评价关系重大，因为客人会通过前厅的服务工作来联想整个饭店。前厅的环境，服务人员的相貌、仪表、态度、谈吐、举止，前厅的整体形象等，都具有心理学意义上的"晕轮效应"，它决定着旅游者对旅游饭店的"第一印象"与"最后印象"。旅游者一般住宿的时间都不长，往往在前厅接待服务产生的深刻的"第一印象"还未消失，还未发现饭店服务中的问题时，旅游者又带着"最后印象"离开了。所以，各饭店都十分重视在前厅服务中"第一印象"与"最后印象"的特殊意义和产生的巨大心理效应，注意运用"晕轮效应"，树立饭店在旅游者心目中的良好形象。

1. 注意前厅环境的布置

前厅环境的布置关系到客人第一印象与最后印象的建立。它在时间上只是一瞬间，但作为记忆表象却可以保留很长时间。前厅的环境是一种对旅游者的"静态服务"，从布局到装饰、陈设等因素，都构成一种对旅游者产生心理影响的接待氛围。

(1) 合理布局。如停车场与饭店前厅间的距离不宜太远，大堂容量应设计合理。

(2) 美化环境。当旅游者来到前厅，首先给他们的印象应是美观，整洁，清新而富有特色的和谐美。前厅的环境美可从以下三方面着眼。

第一，意境美。意境是中国特有的美学范畴，是中国文学艺术构思极为重要的方面。如在黄河岸边的饭店，大厅装有两架徐徐转动的黄河水车，潺潺的流水使人联想到伟大的母亲之河。强烈的地方和民族气息给旅游者印象极深，使前厅具有特色。

第二，装饰陈设美。前厅人流频繁，来去匆匆，多不做过久的停留。因此，装饰陈设以具有观赏性的大效果为宜，客人只需通过游览，即可产生良好的印象。室内的装潢设计要着意创造一种适宜人际交流的接待气氛。

第三，整体美。无论营造怎样的大厅意境，装饰陈设采用何种格调和具有何等的艺术色彩，都应注意前厅整体美的和谐效果。如注意色彩的统一基调。大厅色彩的基调要明朗、热烈，并具有强烈的吸引力，又与饭店整个室内装饰的色调基本保持一致，创造一种统一的整体环境的美。另外，必须时刻注意前厅的整洁美化。如我国著名的白天鹅宾馆，门厅的大理石地面每15分钟清扫一次，始终保持洁净如镜。

美国旅馆协会会员汤姆·赫林认为，对于饭店的环境和一切设施都应考虑到：当这座饭店出现在你面前时，脑子里对它的感觉是什么？要求是什么？向往和渴望又是什么？他认为旅游者需要的是现代化的生活方式，既要有时代感又要有特殊感(领略民族特色)；既要有文化又要有娱乐。赫林设计的饭店里有热带花卉、热带灌木林、珍珠云母石、庭院式游泳池及钢琴酒吧、中美洲木琴乐队等。他充分利用环境对人的心理作用,使环境随时随处保持优美整洁,给客人留下美好的印象。

(3) 设置醒目的标志牌。前厅是为旅游者提供多种服务项目的场所。醒目的标志牌,可使宾客一进入大厅就对各服务部门和服务项目一目了然,以适应和满足旅游者求方便、快捷的心理需求。标志设置应与整体布局构成和谐的统一美。

2. 重视员工的仪表美

前厅接待人员的仪表美与环境美应和谐辉映。仪表是人的精神面貌的外在体现,是给人良好印象的重要条件。前厅的所有工作人员,从门卫到大厅、总台的员工都应进入各自的"角色",以自己整洁大方、自然礼貌的仪表去吸引客人,努力营造一种富于信赖和亲近感的心理效果,使旅游者在饭店这个"旅游之家"倍感温暖,留下良好的第一印象和最后印象。

3. 培养员工优美的语言

语言是人们沟通信息、交流思想感情的媒介。服务人员的语言直接影响宾客的心理活动,可令人喜,也可招人厌,甚至使人怒。前厅从门卫到大厅、从总台到行李运送、电梯、电话等服务人员,应主动热情地说好第一句话,先声夺人,使服务工作在良好的气氛中进行,给宾客留下亲切、愉快的感觉,赢得良好的第一印象,为以后的优质服务打下良好的基础。前厅员工的语言在内容上应简洁、准确、充实;在语气上应诚恳有礼;在语言语调上应清晰悦耳。另外,要尽可能地多掌握几种外语与方言。在接待中应杜绝"四语",即蔑视语、烦躁语、斗气语、否定语。在服务中要有欢迎声、问候声、致谢声、道歉声、告别声。这是前厅员工优美语言的体现。

4. 系列化服务技能的培养

前厅的服务项目繁多,服务人员除了要以仪表、语言反映出服务态度的亲切外,还必须有娴熟的服务技能与之密切配合,才能给客人留下良好的初始和最终印象。心理学上的技能是通过联系而巩固下来的接近自动化、完美化的动作方式。服务人员应熟练掌握本岗位的服务技能,才能使旅游者感到服务是方便的、周到的、亲切而舒适的。如行李运送不仅要及时、快速,而且要轻拿轻放,采取保护性措施,避免碰撞。再如,总台员工应具有娴熟的验证技能、住房分配与登记技能、客流统计和财务计算技能、解答和征询技能,方便、快捷的服务能解除旅游者心理上的焦虑感,使旅游者在前厅留下美好的印象。

5. 周到的服务

前厅周到的服务不仅要求服务人员有娴熟的服务技能,善于营造和谐的气氛,而且还要善于鉴貌辨色,从旅游者的表情、神态中了解其需要,尊重旅游者的心理需求。同时,要充分运用现代技术,不断改善饭店前厅的服务设施。如增加电脑、电报、电传、复印、打字、电子信箱等服务设施与项目,使旅游者的各种需要都能恰到好处地得到满足,充分体现前厅服务的主动周到。另外,为体现服务的周到,现代饭店常在大厅里设有由经理助理担任的公关人员,负责出面协调各方面关系、处理旅游者的投诉等。这一有效的措施体现了饭店对旅游者的尊重与关心,无形中提升了饭店的形象。

(二) 旅游者咨询服务的心理因素

旅游者初来乍到,人生地不熟,常在前厅问询处(information desk)向服务人员询问各种问题。服务人员应如何对待旅游者的各类提问?美国希尔顿饭店集团在服务规范中规定，不能说"No"（不知道）。这可以说是对待宾客询问的最佳心理策略了。这一策略在我国饭店中也同样适用。旅游者一般询问的问题总是同该饭店的服务或他们在当地旅游相关的问题。如能否代办车船票？去某某地方如何走？餐厅几点供应早餐？作为饭店前厅的服务人员多数应该知道。若由于分工不同，对超出自己工作范围的事可能不清楚、不知道。但应该通过了解、询问，把"不知道"变为"知道"，最终给旅游者一个满意的答复。即使答案不够理想，旅游者也会因此感到受到了尊重、关心，满足了其求知、求尊重的心理需要。

第三节　客房服务心理

客房（guestroom）是旅游者在饭店中的主要生活场所。现代旅游者心目中的饭店客房，已不再仅仅是满足消除肌体疲劳的栖身之地，他们除了利用客房住宿，进行静止的休息外，有的利用客房接待亲友，进行社交活动；有的从事公务、商务等活动，举行小型集会；有的还要在客房内就餐、就医。他们期望在饭店的一切基本需要能在客房生活期间得到满足，并受到热情周到的服务，获得物质和精神上的享受。客房已不单单是卧室，客房的设计与陈设应该有利于旅游者的使用。客房内的陈设若有缺陷和不足，客人便会认为自己是不受欢迎的。客房服务范围广泛，如整理床上卧具、清扫客房、浴室；传递口信、留言，提供叫早服务、衣物洗熨服务等。不仅服务范围广、内容多，而且旅游者的需求各异。要做好客房服务，关键是了解宾客在客房活动的规律和心理特点，尽可能满足其心理和生理的需要。本着一切为顾客着想的服务宗旨，采取有预见性、针对性的有效服务措施，提高饭店的声誉。

一、旅游者在客房的需要

（一）整洁、卫生

整洁、卫生的客房环境是旅游者在客房中的最重要的需要。它不仅是旅游者在外旅游期间生理上的需要，而且能使旅游者在心理上产生舒适感、安全感。旅游者希望客房的用具，特别是直接与身体接触的口杯、被褥、浴缸、卫生设备都严格消毒。卫生间清扫后应贴上"已消毒"的封条，在茶具上要蒙上塑料袋等。所有旅游者，对客房内外的任何角落、任何时间，都始终存在着清洁卫生的需求。

（二）安全

旅游者最担心携带的钱财、行李等丢失。他们希望住宿期间安全，不发生任何物品丢失，不希望财物被盗而给自己的旅途生活与返家带来困难，也不希望发生意外事故。

（三）宁静、舒适

旅游者在客房休息的时间往往不受生活节律的限制，白天也可能在客房内休息；晚上可能在工作。即使客人没在休息或工作，客房内外宁静的环境也使人有轻松舒适的感觉，客房的宁静、舒适是衡量客房服务质量的一个标准。

(四) 方便

旅游者外出旅游，饭店的客房就是他们临时的"家"。他们希望客房能提供像"家"一样的方便服务。如备有常用的生活、文化用具，代客洗衣、缝补、代熬中药等。

(五) 尊重

游客住进客房不仅希望得到客房服务人员热情的欢迎，而且希望服务人员要尊重自己的人格，要尊重自己对客房的使用权，尊重自己的生活习惯，尊重自己的客人等。

二、客房服务的心理因素

(一) 良好的服务态度

优质的客房服务首先体现在服务的态度上，具体应做到以下五点。

1. 主动

主动的服务态度指服务于客人开口之前。主动为客人排忧解难；主动迎送、引路、让路；主动提供电梯服务；主动介绍服务项目、代客服务；主动照顾老弱病残、问寒问暖等，使宾客在客房得到贵宾般的享受，获得尊重、方便、舒适的心理感受，消除旅游在外的不安定感。

2. 亲切、热情

客房服务员在态度上不仅要主动，而且要亲切、热情。客房服务人员的热面孔应是感情上、行为上的尊重关心和深刻理解宾客的需求。若能用乡音接待宾客，将使远离故乡的旅游者有他乡遇故知的亲切感，在心理上得到一种满足和放松。亲切热情的服务可消除旅游者的陌生感、疏远感和不安定的情绪，增强依赖感而缩短与宾客间的感情距离，以取得宾客对服务工作的支持与谅解。

3. 礼貌

客房服务在服务方式上要注意礼节、礼貌。如客房的清洁工作不仅要主动，而且要注意工作时间、场合、环境、方式。一般采用背后服务的方式，以不打扰和影响旅游者正常的客房活动为度。若客人给出"请速打扫"的标志，应立即迅速清扫。若客人在场，经允许可当面清扫，但要注意礼节、礼貌。动作要注意技巧、轻盈娴熟，避免一切可能引起客人反感的因素，显得彬彬有礼。在清扫、送开水进入客房之前，要养成先为客人考虑的良好习惯。注意门上有无"请勿打搅"的牌子，未经允许不得入内。未敲门而入，从门缝往里看或发现客人用错室内设备而嘲笑等，都是不礼貌的行为表现。另外，客房服务人员要通晓各国礼仪习俗，把注重礼仪视为服务工作的习惯。这是人类相互尊重的需要，是产生共同语言、互相理解、感情沟通的基础。

4. 耐心

客房服务不仅在旅游者不太多的情况下，服务态度要优质化，而且在旅游旺季、客流量大、工作繁忙时也保持优质化。这就要求服务人员具有耐心以保持良好态度的持续性，有意识地控制和调节自己的情绪，注意耐心倾听客人的意见，耐心处理在服务中出现的问题和可能出现的投诉。

5. 细致、周到

细致、周到是客房服务优质化的保证，只有细致才能提供主动、周到的有效服务。要将服务工作做在宾客开口之前，准确地对宾客的行为进行预测，这就需要服务人员具有观察细致入微的心理品质。如客人中有无要照顾民族习惯的，是否有病号需要特殊照料的，客房的家具、物品有无损坏、丢失等。工作中细致源于强烈的责任感、敏锐的观察力、良好的记忆力和勤于思索的能力。如优秀的服务人员常因为工作细致获得客人的好评，他们细心观察客人的需求及周围的动态，了解客人的生活规律。当客人需要服药时，他们已将温开水倒好；当客人要休息时，他们已将窗帘拉上，拖鞋放好。这样细致的服务使客人大为赞叹，使客人在客房得到"家"一样的舒适感、安全感、亲切感，带来了主动周到的心理服务效果。

全面细致的服务态度还反映在客房的清洁卫生工作中。通常工作中的差错、客人的埋怨往往由工作不细致造成。如有些器具或房间的角落没有注意清扫或漏掉，往往会给整个工作带来否定的评价。如当夜间照明时，台灯的灯泡和灯罩上面若有尘土，就会暴露无遗；浴缸上的水锈痕迹令客人心理上感到很不卫生；蚊、蝇、蚤、鼠等若出现在客房中，对宾客心理上的影响更是可想而知的。这时，服务人员在被动的情况下应妥善处理，向客人表示歉意，尽可能减少客人的不满情绪。

细致的服务还反映在注意服务的分寸，注意如何使客人放心、增强客人的信任感。如宾客在房内放了很多物品和钱财，在清扫服务时，应尽量不随意移动。一般衣物、书籍可适当加以整理，但应注意细致。如服务员清理桌面需要合上客人打开的书时，在书页中着意夹上一张小纸条，这一细小的动作会带来客人的好评。可见细致周到的服务对客人的心理影响之大，它是赢得客人积极评价的有效途径之一。

(二) 加强超常服务，提供延伸服务

旅游者对房间的一般功能性服务的提供往往不屑一顾，反应不热烈，他们认为这是饭店客房应该提供的最基本的服务。但是，他们对服务人员提供的超常服务及延伸服务却十分地赞赏。因为超常、延伸服务是给旅游者在核心服务（如清洁、宁静、安全）和支持核心服务的促进性服务的基础上，提供的一种额外超值服务。它超出了一般饭店客房功能服务的范畴，增加了核心服务的价值，使该饭店的服务产品区别于其他饭店，并且新颖独特，给旅游者带来超值的心理享受。如客房提供用餐服务，客房小酒吧服务，洗衣、熨衣、擦皮鞋服务，小孩及宠物照看服务，商务秘书服务，客房健身服务等。再如前面提到的服务人员主动、热情、亲切、耐心的情感服务，细致、周到的微笑服务，如准确传达留言、按时叫醒客人，除提供针线包、信笺、墨水、笔、电话号码、电视节目单等以外，注意寝前开灯、掩床角等细小服务，雨天设有"借伞处"、提供鞋套等。这些看似小事，即在细微之中见真情，真正体现服务至上、宾客第一的原则。这使客房服务的范围不断扩大，从满足客人的基本需求，发展到满足客人的多种需求（包括心理需求），给客人带来意外的惊喜、充分的心理满足。

另外，延伸服务（附加性服务）的另一方面来源于"静态接待服务"，众所共知的所谓客房"接待产品"，如小块肥皂，恰如其分地摆在床头的小块巧克力，以及矿泉水、多泡浴液、洗发液、牙膏、擦鞋器（巾）、小盒火柴、茶叶、浴帽等日常用品。这些微小"接待产品"向每一位客人提供了日常生活必需的一些用品，增加了客房的舒适度，同时为客人居住生活提供了方便，让他们更舒心。它们可能使宾客高兴，在客人心目中甚至会因此冲淡和弥补客房服务某种项目的不足，树立饭店好客的良好形象。

若饭店的经营管理者也能重视加强超常服务、提供延伸服务，则更能取得良好的成效。如饭店的总经理向客人赠送生日卡、节日贺卡、鲜花、礼品等超常服务。这方面已有成功的先例。世界最豪华的法国巴黎花园饭店，每位客人入住时都会收到一瓶香槟、一束鲜花、一封问候欢迎信，饭店的经理还亲自来客房看望。这一超常服务的方式满足了客人的心理需要，从而使这个房价不是以天计算，而是以每小时 145 英镑收费的饭店天天客满。

（三）服务操作系列化

客房的优质服务是为客人提供良好的以来、住、走为活动主线的系列化的规范服务。应做到主动、热情、礼貌、耐心、细致、周到。客房的超常、延伸服务在客房服务的各个阶段都应有所体现。为满足客人在客房阶段的需求，客房服务应向服务操作系列化的方向努力。

第四节　餐厅服务心理

餐厅是饭店的一个主要服务部门。一般接待旅游者的饭店都设有餐厅以满足住宿者进餐的方便。当然，住店客人可以任意选择他认为合适的餐厅用膳，也可以不在住宿饭店的餐厅用膳，而到其他地方去解决膳食的需要。怎样才能吸引住店客人非常高兴地走进餐厅，而又非常满意，甚至带着留恋的心情离去？这当然涉及多方面的综合因素，但核心问题是对顾客心理的研究。例如，某饭店在接待外国旅行团时，中午在餐厅设宴。经理在宴会开始，特地去欢迎嘉宾光临，为了表示敬意奉送四盘冷菜，并说明第一道菜是灯笼菜，表示中国传统中的张灯结彩、喜迎贵宾之意，博得了宾客的热烈掌声。住宿 5 天，宾客要求天天在饭店餐厅用膳，而餐厅供应每餐不重样，临走最后一餐又送了一道锅巴菜，经理到场解释这是取锅巴的哔叭声，表示热烈欢送并欢迎下次再来。在场的客人表示有机会一定再来。这一例子中所采取的措施表明：餐厅服务中，有许多心理上的问题值得研究和探讨，若能迎合宾客的心理定能取得良好的效果。顾客走进餐厅的主导动机是用餐，但他也通过眼、耳、鼻等感官对餐厅和其他刺激物做出积极的反应，并伴随着情绪的活动迅速进行分析，调节自己的意志行动。顾客这一系列的心理活动，需要餐厅的经营管理者及从业人员有针对性地采取一系列的营销策略与服务措施来赢得源源不断的客源。

一、餐厅接待服务心理

饮食反映了每个国家（或地区）的人民传递的信息特征，饮食也是一种社会文化行为。对旅游者而言，这是旅游活动的一部分。地方菜系是美食学的方言，各地的旅游者都能够明白。把地方土特产品加工后提供给旅游者，是餐桌上的一种迎宾举动。

一个地区的资源、特点、处世哲学首先是通过烹饪具体表现出来的。地方菜系的菜谱同习俗、服饰、古迹、方言、历史的见证一样，属于文化遗产宝库。旅游者可在旅游饭店的餐厅中感受到当地的这一文化遗产，旅游与美食常并驾齐驱。但是美食的主体是人，即人的状况影响到美食的效果。菜点虽然使用考究的材料，餐厅装潢也不错，若没有一种好客的气氛，旅游者在餐厅就餐也不会感到满意。无论什么样的餐厅，只有营造热情、接触、交往的条件和氛围，才能吸引旅游者前来用膳。我们必须真正使旅游者在餐厅中得到一种心理上的惬意感。餐厅中服务的价值是人所公认的，并日益受到重视。餐厅可在既有吸引力又有安全感的总前提下，去发展服务接待的观念。在法国某地区进行的一项调查中，有60%的顾客认为去餐厅本身的目的是寻求欢乐。

餐厅的服务人员不仅向旅游者提供优质的饭菜，而且向旅游者提供优质的服务，让餐厅始终洋溢着一种欢快的好客气氛。同时，还要注意餐厅的外观、招牌、装潢、鲜花、桌椅的摆设等环境因素。

二、旅游者对餐厅的需求及餐厅服务心理

（一）美的需要

在物质生活相当丰富的现代社会，对旅游者而言，在饭店的餐厅中充饥果腹已成为过去，品尝美味佳肴已成为人们外出旅游的一部分，追求美已成为一种时尚。旅游者在餐厅用餐是一项综合性的审美活动。为了迎合并满足旅游者的求美心理，可采取如下心理策略：

1. 树立餐厅的形象美

餐厅的形象是人们视、听、嗅觉各方面感觉组合的结果，常以视觉为先导。餐厅的外表备受瞩目，首先映入旅游者眼帘，在视觉映象中存留。因此，餐厅与酒楼常通过自然与人工装饰等艺术手法，使餐厅的内外环境舒适美观、优雅大方，而达到统一的和谐美，树立起餐厅的形象美。餐厅的招牌和门面的艺术设计构想中体现餐厅的建筑外观美与名称美；从餐厅内部环境的装饰材料、墙面的书画、天花板的造型、灯饰、窗帘上的图案、地毯上的花纹、屏风的浮雕彩绘，到餐厅内形态优雅的陈设，以及光线、照明、色调，甚至一份别具一格的菜单，都给客人提供一种视觉形象美的享受，体现餐厅的内部形象美，以营造一种舒适、悠闲的美不胜收的用餐环境，吸引游客前来用餐。当然，餐厅是人们进食之处，整洁、卫生的视觉形象能引起人们对饮食安全可靠的联想，它也是餐厅整体形象美的一部分。

餐厅的形象美在视觉的基础上，应注意听觉形象美的树立。优美的听觉形象不仅源于服务人员的语言，而且来源于宴乐的配置。音乐家李斯特曾这样描述音乐的奥妙："感情借着音乐中腾空直上的音浪，把我们带到超凌尘世之外的高处……"现代心理学的研究表明：音乐对人们的情绪、身心具有特殊的调节作用。优美的听觉形象可以促进食欲，调节旅游者的心境，使人感到轻松愉快。例如，在大型宴会上应有庄重热烈的气氛；在上菜时伴随《进行曲》给人以动态的行进之美。如朋友相聚，配上《友谊地久天长》更能触景生情，使客人在餐厅充分品味饮食文化之形象美。在视、听觉形象美之外，注意餐厅中空气的调节、温度的控制，对客人可增强嗅觉的形象美，也是树立餐厅整体形象美的一部分。

2. 重视餐厅服务人员的形象美

鉴于旅游服务工作的共性，前面对服务人员仪表美、心灵美的论述，同样适用于餐厅

工作人员。但餐厅不同于一般的旅游服务部门，饮食直接关系到人们的身体健康，餐厅人员形象美还应特别注意的是整洁、卫生的美。塑造餐厅服务人员的形象美可以从以下三方面着手：

（1）身体健康，容貌端庄，精神饱满，发式规范、整洁，注意手部的卫生与美观。

（2）服饰清爽、美观、素雅、卫生，给人以淡雅明快之感。传统常以白色为主色调，反映洁净之美。饰品应少。

（3）服务操作规范得体，热情有礼，姿态优美，讲究技巧。

3. 创造饮食产品的形象美

中国的烹饪技术可称世界一绝，中国饮食以色、香、味、形、器、名俱佳驰名中外。因此，在旅游饭店的餐厅中，创造中国饮食产品的形象美可谓至关重要。中国地广人众，各地的风味佳肴品种繁多，美不胜收，极富特色。中国饮食文化源远流长，不仅可作为餐厅饮食产品形象美的基础，而且可作为旅游资源加以开发，增强餐厅的吸引力。让许多外国旅游者慕名而来，"一饱口福"，以满足其心理期望。

餐厅的饮食产品以菜肴为主体，中国菜不仅注重形式美，而且注重内容美。如中国菜常以名寓意，注重造型，利用烹饪中精湛的切、雕、摆、制、烹等技艺，在餐桌上展现造型优美的菜肴，宛如一盘立体的画，一首无声的诗，一支优美的乐曲，令人不忍下箸又垂涎欲滴，期盼品尝。中国菜不仅讲究色泽而且注意色彩的对比和协调而形成强烈的"色彩美效应"。旅游者在获得了视觉美的良好感受下，再通过食品自然散发的香气激发游客的嗅觉，诱发人们的食欲以调动就餐者的宠美动机，构成正式品尝菜肴的重要的心理前奏。古人讲的"闻香下马，知味停车"，可谓言简意赅。餐厅中饮食产品创造形象美的最终目的是以食用为基本前提，故产品的形象美中应该注重味觉美。一道菜的好坏关键在味道的好坏。出色的餐厅厨师不仅应能制造出本餐厅的产品，而且还会烹饪制出令外宾欣赏的中国风味菜。

总之，饭店餐厅应从产品的形象美中使旅游者得到视觉、味觉、嗅觉上的美感享受与心理上的惬意感、满足感。

4. 注重餐具的形象美

古人云："美食不如美器。"餐具的形象可影响就餐心理。如一外宾在餐厅用餐时，看到两盘菜端上来时就摇头叹息，服务人员在他餐后征求意见时得知，他一看到盛菜的盘缺了个口，心里就不舒服，菜的味道也觉得差了很多。美酒、美菜应配美观的酒具、菜盘方能相映成趣。使用各种不同材质、形状、色彩、花纹的精美餐具，可把食品衬托得更加美观诱人，引人入餐，如同牡丹花再好也要绿叶相衬一样。当然，精美的器皿应注意与食物的配合协调。如食物量小，器皿不宜过大。

（二）尊重的需要

旅游者对尊重的需要在整个旅游活动中都会有所体现，在餐厅中表现得尤为显著。常言道："宁喝顺心汤，不吃受气饭。"若旅游者在餐厅中未得到尊重的满足，再好的美味佳肴也会食之无味。如果服务上有不慎或怠慢，使旅游者饭没吃好，气就气饱了，餐厅的其他努力都是无效的。为迎合客人在餐厅对尊重的强烈需要，可采用如下服务措施：

1. 微笑迎送

到餐厅就餐的客人首先接受到的是服务员热情的服务。微笑迎接常令空腹的就餐者心情平和,感到自己备受重视。如果有较多的客人同时到达,服务人员不能一一应接,在展现亲切的微笑时,眼睛最好呈"散光"状态面向所有的客人,使每个人都感受到尊重,不至于顾此失彼。如前面提到的那位经理很理解顾客的心理,他出场迎送满足了顾客对尊重的需要,收到了良好的效果。

2. 领座恰当

旅游者到餐厅用餐,服务员上前引领入座要注意观察顾客的特征,因人而异。如有生理缺陷的人总有自卑感,特别是在公共场合怕被别人看不起,怕别人触及他的缺陷。如一位右臂残缺的客人应被引领到右侧靠墙的位置用餐,使他的右臂不易被他人触及或观察到。在他用餐时,由于自尊心得到了满足,因此一定会非常感激服务人员的细心照顾和尊重,愿再次光临这家餐厅。另外,服务人员对进入餐厅的恋人、老人、儿童等,在领座时要尊重他们各自的需要。

3. 尊重习俗

服务人员在介绍菜单、帮助上菜、倒酒和派菜等服务上,除应注意服务技巧外,还应尊重客人的风俗习惯、生活习惯。这就要求服务人员熟悉有关的知识,精心准备各类传统食品。即便是一双筷子、一方手帕,只要符合客人习俗,都会使客人有宾至如归之感,他们会因自己受到尊重而满意。

4. "请"字不离口

在餐厅服务中,若多用"请"字,往往使客人感到尊重需要的满足。如顾客临门,服务员主动招呼"请进,欢迎光临用餐";进门后服务人员引领客人到位后说"请坐"、"请点菜";上菜前可先说"请用茶";当一盘菜上桌时招呼"请用餐,菜马上上齐";若有顾客感到菜淡或要辣味时,服务人员就立即取来调料,并说"请自己适量添加"。客人进入饭店餐厅,若服务员"请"字不离口,顾客进餐一次便多食了若干个"请"字。这样的饮食、精神双"饱"是客人所渴望的。

(三) 卫生的需要

旅游者在餐厅就餐十分注意饮食卫生。基于旅游者对卫生的需要,必须做好环境、食品、餐具及服务的卫生工作。

1. 环境卫生

前面提到餐厅环境卫生、整洁的视觉美,可使人联想到餐厅产品的卫生,卫生感又可为宾客带来舒适感和安全感。餐厅应随时注意环境卫生,保持地面清洁无污垢、杂物,走廊、墙壁、门窗、服务台、桌椅应光洁,灯光明亮,灯罩、灯泡无尘土,物品井然有序,空气清新,无蚊蝇等害虫。客人用餐后应及时清桌、翻台,以保证客人用餐环境的卫生。

2. 产品卫生

这是防止病从口入的重要环节。餐厅提供的产品不论生食、熟食,都应是卫生安全的。特别是凉拌菜要用专用的消毒处理工具制作,防止生、熟、荤、素菜间的交叉污染。有条件的餐厅可设冷拼间、专用冰箱,并配有紫外线消毒设备,以确保客人进食产品卫生。

3. 餐具的卫生

餐厅是公共用餐的场所。客人来自四面八方,客人用过的共用餐具、酒具难免污染上病毒或细菌。因此,餐厅必须有相应的专门消毒设备和足够周转使用的餐具,以保证餐具件件消毒，或使用对环境无污染的一次性餐具，以满足客人的卫生需求，放心用餐。

4. 按卫生操作规范提供服务

餐厅人员在餐台布置、餐桌准备和餐中的服务上菜、配菜、倒酒等方面，都应按卫生的操作规范提供服务。如上菜时手指切忌碰触食物，不然容易引起客人的不卫生感，甚至产生厌恶感，降低食欲。

（四）求知、求新、求奇的需要

旅游者常将品尝美味佳肴及中国传统的地方特色食品，作为旅游活动的一部分。求知、求新、求奇也是旅游者到饭店餐厅进餐的需要之一。心理学的研究指出：凡是新奇的事物总是引人注目，激起人们的兴趣，引发人们的求知欲。为此餐厅可运用如下心理策略满足旅游者的这一心理需要。

1. 创立餐厅的特色地方食品、名菜、名点

餐厅的经营应在特色上下功夫，创建本地、本餐厅的特色食品和名菜、名点，引导旅游者慕名而来，食之有趣、有味，满意而归。如南京的板鸭，北京全聚德的烤鸭，新疆吐鲁番宾馆餐厅的维吾尔风味的抓饭、拔丝哈密瓜等。

2. 主动介绍食谱，提供艺术菜肴的图片

服务人员在出示食谱和介绍食谱时，应将食谱中最能刺激旅游者就餐欲望的食品，言简意明、绘声绘色地表达出来，满足旅游者求知的欲望，促使旅游者产生浓厚的兴趣和对食物进行选择。食谱的设计上除有食品的名称和价格外，还可配上主要菜肴的图案照片。中国菜可谓是世界烹饪艺术园地上的一枝奇葩，那灵秀精巧的艺术拼盘，精雕细刻的造型工艺，色、香、味、形、器、名浑然一体的和谐美，充分展现了东方饮食文化艺术的魅力。菜肴摆上宴席常令海外宾客惊叹不已，既供食用而又具有很高的观赏价值，令人不忍心马上食入腹中，希望摄影留念。为满足客人的这种心理需要，对名菜、名点、特色菜的优美造型图案，餐厅应备好有关图片或代为拍照留念，以满足客人求知、求新、求奇的需要。

3. 介绍菜肴的相关知识与典故

旅游者来餐厅品尝美味佳肴、风味特产，当然希望了解相关的知识。因此，服务员上菜时应报出名称，然后根据客人的需要说明其寓意、来历，甚至典故、传说，介绍一些菜肴的营养价值、特色用途，对感兴趣的旅游者，甚至可以介绍一些该菜肴的用料及烹饪方法，使旅游者不仅食之有获，而且满足其求知的心理欲望。

（五）快捷的需要

旅游者来到餐厅坐定点菜后，一般都希望餐厅能快速上菜，而不愿意等待。一则是因为某些旅游者要赶时间继续旅游或转车、船；二则是因为在服务员上菜之前的这段时间，被人们感觉为无用时间，本来时间不长，但因人们感到无聊便觉得等了很久很久。为适应旅游者在饭店餐厅常常要求快速的这一心理需求，可采取如下服务措施：

1. 备有快餐食品

对急于就餐的客人，服务员应向其介绍一些现成的或快熟的菜和食品。

2. 简便手续，反应迅速

旅游者一进餐厅，服务人员应及时安排好客人的座位并递上菜单，服务反应要快。在客人用餐时，及时发现客人的需要，及时、准确地满足客人的需要，以满足客人求快的

心理。

3. 先上安客茶

旅游者坐定点菜后，若来不及上菜，可先献上茶安顿客人。这样客人边喝茶边等上菜就不会感到太无聊和服务太慢。当然喝茶的时间也不宜过长。

4. 及时结账

旅游者用餐完毕，账单应及时送到，如果因付账而等待，也许刚才吃得很愉快的那种美好情绪就会完全遭到破坏，甚至激恼客人。所以，为满足客人求快的心理，既不应使客人饿着肚子等，也不能让客人吃饱了等。

三、宴会服务心理

宴会是饭店中餐厅销售的主体。根据就餐对象的不同，分政府部门、外事单位宴会，商人宴客和特种服务宴几种。怎样才能使主、宾双方高兴而来，带着留恋、满意而归？在餐厅服务中如何把握不同层次、形式、规格及目的的宴会接待服务？这就需要餐厅的经营管理和服务人员根据不同层次客人的心理特点，进行有针对性的服务。

（一）政府部门、外事单位宴会服务心理

这类宴请常常规格层次较高，宴会气氛应当正式隆重，以表达主人的热情友好，宴会中不能出现有损国格之事。客人常是来自异国他乡的国际友人，理应受到贵宾的礼遇。主、宾双方对宴会的心理期望值都较高。针对这类重大的正式宴会，可采取如下对策满足主、宾双方的心理需要：

1. 充分准备

餐厅应清楚主办单位的具体要求，对贵宾的背景（宗教信仰、饮食习惯、生活风俗及国家地区等）应尽可能多搜集详尽的资料，制定宴会接待计划（包括场地、菜谱、服务程序、卫生、安全等）。

2. 验收准备工作

宴会准备就绪后，在宴前，邀请主办单位前来餐厅检查、验收。发现问题及时纠正、补充，以求万无一失。

3. 宴会过程

绝对保证安全，服务周到，彬彬有礼，充分表达主办单位的友好之情，显示中华饮食文化的魅力，使宾客有亲切、隆重之感。

（二）商务宴会服务心理

商务宴会不同于其他宴会，设宴者希望通过宴会来达到其商务目的，对宴会的要求随生意的状况而有所不同。

1. 生意顺利时，他们会不惜重金宴请对方

这类宴会设宴者借宴会厅的布置、规格、饭店的威望、菜肴的名贵及优质的服务来显示自己的地位，抬高自己的身价。当承办这类宴会时，宴会厅的布置应高雅、舒适、气派。服务人员一定要记住设宴商人的姓，以便当他宴请的客人到来时，尊称他"某先生或某老板"，让他的客人感到他对宴会餐厅的环境和服务人员都很熟，像是经常光临此处宴客似的。在上菜时有意暗示菜肴的名贵，使参加宴会的所有宾客都感到宴会的档次很高，

以赢得主、宾双方的心理满足。

2. 生意不顺利，甚至亏本时，常要勉强应酬

这类宴会既要讲体面，又不愿花钱太多。宴会通常不是很高档，但又不能让对方看出。餐厅的服务人员应理解这种心态，一方面要为他们节约成本，另一方面要为他们捞面子。如上菜时，对一些菜价作特别的介绍，使被邀请赴宴的所有客人感到宴会还是相当丰富的。这样一来，宴会主人必对餐厅产生好印象，下次定会再次光顾。

（三）特种宴会服务心理

近年来，去饭店餐厅办婚宴、生日宴、节日宴的日渐增多，他们的共同心理是图吉利和热闹的氛围，另外还有团聚心理和攀比心理在起作用。因此，餐厅应在气氛、饭菜花色外形上多下功夫，为他们提供摄像、音乐、卡拉OK、烛光等服务。服务中严防打破杯碗的"不吉利"现象，多说吉利、吉祥语，使来宾尽兴。

复习与思考

1. 解释下列概念：
（1）超常服务；（2）延伸服务。
2. 概述旅游者对饭店服务质量的感知模式。
3. 旅游者对饭店有哪些主要需求？
4. 旅游者对饭店前厅有哪些需求？
5. 概述前厅服务的心理因素。
6. 举例说明超常服务和延伸服务的重要意义。
7. 根据客人对餐厅的主要需求，说明如何做好餐厅服务工作。

即测即评

第二十二章　旅游企业售后服务心理

学习目标

学完本章，应该能够：了解旅游者抱怨和投诉的心理因素；说明对待旅游者抱怨与投诉的态度；掌握旅游企业的售后服务心理。

本章主要术语

挫折感(frustration)
抱怨(complain)
售后服务(after-sale services)
意见征询单(consultation on the single)

售后服务一般是指产品被销售后，由厂商、销售商或服务商为客户所提供的有偿或无偿的培训、产品调试、问题咨询、客户回访、产品维护和升级等服务，其服务质量评价标准是客户满意度。旅游企业售后服务具有重要意义，售后服务是一次营销的最后过程，也是再营销的开始，它是一个长期的过程。

在这一章，首先考察旅游者抱怨和投诉的心理因素。然后讨论对待旅游者抱怨与投诉的态度。最后讨论旅游企业的售后服务心理。

第一节 旅游者的挫折与投诉心理

一、抱怨和投诉的心理因素

当旅游结束或在饭店住宿的旅游者离开时,如果旅游者有挫折感(frustration),就会产生"购买后的抱怨"心理,有的旅游者当时或返回后,还可能进行投诉活动。作为旅游企业管理者应该预料到有可能使旅游者产生抱怨和投诉心理的原因,及时采取具体有效的对策,防患于未然,维护企业的声誉。

旅游者对旅游企业的满足和抱怨,是旅游者对该企业提供的各种设施及服务比期望的好与坏的认知,同时也是对购买公平与不公平的认知所产生的情绪体验。如果旅游者认为比期望的好,就产生了满足感;如果认为比期望的坏,就产生了挫折感。一般来说,旅游者的挫折感主要来自如下两个方面的因素:

(一) 不公平

根据亚当斯的"公平理论",旅游者花了钱而不能获得应有的利益的话,就出现了不公平感。不公平是产生挫折的一个重要因素。具体原因可能有以下几点:

1. 价格不合理

旅游企业的产品,如饭店的客房、饮食、商品及服务等质量不好、收费过高,旅行社又增加新的收费项目等。

2. 设施、服务不完善

缺少必要的设施和服务,如饭店内没有理发、电传等设施,客房、餐厅等设施不齐全,卫生间无电源插座,乘坐的汽车没有空调设备等。

3. 服务设施损坏或功能不好

如饭店的客房电灯不亮,电梯出故障,卫生间水箱漏水,出游时汽车抛锚。

4. 环境不良

如饭店的电气设备噪声太大,室内温度不适宜、气味不好,客房、餐厅色彩及照明不宜等。

(二) 未满足需要

旅游企业的设施和服务不能满足旅游者的需要,使其预想的旅游目的不能达到,致使旅游者产生挫折感。产生的原因大致有以下几点:

1. 休息不好

如饭店服务员走路、谈笑声音太大,影响旅游者的休息和睡眠等。

2. 没有安全感

如饭店卫生条件不好;客房或餐厅有老鼠、蚊蝇;安全设施不完备,致使旅游者物品丢失、损坏等。

3. 孤独感

旅行社的导游或饭店服务员对待旅游者不主动热情，态度冷淡，见不到笑脸。

4. 得不到应有的尊重

旅行社的导游或饭店服务员不友善，缺乏言语的文明性，甚至挖苦旅游者；未经敲门而闯入客房；不尊重旅游者的习惯、信仰；忘记或搞错旅游者托办的服务项目等。

产生挫折感的旅游者可能会采取一系列的行动来发泄其不满。归纳起来这些消极行为大致有以下几点：

（1）不采取任何行动。

（2）采取一些公开的行动：向旅行社或饭店索赔；采取法律上的诉讼要求赔偿；对旅行社、领队、导游或饭店抱怨。

（3）采取某种形式的私下活动：决定再也不同该旅行社、饭店打交道；告诫朋友不要同该旅行社、饭店打交道。

二、对待旅游者抱怨与投诉的态度

旅游者的怨言无论多么微小，都容易成为导火线，引起意外的麻烦。旅游企业管理者、导游或服务人员应该积极采取对策来避免，防患于未然。如不能事先防止，在抱怨和投诉发生之后，应该慎重处理，绝不能采取不闻不问的态度。如果不闻不问，不负责只能使事态扩大，影响旅游企业的声誉。

处理旅游者的抱怨与投诉应有的态度有以下几点：

（1）要让对方倾吐怨言，不能打断对方的谈话，更不能与对方发生争吵。

（2）尽量满足对方的自尊心，消除其挫折感，牢记"旅游者总是对的"。

（3）应该认定对方的怨言不是针对某一个人的，即使对方出言不逊，也应该采取容忍的态度。

（4）切不可以为自己对情况了解得多而站在自己的立场上说话。

（5）听对方的怨言要诚恳，不要露出丝毫的不满或不自然的苦笑。

（6）对方提出的合理要求或基本上合理的要求，应该及时、迅速处理，切不可拖延，对于过分的要求不要立即表态，应该视情况处理。

总之，对待旅游者的抱怨和投诉，如果不能予以足够重视和妥善解决的话，不仅会使其不再光顾这家旅游企业，而且也会对该旅游企业的声誉和潜在的客源产生不可估量的消极影响。

第二节　售后服务心理

旅游企业的售后服务对防止旅游者购买后的抱怨和投诉、保持老顾客与开发新的客源来说至关重要。

一、售后服务

旅游企业的售后服务是指旅游者离开饭店或结束旅游之后，仍同顾客保持经常性的联系，由旅游企业向顾客继续提供的一系列服务。如果没有做好售后服务工作，往往会使许多老顾客转向其他旅游企业，从而影响本企业的销售。

调查表明，老顾客不再光顾某家旅游企业的主要原因有以下四种：

（1）经朋友建议，转而购买其他旅游企业的产品或服务。
（2）其他旅游企业的产品价格更便宜，服务更好。
（3）顾客投诉没有得到处理或没有得到令人满意的处理。
（4）旅游企业缺乏售后服务，使顾客觉得他是否继续购买该旅游企业的产品或服务，对自己或对该企业都无所谓。

因上述最后一个原因而不再光顾某家旅游企业的顾客最多，约占统计数字的2/3，原因之（3）、（2）、（1）依次次之。

二、售后服务的方法

由于售后服务对旅游企业经营的重要性，西方的旅游企业都十分重视售后服务以争取每一个旅游者。近年来，我国的一些旅游企业已开始重视售后服务工作，并总结了十分宝贵的经验。以下介绍两种主要的售后服务方法。

（一）在客人旅游结束或离开饭店时，主动登门访问

客人离境或离店时主动登门访问，可以使顾客感到该旅游企业非常关心他们而产生对该旅游企业的好感。旅游企业也可以从他们那里了解到此次旅行的目的是否已达到，以及一路上旅游企业的工作情况。旅游企业还可以及时掌握顾客对该企业的观感及旅游途中遇到的麻烦事，以及他们的抱怨和可能提出的投诉。这样就能争取主动，早做工作，妥善处理。旅游企业主动同顾客打招呼，不仅可以使有怨言或打算投诉的客人消气，而且通过友好地交换意见和善后处理，还可以从感情上接近客人。

（二）向返回的顾客寄送意见征询单

旅游企业由于时间关系，不可能登门拜访每一位顾客，可以在旅游者返回后给他们邮寄意见征询单。这样可以了解管理与服务存在的缺点和顾客的需要，以便改进经营管理和服务。

意见征询单的条目应简要明了，可以采用让旅游者打分的方法，并附上回寄信封。这能提高意见征询单的回寄率。

除了以上两点以外，还可以采用向顾客写亲笔信、寄明信片、发生日和节日的祝贺信等方法进行售后服务工作。

复习与思考

1. 阐述旅游者抱怨和投诉的心理因素。

2. 旅游企业应该如何对待旅游者的抱怨与投诉？

3. 什么是售后服务？售后服务主要有哪些方法？

即测即评

案例分析

案例1

胡萝卜汁的故事

几年前，我和某饭店的总经理一起用餐时，他问我最喜欢喝什么饮料，我说最喜欢胡萝卜汁。大约6个月以后我再次入住该饭店，在房间的冰箱里，我发现了一大杯胡萝卜汁。10年来不管什么时候住进该饭店，他们都为我备有胡萝卜汁。最近一次旅行中，飞机还没在启德机场降落，我就想着饭店里等着我的那杯胡萝卜汁，顿时满嘴口水。10年间尽管饭店的房价涨了3倍多，我还是住这个饭店。

讨论：个性化服务的前提是什么？

案例2

一杯"致歉茶"

在某宾馆的客房部发生了这样一件事。某月某日傍晚，住在307房的郑先生正在着急地不断试接吹风机的电源插头。可是吹风机怎么也不转动。"插座可能接触不良了。"郑先生断言道。于是，他走到走廊把服务员叫到卫生间，检查后发现像是插座坏了，通知客房中心报修，可偏偏仓库缺货。看着客人焦急的脸，机灵的服务员跑到服务室拿来插线板，在客人不信任的目光注视下试插。糟糕的是型号不对。客人不耐烦地说道："小姐啊，我可还得赶时间呢。"服务员没有被客人的怨气吓倒，马上热情地端来一杯热茶，让客人先喝口热茶消消气安安心，并向客人保证插座很快就会修好。当客人端起茶杯问服务员这是什么茶？"这就算是杯致歉茶吧！"服务员微笑着回答道。"致歉茶！"客人惊讶地问道，转而脸上露出笑容并婉言道出原委，他每天都要吹头发，否则头部就感到不舒服，并连声称赞服务员笑得甜美，服务得体，态度良好。

过了几分钟，宾馆电工赶来检修，发现插座内的铜片松了，弹性不足，因此电源不通。拆开稍加修理后，客人的电吹风又转动起来了。

讨论：酒店服务应以什么为主？

案例 3

日本客人要什么

在 A 饭店的一个餐厅开晚饭的时候,来了 3 位日本客人,1 位年纪大一些,2 位年轻人。他们一进餐厅,就问了服务员一些有关该餐厅的问题。在点菜时,他们看着菜谱,不知点什么好,就要求服务员代点。服务员根据日本人爱吃海鲜、铁板烧的习惯,向他们介绍了虾、铁板烧和叉烧,他们都很满意。年长的日本人指着一个菜名,问服务员"叉烧"是怎样做出来的?由于服务员日语不太熟练,这位日本人对服务员的解释似懂非懂地点点头。后来他们又点了"百花酿蟹钳"、"雀巢牛柳丝"等菜。菜点完后,他们又想要点加饭酒,由于服务员听不明白,另一位日本客人就用生硬的普通话讲了一次。但是服务员还是反应不过来。年长者见服务员不明白,就走到餐厅门口小酒吧处取出一瓶加饭酒,双手高举过头,向服务员示意,服务员才弄明白。他们点菜花了十多分钟。大约又过了十分钟,这几位客人表现出不耐烦的样子,服务员忙上前问他们需要什么。原来他们希望快点上菜。服务员对客人解释说:"今晚客人特别多,厨师可能忙不过来,请你们稍等一下,慢慢喝点饮料。"但是,客人说:"我们喝饮料都快把肚皮涨破了,还是请你们快点上菜吧!"十分钟后菜终于一个一个地上齐了。客人却没有动筷子,服务员忙上去问他们为什么不吃。原来他们很想知道桌上的几个菜叫什么名字。于是服务员拿起菜谱,逐一向他们介绍,还特别指着"叉烧拼盘"说明了什么是"叉烧"及如何制作。年长者尝了一块,才说真正明白了"叉烧"是怎么回事。

讨论:饭店服务需要注意哪些方面?

案例 4

多为客人想一想

几位游客到某酒店商场购物,径直走到茶叶专柜,看了看标价便议论道:"这儿的东西贵,我们还是到外面去买吧!"这时,服务小姐便走上前,关切地说:"先生们去外面买茶叶一定要去大型商场,因为市场上以次充好的茶叶很多,一般是很难辨别的。"客人立即止步问道:"哪家商场比较好,茶叶又怎样进行选择呢?"于是服务小姐便告诉茶叶等级的区分,如何用看、闻、尝等几种简易的方法区分茶叶好坏,又介绍了本商场特级龙井的特点,价格虽高于市场,但对游客来说,买得称心、买得放心是最重要的。几位游客听了小姐的介绍,都爽快地买了几盒茶叶。服务小姐为商场做成了一笔较大的生意。

讨论:你如何评价案例中服务员的做法?

参 考 文 献

1 Abraham H. Maslow. Motivation and Personality. Second Edition. New York: Harper & Row, 1970
2 J. R. L. Anderson. The Ulysses Factor. New York: Harcout Brace Johanovich, Inc., 1970
3 Robert W. McIntosh. Tourism Principles, Practics, Philosophies. Second Edition, Columbus, Ohio: Grid, Inc., 1977
4 Edward J. Mayo, Lance P. Jarvis. The Psychology of Leisure Travel. Boston: CBI Publishing Company, Inc., 1981
5 W. Fred van Raaij, Dick A. Francken. Vacation Decisions, Activities and Satisfactions. Annals of Tourism Research, 1984, 11(1)
6 Andrew J. DuBrin. Effective Business Psychology. Second Edition. Virginia: Reston Publishing Compony, 1985
7 Ernie Heath, Geoffrey Wall. Marketing Tourism Destination: A Strategic Planning Approach. New York: John Wiley & Sone, Inc., 1992
8 Harold Koontz, Heinz Weihrich. Management. Tenth Edition. New York: McGraw-Hill, Inc., 1993
9 Stephen P. Robbins. Management. Fouth Edition. New York: Prentice-Hall Inc., 1994
10 Pal Yale. The Business of Tour Operation. New York: Longman Group Limited, 1995
11 Michael R. Solomon. Consumer Behavior. Third Edition. New York: Prentice-Hall Inc., 1996
12 Philip Kotler, Fary Armstrong. Principles of Marketing. Seventh Edition. New York: Prentice-Hall International, Inc., 1996
13 Stephen P. Robbins. Organizational Behavior: Concepts, Controversies and Applications. Seventh Edition. New York: Prentice-Hall Inc., 1996
14 James A. Fitzsimmons, Mona J. Fitzsimmons. Service Management: Operations, Strategy and Information Technology, Second Edition. New York: Mc Graw-Hill Company, Inc., 1998
15 Henry Assael. Consumer Behavior and Marketing Action. Sixth Edition. New York: South-Western College Publishing, 1998
16 Philip Kotler. Marketing Management. Millennium Edition, Tenth Edition. New York: Pearson Education North Asia Limited, 2000
17 Lioyd. L. Byars, Leslie W. Rue. Human Resource Management. Sixth Edition. New York: McGraw-Hill, Inc., 2000
18 Kitty O. Locker. Business and Administrative Communication. Fifth Edition. New York: McGraw-Hill, Inc., 2000
19 Richard L. Daft, Raymond A. Noe. Organization Behavior. New York: Harcourt, Inc., 2001
20 H. T. 利维特. 现代管理心理学. 方展画, 刘纯译. 上海: 远东出版社, 1988

21 罗贝尔·朗加尔.国际旅游.陈淑仁译.上海：商务印书馆，1995
22 J.C. 霍洛韦.论旅游：二十一世纪旅游教程.北京：中国大百科全书出版社，1997
23 高觉敷.西方近代心理学史.北京：人民教育出版社，1982
24 赫葆源等.实验心理学.北京：北京大学出版社，1983
25 燕国才.中国心理学资料选编.北京：人民教育出版社，1988
26 陈立.工业管理心理学.上海：上海人民出版社，1989
27 时蓉华.现代社会心理学.上海：华东师大出版社，1989
28 周晓红.现代社会心理学名著精华.南京：南京大学出版社，1992
29 陈立.工业心理学简述.杭州：浙江教育出版社，1994
30 俞文钊.管理心理学.兰州：甘肃人民出版社，1994
31 朱祖祥.人类功效学.杭州：浙江教育出版社，1994
32 王垒.组织管理心理学.北京：北京大学出版社，1995
33 张春兴.现代心理学.上海：上海人民出版社，1996

郑重声明

高等教育出版社依法对本书享有专有出版权。任何未经许可的复制、销售行为均违反《中华人民共和国著作权法》，其行为人将承担相应的民事责任和行政责任；构成犯罪的，将被依法追究刑事责任。为了维护市场秩序，保护读者的合法权益，避免读者误用盗版书造成不良后果，我社将配合行政执法部门和司法机关对违法犯罪的单位和个人进行严厉打击。社会各界人士如发现上述侵权行为，希望及时举报，本社将奖励举报有功人员。

反盗版举报电话　（010）58581999　58582371　58582488
反盗版举报传真　（010）82086060
反盗版举报邮箱　dd@hep.com.cn
通信地址　北京市西城区德外大街4号
　　　　　高等教育出版社法律事务与版权管理部
邮政编码　100120

本书编辑邮箱：zhangwei6@hep.com.cn